İTALYANCA

Öğrenci Sözlüğü

İtalyanca - Türkçe
Türkçe - İtalyanca

Fono Yayınları Sözlük Dizisi

İtalyanca Öğrenci Sözlüğü

© FONO Yayınları

Hazırlayanlar

Birsen ÇANKAYA
Renato LUCIANO
Seval BARLAS

975 - 471 - 197 - 6

EKO OFSET - İSTANBUL
Tel.: (0212) 612 36 58
-2004-

İTALYANCA OKUNUŞ

İtalyan alfabesinde şu harfler vardır:

Aa	Ff	Mm	Rr	Zz
Bb	Gg	Nn	Ss	
Cc	Hh	Oo	Tt	
Dd	Ii	Pp	Uu	
Ee	Ll	Qq	Vv	

Bu harflerden aşağıdakiler Türçedeki gibi okunur:

Aa	Ii	Pp
Bb	Ll	Rr
Dd	Mm	Tt
Ee	Nn	Uu
Ff	Oo	Vv

Alfabede olmayıp da kimi yabancı sözcüklerde geçen harfler ve okunuşları şöyledir:

Jj	= Türkçe'deki y gibi okunur
Yy	= Türkçe'deki y gibi okunur
Ww	= Türkçe'deki v gibi okunur
Xx	= Türkçe'deki ks gibi okunur

Bu harfler Türkçe'dekinden farklı okunur:

c : "e" ve "i" harflerinden önce "ç" olarak okunur.
   cena /çena/,   **cinema** /çinema/

ch : "k" olarak okunur.

g : "e" ve "i" harflerinden önce "c" olarak okunur.
   gelo /celo/,   **agire** /acire/

gh : "g" olarak okunur.

gl : "e" ve "i" harflerinden önce "ly" olarak okunur, çok az sözcükte ise "gl" olarak okunur.
   vegliare /velyare/,   **figlio** /filyo/

gn : "ny" olarak okunur.
   songo /sonyo/,   **montagna** /montanya/

sc : "e" ve "i" harflerinden önce "ş" olarak okunur.
   scena /şena/,   **sci** /şi/

s+ sesli harf : Sözcük başında "s" sesini, kendisinden önce bir sesli varsa "z" sesini verir.
   sonnifero /sonifero/, **sopra** /sopra/
   casa /kaza/,   **esame** /ezame/

s+ p/f/t/c(h)/q : "s" olarak okunur.

s+ b/d/g(h)/v/l/r/m/n : "z" olarak okunur.

z : "ts" veya "ds" şeklinde okunur.

qu : "ku" olarak okunur.

h : Tek başına bir sesi yoktur. "c" ve "g" sessizlerinin verdiği ince sesi kalın yapmaya yarar.

ha /a/, **ho** /o/, **hanno** /ano/, **palchi** /palki/

Sözcük Vurgusu

Tek heceli sözcüklerde vurgu, bu hecenin sesli harfindedir.
İki heceli sözcüklerde vurgu birinci hecenin seslisindedir.
Üç ya da daha çok heceli sözcüklerde vurgu çoğu zaman sondan ikinci hecenin seslisindedir.

KISALTMALAR

agg	= aggettivo / sıfat
anat.	= anatomi / anatomia
arg.	= argo / slang
art	= articolo / tanımlık, artikel
ask.	= askerlik / esercito
avv	= avverbio / zarf, belirteç
bas.	= baskı / stampa
bilg.	= bilgisayar / informatica
bitk.	= bitkibilim / botanica
biy.	= biyoloji / biologia
co.	= coğrafya / geografia
cong	= congiunzione / bağlaç
den.	= denizcilik / nautica
det	= determinante / belirtici
dilb.	= dilbilim / linguistica
din.	= din / religione
elek.	= elektrik, elektronik / elettricità, elettronica
f	= femminile / dişil
fiz.	= fizik / fisica
fot.	= fotoğrafçılık / fotografia
gökb.	= gökbilim / astronomia
hayb.	= hayvanbilim / zoologia
hek.	= hekimlik / medicina
huk.	= diritto / hukuk
inter	= interjunction / ünlem
kim.	= kimya / chimica
kon.	= konuşma dili / familiare
m	= maschile / eril

m/f	= maschile o femminile / eril veya dişil
mat.	= matematik / matematica
mec.	= mecaz / figurato
mek.	= mekanik / meccanica
mim.	= mimari / architettura
müz.	= müzik / musica
num	= numerale / sayı gösteren
oto.	= otomobil / l'automobile
pl	= plurale / çoğul
pref	= prefisso / önek
prep	= preposizione / edat, ilgeç
pron	= pronome / zamir, adıl
qc	= qualcosa
qn	= qualcuno
ruhb.	= ruhbilim / psicologia
s	= sostantivo / isim
sin.	= sinema / cinema
sp.	= spor / spor
tek.	= teknik / tecnica
tic.	= ticaret / commercio
tiy.	= tiyatro / teatro
vi	= verbo intransitiva / geçişsiz fiil
vt	= verbo transitiva / geçişli fiil
yerb.	= yerbilim / geologia

İtalyanca Öğrenci Sözlüğü

Bölüm Bir

İTALYANCA - TÜRKÇE

A

a *prep* -a, -e, -ya; -ye; -da, -de *a alle cinque* saat beşte *a cavallo* at sırtında *a domani* yarın görüşürüz *a maggio/primavera* mayısta/baharda *a mezzanotte* gece yarısında *a Natale* Noelde *a Pasque* paskalyada *a piedi* yürüyerek *a tre anni* üç yaşında *a uno a uno* teker teker, birer birer *al chilo* bir kilo *al mattino* sabahleyin *al metro* bir metre *alla dozzina* düzine ile *andare a casa/scuola* eve/okula gitmek *dare qc a qn* birine bir şey vermek *è a 5 km da qui* 5 kilometre uzakta *essere a casa/scuola* evde/okulda olmak *fatto a mano* elde yapılmış *paga to a ore* saatlik ödenen

abbacchiato *agg* moralsiz

abbagliante *agg* göz kamaştırıcı

abbaglianti *smpl* : *accendere gli abbaglianti oto.* uzun farları yakmak

abbagliare *vt* gözünü kamaştırmak, gözünü almak

abbaglio *sm* gaf, pot *prendere un abbaglio* gaf yapmak, pot kırmak

abbaiare *vi* havlamak

abbaino *sm* çatı penceresi

abbandonare *vt* terk etmek, bırakmak; vazgeçmek

abbandonarsi *vr* kendini vermek, kapılmak

abbandono *sm* terk, bırakma; ihmal; *sp.* abandone

abbassare *vt* alçaltmak, indirmek; utandırmak § *vi* alçalmak, inmek; küçülmek *abbassare i fari* kısa farları yakmak

abbasso *inter* kahrolsun!

abbastanza *avv* yeterince, oldukça; hayli, epey

abbattere *vt* yıkmak, devirmek; düşürmek, vurmak

abbattersi *vr* cesaretini yitirmek

abbattuto *agg* umudunu yitirmiş

abbazia *sf* manastır

abbecedario *sm* alfabe kitabı

abbellire *vt* güzelleştirmek, süslemek

abbeverare *vt* suvarmak, su içirmek

abbeverarsi *vr* su içmek

abbicci *sm* alfabe, abece

abbiente *agg* varlıklı, zengin

abbigliamento *sm* giysi; giyim kuşam

abbigliare *vt* giydirmek

abbinare *vt* eşleştirmek, uydurmak
abbindolare *vt* dolandırmak, hile yapmak
abboccamento *sm* görüşme
abboccare *vt* birleştirmek; kapmak, yutmak § *vi* aldanmak
abbonamento *sm* abone olma, abone; abonman bileti
abbonare *vt* abone etmek
abbonarsi *vr* abone olmak
abbonato *sm* abone
abbondante *agg* bol, bereketli
abbondanza *sf* bolluk, bereket
abbondare *vi* bol olmak, çok olmak
abbordare *vt den.* borda etmek; yanaşmak; yolunu kesmek
abbottonare *vt* düğmelemek, iliklemek
abbozzare *vt* taslağını yapmak; tasarlamak
abbozzo *sm* taslak
abbracciarsi *vr* kucaklaşmak, sarılışmak
abbreviare *vt* kısaltmak
abbreviazione *sf* kısaltma
abbronzare *vt* bronzlaştırmak; karartmak § *vi* bronzlaşmak; esmerleşmek
abbronzarsi *vr* yanmak, esmerleşmek
abbronzatura *sf* esmerleştirme; bronzlaşma, yanma
abbrustolire *vt* kızartmak
abbrutire *vt* vahşileştirmek § *vi* vahşileşmek
abbuono *sm* indirim
aberrare *vi* sapmak
aberrazione *sf* anormallik, sapma, sapıtma; sapıklık
abete *sm* çam ağacı
abietto *agg* iğrenç, aşağılık, rezil
abile *agg* becerikli; usta; uygun; kurnaz
abilità *sf* beceri, ustalık; kurnazlık
abilitato *agg* yeterlikli, nitelikli
abilitazione *sf* yeterlik *diploma di abilitazione* yeterlik diploması
abissale *agg* derin, dipsiz
abisso *sm* uçurum
abitante *sm/f* oturan kimse, sakin
abitare *vi* oturmak, ikâmet etmek, yaşamak
abitato *sm* yerleşim yeri
abitazione *sf* konut, ev, mesken
abito *sm* giysi, elbise; alışkanlık
abituale *agg* olağan, alışılan, her zamanki
abituare *vt* alıştırmak
abituarsi *vr* alışmak
abitudinario₁ *agg* alışkanlıklarından

vazgeçmeyen
abitudinario2 *sm* müdavim
abitudine *sf* âdet, alışkanlık
avere l'abitudine di fare qlco alışkanlığında olmak
ablativo *sm dilb.* -den hali
abolire *vt* yürürlükten kaldırmak; kaldırmak
abominevole *agg* çok kötü, iğrenç; berbat
aborigeno *sm/f* yerli
abortire *vi* çocuk düşürmek
aborto *sm* çocuk düşürme, düşük
abrasione *sf* aşınma, aşındırma
abrasivo *agg/sm* aşındıran; aşındırıcı madde
abrogare *vt* yürürlükten kaldırmak, feshetmek, iptal etmek
abside *sf mim.* absit, absida
abusare *vi* kötüye kullanmak, suiistimal etmek
abusivo *agg* yasalara aykırı; yolsuz
abuso *sm* kötüye kullanma, suiistimal
acacia *sf* akasya
accademia *sf* akademi
accademico1 *agg* akademik
accademico2 *sm* akademisyen, akademi üyesi
accadere *vi* meydana gelmek, olmak, başa gelmek
accaduto *sm* olay, hadise, vaka

accaldarsi *vr* sıcaktan bunalmak
accalorarsi *vr* aşka gelmek, coşmak
accampamento *sm* konak yeri, kamp
accampare *vt* konaklamak; kamp kurmak
accamparsi *vr* geçici olarak yerleşmek
accanimento *sm* öfke; nefret; azim, hırs
accanirsi *vr* kudurmak, saldırmak
accanito *agg* azgın; tiryaki
accanto *avv* yanında, bitişiğinde
accantonare *vt* biriktirmek, bir kenara koymak; konaklamak
accaparrare *vt* istifçilik yapmak; pey vermek
accaparratore *sm* istifçi, stokçu
accapigliarsi *vr* kavga etmek, dövüşmek
accappatoio *sm* bornoz
accapponare *vt* : *far accapponare la pelle a qn* tüylerini diken diken etmek
accarezzare *vt* okşamak, sevmek
accasarsi *vr* evlenmek
accasciarsi *vr* çökmek, yere yığılmak
accattone *sm* dilenci
accavallare *vt* çaprazlamak, üst üste atmak

accavallarsi *vr* yığılmak, birikmek
accecare *vt* kör etmek; göz kamaştırmak
accecarsi *vr* kör olmak
accelerare *vt* hızlandırmak; çabuklaştırmak § *vi* hızlanmak *accelerare il passo* adımlarını hızlandırmak, pergelleri açmak
accelerato *agg* hızlı
acceleratore *sm* hızlandırıcı; gaz pedalı
accelerazione *sf* ivme; hızlandırma, hızlanma
accendere *vt* yakmak, tutuşturmak; çalıştırmak
accendersi *vr* yanmak, tutuşmak
accendino *sm* çakmak
accendisigaro *sm* çakmak
accennare *vt* işaret etmek; göstermek § *vi* ima etmek, anıştırmak, dokundurmak *accenna a piovere* yağmur yağacak gibi
accenno *sm* işaret; ima, dokundurma; değinme
accensione *sf* yanma, yakma, aydınlanma; marş, kontak *chiavetta d'accensione* kontak anahtarı
accentare *vt* vurgulamak
accento *sm* *dilb.* vurgu (işareti); şive, aksan; ses tonu
accentrare *vt* merkezleştirmek
accerchiare *vt* sarmak, kuşatmak
accertamento *sm* belgeleme, doğrulama; denetleme, araştırma, soruşturma
accertare *vt* araştırmak, soruşturmak, doğrulamak; denetlemek
accertarsi *vr* doğruluğuna inanmak, emin olmak
accessibile *agg* girilebilir, erişilebilir; açık, anlaşılır; samimi; (fiyat) makul
accesso *sm* girme, giriş; kriz, nöbet
accessorio *agg* ek, ilave; ikincil, tali § *sm* aksesuar
accetta *sf* balta
accettabile *agg* kabul edilebilir
accettare *vt* kabul etmek; razı olmak; onaylamak
accettazione *sf* kabul; rıza
accetto *agg* hoş karşılanan; sevgili, candan
acchiappare *vt* yakalamak, tutmak
acciacco *sm* dermansızlık, güçsüzlük; sakatlık
acciaieria *sf* çelik fabrikası
acciaio *sm* çelik *acciaio inossidabile* paslanmaz çelik
accidentale *agg* rastlantısal,

beklenmedik
accidentato *agg* engebeli
accidente *sm* kaza; aksilik; aksaklık; illet *mandare un accidente* beddua etmek
accidenti *inter* kahrolsun, Allah kahretsin
accigliarsi *vr* kaşlarını çatmak
accingersi *vr* hazırlanmak, girişmek
acciuffare *vt* yakalamak, ele geçirmek
acciuga *sf* hamsi balığı
acclamare *vt* alkışlamak, tezahürat yapmak
acclamazione *sf* alkış, tezahürat
acclimatare *vt* iklimine alıştırmak
acclimatarsi *vr* iklimine alışmak
accludere *vt* eklemek, ilişikte göndermek
accluso *agg* eklenmiş, ilişikte gönderilen
accoccolarsi *vr* çömelmek
accogliente *agg* hoş karşılayan, misafirperver
accoglienza *sf* kabul, karşılama
accogliere *vt* karşılamak; kabul etmek; onaylamak; barındırmak
accomiatare *vt* yol vermek, göndermek; izin vermek
accomiatarsi *vr* veda etmek, ayrılmak; izin almak
accomodamento *sm* anlaşma, uyuşma; düzenleme
accomodante *agg* uyumlu
accomodare *vt* düzeltmek, onarmak, tamir etmek; düzenlemek
accomodarsi *vr* düzelmek, yoluna girmek; uyuşmak, anlaşmak *si accomodi* buyurun; oturun
accompagnamento *sm* eşlik etme, refakat
accompagnare *vt* eşlik etmek, refakat etmek
accompagnatore *sm* refakatçi, eşlikçi
accomunare *vt* birleştirmek; yaklaştırmak
acconciatore *sm* kuaför
acconciatura *sf* saç şekli
acconcio *agg* uygun, elverişli
accondiscendere *vi* razı olmak
acconsentire *vi* kabul etmek, rıza göstermek
accontentare *vt* memnun etmek, hoşnut etmek
accontentarsi *vr* memnun olmak, hoşnut olmak
acconto *sm* kısmi ödeme
accoppiamento *sm* birleştirme; çiftleşme, çiftleştirme
accoppiare *vt* birleştirmek;

eşleştirmek; çiftleştirmek
accoppiarsi *vr* eşleşmek; çiftleşmek
accorciare *vt* kısaltmak
accorciarsi *vr* kısalmak
accordare *vt* anlaştırmak, uzlaştırmak; *müz.* akort etmek
accordarsi *vr* uyuşmak; uzlaşmak, anlaşmak
accordo *sm* anlaşma, uzlaşma, uyum; *müz.* akort *andare d'accordo* uyuşmak, anlaşmak *d'accordo* anlaştık, tamam *mettersi d'accordo* anlaşmaya varmak
accorgersi *vr* farkına varmak
accorgimento *sm* kavrayış; kurnazlık
accorrere *vi* koşmak, koşuşturmak
accorto *agg* kurnaz, keskin zekâlı
accostare *vt* yanaştırmak, yaklaştırmak; sokulmak; aralık bırakmak
accostarsi *vr* yanaşmak, yaklaşmak; uyuşmak, anlaşmak
accovacciarsi *vr* çömelmek, büzülmek
accozzaglia *sf* karmakarışık şey; insan kalabalığı
accreditamento *sm* akreditif
accreditare *vt* kredi vermek; doğrulamak

accreditarsi *vr* güven kazanmak
accrescere *vt* artırmak, çoğaltmak
accrescersi *vr* artmak, çoğalmak
accrescitivo *sm dilb.* sözcük anlamını büyüten, büyültmeli
accucciarsi *vr* (köpek) yatmak, uzanmak
accudire *vi* bakmak, ilgilenmek, uğraşmak
accumulare *vt* biriktirmek, toplamak; yığmak
accumularsi *vr* birikmek, yığılmak, çoğalmak
accumulatore *sm* akümülatör, akü
accuratezza *sf* özen, itina; doğruluk; titizlik
accurato *agg* itinalı, özenli; dikkatli
accusa *sf* suçlama, itham; suç *atto d'accusa* iddianame
accusare *vt* suçlamak, itham etmek; söylemek, dile getirmek
accusato *sm* sanık, suçlu
accusatore *sm* davacı
acerbo *agg* ham; olmamış
acero *sm bitk.* akçaağaç, isfendan
acerrimo *agg* acımasız, amansız
aceto *sm* sirke
acetone *sm kim.* aseton
acido₁ *agg* ekşi

acido2 *sm* asit
acino *sm* çekirdek; üzüm tanesi
acne *sf* sivilce
acqua *sf* su; yağmur *acqua di colonia* kolonya *acqua di mare* deniz suyu *acqua dolce* tatlı su *acqua in bocca* kes sesini!, kimseye söyleme! *acqua minerale* madensuyu *acqua potabile* içme suyu *acqua tonica* tonik *sott'acqua* sualtı
acquaforte *sf* asitle aşındırarak yapılan resim
acquaio *sm* evye
acquaragia *sf* terebentin
acquario *sm* akvaryum *l'Acquario* Kova burcu
acquasanta *sf* kutsal su
acquatico *agg* suda yaşayan, su +
acquavite *sf* alkollü içki
acquazzone *sm* sağanak
acquedotto *sm* su kemeri
acqueo *agg* su + *vapore acqueo* su buharı
acquerello *sm* suluboya
acquirente *sm/f* alıcı, müşteri
acquisire *vt* edinmek, elde etmek, kazanmak
acquistare *vt* satın almak; elde etmek, kazanmak
acquisto *sm* alma, alım, satın alma *fare acquisti* alışverişe çıkmak

acquitrino *sm* bataklık
acquolina *sf* : *avere l'acquolina in bocca* ağzının suyu akmak *far venire l'acquolina in bocca a qn* ağzını sulandırmak
acquoso *agg* sulu
acre *agg* ekşi, kekre; acı, sert
acrobata *sm/f* cambaz, akrobat
acuire *vt* keskinleştirmek
aculeo *sm* arı iğnesi; diken
acume *sm* kavrayış, zekâ, seziş
acustica *sf* akustik
acuto *agg* sivri; keskin; tiz; *hek.* ağır, akut *angolo acuto* dar açı
adagiare *vt* özenle yatırmak, sermek
adagiarsi *vr* uzanmak, yatmak
adagio1 *avv* yavaş, yavaşça; dikkatli
adagio2 *sm müz.* adacyo
adattamento *sm* uyarlama; intibak, uyum, adaptasyon
adattare *vt* uyarlamak, adapte etmek
adattarsi *vr* uymak, intibak etmek, alışmak, adapte olmak
adatto *agg* uygun, elverişli
addebitare *vt* borçlandırmak; suçlamak
addebito *sm* borç
addensare *vt* koyulaştırmak;

yoğunlaştırmak
addensarsi *vr* yoğunlaşmak, toplanmak; koyulaşmak
addentare *vt* dişlemek, ısırmak
addentrare *vt* içine sokmak
addestramento *sm* eğitim; terbiye
addestrare *vt* yetiştirmek, eğitmek; terbiye etmek *addetto commerciale* ticaret ataşesi *addetto militare* askeri ataşe *addetto stampa* basın ataşesi *gli addetti ai lavori* yetkili personel
addiaccio *sm* ordugâh *dormire all'addiaccio* açık mekânda uyumak
addietro *avv* geri, arka; geçmişte, önce
addio *sm* veda § *inter* elveda!
addirittura *avv* doğrudan doğruya; tamamen; üstelik, bile
addirsi *vr* yakışmak, uymak, olmak
additare *vt* işaret etmek
additivo *agg/sm* katkı
addizionare *vt* toplamak, eklemek
addizione *sf* toplama; ekleme
addobbare *vt* süslemek, donatmak
addobbo *sm* süs; süsleme

addolcire *vt* tatlılaştırmak; yumuşatmak; yatıştırmak
addolcirsi *vr* yumuşamak, tatlılaşmak; yatışmak
addolorare *vt* üzüntü vermek, acı vermek
addolorarsi *vr* kederlenmek, üzülmek
addome *sm* karın
addomesticare *vt* ehlileştirmek, evcilleştirmek
addormentare *vt* uyutmak; uyuşturmak
addormentarsi *vr* uyumak, uykuya dalmak; uyuşmak
addossare *vt* dayamak, yaslamak; suçlamak *addossare la colpa a qn* suçu üstüne atmak
addosso *avv* üstüne, üstünde *dare addosso a qn* üstüne yürümek, saldırmak *mettersi qlco addosso* üstüne giymek *saltare addosso a qn* üstüne hücum etmek
addottorarsi *vr* (üniversite) mezun olmak
addurre *vt* ileri sürmek
adeguare *vt* uydurmak; ayarlamak
adeguarsi *vr* uymak
adeguato *agg* uygun, tam
adempiere *vt* yerine getirmek, yapmak; gerçekleştirmek

aderente *agg* vücudu saran
aderenza *sf* yapışıklık, yapışma
aderire *vi* yapışmak, tutmak; uymak; katılmak; kabul etmek
adescare *vt* çekmek, cezbetmek
adesione *sf* yapışıklık; kabul; onay; girme
adesivo *agg* yapıştırıcı, yapışıcı § *sm* yapışkan, yapıştırıcı *nastro adesivo* seloteyp
adesso *avv* şimdi *per adesso* şimdilik
adiacente *agg* bitişik
adibire *vt* dönüştürmek, çevirmek; kullanmak
adirarsi *vr* kızmak, sinirlenmek
adire *vt* : *adire le vie legali* mahkemeye başvurmak
adito *sm* girme, giriş *dare adito a* neden olmak, yol açmak
adocchiare *vt* dikkatle bakmak
adolescente *sm/f/agg* ergin, yeniyetme
adolescenza *sf* erginlik, yeniyetmelik
adoperare *vt* kullanmak
adoperarsi *vr* uğraşmak, çabalamak *adoperarsi per qn/qc* elinden geleni yapmak
adorare *vt* tapmak, tapınmak; çok sevmek
adornamento *sm* süs, süsleme
adottare *vt* evlat edinmek; benimsemek
adottivo *agg* evlatlığa kabul eden/edilen; benimsenmiş
adozione *sf* evlat edinme; benimseme
adriatico *agg* Adriyatik + *l'Adriatico* Adriyatik Denizi
adulare *vt* dalkavukluk etmek, yağ çekmek; yaltaklanmak
adulterare *vt* (saflığını) bozmak, karıştırmak; zina yapmak
adulterio *sm* zina
adulto *agg* yetişkin; olgun § *sm* reşit, yetişkin
adunanza *sf* toplantı, oturum
adunare *vt* toplamak
adunarsi *vr* toplanmak
adunata *sf ask.* toplanma, içtima
aerare *vt* havalandırmak
aereo1 *agg* hava +, havai
aereo2 *sm* uçak *aereo a reazione* jet uçağı *aereo da caccia* avcı uçağı
aerobica *sf* aerobik
aerodinamica *sf* aerodinamik
aerodinamico *agg* aerodinamik
aeronautica *sf* havacılık *aeronautica militare* hava kuvveti
aeronautico *agg* havacılık +
aeroplano *sm* uçak
aeroporto *sm* havalimanı
aerosol *sm* aerosol
afa *sf* boğucu sıcak

affabile *agg* nazik, tatlı, hoş
affaccendato *agg* meşgul
affacciarsi *vr* görünmek, kendini göstermek
affamato *agg* aç, acıkmış; istekli
affannare *vt* sıkıntı vermek, kaygılandırmak; soluğunu kesmek
affannarsi *vr* soluk soluğa kalmak; kaygılanmak
affanno *sm* soluğu kesilme; tedirginlik, kaygı
affannoso *agg* zor, yorucu; sıkıntılı
affare *sm* iş; şey; girişim, teşebbüs; ticaret; dava *affari esteri* dışişleri *ministro degli Affari Esteri* Dışişleri Bakanlığı *uomo d'affare* işadamı
affarista *sm/f* vurguncu
affascinante *agg* büyüleyici, çok çekici
affascinare *vt* büyülemek, hayran bırakmak
affaticare *vt* yormak
affaticarsi *vr* yorulmak, zorlanmak
affatto *avv* tamamen, tümüyle
affermare *vt* doğrulamak; bildirmek; ileri sürmek
affermarsi *vr* kendini göstermek, isim yapmak
affermazione *sf* doğrulama; tasvip, tasdik; başarı

afferrare *vt* tutmak, kavramak, yakalamak
afferrarsi *vr* sarılmak, tutunmak
affettare *vt* dilimlemek; numara yapmak
affettato1 *agg* dilimlenmiş; yapmacık
affettato2 *sf* dilimlenmiş salam
affettivo *agg* duygusal; içli
affetto1 *sm* sevgi, şefkat
affettuoso *agg* sevgi dolu, şefkatli
affezionarsi *vr* bağlanmak, gönül vermek
affiancare *vt* yan yana koymak; yardım görmek
affiancarsi *vr* yanına gelmek; işbirliği yapmak
affiatarsi *vr* anlaşmak, uyuşmak
affibbiare *vt* tokalamak, iliştirmek
affidabile *agg* güvenilir
affidamento *sm* güven, itimat; emanet etme *fare affidamento su qn* güvenmek, itimat etmek *non dà nessun affidamento* ona güvenilmez
affidare *vt* emanet etmek; güvenmek
affidarsi *vr* güvenmek
affievolirsi *vr* zayıflamak, güçsüzleşmek
affiggere *vt* yapıştırmak, asmak
affilare *vt* bilemek, sivriltmek

affiliare *vt* üyeliğe kabul etmek
affiliarsi *vr* üye olmak, girmek
affinare *vt* inceltmek, sivriltmek
affinchè *cong* için, diye
affine *agg* benzer, benzeş
affinità *sf* benzerlik, yakınlık, ilişki
affiorare *vi* yüzeye çıkmak; ortaya çıkmak, görünmek
affissione *sf* ilan yapıştırma
affisso *sm* ilan, afiş, poster
affittare *vt* kiralamak; kiraya vermek
affitto *sm* kira; kira parası
affliggere *vt* eziyet etmek; kederlendirmek, çok üzmek
affliggersi *vr* acı çekmek; kederlenmek, üzülmek
afflitto *agg* üzgün, kederli
afflizione *sf* keder, elem, acı
afflosciarsi *vr* yumuşamak; gevşemek
affluente *sf* ırmak ayağı, geleğen
affluenza *sf* akış, akıntı; kalabalık
affluire *vi* akmak, dökülmek; üşüşmek
afflusso *sm* akın, hücum; üşüşme
affogare *vt/i* boğmak, boğulmak
affollare *vt* doldurmak; kalabalık etmek
affollarsi *vr* toplanmak, kalabalıklaşmak
affollato *agg* kalabalık
affondare *vt* batırmak
affrancare *vt* serbest bırakmak, salmak; pul yapıştırmak
affrancarsi *vt* özgür olmak, kurtulmak
affrancatura *sf* pullama
affranto *agg* bitkin, yorgun; ümitsiz
affresco *sm* fresk
affrettare *vt* hızlandırmak, çabuklaştırmak
affrettarsi *vr* çabuk gitmek; acele etmek
affrontare *vt* meydan okumak, karşısına çıkmak; ele almak
affrontarsi *vr* çarpışmak, çatışmak; karşılaşmak
affronto *sm* hakaret, küfür
affumicare *vt* dumanlamak; islemek; füme yapmak
afoso *agg* boğucu, bunaltıcı
Africa *sf*: *l'Africa* Afrika
africano *agg/sm/f* Afrikalı
afrodisiaco *agg/sm* afrodizyak
agata *sf* akik
agenda *sf* ajanda
agente *sm* etken; acente; ajan *agente diplomatico* diplomatik temsilci *agente di cambio* stoker, borsa simsarı, komisyoncu *agente di custodia* gardiyan *agente di polizia*

polis memuru *agente di vendita* satış temsilcisi

agenzia *sf* acenta, ajans; şube *agenzia di collocamento* iş bulma bürosu *agenzia di immobiliare* emlak bürosu *agenzia di informazioni* haber ajansı *agenzia di publicitaria* reklam ajansı *agenzia di viaggi* seyahat acentası

agevolare *vt* kolaylaştırmak

agevole *agg* kolay, rahat

agganciare *vt* bağlamak, birleştirmek

aggeggio *sm* zımbırtı, alet

aggettivo *sm* sıfat

agghiacciante *agg* dondurucu, soğuk

agghindarsi *vr* süslenip püslenmek

aggiornare *vt* güncel kılmak; ertelemek

aggiornarsi *vr* zamana ayak uydurmak

aggiornato *agg* güncel

aggirare *vt* sarmak, çevirmek; dolandırmak

aggirarsi *vr* dolaşmak; (sayı) civarında olmak

aggiudicare *vt* vermek, ihale etmek

aggiudicarsi *vr* kazanmak

aggiungere *vt* eklemek, katmak, ilave etmek

aggiunta *sf* ilave, ek

aggiunto[1] *agg* katılmış, eklenmiş

aggiunto[2] *sm* yardımcı, muavin

aggiustare *vt* düzeltmek; tamir etmek, onarmak; ayarlamak

aggiustarsi *vr* anlaşmak

agglomerato *sm* yığılma; mukavva; insan topluluğu *agglomerato urbano* yerleşim merkezi, meskûn yer

aggrapparsi *vr* tutunmak, sarılmak

aggravare *vt* ağırlaştırmak; kötüleştirmek, artırmak

aggravarsi *vr* ağırlaşmak, kötüleşmek

aggraziato *agg* sevimli, hoş, zarif

aggredire *vt* saldırmak, hücum etmek

aggregare *vt* birleştirmek, dahil etmek; kabul etmek

aggregarsi *vr* birleşmek, üyesi olmak

aggressione *sf* saldırı, hücum

aggressivo *agg* saldırgan, hırçın

aggrottare *vt* : *aggrottare le sopracciglia* kaş çatmak

aggrovigliare *vt* karıştırmak, arapsaçına çevirmek

aggrovigliarsi *vr* karmakarışık olmak, arapsaçına dönmek

agguantare *vt* yakalamak, enselemek

agguato *sm* tuzak; pusu *tendere agguato a qn* tuzak kurmak; pusu kurmak

agguerrito *agg* kuvvetli, cesur

agiato *agg* zengin, varlıklı

agile *agg* çevik; atik

agilità *sf* çeviklik, atiklik

agio *sm* rahatlık *essere a proprio agio* keyfi yerinde olmak *mettersi a proprio agio* keyfine bakmak *vivere fra gli agi* rahat içinde yaşamak

agire *vi* harekete geçmek; etki etmek; görevini yapmak, işlemek, çalışmak; dava açmak

agitare *vt* çalkalamak; sallamak; kışkırtmak *agitare la mano* el sallamak

agitarsi *vr* çalkalanmak, dalgalanmak; yerinde duramamak; rahatsız olmak; heyecanlanmak

agitato *agg* dalgalı; heyecanlı; huzursuz

agitatore *sm* kışkırtıcı

agitazione *sf* çalkantı; karışıklık; huzursuzluk

aglio *sm* sarmısak

agnello *sm* kuzu

ago *sm* dikiş iğnesi

agonia *sf* can çekişme

agonistico *agg* yarışmacı; mücadeleci

agonizzare *vi* can çekişmek, ölüm döşeğinde olmak

agopuntura *sf* akupunktur

agosto *sm* ağustos

agraria *sf* tarımbilim

agrario *agg* tarımsal, zirai

agricolo *agg* tarımsal, zirai, çiftçilik + *prodotti agricoli* tarım ürünleri

agricoltore *sm* çiftçi

agricoltura *sf* çiftçilik, tarım

agrifoglio *sm bitk.* çobanpüskülü

agrimensore *sm* sürveyan, arazi mühendisi

agro *agg* ekşi, keskin, buruk

agrodolce *agg* ekşimsi, mayhoş

agrume *sm* turunçgil, narenciye

aguzzare *vt* bilemek, sivriltmek

aguzzo *agg* keskin; sivri

ahi *inter* ah!

aia *sf* harman yeri

airone *sm* balıkçıl

aiuola *sf* çiçek tarhı

aiutante *sm* yardımcı; yaver, emir subayı *aiutante di campo* emir subayı, yaver

aiutare *vt* yardım etmek

aiutarsi *vr* yardımlaşmak

aiuto *sm* yardım; yardımcı, destek *venire in aiuto di qn* yardımına koşmak

aizzare *vt* kışkırtmak, dürtükle-

mek
ala *sf* kanat; yan; *sp.* (futbol) açık *ala destra* sağaçık *ala sinistra* solaçık
alacre *agg* çabuk, atik
alano *sm* Danua cinsi köpek
alare1 *agg* kanat +
alba *sf* tan, şafak
albania *sm* : *l'Albania* Arnavutluk
albatro *sm* albatros
albeggiare *vi* gün ağarmak, şafak sökmek
alberghiero *agg* otel +, otelcilik +
albergo *sm* otel *albergo della gioventù* gençlik oteli
albero *sm* ağaç; *den.* direk; eksen, mil *albero a gomiti* krank mili *albero di Natale* Noel ağacı *albero di trasmissione* transmisyon mili *albero genealogico* soyağacı *albero maestro den.* mayistra, ana direk
albicocca *sf* kayısı
albicocco *sm* kayısı ağacı
albo *sm* ilan tahtası; kütük
album *sm* albüm
albume *sm* yumurta akı
alcol *sm* alkol
alcolico1 *agg* alkollü, alkol +; alkolik
alcolico2 *sm* alkollü içki
alcolizzato *sm/f* alkolik, ayyaş
alcool *sm* alkol
alcuno *agg* birkaç, bazı; hiç; § *pron* bazısı, bazı
aldilà *sm* öbür dünya, ahiret
alfabeto *sm* alfabe, abece
alfiere *sm* sancaktar, bayraktar; öncü; (satranç) fil
alga *sf* suyosunu
algebra *sf* cebir
Algeria *sf* : *l'Algeria* Cezayir
aliante *sm* planör
alibi *sm* suç işlendiği anda başka yerde olduğunu kanıtlama
alice *sf* hamsi
alienare *vt* devretmek, satmak; yabancılaştırmak
alienato *agg/sm* akıl hastası, kaçık, deli
alieno *agg* karşıt, zıt, ters
alimentare1 *agg* gıda +, besinsel; nafaka *alimentari* gıda maddeleri
alimentare2 *vt* beslemek
alimentarsi *vr* beslenmek
alimentazione *sf* besleme, beslenme; diyet
alimento *sm* besin, gıda *alimenti* nafaka
aliquota *sf* tümbölen sayı; yüzde
aliscafo *sm* hidrofoil
alito *sm* nefes, soluk
allacciare *vt* bağlamak

allagare *vt* su basmak
allargare *vt* genişletmek; açmak
allarmare *vt* alarma geçirmek; korkutmak
allarme *sm* tehlike işareti, alarm
allarme aereo hava baskını uyarısı *stato di allarme* alarm durumu
allarmismo *sm* ortalığı telaşa verme
allattare *vt* emzirmek, süt vermek
alleanza *sf* anlaşma, antlaşma; ittifak
allearsi *vr* anlaşma yapmak, birleşmek
alleato *agg/sm/f* bağlaşık, müttefik
allegare *vt* eklemek, iliştirmek
allegato1 *agg* ek, ilişikteki
allegato2 *sm* ek, ilişik
alleggerire *vt* yükünü azaltmak; hafifletmek
allegria *sf* sevinç, neşe
allegro1 *agg* sevinçli; şen, neşeli; çakırkeyf
allegro2 *sm* allegro
allenamento *sm* çalışma, idman; eğitim
allenare *vt* çalıştırmak, idman yaptırmak
allenarsi *vr* çalışmak, idman yapmak
allenatore *sm* çalıştırıcı, antrenör
allentare *vt* yavaşlatmak; gevşetmek
allentarsi *vr* gevşemek
allergia *sf* alerji
allergico *agg* alerjik
allestire *vt* hazırlamak, düzenlemek
allettare *vt* ilgisini çekmek, cezbetmek
allevamento *sm* yetiştirme; hayvan yetiştirme yeri
allevare *vt* yetiştirmek, eğitmek
alleviare *vt* hafifletmek
allibire *vi* afallamak, şaşkına dönmek
allibratore *sm* müşterek bahisçi
allievo *sm* öğrenci; çırak
alligatore *sm* timsah
allineare *vt* dizmek, sıralamak
allinearsi *vr* dizilmek, sıralanmak
allocco1 *sm* baykuş
allocco2 *sm/f* aptal, ahmak, budala
allocuzione *sf* söylev, konuşma, hitabe
allodola *sf* tarlakuşu
alloggiare *vt* konuk etmek, misafir etmek; oturmak, ikamet etmek
alloggio *sm* konut, ev, mesken; daire

allontanamento *sm* uzaklaşma, uzaklaştırma
allontanare *vt* uzaklaştırmak; kovmak, işten atmak
allontanarsi *vr* uzaklaşmak; ayrılmak
allora *avv* o zaman, o sırada; o halde *da allora in poi* o zamandan beri *fin d'allora* o zamandan beri
allorché *cong* -diği zaman
alloro *sm* defne; başarı
alluce *sm* ayak başparmağı
allucinante *agg* korkunç; şaşırtıcı
allucinazione *sf* halüsinasyon
alludere *vi* ima etmek; demek istemek
alluminio *sm* alüminyum
allungare *vt* uzatmak; su katmak
allungarsi *vr* uzamak; serilmek, yatmak
allusione *sf* ima, anıştırma
alluvione *sf* su basması, taşkın
almeno *avv* hiç olmazsa, en azından
alogena *sf* : *lampada alogena* halojen ampul
alone *sm* hale, ayla
Alpi *sf* : *le Alpi* Alpler
alpinismo *sm* dağcılık
alpinista *sm/f* dağcı
alpino *agg* Alp +; dağ +
alquanto *pron/agg* biraz, bir miktar; epey
alt *inter* dur!
altalena *sf* salıncak
altare *sm* sunak, mihrap
alterare *vt* bozmak, tahrif etmek; hile yapmak; sinirlendirmek, kızdırmak
alterarsi *vr* değişmek; bozulmak, tahrif olmak; sinirlenmek, kızmak
alterco *sm* atışma, çekişme, tartışma
alternare *vt* birbiri ardınca getirmek, almaştırmak
alternarsi *vr* birbirini izlemek, almaşmak
alternativa *sf* seçenek, alternatif
alternativo *agg* alternatif; seçmeli
alternato *agg* birbirini izleyen; *elek.* dalgalı
alternatore *sm* alternatör
alterno *agg* birbirini izleyen, almaşık *a giorni alterni* günaşırı
altezza *sf* yükseklik; en, genişlik; derinlik; enlem; yücelik, soyluluk *all'altezza di* yakınlarında, çevresinde *essere all'altezza di* yetenekli olmak
altezzoso *agg* kibirli, mağrur
alticcio *agg* çakırkeyf
altipiano *agg* yayla
altitudine *sf* yükselti, seviye

alto¹ *agg* yüksek; uzun boylu; geniş; derin; büyük, önemli; kuzey *a notte alta* gecenin geç saatinde *ad alta voce* yüksek sesle *alto mare* açık deniz

alto² *sm* üst

altoforno *sm* yüksek fırın

altolocato *agg* yüksek rütbeli

altoparlante *sm* hoparlör

altopiano *sm* yayla, plato

altrettanto *agg* o kadar

altrettanto *avv* aynı derecede

altri *pron* başkaları; başkası

altrimenti *avv* yoksa, aksi takdirde

altro *agg/pron* başka, değişik; öteki, diğeri; daha, başka; geçen *aiutarsi l'un l'altro* birbirine yardım etmek *d'altra parte* diğer taraftan *domani l'altro* yarından sonraki gün *gli altri* diğerleri *guest'altro mese* gelecek ay *l'altro* diğeri *l'altro giorno* geçen gün *l'altro ieri* evvelsi gün *tutt'altro* aksine, tam tersi *un altro* başka biri

altronde *avv* : *d'altronde* ayrıca, üstelik; diğer taraftan

altrove *avv* başka yerde, başka yere

altrui *agg* başkasının

altruista *agg/sm/f* özgeci, diğerkâm

altura *sf* yükseklik, tepe; açık deniz *pesca d'altura* açık deniz balıkçılığı

alunno *sm* öğrenci

alveare *sm* arı kovanı

alveo *sm* nehir yatağı

alzare *vt* kaldırmak; yükseltmek; dikmek, inşa etmek *alzare le spalle* omuz silkmek

alzarsi *vr* kalkmak; yükselmek; uzamak

alzata *sf* kaldırma, yükseltme; yukarı çekme *alzata di spalle* omuz silkme

amabile *agg* sevimli, hoş, kibar; (şarap) tatlı

amaca *sf* hamak

amalgamare *vt* karıştırmak, birleştirmek

amante¹ *agg* düşkün, çok seven; beğenen

amante² *sm/f* dost, sevgili

amare *vt* sevmek; hoşlanmak

amareggiato *agg* kırgın, üzgün

amarena *sf* vişne

amarezza *sf* acılık; dargınlık

amaro *agg* acı; üzücü

amatore *sm* hevesli, meraklı; amatör

ambasciata *sf* büyükelçilik, elçilik; mesaj

ambasciatore *sm* büyükelçi, sefir

ambedue *agg/pron* her ikisi, her iki
ambientare *vt* ortama uydurmak
ambientarsi *vr* ortama uymak
ambiente *sm* çevre, muhit; ortam
ambiguo *agg* belirsiz, anlaşılmaz; kuşkulu
ambire *vt* çok istemek, yanıp tutuşmak
ambito *sm* çevre, muhit; alan, saha
ambizione *sf* hırs, tutku, ihtiras
ambizioso *agg* hırslı, tutkulu, ihtiraslı
ambo *agg* her ikisi de, her iki
ambra *sf* amber, kehribar *ambra grigia* esmeramber
ambulante *agg* gezici, seyyar
ambulanza *sf* ambulans, cankurtaran
ambulatorio *sm* muayenehane
ameno *agg* hoş, sevimli, tatlı; tuhaf; eğlendirici
America *sf* : *l'America del sud* Güney Amerika *l'America latina* Latin Amerika
americano *agg/sm/f* Amerikan, Amerikalı
ametista *sf* ametist, mortaş
amianto *sm* amyant, asbest, taşpamuğu
amichevole *agg* dostça, arkadaşça

amicizia *sf* dostluk, arkadaşlık
amico *sm/f* arkadaş; erkek arkadaş, kız arkadaş *amico del cuore* canciğer arkadaş
amido *sm* nişasta; kola
ammaccare *vt* berelemek, çürütmek; yamultmak
ammaestrare *vt* eğitmek, terbiye etmek; öğretmek
ammainare *vt* den. indirmek
ammalarsi *vr* hastalanmak, hasta düşmek
ammalato *agg/sm* hasta
ammaliare *vt* büyülemek, hayran etmek
ammanco *sm* kasa açığı
ammanettare *vt* kelepçelemek, tutuklamak
ammassare *vt* yığmak, toplamak, biriktirmek
ammassarsi *vr* toplanmak, birikmek, yığılmak
ammasso *sm* yığın, küme; istif
ammattire *vi* delirmek, çıldırmak
ammazzare *vt* öldürmek; canını çıkarmak
ammazzarsi *vr* kendini öldürmek; öldürülmek *ammazzarsi di lavoro* çalışmaktan canı çıkmak
ammenda *sf* para cezası
ammesso *agg* kabul edilmiş;

alınmış *ammesso che* diyelim ki, varsayalım
ammettere *vt* kabul etmek; izin vermek; farz etmek, varsaymak *ammettiamo che* varsayalım, tut ki
ammiccare *vi* göz kırpmak
amministrare *vt* yönetmek, idare etmek
amministrativo *agg* yönetimsel, idari
amministratore *sm* yönetici, idareci *amministratore delegato* yönetim kurulu danışmanı
amministrazione *sf* yönetim; yönetme; idare
ammiragliato *sm* amirallik
ammiraglio *sm* amiral
ammirare *vt* hayran olmak, çok beğenmek
ammiratore *sm* hayran; âşık
ammirazione *sf* hayranlık; takdir
ammissione *sf* kabul edilme, kabul
ammobiliato *agg* döşeli
ammodo1 *avv* özenle, titizlikle
ammodo2 *agg* görgülü, doğru dürüst
ammoniaca *sf* amonyak
ammonimento *sm* uyarı, ihtar, ikaz
ammonire *vt* uyarmak, ikaz etmek
ammontare *vi* tutmak, ulaşmak, etmek, tutmak
ammorbidire *vt* yumuşatmak § *vi* yumuşamak; uysallaşmak
ammortizzare *vt* azaltmak, yumuşatmak; amorti etmek
ammortizzatore *sm* amortisör
ammucchiare *vt* yığmak, biriktirmek, toplamak
ammuffire *vi* küflenmek
ammutinamento *sm* ayaklanma, isyan
ammutinarsi *vr* isyan etmek, ayaklanmak
ammutinato *agg/sm/f* asi, isyancı
amnesia *sf* amnezi, bellek yitimi
amnistia *sf* genel af
amo *sm* olta iğnesi
amore *sm* sevgi, aşk; sevgili *all'amore* sevişmek *fare l'amore* sevişmek *per amore di* hatırı için *per amore o per forze* ister istemez
amorfo *agg* biçimsiz, şekilsiz
amoroso *agg* aşka eğilimli; aşk +
ampiezza *sf* genişlik, en; büyüklük
ampio *agg* geniş, enli; ferah, büyük
amplesso *sm* cinsel birleşme
ampliare *vt* genişletmek, büyütmek

amplificare *vt* büyütmek, artırmak, (ses) yükseltmek
amplificatore *sm* amplifikatör
ampolla *sf* küçük şişe
amputare *vt* (organ) kesmek
amuleto *sm* nazarlık, muska
anabbagliante *agg* gözleri kamaştırmayan *(fari) anabbaglianti* kısa farlar
anagrafe *sf* nüfus memurluğu; nüfus kütüğü
analfabeta *sm/f* okuryazar olmayan
analgesico *agg/sm* ağrı kesici, analjezik
analisi *sf* analiz, tahlil; çözümleme *analisi del sangue* kan tahlili *analisi del sistemi* sistem analizi *analisi grammaticale* dilbilgisel çözümleme
analista *sm/f* tahlilci; psikanalist
analizzare *vt* çözümlemek; tahlil etmek; incelemek; muayene etmek
analogia *sf* analoji, benzeşme; yakınlık, benzerlik
analogo *agg* benzer, analog
ananas *sm* ananas
anarchia *sf* anarşi; kargaşa, düzensizlik
anarchico1 *agg* anarşik, başsız; düzensiz

anarchico2 *sm* anarşist
anatomia *sf* anatomi
anatomico *agg* anatomik
anatra *sf* ördek
anca *sf* kalça; yan, bel
anche *cong* de, da, dahi; bile *anche se* -se bile
ancora *avv* daha; henüz; hâlâ; yine *ancora un po'* biraz daha *ancora una volta* bir kere daha, bir daha *non ancora* henüz değil
àncora *sf* demir, çapa *gettare ancora* demir atmak *levare ancora* demir almak
ancoraggio *sm* demir atma; demir atma yeri
ancorare *vt* demir atmak, demirlemek
ancorarsi *vr* demir atmak, demirlemek
andamento *sm* gidişat; gelişim; akış
andante1 *agg* giden; değersiz, kalitesiz, ucuz
andante2 *sm* mus. ağır müzik parçası *a lungo andare* zamanla *andare a male* kötüye gitmek *andare a pescare* balığa gitmek *andare a rete* gol atmak *andare di moda* moda olmak *andare in aereo* uçakla gitmek *andare in mac-*

china arabayla gitmek *andare in onda* yayınlanmak *andare in scena* oynamak, sahnelenmek *andare perduto* kaybolmak *andarsene* çekip gitmek
andare2 *sm* gidiş, yürüyüş
andata *sf* gidiş *andata e ritorno* gidiş dönüş *biglietto di andata e ritorno* gidiş dönüş bileti *biglietto di solo andata* gidiş bileti
andatura *sf* gitme, gidiş; yürüyüş
andazzo *sm* âdet, alışkanlık; gidişat *prendre un brutto andazzo* kötüye gitmek
andirivieni *sm* gidip gelme
andito *sm* koridor
androne *sm* antre
aneddoto *sm* anekdot, küçük öykü
anelare *vi* arzulamak, can tmak, özlemek
anelito *agg* soluma; can atma; özlem
anello *sm* yüzük; halka, çember
anemia *sf* kansızlık, anemi
anemico *agg* kansız
anemone *sm* anemon, dağlalesi
anestesia *sf* anestezi, duyum yitimi
anestesista *sm/f* narkozcu, anestezi uzmanı
anestetico *agg/sm* uyuşturucu, anestetik
anestetizzare *vt* uyuşturmak, narkoz vermek
anfiteatro *sm* amfiteatr
anfratto *sm* dolambaçlı yer
angelico *agg* melek gibi
angelo *sm* melek *angelo custode* koruyucu melek
angheria *sf* ağır vergi, haraç
angina *sf hek.* anjin, boğaz iltihabı *angina pectoris* göğüs anjini
anglicano *agg/sm* Anglikan
anglicismo *sm* İngilizce deyim
anglosassone *agg/sm/f* Anglosakson
angolare *agg* açılı, köşeli
angolo *sm* açı; köşe
angoscia *sf* sıkıntı, üzüntü; kaygı
angoscioso *agg* iç sıkıcı, üzücü
anguilla *sf* yılanbalığı
anguria *sf* karpuz
angustia *sf* darlık, yoksulluk; sıkıntı, üzüntü
angustiare *vt* sıkıntı vermek, kaygılandırmak
angustiarsi *vr* sıkılmak, kaygılanmak
angusto *agg* dar, sıkı; sınırlı
anice *sm* anason; rakı
anidride *sf* anhidrit *anidride carbonica* karbondioksit *anidride solforose* kükürt

anima

dioksit

anima *sf* ruh, tin; kişi; öz; iç *non c'era anima viva* in cin yok, bir Allahın kulu yok

animale *sm* hayvan

animare *vt* canlandırmak; yüreklendirmek, teşvik etmek

animarsi *vr* canlanmak

animato *agg* canlı *cartone animato* çizgi film

animatore *agg/sm* animatör; canlandırıcı

animazione *sf* canlanma, canlandırma

animo *sm* ruh; cesaret; niyet *di buon animo* isteyerek *fare qc di buon* severek yapmak *farsi animo* cesaretini toplamak *perdersi d'animo* cesaretini yitirmek

annacquare *vt* sulandırmak, seyreltmek

annaffiare *vt* sulamak

anaffiatoio *sm* sulama bidonu, süzgeçli kova

annali *sm* yıllık

annaspare *vt* el yordamıyla aramak

annata *sf* yıl; yıllık ürün

annebbiare *vt* puslandırmak, sislendirmek

annebbiarsi *vr* bulutlanmak, sislenmek

annegamento *sm* boğulma; boğma

annegare *vt* suda boğmak § *vi* suda boğulmak

annerire *vt* karartmak § *vi* kararmak

annesso1 *agg* eklenmiş, katılmış

annesso2 *sm* ek bölüm

annettere *vt* katmak, eklemek; birleştirmek

annichilare *vt* yok etmek, ortadan kaldırmak

annientare *vt* yok etmek, ortadan kaldırmak

anniversario *sm* yıldönümü

anno *sm* yıl, sene *buon anno* iyi yıllar *capo d'anno* yılbaşı *quanti anni hai?* kaç yaşındasın?

annodare *vt* düğümlemek

annodarsi *vr* düğümlenmek, birbirine geçmek

annoiare *vt* canını sıkmak, rahatsız etmek; usandırmak

annoiarsi *vr* canı sıkılmak; usanmak

annoso *agg* yaşlı

annotare *vt* not almak

annotazione *sf* not; açıklama

annoverare *vt* saymak

annuale *agg* bir yıllık, yıllık

annuario *sm* yıllık

annuire *vi* başıyla onaylamak

annullare *vt* yok etmek, ortadan kaldırmak; geçersiz kılmak, iptal etmek

annunciare *vt* bildirmek, duyurmak; ilan etmek

annunciatore *sm/f* sunucu, spiker

Annunciazione *sf* Cebrail aracılığıyla gelen Meryem'in gebe kalacağı haberinin kutlandığı gün

annuncio *sm* haber, bildiri; ilan *annunci economici* küçük ilanlar *annuncio publicitario* ilan *piccoli annunci* küçük ilanlar

annuo *agg* bir yıl süren, yıllık

annusare *vt* koklamak *annusare tabacco* tütün çekmek

ano *sm* anüs

anomalia *sf* anomali, anormallik, kuraldışılık; düzensizlik

anomalo *agg* anormal; kuraldışı

anonimo *agg* isimsiz, anonim § *sm* ismi bilinmeyen sanatçı

anormale *agg* anormal § *sm* dengesiz kişi; eşcinsel

anormalità *sf* anormallik; dengesizlik

ansa *sf* kulp; dirsek, kıvrım

ansia *sf* sıkıntı; tasa, kaygı, endişe

ansietà *agg* kaygı, tasa, endişe

ansimare *vi* güçlükle solumak

ansioso *agg* kaygılı, endişeli

anta *sf* kepenk

antagonismo *sm* karşıtlık, çatışma; mücadele

antagonista *agg/sm/f* rakip, karşıt

antartico *agg/sm* Antarktik

Antartico *sf* : *l'Antartico* Antarktik

Antardide *sf* : *l'Antardide* Antarktika

antecedente *agg* önceki

antefatto *sm* geçmişteki olaylar, geçmiş

anteguerra *sm* savaş öncesi dönem

antenato *sm* ata, soy sop

antenna *sf* anten; *hayb.* duyarga

anteprima *sf* halka gösterilmeden önceki özel gösteri

anteriore *agg* ön, öndeki; önceki

antiaereo *agg* uçaksavar

antiatomico *agg* antinükleer *rifugio antiatomico* atom sığınağı

antibiotico *agg/sm* antibiyotik

anticamera *sf* bekleme odası *fare anticamera* bekletilmek

antichità *sf* eski zamanlar; antikalık; eski eşya

anticipare *vt* öne almak, önce yapmak; önce ödemek

anticipazione *sf* öne alma, önce yapma; önceden bildirme
anticipo *sm* avans; erken gelme *in anticipo* erkenden, önceden
antico *agg* eski; antik *all'antica* demode; modası geçmiş
anticoncezionale *agg/sm* gebeliği önleyici
anticorpo *sm* antikor
antidoto *sm* panzehir
antifurto *sm* hırsız alarmı
antigelo *sm* antifriz, donmaönler
antincendio *agg* yangına karşı
antiorario *agg* saatin ters yönünde
antipasto *sm* meze
antipatia *sf* antipati, sevmezlik
antipatico *agg* sevimsiz, soğuk, antipatik
antiquariato *sm* eski eserler ticareti
antiquario *sm* antikacı
antiquato *agg* eskimiş, modası geçmiş, demode
antisemita *agg* Yahudi düşmanı
antisettico *agg* mikrop öldürücü, antiseptik
antistaminico *sm* antihistamin
antologia *sf* seçme yazılar, antoloji
antonimo *sm* karşıt anlamlı
antropologia *sf* antropoloji, insanbilim
antropologo *sm* antropolog, insanbilimci
anulare₁ *sm* yüzükparmağı
anulare₂ *agg* halkamsı, yüzük biçiminde
anzi *cong* tersine; oysa, bilakis; ayrıca, hem de
anzianità *sf* kıdem; yaşlılık
anziano *agg/m/f* yaşlı, ihtiyar; kıdemli
anziche *cong* -cek yerde, mektense
anzitutto *avv* her şeyden önce
apatia *sf* duygusuzluk; kayıtsızlık, ilgisizlik
apatico *agg* duygusuz, hissiz, kayıtsız
ape *sf* arı
aperitivo *sm* aperitif
aperto *agg* açık *all'aperto* açık havada
apertura *sf* açış, açılış; açıklık; yarık *apertura alare* kanat açıklığı
apice *sm* doruk, zirve
apnea *sf* soluğunu tutma *immergersi in apnea* aletsiz dalmak
apostolo *sm* havari
apostrofo *sm* kesme, apostrof
appagare *vt* memnun etmek; tatmin etmek
appagarsi *vr* tatmin olmak;

memnun olmak
appalto *sm* ihale *dare in appalto* ihaleye vermek *prendere in appalto* ihaleyle almak
appannaggio *sm* ayrıcalık, imtiyaz; maaş
appannare *vt* buğulandırmak
appannarsi *vr* buğulanmak
apparato *sm* takım, teçhizat; donatım; *anat.* aygıt, sistem *apparato digerente* sindirim sistemi *apparato scenico* sahne düzeni
apparecchiare *vt* masayı hazırlamak, sofra kurmak
apparecchiatura *sf* donatı, teçhizat; alet, aygıt
apparecchio *sm* makine, araç, aygıt; uçak *apparecchi sanitari* banyo malzemeleri *apparecchio telefonico* telefon *apparecchio televisivo* televizyon (aygıtı)
apparente *agg* belli, gözle görülen, ortada
apparenza *sf* görünüş; görünüm *in apparenza* görünüşte, görünüşe göre
apparire *vi* görünmek, belirmek, gözükmek
appariscente *agg* göz alıcı, dikkat çekici
appartamento *sm* apartman dairesi
appartarsi *vr* toplumdan çekilmek
appartato *agg* bir köşeye çekilmiş, münzevi
appartenere *vi* ait olmak
appassionarsi *vr* ilgi uyandırmak; merak sarmak
appassionato *agg* meraklı; tutkulu
appassire *vi* solmak
appellarsi *vi* Yargıtaya başvurmak
appellativo *sm* takma ad, lakap
appello *sm* yoklama; Yargıtaya başvurma; çağırma *fare l'appello* yoklama yapmak
appena *avv* ancak, güçlükle; yalnızca; henüz § *cong* yapar yapmaz *appena appena* zorlukla, kıl payı *appena furono arrivati* gelir gelmez
appendere *vt* asmak
appendice *sf* ek, ilave
appendicite *sf hek.* apandisit
appesantire *vt* ağırlaştırmak
appesantirsi *vr* ağırlaşmak; şişmanlamak
appeso *agg* asılı; bağlı
appetito *sm* iştah *buon appetito* afiyet olsun
appetitoso *agg* iştah açıcı; çekici
appianare *vt* düzleştirmek, tes-

viye etmek
appiattire *vt* yassıltmak, basıklaştırmak
appiattirsi *vr* yassılmak, basıklaşmak
appiccare *vt* : *appiccare il fuoco a* ateşe vermek
appiccicare *vt* yapıştırmak
appiccicarsi *vr* yapışmak
appieno *avv* tamamen
appigliarsi *vr* tutunmak, yapışmak
appiglio *sm* bahane
appisolarsi *vr* uyuklamak
applaudire *vt* alkışlamak
applauso *sm* alkış
applicare *vt* uygulamak, tatbik etmek; uydurmak
applicarsi *vr* kendini vermek
applicazione *sf* uygulama, tatbik
appoggiare *vt* dayamak, yaslamak; desteklemek
appoggiarsi *vr* dayanmak, yaslanmak
appoggio *sm* destek; dayanak
appollaiarsi *vr* pineklemek
apporre *vt* eklemek
apportare *vt* getirmek; sağlamak
appositamente *avv* özellikle, özel olarak
apposito *agg* uygun, elverişli
apposta *avv* mahsus, kasten; özellikle
appostarsi *vr* pusuya yatmak
apprendere *vt* öğrenmek, kavramak
apprendista *sm/f* çırak
apprensione *sf* anlayış, kavrama, idrak
apprensivo *agg* anlayışlı
appresso *avv* yanında, arkada, peşinde § *prep* yanında, yakınında § *agg* ertesi *il giorno appresso* ertesi gün
apprestare *vt* hazırlamak
apprestarsi *vr* hazırlanmak
appretto *sm* apre
apprezzabile *agg* değerli, önemli
apprezzamento *sm* değerlendirme; takdir
apprezzare *vt* takdir etmek, beğenmek; değer biçmek
approccio *sm* yaklaşma; yaklaşım
approdare *vi* kıyıya yanaşmak; çıkmak *non approdare a nulla* boşa çıkmak
approdo *sm* kapıya yanaşma; iskele
approfittare *vi* yararlanmak, değerlendirmek
approfondire *vt* derinleştirmek; derine inmek
appropriarsi *vr* kendine mal etmek *appropriarsi indebitamente di* zimmetine geçir-

mek
appropriato *agg* uygun, münasip, müsait
approssimarsi *vr* yanaşmak, yaklaşmak
approssimativo *agg* yaklaşık, takribi, tahmini
approvare *vt* onaylamak; kabul etmek; tasvip etmek
approvazione *sf* onaylama, tasvip
approvigionare *vt* yiyecek sağlamak, erzak vermek
appuntamento *sm* randevu; buluşma yeri *darsi appuntamento* randevulaşmak
appuntato *sm* onbaşı
appunto1 *sm* not; azar, paylama
appunto2 *avv* tam; doğrusu
appurare *vt* gerçeği göstermek; ortaya çıkarmak
apribottiglie *sm* şişe açacağı
apriori *agg* önsel; önceden; peşin
aprile *sm* nisan
aprire *vt* açmak
aprirsi *vr* açılmak; yarılmak *aprirsi a qn* birbirine açılmak, içini dökmek
apriscatole *sf* konserve açacağı
aquila *sf* kartal
aquilone *sm* uçurtma; poyraz, kuzey rüzgârı
Arabia Saudita *sf* : *l'Arabia Saudita* Suudi Arabistan
arabo *sm* Arap; Arapça § *agg* Arap +
arachide *sf* yerfıstığı
aragosta *sf* ıstakoz
arancia *sf* portakal
aranciata *sf* portakallı gazoz
arancio *sm* portakal ağacı; portakalrengi
arancione *agg/sm* turuncu, portakalrengi
arare *vt* çift sürmek, saban sürmek
aratro *sm* saban
arazzo *sm* duvar halısı
arbitrare *vt* hakemlik yapmak
arbitrario *agg* keyfi
arbitrio *sm* keyfi davranış, zorbalık
arbitro *sm* hakem; yargıcı
arbusto *sm* çalı
arca *sf* lahit; sanduka *l'arca di Noè* Nuh'un gemisi
arcangelo *sm* başmelek
arcata *sf* kemer
archeologia *sf* arkeoloji, kazıbilim
archeologico *agg* arkeolojik
archeologo *sm* arkeolog, kazıbilimci
archetto *sm* yay
architettare *vt* kurmak, yapmak, düzenlemek

architetto *sm* mimar
architettura *sf* mimarlık; mimari
archivio *sm* arşiv, belgelik; *bilg.* dosya, kütük
arciere *sm* okçu.
arcigno *agg* hırçın, huysuz; sert
arcipelago *sm* takımada
arcivescovo *sm* başpiskopos
arco *sm* yay; *mim.* kemer; *elek.* ark
arcobaleno *sm* gökkuşağı, ebemkuşağı
arcuato *agg* yay biçimli; çarpık *dalle gambe arcuato* çarpık bacaklı
ardente *agg* yıkıcı; yanıp tutuşan; istekli
ardere *vt* yakmak § *vi* yanmak
ardesia *sf* kayağantaş, arduvaz
ardire *vt/i* cesaret etmek, göze almak
ardito *agg* cesur, atılgan; yüzsüz, utanmaz
ardore *sm* kızgın ateş; canlılık; hararet
arduo *agg* çetin, güç, zor; yorucu
area *sf* alan, saha; arsa, yer; yüzölçümü
arena1 *sf* kum
arena2 *sf* arena; anfiteatr; açık hava tiyatrosu
arenarsi *vr* karaya oturmak
argano *sm* bocurgat
argenteria *sf* gümüş eşya

Argentina *sf* : *l'Argentina* Arjantin
argentino *sm/f* Arjantinli
argento *sm* gümüş
argilla *sf* kil
argine *sm* set; baraj; engel
argomento *sm* kanıt, delil; neden; konu
arguire *vt* sonuç çıkarmak
arguto *agg* keskin zekâlı; esprili
arguzia *sf* sivri zekâ; espri
aria *sf* hava; gök; ortalık; şarkı; arya *all'aria aperta* açık havada *fare castelli in aria* düş kurmak *mandare all'aria qc* altüst etmek, berbat etmek
arido *agg* çorak; kuru, kurak
arieggiare *vt* havalandırmak; taklit etmek
ariete *sm* koç; *ask.* koçbaşı
Ariete *sm* Koç Burcu
aringa *sf* ringa
arista *sf* kılçık; domuz sırtı
aristocratico *agg* aristokrat, asil, soylu
aritmetica *sf* aritmetik
aritmetico *agg* aritmetik sayısal
arlechino *sm* soytarı, palyaço
arma *sf* silah; *ask.* birlik, ordu *alle armi!* silah başına! *armi da fuoco* ateşli silahlar *chimare alle armi* askere çağır-

mak *sotto le armi* silah altında, askerde
armadio *sm* dolap; gardırop *armadio a muro* gömme dolap
armamentario *sm* teçhizat, araç-gereç
armamento *sm* silahlanma; donanım, araç-gereç
armare *vt* silahlandırmak
armarsi *vr* silahlanmak
armata *sf* ordu; donanma
armato *agg* silahlı *le forze armate* silahlı kuvvetler
armatore *sm* armatör
armatura *sf* çerçeve; yapı iskelesi; zırh
armeggiare *vi* didinmek, uğraşmak; dolap çevirmek
armistizio *sm* ateşkes
armonia *sf* uyum, ahenk; anlaşma
armonica *sf* armonika *armonica a bocca* ağız mızıkası
armonico *agg* uyumlu; orantılı, düzgün
armonioso *agg* uyumlu, ahenkli
armonizzare *vt* düzen vermek, uydurmak; anlaştırmak
armonizzarsi *vr* anlaşmak; uyuşmak
arnese *sm* alet; araç; zımbırtı, şey *male in arnese* kötü giyimli; sağlığı bozuk

arnia *sf* arı kovanı
aroma *sm* aroma, güzel koku; baharat
aromatico *agg* aromatik, güzel kokulu
arpa *sf müz.* arp
arpeggio *sm müz.* arpej
arpia *sf* yarı kadın yarı kuş mitolojik bir canavar
arpione *sm* kanca, çengel; zıpkın
arrabattarsi *vr* çabalamak, çırpınmak
arrabbiarsi *vr* kızmak, öfkelenmek, kudurmak
arrabbiato *agg* kuduz; öfkeli, kızgın
arraffare *vt* yakalamak, tutmak; çalmak, aşırmak
arrampicarsi *vr* tırmanmak
arrancare *vi* topallamak, aksamak
arrangiare *vt* dizmek, düzenlemek; yoluna koymak
arrangiarsi *vr* uyuşmak; işini yürütmek
arrecare *vt* getirmek, taşımak; neden olmak
arredamento *sm* iç dekorasyon; mefruşat
arredare *vt* döşemek, teşrif etmek
arredatore *sm* dekoratör, iç mimar

arredo *sm* döşeme eşyası; döşem
arrendersi *vr* teslim olmak
arrestare *vt* tutuklamak; durdurmak
arrestarsi *vr* durmak
arresto *sm* tutuklama, tevkif; gözaltı; durdurma **arresti domiciliari** evde göz hapsi *mettere agli arresti* tutuklamak, tevkif etmek
arretrare *vi* geri çekilmek
arretrato *agg* geri kalmış, azgelişmiş; (dergi vb) eski
arricchire *vt* zenginleştirmek
arricchirsi *vr/vi* zenginleşmek
arricciare *vt* kıvırmak *arricciare il naso* burun kıvırmak
arringa *sf* söylev, konuşma
arrischiare *vt* tehlikeye atmak, riske etmek
arrischiarsi *vr* tehlikeye atılmak, riske girmek
arrischiato *agg* tehlikeyi, riskli; gözü pek, atılgan
arrivare *vi* varmak, ulaşmak; erişmek; başarmak *non arrivarci* aklı ermemek
arrivederci *inter* allahaısmarladık, hoşça kal; görüşürüz
arrivederla *inter* allahaısmarladık; hoşça kal; görüşürüz
arrivo *sm* varma, varış; geliş; *sp.* finiş, bitiş

arrogante *agg* kendini beğenmiş, kibirli, gururlu
arrossire *vi* kızarmak, utanmak
arrostire *vt* kızartmak, kebap yapmak; ızgarada pişirmek
arrosto *sm* kızartma, et kebabı
arrotare *vt* bilemek, keskinleştirmek; çarpmak
arrotolare *vt* sarmak, tomar yapmak
arrotondare *vt* yuvarlaklaştırmak; (hesabı) yuvarlak yapmak
arrovellarsi *vr* küplere binmek, çok kızmak *arrovellarsi il cervello* kafa patlatmak
arruffare *vt* dolaştırmak, karıştırmak
arruginire *vt* paslandırmak
arruginirsi *vr* paslanmak
arruolare *vt* askere almak
arruolarsi *vr* askere gitmek
arsenale *sm* silah deposu; tersane
arsenico *sm* arsenik, sıçanotu
arso *agg* yanmış, yanık
arsura *sf* aşırı sıcaklık; kuraklık
arte *sf* sanat; beceri; ustalık, yetenek
artefatto *agg* sahte, yapmacık; taklit, sahte
artefice *sm/f* sanatçı
arteria *sf* atardamar; anayol
artico *sm* kuzey kutbu +

articolare₁ *vt* tek tek söylemek; eklemlerini oynatmak
articolarsi *vr* bölünmek
articolare₂ *agg* eklemsel
articolazione *sf* eklem yeri, mafsal; eklemleme
articolo *sm dilb.* artikel, tanımlık; yazı, makale; eşya ***articolo di fondo*** başyazı, başmakale
artificiale *agg* suni, yapay
artificio *sm* oyun, hile; beceri, maharet; yol, yöntem
artigianato *sm* zanaatkârlık
artigiano *agg* zanaatkâr, esnaf
artigliere *sm* topçu
artiglio *sm* pençe; tırnak
artista *sm/f* sanatçı
artistico *agg* sanatsal
arto *sm* kol, bacak
artrite *sf hek.* artrit, eklem iltihabı
artrosi *sf hek.* osteoartrit
arzillo *agg* canlı, çevik
ascella *sf* koltuk altı
ascendente₁ *agg* yükselen; yükselerek giden
ascendente₂ *sm* ata, cet, soy
ascensione *sf* çıkma, yükselme ***l'Ascensione*** İsa peygamberin göğe çıkışı, uruç
ascensore *sm* asansör
ascesa *sf* yükselme, çıkma; cülus
ascesso *sm hek.* çıban

ascia *sf* balta
asciugacapelli *sm* saç kurutma makinesi
asciugamano *sm* havlu
asciugare *vt* kurulamak, kurutmak
asciugarsi *vr* kurulanmak
asciutto *agg* kuru; sıska, cılız ***restare a bocco asciutta*** hayal kırıklığına uğramak, düş kırıklığına uğramak
ascoltare *vt* dinlemek
ascoltatore *sm/f* dinleyici
ascolto *sm* dinleme ***indice di ascolto*** (televizyon/radyo) izlenme oranı
asfalto *sm* asfalt
asfissiare *vt* boğmak; uyuz etmek, can sıkmak
Asia *sf* : ***l'Asia*** Asya
asiatico *agg* Asya + § *sm/f* Asyalı
asilo *sm* sığınak, barınak ***asilo d'inganzia*** çocuk yuvası ***asilo politico*** siyasi sığınma, siyasi iltica
asino *sm* eşek
asma *sm/f hek.* astım
asola *sf* ilik, düğme iliği
asparago *sm* kuşkonmaz
aspettare *vt* beklemek ***aspettare un bambino*** bebek beklemek
aspettativa *sf* bekleme; beklenti ***essere in aspettativa*** izinli

aspetto

olmak *inferiore all'aspettativa* umulandan kötü
aspetto *sm* görünüş, biçim; bakış açısı, görüş *di bell aspetto* yakışıklı
aspirante *agg/sm/f* istekli; aday
aspirapolvere *sm* elektrik süpürgesi
aspirare *vt* içine çekmek; emmek § *vi* çok istemek, yanıp tutuşmak
aspiratore *sm* aspiratör
aspirina *sf* aspirin
asportare *vt hek.* çıkarıp almak
aspro *agg* ekşi, buruk; sert; kaba; çetin
assaggiare *vt* tadına bakmak, tatmak
assai *avv* oldukça, çok, epeyce
assalire *vt* saldırmak, hücum etmek
assalto *sm* baskın, hücum
assaporare *vt* tatmak, tadına bakmak
assassinare *vt* öldürmek
assassinio *sm* kıyım, cinayet, öldürme
assassino *sm* katil, cani
asse1 *sf* uzun tahta *asse da stiro* ütü tahtası
asse2 *sf* eksen; dingil, mil
assediare *vt* kuşatmak, sarmak
assedio *sm* kuşatma
assegnare *vt* vermek, tahsis etmek, ayırmak
assegno *sm* çek; ödenek *assegni familiari* çocuk yardımı *assegno a vuoto* karşılıksız çek *assegno di viaggio* seyahat çeki *assegno sbarrato* çizgili çek *contro assegno* ödemeli, tesliminde ödenecek
assemblea *sf* kurul, toplantı; meclis
assennato *agg* makul, aklı başında
assenso *sm* kabul, rıza, onay
assente *agg* bulunmayan, yok; dalgın § *sm/f* gelmeyen kimse
assenza *sf* bulunmama, yokluk
assessore *sm* belediye danışmanı
assestare *vt* düzeltmek, düzenlemek
assetato *agg* susamış
assetto *sm* düzen, sıra; görünüş
assicurare *vt* teminat vermek; inandırmak, güven vermek; sigorta etmek
assicurarsi *vr* sağlama bağlamak; sigorta olmak
assicurata *sf* taahhütlü mektup
assicurato *agg* sigortalı
assicurazione *sf* sigorta; güvence
assideramento *sm* donma
assiduo *agg* dikkatli, özenli; çalışkan; kesiksiz, sürekli

assieme *avv* birlikte, beraber
assillare *vt* sırnaşmak; tedirgin etmek; bezdirmek
assillo *sm* takınak
assise *sf* : *corte d'assise* ağır ceza mahkemesi
assistente *sm/f* yardımcı, asistan *assistente di volo* hostes *assistente sociale* sosyal hizmet görevlisi
assistenza *sf* yardım *assistenza ospedaliera* (ücretsiz) sağlık yardımı *assistenza sanitaria* sağlık hizmeti *assistenza sociale* sosyal yardım
assistere *vi* yardım etmek; *hek.* bakmak, tedavi etmek
asso *sm* as, birli *piantare qn in asso* yüzüstü bırakmak, ortada bırakmak
associare *vt* birleştirmek; ortak etmek
associarsi *vr* ortak olmak, birleşmek; katılmak
associazione *sf* birleşme; katılma; ortak olma; dernek, cemiyet *associazione a delinquere* suçortaklığı
assoggettare *vt* buyruğuna almak, kendine bağlamak
assolato *agg* güneşli
assoldare *vt* askere almak
assolo *sm müz.* solo

assolutamente *avv* kesinlikle
assoluto *agg* tam, mutlak; kayıtsız şartsız
assoluzione *sf* beraat, aklanma; günahların bağışlanması
assolvere *vt* beraat ettirmek, aklamak; günahlarını bağışlamak; yerine getirmek
assomigliare *vi* benzemek, andırmak
assonnato *agg* uykulu
assopirsi *vr* uyuklamak
assorbente *agg* emici, içine çeken § *sm* emici madde *assorbente igienico* kadın bağı, hijyenik ped *assorbente interno* tampon
assorbire *vt* emmek, soğurmak; özümlemek, sindirmek
assordare *vt* sağır etmek; kafa şişirmek
assortimento *sm* çeşit; takım
assortito *agg* seçme; çeşitli
assottigliare *vt* inceltmek, sivriltmek; azaltmak
assottigliarsi *vr* incelmek; azalmak
assuefare *vt* alıştırmak
assuefarsi *vr* alışmak
assumere *vt* varsaymak, farz etmek; üstlenmek
assunto *sm* sav, varsayım
assurdità *sf* saçmalık, an-

lamsızlık *dire delle assurdità* saçma sapan konuşmak, abuk sabuk konuşmak
assurdo *agg* saçma, anlamsız
asta *sf* sırık, direk; açık artırma *salto con l'asta* sırıkla atlama
astanteria *sm* ilkyardım
astemio *agg/sm/f* içki içmeyen, yeşilaycı
astenersi *vr* çekimser kalmak; sakınmak, kaçınmak
asterisco *sm* yıldız işareti
astice *sm* ıstakoz
astigmatico *agg* astigmatik
astinenza *sf* kaçınma, sakınma
astio *sm* hınç, kin
astratto *agg* soyut
astro *sm* yıldız
astrologia *sf* müneccimlik, astroloji
astrologico *agg* astrolojik
astrologo *sm* müneccim, astrolog
astronauta *sm/f* astronot
astronave *sf* uzaygemisi
astronomia *sf* gökbilim, astronomi
astronomico *agg* astronomik
astuccio *sm* kılıf, kutu
astuto *agg* kurnaz, zeki
astuzia *sf* kurnazlık, açıkgözlük; ustalık
atelier *sm* atölye
Atene *sf* Atina
ateneo *sm* üniversite
ateo *agg/sm/f* tanrıtanımaz, ateist
atlante *sm* atlas
Atlantico *agg* Atlantik + *l'Oceano Atlantico* Atlantik Okyanusu
atleta *sm//f* atlet
atletica *sf* atletizm *atletica pesante* halter ve güreş
atletico *agg* atletik
atmosfera *sf* hava; atmosfer; ortam
atomico *agg* atom +, nükleer
atomo *sm kim.* atom
atrio *sm* giriş, antre; avlu
atroce *agg* gaddar, zalim; korkunç
attaccamento *sm* bağlılık, sadakat
attaccapanni *sm* kanca, askı; portmanto
attaccare *vt* bağlamak; takmak; yapıştırmak; saldırmak, hücum etmek; başlamak, koyulmak; bulaştırmak; eleştirmek
attaccarsi *vr* bağlanmak; yapışmak; tutunmak
attacco *sm* bağlama, takma; saldırı, hücum; priz; *hek.* nöbet, kriz *attacco cardiaco* kalp krizi
atteggiamento *sm* duruş; davranış, tutum, tavır

atteggiarsi *vr* gibi görünmek, kılığına bürünmek
attempato *agg* yaşlıca
attendere *vt* beklemek
attendibile *agg* inanılır, güvenilir
attenersi *vi* uymak, bağlı kalmak
attentare *vi* suikast girişiminde bulunmak
attentato *sm* suikast *attentato alla vita di qn* suikast girişiminde bulunmak
attentatore *sm* suikastçı
attento *agg* dikkatli, titiz *stare attento a qc* dikkat etmek
attenuante *sf* hafifletici neden
attenuare *vt* hafifletmek; azaltmak; yatıştırmak
attenuarsi *vr* hafiflemek, yumuşamak; azalmak
attenzione *sf* dikkat; nezaket § *inter* dikkat!
atterraggio *sm* iniş
atterrare *vt* devirmek; indirmek § *vi* (yere) inmek, iniş yapmak
atterrire *vt* dehşete düşürmek, çok korkutmak
attesa *sf* bekleyiş, bekleme *in attesa* beklerken
attestato *sm* belge, sertifika
attico *sm* tavan arası, çatı katı
attiguo *agg* bitişik
attillato *agg* (vücudu) saran, dar
attimo *sm* an, kısa zaman' *un attimo* bir saniye
attinente *agg* ilgili, dair
attirare *vt* kendine çekmek, cezbetmek
attitudine *sf* yetenek, kabiliyet; eğilim
attivare *vt* işletmek, çalıştırmak
attività *sf* etkinlik, faaliyet; *tic.* aktif, mal, varlıklar
attivo1 *agg* etkin, faal, etkili; etken; kâr yapan, kazanç getiren
attivo2 *sm* aktif, varlıklar; *dilb.* etken çatı
attizzare *vt* ateşi karıştırmak, körüklemek
atto *sm* iş, eylem; davranış, tutum; belge; tutanak; *tiy.* perde *atto di matrimonio* evlilik belgesi *mettere in atto* uygulamak, yapmak, gerçekleştirmek
attonito *agg* şaşırmış, afallamış
attorcigliare *vt* sarmak, dolamak
attorcigliarsi *vr* sarılmak, dolanmak
attore *sm* aktör, erkek oyuncu
attorice *sf* aktris, kadın oyuncu
attorno *avv/prep* çevrede, etrafta; çevresinde, etrafında
attracco *sm* den. yanaştırma
attraente *agg* çekici, alımlı, cazip
attrarre *vt* kendine çekmek;

attrattiva

cezbetmek
attrattiva *sf* çekicilik, alım, cazibe
attraversamento *sm* geçit; geçme
attraversare *vt* karşıdan karşıya geçmek; aşmak
attraverso *prep* arasından, içinden
attrazzione *sf* çekim; cazibe, çekicilik
attrezzare *vt* donatmak, teçhiz etmek
attrezzatura *sf* donatım, teçhizat; alet
attrezzo *sm* alet, araç, gereç
attribuire *vt* vermek, atfetmek, yüklemek
attributo *sm* özellik, nitelik
attrito *sm* sürtüşme; sürtünme
attuabile *agg* yapılabilir, uygulanabilir
attualità *sf* güncellik
attualmente *avv* şimdi, şu anda; günümüzde
attuare *vt* gerçekleştirmek, yerine getirmek
attuarsi *vi* gerçekleşmek
attutire *vt* azaltmak, yumuşatmak
audace *agg* korkusuz, atılgan, yürekli, cesur
audacia *sf* korkusuzluk, yüreklilik; cesaret

audiocassetta *sm* kaset, ses kasedi
audiovisivo *agg* görsel-işitsel
audizione *sf* dinleme *essere in auge* zirvede olmak
augurare *vt* dilemek; ummak, ümit etmek
augurio *sm* belirti, alamet; dilek *auguri* en iyi dilekler *di buon augurio* uğurlu, hayra alamet *essere di cattivo augurio* uğursuz olmak *fare gli auguri a qn* iyi dileklerini sunmak
aula *sf* sınıf, derslik; salon
aumentare *vt* artırmak, çoğaltmak § *vi* artmak, çoğalmak
aumento *sm* yükselme, artış; zam
aureola *sf* ayla, hale
aurora *sf* tan, şafak, gün ağarması
ausiliare *agg/sm/f* yardımcı
auspicare *vt* dilemek
auspicio *sm* dilek, umut; koruma, himaye *sotto gli auspici di* korumasında, himayesinde
austero *agg* sıkı, katı; ekşi, buruk
australe *agg* güney
Australia *sf* : *l'Austraila* Avustralya
australiano *sm/f* Avustralyalı § *agg* Avustralya +

Austria *sf*: *l'Austria* Avusturya
austriaco *sm/f* Avusturyalı § *agg* Avusturya +
autentica *sf* resmi onay
autista *sm/f* sürücü, şoför
auto *sf* araba, otomobil, oto
autoadesive *agg* kendi kendine yapışan § *sm* çıkartma, stiker
autobiografia *sf* özyaşamöyküsü, otobiyografi
autobotte *sf* tanker
autobus *sm* otobüs
autocarro *sm* kamyon
autocisterna *sf* su tankeri
autocontrollo *sm* özdenetim, otokontrol
autocorriera *sf* otobüs
autografo *agg/sm* kendi eliyle yazılmış
autolinea *sf* otobüs hattı
automa *sm* otomat
automatico *agg* otomatik
automazione *sf* otomasyon
automezzo *sm* motorlu taşıt
automobile *sf* otomobil, araba
autonomia *sf* özerklik, muhtariyet
autonomo *agg* özerk, serbest, muhtar
autopompa *sf* itfaiye
autopsia *sf* otopsi
autoradio *sf* araba radyosu
autore *sm* yazar; fail
autorevole *agg* etkili, nüfuzlu, otoriter
autorimessa *sf* garaj
autorità *sf* otorite, yetke; nüfuz; itibar; iktidar
autorizzare *vt* yetki vermek, yetkilendirmek
autorizzazione *sf* yetki, izin
autoscuola *sf* sürücü kursu
autostop *sm* otostop
autostoppista *sm/f* otostopçu
autostrada *sf* otoyol, otoban
autotreno *sm* römorklu kamyon uzun araç
autoveicolo *sm* motorlu taşıt
autunno *sm* sonbahar, güz
avambraccio *sm anat.* önkol
avanguardia *sf* öncü; yenilik getiren; *ask.* öncü birlik
avanti *avv/prep* önde, ileride; ileri § *inter* ileri!, haydi!, buyurun! *andare avanti* ileri gitmek *avanti Cristo* İsa'dan önce, milattan önce *avanti e indietro* ileri geri
avanzamento *sm* ilerleyiş, ilerleme
avanzare *vi* ilerlemek, gelişmek; kalmak, artmak § *vt* avans vermek; yükseltmek; ileri sürmek
avanzata *sf* ilerleme
avanzo *sm* artık, kalan

avaria *sf* bozukluk; zarar, ziyan
avaro *agg/sm* cimri, hasis, pinti
avena *sf* yulaf
avere1 *vt* sahip olmak
avere2 *sm* varlık, servet; alacak *il dare e l'avare* alacak verecek
avi *sm/pl* ecdat
aviazione *sf* havacılık, hava kuvvetleri
avidità *sf* düşkünlük, hırs; açgözlülük
avido *agg* düşkün; açgözlü, obur
avocado *sm* avokado
avorio *sm* fildişi
avvallamento *sm* çökme, göçme
avvalorare *vt* değerlendirmek, değerini artırmak
avvampare *vi* alevlenmek, tutuşmak
avvantaggiare *vt* kayırmak, lehine çalışmak
avvantaggiarsi *vr* üstünlük kazanmak; avantaj sağlamak
avvelenare *vt* zehirlemek
avvenente *agg* sevimli, çekici, hoş
avvenimento *sm* olay, vaka, hadise
avvenire1 *vi* meydana gelmek, olmak, başa gelmek
avvenire2 *sm* gelecek
avventarsi *vr* saldırmak, hücum etmek
avventato *agg* düşüncesiz
avventizio *sm* geçici, arızi
avvento *sm* geliş; çıkış, çıkma
avventore *sm* sürekli müşteri
avventura *sf* serüven, macera; aşk macerası
avventuroso *agg* serüven dolu, maceralı
avverarsi *vi* gerçekleşmek
avverbio *sm* zarf, belirteç
avversario *sm* rakip, hasım § *agg* muhalif
avversione *sf* nefret, iğrenme
avverso *agg* karşı, aksi, zıt
avvertenza *sf* uyarı, ikaz; giriş, önsöz
avvertenze *sf/pl* kullanım kılavuzu
avvertimento *sm* uyarı, ihtar
avvertire *vt* uyarmak, ikaz etmek; haber vermek; sezmek
avvezzo *agg* alışık
avviamento *sm* başlama; çalışma, işleme; ilerleme
avviare *vt* başlatmak; başlamak; çalıştırmak
avviarsi *vr* yola koyulmak; ilerlemek
avvicendare *vt* sırayla yapmak
avvicinare *vt* yaklaştırmak, yanaştırmak
avvicinarsi *vr* yaklaşmak, yanaşmak

avvilire *vt* alçaltmak, küçük düşürmek; cesaretini kırmak
avvilirsi *vt* cesareti kırılmak, morali bozulmak
avviluppare *vt* sarmak, örtmek, dolamak
avvinazzato *agg* sarhoş
avvincere *vt* kendine çekmek, büyülemek
avvinghiare *vt* sımsıkı tutmak, kavramak
avvinghiarsi *vr* tutunmak, sarılmak
avvisare *vt* uyarmak, ikaz etmek; haber vermek
avviso *sm* uyarı, ikaz; duyuru, bildiri; reklam; görüş, düşünce *a mio avviso* bence, kanımca
avvistare *vt* görmek, sezmek
avvitare *vt* vidalamak
avvizzire *vi* soluklaşmak, solmak
avvocato *sm* avukat
avvolgere *vt* sarmak, dolamak
avvolgersi *vt* sarınmak, örtünmek
avvoltoio *sm* akbaba
azalea *sf bitk.* açelya
azienda *sf* işyeri, şirket, firma, fabrika *azienda di soggiorno e turismo* turizm bürosu
azionare *vt* harekete geçirmek
azione *sf* iş, eylem; hareket; etki; *huk.* dava; *tic.* hisse senedi

azionista *sm/f* hissedar, hisse senedi sahibi
azoto *sm* azot
azzannare *vt* ısırmak, dişlemek
azzardarsi *vr* cesaret etmek, kalkışmak, girişmek
azzardato *agg* riskli, cüretkâr
azzardo *sm* risk, tehlike
azzeccare *vt* tahmin etmek, tutturmak
azzuffarsi *vr* dövüşmek, kavga etmek
azzurro *agg* mavi, gök rengi § *sm* İtalyan milli takım oyuncusu *gli Azzurri hanno* İtalyanlar kazandı

babbeo *agg/sm* aptal, budala
babbo *sm* baba
babbuccia *sf* pabuç
baccalà *sm* morina balığı; salak, aptal
baccano *sm* gürültü, patırtı
baccello *sm* baklagillerin kabuğu
bacchetta *sf* sopa, değnek, çubuk
bacheca *sf* camekân, vitrin
baciare *vt* öpmek
baciarsi *vr* öpüşmek
bacinella *sf* leğen, küvet
bacino *sm* leğen, küvet; *co.* havza

bacio *sm* öpücük, öpüş
baco *sm* solucan, kurt *baco da seta* ipekböceği
badare *vi* dikkat etmek, bakmak
badile *sm* kürek
baffo *sm* bıyık *ridere sotto i baffi* bıyık altından gülmek
bagagliaio *sm* eşya vagonu, bagaj yeri
bagaglio *sm* bagaj, bavul
bagarino *sm* karaborsacı
bagnante *sm/f* banyo yapan kimse
bagnare *vt* ıslatmak, suya batırmak
bagnarsi *vr* ıslanmak
bagnato *agg* ıslak
bagnino *sm* (plajda) cankurtaran
bagno *sm* banyo; yıkanma; hamam
bagnomaria *sm* benmari
baia *sf* koy
baionetta *sf* süngü
balbettare *vi* kekelemek; ağzında gevelemek
balbo *agg* kekeme
balbuziente *agg/sm/f* kekeleme; kekeme
balcone *sm* balkon
baldacchino *sm* sayvan
baldanza *sf* ataklık, cesaret, cüret
baldo *agg* cesur, yürekli

baldoria *sf* curcuna, eğlenti
balena *sf* balina
balenare *vi* şimşek çakmak; parlamak
baleno *sm* pırıltı, şimşek *in un baleno* bir anda
balia *sf* dadı
balla *sf* balya, koli, denk
ballare *vi* dans etmek, oynamak
ballata *sf* balad
ballerina *sf* balerin; bale ayakkabısı
ballerino *sm* balet
balletto *sm* bale
ballo *sm* dans; bale; balo *ballo in maschera* maskeli balo *essere in ballo* işin içinde olmak; söz konusu olmak
ballottaggio *sm* ikinci oylama, salt çoğunlukla oylama
balneare *agg* banyo ile ilgili
balordo *agg* budala, aptal
balsamo *sm* kokulu reçine; belesan yağı
baluardo *sm* ask. büyük sur, kale
balzare *vi* sıçramak, hoplamak
balzo *sm* sıçrama, sıçrayış
bambagia *sf* hidrofil pamuk
bambina *sf* çocuk (kız)
bambinaia *sf* çocuk bakıcısı
bambino *sm* çocuk
bambola *sf* oyuncak bebek
bambu *sm* bambu, hintkamışı

banale *agg* bayağı, adi; basit
banana *sf* muz
banano *sm* muz ağacı
banca *sf* banka *banca (di) dati* databank, veri bankası *banca del sangue* kan bankası *impiegato di banca* banka memuru
bancarella *sf* banko, tezgâh
bancario *agg* banka + § *sm* banka memuru
bancarotta *sf* iflas
banchetto *sm* şölen, ziyafet
banchiere *sm* bankacı, banker
banchina *sf* rıhtım; peron
banco *sm* sıra, bank; sandalye; tezgâh *banco degli imputati* sanık kürsüsü *banco di nebbia* sis tabakası *sotto banco* el altından, gizlice
banconota *sf* kâğıt para
banda *sf* çete, grup; bando; bant, şerit; kenar
banderuola *sf* fırıldak
bandiera *sf* bayrak
bandire *vt* duyurmak, ilan etmek
bandito *sm* haydut, eşkıya, soyguncu
banditore *sm* duyurucu, tellal
bando *sm* duyuru; talimat; emir
bar *sm* bar
bara *sf* tabut
baracca *sf* baraka, kulübe
baraonda *sf* karışıklık, gürültü
barare *vi* aldatmak, hile yapmak
baratro *sm* uçurum
barattare *vt* değiş tokuş etmek, trampa etmek
baratto *sm* değiş tokuş, takas, trampa
barattolo *sm* kavanoz, kap
barba *sf* sakal *che barba!* ne aksilik! *farla in barba a qn* aldatmak *farsi la barba* tıraş olmak
barbabietola *sf* pancar
barbaro *sm/agg* barbar, vahşi; ilkel
barbato *agg* sakallı
barbiere *sm* berber
barbieria *sf* berber dükkânı
barbio *sm* tatlı su balığı
barbone *sm* sokak serserisi
barbuto *agg* sakallı
barca *sf* sandal, kayık, tekne
barcaiuolo *sm* kayıkçı
barcollare *vi* sallanmak, sendelemek
barcone *sm* mavna
barda *sf* eyer, semer
barella *sf* sedye
barile *sm* fıçı, varil
baritono *sm* bariton
barlume *sm* zayıf ışık
barocco *sm/agg* barok
barometro *sm* barometre

barone *sm* baron
baronessa *sf* barones
barra *sf* çubuk, dümen yekesi; çizgi; pilot kabini
barricare *vt* kapamak, barikat kurmak
barricata *sf* barikat
barriera *sf* bariyer; engel, zorluk
baruffa *sf* kavga, gürültü
barzelletta *sf* fıkra
basarsi *vr* dayanmak
basco *sm* bere; Bask; bask dili
basculla *sf* baskül
base *sf* temel, kaide; dayanak; üs
  in base a ... -ye göre
basetta *sf* favori
basilica *sf* büyük kilise, bazilika
basilico *sm* fesleğen
bassa *sf* aşağı kısım
basso *agg* alçak; kısa boylu; normalden az; *müz.* bas § *sm* alt kısım, aşağı taraf
bassorilievo *sm* kabartma, oyma
basta *inter* yeter!, kâfi!
bastardo *agg/sm* piç; soysuz; (hayvan) kırma
bastare *vi* yetmek, yeterli olmak
bastimento *sm* yük gemisi
bastonare *vt* dayak atmak, sopa çekmek
bastoncino *sm* küçük değnek, çomak
bastone *sm* baston, sopa

battaglia *sf* savaş; mücadele
battaglio *sm* çan tokmağı
battaglione *sm* tabur
battello *sm* küçük gemi, vapur
battente *sm* kapı kanadı; kapı tokmağı
battere *vt* vurmak; dövmek; *sp.* yenmek; (saat) çalmak *battere a macchina* daktilo yazmak *battere le mani* el çırpmak, alkışlamak *in un battere d'occhio* göz açıp kapayıncaya kadar
battersi *vr* mücadele etmek, çarpışmak
batteria *sf* pil; topçu birliği; *müz.* vurmalı çalgılar, bateri
batterio *sm* bakteri
batterista *sm/f* baterist
battesimo *sm* vaftiz
battezzare *vt* vaftiz etmek
batticuore *sm* çarpıntı, kalp çarpıntısı
battimano *sm* alkış
battipanni *sm* tokaç, halı döveceği
battista *sm* vaftizci
battistero *sm* vaftiz yapılan yer
battistrada *sm* atlı sürücü; lastik tırtılı
battito *sm* (kalp) çarpma, (nabız) atış
battuta *sf* vuruş; *müz.* ölçü,

tempo; şaka; nükte; *sp.* servis
baule *sm* bavul, valiz
bava *sf* salya, ağız köpüğü
bavaglino *sm* bebek önlüğü
bavaglio *sm* ağız tıkacı
bavera *sf* kısa manto
bavero *sm* yaka, giysi yakası
bazar *sm* pazar
bazzicare *vt/vi* sık sık görünmek, sık sık görüşmek
beato *agg* çok mutlu § *sm* aziz, kutsal
beccaccia *sf* çulluk
beccare *vt* gagalamak; yakalamak
beccarsi *vr* (hastalık) tutulmak
beccheggiare *vi* (gemi/uçak) yalpalanmak
becchino *sm* mezarcı
becco *sm* gaga
befana *sf* Hıristiyanların 6 ocak yortusu; çirkin kadın
beffa *sf* alay
beffardo *agg* alaycı
beffare *vt* alaya almak; şaka yapmak
beffatore *sm* alaycı; şakacı
bega *sf* kavga, münakaşa
begonia *sf* begonya
Belga *agg* Belçika + § *sm/f* Belçikalı
Belgio *sm* Belçika
bella *sf* güzel kadın; sevgili

bello *agg* güzel, hoş
belva *sf* vahşi hayvan
belvedere *sm* güzel manzaralı yer
benché *cong* her ne kadar, ise de, gerçi
benda *sf* bant, sargı; gözbağı
bendare *vt* bantla sarmak; gözlerini bağlamak
bene *sm* iyilik; mal, mülk, servet; menfaat § *avv* iyi, iyice *bene immobile* taşınmaz mal *beni di consumo* tüketim maddeleri *beni durevoli* dayanıklı mallar *fare del bene* iyilik etmek *va bene* tamam, peki, olur
benedetto *agg* kutsal, mübarek
benedire *vt* korumak; dua etmek; kutsamak
benedizione *sf* hayır, dua; bereket; kutsama
beneducato *agg* terbiyeli, görgülü
beneficenza *sf* yardımseverlik; hayır, iyilik
beneficio *sm* iyilik; menfaat, avantaj
benefico *agg* yararlı; hayırsever
benemerenza *sf* değerli iş, hayırlı iş
benemerito *agg* değerli
benessere *sm* rahatlık, refah; memnunluk

benestante *agg* hali vakti yerinde, rahat
benevolo *agg* iyiliksever, iyi niyetli
benigno *agg* yumuşak; tatlı, hoş; iyiliksever
bensi *cong* bilakis, kuşkusuz
benvenuto *agg* hoş geldin
benzina *sf* benzin
benzinaio *sm* benzinci
bere *vt* içmek
berlina *sf* araba, otomobil
bernoccolo *sm* kabartı, şiş
berretta *sf* bere, kasket
berretto *sm* kasket
bersagliare *vt* hedefe ateş etmek; tedirgin etmek, eziyet etmek
bersaglio *sm* hedef; nişan tahtası
bestemmia *sf* küfür, sövgü
bestemmiare *vi* küfretmek, sövmek
bestia *sf* hayvan *andare in bestia* öfkeden gözü dönmek, tepesi atmak
bestiale *agg* hayvanca; korkunç, aşırı
bestiame *sm* evcil hayvanlar
bettola *sf* meyhane
betulla *sf* kayın ağacı
beva *sf* içki
bevanda *sf* içecek, içki *bevanda alcolica* alkollü içki
bevitore *sm* içki düşkünü

biada *sf* hayvan yemi; tahıl
biancheria *sf* keten eşya *biancheria da intima* iç çamaşırı *biancheria da letto* çarşaf *biancheria da tavola* masa örtüsü
bianco *agg/sm* beyaz
biasimare *vt* itham etmek; kınamak, eleştirmek
biasimo *sm* kınama, eleştirme, azarlama
bibbia *sf* Kutsal kitap, İncil
biberon *sm* biberon
bibita *sf* meşrubat
bibliografia *sf* kaynakça, bibliyografya
biblioteca *sf* kütüphane
bibliotecario *sm* kütüphane memuru
bicchiere *sm* bardak, kadeh
bicicletta *sf* bisiklet
bidello *sm* hademe
bidone *sm* bidon *fare un bidone a qn* birini dolandırmak
biennale *agg* iki yıllık, iki yılda bir yapılan
biennio *sm* iki yıllık zaman
bietola *sf* pazı, pancar
biforcarsi *vr* çatallaşmak, iki kola ayrılmak
biforcazione *sf* ikiye ayrılma, çatallaşma
bigamia *sf* iki eşlilik

bighellonare *vi* aylak aylak dolaşmak
bigio *agg* gri, kül rengi
bigiotteria *sf* mücevherat, takı; bijuteri
bigliardo *sm* bilardo
biglietteria *sf* bilet gişesi
biglietto *sm* bilet; kâğıt para **biglietto da visita** kartvizit **biglietto di banca** banknot
bigodino *sm* bigudi
bigotto *agg* yobaz, sofu
bilancia *sf* terazi, baskül; bütçe
Bilancia *sf* Terazi Burcu
bilanciare *vt* tartmak; dengelemek
bilancio *sm* bilanço, bütçe
bile *sf anat.* öd, safra
biliardo *sm* bilardo
bilico *sm* denge; belirsizlik, kararsızlık **essere in bilico** muallakta olmak
bilingue *agg* iki dil konuşan; iki dille yazılmış
bimbo *sm* çocuk
bimensile *agg* onbeş günde bir olan
bimestrale *agg* iki aylık; iki ayda bir olan
binario *sm* ray, demiryolu
binocolo *sm* dürbün
biochimica *sf* biyokimya
biografia *sf* biyografi, yaşamöyküsü
biografico *agg* biyografik
biologia *sf* biyoloji
biologico *agg* biyolojik
biologo *sm* biyolog
bionda *sf* sarışın
biondo *agg* sarışın, kumral § *sm* sarışın (adam)
biopsia *sf* biyopsi
birbante *sm* kerata, yaramaz; namussuz
birbo *sm* namussuz, hilebaz
birichino *sm* afacan, yaramaz § *agg* kurnaz, açıkgöz
birillo *sm* bilardo topu
biro *sm* tükenmezkalem
birra *sf* bira **a tutta birra** var gücüyle, son hızla **birra scura** siyah bira
birreria *sf* birahane
bis *avv* tekrar bir daha
bisbetico *agg/sm/f* hırçın, geçimsiz; acayip
bisbigliare *vi* fısıldamak
bisca *sf* kumarhane
biscia *sf* suyılanı, karayılan
bisciola *sf* vişne
biscotto *sm* peksimet; bisküvi
bisestile *agg* artıkyıl
bisnonno *sm* büyük dede
bisognare *vi* gerekmek, icap etmek
bisogno *sm* gereksinim, ihtiyaç

bisognoso *agg* fakir, muhtaç
bistecca *sf* biftek
bisticciare *vi* kavga etmek
bisturi *sm* bistüri, neşter
bitume *sm* zift, asfalt
bivaccare *vi* konaklamak; kamp kurmak
bivacco *sm* çadırsız ordugâh; kamp yeri
bivio *sm* iki yol ağzı
bizza *sf* hiddet, öfke *far le bizze* avazı çıktığı kadar bağırmak, yaygara etmek
bizzarro *agg* tuhaf, acayip
blandire *vt* okşamak
blando *agg* hoş, tatlı
blasone *sm* soy arması
blindato *agg* zırhlı, kurşun geçirmez
bloccare *vt* bloke etmek; durdurmak; izole etmek
blocco *sm* bloke, bloke etme; abluka; kitle; yığın; blok, büyük parça
blu *agg/sm* koyu mavi, mavi
blusa *sf* bluz
boa1 *sm* boa yılanı
boa2 *sf den.* duba
boato *sm* gürleme, patlama
bobina *sf* masura, makara; bobin
bocca *sf* ağız *in bocc al lupo* iyi şanslar!
boccale *sm* ibrik; sürahi

boccheggiare *vi* solumak, can çekişmek
bocchino *sm* ağızlık; küçük ağız
boccia *sf* yuvarlak top, bilye; sürahi
bocciare *vt* sınıfta kalmak; kabul etmemek, reddetmek
bocciolo *sm* gonca, tomurcuk
boccone *sm* lokma
bocconi *avv* yüzükoyun
boia *sm* cellat
boicottare *vt* boykot etmek
bolide *sm gökb.* göktaşı; yarış arabası
bolla *sf* kabarcık; (deride) kabartı; mühür; alındı, makbuz
bollare *vt* damgalamak, mühür vurmak
bollente *agg* kaynar
bolletta *sf* fatura, makbuz, alındı *essere in bolletta* cebi boş olmak
bollettino *sm* bülten, ilan; rapor; belge *bolletino meteorologico* hava durumu raporu
bollire *vi* kaynamak
bollo *sm* damga, mühür
bomba *sf* bomba; bombe, kabarıklık *bomba a orologeria* saatli bomba *bomba atomica* atom bombası
bombardamento *sm* bombalama, bombardıman

bombardare *vt* bombalamak, topa tutmak
bombardiere *sm* bombacı; bombalama uçağı
bombetta *sf* melon şapka
bombola *sf* tüpgaz
bonaccia *sf* sakin hava; sakinlik
bonario *agg* iyi huylu, nazik
bonifica *sf* (toprak) verimli yapma; düzeltme
bonifico *sm* aktarma, transfer
bontà *sf* iyilik, hayır
borbottare *vi* mırıldanmak, homurdanmak; gürüldemek
borderò *sm* bordro, hesap pusulası
bordo *sm* kıyı, sahil; kenar; gemi bordası *giornale di bordo* seyir defteri
borea *sf* poyraz
borgata *sf* küçük köy
borghese *agg/sm/f* kentsoylu, burjuva
borghesia *sf* kentsoyluluk, burjuvazi
borgo *sm* kasaba
boria *sf* kibir, gurur
borraccia *sf* su şişesi; *ask.* matara
borsa1 *sf* çanta; kese; burs *borsa di studio* öğrenim bursu
borsa2 *sf* borsa *agente di borsa* borsacı, borsa komisyoncusu *borsa nera* karaborsa
borsaiolo *sm* yankesici
borsaro *sm* karaborsacı
borseggiatore *sm* yankesici
borsellino *sm* para çantası
borsista *sm/f* burslu
boscaglia *sf* çalılık
boscaiolo *sm* oduncu, ormancı
bosco *sm* koru, ormanlık
boscoso *agg* ağaçlıklı, ormanlık
bossolo *sm* kovan; şimşir
botanica *sf* bitkibilim, botanik
botola *sf* tavan kapağı
botta *sf* vuruş, darbe, çarpma
botte *sf* fıçı
bottega *sf* dükkân, butik, mağaza
botteghino *sm* gişe; küçük dükkân
bottiglia *sf* şişe
bottiglieria *sf* şarap satılan dükkân
bottino *sm* ganimet; vurgun, yağma
botto *sm* patlama, büyük gürültü *di botto* ansızın, birdenbire, aniden *in un botto* bir anda
bottone *sm* düğme *attaccare un bottone* gevezelik yapmak
bove *sm* öküz, sığır
bovino *agg* öküz +, sığır + § *sm/pl* sığırlar
boxe *sf sp.* boks
boxer *sm* boksör
bozza *sf* taslak; karalama, müs-

vedde; prova, tashih; çıkıntı
bozzetto *sm* taslak; maket
bozzo *sm* şiş, şişkinlik, yumru
bozzolo *sm* koza
bracchetto *sm* : *a braccetto* kol kola
bracciale *sm* bilezik; kolluk
braccialetto *sm* bilezik
bracciante *sm* işçi
bracciata *sf* bir kulaç atımı mesafe
braccio *sm* kol; kanat; kulaç *avere le braccia legate* eli kolu bağlı olmak, bir şey yapamamak *braccio de mare* deniz girintisi, deniz uzantısı *sotto braccio* kol kola
bracco *sm* tazı, av köpeği
brace *sf* kor
braciere *sm* mangal
bramare *vt* can atmak, çok arzulamak
branca *sf* kıskaç; *anat.* kol; dal, bölüm
branchia *sf* solungaç
branco *sm* sürü
brancolare *vi* (karanlıkta) ilerlemek; tereddüt etmek
branda *sf* kamp yatağı
brandello *sm* yırtık kumaş parçası
brandire *vt* silah çekmek, kılıç sallamak

brano *sm* bir eserden alınan parça; metin, pasaj
Brasilia *sf* Brezilya
brasiliano *agg/sm/f* Brezilyalı
bravo *agg* becerikli, maharetli; cesaretli § *inter* aferin!, bravo!
bravura *sf* beceriklilik, ustalık, maharet
breccia *sf* gedik, oyuk; moloz
bretelle *sf* pantolon askısı
breve *agg* kısa *in breve* kısaca
brevetto *sm* patent; sertifika; bröve
brezza *sf* meltem, esinti
bricco *sm* ibrik
briccone *sm* kerata, yaramaz
briciola *sf* küçük parça, kırıntı
briciolo *sm* küçük parça, parçacık
briga *sf* sıkıntı, güçlük, sorun
brigadiere *sm* süvari; çavuş
brigante *sm* haydut, eşkıya
brigata *sf* grup, topluluk; tugay
briglia *sf* dizgin, gem *a briglia sciolta* doludizgin
brillante *sm* pırlanta § *agg* parlak, pırıl pırıl; başarılı
brillantina *sf* briyantin
brillare *vi* parlamak, ışıldamak
brillio *agg* parlak, ışıldayan
brillo *agg* çakırkeyf
brina *sf* kırağı
brindare *vi* kadeh kaldırmak,

şerefe içmek
brindisi *sm* şerefe kadeh kaldırma, kutlama
brio *sm* neşe, şevk, canlılık
brioso *agg* neşeli, şen, canlı
brivido *sm* titreme, ürperme, ürperti
brizzolato *agg* kır saçlı, ak düşmüş
brocca *sf* testi, sürahi
broccolo *sm* brokoli
brodo *sm* et suyuna çorba **brodo vegetale** sebze çorbası
brogliare *vi* suiistimal etmek; entrika çevirmek
bronchite *sf* bronşit
broncio *sm* somurtkanlık, surat asma
bronco *sm anat.* soluk borusu, bronş
brontolare *vi* dırlanmak, söylenmek
bronzo *sm* bronz, tunç
bruciare *vt* yakmak
bruciarsi *vr/vi* yanmak, kavrulmak
bruciore *sm* yakma, yanma; sızı
bruco *sm* tırtıl
brughiera *sf* tarıma elverişli olmayan yer
brullo *agg* kurak, çorak, çıplak
bruma *sf* sis, pus
bruna *sf* esmer kadın

bruno *agg* esmer; koyu § *sm* esmer renk; esmer erkek
brusca *sf* kaşağı
brusco *agg* buruk; sert, kaba; ansızın
brutalità *sf* vahşilik, kabalık
bruto *agg/sm* ilkel, vahşi, kaba
brutto *agg* çirkin
buca *sf* delik; çukur **buca delle lettere** mektup kutusu, posta kutusu
bucaneve *sm bitk.* kardelen
bucare *vt* delmek; yarmak; (lastik) patlamak
bucarsi *vr* kendine batırmak
bucato *sm* çamaşır, çamaşır yıkama
buccia *sf* meyve kabuğu, kabuk
bucherellare *vt* küçük küçük delmek
buco *sm* delik; çukur; boşluk
budello *sm* barsak
buddismo *sm* Budizm
budino *sm* puding
bue *sm* öküz
bufalo *sm* manda
bufera *sf* fırtına
buffo[1] *agg* güldürücü, komik, gülünç
buffone *sm* soytarı, maskara
bugia *sf* yalan
bugiardo *agg* yalancı
buio *agg/sm* karanlık, loş **buio**

pesto zifiri karanlık
bulbo *sm* çiçek soğanı
Bulgaria *sf* Bulgaristan
bulgaro *agg* Bulgar + § *sm/f* Bulgar
bullone *sm* cıvata, büyük vida
buono *agg* iyi, iyi yürekli; hoş, güzel; uygun *a buon prezzo* ucuz *all a buon'ora* en nihayet!, sonunda! *buon giorno!* günaydın! *buon viaggio!* iyi yolculuklar! *buona fortuna!* iyi şanslar! *buona notte!* iyi geceler! *buono a nulla* beceriksiz, işe yaramaz
buono1 *sm* iyi; iyilik, iyi insan
buono2 *sm* fiş, makbuz; kupon, belge; bono *bono di cassa* kasa fişi
buonsenso *sm* sağduyu
burattino *sm* kukla
burbero *agg/sm* sert, kaba
burla *sf* şaka, muziplik
burlare *vt* güldürmek § *vi* şaka yapmak; alay etmek
burlarsi *vr* şakalaşmak
burlone *agg* şakacı, muzip
burocrate *sm* bürokrat
burocratico *agg* bürokratik
burocrazia *sf* bürokrasi; kırtasiyecilik
burrasca *sf* fırtına, kasırga
burro *sm* tereyağı

burrone *sm* uçurum
buscare *vt* almak; elde etmek
bussa *sf* darbe
bussare *vi* kapıyı çalmak
bussola1 *sf* pusula
busta *sf* zarf; torba *busta paga* maaş *in busta chiusa* kapalı zarfla
bustarella *sf mec.* rüşvet
busto *sm* büst; korse
buttare *vt* atmak; fırlatmak *buttare giù* yıkmak, devirmek

cabina *sf* kamara; kabin; kulübe *cabina di pilotaggio* pilot kabini *cabina telefonica* telefon kulübesi
cablo *sm* kablo
cacao *sm* kakao
caccia1 *sf* av, avlanma; kovalama *dare la caccia* kovalamak, peşine düşmek
caccia2 *sm* avcı uçağı
cacciachiodo *sm* kerpeten
cacciagione *sf* av hayvanı
cacciare *vt* avlamak; avlanmak; kovalamak; kovmak § *vi* ava gitmek
cacciarsi *vr* girmek; düşmek; saklanmak

cacciatore *sm* avcı
cacciatorpediniere *sm* destroyer
cacciavite *sm* tornavida
cactus *sm* kaktüs
cadavere *sm* ceset, kadavra
cadenza *sf* ölçü; tempo *battere la cadenza* tempo tutmak
cadere *vi* düşmek; dökülmek; yıkılmak *cadere dalle nuvole* afallamak, çok şaşırmak *cadere in errore* hata yapmak
cadetto *agg/sm* ikinci ya da sonuncu çocuk; askeri öğrenci
caduta *sf* düşüş, düşme
caffè *sm* kahve; kahvehane § *agg* kahverengi *caffè espresso* İtalyan kahvesi, espresso *caffè turco* Türk kahvesi *tazza da coffè* kahve fincanı
caffeina *sf* kafein
caffelatte *sm* sütlü kahve
caffetteria *sf* yiyecek içecekler
caffettiera *sf* kahve cezvesi, kahve makinesi
cagionare *vt* neden olmak
cagionevole *agg* sağlıksız, çabuk hastalanan
cagna *sf* dişi köpek
calabrone *sm* eşekarısı
calamaio *sm* mürekkep hokkası
calamaro *sm* mürekkepbalığı, kalamar
calamita *sf* mıknatıs
calamità *sf* büyük yıkım, felaket
calare *vt* indirmek, alçaltmak § *vi* inmek; alçalmak; (güneş) batmak
calca *sf* kalabalık
calcagno *sm* topuk, ökçe
calcare1 *vt* basmak, ezmek *calcare le mano* vur deyince öldürmek
calcare2 *sm* kireçtaşı
calce *sf* kireç
calcestruzzo *sm* beton
calciare *vi/t* tekmelemek; topa vurmak
calciatore *sm* futbolcu
calcio1 *sm* tekme; futbol; vuruş *calcio d'angolo* korner vuruşu *calcio di punizione* serbest vuruş *calcio di rigore* penaltı vuruşu
calcio2 *sm* kalsiyum
calco *sm* kalıp çıkarma, kalıba dökme
calcolare *vt* hesaplamak; tahmin etmek
calcolatore *agg* hesap yapan § *sm* hesap makinesi
calcolatrice *sf* hesap makinesi
calcolo *sm* hesap; tahmin; *hek.* böbrek taşı
caldaia *sf* kazan
caldeggiare *vt* desteklemek, tutmak

caldo *agg* sıcak § *sm* ısı, sıcaklık
calendario *sm* takvim
calibro *sm* çap, kalibre
calice *sm* kadeh
caligine *sf* sis, kurum
callo *sm hek.* nasır
calma *sf* sessizlik, sakinlik
calmante *agg/sm* yatıştırıcı; sakinleştirici (ilaç)
calmare *vt* yatıştırmak, sakinleştirmek
calmarsi *vr* yatışmak, sakinleşmek
calmo *agg* dingin, sakin
calo *sm* azalma, eksilme, düşme
calore *sm* sıcaklık; ısı
caloria *sf* kalori
caloroso *agg* sıcak, hararetli
calpestare *vt* çiğnemek, ezmek
calunnia *sf* iftira, lekeleme
calvario *sm* cehennem azabı
calvizie *sf* saç dökülmesi, kellik
calvo *agg* dazlak, saçsız, kel
calza *sf* çorap
calzare *vt* (ayakkabı/çorap) giymek § *vi* tam uymak
calzatura *sf* ayağa giyilen şeylerin genel adı
calzettone *sm* kalın uzun çorap
calzino *sm* erkek çorabı, kısa çorap
calzolaio *sm* ayakkabı yapımcısı
calzoleria *sf* ayakkabıcı dükkânı

calzoncini *sm* kısa pantolon, şort
calzone *sm* pantolon
cambiale *sf* senet, bono, poliçe
cambiamento *sm* değişme, değişiklik
cambiare *vt* değiştirmek; (para) bozmak
cambiarsi *vr* değişmek
cambio *sm* değiştirme, değiş tokuş; kambiyo; borsa; *oto.* vites *agente di cambio* borsa komisyoncusu *cambio automatico* otomatik vites
camera *sf* yatak odası, oda; Büyük Millet Meclisi *camera d'aria* iç lastik *camera a due letti* iki kişilik oda *camera a un letto* tek kişilik oda *camera dei bambini* çocuk odası *camera di commercio* ticaret odası *camera singola* tek kişilik oda
camerata1 *sf* koğuş, yatakhane
camerata2 *sm/f* arkadaş, yoldaş
cameriere *sm* garson; oda hizmetçisi
camerino *sm* soyunma odası; kulis
camice *sm* beyaz önlük
camicetta *sf* bluz
camicia *sf* gömlek; bluz *camicia da notte* gecelik
caminetto *sm* ocak, şömine

camino *sm* ocak, şömine; baca
camion *sm* kamyon
camioncino *sm* kamyonet
cammello *sm* deve
camminare *vi* yürümek; işlemek, çalışmak
cammino *sm* yürüme; yola koyulma
camomilla *sf* papatya, papatya çayı
camoscio *sm* dağkeçisi; güderi
campagna *sf* kır, bahçelik yer; *ask.* sefer; kampanya *campagna pubblicitaria* reklam kampanyası
campagnolo *agg* kırsal §*sm* köylü
campana *sf* çan *stare in campana* tetikte olmak, hazır olmak
campanella *sf* çıngırak; zil
campanello *sm* zil
campanile *sm* çan kulesi
campanilismo *sm* bir yere bağlamak
campare *vi* geçinip gitmek, yaşamak
campeggiare *vi* kamp kurmak; konaklamak
campeggiatore *sm* kampçı
campeggio *sm* kamp kurma; kamp yeri
campestre *agg* kırsal, kır +
campionario *sm* örnek, numune
campionato *sm* şampiyonluk
campione *sm* şampiyon; örnek, numune
campo *sm* tarla; alan, saha; konu; kamp kır *campo di battaglia* savaş alanı *campo di concentramento* toplama kampı *campo di tennis* tenis kortu
camposanto *sm* mezarlık
camuffare *vt* kılığını değiştirmek; gizlemek
Canada *sm* Kanada
canadese *agg* Kanadalı
canale *sm* kanal, ark; geçit
canapa *sf* kenevir
canarino *sm* kanarya
cancellare *vt* silmek; kaldırmak, iptal etmek
cancelleria *sf* mühürdarlık; kırtasiye
cancelliere *sm* mühürdar; elçi, temsilci; şansölye
cancello *sm* demir parmaklık; turnike
cancrena *sf hek.* gangren
cancro *sm* kanser
Cancro *sm* Yengeç Burcu
candeggiante *sm* beyazlatma tozu
candela *sf* mum; buji
candelabro *sm* şamdan
candeliere *sm* şamdan

candidato *sm* aday
candidatura *sf* adaylık
candido *agg* ak, bembeyaz; saf
candito *agg* şekerlenmiş
candore *sm* yürek temizliği; beyazlık
cane *sm* köpek
canestro *sm* sepet; (basketbol) pota
canguro *sm* kanguru
canile *sm* köpek kulübesi
canino *sm* : *dente canino* köpek dişi
canna *sf* kamış, saz; namlu; çubuk *canna da zucchero* şekerkamışı
cannella *sf* tarçın
cannocchiale *sm* dürbün
cannone *sm* top
cannuccia *sf* ince kamış
canoa *sf* kano
canone *sm* kural; ilke; vergi
canonico *agg* dinsel kurallarla ilgili; dini
canoro *agg* hoş sesli, melodili
canottaggio *sm* kürek sporu
canottiera *sf* fanila
canotto *sm* sandal, kayık
canova *sf* şarapçı dükkânı
canovaccio *sm* paçavra; kanaviçe; taslak
cantante *sm/f* şarkıcı
cantare *vi* şarkı söylemek; ötmek

cantico *sm* ilahi
cantiere *sm* tersane; şantiye
cantilena *sf* tekdüze türkü; terane
cantina *sf* mahzen, kiler; bodrum
canto1 *sm* şarkı, melodi; ezgi; şiir
canto2 *sm* köşe; yan, taraf *d'altro canto* diğer taraftan *da un canto* bir yandan, bir bakıma
cantonata *sf* binanın köşesi; büyük hata
cantone *sm* kanton; bölge
canzonare *vt* alay etmek
canzone *sf* şarkı, türkü
canzoniere *sm* şarkı derlemesi
caos *sm* karışıklık, kargaşa, kaos
caotico *agg* dağınık, karışık, düzensiz
capace *agg* yeterli; yetenekli; yapabilir; geniş, kapasiteli
capacità *sf* kapasite; yetenek, kabiliyet; yetki
capanna *sf* kulübe
capannone *sm* hangar, depo
caparbio *agg* inatçı
caparra *sf* kaparo, depozit; teminat
capello *sm* saç, saç teli
capezzale *sm* uzun süs yastığı, minder
capezzolo *sm* *anat.* meme ucu
capienza *sf* kapasite
capigliatura *sf* saç, saç biçimi

capire *vt* anlamak, kavramak
capitale₁ *sf* başkent
capitale₂ *sm* anapara, sermaye § *agg* çok önemli, başlıca, esas *lettera capitale* büyük harf *pena capitale* ölüm cezası
capitalismo *sm* kapitalizm
capitano *sm* kaptan; yüzbaşı
capitare *vi* meydana gelmek, olmak; uğramak
capitello *sm* sütun başlığı
capitolo *sm* bölüm
capitombolo *sm* baş aşağı düşme
capo *sm* baş; başkan, reis; uç; taraf; *co.* burun *da capo* baştan, yeniden *da capo a piedi* baştan aşağı
capodanno *sm* yılbaşı
capofitto *agg* baş aşağı
capogiro *sm* baş dönmesi
capolavoro *sm* başyapıt; şaheser
capoluogo *sm* bölge merkezi
caporale *sm* onbaşı
capostazione *sm* istasyon şefi
capoverso *sm* satırbaşı
capovolgere *vt* tersine çevirmek, altüst etmek
capovolgersi *vr* devrilmek, ters dönmek
capovolto *agg/avv* ters, altüst
cappa *sf* cüppe, pelerin
cappella *sf* ufak kilise, şapel
cappellano *sm* küçük kilise papazı
cappello *sm* şapka
cappero *sm* gebreotu, kapari
cappotto *sm* palto; kaput
cappuccino *sm* sütlü kahve; François tarikatından rahip
cappuccio *sm* başlık; kalem kapağı
capra *sf* keçi
capretto *sm* oğlak
capriccio *sm* geçici heves, kapris
capriccioso *agg* şımarık; kaprisli
Capricorno *sm* Oğlak Burcu
capriola *sf* sıçrama, takla
capriolo *sm* karaca
capro *sm* erkek keçi
capsula *sf* kapçık, kapsül; kılıf
captare *vt* (radyo) yayını almak; kavramak
carabina *sf* filinta, kısa menzilli tüfek
carabiniere *sm* İtalyan jandarması
caraffa *sf* sürahi
caramella *sf* karamela
carattere *sf* karakter, huy; harf; özellik
caratterino *sm* huysuz, kaprisli
caratteristica *sf* belirtici nitelik, karakteristik
caratteristico *agg* ayırt edici, belirleyici; karakteristik
caratterizzare *vt* belirtmek, ayırt

etmek, göstermek
carbonato *sm* karbonat
carbone *sm* kömür
carbonio *sm* karbon
carburante *sm* yakıt
carburatore *sm* karbüratör
carcassa *sf* iskelet; karkas, çatı; gövde
carcerare *vt* hapsetmek
carcerato *sm* tutuklu
carcere *sm* hapishane
carceriere *sm* gardiyan
carciofo *sm* enginar
cardinale *agg* başlıca, esas, ana § *sm* kardinal
cardine *sm* menteşe, zıvana
cardiologia *sf* kardiyoloji
cardo *sm* devedikeni
carente *agg* eksik, yetersiz
carenza *sf* eksiklik, yetersizlik
carestia *sf* kıtlık, yokluk
carezza *sf* okşama, sevme
carezzare *vt* okşamak, sevgi göstermek
cariarsi *vr* çürümek
carica *sf* yükümlülük; resmi görev, görev; (silah) doldurma; elektrik yükü *in carica* görevli
caricare *vt* yüklemek, doldurmak; (taşıta) bindirmek; (saat) kurmak
caricarsi *vr* yüklenmek; (işi) üstüne almak
caricatura *sf* karikatür
caricaturista *sm* karikatürist
carico *sm* yük § *agg* yüklü; dolu
carie *sf* çürük
carino *agg* sevimli
carità *sf* merhamet; sadaka
carnagione *sf* ten rengi
carnale *agg* tensel; cinsel
carne *sf* et *carne di bue* biftek
carnefice *sm* cellat; merhametsiz
carnevale *sm* karnaval
carnoso *agg* etli; (meyva) sulu
caro *agg* sevgili; sevimli; pahalı
carogna *sf* hayvan leşi; kalleş
carosello *sm* atlıkarınca
carota *sf* havuç
carovana *sf* kervan; kafile
carovita *sm* hayat pahalılığı
carpentiere *sm* marangoz
carpire *vt* zorla almak
carponi *avv* emekleme
carreggiata *sf* taşıt yolu; (yolda) şerit
carreggio *sm* araba kervanı
carrello *sm* tekerlekli yük arabası; (daktiloda) şaryo; (uçak) iniş takımları
carriera *sf* meslek, iş; kariyer *far carriera* kariyer yapmak
carriola *sf* el arabası
carro *sm* yük arabası *carro armato* tank *carro funebre* ce-

naze arabası *carro merci* yük vagonu
carrozza *sf* fayton, atlı araba
carrozzeria *sf* karoser; karoser atölyesi
carrozziere *sm* arabacı; kaportacı
carrozzina *sf* çocuk arabası
carta *sf* kâğıt; kart; oyun kâğıdı *carta d'identita* kimlik belgesi *carta da lettera* mektup kâğıdı *carta da parati* duvar kâğıdı *carta da visita* kartvizit *carta di credito* kredi kartı *carta geografica* harita *carta igienica* tuvalet kâğıdı
cartacarbone *sf* kopya kâğıdı
cartapecora *sf* parşömen, tirşe
carteggio *sm* yazışma; mektuplar
cartella *sf* okul çantası; dosya; kart; tabela, levha
cartelliera *sf* evrak dolabı
cartellino *sm* etiket; kart
cartello *sm* duyuru, afiş, ilan; işaret levhası *cartello pubblicitario* reklam tabelası
cartellone *sm* afiş, duvar ilanı, poster *tenere il cartellone* gişe rekoru kırmak
cartina *sf* sigara kâğıdı
cartoccio *sm* kâğıt külah
cartolaio *sm* kırtasiyeci
cartoleria *sf* kırtasiyeci dükkânı
cartolina *sf* kartpostal; kartvizit

cartone *sm* mukavva; karton
cartuccia *sf* fişek
casa *sf* ev; firma, şirket; dükkân *casa da gioco* kumarhane *casa delto studente* öğrenci yurdu *casa di pena* hapishane *essere in casa* evde olmak
casacca *sf* kadın ceketi; *sp.* forma
casalinga *sf* ev kadını
casalingo *agg* ev +
cascare *vi* düşmek
cascata *sf* çağlayan, şelale
cascina *sf* mandıra
casco *sm* miğfer, kask; kasko
caseificio *sm* mandıra
casella *sf* (dolapta) göz, çekmece *casella postale* posta kutusu
casellario *sm* gözlü dolap
casello *sm* otoyol giriş-çıkış istasyonu
caserma *sf* kışla
casiere *sm* kasiyer
casino *sm* gazino, kulüp; genelev; gürültü, patırtı
caso *sm* olay, vaka; durum; *dilb.* hal; tesadüf; olasılık, ihtimal *a caso* gelişigüzel, rasgele *caso mai* olmazsa *in ogni caso* hèr durumda *per case* rastlantı sonucu, şans eseri
casolare *sm* köy kulübesi
cassa *sf* sandık; kasa, vezne; fon *pagamento per cassa* nakit

ödeme
cassaforte *sf* çelik para kasası
cassapanca *sf* tahta kanepe
casseruola *sf* tencere
cassetta *sf* kutu; mektup kutusu; müzik kaseti *cassetta delle lettere* mektup kutusu *cassetta di pronto soccorso* ilkyardım çantası
cassetto *sm* çekmece
cassiere *sm* kasa memuru, veznedar
casta *sf* sınıf, tabaka
castagna *sf* kestane
castagno *sm* kestane ağacı
castano *agg* kestane renginde
castello *sm* şato, saray; kale
castigare *vt* cezalandırmak
castigo *sm* ceza
castità *sf* iffet, saflık
castoro *sm* kunduz
castrare *vt* iğdiş etmek, hadım etmek
casuale *agg* beklenmedik, rastlantısal, tesadüfi
catacomba *sf* yeraltı mezarı
catalogo *sm* katalog
catarro *sm* balgam; nezle
catasta *sf* yığın
catasto *sm* kadastro
catastrofe *sf* yıkım, felaket
categoria *sf* kategori, takım, sınıf
catena *sf* zincir *catena di montaggio* seri üretim
catenaccio *sm* sürgü, kapı zinciri
cateratta *sf* su bendi; *hek.* katarakt, perde
catinella *sf* küvet
catode *sm* *elek.* katot
catramare *vt* katranlamak
catrame *sm* katran
cattedra *sf* kürsü
cattedrale *sf* katedral, büyük kilise
cattiveria *sf* kötülük, fenalık
cattivo *agg* kötü, bozuk
cattolico *agg/sm* Katolik
cattura *sf* yakalama; tutuklama
catturare *vt* tutuklamak; yakalamak
caucciù *sm* kauçuk
causa *sf* neden, sebep; dava *far causa a* dava açmak *in causa* söz konusu *per causa di ... ...* yüzünden
causare *vt* neden olmak, sebep olmak, yol açmak
cautela *sf* ihtiyat; tedbir
cautelare *vt* tedbir almak; güven altına almak
cautelarsi *vr* tedbirli davranmak
cauto *agg* tedbirli, ihtiyatlı
cauzione *sf* kefalet, güvence
cava *sf* taş ocağı
cavalcare *vt* ata binmek; hayvan sürüsünü idare etmek

cavalcata *sf* ata binme; at gezintisi
cavalcavia *sm* üst geçit
cavalcioni *avv* : *a cavalcioni* ata biner gibi
cavaliere *sm* atlı; şövalye; kavalye
cavalleresco *agg* şövalyelik +
cavalleria *sf* şövalyelik; asalet
cavallerizzo *sm* binicilik hocası
cavalletta *sf* çekirge
cavalletto *sm* sehpa
cavallo *sm* at; beygir *a cavallo* atla, at sırtında *cavallo vapore* beygirgücü
cavare *vt* çıkarmak, çekmek
cavatappi *sm* şişe açacağı
caverna *sf* mağara, in
cavia *sf* kobay; hint domuzu
caviale *sm* havyar
caviglia *sf* ayak bileği
cavo *sm* kablo, tel; oyuk, çukur
cavolfiore *sm* karnabahar
cavolo *sm* lahana *cavolo di Bruxelles* Brüksel lahanası
cazzuola *sf* mala
cece *sm* nohut
cecità *sf* körlük
Cecoslovacchia *sf* Çekoslovakya
cecoslovacco *agg/sm* Çekoslovak
cedere *vt* bırakmak, vermek § *vi* boyun eğmek; çökmek; teslim olmak

cedola *sf* kupon
cedro *sm* ağaç kavunu; sedir ağacı
cefalo *sm* kefal
ceffone *sm* tokat, şamar
celare *vt* saklamak, gizlemek
celebrare *vt* kutlamak, tebrik etmek; anmak
celebrazione *sf* kutlama, tebrik; anma
celebre *agg* ünlü, tanınmış, meşhur
celebrità *sf* ün, şöhret
celere *agg* hızlı, süratli § *sf* arabalı polis
celeste *agg* gök mavi; gök + § *sm* açık mavi
celibe *agg* bekâr (erkek)
cella *sf* hücre
cellula *sf anat.* hücre; çekirdek
cellulare *agg* hücresel, hücre +
cellulite *sf* selülit
cellulosa *sf* selüloz
cementare *vt* çimentolamak
cemento *sm* çimento *cemento armato* beton
cena *sf* akşam yemeği
cenare *vi* akşam yemeği yemek
cencio *sm* paçavra
cenere *sf* kül
cenno *sm* işaret; mimik; belirti
cenobio *sm* manastır
censimento *sm* nüfus sayımı

censire *vt* nüfus sayımı yapmak
censo *sm* mal, mülk
censura *sf* sansür
censurare *vt* sansürden geçirmek
centenario *agg* yüzyıllık § *sm* yüz yaşında; yüzüncü yıldönümü
centesimo *agg/sm* yüzüncü
centigrado *agg* santigrat
centilitro *sm* santilitre
centimetro *sm* santimetre
centinaio *sm* yüzlerce; yüz kadar
cento *num* yüz
centrale *agg* merkezi; ana § *sf* merkez *centrale di polizia* polis merkezi *centrale elettrica* elektrik santralı *centrale nucleare* nükleer santral *centrale telefonica* telefon santralı
centralinista *sm/f* santral memuru
centralino *sm* telefon santralı
centrare *vt* merkezden vurmak; ana konuya değinmek
centrifugo *agg* merkezkaç
centro *sm* merkez; kent merkezi *centro culturale* kültür merkezi
ceppo *sm* ağaç gövdesi; kütük
cera *sf* balmumu; cila
ceramica *sf* seramik
cerbiatto *sm* geyik yavrusu
cercare *vt* aramak § *vi* uğraşmak, çabalamak
cerchia *sf* daire, çember
cerchio *sm* çember; daire
cereale *sm* tahıl
cerimonia *sf* tören, merasim
cerino *sm* mumlu kibrit
cerniera *sf* menteşe; fermuar
cernita *sf* seçme, seçim
cero *sm* mum
cerotto *sm* plaster, yara bandı
certamente *avv* elbette, kuşkusuz
certezza *sf* doğruluk, gerçeklik, kesinlik
certificato *sm* belge, sertifika *certificato di nascita* doğum belgesi *certificato medico* doktor raporu
certo[1] *agg/avv* belli, belirli; kesin; elbette
certo[2] *agg/indef* biri; bazı; bazıları
cervelletto *sm* beyincik
cervello *sm* beyin
cervo *sm* geyik
cesello *sm* oyma kalemi
cesoia *sf* budama makası
cespuglio *sm* çalı
cessare *vi* durmak, dinmek; ara vermek § *vt* son vermek, bitirmek
cesso *sm* hela, kenef
cesta *sf* sepet; küfe
cestino *sm* çöp sepeti
cesto *sm* sepet

ceto *sm* sınıf, tabaka
cetriolo *sm* salatalık, hıyar
che1 *pron* ki, ki o, ki onu, ki ona § *agg* hangi, ne § *inter* ne!
che2 *cong* -diği, -ceği, ki *che non è* ansızın *non c'è di che* bir şey değil, rica ederim
chela *sf hayb.* kıskaç
cheto *agg* sessiz, sakin
chi *pron* kim; kimi; kimisi; bazısı
chiacchiera *sf* dedikodu, gevezelik
chiacchierare *vi* çene çalmak; gevezelik etmek
chiacchierata *sf* gevezelik; çene çalma
chiacchierone *agg/sm* geveze
chiamare *vt* çağırmak; ad koymak *chiamare aiuto* yardıma çağırmak *chiamare un taxi* taksi çağırmak *come ti chiami?* ismin nedir?
chiamarsi *vr* ismi olmak, çağrılmak
chiamata *sf* çağırma; askere çağırma
chiara *sf* yumurta akı
chiarezza *sf* açıklık; berraklık
chiarire *vt* aydınlatmak; açıklamak § *vi* açılmak, aydınlanmak
chiaro *agg* parlak; açık, belli; net *di chiara fama* ünlü
chiaroveggenza *sf* önsezi

chiasso *sm* gürültü, şamata
chiassoso *agg* gürültülü
chiave *sf* anahtar; *mec.* kilit nokta *chiave di volta* anahtar taşı
chiavistello *sm* sürgü
chiazza *sf* leke
chicco *sm* buğday tanesi; üzüm tanesi
chiedere *vt/i* sormak; istemek
chiesa *sf* kilise
chilo *sm* kilo
chilogrammo *sm* kilogram
chilometro *sm* kilometre
chilowatt *sm* kilovat
chimica *sf* kimya
chimico *sm* kimyager § *agg* kimyasal
china1 *sf* meyil, eğim
china2 *sf* kınakına
chinare *vt* eğmek
chinarsi *vr* eğilmek
chinino *sm* kinin
chiocciola *sf* salyangoz, sümüklüböcek *scala a chiocciola* döner merdiven
chiodo *sm* çivi; sancı
chioma *sf* saç; yele
chiosco *sm* satıcı barakası
chiostro *sm* manastır
chiromante *sm/f* el falcısı
chirurgia *sf* cerrahlık
chirurgo *sm* cerrah
chissà *avv* kimbilir; belki

chitarra *sf* gitar
chiudere *vt* kapamak, kapatmak; son vermek
chiudersi *vr* kapanmak
chiunque *pron* herkes; herhangi biri; her kim
chiusa *sf* duvar, set
chiuso *agg* kapalı
chiusura *sf* kapama, kapatma; bitiş, kapanış
ciabatta *sf* terlik
ciabattino *sm* ayakkabıcı
ciambella *sf* cankurtaran simidi
cianuro *sm* siyanür
ciao *inter* merhaba, selam, hoşça kal, güle güle
ciarlatano *agg* şarlatan
ciascuno *agg* her, her bir § *pron* herkes
cibare *vt* beslemek
cibaria *sf* besin maddeleri
cibo *sm* yiyecek, besin
cicala *sf* ağustosböceği
cicatrice *sf* yara izi
cicca *sf* izmarit; çiklet
ciccia *sf* et; yağ *metter su ciccia* kilo almak
ciccione *agg* şişman, şişko
cicerone *sm* rehber, kılavuz
ciclismo *sm* bisiklet sporu
ciclista *sm/f* bisikletçi
ciclo *sm* dönem, devir; dizi, seri *ciclo mestruale* aybaşı

ciclomotore *sm* motorlu bisiklet
ciclone *sm* kasırga
cicogna *sf* leylek
cicoria *sf* hindiba
cieco *agg/sm* kör *intestino cieco* kör bağırsak *vicolo cieco* çıkmaz sokak
cielo *sm* gök; gökyüzü
cifra *sf* rakam; sayı; şifre
ciglio *sm* kenar, uç; kirpik
cigno *sm* kuğu
cigolare *vi* gıcırdamak
cilecca *sf* : *far cilecca* vuramamak, kaçırmak
ciliegia *sf* kiraz
ciliegio *sm* kiraz ağacı
cilindrata *sf* silindir hacmi
cilindro *sm* silindir
cima *sf* tepe, doruk, zirve
cimice *sf* tahtakurusu
ciminiera *sf* fabrika bacası
cimitero *sm* mezarlık
cinema *sm* sinema
cinematografare *vt* filme almak
cinepresa *sf* kamera, film makinesi
cinese *agg* Çin + § *sm/f* Çinli; Ç ince
cingere *vt* kuşatmak, çevirmek
cinghia *sf* kayış, kemer
cinghiale *sm* yaban domuzu
cinguettare *vi* cıvıldamak
cinico *agg* alaycı; duygusuz,

umursamaz
cinque *num* beş
cinquecento *num* beş yüz
cinta *sf* sur, kale duvarı
cinto *sm* kuşak, kemer
cintura *sf* kemer, kayış
cinturone *sm* kayış
ciò *pron* bu, şu *con ò* bununla *oltre a ciò* yanı sıra, üstelik
ciocca *sf* saç tutamı
cioccolata *sf* sıcak kakao; çikolata
cioccolato *sm* çikolata
cioè *avv* yani
ciondolare *vi* sallanmak § *vt* sallamak
ciondolo *sm* pandantif
ciotola *sf* kâse, çanak
ciottolo *sm* çakıltaşı
cipolla *sf* soğan
cipresso *sm* servi
cipria *sf* pudra
Cipro *sf* Kıbrıs
circa *avv* yaklaşık olarak, aşağı yukarı § *prep* hakkında
circo *sm* sirk
circolare₁ *agg* yuvarlak § *sf* ring sefer yapan tramvay/otobüs; genelge
circolare₂ *vi* etrafını çevirmek; gidip gelmek, dolanmak; yayılmak
circolazione *sf* dolaşım; gidiş geliş, trafik
circolo *sm* çember, daire; dernek; dolaşım
circondare *vt* etrafını çevirmek, sarmak
circonferenza *sf* daire, çember
circonvallazione *sf* çevre yolu
circoscrivere *vt* sınırını işaretlemek, limitini belirtmek
circoscrizione *sf* bölge yönetim yeri; ilçe *circoscrizione elettorale* seçim bölgesi
circospetto *agg* dikkatli, tedbirli
circostante *agg* yöresinde, çevresinde
circostanza *sf* koşul; durum
circuito *sm elek.* devre; parkur
ciste *sf hek.* kist, ur
cisterna *sf* sarnıç
citare *vt* mahkemeye çağırmak; alıntılamak; adını anmak
citazione *sf* alıntı, metin aktarımı; celp
citofono *sm* dahili telefon sistemi
città *sf* şehir, kent *città capitale* başkent
cittadinanza *sf* vatandaşlık, uyruk; şehir halkı
cittadino *agg/sm* yurttaş, vatandaş; şehirli
ciuco *sm* eşek
ciuffo *sm* saç tutamı, perçem

civetta *sf* baykuş; şuh kadın
civico *agg* şehir +
civile *agg* yurttaş +; medeni, uygar *guerra civile* iç savaş *matrimonio civile* medeni nikâh, resmi nikâh
civilizzare *vt* uygarlaştırmak
civilizzazione *sf* uygarlık; uygarlaşma
civiltà *sf* medeniyet, uygarlık
clacson *sm* klakson
clamore *sm* uğultu, gürültü
clamoroso *agg* yankılar uyandıran; gürültülü
clan *sm* kabile
clandestino *agg* gizli; yasa dışı
clarinetto *sm* klarnet
classe *sf* sınıf; bölüm; kategori; mevki; birinci sınıf
classico *agg* klasik; geleneksel; alışılmış
classifica *sf* sınıflama; puan cetveli
classificare *vt* sınıflamak, sıralamak
clausola *sf* madde, hüküm, koşul
clavicembalo *sm müz.* klavsen
clavicola *sf* köprücükkemiği
clemente *agg* bağışlayıcı, merhametli
clemenza *sf* iyi yüreklilik, merhamet
clero *sm* papazlar sınıfı

cliente *sm/f* müşteri
clientela *sf* müşteriler; müvekkil
clima *sm* iklim; ortam
clinica *sf* klinik, özel hastane
clinico *agg* klinik + *caso clinico* klinik vaka
cloro *sm* klor
club *sm* klüp
coabitare *vi* birlikte oturmak
coagulare *vt* pıhtılaştırmak
coagularsi *vr* pıhtılaşmak
coalizione *sf* koalisyon; ortaklık
coatto *agg* mecburi, zorunlu
coazione *sf* şiddet, zorlama
cobra *sm* kobra yılanı
cocaina *sf* kokain
coccia *sf* kabuk
cocciuto *agg* inatçı
cocco1 *sm* hindistancevizi
cocco2 *sm* sevgili, gözde
coccodrillo *sm* timsah
coccolare *vt* okşamak, sevmek
cocente *agg* çok sıcak, kızgın
cocomero *sm* karpuz
cocuzzolo *sm* tepe
coda *sf* kuyruk; sıra; uç *con la coda dell'occhio* göz ucuyla *mettersi in coda* sıraya girmek *pianoforte a coda* kuyruklu piyano
codardo *agg* korkak, ödlek
codice *sm* yasa, kanun; kod; şifre *codice a barre* barkod *codice*

civile medeni yasa ***codice fiscale*** vergi numarası ***codice postale*** posta kodu
coefficiente *sm* katsayı
coerente *agg* yapışık, bitişik; tutarlı
coerenza *sf* bağlantı; tutarlılık; uygunluk
coetaneo *agg/sm* aynı yaşta; yaşıt
cofanetto *sm* kutu
cofano *sm* sandık; kaporta
cogliere *vt* koparmak, toplamak; yakalamak; ele geçirmek; anlamak
cognac *sm* konyak
cognata *sf* görümce, baldız, yenge, elti
cognato *sm* kayınbirader, kayın, enişte, bacanak
cognizione *sf* bilme, anlama; bilgi
cognome *sm* soyadı
coincidenza *sf* rastlantı, tesadüf; uyuşma; bağlantı
coincidere *vi* aynı zamana rastlamak; bağdaşmak
coinvolgere *vt* işe bulaştırmak, karıştırmak
colà *avv* orası, orada
colabrodo *sm* süzgeç
colare *vt* süzmek; dökmek; batırmak § *vi* akmak, sızmak; batmak ***colare a picco*** batmak, dibe gitmek
colata *sf* kalıba dökme; (lav) akma
colazione *sf* kahvaltı; öğle yemeği ***prima colazione*** sabah kahvaltısı
colera *sm hek.* kolera
colica *sf* sancı, şiddetli ağrı
colico *agg* kolik, sancılı
colla *sf* tutkal, yapıştırıcı
collaborare *vi* işbirliği yapmak, ortak çalışmak
collaboratore *sm* çalışma arkadaşı; yardımcı
collana *sf* gerdanlık, kolye; derleme
collare *sm* yaka; tasma
collasso *sm hek.* kuvvetten düşme, çökme
collaudare *vt* denemek, tecrübe etmek
colle *sm* tepe, bayır
collega *sm/f* meslektaş
collegamento *sm* ilişki, irtibat; bağlantı
collegare *vt* bağlantı kurmak; birleştirmek
collegarsi *vr* bağlanmak; ilişki kurulmak
collegio *sm* kolej, yatılı okul ***collegio elettorale*** seçim bölgesi
collera *sf* hiddet, öfke

colletta *sf* para toplama
collettivo *agg* toplu; ortaklaşa, müşterek
colletto *sm* yaka
collezionare *vt* toplamak, koleksiyon yapmak
collezione *sf* derleme, toplama, koleksiyon
collezionismo *sm* koleksiyonculuk
collezionista *sm/f* koleksiyoncu
collimare *vi* birbirini tutmak; çakışmak; uyuşmak
collina *sf* tepe
collinoso *agg* tepelik
collirio *sm* göz damlası
collisione *sf* çarpışma, çatışma *il collo del piede* ayak bileği *mettere il piede sul collo* baskı yapmak
collo₂ *sm* balya, koli
collocamento *sm* yerleştirme
collocare *vt* yerleştirmek; iş bulmak
colloquio *sm* görüşme, konuşma
colmare *vt* tepeleme doldurmak; eksiği gidermek
colmo₁ *agg* tıka basa dolu
colmo₂ *sm* doruk, en üst nokta
colombo *sm* güvercin
colonia *sf* koloni, sömürge; tatil kampı
Colonia *sf* kolonya

colonna *sf* sütun, direk; kolon *colonna vertebrale* belkemiği
colonnello *sm* albay
colorante *sm* renklendirici; boya (maddesi)
colorare *vt* boyamak; renk vermek
colorato *agg* renkli
colore *sm* renk; boya *a colori* renkli *colori ad acquerello* suluboya *di colore chiaro* açık renkli *di tutti i colori* her çeşit, her tip *senza colore* renksiz
colorito *agg/sm* renkli; yüz rengi
coloro *pron* onlar
colosso *sm* dev heykel
colpa *sf* suç, kabahat, kusur
colpevole *agg* suçlu, kabahatli
colpire *vt* vurmak, dövmek; zarara uğratmak; şaşırtmak
colpo *sm* vuruş; darbe; atış; ateş; vurgun *colpo d'aria* soğuk algınlığı *colpo d'occhio* göz atma *colpo di grazia* öldürücü darbe *colpo di Stato* hükümet darbesi *colpo di scena* beklenmedik sonuç *colpo di sole* güneş çarpması *di colpo* birdenbire, aniden *tutto in un colpo* bir anda
coltellata *sf* bıçak darbesi
coltello *sm* bıçak

coltivare *vt* toprağı işlemek; yetiştirmek
coltivatore *sm* çiftçi
coltivazione *sf* ekme, yetiştirme
colto *agg* aydın, okumuş
coltura *sf* ziraat, tarım; ekme
colui *pron* o *colui che parle* konuşan (kişi) *colei che amo* sevdiğim (kişi)
coma *sm hek.* koma
comandamento *sm* buyruk, emir
comandante *sm* komutan, kumandan; kaptan
comandare *vt* emretmek, buyurmak; yönetmek
comando *sm* komut, buyruk; komutanlık
comare *sf* vaftiz annesi
combaciare *vi* çakışmak, bitişmek
combattente *sm/f* savaşçı
combattere *vt/i* savaşmak; çarpışmak
combattimento *sm* savaş; mücadele; çarpışma
combinare *vt/i* düzenlemek, ayarlamak
combinazione *sf* uygunluk; birleşme; rastlantı
combustibile *agg* yanar, yanıcı § *sm* yakıt
combustione *sf* yanma
come *avv* kadar, gibi; olarak; nasıl; ne kadar ...! § *cong* gibi *come mai?* niçin, ne diye?
comico *agg* gülünç, komik § *sm* komedyen
comignolo *sm* baca; çatı tepesi
cominciare *vt/vi* başlamak
comitato *sm* kurul; komite
comitiva *sf* grup, topluluk
comizio *sm* seçim mitingi
comma *sm* paragraf, fıkra
commando *sm* komando
commedia *sf* güldürü, komedi
commediante *sm/f* güldürü oyuncusu, komedyen
commemorare *vt* anmak, anma töreni yapmak
commendatore *sm* aşama, rütbe
commentare *vt* yorumlamak, yorum yapmak
commento *sm* yorum, yorumlama
commerciale *agg* ticari
commerciante *sm/f* tüccar
commerciare *vi* ticaret yapmak
commercio *sm* ticaret, alım satım *commercio al dettaglio* perakende alışveriş *commercio all'ingrosso* toptan alışveriş *essere in commercio* satılmak, piyasada bulunmak
commessa1 *sf* sipariş
commessa2 *sm* tezgâhtar, görevli
commesso *sm* tezgâhtar, görevli

commestibile *agg* yenebilir, yenir

commettere *vt* işlemek; gerçekleştirmek; birleştirmek, bitiştirmek

commiato *sm* ayrılma, vedalaşma

commissariato *sm* komiserlik, polis karakolu

commissario *sm* komiser *commissario di Polizia* müfettiş *commissario tecnico sp.* teknik direktör

commissionare *vt* sipariş vermek

commissionario *sm* komisyoncu

commissione *sf* özel görev; kurul, komisyon; komisyon (ücreti); sipariş

committente *sm/f* alıcı, sipariş eden (kişi)

commosso *agg* üzüntülü, üzülmüş

commovente *agg* duygulandırıcı

commozione *sf* duygulanma, üzüntü

commuovere *vt* duygulandırmak, etkilemek

commuoversi *vr* duygulanmak, etkilenmek

commutare *vt* dönüştürmek, değiştirmek

comodino *sm* komodin, konsol

comodità *sf* rahatlık, konfor

comodo *agg* rahat; kullanışlı, kolay § *sm* rahatlık, kolaylık *fare il proprio comodo* rahatına bakmak

compaesano *sm* hemşeri

compagine *sf* birlik; takım

compagnia *sf* şirket, kuruluş; arkadaş topluluğu *in compagnia* birlikte

compagno *agg* benzer § *sm* arkadaş; yoldaş

comparare *vt* karşılaştırmak, mukayese etmek

comparativo *agg dilb.* karşılaştırmalı

comparato *agg* karşılaştırmalı

comparire *vi* görünmek, belirmek

comparsa *sf* görünme, görünüş; figüran

compartecipazione *sf* ortak katılma, ortaklık

compartimento *sm* kompartıman; bölge

compassione *sf* acıma, merhamet

compasso *sm* pergel

compatibile *agg* uyuşan, bağdaşan

compatire *vt* acımak; katlanmak

compatriota *sm/f* yurttaş

compatto *agg* yoğun, sıkı; katı;

sert; birbirine bağlı
compendio *sm* özet, kısaltma
compensare *vt* telafi etmek, gidermek
compensato *sm* sunta
compenso *sm* ücret; tazmin, telafi *in compenso* buna karşılık, karşılığında
comperare *vt* satın almak
competente *agg* yetkili; yeterli
competenza *sf* yetki; uzmanlık alanı
competere *vi* yarışmak, rekabet etmek; hakkı olmak, düşmek
competitività *sf* rekabet
competizione *sf* yarışma; rekabet
compiacente *agg* müsamahakâr; nazik
compiacenza *sf* hoşnutluk; kibarlık
compiacere *vt/vi* hoşnut etmek, gönül almak
compiacersi *vr* hoşnut olmak, memnun olmak
compiangere *vt* acımak, merhamet etmek
compianto *sm* acı, üzüntü
compiere *vt* yapmak, yerine getirmek; tamamlamak; (yaş) doldurmak *quando compirai gli anni?* doğum günün ne zaman?
compiersi *vr* tamamlanmak, bitmek
compilare *vt* düzenlemek; yazıp doldurmak
compito *sm* ödev, görev; alıştırma, ödev *compito a casa* ev ödevi
compiutamente *avv* eksiksiz olarak, tümüyle
compiuto *agg* bitmiş, tamamlanmış
compleanno *sm* yaş günü, doğum günü
complementare *agg* tamamlayıcı, ek; yardımcı
complemento *sm dilb.* tümleç; tamamlayıcı
complessità *sf* karışıklık, karmaşıklık
complessivo *agg* toplu, bütün, toplam
complesso *agg* karışık, karmaşık; zor § *sm* bütün, hepsi; bina kompleksi; müzik topluluğu; *ruhb.* kompleks *complesso d'inferiorità* aşağılık kompleksi *in complesso* genel olarak
completare *vt* tamamlamak; bitirmek
completo *agg* tam, eksiksiz; tüm; dolu § *sm* takım elbise *al completi* eksiksiz olarak

complicare *vt* karıştırmak, güçleştirmek
complicarsi *vr* güçleşmek, zorlaşmak
complicatezza *sf* karışıklık, zorluk
complicazione *sf* karışıklık; güçlük; *hek.* komplikasyon
complice *sm/f* suçortağı
complimentarsi *vr* kutlamak, tebrik etmek
complimento *sm* iltifat, kompliman; kutlama, tebrik *senza complimenti* çekinmeden; teklifsizce *complimenti!* tebrikler!, bravo! aferin!
complotto *sm* suikast, komplo
componente *sm/f* öğe, unsur; üye § *sm* bileşim maddesi
componimento *sm* kompozisyon; eser, yapıt
comporre *vt* meydana getirmek; beste yapmak; düzenlemek, tertiplemek; *bas.* dizmek
comportamento *sm* davranış, tutum
comportare *vt* gerektirmek
comportarsi *vr* davranmak, hareket etmek
compositore *sm* besteci; *bas.* dizgici
composizione *sf* yapma, düzenleme; bileşim; *bas.* dizgi
composta *sf* komposto
compostezza *sf* duruş; davranış; çekidüzen
composto *agg* bir araya getirilmiş; düzgün, bakımlı; düzenli *sm* bileşik
comprare *vt* satın almak
compratore *sm* müşteri
comprendere *vt* kapsamak; anlamak, kavramak
comprensione *sf* anlama, kavrama
comprensivo *agg* anlayışlı; kapsayan, içeren
compreso *agg* dahil
compressa *sf* hap; kompres, sargı bezi
compressione *sf* sıkışma, sıkıştırma; basınç
compresso *agg* sıkışmış; baskı altında
comprimere *vt* sıkmak, sıkıştırmak; baskı altında tutmak
compromesso *sm* uzlaşma, anlaşma
compromettere *vt* tehlikeye sokmak; itibarını lekelemek
comprovare *vt* ispat etmek, kanıtlamak
computare *vt* saymak, hesaplamak
computo *sm* hesap, sayma

comunale *agg* belediye +

comune₁ *agg* ortak; ortaklaşa; alışılmış, olağan; adi *fuori del comune* olağandışı, görülmemiş *in comune* ortaklaşa, birlikte *nome comune* cins isim

comune₂ *sm* belediye; bucak

comunicare *vt* bildirmek; iletmek § *vi* iletişim kurmak; anlaşmak

comunicato *sm* resmi bildiri *comunicato (di) stampa* basın bildirisi

comunicazione *sf* iletişim; bildirme; bildiri, duyuru; ulaştırma; irtibat; telefon konuşması *comunicazione telefonica* telefon konuşması *dare la comunicazione a qcno* (birini telefonda) bağlamak *mezzi di comunicazione di massa* iletişim araçları

comunione *sf* ortaklık, birlik

comunismo *sm* komünizm

comunista *agg/sm/f* komünist

comunità *sf* topluluk, cemaat *comunità economica Europea* Avrupa Ekonomik Topluluğu

comunque *avv* ne olursa olsun; her ne kadar § *cong* ama, her şeye rağmen

con *prep* ile, birlikte

conca *sf* havza; çukur

concedere *vt* vermek, izin vermek, kabul etmek; imtiyaz vermek

concentramento *sm* bir noktada toplanma; yığılma

concentrare *vt* bir noktada toplamak; yoğunlaştırmak

concentrarsi *vr* konsantre olmak

concentrazione *sf* yoğunlaşma, yoğunlaştırma; konsantrasyon

concepire *vt* anlamak, kavramak; düşünmek

concernere *vt* ilgilendirmek, ilgili olmak

concertatore *agg/sm* orkestra şefi

concerto *sm* konser; konçerto; uyuşma

concessionario *sm* yetkili satıcı

concetto *sm* kavram; fikir

concezione *sf* anlayış, görüş; kavrama

conchiglia *sf* istiridye kabuğu

concia *sf* sepileme, tabaklama

conciare *vt* sepilemek, tabaklamak; *mec.* berbat etmek

conciarsi *vr* üstünü kirletmek; gülünç giyinmek

conciliare *vt* uyuşturmak, uzlaştırmak

conciliazione *sf* uzlaşma; ara bulma

concilio *sm* din adamları toplantısı; kurul
concime *sm* gübre
concisione *sf* kısa anlatım
conciso *agg* kısa, özlü
concittadino *sm* hemşeri
concludere *vt* bitirmek, sonuçlandırmak § *vi* sonuca varmak
concludersi *vr* bitmek, sonuçlanmak
conclusione *sf* sonuç, netice; bitirme
conclusivo *agg* kesin, sonuç veren
concordanza *sf* uyuşma, anlaşma, uyum
concordare *vt/i* anlaştırmak, uyuşturmak; bağdaşmak; uyuşmak
concorde *agg* anlaşmış; uygun
concorrente *sm/f* yarışmacı; aday; rakip
concorrenza *sf* yarış; rekabet
concorrere *vi* birlikte gitmek; yarışmak; katılmak, işbirliği yapmak
concorso *sm* yarışma; sınav; ihale
concretarsi *vr* gerçekleşmek
concreto *agg* somut, gerçek
concussione *sf* zimmetine para geçirme

condanna *sf* yargı, hüküm; mahkûmiyet; kınama
condannare *vt* kınamak; mahkûm etmek; cezalandırmak
condannato *agg/sm* mahkûm, suçlu
condensare *vt* yoğunlaştırmak; özetlemek
condensato *agg* yoğun
condensazione *sf* yoğunlaşma, yoğunlaştırma
condimento *sm* baharat, çeşni
condire *vt* yemeğe çeşni katmak
condiscendere *vi* razı olmak
condividere *vt* başkalarıyla paylaşmak
condizionale *agg* koşullu *agg/sm* *dilb.* şart kipi § *sf* şartlı mahkûmiyet
condizionare *vt* şarta bağlamak; gerektirmek
condizione *sf* durum; koşul, şart *a condizione che* şartıyla *in buone condizioni* iyi durumda
condoglianza *sf* başsağlığı, taziye
condominio *sm* ortak mülk; apartman
condono *sm* af, bağışlama *condono edilizio* imar affı
condor *sm* akbaba

condotta *sf* davranış, tutum; boru, kanal
condotto1 *sm* boru, kanal
condotto2 *agg* : *medico condotto* belediye doktoru
conducente *sm* sürücü
condurre *vt* (oto) sürmek, kullanmak; yönetmek; eşlik etmek, götürmek; (yaşam) sürdürmek; *sp.* galip durumda olmak
conduttore *sm/f* sürücü; yürüten; iletken madde
confarsi *vr* uygun olmak, uygun gelmek
confederazione *sf* birlik, konfederasyon
conferenza *sf* konuşma, konferans *conferenza stampa* basın toplantısı
conferenziere *sm* konuşmacı
conferire *vt* (mükâfat/rütbe) vermek § *vi* görüşmek, danışmak
conferma *sf* teyit, doğrulama, onaylama
confermare *vt* doğrulamak; konfirme etmek
confessare *vt* suçunu söylemek, itiraf etmek
confessarsi *vr* günah çıkarmak; kabul etmek
confessione *sf* suçunu söyleme, itiraf; günah çıkarma
confessore *sm* günah çıkaran papaz
confetto *sm* bademşekeri
confettura *sf* reçel
confezionare *vt* hazırlamak; elbise dikmek; paket etmek *abiti confezionati* hazır giyim
confezione *sf* imalat; konfeksiyon, hazır giyim; paketleme
conficcare *vt* çakmak; batırmak
confidare *vt* sırrını açmak § *vi* güvenmek, itimat etmek
confidarsi *vr* sırrını söylemek
confidente *agg* güvenen, inanan § *sm/f* güvenilir kişi, sırdaş
confidenza *sf* güven, inanılırlık; samimiyet
confidenziale *agg* gizli; sıkı fıkı, içlidışlı
confinare *vi* sınır oluşturmak; komşu olmak § *vt* sürgüne göndermek
confine *sm* sınır *senza confini* sınırsız
confino *sm* sürgün cezası
confiscare *vt* el koymak, haczetmek
conflitto *sm* çarpışma; çatışma
confluenza *sf* iki nehrin birleştiği yer; amaç birliği
confluire *vi* kavuşmak, birleşmek; (nehir) aynı yere

dökülmek
confondere *vt* birbirine karıştırmak; şaşırtmak
confondersi *vr* şaşırmak; kafası karışmak
conformare *vt* uydurmak, uyarlamak
conformarsi *vr* uymak, alışmak
conformità *sf* uygunluk
confortare *vt* umutlandırmak, teselli etmek
confortevole *agg* rahat, konforlu; umutlandırıcı
conforto *sm* teselli, umut; rahatlık, konfor
confrontare *vt* yüzleştirmek, karşılaştırmak
confrontarsi *vr* yüzleşmek
confronto *sm* yüzleştirme, karşılaştırma; kıyas § *in confronto a* nispetle, kıyasla, oranla
confusione *sf* karışıklık, düzensizlik
confuso *agg* karışık, düzensiz; belirsiz; şaşırmış
confutare *vt* çürütmek, yanlışlığını göstermek
congedare *vt* yol vermek; terhis etmek
congedarsi *vr* vedalaşmak
congedo *sm* izin; veda; terhis
congegno *sm* alet, aygıt; mekanizma
congelare *vt* dondurmak
congelarsi *vr* donmak
congestione *sf hek.* kan toplanması
congesto *agg* yığın
congettura *sf* varsayım, tahmin
congiungere *vt* birleştirmek, bağlantı kurmak
congiungersi *vr* birleşmek, bitişmek
congiuntivite *sf hek.* konjonktivit
congiuntivo *sm dilb.* dilek kipi
congiunto *agg* birbirine bağlı § *sm* akraba, yakın
congiuntura *sf* bitişme noktası; eklem; fırsat; ekonomik durum
congiunzione *sf* birleşme; birleştirme; *dilb.* bağlaç
congiura *sf* komplo, entrika
congiurare *vi* komplo kurmak
conglomerato *sm* küme, yığın; *yerb.* yığışım
congratularsi *vr* kutlamak, tebrik etmek
congratulazione *sf* tebrik etme, kutlama *congratulazioni!* tebrikler!
congrega *sf* klan; çete
congresso *sm* kurultay, kongre
conguaglio *sm* hesap dengesi; bilanço
coniglio *sm* tavşan

coniugale *agg* evlilik +
coniugare *vt dilb.* (fiil) çekmek, çekimlemek
coniugarsi *vr* evlenmek
coniugato *agg* evli, evlenmiş; *dilb.* çekilmiş, çekimli
coniugazione *sm* fiil çekimi
coniuge *sm* karı, koca, eş
connazionale *sm/f* vatandaş, yurttaş
connessione *sf* bağlantı, ilgi, ilişki
connettere *vt* bağlamak, birleştirmek
connivente *agg* (suça) göz yuman
connotato *sm* eşkal
cono *sm* koni
conoscente *sm/f* tanıdık, ahbap
conoscenza *sf* bilme, tanıma; bilgi; bilinç; tanıdık *prendre la conoscenza* bayılmak, kendini kaybetmek *riprendere conoscenza* ayılmak, kendine gelmek
conoscere *vt* tanımak; bilmek; başına gelmek *far conoscere* tanıştırmak
conoscersi *vr* tanışmak
conosciuto *agg* tanınmış, ünlü
conquista *sf* fetih; ele geçirme
conquistare *vt* fethetmek, ele geçirmek; erişmek
consacrare *vt* adamak; kutsamak
consacrarsi *vr* kendini adamak
consanguineo *sm* kan akrabalığı
consapevole *agg* bilinçli; haberli
consapevolezza *sf* bilinç; bilme
conscio *agg* farkında, bilincinde
consecutivo *agg* takip eden, izleyen, ertesi
consegna *sf* teslim, teslim etme; *ask.* emir, talimat; dışarı çıkma yasağı *pagamento alla consegna* ödemeli
consegnare *vt* vermek, teslim etmek; *ask.* (kışladan) ayrılmama cezası vermek
conseguenza *sf* netice, sonuç *in conseguenza di* -den dolayı, yüzünden
conseguire *vt* elde etmek; erişmek § *vi* sonucu olmak; (bir olayı) izlemek
consenso *sm* onama, rıza, onay
consentire *vi* razı olmak, kabul etmek; izin vermek
conserva *sf* saklama, koruma; konserve
conservare *vt* saklamak, muhafaza etmek; korumak
conservarsi *vr* kendine bakmak
conservatore *agg/sm* koruyucu; tutucu
conservatorio *sm* konservatuvar
conservazione *sf* saklama, muhafaza; koruma

consesso *sm* kongre
considerare *vt* incelemek; düşünmek; göz önünde tutmak
considerazione *sf* göz önünde tutma; değerlendirme; saygı *prendere in considerazione* göz önünde tutmak
considerevole *agg* oldukça büyük; önemli
consigliare *vt* öğüt vermek, tavsiye etmek
consigliarsi *vr* danışmak
consigliere *sm* danışman, müşavir; yönetim kurulu üyesi *consigliere d'amministrazione* müdür
consiglio *sm* öğüt; tavsiye; konsey, meclis *Consiglio di Sicurezza* Güvenlik Konseyi *Consiglio Comunale* belediye meclisi *Consiglio dei ministri* bakanlar kurulu
consistente *agg* sağlam, dayanıklı; tutarlı
consistenza *sf* dayanıklılık; sağlamlık; tutarlılık
consistere *vi* dayanmak; oluşmak
consolare1 *vt* avundurmak, teselli etmek
consolarsi *vr* avunmak
consolare2 *agg* konsolosluk + *visto consolare* vize
consolato *sm* konsolosluk

consolazione *sf* avunma; avutma; destek
console *sm* konsolos *console generale* başkonsolos
consonante *sf dilb.* sessiz harf, ünsüz
consorte *sm/f* eş
consorzio *sm* başortaklık, konsorsiyum
constare *vi* meydana gelmek, ibaret olmak *a quanto mi consta* bildiğim kadarıyla
constatare *vt* saptamak, doğrulamak
constatazione *sf* doğrulama; ortaya çıkarma
consueto *agg* alışılmış, olağan
consuetudine *sf* alışkanlık; gelenek, görenek, âdet
consulente *sm/f* danışman, mali müşavir *consulente finanziario* mali danışman
consulenza *sf* danışmanlık; görüş alma
consulta *sf* toplantı, kurul
consultare *vt* danışmak; bilgi almak
consultarsi *vr* bilgi alışverişinde bulunmak
consultazione *sf* danışma; inceleme
consulto *sm hek.* konsültasyon
consumare *vt* tüketmek; kullan-

mak, harcamak; yıpratmak
consumarsi *vr* harcanmak, kendini tüketmek
consumatore *sm* tüketici
consumazione1 *sf* yenilip içilen şey, konsomasyon
consumazione2 *sf* tüketim, harcama
consumismo *sm* tüketimcilik
consumo *sm* tüketim
consuntivo *agg/sm* : *bilancio consuntivo* bilanço
contabile *sm/f* muhasebeci, sayman
contabilità *sf* muhasebe, muhasebecilik
contadino *agg/sm* köylü
contagiare *vt* hastalık bulaştırmak, geçirmek
contagio *sm* bulaşma, geçme
contagioso *agg* bulaşıcı
contagocce *sm* damlalık
contaminare *vt* kirletmek; bulaştırmak
contante *agg* peşin § *sm* peşin para *pagamento per contanti* peşin ödeme *pagare in contante* nakit ödemek
contare *vt* saymak; göz önünde bulundurmak § *vi* hesaplanmak, saymak; önem taşımak
contatore *sm* sayaç, elektrik saati
contattare *vt* temas kurmak, ilişki kurmak
contatto *sm* dokunma, temas; bağlantı
conte *sm* kont
conteggiare *vt* saymak; hesaplamak
conteggio *sm* sayma; hesap
contegno *sm* tavır, davranış; muamele
contemplare *vt* hayranlıkla bakmak; öngörmek
contemporaneamente *avv* aynı anda
contemporaneo *agg* çağdaş; aynı zamanda olan
contendente *agg/sm/f* rakip
contendere *vt* yarışmak, çekişmek § *vi* kavga etmek
contenere *vt* kapsamak, içermek
contenitore *sm* kap
contentare *vt* memnun etmek
contentarsi *vr* memnun olmak
contentezza *sf* memnunluk, hoşnutluk
contento *agg* hoşnut, memnun
contenuto *sm* kapsam, içerik; konu
contesa *sf* yarışma; tartışma, münakaşa
contessa *sf* kontes
contestare *vt* itiraz etmek, karşı çıkmak

contestazione *sf* karşı çıkma; itiraz; protesto
contesto *sm* koşullar; konu
contiguo *agg* bitişik
continentale *agg* kıtasal, karasal
continente *sm* kıta, anakara *Continente Nero* Afrika
contingente *agg* şarta bağlı § *sm tic.* kota; asker sayısı
contingenza *sf* durum, koşul; ödenti
continuare *vt* devam ettirmek, sürdürmek *vi* devam etmek, sürmek *continua* sürecek, arkası var
continuativo *agg* devamlı, sürekli
continuazione *sf* sürme, sürdürme, devam
continuità *sf* devamlılık, süreklilik
continuo *agg* sürekli, aralıksız *di continuo* sürekli olarak, durmadan
conto *sm* hesap *conto alla rovescia* geriye sayma *conto corrente* cari hesap *conto vincolato* vadeli hesap *fare i conti* hesap yapmak *in fin dei conti* sonuçta, sonuç olarak *per conto mio* bence, bana kalırsa
contorcersi *vr* bükülmek, iki büklüm olmak

contorno *sf* kenar, çevre; garnitür
contorto *agg* eğri büğrü, bükük
contrabbandiere *sm* kaçakçı
contrabbando *sm* kaçakçılık
contrabbasso *sm* kontrbas
contraccambiare *vt* karşılık vermek
contraccettivo *sm* gebelik önleyici
contrada *sf* bölge, çevre; sokak
contraddire *vt/i* yalanlamak; itiraz etmek
contraddittorio *agg* çelişkili; tartışmalı
contraddizione *sf* çelişme, çelişki
contraffare *vt* sahtesini yapmak, taklit etmek
contraffazione *sf* taklit etme; taklit, sahte
contrapporre *vt* karşı koymak, engellemek
contrariamente *avv* tersine, aksine
contrariare *vt* karşı çıkmak, muhalefet etmek, engellemek
contrarietà *sf* karşıtlık; terslik, aksilik
contrario *agg* karşıt; ters, aksi, zıt *al contrario* aksine *in caso contrario* aksi takdirde
contrarre *vt* kasmak, büzmek;

(hastalık) yakalanmak
contrassegno *sm* işaret, iz *in contrassegno* ödemeli
contrastare *vt* engellemek, karşı koymak § *vi* birbirine uymamak
contrastarsi *vr* mücadele etmek
contrasto *sm* karşıtlık; çelişki; uyumsuzluk
contrattacco *sm* karşı saldırı; *sp.* kontratak
contrattare *vt* pazarlık etmek
contrattempo *sm* aksilik *di contrattempo* zamansız, yersiz
contratto *sm* sözleşme, kontrat
contrattuale *agg* sözleşmeli
contravvenzione *sf* yasaya uymama; para cezası
contrazione *sf* kasılma, büzülme
contribuire *vi* iştirak etmek, katkıda bulunmak
contributo *sm* yardım, katkı; vergi
contro *prep/avv/sm* karşı; karşılığında; aykırı
controbattere *vt* yalanlamak, çürütmek
controfigura *sf sin.* yedek oyuncu, dublör
controllare *vt* kontrol etmek, denetlemek; incelemek
controllo *sm* kontrol, denetim; inceleme *controllo dei biglietti* bilet kontrolü *controllo delle nascite* doğum kontrolü
controllore *sm* kontrol memuru, kontrolör
controsenso *avv/sm* karşıt anlam; anlamsızlık
controspionaggio *sm* karşı casusluk
controversia *sf* tartışma, anlaşmazlık
controverso *agg* ihtilaflı
controvoglia *avv* isteksizce
contumace *sm/f huk.* gıyaben tutuklu
contumacia *sf huk.* mahkemeye çıkmama, gıyap
contusione *sf* bere, ezik
convalescente *sm/f* iyileşmekte olan hasta
convalescenza *sf* iyileşme dönemi
convalidare *vt* geçerli saymak; onaylamak, doğrulamak
convegno *sm* toplantı, kongre
convenevole *agg* elverişli, uygun
conveniente *agg* uygun; elverişli, yerinde
convenienza *sf* uygunluk, yerindelik; görgü kuralları
convenire *vi* kabul etmek; anlaşmak, uyuşmak
convento *sm* manastır

convenzionale *agg* anlaşmalı; anlaşmaya uygun; klasik
convenzione *sf* sözleşme, anlaşma; kurultay
conversare *vi* konuşmak, görüşmek
conversazione *sf* konuşma, görüşme, söyleşi
conversione *sf* dönüş; dönüşüm, dönüşme; değişme
convertibile *agg* dönüştürülebilir; çevrilebilir; değiştirilebilir
convertire *vt* değiştirmek, çevirmek, dönüştürmek
convertirsi *vr* din değiştirmek
convertito *sm* din değiştirmiş kişi
convesso *agg* dışbükey
convincere *vt* inandırmak, ikna etmek
convincersi *vr* inanmak, ikna olmak
convinto *agg* inanmış, ikna olmuş
convinzione *sf* inanç, kanı; ikna
convitto *sm* öğrenci yurdu
convivere *vi* beraber yaşamak
convocare *vt* toplantıya çağırmak; çağırmak
convocazione *sf* çağırma, davet; çağrı
convoglio *sm* konvoy, kortej, katar
convulsione *sf hek.* çırpınma, kasılma
convulso *agg* çırpınmalı, kasılmış; ateşli
cooperare *vi* işbirliği yapmak
cooperativa *sf* kooperatif
cooperazione *sf* elbirliği, işbirliği
coordinare *vt* düzenlemek, koordine etmek
coordinata *sf mat.* koordinat
coperchio *sm* kapak
coperta *sf* örtü; yatak örtüsü; *den.* güverte
copertina *sf* kitap kabı
coperto1 *agg* kapalı; örtülü; saklı
coperto2 *sm* yemek takımı; üstü kapalı yer; (lokantada) masa fiyatı
copertone *sm* dış lastik; katranlı muşamba
copertura *sf* örtü; güvence, teminat
copia *sf* nüsha, kopya; taklit **bella copia** temiz kopya **brutta copia** müsvedde
copiare *vt* kopya etmek; kopya çekmek
copione *sm* film senaryosu
coppa *sf* kadeh; kupa
coppia *sf* çift; eş; ikili **a coppie** ikişer ikişer
coprifuoco *sm* sokağa çıkma yasağı

copriletto *sm* yatak örtüsü
coprire *vt* örtmek, kaplamak; korumak
coprirsi *vr* örtünmek, kapanmak
coraggio *sm* cesaret, yüreklilik
coraggioso *agg* cesur, yiğit
corallo *sm* mercan
Corano *sm* Kuran
corazza *sf* zırh
corazzata *sf* zırhlı savaş gemisi
corda *sf* ip; tel; çalgı teli *corde vocali* ses telleri *dar corda a qn* kulak vermek *tagliare la corda* kirişi kırmak, tüymek *tenere qn sulla corda* tedirgin etmek
cordiale *agg* içten, candan, samimi
cordoglio *sm* derin üzüntü
cordone *sm* kordon, şerit; kablo *cordone ombelicale* göbek bağı
coreografia *sf* koreografi
coriandolo *sm* konfeti
coricare *vt* yatırmak
coricarsi *vr* yatmak, uzanmak
cornacchia *sf* ekinkargası
cornamusa *sf* gayda
cornetta *sf müz.* kornet; telefon ahizesi
cornetto *sm* ayçöreği, kruvasan
cornice *sf* çerçeve
cornicione *sm mim.* saçak, korniş

corno *sm* boynuz; *müz.* korno *corno da scarpe* ayakkabı çekeceği *fare le corna a qc* aldatmak, boynuzlamak
cornuto *agg* boynuzlu § *sm* aldatılan (erkek)
coro *sm* koro *in coro* birlikte, bir ağızdan
corona *sf* taç; taht; çelenk
coronare *vt* taç giydirmek
corpo *sm* vücut, gövde; ceset; birlik; madde *a corpo a corpo* göğüs göğüse *prendere corpo* oluşmak, ortaya çıkmak
corporatura *sf* endam, cüsse
corporazione *sf* cemiyet, sendika
corpulento *agg* cüsseli, iriyarı
corredare *vt* gereç sağlamak, donatmak
corredo *sm* araç, gereç; ek
correggere *vt* düzeltmek; iyileştirmek
corrente *agg* her zamanki, günlük; akan; cari, geçerli § *sf* akıntı; akım, cereyan; *mec.* hareket *presa di corrente* elektrik prizi
correntemente *avv* rahatça, kolayca
correo *sm* suçortağı
correre *vi* koşmak; koşuşturmak; yayılmak; geçip gitmek *coi tempi che corrono* bu

zamanlarda
corretto *agg* doğru, düzgün; dürüst
correzione *sf* düzeltme; iyileştirme
corrida *sf* boğa güreşi
corridoio *sm* koridor
corriera *sf* şehirlerarası otobüs; posta arabası
corriere *sm* posta; postacı, kurye
cortispettivo *sm* karşılık
corrispondente *agg* karşılık olan, orantılı § *sm/f* muhabir
corrispondenza *sf* yazışma, mektuplaşma; uygunluk; bağlantı
corrispondere *vi* karşılık vermek; uygun düşmek; denk olmak; yazışmak
corrodere *vt* aşındırmak, çürütmek
corrompere *vt* bozmak; ahlakını bozmak; para yedirmek
corrosione *sf* aşınma, aşındırma
corrosivo *agg* aşındırıcı, eritici
corrotto *agg* baştan · çıkarılmış; rüşvet yemiş
corrugare *vt* kaş çatmak
corruzione *sf* bozulmuşluk; baştan çıkarma; para yedirme
corsa *sf* yarış, yarışma; sefer, yolculuk *a tutta corsa* büyük bir hızla *di corsa* hemen *fare una corsa* koşmak
corsaro *sm* korsan
corsia *sf* kulvar; koridor; yol şeridi
corsivo *agg* italik § *sm bas.* italik harf
corso *sm* akış, gidiş; geçiş; ders, kurs; sınıf; ana cadde; kur, rayiç *corso del cambio* döviz kuru *nel corso di* sırasında
corte *sf* avlu; mahkeme; kur *corte dei conti* Sayıştay *corte di cassazione* Yargıtay, temyiz mahkemesi
corteccia *sf* ağaç kabuğu; kabuk
corteggiare *vt* kur yapmak
corteo *sm* kafile; kortej
cortese *agg* nazik, kibar
cortesia *sf* incelik, nezaket; iyilik *per cortesia* lütfen
cortigiana *sf* saray kadını
cortigiano *sm* saraylı; *mec.* dalkavuk
cortile *sm* avlu
cortina *sf* perde; tabaka
corto *agg* kısa *corto circuito* kısa devre *corto di vista* miyop *per farla corta* kısacası
corvo *sm* karga
cosa *sf* şey, nesne; olay; sorun *che cosa vuoi?* ne istiyorsunuz? *cosa?* ne? *ogni cosa* her şey *per prima cosa*

ilkönce
coscia *sf* kalça; but
cosciente *agg* aklı yerinde, bilinçli
coscienza *sf* bilinç, şuur; vicdan
coscienzioso *agg* şuurlu, bilinçli; vicdanlı
cosi *avv/agg/cong* böyle, şöyle; öyle; böylece; o kadar *cosi cosi* şöyle böyle *e cosi via* vesaire
cosicche *cong* öyle ki, öylece
cosiddetto *agg* diye anılan; öyle denilen
cosmesi *sf* kozmetik
cosmetica *sf* kozmetik
cosmetico *agg* kozmetik +
cospargere *vt* serpmek, saçmak
cospetto *sm* ön, huzur *al cospetto di qc* (birinin) huzurunda
cospicuo *agg* önemli; hatırı sayılır
cospirare *vi* yıkmaya çalışmak, fesat çevirmek
cospirazione *sf* komplo, entrika
costa *sf* sahil, kıyı; *anat.* kaburga kemiği
costante *agg* sürekli; sabırlı; değişmez
costare *vi* etmek, mal olmak, fiyatı olmak *costare caro* pahalı olmak *quanto costa?* kaç para?
costeggiare *vt* kıyı boyunca gitmek
costiera *sf* yüksek kayalık kıyı
costiero *agg* kıyısal
costituente *agg* oluşturan, kurucu
costituire *vt* kurmak; oluşturmak
costituirsi *vr* oluşmak, meydana gelmek; *huk.* adalete teslim olmak
costituzionale *agg* anayasal
costituzione *sf* kurma, tesis etme; kuruluş, tesis; bünye; anayasa
costo *sm* fiyat, değer, bedel *a costo di* pahasına *a ogni costo* her ne pahasına olursa olsun *costo medio* ortalama fiyat
costola *sf anat.* kaburga kemiği
costoletta/cotoletta *sf* pirzola
costoso *agg* pahalı
costretto *agg* zorda kalan, mecbur
costringere *vt* mecbur etmek, zorlamak
costrizione *sf* sıkıştırma, zorlama
costruire *vt* kurmak, inşa etmek
costruzione *sf* yapım; kurma; yapı, bina
costume *sm* kıyafet, giysi; alışkanlık; gelenek, örf; ahlak

ballo in costume kıyafet balosu *costume a due pezzi* bikini *costume da bagno* mayo
cotogna *sf* ayva
cotoletta *sf* pirzola
cotone *sm* pamuk; pamuk iplik *cotone idrofilo* hidrofil pamuk
cotta *sf* pişme, pişirme; *mec.* âşık olma
cotto *agg* pişmiş; takati kalmamış *ben cotto* iyi pişmiş *poco cotto* az pişmiş
cottura *sf* pişme, pişirme
covare *vt* kuluçkaya yatırmak; *mec.* içinde beslemek § *vi* kuluçkaya yatmak
covo *sm* in
cozza *sf* midye
cozzare *vi/vt* şiddetle çarpmak, tos vurmak
crampo *sm hek.* kramp
cranico *agg anat.* kafatası +
cranio *sm* kafatası
cratere *sm* yanardağ ağzı, krater
cravatta *sf* kravat, boyunbağı
creanza *sf* nezaket, kibarlık
creare *vt* yaratmak, meydana getirmek
creativo *agg* yaratıcı
creatore *agg/sm* yaratıcı
creatura *sf* yaratık; çocuk, bebek
creazione *sf* yaratma; yaratılış; kreasyon; kurulma

credente *sm/f* inançlı, dindar
credenza1 *sf* inanma; inanç; fikir; güven
credenza2 *sf* büfe
credenziale *sf* güven mektubu
credere *vt* inanmak; sanmak; tahmin etmek
credersi *vr* kendini ... sanmak
credibile *agg* inanılır, güvenilir
credito *sm* kredi; güven; saygınlık *carta di credito* kredi kartı
credo *sm* inanç
crema *sf* kaymak; krema; krem *crema solare* güneş kremi
cremare *vt* ölü yakmak
crepa *sf* yarık, çatlak
crepacuore *sm* büyük acı
crepare *vi* yarılmak, çatlamak
crepitare *vi* çatırdamak
crepuscolo *sm* şafak vakti; alacakaranlık
crescere *vi* büyümek; artmak, çoğalmak § *vt* büyütmek; çoğaltmak
crescione *sm* dereotu
crescita *sf* büyüme; gelişme
crespa *sf* kırışık; kıvrım
crespo *agg* kıvırcık; kıvrımlı
cresta *sf* ibik; tepe, zirve
creta *sf* kil; kireç
cretino *agg* ahmak, aptal, salak
cricca *sf* çete

cricco *sm* kriko
criminale *agg* suç + § *sm/f* suçlu, cani
crimine *sm* ağır suç; cinayet
crine *sm* yele
criniera *sf* yele; perçem
crisantemo *sm* kasımpatı, krizantem
crisi *sf* bunalım; kriz *crisi di nervi* sinir krizi
cristallizzare *vt/i* billurlaştırmak, kristalleştirmek
cristallizzarsi *vr* billurlaşmak, kristalleşmek
cristallo *sm* kristal, billur
cristianesimo *sm* Hıristiyanlık
cristiano *agg* Hıristiyan
Cristo *sm* İsa *avanti Cristo* İsadan önce, milattan önce *dopo Cristo* İsadan sonra, milattan sonra
criterio *sm* kriter, ölçüt; kural; sağduyu
critica *sf* eleştiri; inceleme
criticare *vt* eleştirmek, tenkit etmek; suçlamak
critico *agg* kritik § *sm* eleştirmen
crivellare *vt* kalburdan geçirmek
crocchetta *sf* kroket, köfte
crocchiare *vi* gıcırdamak; gıdaklamak
croce *sf* haç; çarmıh *Croce Rossa* Kızılhaç
crocevia *sm* kavşak
crociata *sf* haçlı seferi
crocicchio *sm* kavşak, dörtyol ağzı
crociera *sf* deniz yolculuğu; *mim.* çapraz tonoz
crocifiggere *vt* çarmıha germek
crocifissione *sf* çarmıha germe
crocifisso *agg* çarmıha gerilmiş
crogiolo *sm* maden eritme kabı
crollare *vi* yıkılmak, çökmek
crollo *sm* yıkılma, çökme; *mec.* iflas
cromo *sm* krom
cromosoma *sm* *biy.* kromozom
cronaca *sf* günlük haber; tarih olayları, vakayiname *cronaca mondana* dedikodu sütunu
cronico *agg* müzmin, kronik
cronista *sm/f* gazete muhabiri
cronologia *sf* kronoloji
cronologico *agg* kronolojik
cronometro *sm* kronometre, süreölçer
crosta *sf* kabuk; ekmek kabuğu
crostacei *sm/pl* *hayb.* kabuklular
crostata *sf* reçelli tart
crostino *sm* kızarmış ekmek
cruccio *sm* üzüntü, kaygı; bela
cruciverba *sm* çapraz bulmaca
crudele *agg* gaddar, zalim, merhametsiz
crudeltà *sf* acımasızlık; zulüm

crudo *agg* çiğ, pişmemiş; ham
crusca *sf* kepek
cruscotto *sm* kontrol tablosu
cubico *agg* kübik
cubo *sm* küp *metro cubo* metre küp
cuccagna *sf* bolluk ülkesi
cuccetta *sf* (gemi/trende) kuşet
cucchiaiata *sf* bir kaşık dolusu
cucchiaino *sm* çay kaşığı
cucchiaio *sm* kaşık
cuccia *sf* köpek kulübesi
cucciolo *sm* köpek yavrusu; hayvan yavrusu
cucina *sf* mutfak; aşçılık; yemek; yemek ocağı *cucina a gas* gaz ocağı
cucinare *vt* yemek pişirmek
cucire *vt* dikmek
cucitrice *sf* tel zımba; dikiş makinesi
cucitura *sf* dikiş; dikme
cuffia *sf* bone; kulaklık
cugina *sf* kuzin
cugino *sm* kuzen
cui *pron* ki ona *di cui* ki onun
culinaria *sf* aşçılık
culla *sf* beşik
cullare *vt* beşik sallamak
culminare *vi* en yüksek noktaya ulaşmak
culmine *sm* zirve, doruk
culo *sm* kıç

culto *sm* tapma; din, mezhep; inanç
cultura *sf* kültür
culturale *agg* kültürel *centro culturale* kültür merkezi
cumino *sm* kimyon
cumulare *vt* yığmak, biriktirmek
cumulativo *agg* toptan
cumulo *sm* küme, yığın, kitle
cuneo *sm* *rim.* kemer taşı
cuocere *v.* pişirmek § *vi* pişmek; yanmak
cuoco *sm* aşçı
cuoio *sm* deri; kösele *tirare le cuoia* mortu çekmek, ölmek
cuore *sm* kalp, yürek; sevgi; (iskambil) kupa *avere il cuore sulle labbra* açık sözlü olmak *di buon cuore* iyi kalpli *di cuore* yürekten, içten *senza cuore* kalpsiz *stare a cuore* gönlünde yatmak
cupidigia *sf* açgözlülük, hırs
cupo *agg* karanlık, koyu; donuk; *mec.* düşünceli, sıkıntılı
cupola *sf* kubbe
cura *sf* özen, bakım; ilgi; tedavi *casa di cura* bakımevi
curare *vt* bakmak, iyileştirmek; özen göstermek
curarsi *vr* kendine dikkat etmek
curato *sm* Katolik papazı
curatore *sm* *huk.* vasi; iyileştiren

curiosare *vi* meraklı olmak; işe burnunu sokmak
curiosità *sf* merak; burun sokma
curioso *agg/sm* meraklı; garip, tuhaf
curriculum *sm* biyografi, özgeçmiş
curva *sf* eğri; dönemeç, viraj
curvare *vt* eğriltmek; eğmek; bükmek § *vi* dönmek
curvarsi *vr* eğilmek
curvo *agg* eğri, eğik; kambur
cuscinetto *sm* küçük yastık; eksen yatağı *stato cuscinetto* tampon devlet
cuscino *sm* yastık
custode *sm/f* bekçi, muhafız
custodia *sf* bekçilik, koruma; kılıf, kutu *agente di custodia* gardiyan
custodire *vt* saklamak, muhafaza etmek; korumak
cute *sf anat.* cilt, deri

D

da *prep* -den; -dan; -e, -a, -ya; -de, -da; -den beri; -lık; iken; tarafından *da allora* o zamandan beri *da dove venite?* nerelisin? *occhiali da sole* güneş gözlüğü *scritto da* yazan ...
dabbene *avv* dürüst
daccapo *avv* yeniden, tekrar
dado *sm* oyun zarı; et suyu
daino *sm* alageyik
dalia *sf* yıldızçiçeği
daltonico *agg/sm* renkkörü
daltonismo *sm* renkkörlüğü, daltonizm
d'altronde *avv* zaten, doğrusunu isterseniz
dama *sf* hanım, bayan; eş; (dansta) dam; dama oyunu
damigiana *sf* damacana
Danimarca *nf* Danimarka
dannare *vt* cehennemlik etmek *far dannare qcno* deli etmek, deliye çevirmek
dannarsi *vr* canı cehenneme gitmek; kendine işkence etmek
danneggiare *vt* zarar vermek
danno *sm* zarar, ziyan; hasar *far danni* kırıp dökmek
dannoso *agg* zararlı
danza *sf* dans; oyun
danzare *vi* dans etmek, oynamak
dappertutto *avv* her yerde, her tarafta
dappoco *agg/sm* işe yaramaz; değersiz
dapprima *avv* ilkin
dardo *sm* kargı, mızrak, ok
dare₁ *vt* vermek; ürün vermek §

vi (pencere/balkon) bakmak
dare2 *sm* borç
darsi *vr* kendini vermek *dare consigli* öğüt vermek *dare inizio* başlatmak *darsi per vinto* pes etmek, vazgeçmek *può darsi* belki, olabilir
data *sf* tarih
datare *vt* tarih atmak; tarihini belirtmek
dato *agg* verilen; belirli § *sm* veri, bilgi *dato che* -den beri *un dato di fatto* açık kanıt
dattero *sm* hurma
dattilografa *sf* daktilo yazan
dattilografare *vt* daktilo ile yazmak
dattilografia *sf* daktilo yazısı; daktiloyla yazma
dattilografo *sm* daktilograf
davanti *avv* önüne, önünde; önde; huzurunda; karşısında § *sm* ön *davanti a* önünde, huzurunda
davanzale *sm* pencere korkuluğu
davanzo *adv* yeterinden çok
davvero *avv* gerçekten, sahiden
dazio *sm* köprü parası; giriş vergisi
dea *sf* tanrıça
debito1 *agg* gereken; uygun
debito2 *sm* borç; ödev, görev
debitore *sm* borçlu
debole *agg* güçsüz, halsiz; zayıf

debolezza *sf* güçsüzlük, halsizlik; zayıflık; zaaf
debuttare *vi* ilk olarak sahneye çıkmak; mesleğe ilk adımı atmak
debutto *sm* ilk olarak sahneye çıkma; meslekte ilk adım
decadenza *sf* çökme, çöküş; gerileme
decanato *sm* dekanlık
decantare *vt* övmek, göklere çıkarmak
decapitare *vt* boynunu vurmak, kafasını kesmek
decapottabile *agg* üstü açılıp kapanabilir
deceduto *agg/sm* ölmüş; ölü
decennio *sm* on yıllık süre
decente *agg* doğru dürüst; uygun; kabul edilebilir
decesso *sm* ölüm, vefat
decidere *vt/vr* karar vermek; saptamak
decifrare *vt* şifreyi çözmek; deşifre etmek, açıklamak
decimale *agg/sm* ondalık; onluk
decimetro *sm* desimetre
decisione *sf* karar; kararlılık
deciso *agg* kararlı
declassare *vt* alt mevkiye indirmek
declinare *vi* alçalmak; batmak; *mec.* kötüleşmek § *vi* geri

çevirmek
declinazione *sf* alçalma; *dilb.* ad çekimi
declino *sm* alçalma; gerileme; batma
decodificare *vt* şifresini çözmek
decodificatore *sm* dekoder
decollare *vi* havalanmak
decollo *sm* havalanma, uçuşa kalkma
decomporre *vt* ayrıştırmak; çürütmek
decomporsi *vr* dağılmak, ayrışmak; çürümek
decorare *vt* süslemek, bezemek
decoratore *sm* dekoratör, içmimar
decorazione *sf* süsleme; dekorasyon
decoro *sm* onur; prestij
decoroso *agg* onurlu; saygın; uygun
decrepito *agg* yıpranmış, bitmiş
decrescere *vi* eksilmek, azalmak
decreto *sm* *huk.* kararname; buyruk ***decreto legge*** kanun hükmünde kararname
dedalo *sm* labirent
dedica *sf* adına sunma, ithaf
dedicare *vt* adına sunmak, ithaf etmek
dedito *agg* kendini adamış
dedurre *vt* sonuç çıkarmak; ortaya koymak
deduzione *sf* sonuç; tümdengelim; hesaptan çıkarma
deferente *agg* saygılı
deferenza *sf* saygı
deferire *vt* sevk etmek; mahkemeye vermek
defezione *sf* bırakma, ayrılma; terk
deficiente *agg* eksik, yetersiz; zayıf § *sm/f* zihin özürlü, geri zekâlı
deficit *sm* bütçe açığı
definire *vt* tanımlamak, tarif etmek; sonuca bağlamak
definitivo *agg* kesin, kati; son
definito *agg* kesin; belirli
definizione *sf* tanımlama, tarif; karara bağlama
deflazione *sf* para darlığı, deflasyon
deflettore *sm oto.* kelebek camı
deformare *vt* biçimsizleştirmek, şeklini bozmak
deforme *agg* biçimsiz, şekilsiz; çirkin
deformità *sf* şekilsizlik, biçimsizlik
defraudare *vt* dolandırmak, hile yapmak
defunto *agg/sm* merhum, ölü
degenerare *vi* soysuzlaşmak, yozlaşmak; bozulmak

degenerazione

degenerazione *sf* soysuzlaşma, yozlaşma; bozulma
degente *sm/f* hasta
degnarsi *vr* tenezzül etmek; layık olmak
degno *agg* yaraşır, uygun, layık
degradare *vt* rütbe indirmek, alçaltmak
degradarsi *vr* küçülmek, alçalmak
degustare *vt* tatmak, lezzetine bakmak
degustazione *sf* tadına bakma, tatma
delatore *sm* hafiye, casus
delega *sf* elçi, delege
delegare *vt* yetkili kılmak, yetkilendirmek
delegato *sm* temsilci, delege
delegazione *sf* yetkili kılma; heyet, delegasyon
delfino₁ *sm* yunusbalığı
delfino₂ *sm* halef
delibera *sf* karar
deliberare *vt* karara bağlamak
delicatezza *sf* incelik, zariflik; naziklik
delicato *agg* nazik, kibar; hoş; dayanıksız; lezzetli
delineare *vt* çizmek, ana hatlarını belirlemek
delinearsi *vr* ortaya çıkmak, belirmek

delinquente *sm/f* · suçlu; *mec.* serseri
delinquenza *sf* suç, suçluluk
delinquenza minorile çocuk suçluluğu
delirare *vi* sayıklamak; sapıtmak, saçmalamak
delirio *sm* sayıklama; saçmalama, sapıtma, çılgınlık
delitto *sm* ağır suç; cinayet
delizia *sf* büyük zevk; lezzet
delizioso *agg* nefis; zarif; sevimli; zevkli
delta *sm* çatalağız, delta
deludere *vt* düş kırıklığına uğratmak
delusione *sf* düş kırıklığı
deluso *agg* düş kırıklığına uğramış
demanio *sm* devlet malı
demente *agg* bunak; çılgın
demenza *sf* bunama, bunaklık; çılgınlık
democratico *agg* demokratik
democrazia *sf* demokrasi
democristiano *agg* Hıristiyan demokrat + § *sm* Hıristiyan demokrat
demografia *sf* nüfusbilim, demografi
demografo *sm* nüfusbilimci
demolire *vt* yıkmak; çökertmek
demone *sm* şeytan, kötü ruh

demonio *sm* şeytan, iblis
denaro *sm* para *denaro liquido* nakit para
denominare *vt* ad vermek, adlandırmak
denominarsi *vr* adını almak; adlandırılmak
denominazione *sf* ad; adlandırma
densità *sf* yoğunluk; koyuluk
denso *agg* yoğun, koyu; sık
dentale *agg anat.* diş +
dentata *sf* dişleme, ısırma
dente *sm anat.* diş; dişli *dente di latte* süt dişi *dente del giudizio* akıl dişi, yirmi yaş dişi
dentiera *sf* takma diş
dentifricio *sm* diş macunu
dentina *sf anat.* diş minesi
dentista *sm* diş hekimi, dişçi
dentro *avv/prep* içinde, içine, içeri
denudare *vt* soymak, çıplak bırakmak
denudarsi *vr* soyunmak
denuncia (denunzia) *sf* ihbar, ele verme; beyan *denuncia dei redditi* gelir bildirimi
denunciare *vt* açıklamak, herkese duyurmak; ihbar etmek
denutrizione *sf* beslenme eksikliği, gıdasızlık
deodorante *sm* deodoran

deperire *vi* zayıflamak, erimek
depilare *vt* kılları almak
depilatorio *agg/sm* kıl dökücü (krem vb)
deplorabile *agg* acınacak, acıklı
deplorare *vt* acımak, yakınmak; azarlamak
deplorevole *agg* kınanacak; üzücü, acıklı
deporre *vt* koymak, bırakmak; *mec.* azletmek, görevinden almak; tanıklık etmek
deportare *vt* sürgün etmek
depositare *vt* teslim etmek, emanet etmek; para yatırmak; depolamak
depositarsi *vr* birikmek, toplanmak
deposito *sm* verme, bırakma; emanet; ambar; depozito *deposito bancario* banka mevduatı *deposito bagagli* bagaj emanet edilen yer
deposizione *sf* azletme, görevden alma; *huk.* tanıklık
depravare *vt* ahlakını bozmak, baştan çıkarmak
deprecare *vt* kınamak, ayıplamak
depredare *vt* yağma etmek; soymak
depressione *sf* bunalım, depresyon

depressivo *agg* bunalımlı, depresif

depresso *agg* morali bozuk; çökük

deprezzare *vt* fiyat düşürmek

deprimere *vt* çöktürmek, göçertmek; bunaltmak

depurare *vt* arıtmak, temizlemek

depuratore *sm* arıtıcı

deputato *sm* milletvekili; elçi

deragliare *vi* raydan çıkmak

derelitto *agg* terk edilmiş, sahipsiz

deretano *sm* kıç

deridere *vt* alay etmek

derisorio *agg* alaylı, iğneleyici

deriva *sf* rota değiştirme, akıntıyla sürüklenme **andare alla deriva** akıntıya kapılmak; işi oluruna bırakmak

derivare *vi* türemek, -den çıkmak, doğmak § *vt* türetmek; su yatağını değiştirmek

derivata *sf mat.* türev

derivazione *sf* türeme; yatak değiştirme

dermatologia *sf* deri bilimi, dermatoloji

dermatologo *sm* cilt hastalıkları uzmanı, dermatolog

derubare *vt* çalmak, aşırmak

descrivere *vt* betimlemek, tasvir etmek

descrizione *sf* anlatım; tasvir

deserto *agg* tenha; ıssız § *sm* çöl

desiderare *vt* arzu etmek, istemek

desiderio *sm* istek, arzu

desideroso *agg* istekli, arzulu

designare *vt* görevlendirmek, atamak

designer *sm/f* tasarımcı

desinenza *sf dilb.* sonek, çekim eki

desistere *vi* vazgeçmek, bırakmak

desolare *vt* üzmek, perişan etmek

desolato *agg* üzüntü verici; üzgün

despota *sm* zorba, despot

dessert *sm* meyve, tatlı

destare *vt* uyandırmak; doğurmak, yaratmak

destarsi *vr* uyanmak; harekete geçmek

destinare *vt* tayin etmek, atamak; ayırmak; yollamak

destinatario *sm* teslim alan, alıcı

destinazione *sf* gidilecek yer; kullanma; yön

destino *sm* alın yazısı, kader

destituire *vt* görevden almak, azletmek

destituzione *sf* görevden alma, azletme

desto *agg* uyanık; tetikte

destra *sf* sağ el; sağ, sağ taraf
destreggiarsi *vr* ustalıkla yürütmek, becermek
destrezza *sf* beceriklilik, ustalık
destro *agg* sağ, sağ taraf; becerikli, usta
detenere *vt* elde bulundurmak, sahip olmak; hapiste tutmak
detenuto *sm* tutuklu, mahpus
detenzione *sf* tutukluluk; elde bulundurma
detergente *agg* temizleyici § *sm* deterjan
deteriorare *vt* bozmak, yıpratmak
deteriorarsi *vr* bozulmak
determinare *vt* belirtmek, belirlemek; saptamak; sebep olmak
determinato *agg* belli, belirli
determinazione *sf* kararlılık, azim; belirleme; karar
deterrente *agg/sm* caydıran, caydırıcı
detersivo *sm* deterjan
detestare *vt* nefret etmek, tiksinmek
detonare *vi* patlamak
detrarre *vt* çıkarmak, indirmek
detrazione *sf* çıkarma, düşme
detrito *sm* artık; kırıntı
detta *sf* : *a detta di* dediğine göre, ona göre
dettagliante *sm* perakendeci

dettagliare *vt* ayrıntılarıyla anlatmak; perakende satış yapmak
dettaglio *sm* ayrıntı, detay; perakende satış *al dettaglio* perakende satmak
dettare *vt* söyleyip yazdırmak
dettato *sm* imla, yazım, dikte
dettatura *sf* dikte ettirme
detto *agg* denilen, söylenen; sözü geçen § *sm* söz; özdeyiş *detto fra noi* söz aramızda *detto fatto* hemen
deturpare *vt* biçimini bozmak, çirkinleştirmek
devastare *vt* yakıp yıkmak, tahrip etmek
deviare *vi* sapmak; yön değiştirmek § *vt* saptırmak, yolundan çıkarmak
deviazione *sf* sapma; yön değiştirme
devoluzione *sf* hak intikali, devir
devolvere *vt* devretmek; havale etmek, nakletmek
devoto *agg* içten bağlı; kendini adamış, sadık
devozione *sf* sadakat; dine bağlılık
di *prep* -in, -ın, -ün, -un; -nin, -nın, -nün, -nun; -den; -dan *di giorno* gündüzün *di mattino* sabahleyin *di notte* geceleyin

di sera akşamleyin ***uscir di casa*** dışarı çıkmak
di *sm* gün
diabete *sm hek.* şeker hastalığı, diyabet
diacono *sm* papaz yardımcısı, diyakoz
diadema *sm* hükümdar tacı
diaframma *sm* bölme (duvar); diyafram
diagnosi *sf* teşhis, tanı
diagonale *sf mat.* köşegen
diagramma *sm* diyagram, grafik
dialetto *sm* lehçe
dialisi *sf* diyaliz
dialogo *sm* diyalog, görüşme
diamante *sm* elmas
diametro *sm mat.* çap
diamine *inter* hay Allah!, kahretsin!
diapositiva *sf* diyapozitif, slayt
diaria *sf* harcırah, yolluk
diario *sm* günlük, hatıra defteri
diarrea *sf hek.* ishal
diavolo *sm* şeytan
dibattere *vt* tartışmak; çırpmak
dibattersi *vr* çırpınmak, çabalamak
dibattito *sm* tartışma, oturum
dicastero *sm* bakanlık
dicembre *sm* aralık (ayı)
diceria *sf* söylenti, dedikodu; gevezelik

dichiarare *vt* bildirmek, beyan etmek; ilan etmek
dichiarativo *agg* açıklayıcı; açık, belli
dichiarazione *sf* beyan, açıklama; bildirme; beyanname
diciannove *num* on dokuz
diciassette *num* on yedi
dicitura *sf* söyleyiş/yazış biçimi
dieci *num* on
diesel *sm* dizel motor
dieta *sf* perhiz, diyet
dietologo *sm* diyetisyen
dietro *avv/prep* arkada, arkasında, arkaya; geride, geriden; sonra ***tirarsi dietro*** geri çekilmek ***le zampe di dietro*** arka bacaklar
difatti *avv* gerçekte, aslında
difendere *vt* korumak; savunmak
difendersi *vr* korunmak; savunmak
difensiva *sf sp.* savunma ***essere sulla difensiva*** savunmada olmak
difensore *agg/sm* koruyucu, savunucu ***avvocato difensore*** savunma avukatı
difesa *sf* savunma, korunma; koruma
difettare *vi* eksik olmak, kusurları bulunmak
difettivo *agg* eksik, noksan
difetto *sm* kusur; eksiklik; hata

senza difetti hatasız
difettoso *agg* eksik, noksan; hatalı
diffamare *vt* iftira etmek, leklemek
differente *agg* değişik, farklı
differenza *sf* değişiklik, farklılık, ayrım
differenziare *vt* ayırt etmek
differenziarsi *vr* ayrı olmak, -den ayrılmak
differire *vi* değişik olmak, farklı olmak § *vt* ertelemek
difficile *agg* güç, zor; sıkıntılı § *sm* zorluk, güçlük
difficoltà *sf* güçlük, zorluk; engel
diffida *sf huk.* tebliğ, ihbar
diffidare *vi* güvenmemek § *vt* uyarmak
diffidente *agg* güvensiz, kuşkucu
diffidenza *sf* güvensizlik, kuşku
diffondere *vt* yaymak
diffondersi *vr* yayılmak, dağılmak
difforme *agg* şekilsiz, biçimsiz
diffusore *agg/sm* yayıcı
difilato *agg* doğruca, hemen
difterite *sf hek.* difteri
diga *sf* baraj; bariyer
digerente *agg* sindirim +
digerire *vt* sindirmek, hazmetmek
digestione *sf* sindirim, hazım

digestivo *agg/sm* sindirimi kolaylaştıran (şey)
digitale₁ *agg* parmak +; sayısal, dijital *impronta digitale* parmak izi
digitale₂ *sm bitk.* yüksükotu
digiunare *vi* aç kalmak; oruç tutmak
digiuno *sm* hiçbir şey yememe; oruç *a digiuno* aç karnına *stare a digiuno* oruç tutmak
dignità *sf* onur, haysiyet; saygınlık; rütbe
dignitoso *agg* onurlu, haysiyetli
dilagare *vi* taşmak; *mec.* yayılmak, kaplamak
dilaniare *vt* parçalamak
dilapidare *vt* israf etmek, müsriflik yapmak
dilatare *vt* genleştirmek; genişletmek
dilatarsi *vr* genleşmek; genişlemek
dilavare *vt* yıkamak
dilazionare *vt* ertelemek, tehir etmek
dilazione *sf* erteleme, uzatma, bekletme
dileggiare *vt* alay etmek, dalga geçmek, küçümsemek
dileguare *vt* dağıtmak
dilemma *sm* ikilem; *mec.* çözülmesi zor sorun, açmaz

dilettante *agg/sm/f* arzulu, hevesli; meraklı, amatör
dilettare *vt* zevk vermek, eğlendirmek
dilettarsi *vr* eğlenmek, zevk almak
diletto1 *sm* haz, zevk; eğlence
diletto2 *agg* sevgili, değerli § *sm/f* sevgili
diligente *agg* çalışkan; özenli, dikkatli
diligenza *sf* özen, ihtimam; çalışkanlık
diluire *vt* sulandırmak; yoğunluğunu azaltmak
dilungarsi *vr* konu üzerinde durmak, oyalanmak
diluviare *vi* bardaktan boşanırcasına yağmak
diluvio *sm* sağanak; *mec.* çokluk, bolluk
dimagrire *vi* zayıflamak
dimenare *vt* sağa sola sallamak
dimenarsi *vr* çırpınmak, çırpınıp durmak
dimensione *sf* boyut, ebat; ölçü
dimenticanza *sf* unutma; unutkanlık; ihmal
dimenticare *vt* unutturmak
dimenticarsi *vr* unutmak; ihmal etmek
dimesso *agg* ılımlı, ölçülü; mütevazı

dimestichezza *sf* içtenlik, samimilik; senlibenlilik
dimettere *vt* görevinden almak, azletmek
dimettersi *vr* görevinden ayrılmak, istifa etmek
dimezzare *vt* ikiye ayırmak, yarıya bölmek
diminuire *vt* azaltmak, eksiltmek, kısmak
diminuzione *sf* azaltma, indirme; küçülme, eksilme; azalma
dimissione *sf* istifa; çekilme
dimora *sf* konut, mesken; ikâmet
dimorare *vi* oturmak, ikâmet etmek
dimostrare *vt* göstermek, ispat etmek; kanıtlamak
dimostrarsi *vr* görünmek, meydana çıkmak
dimostrazione *sf* gösterme, ortaya koyma; kanıt, delil
dinamica *sf fiz.* dinamik
dinamico *agg* faal, canlı, dinamik
dinamite *sf* dinamit
dinamo *sf* dinamo
dinanzi *avv/prep* önüne, önünde; karşısında
diniego *sm* inkâr, yadsıma; geri çevirme, ret
dinosauro *sm* dinozor
dintorni *sm* çevre, dolay, etraf

dintorno *avv* etrafında, çevresinde

Dio *sm* Allah, Tanrı; ilah *se Dio vuole* inşallah

diocesi *sf* piskoposluk

dipartimento *sm* bölüm; yönetim bölgesi

dipendente *agg* bağlı § *sm/f* memur, işçi

dipendenza *sf* bağlılık; müştemilat *essere alle dipendenze di qc* emrinde çalışmak

dipendere *vi* bağlı olmak; emrinde çalışmak

dipingere *vt* boyamak; resim yapmak

dipinto *sm* resim, tablo

diploma *sm* diploma

diplomare *vt* diploma vermek, mezun etmek

diplomatico *agg* diplomatik; ustaca § *sm* diplomat

diplomazia *sf* diplomatlık, diplomasi

diradare *vt* seyreltmek, seyrekleştirmek

diradarsi *vr* yoğunluğunu kaybetmek; seyrelmek

diramare *vt* yaymak, dağıtmak

diramarsi *vt/i* kollara ayrılmak; yayılmak

dire *vt* demek, söylemek; anlatmak *voler dire* anlamına gelmek *a dire poco* uzun sözün kısası

direttissimo *sm* hızlı tren

diretto *agg* doğru; dolaysız § *sm* ekspres tren *in diretta* naklen, canlı yayın

direttore *sm* yönetici, müdür *direttore generale* genel müdür *direttore d'orchestra* orkestra şefi *direttore tecnico* teknik direktör *direttore d'incontro* hakem

direttrice *sf* kadın yönetici

direzione *sf* yönetme, yönetim; müdürlük, idare; yön *in direzione di* yönünde, yönüne

dirigente *agg/sm/f* yönetici, idareci

dirigenza *sf* yöneticilik

dirigere *vt* idare etmek, yönetmek; yöneltmek

dirigersi *vr* yönelmek

dirimpetto *avv/prep* karşıda, karşısında; yüz yüze

diritto1 *sm* hukuk; yasa; hak *diritti civili* insan hakları *diritti d'autore* telif hakkı

diritto2 *agg* doğru, düz; dik; sağ (el/ayak) § *sm* (parada) tura; (tenis) forhend

dirittura *sf* düzlük; doğruluk, adillik

dirottare *vt* yolunu/rotasını değiştirmek § *vi* yönü değişmek

dirottatore *sm* hava korsanı

dirotto *agg* (yağmur) çok şiddetli

disabitato *agg* boş, terk edilmiş

disaccordo *sm* anlaşmazlık, uyuşmazlık

disadatto *agg* uygun olmayan

disadorno *agg* süssüz

disagiato *agg* sıkıntılı, rahatsız

disagio *sm* rahatsızlık, sıkıntı, güçlük; hoşnutsuzluk

disamore *sm* ilgisizlik, soğukluk

disapprovare *vt* kınamak, onaylamamak

disapprovazione *sf* kınama, onaylamama

disappunto *sm* düş kırıklığı

disarmare *vt* silahsızlandırmak

disarmo *sm* silahsızlanma

disarmonia *sf* ahenksizlik, uyumsuzluk

disarmonico *agg* uyumsuz

disastro *sm* yıkım, felaket

disattento *agg* dikkatsiz

disattenzione *sf* dikkatsizlik

disavanzo *sm* bütçe açığı

disbrigo *sm* yapıverme, aradan çıkarma

discendente *agg* inen, alçalan § *sm/f* soyundan gelen kimse

discendere *vi* inmek, aşağı gelmek; soyundan gelmek; kaynaklanmak

discente *sm* öğrenci

discepolo *sm* öğrenci

discernere *vt* seçmek, ayırt etmek; fark etmek

discesa *sf* iniş, meyil

dischetto *sm bilg.* disket

disciogliere *vt* çözmek; eritmek

disciogliersi *vr* erimek; ergimek

disciplina *sf* disiplin; bilim kolu

disciplinare1 *vt* disiplin altına almak

disciplinare2 *agg* disiplin +

disco *sm* disk; plak; daire; teker
disco volante uçandaire, ufo

discolpare *vt* temize çıkarmak

discolparsi *vr* temize çıkmak, suçsuz olduğunu kanıtlamak

discontinuo *agg* aralıklı, kesintili; düzensiz

discordante *agg* çelişkili, uyumsuz

discordanza *sf* çelişki, uyuşmazlık

discordare *vi* uyuşmamak, çelişmek

discorde *agg* uyuşmayan, çelişkili

discordia *sf* uyuşmazlık, anlaşmazlık; uyumsuzluk

discorrere *vi* konu üzerinde tartışmak; çene çalmak

discorso *sm* söz; konuşma; nutuk
discoteca *sf* disko, diskotek
discredito *sm* saygınlığını yitirme, gözden düşme
discreto *agg* ölçülü; saygılı; güvenilir; vasat
discrezione *sf* ölçülülük; ağız sıkılığı **a discrezione** canı istediği gibi, keyfince
discriminazione *sf* ayırt etme; ayrım
discussione *sf* tartışma; münakaşa
discusso *agg* tartışmalı
discutere *vt/i* görüşmek; tartışmak
disdegno *sm* hor görme, küçümseme
disdetta *sf* sözünden cayma; kötü şans
disdire *vt* sözünden dönmek; iptal etmek
disegnare *vr* resim çizmek; tasvir etmek; tasarlamak
disegnatore *sm* desinatör
disegno *sm* resim; çizim; tasarı *disegno di legge* yasa tasarısı
disertare *vt/i* terk etmek; firar etmek
disertore *sm* asker kaçağı
disfare *vt* bozmak, tahrip etmek; dağıtmak; boşaltmak
disfarsi *vr* elden çıkarmak; çökmek; dağılmak; bozulmak
disfatta *sf* bozgun, yenilgi
disfatto *agg* tahrip olmuş, harap
disgelo *sm* kar erimesi, buz çözülmesi
disgrazia *sf* kaza; bela; şanssızlık
disgraziato *agg/sm* mutsuz; talihsiz; uğursuz
disgregarsi *vr* parçalanmak; dağılmak
disguido *sm* yanlış yere gönderme *disguido postale* yanlış adrese yollama
disgustare *vt* iğrendirmek, tiksindirmek
disgustarsi *vr* iğrenmek, tiksinmek
disgusto *sm* tiksinti, iğrenme
disgustoso *agg* iğrenç, tiksindirici
disidratare *vt* suyunu almak
disimparare *vt* öğrendiğini unutmak
disimpegnare *vt* yükümlülükten kurtarmak; rehinden kurtarmak
disimpegnarsi *vr* işin içinden çıkmak, serbestliğe kavuşmak
disinfesiante *agg/sm* haşarat öldürücü
disinfettante *agg/sm* mikrop öldürücü, dezenfektan
disinfettare *vt* mikropları yok

etmek, dezenfekte etmek
disintegrare *vt* bütünlüğünü bozmak; *mec.* bölmek
disinteressarsi *vr* ilgilenmemek, ilgi duymamak
disinteresse *sm* ilgisizlik; çıkarını düşünmeme
disintossicare *vt* zehirden arındırmak
disinvolto *agg* serbest tavırlı; çekinmeyen; basit
disinvoltura *sf* rahatlık, çekinmezlik; kolaylık
dislocare *vt ask.* (asker/teçhizat) stratejik olarak yerleştirmek
disoccupare *vt* boş bırakmak; boşaltmak
disoccupato *sm* işsiz
disoccupazione *sf* işsizlik
disonestà *sf* namussuzluk; sahtekârlık
disonesto *agg/sm* namussuz, şerefsiz; sahtekâr
disonorare *vt* şerefini lekelemek
disonore *sm* şerefsizlik, namussuzluk
disopra *avv/agg* yukarıya, üste; üstte, üstünde § *sm* üst, üst taraf
disordinare *vt* düzenini bozmak, karıştırmak
disordinato *agg/sm* düzensiz, dağınık

disordine *sm* düzensiz[1.], karışıklık, kargaşa
disorientare *vt* yönünü şaşırtmak; *mec.* afallatmak
disorientarsi *vr* yönünü şaşırmak; *mec.* kafası karışmak
disotto *avv/agg* altta, aşağıda, altında § *sm* alt taraf
dispaccio *sm* resmi yazı
dispari *agg* (sayı) tek
disparte *avv* : *in disparte* bir kenarda, herkesten uzak
dispendio *sm* savurganlık
dispendioso *agg* masraflı
dispensa *sf* dağıtım; kiler; muafiyet; izin belgesi; fasikül
dispensario *sm* dispanser
disperare *vi* ümitsizliğe kapılmak
disperarsi *vr* ümitsizliğe kapılmak
disperazione *sf* umutsuzluk; can sıkıntısı
disperdere *vt* dağıtmak, püskürtmek
disperdersi *vr* dağılmak, kaybolmak
dispersivo *agg* dağınık; düzensiz
disperso *agg/sm* kayıp
dispetto *sm* (birini) kızdırma, takılma; garez *per dispetto* mahsus, inat için *a dispetto di* karşın, rağmen

dispettoso *agg* rahatsız eden, sinirlendiren

dispiacere₁ *sm* sıkıntı, üzüntü, keder

dispiacere₂ *vi* üzmek, üzüntü yaratmak *mi dispiace molto* çok üzgünüm *provare dispiacere* üzüntü duymak

dispiacevole *agg* tatsız, nahoş

disponibile *agg* mevcut, hazır; serbest, boş

disporre *vt* düzenlemek; hazırlamak; dizmek; buyurmak § *vi* elinde bulunmak; yararlanmak

dispositivo *sm* makine tertibatı, düzen

disposizione *sf* düzen, tanzim; elverişlilik; tedbir; hüküm, karar; eğilim *mettersi a disposizione di qc* emrine amade olmak

disposto *agg* hazır; düzenlenmiş § *sm* hüküm, karar

dispotico *agg* despot, zorba

dispregio *sm* küçümseme; hor görme

disprezzare *vt* küçümsemek, hor görmek

disprezzo *sm* küçümseme, hor görme; aldırmama

disputa *sf* tartışma, çekişme

disputare *vi* tartışmak § *vt* aksini iddia etmek; *sp.* yarışmaya girmek

dissanguare *vt* kanını almak

dissanguarsi *vr* kan kaybetmek

disseminare *vt* saçmak; her yana yaymak

dissenso *sm* fikir ayrılığı, uyuşmazlık; uygun bulmama

dissenteria *sf hek.* dizanteri

dissentire *vi* görüş ayrılığı olmak

dissertare *vi* bahsetmek, üzerinde konuşmak

dissertazione *sf* bilimsel konuşma; nutuk

disservizio *sm* kötü hizmet

dissestare *vt* dengesini bozmak, altüst etmek

dissesto *sm* dengesizlik; bozulma; düzensizlik

dissetante *agg/sm* susuzluk giderici

dissidio *sm* anlaşmazlık, uyuşmazlık

dissimile *agg* farklı; benzemez

dissimulare *vt* gizlemek; belli etmemek

dissipare *vt* israf etmek, savurmak; dağıtmak

dissipatore *sm* savurgan, müsrif

dissolubile *agg* eriyebilir; çözülebilir

dissoluto *agg* ahlaksız, aşağılık

dissolvere *vt* eritmek; parçalamak, dağıtmak

dissolversi *vr* erimek; çözülmek; dağılmak
dissuadere *vt* caydırmak, vazgeçirmek
dissuasione *sf* caydırma, vazgeçirme
distaccare *vt* ayırmak; uzaklaştırmak; *sp.* geride bırakmak
distaccarsi *vr* ayrılmak
distacco *sm* ayrılma; uzaklaşma; *sp.* ara, fark
distante *agg* uzak, ayrı § *avv* uzakta
distanza *sf* aralık, uzaklık *in distanza* uzakta
distanziare *vt* geçmek, geride bırakmak; mesafe koymak
distare *vi* uzak olmak
distendere *vt* gevşetmek; germek; yaymak; yatırmak
distendersi *vr* rahatlamak, gevşemek; uzanmak
distensione *sf* yayılma; gevşeme, yumuşama
distesa *sf* yayılma; dizi, seri
disteso *agg* gerilmiş; uzanmış; yayılmış; gevşemiş *per disteso* tüm ayrıntılarıyla
distico *sm* beyit
distillare *vt* damıtmak
distilleria *sf* damıtımevi
distinguere *vt* ayırt etmek, seçmek

distinta *sf* liste
distintivo *agg* ayırt edici, belirtici § *sm* arma; rozet
distinto *agg* değişik, farklı; seçkin; belli *distinti saluti* (mektup sonunda) saygılar
distinzione *sm* ayırt etme, seçme; ayrım
distorsione *sf* burkulma, bükülme; ses bozukluğu, parazit
distrarre *vt* ayırmak; dikkatini dağıtmak; aklını çelmek; eğlendirmek
distrarsi *vr* dikkati dağılmak; eğlenmek
distratto *agg* dalgın, dikkatsiz
distrazione *sf* dalgınlık, dikkatsizlik; eğlenme, oyalanma
distretto *sm* yönetim bölgesi
distribuire *vt* dağıtmak; bölüştürmek
distributore *sm* dağıtıcı; distribütör
distribuzione *sf* dağıtım, bölüştürme, taksim
districare *vt* çözmek; zor durumdan kurtarmak
distruggere *vt* yıkmak, yok etmek
distrutto *agg* yıkılmış, tahrip olmuş
distruzione *sf* yıkım, tahrip; yok

etme
disturbare *vt* rahatsız etmek; engel olmak; bozmak
disturbo *sm* rahatsızlık; bozukluk
disubbidiente *agg* söz dinlemez, itaatsiz
disubbidienza *sf* söz dinlemezlik, itaatsizlik
disubbidire *vi* karşı gelmek, söz dinlememek
disuguale *agg* eşit olmayan; farklı
disumano *agg* insanlık dışı; zalim
disunire *vt* ayırmak; bölmek
disuso *sm* kullanılmayan
disutile *agg* yararsız, faydasız
ditale *sm* yüksük
dito *sm* parmak *mignole dito* serçeparmak
ditta *sf* firma, şirket
dittatore *sm* diktatör
dittatura *sf* diktatörlük
dittongo *sm dilb.* diftong
diurno *agg* gündüz yapılan; bir günlük *spettacolo diurno* matine
diva *sf* film yıldızı, ünlü sanatçı
divagare *vi* esas konudan uzaklaşmak
divampare *vi* alevlenmek, tutuşmak

divano *sm* sedir, divan
divaricare *vt* açmak
divario *sm* fark, ayrım
divenire *vi* olmak; duruma gelmek
diventare *vi* olmak; duruma gelmek
diverbio *sm* tartışma, münakaşa
divergere *vi* ayrılmak; uyuşmamak
diversificare *vt* farklı duruma getirmek, değiştirmek
diverso *agg* ayrı, farklı; başka
divertente *agg* eğlenceli, hoş
divertimento *sm* eğlence
divertire *vt* eğlendirmek
divertirsi *vr* eğlenmek
dividendo *sm mat.* bölünen
dividere *vt* bölmek, ayırmak; dağıtmak
dividersi *vr* ayrılmak; bölünmek
divieto *sm* yasak
divinità *sf* tanrısallık; tanrı
divino *agg* tanrısal, ilahi
divisa₁ *sf* üniforma, resmi elbise
divisa₂ *sf* yabancı para, döviz
divisibile *agg* bölünebilir
divisione *sf* bölme, bölünme; sektör, bölüm
divo *sm* ünlü sanatçı, yıldız
divorare *vt* aç kurt gibi yemek; yok etmek
divorziare *vi* boşanmak

divorzio *sm* boşanma, boşama; ayrılma

divulgare *vt* yaymak; ortaya dökmek; bildirmek

divulgarsi *vr* yayılmak

dizionario *sm* sözlük

dizione *sf* telaffuz, diksiyon

doccia *sf* duş *fare la doccia* duş almak

docente *agg* öğreten, öğretici § *sm/f* öğretmen, hoca

docenza *sf* öğretmenlik, hocalık

docile *agg* uslu, uysal

documentare *vt* belgelemek

documentarsi *vr* belge toplamak

documentario *sm* belgesel film

documento *sm* belge, doküman

dodici *num* on iki

dogana *sf* gümrük *franco dogana* gümrüksüz

doganale *agg* gümrük + *visita doganale* gümrük muayenesi

doganiere *sm* gümrük memuru

doglia *sf* keskin ağrı

dolce *agg* tatlı; nazik; yumuşak § *sm* tatlı (şey)

dolcezza *sf* tatlılık

dolciume *sm* şekerleme

dolente *agg* üzgün; ağrılı

dolere *vi* acı çekmek; ağrımak; üzülmek

dollaro *sm* dolar

dolo *sm* kasıt; hile

dolore *sm* ağrı, sızı, sancı; üzüntü

doloroso *agg* acı verici, ağrılı; üzücü

doloso *agg huk.* kasıtlı, kasti

domanda *sf* soru; dilekçe, başvuru; talep *domanda e offerta* arz ve talep *fare domanda di impiego* iş için başvurmak

domandare *vt* soru sormak; talep etmek § *vi* sorguya çekmek

domani *avv* yarın § *sm* yarın, gelecek *domani mattina* yarın sabah *domani l'altro* öbür gün

domare *vt* ehlileştirmek, terbiye etmek

domattina *avv* yarın sabah

domenica *sf* pazar (günü)

domestico *agg* evcil; ev + § *sm* ev hizmetçisi

domicilio *sm* ev, konut, mesken

dominante *agg* egemen, baskın; üstün

dominare *vt* egemen olmak; üstün olmak; hâkim olmak

dominarsi *vr* kendine hâkim olmak

dominatore *sm* egemen, hâkim

dominazione *sf* egemenlik; üstünlük

dominio *sm* egemenlik; üstünlük; mülk sahipliği; alan

don *sm* bay
donare *vt* armağan etmek § *vi* bağışlamak; güzelleştirmek
donatore *sm* bağış yapan *donatore di sangue* kan veren
donazione *sf* bağış, hibe
donde *avv* nereden, hangi taraftan
dondolare *vt* sallamak § *vi* sallanmak
dondolarsi *vr* sallanmak
dondolo *sm* salıncak
donna *sf* kadın; (iskambilde) kız; bayan *donna di casa* ev kadını *donna di servizio* hizmetçi kız
donnaiolo *sm* çapkın, zampara
dono *sm* hediye; yetenek
dopo *avv/prep* sonra; sonrası; sonradan *a dopo* sonra görüşürüz *uno dopo l'altro* arka arkaya *un anno dopo* bir yıl sonra
dopobarba *sm* tıraş sonrası losyonu
dopodomani *avv/sm* yarından sonra; öbür gün
dopoguerra *sm* savaş sonrası
dopotutto *avv* nasılsa; sonuçta
doppiaggio *sm sin.* dublaj
doppiare *vt* iki katına çıkarmak; *sin.* dublaj yapmak
doppio *agg* çift, iki katlı; iki yüzlü § *sm* çift, iki *numero doppio* çift sayı
doppione *sm* kopya; nüsha
dorare *vt* altın kaplamak, yaldızlamak
dore *agg* altın renkli
dormicchiare *vi* uyuklamak
dormiglione *agg* uykucu
dormire *vi* uyumak; yatmak *ardara a dormire* yatmak
dormita *sf* uyku
dormitorio *sm* yatakhane, koğuş
dormiveglia *sm/f* yarı uyku hali
dorso *sm* arka, sırt
dosaggio *sm* dozaj
dosare *vt* miktarını ayarlamak, dozunu belirlemek
dose *sf* miktar, doz
dosso *sm* arka, sırt; üst. *levarsi un peso di dosso* beladan kurtulmak
dotare *vt* donatmak, donatım sağlamak
dotazione *sf* vakıf geliri; *ask.* teçhizat
dote *sf* çeyiz; vakıf geliri; *mec.* yetenek
dotto *agg* bilgin; bilgili
dottorato *sm* doktora
dottore *sm* üniversite mezunu; doktor
dottoressa *sf* (kadın) üniversite mezunu; kadın doktor

dottrina *sf* öğreti; doktrin; temel esaslar

dove *avv* nerede, nereye, neresi *di dove sei?* nerelisiniz?, neredensiniz? *per ogni dove* her yer

dovere *vt* zorunda olmak, mecbur olmak § *sm* görev, ödev *a dovere* gerektiği gibi

doveroso *agg* gerekli; uygun

dovunque *avv* her yerde, herhangi bir yerde

dovuto *agg/sm* bağlı; doğru, elverişli § *sm* borç, görev

dozzina *sf* düzine

dozzinale *agg* bayağı, basit

drago *sm* ejderha

dramma *sm* drama, sahne oyunu; üzücü olay

drammatico *agg* feci; dramatik

drammatizzare *vt* abartmak, dramatize etmek

drammaturgo *sm* oyun yazarı

drappeggiare *vt* kumaş bürümek

drappo *sm* yünlü kumaş, çuha

drastico *agg* etkili; şiddetli

drenaggio *sm* kanala akıtma, drenaj

dritta *sf* sağ el; *den.* sancak tarafı

dritto *agg kon.* kurnaz; hızlı işçi

drizzare *vt* doğrultmak; kaldırmak; yöneltmek *drizzare gli orecchi* kulak kesilmek

droga *sf* ilaç; baharat

drogare *vt* uyuşturucu madde vermek; doping yapmak; baharat koymak

drogarsi *vr* uyuşturucu kullanmak

drogato *agg/sm* uyuşturucu düşkünü, esrarkeş

drogheria *sf* bakkal dükkânı

droghiere *sm* bakkal

dubbio *sm* kuşku, şüphe § *agg* şüpheli, kararsız *senza dubbio* kuşkusuz, elbette, kesinlikle

dubbiso *agg* kuşkulu, şüpheli

dubitare *vi* şüphelenmek, kuşkulanmak; tereddüt etmek

duca *sm* dük

duce *sm* lider, önder, şef

duchessa *sf* düşes

due *num* iki *a due a due* ikişer ikişer *ogni due giorni* gün aşırı

duecento *num* iki yüz

duello *sm* düello

duetto *sm* düet

dunque *cong* demek ki; o halde, öyleyse *venire al dunque* sadede gelmek

duodeno *sm anat.* onikiparmakbarsağı

duomo *sm* katedral

duplex *sm* dubleks

duplicare *vt* iki katına çıkarmak
duplicato *sm* kopya, suret
duplice *agg* çift *in duplice copia* iki nüsha halinde
durante *prep* sırasında, esnasında
durare *vi* sürmek, devam etmek
durata *sf* süre; kalıcılık
duraturo *agg* kalıcı
durevole *avv* sürekli, kalıcı
durezza *sf* sertlik; *mec.* merhametsizlik
duro *agg* sert, katı; güç; kalın kafalı *duro d'orecchi* ağır işiten

E

e *cong* ve; de; hem, hem de *tutti e due* ikisi de
ebano *sm bitk.* abanoz
ebbene *cong* peki, öyleyse
ebbrezza *sf* mestlik, çakırkeyiflik
ebbro *agg* sarhoş, mest
ebete *agg* mankafa; aptal, sersem, budala
ebollire *vi* kaynamak
ebollizione *sf* kaynama
ebraico *agg* İbrani + § *sm* İbranice
ebraismo *sm* Yahudilik, Musevilik
ebreo *agg/sm* Yahudi, Musevi

eccedenza *sf* aşma, artma; fazlalık; taşma
eccedere *vt* sınırını aşmak; fazla olmak, artmak
eccellente *agg* üstün; mükemmel; enfes
eccellenza *sf* üstünlük, eşsizlik; sayın, ekselans
eccellere *vi* üstün olmak; göze çarpmak
eccelso *agg* çok yüksek; çok değerli
eccentrico *agg* dışmerkezli; *mec.* tuhaf
eccessivo *agg* aşırı, çok fazla
eccesso *sm* fazlalık, çokluk; aşırılık *all' eccesso* aşırı derecede
eccetera *sm* ve saire, ve benzeri
eccetto *prep* -den başka, -in dışında, hariç
eccettuare *vt* ayrı tutmak, katmamak, dahil etmemek
eccezionale *agg* olağanüstü; istisnai
eccezione *sf* ayrı tutma, istisna; *huk.* itiraz *a eccezione di* hariç, -in dışında *d'eccezione* ender, görülmemiş, olağanüstü *senza eccezione* istisnasız, ayrım yapmaksızın
ecchimosi *sf hek.* çürük, morartı
eccidio *sm* kıyım, katliam

eccitare *vt* uyarmak, dürtmek; kışkırtmak, tahrik etmek
eccitazione *sf* heyecan; dürtme; teşvik
ecco *avv* işte
eccome *avv* tabi ki, şüphesiz
echeggiare *vi* yankı yapmak
eclissi *sf gökb.* (güneş/ay) tutulma
eco *sm/f* yankı *far eco* yankı yapmak
ecologia *sf* çevrebilim
economia *sf* ekonomi, iktisat; tutumluluk
economico *agg* ekonomik, iktisadi; ucuz
economista *sm/f* iktisatçı, ekonomist
economo *sm* mali müşavir, vekilharç
eczema *sm* egzema, mayasıl
edema *sm hek.* ödem
eden *sm* cennet
edera *sf bitk.* sarmaşık
edicola *sf* gazete bayii
edificare *vt* inşa etmek; kurmak
edificio *sm* yapı, bina; bünye
edile *agg* yapı +
edilizia *sf* yapı sanayi, yapı işleri
edilizio *agg* yapı işleri +
edito *agg* yayınlanmış, basılmış
editore *agg/sm* yayımcı *casa editrice* yayınevi
editoria *sf* yayımcılık

editoriale *agg* yayımcılık + § *sm* başyazı, başmakale
edizione *sf* baskı; yayım; temsil
educamento *sm* eğitim, yetiştirme
educare *vt* eğitmek, yetiştirmek
educato *agg* eğitilmiş, terbiyeli
educatore *sm* eğitici; eğitimci
educazione *sf* eğitim, öğretim; görgü *educazione fisica* beden eğitimi
effeminato *agg* kadınsı, kadınca
efferato *agg* zalim, gaddar
effettivo *agg* hakiki, gerçek; etkili; mevcut § *sm* toplam; *ask.* asker sayısı *denaro effettivo* nakit para, efektif
effetto *sm* etki, tesir; netice; izlenim; yatırılan para; geçerlilik; efekt *d'effetto* etkili, etki yapan *fare effetto* etki yapmak; etkilemek *in effetti* gerçekten; nitekim
effettuare *vt* yapmak, gerçekleştirmek
efficace *agg* etkili; etkin, aktif
efficacia *sf* etki; verim, verimlilik
efficiente *agg* etkili; verimli; iyi çalışan
efficienza *sf* tesir, etki; verim, üretkenlik
effimero *agg* günlük; geçici

effondere *vt* dökmek, yaymak
effondersi *vr* dökülmek, yayılmak
egemone *agg* egemen, üstün § *sm* önder
egli *sm* (erkek) o *egli stesso* kendisi
egoismo *sm* bencillik
egoista *sm/f* bencil
egregio *agg* seçkin; (adres/mektup başlarında) sayın, muhterem
eiaculare *vi anat.* boşalmak
elaborare *vt* özenle hazırlamak; düzenlemek
elaborazione *sf* tertip, hazırlama, tanzim
elasticità *sf* esneklik; oynaklık
elastico *agg* esnek, elastik, oynak; *mec.* hoşgörülü § *sm* lastik
elefante *sm* fil
elegante *agg* şık, zarif
eleggere *vt* seçmek
elementare *agg* basit, kolay; temel *scuola elementare* ilkokul
elemento *sm* öğe, unsur; *kim.* element, madde; eleman
elemosina *sf* sadaka *chiedere elemosina* sadaka istemek *fare elemosina* sadaka vermek
elencare *vt* sıralamak, liste yapmak

elenco *sm* liste; katalog *elenco telefonico* telefon rehberi
eletta *sf* seçim, tercih
elettivo *agg* seçimli
eletto *agg* seçilmiş; *mec.* seçkin
elettorale *agg* seçim +
elettorato *sm* seçmenlik; seçmenler
elettore *sm* seçmen
elettrauto *sm* oto elektrikçisi
elettricista *sm* elektrikçi
elettricità *sf fiz.* elektrik
elettrico *agg* elektrik +; elektrikli *centrale elettrica* elektrik santralı *sedia elettrica* elektrikli sandalye
elettrizzare *vt* elektriklemek
elettrocardiografo *sm* elektrokardiyograf
elettrocardiogramma *sm* elektrokardiyogram
elettrodinamica *sf* elektrodinamik
elettrodo *sm fiz.* elektrot
elettrodomestico *sm* elektrikli ev aletleri
elettrolisi *sf fiz.* elektroliz
elettromotore *agg/sm* elektromotor
elettrone *sm fiz.* elektron
elettronica *sf* elektronik
elettronico *agg* elektronik
elettroterapia *sf* elektrikle tedavi

elevare *vt* yükseltmek; yukarı kaldırmak
elevarsi *vr* yükselmek
elezione *sf* seçim *elezioni anticipate* erken seçim
elica *sf den.* uskur, pervane
elicottero *sm* helikopter
eliminare *vt* elemek; yok etmek
eliminatoria *sf sp.* eleme yarışı
elio *sm* helyum gazı
ella *pron* o
ellisse *sf mat.* elips
elmetto *sm* miğfer
elogiare *vt* methetmek, övmek
elogio *sm* övgü, övme; methiye
eloquente *agg* etkili; anlamlı
eludere *vt* atlatmak, sıyrılmak
elusivo *agg* kaçamak, kaçamaklı
emanare *vt* çıkarmak, etrafa yaymak; ilan etmek § *vi* çıkmak, yayılmak
emancipare *vt* bağımsızlaştırmak; vesayetten çıkarmak
emanciparsi *vr* özgürleşmek, serbest olmak
ematite *sf* hematit
ematologia *sf* hematoloji
embargo *sm* ambargo
emblema *sm* simge, amblem
embrice *sf* kiremit
embrione *sm biy.* embriyon, cenin
emendamento *sm* islah; kanun değişikliği
emendare *vt* islah etmek, düzeltmek
emergenza *sf* beklenmedik kaza; acil durum *stato d'emergenza* olağanüstü durum
emergere *vi* yüze çıkmak, ortaya çıkmak; kendini göstermek
emerito *agg* değerli, saygın
emerso *agg* su yüzüne çıkmış; kendini göstermiş
emettere *vt* çıkarmak; piyasaya sürmek; ilan etmek; yayımlamak
emicrania *sf hek.* migren
emigrante *sm/f* göçmen
emigrare *vi* göçmek, göç etmek
emigrato *agg/sm* göçmen
emigrazione *sf* göç; göç etme
eminente *agg* seçkin, soylu, saygın
emisfero *sm* yarımküre *emisfero boreale* kuzey yarımküre *emisfero australe* güney yarımküre
emissione *sf* piyasaya sürme, para basma; yayma; yayımlama
emittente *agg* yayın yapan; piyasaya süren § *sf* verici istasyon
emittenza *sf* televizyon yayıncılığı
emofilia *sf* hemofili

emoglobina *sf biy.* hemoglobin
emorragia *sf hek.* kanama *emorragia interna* iç kanama
emotivo *agg* heyecan verici
emozionante *agg* heyecan verici, heyecanlı
emozionare *vt* heyecanlandırmak
emozionarsi *vr* heyecanlanmak
emozione *sf* heyecan; duygu
empio *agg* dinsiz; acımasız, merhametsiz, gaddar
emulazione *sf* rekabet, yarış
emulsione *sf* çözelti, eriyik
enciclopedia *sf* ansiklopedi
encomiare *vt* methetmek, övmek
encomio *sm* övgü
endoscopio *sm hek.* endoskop
endovenosa *sf hek.* damardan iğne
energia *sf* enerji; güç
energico *agg* enerjik; güçlü, aktif
enfasi *sf* önem verme, vurgulu söyleme; abartma, şişirme
enfatico *agg* mübalağalı, abartmalı
enorme *agg* kocaman, dev gibi
ente *sm* varlık; şahsiyet; kurum *ente pubblico* kamu kuruluşu
entrambi *agg/pron* her ikisi, ikisi birden
entrante *agg* gelecek
entrare *vi* girmek; katılmak; sığmak *entrare in vigore* yürürlüğe girmek
entrata *sf* giriş; giriş yeri
entro *prep* içinde
entusiasmare *vt* heyecan vermek, coşturmak
entusiasmarsi *vr* heyecanlanmak, coşmak
entusiasmo *sm* şevk, gayret; coşkunluk
entusiasta *agg* şevkli, gayretli
enunciare *vt* açıklamak, izah etmek
epatite *sf hek.* sarılık, hepatit
epica *sf* destan
epico *agg* destansı
epidemia *sf* salgın həstalık
epidermide *sf anat.* üstderi; cilt
epifania *sf* Hıristiyanların 6 ocak yortusu
epilessia *sf hek.* sara, epilepsi
epilogo *sm* eserin sonu; sonuçlanma
episcopo *sm* piskopos
episodio *sm* bölüm, parça; olay
epiteto *sm* lakap; sövgü
epoca *sm* çağ; dönem, devir
eppure *cong* bununla beraber
epurare *vt* ayıklamak; tasfiye etmek
equatore *sm* ekvator
equazione *sf* denklem
equestre *agg* binicilik +

equilatero *agg* eşkenar
equilibrare *vt* dengelemek, denkleştirmek
equilibrio *sm* denge; eşitlik
equino *agg* at +
equipaggiare *vt* donatmak, teçhiz etmek
equipaggio *sm* tayfa; mürettebat
equiparare *vt* dengelemek, düzenlemek; karşılaştırmak
equità *sf huk.* eşitlik; adalet
equitazione *sf* binicilik
equivalente *agg* eşdeğer, denk
equivalenza *sf* eşdeğerlik, denklik
equivoco *sm* anlaşılmazlık, yanlış anlama § *agg* iki anlama gelebilen; şüpheli
equo *agg* dürüst, adil; dengeli
era *sf* çağ; devir
erba *sf* ot, bitki; çimen *erbe aromatiche* baharat
erborista *sm/f* aktar
erede *sm/f* mirasçı, varis
eredità *sf* kalıt, miras; kalıtım
ereditare *vt* miras olarak kalmak
ereditario *agg* kalıtsal; *biy.* ırsi
eremita *sm* keşiş
eresia *sf* görüş ayrılığı; kiliseye aykırılık
erezione *sf* dikme; *biy.* (penis) sertleşme
ergastolo *sm* müebbet hapis
erigere *vt* kurmak, inşa etmek; tesis etmek
ermellino *sm hayb.* hermin, kakım
ermetico *agg* kapalı; örtülü
ernia *sf hek.* fıtık
erodere *vt* aşındırmak, kemirmek
eroe *sm* kahraman, yiğit
erogare *vt* tahsis etmek; dağıtmak
erogeno *agg* erojen
eroico *agg* kahramanca; kahramanlık +
eroina1 *sf* kadın kahraman
eroina2 *sf* eroin
eroismo *sm* kahramanlık
erosione *sf* aşınma, aşındırma, erozyon
erosivo *agg* aşındırıcı
erotico *agg* erotik
errare *vi* başıboş dolaşmak; yanılmak
errato *agg* yanlış, hatalı
errore *sm* yanlışlık, hata *§per errore* yanlışlıkla
erta *sf* dik yokuş *all'erta!* dikkat! *stare all'erta* tetikte bulunmak
eruttare *vt* lav fışkırtmak; gaz çıkarmak
eruzione *sf* püskürme
esagerare *vt* abartmak; ileri gitmek
esagerazione *sf* aşırılık; abartma, büyütme

esagono *sm* altıgen
esalazione *sf* sızıntı, sızma
esaltare *vt* yüceltmek; coşturmak
esame *sm* inceleme, araştırma; sınav *esame di ammissione* giriş sınavı
esaminare *vt* incelemek, araştırmak; sınavdan geçirmek
esanimare *vt* cesaretini kırmak
esanime *agg* cansız, ruhsuz
esasperare *vt* çok kızdırmak, çileden çıkarmak
esasperarsi *vr* öfkelenmek, çileden çıkmak
esasperato *agg* öfkeli, kızgın, hiddetli
esasperazione *sf* öfke, kızgınlık
esattamente *avv* tam olarak, tamamıyla; kesin
esattezza *sf* doğruluk; itina; şaşmazlık
esatto *agg* doğru; tam, kesin; dakik
esattore *sm* tahsildar
esaudire *vt* dileği yerine getirmek
esauriente *agg* eksiksiz, ayrıntılı
esaurimento *sm* tükenme; yorgunluk *esaurimento nervoso* sinir bunalımı
esaurire *vt* bitirmek, tüketmek; çok yormak
esaurirsi *vr* tükenmek, güçten düşmek
esaurito *agg* tükenmiş, bitmiş; son bulmuş
esausto *agg* bitkin, gücü kalmamış
esca *sf* olta yemi
escandescenza *sf* ani öfke, taşkınlık
escavatore *sm* kazı makinesi
eschimese *agg/sm/f* Eskimo
esclamare *vi* haykırmak, çığlık atmak
esclamazione *sf* ünlem; hayret/şaşkınlık haykırışı
escludere *vt* hesaptan çıkarmak, hariç tutmak; kabul etmemek
esclusione *sf* çıkarma, ihraç; hariç tutma
esclusiva *sf* tekel hakkı
esclusività *sf* hariç, istisna
esclusivo *agg* tek, eşi olmayan; istisnai
escluso *agg* hariç; dışarıda bırakılmış
escogitare *vt* düşünüp bulmak, keşfetmek
escremento *sm* dışkı, sidik
escursione *sf* gezi, seyahat; sıcaklık dağılımı
escutere *vt* sorguya çekmek, ifade almak
esecrare *vt* nefret etmek, lanet okumak

esecutivo *agg huk.* yasa yürüten § *sm* yürütme gücü

esecutore *sm* yürüten, uygulayan; konser veren sanatçı

esecuzione *sf* yerine getirme, uygulama; infaz; *müz.* (parçayı) çalma, yorumlama *esecuzione capitale* idam etme, öldürme

eseguire *vt* yapmak, gerçekleştirmek; *müz.* çalmak

esempio *sm* örnek, misal *per esempio* örneğin

esemplare1 *agg* örnek niteliğinde

esemplare2 *sm* nüsha, kopya; örnek, model

esemplificare *vt* örneklemek

esentare *vt* muaf tutmak, bağışık tutmak

esente *agg* muaf, bağışık

esenzione *sf* bağışıklık, muafiyet

esequie *sf/pl* cenaze; cenaze töreni

esercente *sm/f* işletmeci; dükkân sahibi

esercitare *vt* alıştırma yaptırmak, çalıştırmak; öğretmek; icra etmek; kullanmak

esercitarsi *vr* alışkanlık kazanmak; yetiştirmek, pratik yapmak

esercitazione *sf* alıştırma, egzersiz; *ask.* talim

esercito *sm* ordu

esercizio *sm* alıştırma, pratik, egzersiz; beden eğitimi; pratik yapma; *tic.* bütçe dönemi *esercizio finanziario* mali yıl

esibire *vt* göstermek; ortaya dökmek

esibirsi *vr* kendini göstermek; gösteri yapmak

esibizione *sf* ibraz etme; gösteri, sergi

esigente *agg* güç beğenir, titiz

esigenza *sf* güç beğenirlik; gereksinim, ihtiyaç

esigere *vt* istemek, talep etmek; gerektirmek

esiguo *agg* çok küçük; çok az; önemsiz

esile *agg* kırılgan, ince

esiliare *vt* sürmek, sürgüne göndermek

esiliarsi *vr* sürgüne gitmek

esilio *sm* sürgün; sürgün yeri

esimere *vt* muaf tutmak, hariç tutmak

esistenza *sf* varlık, hayat

esistere *vi* var olmak; yaşamak

esitare *vi* tereddüt etmek, duraksamak

esitazione *sf* tereddüt, kararsızlık

esito *sm* sonuç, netice

esodo *sm* toplu göç

esonerare *vt* serbest bırakmak,

bağışık tutmak
esonero *sm* bağışıklık, muafiyet
esorbitante *agg* aşırı, çok fazla
esordio *sm* meslekte ilk adım; ilk kez sahneye çıkma
esortare *vt* teşvik etmek, cesaret vermek
esoterico *agg* gizli, saklı; esrarlı
esotico *agg* yabancı memleketten gelme; egzotik
espandere *vt* büyütmek, genişletmek; yaymak
espandersi *vr* hacmi genişlemek; yayılmak
espansione *sf fiz.* genleşme; yayılma; gelişme
espansivo *agg* genleşici; yayılabilir; açık yürekli
espatriare *vi* yurdunu terk etmek
espediente *sm* çıkar yol, çare
espellere *vt* sürmek, kovmak
esperienza *sf* deney; tecrübe; deneme
esperimento *sm* deneme, tecrübe
esperto *agg* tecrübeli; bilgili § *sm* bilirkişi, usta
espiare *vt* kefaretini ödemek, cezasını çekmek
espirare *vt/i* nefes vermek, soluk vermek
esplicare *vt* yapmak; devam ettirmek; açıklamak
esplicazione *sf* açıklama, izahat
esplicito *agg* belli, açık
esplodere *vi* patlamak, infilâk etmek
esplorare *vt* keşfetmek; incelemek
esploratore *sm* kâşif; *ask.* hücumbot
esplosione *sf* patlama, infilak
esplosivo *agg/sm* patlayıcı (madde)
esponente *sm/f* temsilci § *sm mat.* üs
esporre *vt* göstermek, sergilemek; ışığa tutmak; açıklamak
esportare *vt* ihraç etmek
esportazione *sf* dışsatım, ihraç *articolo d'esportazione* ihraç malı
esposizione *sf* serme, sergileme; sergi; açıklama
esposto *agg* yerleştirilmiş; beli bir yöne bakan § *sm* dilekçe
espressione *sf* ifade tarzı; deyim; ortaya koyma
espressivo *agg* anlamlı; açıklayıcı
espresso *agg* bildirilen; belli § *sm* ekspres mektup; ekspres tren; (kahve) espresso
esprimere *vt* dile getirmek; ifade etmek
espropriazione *sf* kamulaştırma, istimlak
esproprio *sm* istimlak, haciz

espulsione *sf* dışarı atma, kovma
essenza *sf* öz; esas; ana kısım; esans
essenziale *agg* başlıca, temel; esaslı
essere1 *vi* olmak, var olmak
essere2 *sm* varlık; kişi, kimse
essiccare *vt* kurutmak; kurulamak
esso *pron* o
est *sm* doğu *a est di* doğusuna
estasi *sf* kendinden geçme, esrime
estate *sf* yaz
estendere *vt* yaymak, genişletmek; kapsamına almak
estendersi *vr* yayılmak, genişlemek
estensione *sf* yayılma, genişleme, uzanma; germe; gerilme
estensivo *agg* yaygın, geniş
esteriore *agg/sm* dış
esternamente *avv* hariçte, hariçten
esternare *vt* dışa vurmak; göstermek, ortaya koymak
esterno *agg* dış, dıştaki § *sm* dış kısım; yatısız öğrenci
estero *agg* yabancı; dış § *sm* yabancı memleket *andare all'estero* yurtdışına gitmek
esteso *agg* geniş, yaygın *per esteso* olduğu gibi, ayrıntılarıyla
estetica *sf* güzellik, estetik
estetico *agg* güzellik +, estetik +; güzel
estetista *sm/f* estetik uzmanı
estimo *sm* değer biçme, fiyatını saptama
estinguere *vt* söndürmek; tüketmek; yatıştırmak
estinguersi *vr* sönmek; sona ermek; yok olmak
estinto *agg* sönmüş, bitmiş, yok olmuş; ölü
estintore *sm* yangın söndürücü
estinzione *sf* söndürme; bitme; tükenme
estirpare *vt* kökünden sökmek; *mec.* kökünü kazımak, yok etmek
estivo *agg* yazlık; yaz +
estorcere *vt* zorla almak; haraç kesmek
estradizione *sf* *huk.* yabancı suçluların geri verilmesi
estraneo *agg* yabancı, hariç § *sm* yabancı kişi
estrarre *vt* çıkarmak; çekmek; elemek; kura çekmek
estratto *sm* öz, özüt; özet; suret *estratto (di) conto* hesap ekstresi
estrazione *sf* çıkarma; çekiliş; *mat.* hesaplama

estremista *agg/sm/f* aşırılık yanlısı
estremità *sf* uç; el ve ayaklar
estremo *agg* aşırı, fazla; son; çok büyük § *sm* uç, son nokta, tepe *estrema destra* aşırı sağ *estrema sinistra* aşırı sol *l'Estremo Oriente* Uzakdoğu
estro *sm* esin, ilham
estroso *agg* tuhaf, acayip; kaprisli
estroverso *agg/sm* dışa dönük karakter
esule *sm/f* sürgün; yurtdışında yaşayan
età *sf* yaş; çağ, dönem *avere la stessa età* aynı yaşta olmak *la mezza età* orta yaş *età di mezzo* ortaçağ *età maggiore* rüştünü ispat etmiş
etere *sm kim.* eter
eternità *sf* sonsuzluk; ebediyet
eterno *agg* sonsuz, ebedi; sürekli
eterogeneo *agg* ayrı cinsten, heterojen
etica *sf* törebilim, ahlakbilim
etichetta *sf* etiket; isim; teşrifat
etico *agg* ahlaka uygun
etilene *sm kim.* etilen
etimologia *sf dilb.* etimoloji, kökbilim
Etiopia *sf* Etiyopya
etnico *agg* etnik
etnologia *sf* etnoloji, budunbilim
etrusco *agg* Etrüsk + § *sm* Etrüskçe
ettaro *sm* hektar
etto *sm* hektogram, yüz gram
ettolitro *sm* hektolitre, yüz litre
ettometro *sm* hektometre, yüz metre
eucaristia *sf* İsanın kan ve etini temsil eden ekmek ve şarapla yapılan ayin
Europe *sf* Avrupa
evacuare *vt* boşaltmak, tahliye etmek
evadere *vi* kaçmak, firar etmek
evangelico *agg* İncil +
evaporare *vi* buharlaşmak
evaporazione *sf* buharlaşma, buharlaştırma
evasione *sf* kaçma, firar; *mec.* kurtulma *evasione fiscale* vergi kaçakçılığı
evasivo *agg* kaçamak, kaçamaklı
evaso *sm* kaçak
evenienza *sf* olay; olasılık; fırsat *per ogni evenienza* her olasılığa karşı
evento *sm* hadise, olay
eventuale *agg* olası, muhtemel
eventualmente *avv* belki, muhtemelen
evidente *agg* apaçık, besbelli
evidenza *sf* açıklık, belli olma *mettere in evidenza* gözler

önüne sermek
evidenziatore *sm* fosforlu kalem
evitare *vt* sakınmak, kaçınmak; engellemek
evo *sm* çağ, dönem, devir
evocare *vt* ruh çağırmak; çağrıştırmak, hatırlatmak
evoluto *agg* gelişmiş, ilerlemiş
evoluzione *sf* değişim; gelişim; *biy.* evrim
evolvere *vr* evrim göstermek; gelişmek
evviva *inter* yaşasın!
ex *prep* eski; sabık, önceki
extra *agg/sm* ekstra, üstün kalitede
extraconiugale *agg* evlilik dışı

F

fabbisogno *sm* gereksinim, ihtiyaç
fabbrica *sf* fabrika
fabbricante *sm/f* imalatçı, yapımcı
fabbricare *vt* yapmak, üretmek; inşa etmek; *mec.* uydurmak
fabbricato *sm* yapı, bina; imalat
fabbro *sm* demirci
faccenda *sf* iş, meşguliyet; olay
facchino *sm* hamal
faccia *sf* yüz, çehre; taraf *faccia*
a faccia yüz yüze
facciata *sf mim.* cephe; sayfa
faceto *agg* şakacı, esprili
facile *agg* kolay; uysal
facilità *sf* kolaylık; yatkınlık
facilitare *vt* kolaylaştırmak
facilitazione *sf* kolaylık
facoltà *sf* yeti; kapasite, güç; otorite; fakülte
facoltativo *agg* isteğe bağlı
facoltoso *agg* varlıklı, zengin
facsimile *sm* tıpkıbasım, faks
faggio *sm bitk.* kayınağacı
fagiano *sm hayb.* sülün
fagiolino *sm* taze fasulye
fagiolo *sm* fasulye
fagotto1 *sm* bohça, çıkın
fagotto2 *sm müz.* fagot
faina *sf hayb.* sansar
falasco *sm bitk.* saz, kamış
falce *sf* tırpan, orak
falciare *vt* orakla kesmek, biçmek
falco *sm* doğan, şahin
falcone *sm* şahin; *ask.* küçük top
falda *sf co.* tabaka, katman; şerit; kat, katmer
falegname *sm* marangoz
fallace *agg* sahte, aldatıcı
fallacia *sf* sahtelik
fallare *vi* yanılmak
fallimento *sm* iflas; başarısızlık
fallire *vi* iflas etmek, batmak;

elden kaçırmak § *vt* isabet ettirememek
fallito *agg/sm* iflas etmiş; başarısız § *sm* müflis, batkın
fallo *sm* hata, kusur; *sp.* faul
falsare *vt* yanlış yorumlamak, saptırmak
falsario *sm* kalpazan
falsificare *vt* tahrif etmek, sahtesini yapmak
falso *agg* düzmece, sahte, taklit; uydurma, yalan § *sm* sahte şey *gioielli falsi* taklit mücevher, imitasyon
fama *sf* ün, şan, şöhret
fame *sf* açlık; *mec.* açgözlülük *aver fame* aç olmak
famiglia *sf* aile; soy *capo famiglia* aile reisi
familiare *agg* aileyle ilgili; alışılmış; samimi § *sm* aileden kimse, akraba
familiarità *sf* alışkanlık, yakınlık, içtenlik
famoso *agg* ünlü, meşhur
fanale *sm* fener; lamba; far
fanatico *agg/sm* fanatik; hayran *fanatico di/per* ... hastası, ... delisi
fanciullezza *sf* çocukluk çağı
fanciullo *sm* çocuk
fandonia *sf* yalan, uydurma
fanfara *sf* bando, mızıka takımı
fango *sm* çamur *gettare fango* çamur atmak
fangoso *agg* çamurlu
fannullone *sm* tembel, aylak
fantascienza *sf* bilimkurgu
fantasia *sf* düş gücü; hayal; fantezi; aksesuar
fantasma *sm* hayalet
fantasticheria *sf* hayal
fantastico *agg* düşsel, hayali; olağanüstü
fante *sm* piyade eri; (iskambilde) bacak, vale
fanteria *sf* piyade
fantino *sm* jokey
fantoccio *sf* kukla
farabutto *sm* dolandırıcı, düzenbaz
faraone *sm* firavun
fardello *sm* büyük bohça; *mec.* yük
fare *vt* yapmak, etmek; meydana getirmek; imal etmek; inşa etmek § *vi* uygun gelmek; faydalı olmak § *sm* yapış şekli, usul *far fare* yaptırmak *far faville* göz kamaştırmak *far fuori* öldürmek *farsi la bocca* alışmak, huy edinmek *farsi strada* başarıya ulaşmak *fare a botte* kavga etmek *fa caldo* hava sıcak *fare la spesa* alışveriş yapmak *fare una passeggiata* yürüyüşe çıkmak

fare una risata gülmek *fare un sogno* rüya görmek *fare benzina* benzin almak *lascia fare!* aldırış etme!

farsi *vr* büyümek, yetişmek; olmak *farsi grande* büyümek *ha fatto notte* gece oldu

farfalla *sf* kelebek

farina *sf* un

faringe *sf anat.* yutak

farmacia *sf* eczane

farmacista *sm/f* eczacı

farmaco *sm* ilaç; tedavi

farmacologia *sf* eczacılık, farmakoloji

faro *sm* deniz feneri; *oto.* far

farsa *sf* kaba güldürü, fars

fascia *sf* bağ, sargı; şerit; takım; bölge

fasciare *vt* sarmak, bağlamak

fascicolo *sm* fasikül; nüsha; kitapçık; evrak dosyası

fascino *sm* çekicilik, büyü

fascio *sm* demet; tomar; düzensiz yığın

fascismo *sm* faşizm

fascista *agg/sm/f* faşist

fase *sf gökb.* evre; safha; *fiz.* faz *fuori fase* devre dışı

fastidio *sm* can sıkıntısı; eziyet; bıkkınlık

fastidioso *agg* can sıkıcı, bıktırıcı

fasto *sm* ihtişam, şatafat

fasullo *agg* sahte

fata *sf* peri

fatale *agg* alında yazılı, önlenemez

fatalista *sm/f* kaderci

fatalità *sf* alınyazısı, kader; şanssızlık

fatica *sf* yorgunluk; yorucu iş *a fatica* zorla, güçlükle

faticare *vi* yorulmak; güçlük çekmek

faticata *sf* büyük zahmet, yorgunluk

faticoso *agg* yorucu, güç

fatto₁ *agg* yapılmış, bitmiş; uygun *abiti fatti* hazır giyim *detto fatto* anında *fatto a mano* el yapımı *fatto in casa* ev yapımı

fatto₂ *sm* gerçek; olay; iş; anlaşma *questione di fatto* temel nokta *il fatto è che* gerçek şu ki *sul fatto* suçüstü

fattore *sm* faktör; *mat.* çarpan; Yaratıcı

fattoria *sf* çiftlik

fattorino *sm* posta dağıtıcısı; otobüs biletçisi

fattura *sf* fatura; icraat

fatturato *sm* ciro

fatuo *agg* önemsiz, değersiz, boş, tatsız

fauna *sf* hayvan topluluğu, direy

fautore *agg/sm* koruyucu; de-

stekleyen
fava *sf* bakla
favella *sf* konuşma, şive
favellio *sm* geveze
favilla *sf* kıvılcım
favola *sf* hikâye, masal; *mec.* uydurma
favoloso *agg* inanılmaz derecede, olağanüstü
favore *sm* iyilik, lütuf; yardım *a favore* yararına, lehine *per favore* lütfen *in favore di* yararına
favorevole *agg* uygun, müsait
favorire *vt* yardım etmek, himaye etmek; kayırmak; cesaretlendirmek *vuole favorire?* buyurmaz mısınız?
favorita *sf* gözde
favorito *agg/sm* favori, gözde
fazzoletto *sf* mendil
febbraio *sm* şubat
febbre *sf* ateş, hararet *febbre da cavallo* yüksek ateş
febbrile *agg* ateş +; ateşli; coşkun
feccia *sf* tortu, posa
feci *sf/pl anat.* dışkı
fecola *sf* kök nişastası
fecondazione *sf biy.* dölleme, döllenme
fecondo *agg* döllenebilir; verimli
fede *sf* inanç, iman; din; güven; evlilik yüzüğü *far fede* kanıtlamak, belgelemek
fedele *agg* bağlı, sadık; eksiksiz § *sm/f* mümin; yandaş
fedeltà *sf* bağlılık, sadakat; doğruluk
federa *sf* yastık kılıfı
federale *agg* birleşik, federal
federalismo *sm* federalizm
federazione *sf* federasyon
fegato *sm* karaciğer
felce *sf bitk.* eğreltiotu
felice *agg* mutlu, mesut; şanslı
felicità *sf* mutluluk, neşe
felicitare *vt* kutlamak
felicitarsi *vr* mutlu olmak
felicitazione *sf/pl* tebrikler
felino *agg* kedi gibi
feltro *sm* keçe; fötr şapka
femmina *sf* dişi; kadın; kız çocuk
femminile *agg* kadına özgü; kadınsı § *agg/sm dilb.* dişil
femminismo *sm* feminizm
fendere *vt* yarmak, ayırmak
fenditura *sf* yarık, çatlak
fenomeno *sm* fenomen, görüngü; ilginç olay
feretro *sm* tabut
feria *sf* tatil günü *andare in ferie* izine çıkmak *ferie estive* yaz tatili, yaz izni *le ferie* tatil, izin
feriale *agg* iş +; tatil + *giorni feriali* çalışma günleri

ferire *vt* yaralamak; *mec.* gücendirmek
ferirsi *vr* yaralanmak
ferita *sf* yara, bere
ferito *agg* yaralı
fermacapelli *sm* toka
fermaglio *sm* kopça, ataş; toka
fermare *vt* durdurmak; tutuklamak; iliklemek
fermarsi *vr* durmak; kalmak
fermata *sf* durma; durak §*fermata dell'autobus* otobüs durağı
fermento *sm* maya; *mec.* kaynaşma, kızışma
fermezza *sf* sabitlik; kesinlik; kararlılık, azim
fermo *agg* durgun; sabit; katı; kararlı § *sm* tutuklu *fermo posta* postrestant *per fermo* elbette, kesinlikle *sta' fermo!* sessiz ol!
feroce *agg* yırtıcı, vahşi; acımasız, zalim
ferragosto *sm* Hz. Meryem'in göğe yükselmesi yortusu; ağustos ayı tatili
ferramenta *sf* nalbur, hırdavatçı dükkânı
ferravecchio *sm* hurdacı, eskici
ferreo *agg* demirden; demirli
ferro *sm* demir; zincir *carne ai ferri* ızgara et *ferri di calza* örgü şişi *ferro da calza* dikiş iğnesi *ferro da stiro* ütü *ferro di cavallo* at nalı *l'età del ferro* Demir Çağı
ferroso *agg* demirli
ferrovia *sf* demiryolu; demiryolu ulaşımı
ferroviario *agg* demiryolu +
ferroviere *sm* demiryolu görevlisi
fertile *agg* verimli, bereketli
fertilità *sf* verimlilik
fertilizzante *sm* gübre
fertilizzare *vt* verimli kılmak; gübrelemek
fervente *agg* ateşli, coşkulu
fervore *sm* şevk, coşku, gayret; *mec.* en yüksek nokta
fesso *sm* budala, aptal
fessura *sf* yarık, çatlak; aralık
festa *sf* tatil; bayram; eğlence; *kon.* doğum günü; parti *far festa* tatile çıkmak *festa civile* resmi tatil *buone feste* iyi bayramlar
festeggiamento *sm* kutlama, eğlence
festeggiare *vt* kutlamak
festivo *agg* bayramlık; tatil günü +
festoso *agg* şen, neşeli
feticcio *sm* fetiş, put
feto *sm anat.* dölüt, cenin
fetta *sf* dilim *a fette* dilim dilim

feudale *agg* derebeylik +
feudalismo *sm* derebeylik
fiaba *sf* masal
fiacca *sf* yorgunluk, bitkinlik
fiacco *agg* yorgun, bitkin; yavan
fiaccola *sf* meşale
fiala *sf* cam tüp, ampul
fiamma *sf* alev
fiammante *agg* alevli; parlak
fiammeggiante *agg* parıldayan, ışıldayan
fiammeggiare *vi* alev saçmak; parıldamak
fiammifero *sm* kibrit
fiammingo *agg/sm* Flaman + § *sm* Flaman; Flaman dili
fiancheggiare *vt* korumak; desteklemek
fianco *sm* yan, kenar; kalça
fiasco *sm* hasırlı şarap şişesi; *mec.* fiyasko, başarısızlık *far fiasco* başarısız olmak, fiyaskoyla sonuçlanmak
fiato *sm* soluk, nefes *d'un fiato* soluk almadan *prendere fiato* soluklanmak, biraz dinlenmek *strumenti a fiato* nefesli çalgılar
fibbia *sf* kemer vb tokası
fibra *sf* tel, lif; elyaf
ficcare *vt* sokmak, tıkmak
ficcarsi *vr* içine girmek, sokulmak

fico *sm* incir; incir ağacı *fico d'India* frenkinciri *fico secco* kuru incir
fidanzamento *sm* nişan; nişanlılık süresi
fidanzare *vt* nişanlamak
fidanzarsi *vr* nişanlanmak
fidanzato *sm* nişanlı, sözlü
fidare *vr* birbirine güvenmek, bel bağlamak
fidato *agg* güvenilir
fiducia *sf* güven; itimat *fiducia in sé stessi* kendine güven *con fiducia* güvenle *voto di fiducia* güvenoyu
fienile *sm* samanlık
fieno *sm* kuru ot, saman
fiera *sf* panayır; fuar
fierezza *sf* gurur; övünç
fiero *agg* gururlu; göğsü kabarık
fifa *sf kon.* korku
figlia *sf* kız evlat; koçan
figliastro *sm* üvey evlat
figlio *sm* oğul, evlat
figlioccio *sm* vaftiz evladı
figliolo *sm* evlat
figura *sf* şekil; resim; görünüm; figür *fare una bella figura* iyi bir izlenim bırakmak *far brutta figura* rezil olmak
figurare *vt/i* hayalinde canlandırmak; tasvir etmek
figurativo *agg* simgesel; betimsel

figurino *sm* moda resmi

fila *sf* sıra, dizi; kuyruk *di fila* ara vermeden, aralıksız

filante *agg* : *stella filante* kuyrukluyıldız

filantropia *sf* insan sevgisi

filare1 *vt* eğirmek; incecik akıtmak § *vi* örmek; sızmak; kaçmak, sıvışmak

filastrocca *sf* tekerleme, nakarat

filatelia *sf* pulculuk, pul koleksiyonculuğu

filatelista *sm/f* pulcu, filatelist

filato *agg* aralıksız; düzenli § *sm* dokuma ipliği

filatura *sf* yün eğirme

filetto *sm* ince şerit; fileto

filiale *agg* evlatlık + § *sf* şube

filigrana *sf* ince gümüş/altın süs; filigran

film *sm* sin. film *film pubblicitario* reklam filmi *film d'animazione* çizgi film

filmare *vt* filme almak

filo *sm* ip, iplik, tel, kordon *per filo e per segno* ayrıntılı olarak *filo spinato* tel örgü

filobus *sm* troleybüs

filologia *sf* filoloji, dilbilim

filologo *sm* filolog, dilbilimci

filone *sm* maden damarı; akım

filosofia *sf* felsefe

filosofo *sm* filozof

filtrare *vt* süzmek § *vi* süzülmek

filtro *sm* süzgeç; filtre

filza *sf* dizi, sıra

finale *agg* sonuncu, son § *sm* son kısım; final § *sf dilb.* son harf; final

finalissima *sf sp.* final maçı

finalità *sf* sonuç, amaç

finalmente *avv* en sonunda, nihayet

finanza *sf* mali durum

finanziare *vt* paraca desteklemek, finanse etmek

finanziere *sm* maliyeci; gümrük memuru

finché *cong* -inceye kadar, -diği kadar

fine1 *sf* son, final § *sm* amaç; sonuç, netice *condurre a fine* bitirmek *alla fin fine* sonuçta

fine2 *agg* ince; kibar, zarif; nazik

finestra *sf* pencere

fingere *vt* rol yapmak; aldatmak

fingersi *vr* rol yapmak

finimondo *sm* büyük gürültü, patırtı

finire *vt* bitirmek, sona erdirmek § *vi* bitmek, sona ermek *sul finire* sonuna doğru

finito *agg* bitmiş, tükenmiş

§**finlandese** *agg/sm* Fince § *sm/f* Finlandiyalı

§**Finlandia** *sf* : §*la Finlandia*

Finlandiya
fino1 *prep* -(y)e kadar, -den beri
fino2 *agg* arı, saf
finocchio *sm bitk.* rezene; homoseksüel
finora *avv* şimdiye kadar
finta *sf* yapmacık, numara; *sp.* aldatmaca **far finta di nulla** hiçbir şey olmamış gibi davranmak
finto *agg* gerçek olmayan, yapma
finzione *sf* yalandan yapma
fiocco *sm* düğüm; kravat bağı; püskül; kurdele; kar tanesi; *den.* üçgen yelken, flok
fiocina *sf* zıpkın
fioco *agg* (ses/ışık) zayıf
fionda *sf* sapan
fioraio *sm* çiçekçi
fiordaliso *sm* zambak
fiordo *sm* fiyort
fiore *sm* çiçek; (iskambil) sinek **fior di** çok miktarda
fioretto *sm sp.* flöre
fiorino *sm* florin
fiorire *vi* çiçek açmak; gelişmek, ilerlemek
firma *sf* imza; *mec.* ünlü kişi
firmamento *sm* gök, gökyüzü
firmare *vt* imzalamak, imza atmak
fisarmonica *sf* akordeon
fiscale *agg* vergiyle ilgili **codice fiscale** vergi yasası; vergi numarası **avvocato fiscale** savcı
fischiare *vi* ıslık çalmak; *kon.* kulağı çınlamak; düdük çalmak
fischietto *sm* düdük
fischio *sm* ıslık; düdük
fisco *sm* vergi dairesi; vergi
fisica *sf* fizik
fisico *agg* fiziksel § *sm* vücut yapısı; fizikçi
fisiologia *sf* fizyoloji
fisionomia *sf* fizyonomi, dış görünüm
fissare *vt* tutturmak, sabitleştirmek; saptamak
fissarsi *vr* yerleşmek; *mec.* aklına koymak
fissazione *sf* saplantı; saptama
fisso *agg* sabit, hareketsiz; kararlaştırılmış
fitta *sf* sancı, ağrı
fittizio *agg* düşsel; sahte
fitto1 *agg* sabit, hareketsiz; yoğun **a capo fitto** baş aşağı
fitto2 *sm* kira
fiume *sm* ırmak, nehir, akarsu
fiutare *vt* koklamak; burnuyla çekmek; sezmek
fiuto *sm* koku alma yetisi; *mec.* önsezi
flagello *sm* kamçı
flagrante *agg* aşikâr, aleni *in*

flagante suçüstü
flanella *sf* fanila
flauto *sm* flüt
flebile *agg* ağlamaklı, hüzünlü
flemma *sf* ağırkanlılık, tembellik
flessibile *agg* esnek, elastiki; *mec.* uysal
flessione *sf* bükülme, bükme; kıvrılma
flessuoso *agg* esnek, elastiki; eğri büğrü
flettere *vt* bükmek
flora *sf* bitki örtüsü, flora
florido *agg* bayındır, gelişmiş
floscio *agg* gevşek, yumuşak; halsiz
flotta *sf* donanma, filo **flotta aerea** hava filosu
fluido *agg* akıcı; sıvı
fluire *vi* akmak
fluorescenza *sf* fluorışı
fluoro *sm* fluor
flusso *sm* *fiz.* akı; (denizde) kabarma; akış; akıntı **flusso mestruale** aybaşı **flusso e riflusso** med ve cezir
fluttuare *vi* dalgalanmak, çalkalanmak; *mec.* sallantıda olmak
fluviale *agg* ırmak +
fobia *sf* *ruhb.* fobi
foca *sf* *hayb.* fok balığı
focaccia *sf* poğaça, çörek
foce *sf* ırmak ağzı
focolaio *sm* merkez, kaynak
focolare *sm* ateş ocağı; *mec.* yuva
fodera *sf* astar; örtü, kılıf
foderare *vt* astar geçirmek; kaplamak
fodero *sm* kın, kılıf
foga *sf* ateşlilik, coşku
foggia *sf* biçim, tarz
foglia *sf* yaprak
fogliame *sm* yaprak bezeme
foglio *sm* kâğıt, yaprak; gazete
fogna *sf* lağım, kanalizasyon
fognatura *sf* kanalizasyon
folclore *sm* halkbilim, folklor
folgorare *vi* şimşek çakmak § *vt* yıldırımla çarpmak
folgore *sf* yıldırım
folla *sf* kalabalık, halk
folle *agg* deli, çılgın **in folle** (vites) boşta olma
follia *sf* delilik, çılgınlık
folto *agg* sık, gür
fomentare *vt* kışkırtmak, harekete geçirmek
fomento *sm* tahrik
fondamentale *agg* temel, esas, başlıca
fondamento *sm* temel; dayanak, esas
fondare *vt* temel atmak; kurmak
fondarsi *vr* -e dayanmak
fondatore *sm* kurucu

fondazione *sf* kurma; tesis, vakıf
fondere *vt* eritmek; ergitmek; karıştırmak § *vi* erimek
fondersi *vr* erimek; birleşmek, kaynaşmak
fonderia *sf* dökümhane
fondo *sm* dip; zemin; fon; telve § *agg* derin *andare a fondo* dibe gitmek, batmak *andare fino in fondo a* iyice incelemek *da cima a fondo* baştan sona kadar *in fondo* sonuç olarak, aslında *musica di fondo* fon müziği *notte fonda* gecenin ortası
fonema *sm dilb.* sesbirim, fonem
fonetica *sf dilb.* sesbilgisi, fonetik
fonetico *agg* fonetik +
fontana *sf* çeşme, pınar
fonte *sf* kaynak; *mec.* kaynak; sebep
foraggio *sm* kuru ot, saman
forare *vt* delmek; lastiği patlamak
forbici *sf/pl* makas
forbire *vt* parlatmak, temizlemek
forca *sf* saban, çatal; darağacı
forcella *sf* çatal; dar geçit
forchetta *sf* çatal
forcina *sf* saç tokası, firkete
forcipe *sm* forseps
foresta *sf* orman
forestiero *agg/sm* yabancı

forfora *sf* (saç) kepek
forgia *sf* demirci ocağı
forgiare *vt* maden dövmek
forma *sf* şekil, biçim; kalıp, örnek; üslup *essere in forma* formda olmak
formaggino *sm* pastörize peynir
formaggio *sm* peynir
formale *agg* biçimsel; yüzeysel
formalità *sf* formalite
formare *vt* oluşturmak, şekil vermek; eğitmek
formarsi *vr* oluşmak, meydana gelmek; yetişmek
formato *sm* boyut; format
formazione *sf* meydana getirme, oluşturma; kurma; topluluk; yetiştirme
formica *sf* karınca
formicaio *sm* karınca yuvası
formicolare *vi* karınca gibi kaynaşmak; karıncalanmak
formicolio *sm* karınca gibi kaynaşma; karıncalanma
formidabile *agg* korkunç, akıl almaz; olağanüstü
formoso *agg* biçimli, güzel
formula *sf* formül; yöntem
formulare *vt* açıkça bildirmek
fornace *sf* büyük fırın, maden ocağı
fornaio *sm* fırıncı
fornello *sm* ocak, fırın

fornire

fornire *vt* gereksinimini karşılamak, sağlamak
forno *sm* fırın
foro1 *sm* delik
foro2 *sm* çarşı, şehir merkezi; *huk.* baro
forse *avv* belki; yaklaşık, aşağı yukarı *essere in forse* kararsız olmak
forsennato *agg* deliye dönmüş, kudurmuş
forte1 *agg* güçlü; dinç; şiddetli; (duygu) derin § *sm* güçlü kişi; kale; güçlü kısım
forte2 *avv* güçlü biçimde, yüksek sesle; hızlı
fortezza *sf* kale; güçlülük
fortuito *agg* rastlantı sonucu, beklenmedik
fortuna *sf* talih, şans; servet *colpo di fortuna* talih kuşu *per fortuna* neyse ki, iyi ki *buona fortuna!* iyi şanslar! *atterraggio di fortuna* zorunlu iniş
fortunato *agg* talihli; uğurlu; başarılı
foruncolo *sm* çıban
forviare *vi* doğru yoldan çıkmak
forza *sf* güç, kuvvet; sertlik, şiddet; *ask.* ordu gücü *per forviare* zorunlu olarak, ister istemez *forze aeree* hava kuvvetleri
forzare *vt* zorlamak
forzato *agg* zorlama; zorunlu § *sm* mahkûm
foschia *sf* sis
fosco *agg* loş, karanlık; koyu
fosfato *sm kim.* fosfat
fosforo *sm kim.* fosfor
fossa *sf* çukur, hendek; mezar
fossato *sm* hendek
fossetta *sf* gamze
fossile *agg* fosilleşmiş § *sm* fosil
fosso *sm* hendek, büyük çukur
foto *sf* fotoğraf, resim
fotocopia *sf* fotokopi
fotografico *agg* fotoğraf + *macchina fotografica* fotoğraf makinesi
fotografo *sm/f* fotoğrafçı
fotogenico *agg* fotojenik
fotografare *vt* fotoğrafını çekmek
fotografia *sf* fotoğraf, resim
fotografo *sm* fotoğrafçı
fotomontaggio *sm* fotomontaj
fotoromanzo *sm* fotoroman
fra *prep* arasında; ortasında; -e kadar; zarfında *detto fra noi* söz aramızda *fra me e te* aramızda *fra tutti* hep beraber
fracassare *vt* çatır çatır kırmak
fracasso *sm* gürültü patırtı, çatırtı
fradicio *agg* çürük, bozuk;

sırılsıklam *ubriaco fradicio* kör kütük sarhoş
fragile *agg* kolay kırılır; narin
fragola *sf* çilek
fragore *sm* çatırtı, büyük gürültü
fragrante *agg* güzel kokulu
fraintendere *vt* yanlış anlamak
frammento *sm* parça, kalıntı; kısım
frana *sf* toprak kayması; *mec.* düşüş
franchezza *sf* açık yüreklilik, içtenlik
Francia *nm* Fransa
franco1 *agg* içten, samimi; vergiden muaf *zona franca* serbest bölge
franco2 *sm* frank
francobollo *sm* posta pulu
frangente *sm* resif, kayalık; zor durum
frangere *vt* kırmak, parçalamak
frangia *sf* püskül, saçak; perçem
frangiflutti *sm* dalgakıran
frantumare *vt* parça parça etmek
frantumarsi *vr* parça parça olmak
frasca *sf* dal
frase *sf* cümle, tümce; ifade
frastornare *vt* düzeni bozmak, rahatsız etmek
frate *sm* papaz, rahip
fratellanza *sf* kardeşlik; kardeş sevgisi
fratellastro *sm* üvey kardeş
fratello *sm* erkek kardeş *fratello maggiore* ağabey
fraterno *agg* kardeşçe; kardeş +
frattaglie *sf/pl* sakatat
frattanto *avv* bu arada, bu sırada, derken
frattempo *avv* : *nel frattempo* bu arada
frattura *sf* kırık, çatlak; *mec.* bozulma
fraudolenza *sf* hile, dalavere
frazione *sf* parça; kesir; bölüm
freccia *sf* ok
freddare *vt* soğutmak; öldürmek
freddarsi *vr* soğumak
freddezza *sf* soğukluk; *mec.* soğukkanlılık
freddo *agg/sm* soğuk; *mec.* ilgisiz *aver freddo* üşümek *fa freddo* hava soğuk *sangue freddo* soğukkanlı
freddoloso *agg* çok üşüyen
fregare *vt* sürtmek, ovmak; aldatmak
fregata *sf den.* firkateyn
fregio *sm* kabartmalı süsleme, friz
fremere *vi* çok heyecanlı olmak
fremito *sm* titreme, ürperme
frenare *vt* fren yapmak; durdurmak; kısıtlamak

frenarsi *vr* kendini tutmak, duygularına hâkim olmak
frenata *sf* fren, fren yapma
frenesia *sf* çılgınlık; aşırı düşkünlük
frequentare *vt* sık sık gitmek; sık sık görüşmek
frequente *agg* sık sık olan, olağan *di frequente* sık sık
frequenza *sf* sık sık oluş; devamlılık; frekans
fresa *sf* freze
freschezza *sf* serinlik; tazelik
fresco *agg* taze; serin; dinç § *sm* serin yer; serinlik
fretta *sf* acele; çabukluk *fare fretta a qc* acele etmek
frettoloso *agg* aceleci
friggere *vt* tavada kızartmak
friggitrice *sf* fritöz
frigido *agg* (kadın) soğuk, frijit
frigorifero *sm* buzdolabı
fringuello *sm hayb.* ispinoz kuşu
frittata *sf* omlet
frittella *sf* yağda kızartılmış börek
fritto *agg* kızarmış § *sm* yağda kızartılmış yiyecek
frittura *sf* kızartma yiyecek
frivolo *agg* havai, uçarı; önemsiz
frizione *sf* ovma, friksiyon; *oto.* debriyaj
frizzante *agg* asitli; *mec.* çekici

frode *sf* hile, düzen, dolap
frodo *sm* kaçakçılık; dolandırıcılık
frontale *agg* alın +; önden
fronte *sf* alın; cephe *a fronte a fronte* yüz yüze
fronteggiare *vt* karşı koymak
frontiera *sf* sınır
frottola *sf* masal, yalan
frugare *vi* aramak, araştırmak; üstünü aramak
frullare *vt* çırpmak, karıştırmak § *vi* kanat çırpmak
frullatore *sm* çırpma makinesi, mikser
frullino *sm* çırpma aleti
frumento *sm bitk.* buğday
fruscio *sm* hışırtı
frusta *sf* kamçı, kırbaç
frustare *vt* kamçılamak
frustrare *vt* boşa çıkarmak; düş kırıklığına uğratmak
frutta *sf* yemiş, meyve *frutta secca* kuruyemiş *succo di frutta* meyve suyu
frutteto *sm* meyve bahçesi
fruttivendolo *sm* manav
frutto *sm* meyve; ürün; kazanç *frutti di mare* deniz ürünü
fruttuoso *agg* verimli, kârlı
fucilare *vt* kurşuna dizmek
fucile *sm* tüfek
fucina *sf* demirci ocağı

fucsia *sf* küpeçiçeği
fuga *sf* kaçma, firar; kaçak *fuga di gas* gaz kaçağı
fugace *agg* akıcı; geçici
fuggevole *agg* geçici, bir anlık
fuggiasco *sm* kaçak, firari
fuggifuggi *sm* koşuşma, kaçışma
fuggire *vi* kaçmak
fuggitivo *agg* kaçan; kaçak
fuliggine *sf* is, kurum
fulminare *vt* yıldırımla çarpmak; şimşek çakmak; bir anda öldürmek
fulmine *sm* yıldırım
fumaiolo *sm* baca borusu
fumare *vi* sigara içmek; tütmek *vietato fumare* sigara içmek yasaktır, sigara içilmez
fumata *sf* duman, duman bulutu
fumatore *sm* sigara içen
fumetto *sm* çizgi roman
fumo *sm* duman; sigara içme
funambolo *sm* ip cambazı
fune *sf* ip; kablo; halat
funebre *agg* cenaze +; hazin
funerale *sm* cenaze alayı; cenaze
fungere *vi* görevi yapmak, iş görmek
fungo *sm* mantar
funicolare *sf* kablolu demiryolu, teleferik
funicolo *sm anat.* göbekbağı
funivia *sf* teleferik

funzionare *vi* işlemek, çalışmak
funzionario *sm* görevli, memur
funzione *sf* işlev, fonksiyon; görev, memuriyet; rol
fuoco *sm* ateş; yangın; *fiz.* odak noktası *vigili del fuoco* itfaiye *far fuoco* ateş etmek *dar fuoco* ateşe vermek *fuochi d'artificio* havai fişek
fuorché *cong* -den başka, -hariç
fuori *avv* dışarı, dışarıda, dışarısı§ *prep* hariç *essere fuori* dışarıda olmak *essere fuori di se* zıvanadan çıkmak *fuori!* dışarı!, defol! *fuori luogo* yersiz, uygunsuz *fuori mano* sapa yer, uzak yer *fuori moda* modası geçmiş *fuori servizio* bozuk
fuoribordo *sm* kıçtan takma motor
fuoriclasse *agg* eşsiz, birinci kalite § *sm sp.* as oyuncu
fuorigioco *sm sp.* ofsayt
fuorilegge *sm/f* kanun kaçağı; yasadışı
furbacchione *sm* kurnaz, açıkgöz
furbo *agg* kurnaz
furente *agg* öfkeli, kızgın
furfante *sm/f* hain, namussuz
furgoncino *sm* kamyonet
furgone *sm* küçük yük kamyonu
furia *sf* hiddet; şiddet; acele *in*

fretta e furia aceleyle
furibondo *agg* çok öfkeli, kudurmuş
furioso *agg* kızgın; şiddetli, kudurmuş
furore *sm* hiddet, gazap
furtivo *agg* gizli, kaçak
furto *sm* hırsızlık
fusibile *sm elek.* sigorta
fusione *sf* erime, ergime; birleşme, kaynaşma
fuso1 *agg* erimiş
fuso2 *sm* iğ; dilim *fuso orario* zaman dilimleri
fustagno *sm* pamuklu bir tür kumaş
fustigare *vt* kamçılamak, kırbaçlamak
fusto *sm* ağaç gövdesi; çatı
futile *agg* boş, işe yaramaz
futuro *agg* gelecek; müstakbel § *sm* istikbal, gelecek *in futuro* gelecekte, ileride

G

gabardine *sf* gabardin
gabbana *sf* kaban
gabbare *vt* aldatmak; alay etmek
gabbia *sf* kafes; demir parmaklık *gabbia toracica* göğüs kafesi
gabbiano *sm* martı
gabinetto *sm* hela, tuvalet; kabine; laboratuvar
gaffe *sf* pot, gaf
gagliardo *agg* kuvvetli, güçlü; canlı
gaiezza *sf* sevinç, neşe
gaio *agg* şen, neşeli, sevinçli
gala *sf* gala
galante *agg* kibar, nazik; aşk +
galanteria *sf* incelik, kibarlık
galantuomo *sm* mert, namuslu kimse
galassia *sf gökb.* galaksi, gökada
galateo *sm* görgü kuralları, terbiye
galeotto *sm* kürek mahkûmu; hükümlü
galera *sf* kürek cezası; hapishane
galla *sf bitk.* mazı *a galla* su yüzünde *venire a galla* su yüzüne çıkmak
galleggiante *agg* yüzen § *sm* duba, şamandıra
galleria *sf* tünel; geçit; koridor; sanat galerisi; (tiyatro/sinemada) balkon
gallese *agg* Galler + § *sm/f* Galli § *sm* Gal dili
galletta *sf* galeta
gallina *sf* tavuk
gallinella *sf* piliç
gallismo *sm* zamparalık
gallo *sm* horoz

gallone¹ *sm* rütbe şeridi
gallone² *sm* galon
galoppare *vi* dörtnala gitmek
galoppo *sm* dörtnal, dörtnal gitme *al galoppo* büyük bir hızla
gamba *sf anat.* bacak; ayak; kuyruk *essere in gamba* uyanık olmak *prendere qc sotto gamba* hafife almak
gamberetto *sm* karides
gambero *sm* küçük karides, ıstakoz
gambo *sm* bitki sapı; *tek.* çubuk
gamma *sf müz.* gam; renk dizisi; sıra
ganascia *sf* çene
gancio *sm* çengel, kanca
gang *sf* çete
ganghero *sm* menteşe *uscire dai gangheri* çileden çıkmak, sabrı taşmak
gangster *sm* gangster
gara *sf* yarışma, müsabaka *fare a gara* yarış etmek
garage *sm* garaj
garantire *vt* garanti etmek, güvence vermek; kefil olmak
garanzia *sf* güvence, garanti
garbato *agg* nazik, kibar
garbo *sm* naziklik, kibarlık; zariflik
gareggiare *vi* yarışmak

gareggiatore *sm* yarışçı
gargarismo *sm* gargara
garofano *sm* karanfil
garza *sf* gaz bezi
garzone *sm* çırak, yamak
gas *sm* gaz, benzin *a tutto gas* son hızla, tam gaz *gas naturale* doğalgaz *forno a gas* gaz ocağı *gas di città* havagazı
gasolio *sm* mazot
gassato *agg* gazlı; havalara girmiş
gassosa *sf* gazoz
gassoso *agg* gaz halinde olan; gazlı
gastrite *sf hek.* gastrit
gastronomia *sf* yemek pişirme sanatı
gatta *sf* dişi kedi
gattabuia *sf* hapishane, kodes
gatto *sm* kedi
gattopardo *sm* leopar
gaudio *sm* sevinç, haz
gavetta *sf* karavana tenceresi *venire dalla gavetta* çekirdekten yetişmek
gazza *sf hayb.* saksağan
gazzella *sf hayb.* ceylan
gazzetta *sf* gazete *gazzetta ufficiale* resmi gazete
gazzosa *sf* gazoz
gel *sm* jöle
gelare *vt* dondurmak

gelateria *sf* dondurmacı dükkânı
gelatina *sf* jöle; jelatin
gelato *agg* donmuş; buz tutmuş § *sm* dondurma
gelido *agg* çok soğuk; buz gibi
gelo *sm* don; buz
gelosia *sf* kıskançlık
geloso *agg* kıskanç
gelso *sm bitk.* dut ağacı, dut
gelsomino *sm bitk.* yasemin
gemello *agg* ikiz; eş § *sm* kol düğmesi; İkizler Burcu
gemere *vi* inlemek; sızlanmak, yakınmak
gemito *sm* inleme, sızlanma
gemma *sf* değerli taş; *bitk.* tomurcuk
gemmazione *sf bitk.* tomurcuklanma
gendarme *sm* jandarma
gene *sm biy.* gen
generale1 *agg* genel; belirsiz *in generale* genellikle, genel olarak *direttore generale* genel müdür
generale2 *sm* general *generale in capo* başkomutan
generalità *sf* genellik; kişisel bilgiler, kimlik
generalizzare *vt* genelleştirmek; genelleme yapmak
generalmente *avv* genel olarak, genellikle

generare *vt* doğurmak; üretmek, yaratmak; neden olmak
generatore *sm* üreteç, jeneratör
generazione *sf* kuşak, nesil; üreme
genere *sm* cins; çeşit, tür; biçim; madde; *dilb.* cinslik *generi alimentari* besin maddeleri *in genere* genellikle, genel olarak
generico *agg* cinsle ilgili; belirsiz
genero *sm* damat
generosità *sf* cömertlik
generoso *agg* cömert, eli açık
genetica *sf* genetik, kalıtımbilim
genetico *agg* kalıtımsal
gengiva *sf anat.* dişeti
genia *sf* ırk, nesil
geniale *agg* dâhiyane, akıl dolu
genio *sm* deha; dâhi *andare a genio* hoşuna gitmek
genitale *agg anat.* üreme organları + § *sm* üreme organları
genitivo *sm dilb.* tamlayan durumu
genitore *sm* ana baba, ebeveyn
genocidio *sm* soykırım
gentaglia *sf* ayaktakımı
gente *sf* halk, insanlar
gentile *agg* kibar, nazik
gentilezza *sf* kibarlık, naziklik
gentiluomo *sm* efendi, centilmen
genuino *agg* içten; katıksız, saf;

doğal
geografia *sf* coğrafya
geologia *sf* yerbilim, jeoloji
geologo *sm* yerbilimci, jeolog
geometra *sm/f* arazi proje teknisyeni
geometria *sf* geometri
geometrico *agg* geometrik
geopolitica *sf* jeopolitik
geotermico *agg* jeotermik
geranio *sm bitk.* sardunya
gerarchia *sf* hiyerarşi, aşama sırası
gerarchico *agg* hiyerarşik
gerente *sm/f* yönetici
gerenza *sf* yönetim
gergo *sm* argo
Germania *sf* Almanya
germe *sm* tohum; mikrop
germogliare *vi* tomurcuklanmak
germoglio *sm* tomurcuk, filiz
geroglifico *sm* hiyeroglif
gesso *sm* alçı; tebeşir
gestante *sf* gebe, hamile
gestazione *sf* gebelik
gestione *sf* yönetim; işletme
gestire *vt* işletmek, yönetmek
gesto *sm* davranış; jest
gestore *sm* işletmeci; yönetici
Gesù *sm* İsa peygamber
gesuita *sm* cizvit, cizvit papazı
gettare *vt* atmak, fırlatmak; yere devirmek; fışkırmak

gettarsi *vr* atılmak, atlamak; (akarsu) dökülmek
gettata *sf* döküm, kalıba dökme; dalgakıran
gettito *sm* kazanç, gelir
getto *sm* atma; fışkırma; *tek.* jikle **a getto continuo** durmadan, sürekli
gettone *sm* jeton; fiş **gettone telefonico** telefon jetonu
ghiacciaia *sf* buzluk
ghiacciaio *sm* buzul
ghiacciare *vt* dondurmak § *vi* donmak
ghiaccio *sm* buz
ghiacciolo *sm* buz parçası; buzlu dondurma
ghiaia *sf* çakıllı kum
ghianda *sf bitk.* meşe palamutu
ghiandola *sf anat.* salgıbezi
ghigliottina *sf* giyotin
ghignare *vi* sırıtmak
ghiotto *agg* obur; açgözlü; lezzetli
ghiro *sm hayb.* sincap benzeri fare, kakırca
ghisa *sf* dökme demir
già *avv* çoktan, bile, zaten; önceden; öyle, doğru, tabi
giacca *sf* ceket
giacché *cong* mademki, -diği için
giacere *vi* uzanmak, yatmak
giacinto *sm bitk.* sümbül

giada *sf* yeşimtaşı
giaguaro *sm hayb.* jaguar
giallo *agg/sm* sarı *film giallo* polisiye film *romanzo giallo* polisiye roman
Giamaica : *la Giamaica* Jamaika
giammaicano *sm/f/agg* Jamaikalı
giammai *avv* asla, hiçbir zaman
Giappone : *il Giappone* Japonya
giapponese *agg/sm/f* Japon
giara *sf* küp
giardinaggio *sm* bahçecilik, bahçıvanlık
giardinetta *sf oto.* pikap araba, steyşın vagon
giardiniera *sf* kadın bahçıvan *maestra giardiniera* anaokulu öğretmeni
giardiniere *sm* bahçıvan
giardino *sm* bahçe *giardino pubblico* park *giardino d'infanzia* anaokulu §*giardino zoologico* hayvanat bahçesi
giarrettiera *sf* jartiyer
giavellotto *sm* mızrak; *sp.* cirit
gibbo *sm hek.* kambur
gigante *agg/sm* dev; *mec.* büyük
gigantesco *agg* kocaman, dev gibi
giglio *sm bitk.* zambak
gilè *sm* yelek, jile

ginecologia *sf* jinekoloji
ginecologo *sm* jinekolog
ginepro *sm bitk.* ardıç
ginestra *sf bitk.* katırtırnağı
gingillo *sm* zımbırtı, ıvır zıvır
ginnasio *sm* ortaokul
ginnasta *sm/f* jimnastikçi
ginnastica *sf* jimnastik, beden eğitimi
ginocchio *sm* diz *in ginocchio* dizleri üzerinde
giocare *vi* oynamak; borsada oynamak § *vt* bahse girmek *giocarsi l'impiego* işini riske atmak
giocatore *sm* oyuncu
giocattolaio *sm* oyuncakçı
giocattolo *sm* oyuncak
giochetto *sm* basit oyun; numara
gioco *sm* oyun *campo da gioco* oyun alanı *fare il doppio gioco* ikili oynamak *fuori gioco* ofsayt *giochi Olimpici* olimpiyatlar *gioco d'azzardo* kumar *gioco di pazienza* bulmaca
giocoliere *sm* hokkabaz, soytarı
giocoso *agg* şakacı, eğlenceli
giogo *sm* boyunduruk; tutsaklık
gioia$_1$ *sf* sevinç, neşe; zevk
gioia$_2$ *sf* değerli taş
gioielleria *sf* kuyumcu dükkânı; kuyumculuk

gioielliere *sm* kuyumcu
gioiello *sm* mücevher
gioioso *agg* şen, neşeli
gioire *vi* sevinmek, memnun olmak
giornalaio *sm* gazeteci, gazete satıcısı
giornale *sm* gazete; günlük *giornale radio* radyo haberleri *giornale di bordo* seyir defteri
giornaletto *sm* çizgi roman
giornaliero *agg* günlük, gündelik § *sm* gündelikçi
giornalismo *sm* gazetecilik
giornalista *sm/f* gazeteci
giornata *sf* gün; gündelik *giornata lavorativa* çalışma günü
giorno *sm* gün; gündüz *che giorno è?* bugünün tarihi ne? *di giorno in giorno* günden güne, gün geçtikçe *l'altro giorno* evvelsi gün *giorno e notte* gece gündüz *giorno festivo* tatil günü *al giorno d'oggi* günümüzde
giostra *sf* atlıkarınca; lunapark
giovane *agg* genç; yavru § *sm/f* genç insan
giovanile *agg* gençlere özgü, gençlik +
giovanotto *sm* delikanlı, genç
giovare *vi* yaramak, yararlı olmak; kolaylaştırmak

giovarsi *vr* yararlanmak
Giove *sm* jüpiter
gioventù *sf* gençlik; gençler
gioviale *agg* güler yüzlü, şen
giovinezza *sf* gençlik
giradischi *sm* pikap
giraffa *sf hayb.* zürafa
girandola *sf* çarkıfelek; rüzgârgülü
girare *vt* çevirmek, döndürmek; *huk.* ciro etmek; *sin.* film çekmek § *vi* dönmek, dolaşmak; gezinmek *girare la pagina* sayfayı çevirmek
girarrosto *sm* et çevirme aleti
girasole *sm* ayçiçeği
girata *sf* çevirme, döndürme; *huk.* ciro etme
giravolta *sf* dolambaç, dönemeç
girevole *agg* döner; dönen
giro *sm* dönme, döndürme; dolaşma, tur; devir; tedavül; süre *a giro di posta* sırayla *andare in giro* dolaşmak, gezinmek *essere giù di giri* keyifsiz olmak *giro di boa* dönüm noktası *prendere in giro* dalga geçmek, alay etmek
girocollo *sm* yuvarlak yaka
gironzolare *vi* dolanıp durmak
gita *sf* gezi, gezinti *fare una gita* geziye çıkmak
gitano *sm* İspanyol çingenesi

giù *avv* aşağı, aşağıya, aşağıda *giù di lì!* aşağı in!

giubileo *sm* jübile

giuda *sf* hain

Giuda *sm* Yahudi

giudeo *sm* Yahudi, Musevi

giudicare *vt* yargılamak; sanmak, düşünmek; karar vermek

giudicato *sm* hüküm, karar, yargı

giudice *sm/f* yargıç, hâkim; hakem *giudice istruttore* sorgu yargıcı

giudizio *sm* kara, hüküm; düşünce, fikir; sağduyu *a mio giudizio* bana göre, bence

giudizioso *agg* aklı başında, mantıklı

giugno *sm* haziran

giullare *sm* saz şairi

giumenta *sf* kısrak

giungere *vi* varmak, ulaşmak § *vt* birleştirmek, bitiştirmek

giungla *sf* cangıl

giunta₁ *sf* ek, ilave; bitişme, eklenme *per giunta* bir de, ayrıca, üstelik

giunta₂ *sf huk.* komisyon, kurul, encümen *giunta comunale* belediye encümeni

giunto *sm* conta; bağlantı

giuntura *sf* bitişme yeri

giuramento *sm* yemin, ant içme *dare il giuramento* yemin etmek

giurare *vt* yemin etmek, ant içmek

giurato *agg* yeminli § *sm* yargıcı kurulu, jüri *nemico giurato* amansız düşman

giuria *sf* jüri, jüri heyeti

giuridico *agg* tüzel; hukuki, yasal *norma giuddica* yasa, kanun

giurista *sm/f* hukukçu

giustificare *vt* doğrulamak, belgelemek

giustificazione *sf* mazeret, özür; doğrulama

giustizia *sf* adalet; doğruluk

giustiziare *vt* öldürmek, asmak

giustiziere *sm* cellat

giusto *agg* doğru; gerçek; tarafsız; uygun

glaciale *agg* dondurucu, buz gibi *era glaciale* Buzul Devri

glandola *sf anat.* beze, gudde

glicerina *sf* gliserin

globale *agg* toptan; genel, tüm

globo *sm* küre; yeryüzü, dünya

globulo *sm biy.* yuvar *globulo rosso* alyuvar *globulo bianco* akyuvar

gloria *sf* ün, şeref; zafer

gloriare *vr* övünmek

glorioso *agg* şanlı, şerefli; muhteşem

glossa *sf* açıklama, yorum

glossario sm özel bir konuyla ilgili sözcükler sözlüğü
glucosio sm glikoz
gobba sf kambur; hörgüç
gobbo agg/sm/f kambur
goccia sf damla *fino all'ultima goccia* sonuna kadar
gocciolare vt/vi damlatmak, damlamak
godere vi/vt hoşa gitmek, zevk duymak
godimento sm zevk, haz, keyif
goffo agg kaba, biçimsiz
gola sf boğaz; oluk; boyun *mal di gola* boğaz ağrısı *far gola* imrendirmek *prendere per la gola* sıkboğaz etmek
golf1 sm sp. golf
golf2 sm süveter
golfo sm co. körfez
golosità sf oburluk
goloso agg obur
gomena sf den. palamar, halat
gomito sm dirsek
gomitolo sm yumak, (ip) çile
gomma sf silgi; kauçuk; araba lastiği *avere una gomma a terra* lastiği patlamak *gomma da masticare* çiklet, sakız
gommapiuma sf sünger
gondola sf gondol
gondoliere sm gondolcu
gonfalone sm sancak

gonfiare vt şişirmek; abartmak, büyütmek
gonfiarsi vr şişmek
gonfio agg şiş, şişkin
gonfiore sm şiş, şişkinlik
gong sm gong
gongolare vi mutluluk duymak
gonna sf etek *gonna a pantaloni* pantolon etek
gonnella sf eteklik, iç eteklik
gonorrea sf hek. belsoğukluğu
gorgheggiare vi ötmek, cıvıldamak
gorgogliare vi çağıldamak; guruldamak
gorilla sm goril; mec. koruyucu kişi
gotta sf hek. gut hastalığı
governante sm/f yönetici § sf kadın hizmetçi
governare vt yönetmek, idare etmek; ilgilenmek
governativo agg hükümet +, yönetim +
governatore sm yönetici; vali; genel müdür
governo sm hükümet, yönetim
gracidare vi vıraklamak
gracile agg ince, narin
gradazione sf derece, basamak; rütbe *gradazione alcolica* alkol derecesi
gradevole agg hoşa giden, mem-

nuniyet verici
gradimento *sm* beğenme, hoşlanma; memnuniyet; uygun bulma
gradinata *sf* dizi basamak; oturulacak yerler; *sp.* tribündeki seyirciler
gradino *sm* basamak, merdiven; tribün
gradire *vt* kabul etmek; hoşuna gitmek; beğenmek; istemek
gradito *agg* hoş; beğenilen
grado *sm* derece; aşama; rütbe; basamak; sınıf; derece *grado superlativo* enüstünlük derecesi *salire di grado* terfi etmek, aşama kaydetmek
graduale *agg* aşamalı, dereceli
graduare *vt* derecelemek
graduato *sm* astsubay § *agg* dereceli
graffa *sf* klips
graffetta *sf* raptiye
graffiare *vt* tırmalamak
graffio *sm* tırmalama; sıyrık
grafia *sf* yazı, yazı biçimi
grafica *sf* grafik; grafik sanatlar
grafico *agg* grafik § *sm* grafik; grafiker *arti grafiche* grafik sanatlar
grafite *sf* grafit
grammatica *sf* *dilb.* dilbilgisi, gramer

grammo *sm* gram
grammofono *sm* gramofon
grana1 *sf* tane; çekirdek; sıkıntı, bela
grana2 *sf kon.* para
granaio *sm* buğday ambarı
granata *sf* süpürge; nar; *yerb.* nartaşları, grena
granchio *sm hayb.* yengeç, pavurya
grande *agg* büyük; yüce; önemli *da grande* büyüyünce *fare il grande* büyüklük taslamak
grandeggiare *vi* büyümek; yükselmek
grandezza *sf* büyüklük; boyut, ölçü; yücelik *manie di grandezza* büyüklük taslama
grandinare *vi* dolu yağmak
grandine *sf* dolu
grandioso *agg* görkemli, yüce; şahane
granello *sm* tahıl tanesi; çekirdek
granita *sf* buz parçalı içecek
granito *sm* granit
grano *sm* buğday; tane
granturco *sm* mısır
granulo *sm* tanecik
grappa *sf* sert brendi
grappetta *sf* raptiye
grappolo *sm* salkım
grassetto *agg/sm bas.* koyu harf
grassezza *sf* şişmanlık, tombul-

luk

grasso *agg* şişman, tombul, yağlı; verimli § *sm* yağ; şişko *pianta grassa* kaktüs

grata *sf* demir parmaklık; tel kafes

gratella *sf* ızgara *carne in gratella* ızgara et *misto in gratella* karışık ızgara

graticola *sf* ızgara; kafes

gratifica *sf* ikramiye

gratis *avv* bedava, parasız

gratitudine *sf* minnet, şükran

grato *agg* minnettar; hoş karşılanan

grattacapo *sm* dert, sıkıntı; endişe

grattacielo *sm* gökdelen

grattare *vt* kaşımak; kazımak § *vi* kaşınmak; *oto.* vitesi iyi geçirememek

grattato *agg* rendelenmiş; kazınmış *pan grattato* galeta unu

grattugia *sf* mutfak rendesi

grattugiare *vt* rendelemek

gratuito *agg* bedava, parasız; temelsiz

gravare *vt* yüklemek; vergilendirmek § *vi* ağırlık vermek

grave *agg* ağır; önemli, ciddi; zor *malato grave* ağır hasta

gravidanza *sf* gebelik, hamilelik

gravido *agg* gebe, hamile

gravità *sf* ciddilik; önem; *fiz.* yerçekimi *centro di gravità* ağırlık merkezi

grazia *sf* incelik, zariflik; iyilik; affetme

graziare *vt* suçunu bağışlamak, affetmek

grazie *inter* teşekkür!, teşekkür ederim!, sağ ol!

grazioso *agg* sevimli; kibar

Grecia *sf* Yunanistan

greco *agg* Yunan + § *sm* Yunanlı; Yunanca

greco-romano *agg* grekoromen

gregge *sm* hayvan sürüsü; *mec.* yığın

greggio *agg/sm* işlenmemiş, ham; *mec.* kaba

grembiule *sm* önlük

grembo *sm* kucak, koyun; ana rahmi

gretola *sf* parmaklık, kafes

gretto *agg* dar görüşlü; cimri

greve *agg* ağır

grezzo *agg* küstah, kaba

gridare *vi* bağırmak, haykırmak; çığlık atmak *con quanto fiato si ha in gola* avazı çıktığı kadar bağırmak

grido *sm* bağırma, haykırma; çığlık, feryat *l'ultimo grido*

(della moda) son moda
grigio *agg/sm* gri, boz
griglia *sf* ızgara; demir kafes
grigliata *sf* ızgara yemek
grilletto *sm* tetik
grillo *sm hayb.* cırcırböceği
grimaldello *sm* maymuncuk
grinta *sf* güç; hırs, azim; somurtkanlık
grinza *sf* kırışıklık; buruşukluk
grinzoso *agg* buruşuk, kırışık
grippare *vi* tutukluk yapmak
grissino *sm* grisini, çubuk ekmek
gronda *sf* saçak; oluk
grondaia *sf* dere; oluk
grondare *vt/i* su akmak; damlamak
groppa *sf* sağrı, sırt
groppo *sm* düğüm *avere un groppo alla gola* boğazı düğümlenmek
grossezza *sf* büyüklük; kalınlık; yoğunluk
grossista *sm/f* toptancı
grosso *agg* büyük, iri; kalın; yoğun; (deniz/ırmak) kabarmış; önemli § *sm* çoğu; en önemli bölüm *mare grosso* dalgalı deniz *pezzo grosso* önemli kişi *grosso modo* aşağı yukarı, takriben *dirle grosse* atıp tutmak
grossolano *agg* kaba *alla grossolana* kabaca
grotta *sf* mağara; in
grottesco *agg/sm* gülünç, tuhaf
groviglio *sm* kördüğüm, arapsaçı; birbirine girme
gru₁ *sf hayb.* turna kuşu
gru₂ *sf* vinç, maçuna
gruccia *sf* koltuk değneği; elbise askısı
grugnire *vi* homurdanmak; dırlanmak
grugno *sm* domuz burnu; somurtma
grullo *agg* salak, sersem, budala
grumo *sm* pıhtı
gruppo *sm* grup; küme; topluluk *gruppo sanguigno* kan grubu
gruviera *sm/f* gravyer peyniri
guadagnare *vt* kazanmak; elde etmek; ulaşmak
guadagno *sm* kazanç; çıkar *guadagno lordo* brüt gelir, brüt kazanç
guado *sm* sığ yer
guai *inter* vah vah!, eyvah!
guaina *sf* kın, kılıf; kap
guaio *sm* bela, dert; zorluk; felaket
guancia *sf* yanak
guanciale *sm* yastık
guanto *sm* eldiven
guardaboschi *sm* orman bekçisi
guardacaccia *sm* av bekçisi

guardacoste *sm den.* sahil muhafaza gemisi; sahil muhafızı
guardalinee *sm sp.* yan hakem
guardaportone *sm* kapıcı
guardare *vt* bakmak; incelemek; izlemek § *vi* dikkat etmek *farsi guardare* dikkatini çekmek
guardarsi *vr* kendine bakmak; korunmak
guardaroba *sm* gardırop; vestiyer
guardarobiere *sm* vestiyer görevlisi
guardia *sf* bekçi; muhafız; nöbet *essere di guardia* nöbette olmak *guardia del corpo* özel muhafız *guardia del fuoco* itfaiye *guardia carceraria* gardiyan *guardia di finanza* gümrük memuru; maliyeci *guardia medica* ilkyardım istasyonu *medico di guardia* nöbetçi doktor
guardiano *sm* bekçi, koruyucu *guardiano notturno* gece bekçisi
guardingo *agg* dikkatli, tedbirli
guardiola *sf* kapıcı odası; nöbetçi kulübesi
guardone *sm* röntgenci
guarigione *sf* iyileşme
guarire *vt* iyileştirmek, tedavi etmek § *vi* iyileşmek
guarnigione *sf* garnizon

guarnire *vt* süslemek; garnitür koymak
guarnizione *sf* süs gereçleri; takım; conta
guastafeste *sm/f* oyun bozan kişi
guastare *vt* bozmak; berbat etmek
guastarsi *vr* bozulmak; ahlakı bozulmak
guasto₁ *agg* bozuk, bozulmuş
guasto₂ *sm* bozukluk, arıza
guazzabuglio *sm* düzensizlik, karmakarışıklık
guercio *agg/sm* şaşı; tek gözlü
guerra *sf* savaş; mücadele; *mec.* anlaşmazlık *guerra nucleare* nükleer savaş *guerra fredda* soğuk savaş *guerra civile* iç savaş *guerra mondiale* dünya savaşı
guerreggiare *vi* savaşmak
guerriero *agg* mücadeleci § *sm* savaşçı
guerriglia *sf* gerilla savaşı
guerrigliero *sm* çeteci
gufo *sm hayb.* baykuş
guida *sf* rehber; önder; el kitabı; araba kullanma; direksiyon; yönetim; ince uzun halı *corso di guida* sürücülük kursu *guida telefonica* telefon rehberi *guida a destra* direksiyonu sağda araba *guida a*

sinistra direksiyonu solda araba *patente di guida* sürücü belgesi
guidare *vt* rehberlik yapmak; önderlik etmek; araba kullanmak; yönetmek
guidatore *agg/sm* sürücü, şoför
guinzaglio *sm* tasma
guisa *sf* tarz, biçim
guizzare *vi* fıkırdamak; kayar gibi gitmek; titremek; yalpalamak
guscio *sm* kabuk; yumurta kabuğu
gustare *vt* tatmak, tadına bakmak; tadını çıkarmak
gusto *sm* tat alma duygusu; tat; iştah, istek; zevk *prendere gusto* hoşlanmak, zevk almak
gustoso *agg* lezzetli; sevimli, hoş

H

handicap *sm* engel
handicappato *sm* *hek.* sakat, özürlü
hangar *sm* hangar
henna *sf* kına
hobby *sm* hobi
hockey *sm* hokey *hockey su ghiaccio* buz hokeyi
holding *sf* ana ortaklık, holding
hostaria *sf* lokanta
hostess *sf* hostes
hôtel *sm* otel

I

ibernazione *sf biy.* kış uykusu
ibisco *sm* bamya
ibrido *agg/sm* melez
iceberg *sm* buzdağı
icona *sf* ikon
idea *sf* düşünce; fikir; görüş; tasarlama *farsi un idea* fikir edinmek *idea fissa* saplantı, sabit fikir *neppure per idea* asla
ideale *agg* ideal, mükemmel § *sm* ülkü, ideal
idealista *sm/f* idealist, ülkücü
ideare *vt* tasarlamak, planlamak
identico *agg* aynı, özdeş
identificare *vt* kimliğini saptamak
identificazione *sf* teşhis, kimliğini saptama; belirleme
identità *sf* kimlik, hüviyet
ideologia *sf* ideoloji
ideologico *agg* ideolojik
ideologo *sm* ideolog
idioma *sm* şive, bölgesel dil
idiota *sm/f* aptal, budala § *agg* aptalca, saçma

idiotismo *sm* alıklık
idolatra *sm/f* putperest
idolo *sm* put; *mec.* gözbebeği
idoneità *sf* uygunluk, elverişlilik
idoneo *agg* elverişli; uygun, münasip
idrante *sm* sulama, sulama pompası
idraulica *sf* su mühendisliği; su bilimi
idraulico *agg* su +; su ile işleyen § *sm* muslukçu
idrico *agg* su +
idrofilo *agg kim.* sıvı emen, hidrofil *cotone idrofilo* hidrofil pamuk
idrogeno *sm kim.* hidrojen
idrolisi *sf kim.* hidroliz
idroscalo *sm* su uçağı havaalanı
idrosfera *sf co.* suküre, hidrosfer
idrovolante *sm* deniz uçağı
iena *sf hayb.* sırtlan
ieri *avv* dün *avant' ieri* önceki gün, evvelsi gün *ieri notte* dün gece *ieri sera* dün akşam *il giornale di ieri* dünkü gazete *ieri l'altro* evvelsi gün
igiene *sf* sağlık bilgisi; temizlik, hijyen *igiene mentale* akıl sağlığı *igiene publica* halk sağlığı
igienico *agg* sıhhi, hijyenik; sağlıklı *impianti igienici* sıhhi tesisatçı
ignaro *agg* habersiz
ignobile *agg* aşağılık, rezil
ignominia *sf* alçaklık
ignorante *agg/sm/f* cahil, bilgisiz
ignorare *vt* bilmemek; tanımamak; önemsememek
ignoto *agg* bilinmeyen; tanınmamış
il *art* eril tekil tanımlık
ilare *agg* neşeli, şen
ilarità *sf* neşelilik, güleçlik
illanguidire *vi* zayıflamak
illazione *sf* sonuç çıkarma, muhakeme
illecito *agg* yasaya aykırı
illegale *agg* yasadışı, kanunsuz
illeggibile *agg* okunaksız, anlaşılmaz
illegittimo *agg* gayri meşru *figlio illegittimo* gayri meşru çocuk
illeso *agg* yaralanmadan, sağ salim
illibato *agg* temiz, saf
illimitato *agg* sınırsız, sonsuz
illogico *agg* mantıksız
illudere *vt* aldatmak
illudersi *vr* aldanmak; yanılmak
illuminare *vt* aydınlatmak; gerçeği göstermek
illuminarsi *vr* aydınlanmak
illuminazione *sf* ışıklandırma, aydınlatma; *mec.* ilham

illusione *sf* yanılma; hayal *farsi illusioni* boş umutlara kapılmak

illusionismo *sm* gözbağcılık, illüzyon

illuso *agg/sm* boş umutlara kapılan

illustrare *vt* açıklamak; resimlerle süslemek

illustrazione *sf* resim, şekil; açıklama

illustre *agg* ünlü, şanlı; saygın

illustrissimo *agg* saygıdeğer

imbacuccare *vt* kalın giydirmek

imballaggio *sm* paketleme, sarma; paket

imballare *vt* ambalaj yapmak, paketlemek

imbalsamare *vt* mumyalamak

imbambolato *agg* şaşkın, afallamış

imbarazzare *vt* utandırmak; mâni olmak

imbarazzato *agg* güç, zor

imbarazzo *sm* güçlük, sıkıntı; utanma; şaşkınlık *mettere in imbarazzo* utandırmak *imbarazzo di stomaco* hazımsızlık

imbarbarimento *sm* barbarlık

imbarcadero *sm* iskele, rıhtım

imbarcare *vt den.* gemiye yüklemek

imbarcarsi *vr den.* gemiye binmek

imbarcazione *sf* sandal, kayık, tekne *imbarcazione di salvataggio* cankurtaran sandalı

imbarco *sm* gemiye yükleme; gemiye binme; iskele

imbastire *vt* teyellemek; *mec.* taslağını yapmak

imbattersi *vr* karşılaşmak, rastlamak

imbattibile *agg* yenilmez

imbavagliare *vt* ağzına tıkaç sokmak

imbeccata *sf* sufle, fısıltı

imbecille *agg* budala, salak, avanak

imberbe *agg* sakalsız

imbevere *vt* ıslatmak

imbeversi *vr* ıslanmak, su emmek

imbiancare *vt* beyazlatmak; badanalamak

imbianchino *sm* badanacı; acemi ressam

imboccare *vt* yedirmek, beslemek; yola girmek, sokağa çıkmak

imboccatura *sf* ağız kısmı, giriş yeri; ağızlık

imbocco *sm* giriş, giriş yeri

imboscare *vt* askerden kaçırmak; barındırmak

imboscarsi *vr* görevden kaçıp

saklanmak
imboscata *sf* pusu, tuzak
imbottigliare *vt* şişelemek; kuşatmak
imbottigliarsi *vr* trafikte tıkanıp kalmak
imbottire *vt* yün/pamuk vb'yle doldurmak; *mec.* tıka basa giyinmek
imbottitura *sf* dolgu, doldurma
imbrattare *vt* pisletmek; bulaştırmak
imbrigliare *vt* yular takmak, gem vurmak
imbrogliare *vt* karıştırmak; kafasını karıştırmak; kandırmak
imbrogliarsi *vr* karmakarışık olmak; zorlaşmak
imbroglio *sm* karışık iş; hile, dalavere
imbroglione *agg* dolandırıcı, dalavereci
imbronciare *vi* somurtmak, surat asmak
imbrunire *vi* esmerleştirmek; akşam olmak **all'imbrunire** alacakaranlıkta
imbruttire *vt* çirkinleştirmek § *vi* çirkinleşmek
imbucare *vt* postalamak
imbuto *sm* huni
imene *sm anat.* kızlık zarı
imitare *vt* taklit etmek, benzerini yapmak
imitatore *sm* taklitçi
imitazione *sf* taklit; benzetme
immacolato *agg* lekesiz, tertemiz
immagazzinare *vt* ambarlamak, depolamak
immaginare *vt* tasarlamak, düşünmek; varsaymak; sanmak **s'immagini!** lafı mı olur, önemli değil
immaginario *agg* hayali, gerçekte olmayan
immaginazione *sf* düşünme gücü; hayal, düş; yaratma
immagine *sf* imge, şekil; resim, tasvir; görüntü
immancabile *agg* şaşmaz; kesin, muhakkak
immane *agg* çok büyük; çok ağır
immanità *sf* korkunçluk
immantinente *avv* derhal, hemen
immatricolare *vt* kütüğe geçirmek, tescil etmek
immatricolarsi *vr* öğrenci olarak kaydedilmek
immatricolazione *sf* kayıt, tescil etme
immaturo *agg* olgunluğa erişmemiş; vaktinden önce, zamansız
immedesimare *vt* özdeşleştirmek
immedesimarsi *vr* özdeşleşmek

immediatamente *avv* hemen, derhal
immediato *agg* dolaysız, doğrudan doğruya
immemore *agg* unutkan, unutmuş
immenso *agg* sonsuz, sınırsız; muazzam
immergere *vt* daldırmak, suya batırmak
immergersi *vr* suya dalmak; *mec.* dalmak
immeritato *agg* hak edilmemiş
immeritevole *agg* hak etmeyen
immersione *sf* dalma; suya batırma
immettere *vt* içine sokmak; içeri almak *immettere dati in un computer* bilgisayara veri girmek
immigrante *sm/f* göçmen
immigrare *vi* göç etmek
immigrazione *sf* göç
imminente *agg* eli kulağında, çok yakın
imminenza *sf* yakınlık
immischiare *vt* işe karıştırmak
immischiarsi *vr* işe karışmak, bulaşmak
immissione *sf* giriş *immissione di dati* veri girişi
immobile *agg* hareketsiz, sabit § *sm* gayri menkul *gli immobili* taşınmaz mallar
immobiliare *agg* taşınmaz mal +
immobilità *sf* hareketsizlik; durağanlık
immoderato *agg* ılımsız; ölçüsüz
immodesto *agg* kendini beğenmiş; utanmaz
immondezzaio *sm* çöplük
immondizia *sf* pislik; çöp
immondo *agg* pis, kirli; iğrenç
immorale *agg* ahlak dışı
immortalare *vt* ölümsüzleştirmek
immortalarsi *vr* ölümsüzleşmek
immortale *agg* ölümsüz; ebedi
immortalità *sf* ölümsüzlük
immune *agg* bağışık; muaf
immunità *sf* bağışıklık; dokunulmazlık; muafiyet *immunità diplomatica* diplomatik dokunulmazlık *immunità parlamentare* parlamenter dokunulmazlık
immutabile *agg* değişmez, sabit
immutato *agg* değişmemiş
impacchettare *vt* paketlemek, paket yapmak
impacciare *vt* engellemek; rahatsız etmek
impacciato *agg* sıkılgan; şaşırmış, kararsız
impaccio *sm* engel, ayak bağı; sıkılganlık; şaşkınlık

impacco *sm* kompres
impadronirsi *vr* ele geçirmek; *mec.* konuya hâkim olmak
impagabile *agg* eşi bulunmaz; çok değerli
impaginare *vt bas.* sayfalamak; dizgisini yapmak
impaginatura *sf* sayfa düzeni
impagliare *vt* samanla doldurmak
impalcatura *sf* yapı kafesi; dayanak
impallidire *vi* sararmak, benzi atmak
impanare *vt* ekmek kırıntılarına batırmak
impantanarsi *vr* çamura batmak; *mec.* batağa saplanmak
impappinarsi *vi* dili dolaşmak
imparare *vt* öğrenmek
imparentarsi *vr* akraba olmak
impari *agg* eşit olmayan
imparità *sf* eşitsizlik, denksizlik
impartire *vt* vermek
imparziale *agg* yansız, tarafsız
impassibile *agg* soğukkanlı, telaşsız
impastare *vt* yoğurmak; karmak
impastatrice *sf* mikser
impasto *sm* yoğurma; karma; harman etme; *mec.* karışım
impatto *sm* çarpma, çarpışma; etki

impaurire *vt* korkutmak, ürkütmek
impaurirsi *vi/vr* korkmak, ürkmek
impavido *agg* cesur, korkusuz
impaziente *agg* sabırsız
impazienza *sf* sabırsızlık; sinirlilik
impazzare *vi* deliye dönmek
impazzata *avv* : **all'impazzata** deli gibi, çılgınca
impazzire *vi* delirmek, deliye dönmek
impeccabile *agg* eksiksiz, kusursuz
impedimento *sm* engel; engel olma
impedire *vt* engellemek, önlemek; yasaklamak
impegnare *vt* rehin vermek; mecbur tutmak; vaktini almak
impegnarsi *vr* söz vermek, vaat etmek; uğraşmak, bağlanmak
impegnativo *agg* bağlayan; zorlayıcı; vakit alan
impegnato *agg* meşgul; işe girişmiş; mecbur
impegno *sm* yükümlülük; görev; sorumluluk; mecburiyet
impellente *agg* zorunlu; acil, ivedi
impenetrabile *agg* içine girilemez

impennarsi *vr* şaha kalkmak; dikine havalanmak; *mec.* sinirlenmek

impensato *agg* düşünülmemiş, tahmin edilmemiş

impensierire *vt* kaygılandırmak, tasalandırmak

impensierirsi *vr* kaygılanmak, tedirgin olmak

imperare *vi* egemen olmak, hükmetmek

imperativo *agg* emredici, buyurucu § *sm dilb.* emir kipi

imperatore *sm* imparator, hükümdar

imperatrice *sf* imparatoriçe

imperdonabile *agg* affedilmez

imperfetto *agg* eksik, tamamlanmamış § *sm dilb.* bitmemiş bir eylem gösteren zaman

imperfezione *sf* eksiklik; kusur

imperiale *agg* imparator +, imparatorluk +

imperialismo *sm* emperyalizm, sömürgecilik

imperialista *agg/sm/f* emperyalist

imperioso *agg* buyurucu, emredici

impermeabile *agg* sugeçirmez § *sm* yağmurluk

imperniare *vt* mil üzerine yerleştirmek; *mec.* dayanmak, bağlı olmak

impero *sm* imparatorluk

impersonale *agg* kişiliksiz

impertinente *agg* yüzsüz, görgüsüz, küstah

imperversare *vi* köpürmek, kudurmak

impeto *sm* şiddet, azgınlık; coşku

impetuoso *agg* şiddetli; canlı, ateşli

impiantare *vt* kurmak, tesis etmek

impianto *sm* tesis etme, kurma; tesisat *impianto elettrico* elektrik tesisatı *impianto idrico* su tesisatı *impianto sportivo* spor tesisi

impiccare *vt* asarak öldürmek

impiccarsi *vr* kendini asmak

impicciare *vt* engel olmak

impicciarsi *vr* başkasının işine karışmak

impiccio *sm* engel, ayak bağı; bela

impiegare *vt* kullanmak; harcamak; işe almak

impiegarsi *vr* işe girmek

impiegato *sm* memur, görevli *impiegato statale* devlet memuru

impiego *sm* kullanma; çalıştırma; görev

impietosire *vt* acındırmak, duy-

gulandırmak
impietosirsi *vr* duygulanmak
impigliare *vt* engellemek; tutmak
impigliarsi *vr* takılmak; *mec.* karışmak, bulaşmak
implicare *vt* kapsamak, içermek; mecbur etmek
implicato *agg* karışmış, bulaşmış
implicazione *sf* karışma, bulaşma; içerme
implicito *agg* üstü kapalı; dolaylı
implorare *vt* yalvarmak, yakarmak
implorazione *sf* yalvarma, yakarma
impolverare *vt* tozla örtmek
impolverarsi *vr* toz içinde kalmak
imponente *agg* görkemli; etkileyici
imponibile *agg/sm* vergilendirilebilen; vergiye tabi olan
impopolare *agg* halkın sevmediği; tanınmayan
imporre *vt* zorlamak; emretmek
imporsi *vr* kendini kabul ettirmek; dikkat çekmek; gerekmek
importante *agg* önemli
importanza *sf* önem *darsi importanza* kendini önemli saymak

importare *vt* ithal etmek § *vi* önemli olmak; gerekmek *non importa!* önemli değil! *non me ne importa niente!* beni ilgilendirmez!
importatore *sm* ithalatçı, dışalımcı
importazione *sf* dışalım, ithalat
importo *sm* tutar; toplam
importunare *vt* rahatsız etmek, taciz etmek
importuno *agg* tedirgin edici, can sıkıcı, usandırıcı
imposizione *sf* zorlama; emir, buyruk; vergi
impossessarsi *vr* sahip olmak, elde etmek
impossibile *agg* imkânsız, olanaksız *fare l'impossibile* elinden geleni yapmak
impossibilità *sf* olanaksızlık, imkânsızlık
imposta *sf* pancur; *huk.* vergi *imposta sul reddito* gelir vergisi *imposta sul valore aggiunto (IVA)* katma değer vergisi (KDV)
impostare *vt* işe başlamak; yön vermek; düzenlemek; postalamak
impostore *sm/f* sahtekâr
impotente *agg* âciz, zayıf; *hek.* iktidarsız

impoverire *vt* fakirleştirmek, yoksullaştırmak
impoverirsi *vr* fakirleşmek, yoksullaşmak
impraticabile *agg* kullanılamaz; uygulanamaz
imprecare *vi* sövmek, lanet etmek
imprecazione *sf* beddua, lanet
impregnare *vt* emdirmek; döllemek
imprenditore *sm* girişimci, müteşebbis *piccolo imprenditore* küçük esnaf
impresa *sf* girişim, teşebbüs; görev; şirket, firma *impresa industriale* sanayi kuruluşu
impresario *sm* girişimci; impresario
impressionante *agg* etkileyici; görkemli
impressionare *vt* etkilemek; duygulandırmak; şaşırtmak
impressionarsi *vr* etkilenmek; korkuya kapılmak
impressione *sf* etki; izlenim; duygu, his *fare impressione* etkilemek; korkutmak *fare una buona impressione* iyi bir izlenim bırakmak
impresso *agg* izi kalmış; etkilenmiş
imprevedibile *agg* önceden bilinemeyen, öngörülemez
imprevidente *agg* düşüncesiz, ihtiyatsız
imprevisto *agg* beklenmedik, umulmadık § *sm* beklenmedik olay *salvo imprevisti* bir aksilik çıkmazsa
imprigionamento *sm* hapsetme, hapis
imprigionare *vt* hapsetmek
imprimere *vt* basmak, tabetmek; iz bırakmak; iletmek
improbabile *agg* ihtimal dışı
improduttivo *agg* verimsiz, kârsız
impronta *sf* iz; belirti *impronta digitale* parmak izi
improperio *sm* hakaret
improprio *agg* yersiz, uygunsuz *arma impropria* saldırı silahı
improvvisamente *avv* birdenbire, ansızın
improvvisare *vt* doğaçtan söylemek; hazırlıksız yapmak
improvvisarsi *vr* hazırlık yapmadan görev üstlenmek
improvvisata *sf kon.* sürpriz
improvviso *agg* beklenmedik, ani *all'improvviso* birdenbire, ansızın
imprudente *agg* düşüncesiz, tedbirsiz
impudente *agg* utanmaz, yüzsüz

impudico *agg* uygunsuz, edepsiz
impugnare *vt* kapmak, yakalamak, itiraz etmek; çürütmek
impulsione *sf* itme, itici güç
impulsivo *agg* itici; tepki gösteren
impulso *sf* itici güç; atılım; tahrik
impuntare *vi* ayağı takılmak
impuntarsi *vr* inat etmek, ayak diremek
imputare *vt* suçlamak; atfetmek
imputato *sm huk.* sanık; suçlu
imputazione *sf* suçlama, itham
imputridire *vi* çürümek
in *prep* -de, -da, içinde; -e, -a; -ye, -ya; içine; ile; zarfında *a quanto a* -(y)a gelince *a un attimo* hemen, anında *essere in casa* evde olmak *in autobus* otobüsle *in treno* trenle *in marzo* martta *in primavera* ilkbaharda *parlare in italiano* İtalyanca konuşmak
inabilità *sf* elverişsizlik; yetersizlik
inabitabile *agg* oturulamaz, yaşanılmaz
inaccessibile *agg* erişilmez, varılmaz
inaccettabile *agg* kabul edilemez
inadatto *agg* uymayan; uygunsuz

inadeguato *agg* uygunsuz; yetersiz
inadempienza *sf* yerine getirmeme, uygulamama
inagible *agg* kullanılamaz
inalare *vt* içine çekmek
inalberare *vt* bayrak çekmek, dikmek
inalberarsi *vr* öfkelenmek; alevlenmek
inalterabile *agg* bozulmaz; değişmez
inalterato *agg* değişmeyen
inanimato *agg* cansız
inappagabile *agg* doyurulamaz; tatmin edilemez
inappelabile *agg huk.* temyiz edilemez
inappetente *agg* iştahsız
inappetenza *sf* iştahsızlık
inaridire *vt* kurutmak, verimsizleştirmek
inaridirsi *vr* kurumak, verimsizleşmek
inaspettato *agg* beklenmeyen, beklenmedik
inasprire *vt* şiddetlendirmek; sertleştirmek
inasprirsi *vr/vi* ekşimek; *mec.* hırçınlaşmak
inattaccabile *agg* hücum edilemez; *mec.* eleştirilemez
inattendibile *agg* kanıtsız

inatteso *agg* beklenmedik; umulmadık
inattivo *agg* çalışmayan; pasif
inattuabile *agg* uygulanamaz; yürütülemez
inaudito *agg* duyulmamış, işitilmemiş
inaugurale *agg* açılış +
inaugurare *vt* açılışını yapmak; siftah etmek
inavveduto *agg* düşüncesiz, tedbirsiz
inavvertenza *sf* dikkatsizlik, dalgınlık
inavvertito *agg* beklenmedik
incagliare *vt* engellemek, kösteklemek
incagliarsi *vr/vi den.* karaya oturmak
incalcinare *vt* kireçle badanalamak
incallito *agg* nasır tutmuş, nasırlı; sert
incalzare *vt* kovalamak, takip etmek; *mec.* sıkıştırmak
incamminare *vt* yola sokmak; yol göstermek
incamminarsi *vr* yola koyulmak
incandescente *agg kim.* akkor halinde
incantare *vt* büyülemek, hayran bırakmak
incantarsi *vr* hayran kalmak; tutukluk yapmak
incantatore *agg/sm* büyüleyici; çekici
incantesimo *sm* büyü, çekicilik
incantevole *agg* çok güzel, büyüleyici
incanto *sm* büyü; çekicilik; açık artırma
incapace *agg* beceriksiz; yeteneksiz
incapacità *sf* beceriksizlik; yetersizlik
incappare *vi* rastlamak, çatmak
incarcerare *vt* hapsetmek
incaricare *vt* görevlendirmek, yüklemek
incaricarsi *vr* görev üstlenmek
incaricato *agg* yükümlü § *sm* görevli; yetkili kişi *incaricato d'affari* maslahatgüzar
incarico *sm* görev, vazife
incarnare *vt* canlandırmak, temsil etmek
incarnarsi *vr* yaratılmak; vücut kazanmak
incartare *vt* kâğıda sarmak, paketlemek
incassare *vt* ambalajlamak; para tahsil etmek
incasso *sm* tahsilat, para alma; hasılat
incastonare *vt* oturtmak; yerleştirmek

incastrare *vt* takmak, gömmek § *vi* birbirine tam uymak
incastrarsi *vr* sıkışmak, birbirine girmek
incastro *sm* yuvaya oturma; yerleştirme
incatenare *vt* zincire vurmak
incattivire *vt* hırçınlaştırmak, azdırmak
incattivirsi *vi/vr* azmak, hırçınlaşmak
incauto *agg* dikkatsiz, tedbirsiz
incavare *vt* oymak, kazmak
incavo *sm* oyuk, çukur
incendiare *vt* yakmak, ateşe vermek
incendiarsi *vr* yanmak, tutuşmak
incendiario *agg* yanıcı, tutuşucu § *sm* kundakçı
incendio *sm* yangın
incenerire *vt* yakıp kül etmek
incenso *sm* buhur, tütsü
incensurato *agg* eleştiriye uğramamış; *huk.* sabıkasız
incentivo *sm* dürtü; teşvik
inceppare *vt* engellemek, zorluk çıkarmak
incepparsi *vr* tutukluk yapmak
incerata *sf* muşamba
incertezza *sf* kuşku, şüphe; kararsızlık
incerto *agg* kuşkulu, şüpheli; kararsız

incessante *agg* sürekli, bitmeyen
incetta *sf* istifçilik, karaborsacılık
inchiesta *sf* soruşturma, tahkikat
inchinare *vt* eğmek, bükmek
inchinarsi *vr* eğilmek; saygıyla eğilmek
inchino *sm* eğilme; reverans
inchiodare *vt* çivilemek
inchiostro *sm* mürekkep *inchiostro di China* çini mürekkebi
inciampare *vi* ayağı takılmak
inciampo *sm* engel, pürüz
incidentale *agg* rastlantısal, umulmadık
incidente *sm* kaza; rastlantı *incidente d'auto* araba kazası
incidenza *sf* etki, sonuç
incidere1 *vt* kazımak, oymak
incidere2 *vi* etkilemek, iz bırakmak
incinta *agg* gebe, hamile
incipiente *agg* yeni başlayan; başlangıçtaki
incirca *avv* : *all'incirca* aşağı yukarı, takriben
incisione *sm* kazma, oyma, oymacılık; gravür; kayıt
incisivo *agg* oyucu, kazıcı; kesici *dente incisivo* kesici dişler
inciso *sm* *dilb.* ara cümle *per inciso* sırası gelmişken, bu

arada
incitamento *sm* teşvik, yüreklendirme
incitare *vt* yüreklendirmek, teşvik etmek; kışkırtmak
incivile *agg/sm* uygarlıktan uzak, barbar; kaba
incivilire *vt* uygarlaştırmak
inclinare *vt* eğmek § *vi* eğilmek; *mec.* eğiliminde olmak
inclinazione *sf* eğme, eğilme; yönelme; eğilim
incline *agg* eğilimli, yatkın
includere *vt* eklemek; kapsamına almak, içermek
inclusione *sf* içine koyma, dahil etme
incluso *agg* içinde; dahil; ekli
incoerente *agg* tutarsız, çelişkili
incognita *sf mat.* bilinmeyen
incognito *agg* bilinmeyen, tanınmayan
incollare *vt* tutkallamak; yapıştırmak
incollarsi *vr* yapışmak
incolonnare *vt* dizmek, sıraya koymak
incolonnarsi *vr* sıralanmak
incolore *agg* renksiz
incolpare *vt* suçlamak
incolto *agg* işlenmemiş, ekilmemiş; bilgisiz, kültürsüz
incolume *agg* zararsız, sağ salim

incombenza *sf* görev, yükümlülük
incombere *vi* tehdit etmek; görevi olmak
incominciare *vt* başlatmak § *vi* başlamak
incomodare *vt* rahatsız etmek
incomodo *agg* rahatsız; sıkıntı verici § *sm* zahmet; sıkıntı
incompetente *agg* bilgisiz; yetkisiz
incompiutezza *sf* eksiklik, noksanlık
incompiuto *agg* bitmemiş, eksik
incompleto *agg* noksan
incomprensibile *agg* anlaşılmaz
incompreso *agg* anlaşılmamış; belirsiz
inconcepibile *agg* düşünülemez; idrak edilemez
inconciliabile *agg* uzlaşmaz, bağdaşmaz
inconcludente *agg* sonuca varmayan; etkisiz
incondizionato *agg* koşulsuz, şartsız
incongruente *agg* tutarsız
inconsapevole *agg* habersiz; bilinçsiz
inconscio *agg/sm* bilinçsiz
inconseguenza *sf* tutarsızlık
inconsiderabile *agg* önemsiz
inconsistente *agg* dayanıksız;

tutarsız
inconsistenza *sf* tutarsızlık; önemsizlik
inconsueto *agg* alışılmadık, tuhaf
inconsulto *agg* düşüncesiz, acele yapılan
incontaminato *agg* saf, temiz
incontrare *vt* karşılaşmak, rastlamak
incontrarsi *vr* uyuşmak; karşılaşmak; buluşmak
incontrastabile *agg* karşı koyulamaz; itiraz edilemez
incontro1 *sm* karşılaşma, buluşma; tanışma; *sp.* maç; toplantı *all'incontro* tersine *incontro al vertice* zirve toplantısı
incontro2 *prep* -ye doğru; karşı
inconveniente *sm* sakınca; engel
inconvenienza *sf* sakınca
incoraggiamento *sm* cesaretlendirme, yüreklendirme
incoraggiare *vt* yüreklendirmek, cesaret vermek
incorniciare *vt* çerçevelemek
incoronare *vt* taç giydirmek; çevrelemek
incoronazione *sf* taç giyme, taç giydirme
incorporare *vt* karıştırmak, katmak; *mec.* eklemek; katmak
incorrere *vi* başına gelmek, maruz kalmak *incorrere in un errore* hata yapmak
incosciente *agg* bilinçsiz; sorumsuz
incoscienza *sf* bilinçsizlik; sorumsuzluk
incredibile *agg* inanılmaz, olağanüstü
incredulo *agg* zor inanan
incrementare *vt* terfi ettirmek; artırmak
incremento *sm* büyüme, gelişme; artma
increscioso *agg* üzücü; tatsız
increspare/incresparsi *vt/vr* kırıştırmak; buruşturmak
incriminare *vt* suçlamak
incriminato *agg* sanık
incriminazione *sf* suçlama, itham
incrinare *vt* çatlatmak; zarar vermek
incrinarsi *vr* çatlamak
incrociare *vt* çaprazlamak; karşılaşmak; kırma yapmak *incrociare le braccia* boykot yapmak
incrociarsi *vr* kesişmek, karşılaşmak
incrociatore *sm* kruvazör
incrocio *sm* kavşak, yol ağzı; *biy.* kırma
incrostare *vt/vi* pas tutmak, ka-

buk bağlamak
incruento *agg* kansız
incubatrice *sf* kuluçka makinesi; küvöz
incubo *sm* kâbus
incudine *sf* örs
incurabile *agg* tedavi edilemez, iyileşmez
incurante *agg* umursamaz, aldırmaz
incuriosire *vt* ilgilendirmek, merak uyandırmak
incuriosirsi *vr* merak etmek, ilgilenmek
incursione *sf* akın, hücum
incurvare *vt* bükmek; eğmek
incurvarsi *vr* bükülmek
incustodito *agg* korunmasız
incutere *vt* uyandırmak, hissettirmek *incutere timore* korkutmak, korku uyandırmak
indaco *sm* çivit
indaffarato *agg* işi başından aşkın
indagare *vt* araştırmak, soruşturmak
indagine *sf* araştırma; soruşturma
indebitarsi *vr* borca girmek, borçlanmak
indebito *agg* haksız; yersiz; uygunsuz
indebolire *vt* zayıflatmak
indecente *agg* uygunsuz, yakışıksız
indecenza *sf* uygunsuzluk, yakışıksızlık
indecisione *sf* kararsızlık
indeciso *agg* kararsız; belirsiz
indefinito *agg* belirsiz; sonsuz; belirlenmemiş; *dilb.* belgisiz
indegno *agg* layık olmayan; yakışmaz
indemoniato *agg* delirmiş, hiddetlenmiş
indenne *agg* sağ salim, zarara uğramamış
indennità *sf* ödenek, yolluk; tazminat
indennizzare *vt* zararını ödemek, tazmin etmek
indennizzo *sm* tazminat parası
inderogabile *agg* karşı gelinemez, ihlal edilemez
indi *avv* ondan sonra, sonra
India *sf* Hindistan
indiano *agg* Hint +, Hindistan + § *sm* Hintli; Amerika yerlisi, Kızılderili
indicare *vt* göstermek, işaret etmek; belirtmek
indicativo *agg* gösterici, belirtici; anlamlı *modo indicativo* bildirme kipi
indicato *agg* uygun, elverişli; etkili
indicatore *agg* gösterici, belirtici

§ *sm* gösterge
indicazione *sf* gösterme, bildirme; bilgi
indice *sm* işaretparmağı; ibre; dizin, indeks; işaret *indice analitico* alfabetik dizin
indicibile *agg* söylenemez
indicizzare *vt tic.* ayarlamak
indietreggiare *vi* gerilemek, geri çekilmek
indietro *avv* geri, geride, geriye, arkaya, arkada *essere indietro* geride olmak *tornare indietro* geriye dönmek
indifeso *agg* korumasız, müdafaasız
indifferente *agg* farksız; aldırmaz; duyarsız
indifferenza *sf* umursamazlık, ilgisizlik
indigeno *agg/sm* yerli
indigente *agg* yoksul, muhtaç
indigenza *sf* yoksulluk
indigestione *sf* hazımsızlık
indigesto *agg* sindirilmesi güç
indignare *vt* gücendirmek; öfkelendirmek
indignarsi *vr* kızmak, gücenmek
indimenticabile *agg* unutulmaz
indipendente *agg* bağımsız, hür
indipendenza *sf* bağımsızlık; özgürlük
indire *vt* ilan etmek, bildirmek

indiretto *agg* dolaylı *complemento indiretto* dolaylı tümleç
indirizzare *vt* yöneltmek; göndermek, yollamak
indirizzarsi *vr* yönelmek; başvurmak
indirizzo *sm* adres; yön; akım *indirizzo guida* ev adresi
indisciplina *sf* disiplinsizlik
indiscreto *agg* boşboğaz; saygısız, yüzsüz
indiscusso *agg* kesin, tartışılmaz
indiscutibile *agg* tartışılmaz, kesin
indispensabile *agg* zorunlu, gerekli
indispettire *vt* sinirlendirmek, canını sıkmak
indivia *sf* hindiba
individuale *agg* ferdi, bireysel
individualista *sm/f* bireyci; bencil
individualità *sf* kişilik, şahsiyet
individuare *vt* belirtmek, nitelemek; ortaya çıkarmak
individuo *sm* birey, şahıs; adam
indiziare *vt* ipuçlarıyla suçlamak
indiziato *agg* suçlu
indizio *sm* belirti, iz; ipucu; kanıt
indole *sf* huy, karakter; nitelik
indolenza *sf* uyuşukluk; gevşek-

lik
indolore *agg* ağrısız, sancısız
indomani *sm* ertesi gün
indossare *vt* giymek
indossatrice *sf* manken
indotto1 *agg* eğitimsiz, bilgisiz
indotto2 *agg* mecbur, zorlanmış
indovina *sf* falcı
indovinare *vt* tahmin etmek, kestirmek
indovinello *sm* bilmece
indovino *sm* kâhin
indubbiamente *avv* kuşkusuz, şüphesiz
indubbio *agg* kuşkusuz; kesin, belli
indugiare *vi* duraksamak; tereddüt etmek
indugio *sm* duraksama, tereddüt *senza indugio* hemen, duraksamadan
indulgente *agg* bağışlayıcı, hoşgörülü
indulgenza *sf* bağışlayıcılık, hoşgörü
indulgere *vi* bağışlamak, hoş görmek; müptela olmak
indumento *sm* giysi, elbise *indumenti intimi* iç çamaşırı
indurire *vt* sertleştirmek, katılaştırmak
indurirsi *vi/vr* sertleşmek
indurre *vt* sevk etmek, itmek

industria *sf* endüstri, sanayi
industriale *agg* endüstriyel, sınai § *sm* sanayici
industrializzato *agg* sanayileşmiş
industrioso *agg* çalışkan, becerikli
induzione *sf* tümevarım; *fiz.* indükleme
inebetire *vt* sersemleştirmek
inebetirsi *v.* sersemleşmek, aptallaşmak
inebriare *vt* sarhoş etmek; *mec.* başını döndürmek
inebriarsi *vr* sarhoş olmak; *mec.* kendinden geçmek
ineccepibile *agg* tartışılmaz; kusursuz
inedito *agg* yayınlanmamış
inefficace *agg* etkisiz, tesirsiz
inefficiente *agg* yetersiz; etkisiz
ineguale *agg* eşit olmayan
inerente *agg* tabiatında var olan
inerme *agg* silahsız; korunmasız
inerpicare *vr* tırmanmak
inerte *agg* hareketsiz, tembel; durgun
inerzia *sf* durgunluk; etkisizlik
inesatto *agg* yanlış, doğru olmayan
inesistente *agg* var olmayan, bulunmayan
inesperienza *sf* tecrübesizlik, toyluk

inesperto *agg* tecrübesiz, deneyimsiz
inespiabile *agg* affedilemez
inestimabile *agg* paha biçilmez
inetto *agg* uygun olmayan; yeteneksiz
inevitabile *agg* kaçınılmaz; önlenemez
inezia *sf* saçmalık, önemsiz şey
infagottare *vt* giysilere sarmak
infagottarsi *vr* kalın giyinmek
infallibile *agg* yanılmaz; kesin
infamante *agg* lekeleyici
infamare *vt* şerefini lekelemek, aşağılamak
infame *agg* alçak, aşağılık; berbat
infantile *agg* çocuksu; çocuğa özgü *asilo infantile* çocuk yuvası
infanzia *sf* çocukluk, çocukluk çağı
infarinare *vt* unlamak
infarinatura *sf* unlama
infarto *sm hek.* damar tıkanıklığı *infarto cardiaco* kalp krizi, enfarktüs
infastidire *vt* canını sıkmak; usandırmak
infastidirsi *vr* canı sıkılmak, usanmak
infaticabile *agg* yorulmaz; bıkmaz
infatti *cong* nitekim, gerçekte

infatuare *vt* heveslendirmek
infatuarsi *vr* tutkun olmak
infatuazione *sf* tutkunluk, düşkünlük
infausto *agg* uğursuz; üzücü
infecondità *sf* kısırlık
infecondo *agg* kısır; *mec.* verimsiz
infedele *agg* sadakatsiz; gerçeğe aykırı
infedeltà *sf* sadakatsizlik, vefasızlık
infelice *agg* mutsuz; üzgün; talihsiz
infelicità *sf* mutsuzluk; talihsizlik
inferiore *agg* alt, aşağı; düşük kalitede § *sm/f* ast *scuola media inferiore* ortaokul
inferiorità *sf* aşağılık; bayağı *complesso d'inferiorità* aşağılık kompleksi
infermeria *sf* revir
infermiera *sf* hemşire
infermiere *sm* hastabakıcı
infermità *sf* hastalık
infermo *agg/sm* hasta, hastalıklı
infernale *agg* cehennemi; korkunç, berbat
inferno *sm* cehennem
inferriata *sf* demir parmaklık
infervorare *vt* coşturmak; teşvik etmek
infervorarsi *vr* coşmak, alevlen-

mek
infestare *vt* istila etmek; hastalık yaymak
infestione *sf hek.* enfeksiyon
infesto *agg* zararlı, dokunur
infettare *vt* mikrop bulaştırmak; kirletmek
infettarsi *vr* mikrop kapmak
infettivo *agg hek.* bulaşıcı, mikroplu
infetto *agg hek.* hastalıklı; mikroplu
infezione *sf hek.* enfeksiyon
infiacchire *vt* güçsüzleştirmek, zayıf düşürmek
infiacchirsi *vr* kuvvetten düşmek, zayıflamak
infiammabile *agg* ateş alır, tutuşur
infiammare *vt* tutuşturmak; *mec.* coşturmak; *hek.* tahriş etmek
infiammarsi *vr* yanmak, tutuşmak; *mec.* coşmak; *hek.* iltihaplanmak, tahriş olmak
inflammazione *sf hek.* iltihap
infierire *vi* acımasızca saldırmak
infiggere *vt* çakmak; *mec.* sokmak
infilare *vt* iplik geçirmek; sokmak; giymek
infilarsi *vr* sokulmak, sızmak
infiltrarsi *vi* sızmak, sokulmak
infiltrazione *sf* sızma, sızıntı
infilzare *vt* batırmak, saplamak

infimo *agg* en aşağı; adi
infine *avv* sonunda, nihayet; kısacası
infinità *sf* sonsuzluk
infinito *agg* sonsuz, sınırsız; sayısız § *sm* sonsuzluk; *dilb.* mastar **all'infinito** sonsuza dek; bitmeyen
infirmare *vt* geçersiz kılmak; çürütmek
infischiarsi *vr* aldırmamak, umursamamak
infisso *sm* kasa, çerçeve; döşem
inflazione *sf* enflasyon
infliggere *vt* ceza vermek; maruz bırakmak
influente *agg* etkili, sözü geçen
influenza *sf* etki; nüfuz; *hek..* nezle, grip
influenzare *vt* etkilemek
influire *vi* etkilemek
influsso *sm* etki, tesir
infoltire *vt* sıklaştırmak § *vi* sıklaşmak
infondato *agg* asılsız, temelsiz
infondere *vt mec.* aşılamak; ilham vermek
inforcare *vt* (ata/bisiklete) binmek; çatalla almak
informare *vt* bilgi vermek; biçim vermek
informarsi *vr* bilgi edinmek
informatica *sf* bilgiişlem

informativo *agg* bilgi verici; eğitici
informatore *sm* haberci
informazione *sf* bilgi; haber *ufficio informazioni* danışma *agenzia d'informazioni* haber ajansı
informe *agg* şekilsiz
infortunarsi *vr* sakatlanmak
infortunio *sm* kaza; sakatlık
infossarsi *vr* çukurlaşmak, çökmek
infra *avv* aşağıda, altta
infrangere *vt* kırmak, paramparça etmek; karşı gelmek
infrangersi *vr* kırılmak, parçalanmak
infrangibile *agg* kırılmaz
infranto *agg* kırık
infrastruttura *sf* altyapı
infrazione *sf* kurala uymama; aykırı davranma
infreddolirsi *vr/vi* üşümek, soğuk almak
infrequente *agg* nadir, seyrek
infruttuoso *agg* verimsiz; faydasız
infuori *avv* : *all'infuori* dışarıya doğru *all'infuori di* dışında, hariç
infuriare *vt* kızdırmak, öfkelendirmek § *vi* hiddetlenmek, kızmak

infuriarsi *vr* kızıp köpürmek
infusione *sf* kaynatma; demlendirme
infuso *agg* yaratılıştan, doğuştan
ingabbiare *vt* kafese koymak
ingaggiare *vt* tutmak, hizmete almak; sözleşme imzalatmak
ingaggio *sm* tutma, sözleşme yapma
ingannare *vt* yanıltmak; aldatmak, kandırmak
ingannarsi *vr* yanılmak
ingannevole *agg* aldatıcı, yanıltıcı
inganno *sm* aldatma; kanma; hile
ingarbugliare *vt* karıştırmak, karmakarışık etmek
ingarbugliarsi *vr* zihni karışmak; karmakarışık olmak
ingegnere *sm* mühendis
ingegneria *sf* mühendislik *ingegneria civile* inşaat mühendisliği *ingegneria industriale* endüstri mühendisliği
ingegno *sm* zekâ, akıl; beceri
ingegnoso *agg* zeki, akıllı
ingelosire *vt* kıskandırmak
ingelosirsi *vr* kıskanmak
ingenito *agg* doğuştan
ingente *agg* çok büyük
ingenuità *sf* açık yüreklilik, içtenlik

ingenuo *agg* saf, masum; bön
ingerire *vt* yutmak
ingessare *vt* alçı ile sıvamak
ingessatura *sf* alçı; alçılama
inghiottire *vt* yutmak
ingiallire *vt* sarartmak
ingigantire *vt* büyütmek; *mec.* abartmak § *vi* büyümek
inginocchiarsi *vr* diz çökmek
ingiù *avv* : *all'ingiù* aşağı doğru, yere doğru
ingiunzione *sf* buyruk; uyarı
ingiuria *sf* hakaret; küfür; zarar
ingiuriare *vt* hakaret etmek, sövüp saymak
ingiurioso *agg* aşağılayıcı; küfürlü
ingiustizia *sf* haksızlık, adaletsizlik
ingiusto *agg* haksız; adaletsiz
inglese *agg* İngiltere + § *sm/f* İngiliz § *sm* İngilizce *andarsene all'inglese* selamsız sabahsız gitmek *chiave inglese* İngiliz anahtarı
inglobare *vt* kapsamak, içine almak
ingoiare *vt* yutmak; *mec.* sineye çekmek
ingolfarsi *vr* *oto.* (karbüratör) boğulmak
ingombrare *vt* yer tutmak; tıkamak, engellemek

ingombro1 *agg* tıkanık, kapalı
ingombro2 *sm* engel
ingordo *agg* obur; *mec.* ölçüsüz; açgözlü
ingorgare *vt* tıkamak
ingorgarsi *vr* tıkanmak
ingorgo *sm* tıkanıklık *ingorgo di traffico* trafik tıkanıklığı
ingozzare *vt* besiye çekmek; *mec.* sineye çekmek
ingranaggio *sm* çark, dişli düzeni
ingranare *vi* birbirinin içine geçmek; *kon.* yoluna girmek *ingranare la marcia* *oto.* vites geçirmek
ingrandimento *sm* büyütme; genişletme *lente d'ingrandimento* büyüteç
ingrandire *vt* büyütmek, genişletmek; *mec.* abartmak § *vi* büyümek
ingrandirsi *vr* büyümek, genişlemek
ingrassare *vt* besiye çekmek; şişmanlatmak; gübrelemek; yağlamak
ingrassarsi *vr* şişmanlamak, yağ bağlamak
ingratitudine *sf* nankörlük
ingrato *agg* nankör; sevimsiz
ingrediente *sm* bileşim maddesi
ingresso *sm* giriş; giriş yeri; giriş

ücreti *ingresso libero* giriş serbesttir *ingresso principale* ön kapı

ingrossare *vt* kabartmak, büyütmek

ingrossarsi *vr* kalınlaşmak, büyümek, kabarmak

ingrosso *avv* : *all'ingosso* toptan

inguaribile *agg* iyileşmez; çaresi bulunmaz

inguine *sm anat.* kasık

inibire *vt* menetmek, yasaklamak; *hek.* ilerlemesini önlemek

inibizione *sf* yasak; engelleme

iniettare *vt* şırınga etmek, aşılamak

iniettore *sm* şırınga

iniezione *sf* enjeksiyon, şırınga etme

inimicizia *sf* düşmanlık, kin

ininterrottamente *avv* durmadan, aralıksız

ininterrotto *agg* sürekli

iniquità *sf* günah, kötülük; haksızlık

iniziale *agg* baştaki; ilk § *sf* baş harf

iniziare *vt* başlamak

iniziativa *sf* girişim, teşebbüs

inizio *sm* başlangıç, başlama *all'inizio* başlangıçta *dare inizio* başlatmak

innalzare *vt* yükseltmek; kaldırmak; kurmak

innalzarsi *vr* yükselmek; çıkmak; kalkmak

innamorare *vt* âşık etmek; büyülemek

innamorarsi *vr* âşık olmak; hayran kalmak

innamorato *agg* vurgun, âşık § *sm* erkek arkadaş

innanzi *avv* ileri, ileride; önde; daha önce § *prep* önünde, huzurunda *d'ora innanzi* bundan böyle, bundan sonra *il giorno innanzi* önceki gün

innato *agg* doğuştan, yaradılıştan

innaturale *agg* doğal olmayan, yapmacık

innegabile *agg* yadsınamaz, inkâr edilemez

innervosire *vt* sinirlendirmek, kızdırmak

innervosirsi *vr* sinirlenmek, kızmak

innescare *vt* fitilini takmak

innesco *sm* kapsül fitili

innestare *vt* aşılamak; (makineyi) takmak; devreye sokmak

innesto *sm* aşı, aşılama; (makineyi) motora bağlama; devreye sokma

inno *sm müz.* marş; ilahi *inno nazionale* ulusal marş

innocente *agg/sm/f* suçsuz, masum
innocenza *sf* suçsuzluk; masumluk
innocuità *sf* zararsızlık
innocuo *agg* zararsız
innovare *vt* yenileştirmek
innumerevole *agg* sayısız
inoculare *vt hek.* aşılamak
inodore *agg* kokusuz
inodoro *agg* kokusuz
inoltrare *vt* iletmek, göndermek
inoltrarsi *vr* ilerlemek, girmek
inoltrato *agg* ileri, ilerlemiş
inoltre *avv* ayrıca, -den başka
inondare *vt* su basmak
inondazione *sf* taşkın, su basması
inoperante *agg* etkisiz, sonuçsuz
inoperoso *agg* işsiz, aylak; çalışmayan
inopinatamente *avv* ansızın
inopportunità *sf* yersizlik, uygunsuzluk
inopportuno *agg* yersiz, uygunsuz
inorganico *agg* inorganik
inorridire *vt* korkutmak, ürkütmek
inorridirsi *vr* ürkmek, ürpermek
inospitale *agg* kaba, misafirperver olmayan
inosservato *agg* dikkat çekmeyen; kurallara uymayan
inossidabile *agg* paslanmaz. *acciaio inossidabile* paslanmaz çelik
inquadrare *vt* çerçevelemek; oturtmak
inquietare *vt* kaygılandırmak, tasalandırmak
inquietarsi *vr* kaygılanmak, tasalanmak
inquieto *agg* kaygılı, tasalı, endişeli
inquietudine *sf* tasa, kaygı; endişe
inquilino *sm* kiracı
inquinamento *sm* kirletme, kirlilik *inquinamento dell'aria* hava kirliliği *inquinamento ambientale* çevre kirliliği
inquinare *vt* kirletmek; mikrop bulaştırmak
inquirente *agg* soruşturucu
inquisire *vt* soruşturmak, incelemek
inquisitore *agg* inceleyici, araştırıcı
inquisizione *sf* engizisyon, kilise mahkemesi
insabbiare *vt* örtbas etmek, gizli tutmak
insabbiarsi *vr* kuma gömülmek; *mec.* unutulmak
insaccati *sm/pl* salam/sucuk

türleri
insalata *sf* salata *insalata mista* karışık salata *insalata verde* yeşil salata
insalatiera *sf* salata kabı
insalubre *agg* sağlığa zararlı
insanabile *agg* iyileşmez, tedavi edilemez; dinmez; onarılamaz
insanguinare *vt* kana bulamak
insania *sf* çılgınlık, delilik
insapore *agg* tatsız
insapoto *agg* tatsız
insaputa *sf* : *all'insaputa di* haberi olmadan, bilmeden
inscenare *vt* sahnelemek; *mec.* düzenlemek
insediare *vt* atamak, tayin etmek
insediarsi *vr* atanmak, tayin olmak
insegna *sf* madalya, nişan; arma; tabela; işaret; bayrak
insegnamento *sm* öğretim, eğitim; ders *insegnamento elementare* ilköğretim *insegnamento secondario* ortaöğretim
insegnante *agg* öğretim + § *sm/f* öğretmen
insegnare *vt* öğretmek; eğitmek § *vi* öğretmenlik yapmak
inseguimento *sm* kovalama, takip
inseguire *vt* kovalamak, takip etmek
insellare *vt* eyerlemek
inseminare *vt hek.* döllemek
insensato *agg* saçma, anlamsız
insensibile *agg* duyarsız; umursamaz, ilgisiz
inseparabile *agg* ayrılmaz, bölünmez
inserire *vt* arasına sokmak; eklemek; bağlamak
inserirsi *vr* bağlanmakk; adapte olmak, uyum sağlamak
inserto *sm* ek, ilave
inserviente *sm/f* • hizmetçi; hademe
inserzione *sf* girme; bağlanma; ilan
insetticida *sm* böcek öldürücü
insetto *sm* böcek
insidia *sf* hile, tuzak; tehlike
insidiare *vt/i* tuzak kurmak; tehdit etmek *insidiare alla vita di qc* birinin canına kastetmek
insieme1 *avv* beraber, birlikte; aynı zamanda *tutti insieme* hep beraber
insieme2 *sm* bütün *nell'insieme* bütün olarak
insigne *agg* ünlü; saygıdeğer
insignificante *agg* anlamsız, saçma; önemsiz; değersiz
insignire *vt* nişan vermek

insinuare *vt* içe işlemek; ima etmek

insinuarsi *vr* içe girmek, nüfuz etmek

insipido *agg* tatsız; can sıkıcı

insistente *agg* inatçı; sürekli

insistere *vi* üstelemek, ısrar etmek; diretmek

insoddisfatto *agg* tatmin olmamış

insofferente *agg* hoşgörüsüz; sabırsız

insolazione *sf* güneş çarpması

insolente *agg* saygısız, küstah

insolito *agg* alışılmamış, olağandışı

insoluto *agg* çözülmemiş; ödenmemiş

insomma *avv* kısacası, velhasıl
insomma smetti! yeter artık!

insonne *agg* uykusuz

insonnia *sf* uykusuzluk

insopportabile *agg* çekilmez, tahammül edilemez

insorgente *agg* başlayan, beliren

insorgere *vi* çıkmak, doğmak; isyan etmek

insorto *agg/sm* başkaldıran, isyancı

insospettire *vt* kuşkulandırmak, şüphe uyandırmak

insospettirsi *vr* kuşkulanmak, şüphelenmek

insperato *agg* umulmadık, beklenmedik

inspirare *vt* nefes almak; içine çekmek

instabile *agg* sallantıda; değişken; istikrarsız

installare *vt* yerleştirmek; kurmak

installarsi *vr* yerleşmek

installazione *sf* yerleşme, yerleştirme; tesisat

instancabile *agg* yorulmaz; bıkmaz

instaurare *vt* kurmak; yenileştirmek

insù *avv* : *all'insù* yukarı, yukarıya

insuccesso *sm* başarısızlık; fiyasko

insudiciare *vt* kirletmek, pisletmek

insudiciarsi *vr* kirlenmek, pislenmek

insufficiente *agg* yetersiz, eksik; az

insufficienza *sf* yetersizlik; eksiklik; kırık not

insulare *agg* ada +

insulina *sf hek.* ensülin

insulso *agg* anlamsız, saçma

insultare *vt* sövmek, hakaret etmek

insulto *sm* hakaret; aşağılama

insurrezione *sf* isyan,

başkaldırma, ayaklanma
insussistente *agg* var olmayan
intaccare *vt* kemirmek, aşındırmak; zarar vermek; *mec.* yaralamak
intagliare *vt* oymak; kazmak
intaglio *sm* oyma, oymacılık
intangibile *agg* dokunulamaz
intanto *avv* bu arada, bu sırada; aynı zamanda; ilkönce
intarsio *sm* kakma süs
intasare *vt* tıkamak
intasarsi *vr* tıkanmak
intascare *vt* cebine koymak
intatto *agg* dokunulmamış, el sürülmemiş
integrale1 *agg* tam, eksiksiz
integrale2 *sm mat.* entegral
integrante *agg* bütünleyen; bütünleyici
integrare *vt* tamamlamak
integrarsi *vr* bütünleşmek, uyum sağlamak
integrità *sf* bütünlük, tümlük
integro *agg* tam, eksiksiz
intelaiatura *sf* yapı kafesi; çatı
intelletto *sm* akıl, zekâ; idrak
intellettuale *agg* akıl + § *sm/f* aydın, entelektüel
intelligente *agg* akıllı, zeki
intelligenza *sf* akıl, zekâ
intemperie *sf* bozuk hava, hava değişikliği

intempestivo *agg* zamansız, vakitsiz, yersiz
intendente *sm* bilirkişi; görevli
intendenza *sf* idare memurluğu, yönetim görevlisi
intendere *vt* işitmek; anlamak; kastetmek
intendersi *vr* anlaşmak, uyuşmak; hakkında bilgisi olmak *lasciare intendere* ima etmek, demek istemek *s'intende* kuşkusuz
intendimento *sm* anlama yeteneği; niyet
intenditore *sm* anlayan, bilen; uzman
intenerire *vt* içini sızlatmak
intenerirsi *vr* yumuşamak; duygulanmak
intensità *sf* şiddet; yoğunluk
intensivo *agg* yoğunlaştırıcı; yoğun *terapia intensiva* *hek.* yoğun bakım
intenso *agg* yoğun; şiddetli
intento1 *agg* yönelik
intento2 *sm* amaç, niyet
intenzionale *agg* kasıtlı
intenzione *sf* istek; amaç *senza intenzione* istemeyerek, istemeden
intercalare1 *sm* devamlı yinelenen söz
intercalare2 *vt* araya sokmak;

eklemek
intercapedine *sf* boşluk, açıklık
intercessione *sf* aracılık
intercettare *vt* durdurmak; alıkoymak, tutmak
intercontinentale *agg* kıtalararası
interdetto[1] *sm* kısıtlı, yasaklı; *kon.* ahmak
interdetto[2] *agg* yasaklanmış; afallamış
interdire *vt* yasaklamak; *huk.* kısıtlamak
interdizione *sf* yasaklama; *huk.* kısıtlama
interessamento *sm* ilgi; ilgi duyma
interessante *agg* ilginç, ilgi çekici
interessare *vt* ilgilendirmek; ilginç gelmek § *vi* ilgilendirmek; hoşa gitmek
interessarsi *vr* ilgilenmek; uğraşmak
interesse *sm* faiz; fayda; çıkar; ilgi
interferenza *sf* karışım; (radyo) parazit
interferire *vi* titreşim yapmak; karışmak
interiezione *sf dilb.* ünlem
interiora *sf/pl* bağırsaklar
interiore *agg* iç, içte bulunan § *sm* içerisi

intermedio *agg* iki şeyin arasında olan
intermezzo *sm tiy.* perde arası eğlencesi
intermittente *agg* kesikli, aralıklı
internare *vt* gözaltına almak; tımarhaneye kapatmak
internazionale *agg* uluslararası
internista *sm/f* iç hastalıkları uzmanı, dahiliyeci
interno *agg* iç, dahili § *sm* iç (taraf); stajyer doktor; daire numarası; dahili numara; *sin.* iç çekim *ministero degli interni* İçişleri Bakanlığı
intero *agg* bütün, tüm, tam *l'intero giorno* tüm gün
interpellanza *sf* gensoru
interpellare *vt* gensoru önergesi vermek
interporre *vt* araya koymak; (dava) üst mahkemeye götürmek
interporsi *vr* araya girmek
interpretare *vt* açıklamak; yorumlamak
interprete *sm/f* tercüman; *müz.* yorumcu; (tiyatro/sinema) oyuncu
interrato *agg/sm* bodrum katı
interrogare *vt* sorguya çekmek; derse kaldırmak
interrogativo *agg* soru nite-

liğindeki § *sm* soru *punto interrogativo* soru işareti
interrogatorio *agg* soru + § *sm* *huk.* sorgulama
interrogazione *sf* soru; sorgulama; sözlü sınav
interrompere *vt* durdurmak, kesmek
interrompersi *vr* kesilmek, yarıda kalmak
interrotto *agg* kesilmiş, yarıda kalmış
interruttore *sm* elektrik düğmesi
interruzione *sf* kesintiye uğratma; ara
intersecare *vt* ikiye bölmek
intersecarsi *vr* kesişmek
interurbana *sf* şehirlerarası telefon konuşması
interurbano *agg* şehirlerarası
intervallo *sm* aralık, mesafe; ara
intervenire *vi* araya girmek, müdahale etmek; katılmak
intervento *sm* karışma, müdahale; konuşma; ameliyat
intervista *sf* görüşme, röportaj
intervistare *vt* röportaj yapmak
intervistatore *sm* görüşmeci
intesa *sf* uyuşma, anlaşma
inteso *agg* anlaşmış, uyuşmuş
intestare *vt* başlığını koymak, unvan vermek
intestazione *sf* başlık

intestino1 *agg* iç, dahili
intestino2 *sm anat.* bağırsak *intestino tenue* ince bağırsak *intestino grosso* kalın bağırsak
intimare *vt* emir vermek
intimazione *sf* emir
intimidire *vt* yıldırmak, gözünü korkutmak
intimidirsi *vr* cesareti kırılmak
intimità *sf* içtenlik, samimiyet *amico intimo* samimi arkadaş
intimorire *vt* korkutmak
intimorirsi *vr* korkmak, ürkmek
intingere *vt* sıvıya batırmak
intirizzire *vt* uyuşturmak
intirizzirsi *vi/vr* uyuşmak
intitolare *vt* adlandırmak, başlık koymak
intollerabile *agg* çekilmez, katlanılmaz
intollerante *agg* hoşgörüsüz; dayanmaz
intonacare *vt* sıvamak
intonaco *sm* kaba sıva
intonare *vt* şarkıya başlamak; (akort için) ses vermek
intonazione *sf* ses tonu
intontire *vt* sersemleştirmek; şaşkına çevirmek
intontirsi *vi/vr* sersemleşmek, aptallaşmak
intoppo *sm* engel; güçlük

intorno *avv* etrafında, çevresinde; etrafa § *prep* hakkında; civarında
intorpidire *vt* bulanıklaştırmak
intorpidirsi *vi/vr* bulanıklaşmak; *mec.* güçsüzleşmek
intossicare *vt* zehirlemek
intossicarsi *vr* zehirlenmek
intossicazione *sf hek.* zehirlenme
intralciare *vt* engellemek, güçlük çıkarmak
intransitivo *agg dilb.* geçişsiz
intraprendente *agg* atılgan, girişken
intraprendere *vt* girişmek, koyulmak
intrattabile *agg* uzlaşılamaz
intrattenere *vt* konuşarak vakit geçirtmek
intrattenersi *vr* biriyle hoş vakit geçirmek
intravedere *vt* hayal meyal görmek; sezmek
intrecciare *vt* birbirine geçirmek; örmek; bağlantı kurmak
intreccio *sm tiy. sin.* düğüm, olay örgüsü
intrigare *vi* dolap çevirmek
intrigo *sm* entrika, düzen
intrinseco *agg* esas, yaradılıştan
introdurre *vt* içeri sokmak; buyur etmek; benimsetmek
introdursi *vr* girmek, sokulmak
introduzione *sf* içeri sokma; giriş, önsöz
introito *sm* gelir
intromettersi *vr* içeri koymak, araya girmek; karışmak
introvabile *agg* bulunmaz
intruglio *sm* karışım, tertip
intruso *sm* davetsiz misafir
intuire *vt* sezmek; kestirmek
intuitivo *agg* sezgisel
intuito *sm* önsezi
intuizione *sf* önsezi; idrak
inumano *agg* insanlıktan uzak; acımasız
inumare *vt* gömmek, defnetmek
inumidire *vt* nemlendirmek
inumidirsi *vr* nemlenmek
inutile *agg* gereksiz, lüzumsuz; faydasız
inutilità *sf* gereksizlik, yararsızlık
inutilizzabile *agg* kullanılamaz, işe yaramaz
invadente *agg/sm/f* rahatsız edici, can sıkıcı
invadere *vt* zorla girmek; yayılmak
invaghirsi *vi* tutulmak, hayran olmak
invalido *agg* sakat; *huk.* geçersiz
invano *avv* boşu boşuna
invariato *agg* değişmemiş
invasione *sf* istila

invaso *agg* istila edilmiş
invasore *agg* istila eden § *sm* istilacı
invecchiare *vi* yaşlanmak, ihtiyarlamak; *mec.* eskimek § *vt* yaşlandırmak
invece *avv* halbuki, meğer; oysa *invece di* -cek yere, yerine
inveire *vi* sövmek, çatmak
inventare *vt* bulmak, keşfetmek, icat etmek
inventario *sm* mal dökümü; envanter
inventivo *agg* yaratıcı, bulucu
inventore *agg/sm* mucit, bulan
invenzione *sf* icat, buluş; yalan
invernale *agg* kış +, kışlık
inverno *sm* kış
invero *avv* gerçekten, hakikaten
inverosimile *agg* inanılmaz; tuhaf
inversione *sf dilb.* devrik yapı; ters çevirme *inversione di marcia* U dönüşü
inverso *agg* ters, tersine; *dilb.* devrik § *sm* ters
invertire *vt* ters çevirmek; devrik yapmak
invertito *sm* homoseksüel, eşcinsel
investigare *vt* araştırmak, soruşturmak
investigatore *sm* araştırıcı, soruşturucu
investigazione *sf* araştırma, soruşturma
investimento *sm* yatırım
investire *vt* para yatırmak, yatırım yapmak
investitore *sm* yatırımcı
inviare *vt* göndermek, yollamak
inviato *sm* elçi, delege
invidia *sf* kıskançlık; gıpta, imrenme
invidiare *vt* kıskanmak, imrenmek
invidioso *agg* kıskanç, çekemeyen
invio *sm* yollama, gönderme
invisibile *agg* görülemez
invitare *vt* çağırmak, davet etmek
invitato *sm* davetli
invito *sm* çağrı, davet
invocare *vt* yardıma çağırmak; arzulamak; savunmak
invogliare *vt* isteklendirmek
involontario *agg* istemeyerek yapılan, irade dışı
involtino *sm* içi doldurulmuş et dilimi
involto *sm* paket, bohça
involucro *sm* kabuk, dış zar
involuzione *sf* düşme, gerileme
inzuppare *vt* suya batırmak, ıslatmak
io *pron* ben § *sm* benlik *io stesso*

ben kendim
iodio *sm kim.* iyot
ione *sm kim.* iyon
ionico *agg* İyonya +
ionio *agg* iyon
ipertensione *sf hek.* yüksek tansiyon
ipnosi *sf* ipnoz
ipnotismo *sm* ipnotizma
ipnotizzare *vt* ipnotizmayla uyutmak
ipocrisia *sf* ikiyüzlülük
ipocrita *agg/sm/f* ikiyüzlü
ipoteca *sf huk.* ipotek, rehin
ipotecare *vt huk.* ipotek etmek, rehine vermek
ipotenusa *sf mat.* hipotenüs
ipotesi *sf* varsayım, hipotez
ipotetico *agg* varsayımsal, farazi
ippica *sf* binicilik
ippico *agg* at +, binicilik +
ippodromo *sm* hipodrom
ippopotamo *sm* suaygırı, hipopotam
ira *sf* öfke, hiddet
Iran *sm* : *l'Iran* İran
Iraq *sm* : *l'Iraq* Irak
iride *sf* gökkuşağı; *anat.* iris tabakası
Irlanda *sf* : *l'Irlanda* Irlanda
ironia *sf* alay
ironico *agg* alaylı; alaycı
irradiare *vt* ışın saçmak, ışık yaymak
irradiarsi *vr* yayılmak, saçılmak
irradiazione *sf* ışın saçma; yansıma
irragionevole *agg* mantıksız, saçma
irrazionale *agg* akla aykırı, saçma
irreale *agg* gerçekdışı
irrealtà *sf* gerçekdışılık
irrecuperabile *agg* telafi edilemez; düzeltilemez
irregolare *agg* düzensiz; uygunsuz
irremovibile *agg* değişmez, sarsılmaz
irreparabile *agg* onarılamaz; düzeltilemez
irreperibile *agg* bulunmaz; yerinde bulunmayan
irrequieto *agg* huzursuz, sıkıntılı
irresistibile *agg* dayanılamaz, karşı konulamaz
irresolutezza *sf* kararsızlık
irresoluto *agg* kararsız
irresponsabile *agg* sorumlu olmayan
irriducibile *agg mat.* indirgenemez; *mec.* alt edilemez
irrigare *vt* toprağı sulamak
irrigazione *sf* sulama
irrigidire *vt* sertleştirmek, gerginleştirmek
irrigidirsi *vr* sertleşmek, katılaşmak

irrisorio *agg* alaylı
irritare *vt* öfkelendirmek, kızdırmak; tahriş etmek
irritarsi *vr* kızmak, sinirlenmek; tahriş olmak
irritazione *sf* kızma, öfkelenme; tahriş
irriverente *agg* saygısız
irrompere *vi* içeri dalmak
irrorare *vt* (sıvı) serpmek; sulamak
irruente *agg* sert; taşkın
irruzione *sf* baskın; akın *fare irruzione* basmak, baskın düzenlemek
iscritto *sm* kayıtlı
iscrivere *vt* yazmak, kaydetmek
iscriversi *vr* yazılmak, kaydolmak
iscrizione *sf* yazılma, kayıt; yazıt
islam *sm* Müslümanlık, İslamiyet
islamico *agg* Müslümanlık +
isola *sf* ada *isola pedonale* araç trafiğine kapalı alan
isolamento *sm* ayırma; *fiz.* yalıtma
isolante *agg* yalıtkan § *sm* yalıtkan madde *nastro isolante* izole bant
isolare *vt fiz.* yalıtmak; ayrı tutmak
isolarsi *vr* toplumdan uzaklaşmak
isolato *agg* ayrı, kendi başına; ıssız
isolatore *agg/sm* yalıtıcı
isotopo *agg/sm kim.* izotop
ispettorato *sm* müfettişlik, denetmenlik
ispettore *sm* müfettiş, denetmen
ispezionare *vt* denetlemek
ispezione *sf* denetleme, teftiş
ispido *agg* diken diken; *mec.* hırçın
ispirare *vt* esinlemek; ilham etmek
ispirarsi *vr* esinlenmek, ilham almak
ispirazione *sf* esin, ilham
issare *vt den.* (yelken) kaldırmak
istantanea *sf* enstantane fotoğraf
istantaneo *agg* ansızın; bir anlık
istante *sm* an, kısa zaman
istanza *sf* başvuru; talep; *huk.* dava dilekçesi
isteria *sf hek.* isteri
isterico *agg/sm hek.* isterik
isterismo *sm hek.* isteri; ani öfke
istigare *vt* kışkırtmak, tahrik etmek
istigatore *agg/sm* kışkırtıcı; elebaşı
istigazione *sf* kışkırtma, ayartma
istinto *sm* içgüdü; önsezi
istituire *vt* kurmak, tesis etmek
istituto *sm* kurum, kuruluş; en-

stitü *istituto di bellezza* güzellik enstitüsü *istituto di credito* banka

istitutore *sm* kurucu; eğitmen

istituzione *sf* kurum, müessese; dernek

istmo *sm* kıstak, berzah

istrice *sm* oklu kirpi

istrione *sm* komedyen; şarlatan

istruire *vt* eğitmek, öğretmek; bilgi vermek; *huk.* soruşturmasını yapmak

istruttore *sm* eğitici; öğretmen *giudice istruttore* sorgu yargıcı

istruttoria *sf huk.* soruşturma

istruzione *sf* eğitim; öğretim; talimat; bilgi; *huk.* soruşturma *Ministero della pubblica istruzione* Milli Eğitim Bakanlığı

italiano *agg/sm* İtalyan § *sm* İtalyanca

italico *agg* İtalya +; italik § *sm* italik harf

itinerante *agg* gezici

itinerario *sm* güzergâh, izlenen yol

itterizia *sf* sarılık

iuta *sf* hint keneviri

ivi *avv* orada, aynı yerde

J

jazz *sm* caz

jeep *sf* cip

jet *sm* jet

jockey *sm* (iskambil) joker; jokey

jolly *sm* joker; koz

judo *sm sp.* judo

jugoslavo *agg* Yugoslavya + § *sm* Yugoslav

junior *agg/sm* yaşça küçük

K

karatè *sm* karate

killer *sm* katil

koala *sm* keseli ayı

L

la₁ *art* dişi (tekil) tanım sözcüğü

la₂ *pron* onu

la₃ *sm müz.* la

là *avv* orada, oraya *quelli là* onlar *più in là* daha sonra

labbro *sm* dudak

labirinto *sm* labirent

§**laboratorio** *sm* laboratuvar

laborioso *agg* güç, zor; çalışkan

laburista *agg* İngiliz İşçi Partisi + § *sm/f* İngiliz İşçi Partisi üyesi

lacca *sf* lake
laccio *sm* ayakkabı bağı; kement; *mec.* tuzak
lacerare *vt* yırtmak, parçalamak
lacerarsi *vr* yırtılmak, parçalanmak
lacero *agg* yırtık, yırtılmış; hırpani
laconico *agg* özlü, kısa
lacrima *sf* gözyaşı; damla
lacrimale *agg* gözyaşı +
lacrimare *vi* ağlamak
lacrimogeno *agg* göz yaşartıcı *bomba lacrimogena* göz yaşartıcı bomba
lacuna *sf* boşluk; yetersizlik
ladreria *sf* hırsızlık
ladro *sm* hırsız
ladrone *sm* hırsız; kazıkçı
lager *sm* toplama kampı
laggiù *avv* orada, aşağıda
lagnarsi *vr* yakınmak, ağlayıp sızlamak
lago *sm* göl
laguna *sf* denizkulağı, lagün
laicismo *sm* laiklik
laicità *sf* laiklik
laico *agg/sm* laik
lama1 *sf* tıraş bıçağı, jilet
lama2 *sm hayb.* lama
lama3 *sm din.* lama, buda rahibi
lambire *vt* hafifçe dokunmak, değmek

lamentare *vt* acımak, yanmak
lamentarsi *vr* sızlamak; yakınmak
lamentela *sf* şikâyet, yakınma
lamento *sm* inleme; şikâyet
lamentoso *agg* yakınmalı
lametta *sf* tıraş bıçağı
lamiera *sf* sac, madeni levha
lamina *sf* ince madeni yaprak
laminatoio *sm* hadde makinesi
lampada *sf* lamba *lampada a fluorescenza* floresan lamba *lampada a incandescenza* elektrik ampulü
lampadario *sm* avize
lampadina *sf* ampul
lampante *agg* ışık veren; belli
lampeggiare *vi* parlamak, şimşek çakmak; *oto.* selektör yapmak
lampeggiatore *sm oto.* park lambası; *fot.* flaş
lampione *sm* sokak lambası
lampo *sm* şimşek; parıltı; *mec.* geçici şey *chiusura lampo* fermuar *in un lampo* bir anda
lampone *sm* ahududu, ağaççileği
lana *sf* yün
lancetta *sf* saat akrebi, tığ, şiş *lancetta delle ore* akrep *lancetta dei minuti* yelkovan
lancia1 *sf* kargı, mızrak
lancia2 *sf* kayık, sandal *lancia di*

salvataggio kurtarma sandalı
lanciare *vt* atmak, fırlatmak; tanıtmak; ileri sürmek
lanciarsi *vr* atlamak, saldırmak
lancio *sm* atma, fırlatma; ortaya çıkarma ***lancio del giavellotto*** *sp.* cirit atma
landa *sf* geniş fundalık
languido *agg* bitkin, zayıf; durgun
languore *sm* bitkinlik, halsizlik
lanificio *sm* yünlü kumaş fabrikası
lanoso *agg* yünlü
lanterna *sf* fener
lanugine *sf* meyve tüyü
lapidare *vt* taşlayıp öldürmek
lapidario *agg mec.* kısa ve özlü
lapide *sf* mezar taşı
lapis *sm* kurşunkalem
lapsus *sm* dil sürçmesi, yanılgı
§**laptop** *sm* dizüstü bilgisayar, leptop
lardo *sm* domuz iç yağı
larghezza *sf* en, genişlik
largo *agg* enli, geniş; eli açık; önemli § *sm* genişlik; açık deniz ***in larga misura*** büyük ölçüde ***fare largo*** yol açmak ***su larga scala*** geniş çapta
larice *sm bitk.* karaçam
laringe *sf anat.* gırtlak
laringite *sf hek.* gırtlak yangısı

larva *sf hayb.* kurtçuk
lasagna *sf/pl* lazanya
lasciare *vt* bırakmak, terk etmek; vazgeçmek ***lasciare andare*** boş vermek
lasciarsi *vr* ayrılmak
lasciata *sf* bırakma, terk
lascivia *sf* şehvet
lascivo *agg* şehvetli
§**laser** *agg/sm* lazer (ışını)
lassativo *agg/sm* bağırsakları yumuşatan, müshil
lasso$_2$ *sm* süre
lassù *avv* yukarıda, yukarıya doğru
lastra *sf* levha, kalıp; sac; röntgen filmi
lastricato *agg* kaldırımla döşenmiş
lastrico *sm* kaldırım taşı
laterale *agg* yan, yanal
laterizio *sm* tuğla, kiremit
latifondo *sm* büyük toprak mülkü
latino *agg/sm* Latin +; Latin; Latince
latitante *agg huk.* kaçak
latitudine *sf cq.* enlem
lato$_1$ *sm* yan, taraf; kenar
lato$_2$ *agg mec.* geniş ***in senso lato*** geniş anlamda
latrare *vt* havlamak, hırlamak
latrato *sm* havlama
latrina *sf* hela, yüznumara

latta *sf* teneke
lattaio *sm* sütçü
lattante *agg* süt emen
latte *sm* süt *latte in polvere* süttozu *latte a lunga conservazione* uzun ömürlü süt *latte di mucca* inek sütü
latteria *sf* sütçü dükkânı; süthane
latticinio *sm* süt ürünleri
lattina *sf* teneke kutu
lattuga *sf* marul
laurea *sf* üniversite diploması
laureare *vt* üniversite diploması vermek
laurearsi *vr* üniversite mezunu olmak
laureato *agg/sm* üniversite mezunu
lauro *sm bitk.* defne
lava *sf* lav
lavabo *sm* lavabo
lavaggio *sm* yıkama *lavaggio a secco* kuru temizleme *lavaggio del cervello* beyin yıkama
lavagna *sf* karatahta; kayağantaşı
lavanda1 *sf bitk.* lavanta
lavanda2 *sf* yıkama; *hek.* mide yıkama
lavandaia *sm* çamaşırcı kadın
lavanderia *sf* çamaşırhane
lavandino *sm* lavabo; evye
lavapiatti *sm/f* bulaşıkçı § *sf* bulaşık makinesi

lavare *vt* yıkamak; temizlemek
lavarsi *vr* yıkanmak *lavarsene le mani* işi üstünden atmak, bulaşmamak
lavata *sf* yıkama
lavatoio *sm* genel çamaşırhane
lavatrice *sf* çamaşır makinesi
lavatura *sf* yıkama
lavorante *sm/f* işçi
lavorare *vi* çalışmak; uğraşı olmak § *vt* işlemek *lavorare a maglia* örgü örmek *lavorare di fantasia* hayal etmek
lavorativo *agg* çalışma + *giorno lavorativo* iş günü
lavoratore *sm* işçi
lavorazione *sf* iş, işçilik
lavoro *sm* iş; çalışma; emek *lavoro a domicilio* ev işi *lavoro a mano* el işi *lavori pubblici* kamu işleri
lazzo *sm* şaka
leader *sm* başkan, lider
leale *agg* dürüst
lealtà *sf* doğruluk, dürüstlük
lebbra *sf hek.* cüzam, lepra
lecca lecca *sm* lolipop
leccapiedi *sm/f* yağcı
leccare *vt* yalamak; *mec.* yaltaklanmak, yağ çekmek
leccio *sm bitk.* yeşil meşe
leccornia *sf* nefis yemek
lecito *agg huk.* meşru, kanuni;

haklı

ledere *vt* incitmek, yaralamak

lega *sf* dernek, topluluk; *kim.* alaşım

legale *agg* yasal § *sm* avukat *medicina legale* adli tıp

legalità *sf* yasallık

legalizzare *vt* tasdik etmek

legalizzazione *sf* yasal kılma, resmi tasdik

legame *sm* bağ; ilgi, ilişki

legare *vt* bağlamak; birleştirmek; *kim.* alaşımlamak § *vi* ilişki kurmak

legato *sm* papalık elçisi; elçi; miras

legatura *sf* bağlama; ciltleme, cilt

legge *sf huk.* yasa, kanun *legge marziale* sıkıyönetim *legge costituzionale* anayasa

leggenda *sf* efsane; söylence

leggere *vt* okumak

leggerezza *sf* hafiflik; düşüncesizlik

leggero *agg* hafif; ince; koyu olmayan; dinç; düşüncesiz

leggiadro *agg* ince, zarif, hoş

leggibile *agg* okunaklı

leggio *sm* ayaklı sehpa

legione *sf* lejyon

legislatura *sf* yasama gücü

legislazione *sf* yasa koyma, yasama

legittimo *agg* yasaya uygun, meşru; haklı *legittima difesa* meşru müdafa

legna *sf* odun

legname *sm* kereste; odun

legno *sm* tahta, odun *legno compensato* sunta

legnoso *agg* ağaçsı, odunsu

leguminose *sf/pl* baklagiller

lei *pron* o; (kibar olarak) siz *dare del lei* 'siz' diye hitap etmek

lembo *sm* uç kısım; kenar; parça

lemma *sm dilb.* (sözlükte) giriş, sözcük

lente *sf* mercek; mercimek *lente d'ingrandimento* büyüteç *lenti a contatto* lens

lentezza *sf* ağırlık, yavaşlık

lenticchia *sf* mercimek

lentiggine *sf* çil

lento *agg* yavaş; gevşek; (elbise) bol § *sm* yavaş müzik

lenza *sf* olta, misina

lenzuolo *sm* çarşaf

leone *sm* aslan *leone d'America* puma *leone marino* deniz aslanı

Leone *sm* Aslan burcu

leopardo *sm* pars, leopar

lepre *sf* tavşan

lercio *agg* pis, pasaklı

lesbica *sf* lezbiyen

lesione *sf* zarar, hasar; yaralama; zedelenme; yara; çatlak
leso *agg* zarara uğramış
lessare *vt* haşlamak, kaynatmak
lessico *sm* sözlük; sözcük dağarcığı
lesso *agg* haşlanmış § *sm* haşlama et
lesto *agg* çevik, atik
letale *agg* ölümcül, öldürücü
letame *sm* gübre; *mec.* pislik
letargo *sm* uyuşukluk; (hayvan) kış uykusu
letizia *sf* sevinç, neşe
lettera *sf* harf; edebiyat, yazın *alla lettera* harfi harfine *facoltà di lettere* edebiyat fakültesi *lettera di vettura* irsaliye
letterale *agg* kelimesi kelimesine
letterario *agg* yazınsal, edebi
letterato *agg/sm* okumuş, kültürlü
letteratura *sf* yazın, edebiyat
lettiga *sf* sedye
letto *sm* yatak; karyola *andare a letto* yatmak *letto a una piazza* tek kişilik yatak *letto matrimoniale* iki kişilik yatak *divano letto* çekyat
lettore *sm* okur, okuyucu; (üniversitede) okutman
lettura *sf* okuma
leucemia *sf* kan kanseri, lösemi

leva₁ *sf* kaldıraç; manivela, kol
leva₂ *sf* asker toplama; tertip
levante *sm* doğu *il Levante* Ortadoğu, Yakındoğu
levare *vt* yukarı kaldırmak; yükseltmek; alıp götürmek
levarsi *vr* kalkmak; yükselmek; çıkmak, doğmak
levata *sf* kaldırma; doğma
levatoio *agg* : *ponte levatoio* iner kalkar köprü
levatura *sf* zekâ seviyesi, kavrama
levigare *sf* parlatmak, düzlemek; tozlaştırmak
levriere *sm* tazı
lezione *sf* ders
lezioso *agg* nazlı, cilveli
lezzo *sm* pis koku
li₂ *pron* onları
li *avv* orada, oraya *di li* oradan *li per li* o anda, ilkönce *di li a poco* bir süre sonra *li per li* ilkin, başlangıçta
libbra *sf* libre
libeccio *sm* lodos
libello *sm* yergi yazısı
libellula *sf* yusufçuk böceği
liberale *agg/sm/f* özgürlükçü; serbest
liberalismo *sm* serbestlik, liberalizm
liberalizzare *vt* serbestleştirmek;

özgür kılmak
liberare *vt* kurtarmak; serbest bırakmak; boşaltmak
liberarsi *vr* kurtulmak, yakasını kurtarmak
liberismo *sm* serbest ticaret
libero *agg* özgür; serbest; boş, tutulmamış § *sm sp.* libero *libero arbitrio* özgür irade *libero professionista* serbest meslek sahibi *entrata libera* giriş serbesttir
libertà *sf* özgürlük; serbestlik *libertà di stampa* basın özgürlüğü
libidine *sf* şehvete düşkün olma
libraio *sm* kitapçı
libreria *sf* kitapçı dükkânı; kütüphane
libretto *sm müz.* opera güftesi; kitapçık, not defteri *libretto di assegni* çek defteri *libretto di circolazione* otomobil ruhsatı
libro *sm* kitap *libro di bordo* seyir defteri *libro di cucina* yemek kitabı
licenza *sf* izin, müsaade; askerlik izni; lisans; ruhsat; diploma *licenza media* ortaokul diploması
licenziamento *sm* işine son verme
licenziare *vt* işine son vermek; diploma vermek
licenziarsi *vr* görevden uzaklaşmak; diplomasını almak
liceo *sm* lise
lido *sm* sahil, kumsal
lieto *agg* neşeli, mutlu; memnun
lieve *agg* hafif; kolay; önemsiz
lievitare *vi* mayalanmak, kabarmak § *vt* mayalamak
lievito *sm* maya, kabartma tozu
ligio *agg* sadık
lignite *sf* linyit kömürü
lilla *agg/sm* leylak rengi § *sm* leylak
lima *sf* eğe, törpü
limare *vt* eğelemek, törpülemek; *mec.* düzeltmek
limbo *sm* vaftiz olmadan ölen çocukların ruhlarının gittiği yer
limitare *vt* sınırlandırmak, sınırlamak; kısmak
limitativo *agg* sınırlayıcı
limitato *agg* sınırlı; dar *società a responsabilità limitata* limited şirketi
limite *sm* sınır, hudut; uç; had *limite di velocità* hız sınırı
limitrofo *agg* sınırdaş
limo *sm* çamur, balçık
limonata *sf* limonata
limone *sm* limon; limon ağacı
limpido *agg* saydam, berrak; *mec.*

açık
lince *sf hayb.* vaşak
linciare *vt* linç etmek
lindo *agg* temiz, berrak; düzenli
linea *sf* çizgi; sınır; hat, sefer *linea spartitraffico* trafik çizgisi *in linea generale* genel anlamda, genel olarak *mantenere la linea* hatlarını korumak, ince olmak *la linea è occupata* (telefon) hat meşgul *linea d'arrivo* *sp.* varış çizgisi *linea elettrica* elektrik hattı
lineamenti *sm/pl* yüz çizgileri; *mec.* ana hatlar
lineare *agg* çizgisel; *mat.* doğrusal
lineetta *sf* birleştirme çizgisi
lingotto *sm* külçe
lingua *sf* (ağızdaki) dil; dil, lisan *lingua madre* anadil
linguaggio *sm* anlatım, dil; ifade
linguista *sm/f* dilbilimci
linguistica *sf* dilbilim
lino *sm* keten
liquefare *vt* sıvılaştırmak
liquefarsi *vr* sıvılaşmak
liquidare *vt* hesabı kapatmak; *mec.* işini bitirmek, ortadan kaldırmak
liquidazione *sf* hesap tasfiyesi; tazminat
liquido *agg* sıvı; peşin para § *sm* sıvı

liquirizia *sf* meyankökü
liquore *sm* likör
lira₁ *sf* lira *lira italiana* İtalyan lireti *lira turca* Türk lirası
lira₂ *sf müz.* lir
lirica *sf* lirik şiir
lirico *agg* lirik
lisca *sf* balık kılçığı
lisciare *vt* düzlemek, perdahlamak; *mec.* yaltaklanmak
liscio *agg* düz; kaygan; yumuşak; (içki) sek *passarla liscia* ucuz atlatmak *andare per le lisce* elini çabuk tutmak *andare liscio come l'olio* rast gitmek
liso *agg* yıpranmış
lista *sf* liste; şerit; dizi *lista etettorale* seçim listesi *lista delle vivande* menü
listino *sm* fiyat listesi *listino prezzi* fiyat listesi
lite *sf* kavga; *huk.* dava
litigare *vi* kavga etmek; tartışmak, çekişmek
litigio *sm* ağız kavgası, tartışma
litigioso *agg* kavgacı
litografia *sf* taşbasma, litografya
litorale *agg* kıyısal § *sm* sahil, kıyı boyu
litro *sm* litre
liuto *sm* ut, lavta
livellare *vt* düzlemek; denkleştirmek

livellarsi *vr* aynı düzeye gelmek; eşit olmak

livello *sm* düzey, seviye *ad alto livello* üst düzeyde *a livello del mare* deniz seviyesinde

livido *agg* morarmış, çürümüş § *sm* morluk

livore *sm* kin, hınç

livrea *sf* özel üniforma

lizza *sf* yarış alanı

lo₁ *art* erkek tekil tanımlık

lo₂ *pron* onu

locale₁ *agg* yerel; mahalli § *sm* yerli *anestesia locale* lokal anestezi *treno locale* banliyö treni

locale₂ *sm* yer; oda; lokal *locale notturno* gece kulübü

località *sf* bölge, yöre

localizzare *vt* yerini belirtmek; ortaya çıkarmak; yerleştirmek

locanda *sf* pansiyon

locandiere *sm* pansiyoncu

locandina *sf* afiş

locatario *sm* kiracı

locatore *sm* kiraya veren

locazione *sf* kira, kiralama

locomotiva *sf* lokomotif

locomotore *sm* elektrikli lokomotif

locomozione *sf* hareket; başka bir yere gitme *mezzo di locomozione* taşıt aracı

locuzione *sf dilb.* deyim

lodare *vt* övmek, methetmek

lodarsi *vr* övünmek

lode *sf* övgü; şükür *in lode di* - için, onuruna

lodevole *agg* övülmeye değer

logaritmo *sm mat.* logaritma

loggia *sf* loca; galeri; mason locası

loggione *sm tiy.* en üst balkon

logica *sf* mantık

logico *agg* mantıksal; tutarlı

logistica *sf ask.* lojistik

logorare *vt* eskitmek, aşındırmak; yormak

logorarsi *vr* yıpranmak, çökmek

logorio *sm* yıpranma, eskime

logoro *agg* eskimiş; aşınmış

lombaggine *sf hek.* lumbago, bel ağrısı

Lombardia *sf* Lombardiya

lombata *sf* sığır filetosu

lombo *sm anat.* bel; böğür

lombrico *sm hayb.* yer solucanı

longanime *agg* hoşgörülü, sabırlı

longevità *sf* uzun ömürlülük

longevo *agg* uzun ömürlü

longitudine *sf co.* boylam

lontananza *sf* uzaklık; ayrılık

lontano *agg* uzak; eski zamanda; olmayacak § *avv* uzağa, uzakta *in tempi lontani* geçmişte, bir zamanlar *il più lontana* en

uzak ihtimal *alla lontana* uzaktan
lontra *sf hayb.* susamuru
lonza *sf* domuz salamı
loquace *agg* konuşkan, çalçene
lordo *agg* pis, kirli; brüt
loro *pron* onlar; onları § *agg* onların
losco *agg* şüpheli, kuşkulu
loto *sm bitk.* nilüfer çiçeği
lotta *sf* mücadele; güreş; dövüş *lotta libera* serbest güreş *lotta greco-romana* grekoromen güreş
lottare *vi* mücadele etmek; savaşmak; güreşmek
lottatore *agg/sm* güreşçi; pehlivan
lotteria *sf* piyango
lotto *sm* loto; pay, hisse, parsel
lozione *sf* losyon
lubrificante *agg/sm* yağlayıcı; yağ
lubrificare *vt* yağlamak
lucchetto *sm* asma kilit
luccicare *vi* parlamak, ışıldamak
luccio *sm hayb.* turna balığı
lucciola *sf hayb.* ateşböceği
luce *sf* ışık; aydınlık; *oto.* far; vitrin *la luce del giorno* gün ışığı *dare alla luce* doğurmak *venire alla luce* doğmak *luce diurna* gün ışığı
lucente *agg* parlak, ışıldayan

lucerna *sf* yağ lambası
lucernario *sm* çatı penceresi
lucertola *sf* kertenkele
lucidare *vt* parlatmak
lucidatrice *sf* cilalama aleti
lucidezza *sf* parlaklık
lucido *agg* parlak; *mec.* açık, net § *sm* parlaklık; cila, boya
lucifero *sm* Venüs gezegeni, sabah yıldızı
lucro *sm* kazanç, kâr
lucroso *agg* kazançlı, kârlı
ludibrio *sm* alay konusu, maskara
luglio *sm* temmuz
lugubre *agg* hazin, üzücü
lui *pron* o
lumaca *sf* sümüklüböcek, salyangoz
lume *sm* ışık; lamba
luminaria *sf* fener alayı
lumino *sm* gece lambası
luminosità *sf* aydınlık, ışık
luminoso *agg* ışıklı; parlak, aydınlık
luna *sf* ay *luna piena* dolunay *chiaro di luna* mehtap *luna di miele* balayı *luna nuova* yeni ay
luna-park *sm* lunapark
lunare *agg* ay +; ay gibi
lunario *sm* takvim, almanak
lunatico *agg* dengesiz

§lunedi *sm* pazartesi
lunga *sf* : *alla lunga* zamanla, gitgide
lungaggine *sf* sürünceme, yavaşlık
lunghezza *sf* uzunluk; boy; süre *lunghezza d'onda* dalga boyu
lungi *avv* uzak
lungo *agg* uzun; yavaş; (içecek) sulu § *prep* boyunca § *sm* uzunluk *lungo di* uzunluğunda *a lungo andare* zamanla *a lungo* uzun uzadıya, epey *andare per le lunghe* uzun zaman almak *per non farla lunga* kısaca, uzun sözün kısası
lungometraggio *sm* uzun metrajlı film
luogo *sm* yer, mevki *in luogo di* yerine *in ogni luogo* her yere, her yerde *in primo luogo* ilkönce *aver luogo* olmak, gerçekleşmek *dar luogo a qc* yol açmak, neden olmak *sul luogo* yerinde
luogotenente *sm* teğmen
lupara *sf* kısa namlulu tüfek
lupino *sm* acı bakla
lupo *sm* kurt
luppolo *sm bitk.* şerbetçiotu
lurido *agg* iğrenç, çok pis
lusinga *sf* pohpohlama, yaltaklık

lusingare *vt* yanıltmak; kandırmak; pohpohlamak
lusinghiero *agg* gönül okşayıcı; memnun eden
lusso *sm* şatafat, lüks; bolluk
lussuoso *agg* şatafatlı, lüks
lussuria *sf* şehvet düşkünlüğü
lustrare *vt* parlatmak, cilalamak
lustrascarpe *sm/f* ayakkabı boyacısı, lostracı
lustrino *sm* işleme pulu, payet
lustro1 *agg* parlak § *sm* cila, parlaklık; *mec.* şan, şeref
lustro2 *sm* beş yıl, beş yıllık süre
lutto *sm* yas, matem
luttuoso *agg* hazin, üzücü *ma davvero?* gerçekten mi?

macabro *agg* korkunç, tüyler ürpertici
macchè *inter* ne münasebet
maccherone *sm* uzun çubuk makarna
macchia *sf* leke; benek; *mec.* kusur, günah
macchiare *vt* lekelemek, kirletmek § *vi* lekelenmek, kirlenmek
macchiato *agg* lekeli, benek benek

macchina *sf* makine; araba, otomobil *macchina da corsa* yarış arabası *macchina da cucire* dikiş makinesi *macchina da scrivere* daktilo *macchina fotografica* fotoğraf makinesi
macchinario *sm* makine takımı
macchinetta *sf* küçük makine
macchinista *sm/f* makinist
macchinoso *agg* karmaşık
macchioso *agg* lekeli
macedone *agg/sm/f* Makedonya +; Makedonyalı
macedonia *sf* meyve salatası
macellaio *sm* kasap
macellare *vt* hayvan kesmek; katliam yapmak
macelleria *sf* kasap dükkânı
macello *sm* mezbaha; *mec.* katliam; yıkım
macerare *vt* su içine yatırmak
macerarsi *vr* erimek, bitmek
macerie *sf/pl* yıkıntı, enkaz
macigno *sm* kaya
macilento *agg* çok zayıf, güçsüz
macina *sf* değirmen taşı
macinacaffé *sm* kahve değirmeni
macinare *vt* değirmende öğütmek
macinato *sm* un; *kon.* kıyma
macinino *sm* el değirmeni
madido *agg* ıslak; rutubetli
Madonna *sf* Meryem Ana
madornale *agg* kocaman, çok büyük
madre *sf* anne, ana; koçan *madre lingua* anadil *madre patria* anayurt
madrelingua *sf* anadili
madrepatria *sf* anayurt
madreperla *sf* sedef
madrina *sf* vaftiz anası
maestà *sf* ululuk; görkem; majeste
maestoso *agg* görkemli; yüce
maestra *sf* kadın öğretmen; ilkokul öğretmeni
maestrale *sm* kuzeybatı rüzgârı
maestranza *sf* işçi topluluğu
maestria *sf* ustalık, maharet
maestro *sm* uzman; usta; ilkokul öğretmeni; orkestra şefi; *mec.* önder § *agg* ana, temel *maestro di scuola* okul müdürü *strada maestra* anayol
mafia *sf* mafya
maga *sf* büyücü kadın
magagna *sf* kusur, noksanlık; arıza; sakatlık
magari *inter* keşke! § *avv* belki de; hatta § *cong* -se bile
magazzino *sm* ambar, depo
§**maggio** *sm* mayıs
maggiorana *sf bitk.* mercanköşk
maggioranza *sf* çoğunluk, ek-

seriyet

maggiorare *vt* artırmak, yükseltmek

maggiordomo *sm* başhademe, vekilharç

maggiore *agg* daha büyük; daha yüksek; başlıca; (yaş) daha büyük § *sm ask.* binbaşı *stato maggiore* Genel Kurmay

maggiorenne *sm/f/agg* ergin, reşit

maggiormente *avv* daha fazla

magia *sf* büyü, büyücülük

magico *agg* büyülü, sihirli; *mec.* büyüleyici

magiştero *sm* öğretim, öğretmenlik; ustalık *Facoltà di Magistero* Eğitim Fakültesi

agistrale *agg* öğretim +, öğretmen +; ustaca

magistrato *sm* yargıç, hâkim

magistratura *sf* yargıçlık

maglia *sf* el örgüsü; ilmik; kazak; *sp.* forma *lavorare a maglia* örgü örmek

maglieria *sf* tuhafiyecilik; tuhafiyeci dükkânı

maglietta *sf* tişört

maglificio *sm* örgü fabrikası

maglio *sm* ağaç tokmak; şahmerdan

magma *sm yerb.* magma

magnanimo *agg* soylu; cömert

magnate *sm* büyük sanayici

magnesio *sm kim.* magnezyum

magnete *sm fiz.* mıknatıs; manyeto

magnetico *agg* manyetik, mıknatıslı

magnetite *sf* doğal demir oksit, manyetit

magnifico *agg* parlak; göz kamaştırıcı; olağanüstü

magno *agg* büyük *aula magna* tören salonu

magnolia *sf bitk.* manolya

mago *sm* büyücü, sihirbaz

magrezza *sf* cılızlık, zayıflık

magro *agg* zayıf, sıska; yavan; *mec.* verimsiz; önemsiz

mai *avv* hiçbir zaman, asla *non si sa mai* hiç belli olmaz *come mai* ne demeye *mai più* bir daha asla!

maiale *sm* domuz; domuz gibi kişi

maiolica *sf* fayans, çini

maionese *sf* mayonez

mais *sm* mısır

maiuscola *sf* büyük harf

maiuscolo *agg* (harf) büyük

malaccorto *agg* ihtiyatsız, dikkatsiz

malafede *sf* kötü niyet

malalingua *sf* dedikoducu, iftiracı

malandato *agg* her tarafı dökük
malanno *sm* talihsizlik; hastalık
malapena *avv* : *a malapena* güçbela
malaria *sf* sıtma
malasorte *sf* kötü talih
malaticcio *agg* hastalıklı
malato *agg/sm* hasta
malattia *sf* hastalık
malaugurio *sm* uğursuzluk
malavita *sf* kötü hayat; yeraltı dünyası
malavoglia *sf* isteksizlik *di malavoglia* istemeyerek
malconcio *agg* kötü halde
malcontento *sm* hoşnutsuzluk
malcostume *sm* ahlaksızlık
maldestro *agg* beceriksiz, acemi
maldicenza *sf* dedikoduculuk
male *avv* kötü, fena § *sm* kötülük; acı; zarar *mal di denti* diş ağrısı *mal di testa* baş ağrısı *non c'è male* fena değil
maledetto *agg/sm* lanetli; kahrolası; *mec.* berbat
maledire *vt* beddua etmek
maledizione *sf* beddua; sövüp sayma § *inter* Allah kahretsin!
maleducato *agg* terbiyesiz, kaba, görgüsüz
maleficio *sm* büyü, sihir
malefico *agg* zararlı
malessere *sm* keyifsizlik, rahatsızlık; huzursuzluk
malevolo *agg* kötü niyetli
malfamato *agg* adı kötüye çıkmış
malfatto *agg* biçimsiz, kusurlu
malfattore *sm* serseri; günahkâr
malfermo *agg* sallantılı; güvenilmez
malformazione *sf* biçimsizlik
malgoverno *sm* kötü yönetim
malgrado *prep* -e rağmen; aldırmadan; ise de *suo malgrado* istemeyerek
malia *sf* sihir, büyü; *mec.* cazibe
malignare *vi* arkadan konuşmak
maligno *agg* kötü niyetli; *hek.* habis
malinconia *sf* karasevda, melankoli; hüzün
malinconico *agg* melankolik; hüzünlü
malincuore *avv* : *a malincuore* istemeyerek, üzülerek
malintenzionato *agg/sm* kötü niyetli (kişi)
malinteso *agg/sm* yanlış anlaşılma; yanlışlık
malizia *sf* şeytanlık; kurnazlık
malizioso *agg* kurnaz, şeytanca olan
mallevadore *sm* kefil
malloppo *sm* çıkın; vurgun
malmenare *vt* hırpalamak; kötü davranmak

malmesso *agg* kötü durumda
malnutrizione *sf* kötü beslenme
malo *agg* kötü
malora *sf* yıkım, batma **andare in malora** batmak, iflas etmek
malore *sm* ani rahatsızlık
malsano *agg* sağlıksız
malsicuro *agg* sağlam olmayan; güvenilmez
malta *sf* harç, sıva
maltempo *sm* kötü hava
maltese *agg/sm* Malta adası +; Maltalı
malto *sm* malt, bira mayası
maltrattare *vt* kötü davranmak
malumore *sm* huysuzluk; hoşnutsuzluk, huzursuzluk
malva *sf bitk.* ebegümeci
malvagio *agg/sm* kötü insan
malversazione *sf huk.* zimmetine para geçirme
malvisto *agg* hoş karşılanmayan
malvivente *sm/f* soyguncu; ipsiz
malvolentieri *avv* istemeyerek, isteksizce
mamma *sf* anne, ana **mamma mia!** vay canına!, aman Allahım!
mammella *sf anat.* meme
mammifero *agg/sm* memeli (hayvan)
mammola *sf* menekşe
manata *sf* avuç dolusu; tokat

manca *sf* sol el; sol taraf **a dritta e a manca** sağda solda, her yerde
mancanza *sf* eksiklik; noksanlık; yokluk; kusur, hata; azlık **in mancanza di ... ...** yokluğunda, ... olmadığında **mancanza di tempo** zaman yokluğu
mancare *vi* eksik olmak; kıt olmak; yetmemek; yoksun olmak; olmamak, gelmemek § *vt* isabet ettirememek; kaçırmak **è mancato poco che** az kalsın... **manca poco** az kaldı
mancato *agg* elden gitmiş; başarıya ulaşmamış
mancia *sf* bahşiş
manciata *sf* bir tutam, bir avuç
mancino *agg/sm* solak; *mec.* hileli
manco *avv* bile, dahi **manco per sogno** asla
mandante *sm huk.* vekâlet veren kişi
mandare *vt* göndermek, yollamak; yaymak; salmak **mandare in rovina** yıkmak, mahvetmek **mandare via** kovmak
mandarino *sm* mandalina, mandalina ağacı
mandata *sf* yollama, gönderme
mandatario *sm huk.* vekil

mandato *sm* manda, himaye; havale; *huk.* vekâlet *mandato di arresto* tutuklama emri *mandato di pagamento* ödeme emri
mandibola *sf anat.* (alt) çene
mandolino *sm* mandolin
mandorla *sf* badem
mandria *sf* büyükbaş hayvan sürüsü
mandriano *sm* çoban
maneggiare *vt* elle işlemek; kullanmak; çekip çevirmek
maneggio *sm* kullanma; işletme; yönetme; entrika; at eğitim yeri, manej
manesco *agg* kavgaya hazır
manette *sf/pl* kelepçe
manganellao *sm* sopa, değnek
manganese *sm* manganez
mangereccio *agg* yenilebilir
mangiacassette *sm* kasetçalar
mangiadischi *sm* pikap
mangianastri *sm* teyp, kasetçalar
mangiare *vt* yemek yemek; harcamak; aşındırmak; (dama/satranç vb) taş yemek § *sm* yemek, yiyecek
mangiatoia *sf* hayvan yemliği
mangime *sm* hayvan yemi
mango *sm* hintkirazı, mango
mania *sf* tutku; saplantı
maniaco *agg/sm* aşırı düşkün; manyak *un maniaco del calcio* futbol hastası
manica *sf* (giyside) kol; *mec.* çete, grup *essere di manica lunga* hoşgörülü olmak *essere di manica larga* eli açık olmak
Manica *sf* Manş Denizi
manichino *sm* ressam/vitrin mankeni
manico *sm* sap, kulp
manicomio *sm* akıl hastanesi
manicotto *sm* manşon; iki boruyu birleştiren bilezik
manicure *sm/f* manikürcü; manikür
maniera *sf* şekil, tarz; tavır; biçim *in nessuna maniera* hiçbir şekilde, asla
manierato *agg* yapmacık
manifattura *sf* imalat; yapımevi
manifatturiere *sm* imalatçı, manifaturacı
manifestante *sm/f* gösterici
manifestare *vt* göstermek, açığa vurmak § *vi* gösteri yapmak
manifestarsi *vr* belli olmak, ortaya çıkmak
manifestazione *sf* belirtme; gösteri
manifestino *sm* el ilanı
manifesto₁ *agg* belli, açık
manifesto₂ *sm* ilan; bildiri; manifesto

maniglia *sf* sap, kulp
manipolare *vt* elle yapmak; *mec.* hileyle elde etmek
manipolazione *sf* elle işletme; *mec.* düzen, entrika
maniscalco *sm* nalbant
mannaggia *inter* kahrolsun, lanet olsun
mannaia *sf* balta; satır
mano *sf* el; taraf, yan *di seconda mano* elden düşme, ikinci el *di prima mano* ilk kaynaktan *alla mano* samimi, içten *fatto a mano* el yapımı
manodopera *sf* işçilik
manometro *sm fiz.* manometre, gazölçer
manomettere *vt* kullanmaya başlamak; el atmak; ihlal etmek
manopola *sf* (araçlarda) tutma yeri; (radyo/TV vb'de) düğme
manoscritto *agg/sm* el yazması, elle yazılmış
manovale *sm* yapı işçisi
manovella *sf* kaldıraç, manivela
manovra *sf* manevra
manovrare *vt* kullanma; manevra yaptırmak; *mec.* dilediği gibi yönetmek
mansarda *sf* çatı katı
mansione *sf* görev, vazife
mansueto *agg* yumuşak başlı, uysal; sessiz
mantello *sm* pelerin; manto; hayvan tüyü
mantenere *vt* tutmak; korumak; sürdürmek; beslemek, bakımını sağlamak
mantenersi *vr* geçinmek; devam etmek
mantenimento *sm* bakım; besleme; sürdürme
mantice *sm* körük; *oto.* üst kaput
mantiglia *sf* şal
manto *sm* manto; tabaka
manuale *agg* elle yapılan § *sm* el kitabı
manubrio *sm* sap, kol; halter
manufatto *sm* mamul
manutenzione *sf* bakım; muhafaza
manzo *sm hayb.* erkek dana; dana eti
maona *sf* mavna
mappa *sf* harita
mappamondo *sm* dünya haritası; yarımküre
marasca *sf* ekşi kiraz, vişne
marasma *sm mec.* durgunluk, çöküş; karışıklık
maratona *sf* maraton koşusu; uzun iş
marca *sf* marka; damga; fiş, jeton *marca da bollo* damga pulu *prodotto di marca* yüksek

kaliteli ürün
marcare *vt* damgalamak; *sp.* gol atmak; marke etmek; vurgulamak
marchesa *sf* markiz
marchese *sm* marki, kont
marchiare *vt* damga vurmak
marchio *sm* damga; marka *marchio di fabbrica* ticari marka, alameti farika
marcia *sf* yürüyüş; *mek.* marş, çalışma; *müz.* marş; *oto.* vites *mettere in marcia* çalıştırmak *marcia indietro* geri vites *far marcia indietro* sözünden dönmek
marciapiede *sm* yaya kaldırımı; peron
marciare *vi* yürümek; hız yapmak; çalışmak
marcio *agg* çürümüş, çürük; *mec.* yozlaşmış
marcire *vi* çürümek, kokuşmak; *mec.* yozlaşmak
marco *sm* mark
mare *sm* deniz *mal di mare* deniz tutması *mare chiuso* içdeniz *alto mare* açık deniz
marea *sf* gel-git, med ve cezir
mareggiata *sf* deniz fırtınası
maremma *sf* bataklık arazi
maremoto *sm* deniz depremi
maresciallo *sm* mareşal

margarina *sf* margarin
margherita *sf* papatya
margine *sm* kenar; sayfa kenarı
marina *sf* denizcilik; donanma; deniz kenarı; marina *marina mercantile* ticaret filosu
marinaio *sm* denizci, gemici
marinare *vt* salamuraya yatırmak *marinare la scuola* okula gitmemek
marino *agg* deniz +; denize yakın
marionetta *sf* kukla
maritare *vt* evlendirmek
maritarsi *vr* evlenmek
marito *sm* koca
marittimo *agg* denize yakın; denizle ilgili
marmaglia *sf* ayaktakımı, serseriler
marmellata *sf* marmelat, reçel
marmitta *sf* büyük tencere; *oto.* egzoz, susturucu
marmo *sm* mermer
marmotta *sf hayb.* dağsıçanı
§**Marocco** *sm* : *il Marocco* Fas
marrone *sm* kestane § *agg* kestane rengi
marsina *sf* frak
§**martedi** *sm* salı
martellare *vt* çekiçle dövmek § *vi* çatlamak, çınlamak
martello *sm* çekiç
martinetto *sm mek.* kriko

martire *sm/f* şehit
martirio *sm* şehitlik; *mec.* büyük acı
martora *sf hayb.* zerdeva
martoriare *vt* acı vermek, işkence etmek
marxismo *sm* Marksizm
marxista *sm/f* Marksist
marzapane *sm* badem kurabiyesi
marzo *sm* mart
mascalzone *sm* serseri, hergele
mascella *sf anat.* çene, çene kemiği
maschera *sf* maske; *mec.* kılık; maskeli kimse; (tiyatro/sinema) yer gösterici *ballo in maschera* maskeli balo *maschera antigas* gaz maskesi
mascherare *vt* maske takmak; *mec.* örtmek, maskelemek
mascherarsi *vr* olduğundan başka gözükmek
maschile *agg* erkek +; *dilb.* eril
maschilità *sf* erkeklik
maschio *agg* erkek +; güçlü § *sm* erkek
mascolino *agg* erkek gibi
mascotte *sf* maskot
masnada *sf* çete
mass media *sm/pl* kitle iletişim
massa *sf* kitle; yığın; toplam; çoğunluk; *fiz.* kütle *in massa* topluca, hep birden
massacrare *vt* katliam yapmak
massacratore *agg/sm* katil, cani
massacro *sm* kıyım, katliam
massaggiare *vt* ovmak, masaj yapmak
massaggiatore *sm* masör
massaggio *sm* ovma, masaj
massaia *sf* ev kadını
masseria *sf* çiftlik
masserizia *sf* ev eşyası, mobilyalar
massiccio *agg* som; kalın; masif § *sm* dağ kitlesi
massima *sf* ilke, prensip; (hava raporu) en yüksek sıcaklık *in linea di massima* genel olarak
massimale *sm* maksimum
massimo *agg/sm* en yüksek; azami *al massimo* en çok, en fazla, olsa olsa
masso *sm* büyük kaya
massone *sm* mason
massoneria *sf* masonluk
mastello *sm* büyük leğen
masticare *vt* çiğnemek; *mec.* gevelemek
mastino *sm* bekçi köpeği
mastro *agg/sm* usta, üstat
masturbarsi *vr* mastürbasyon
matassa *sf* yumak, çile
matematica *sf* matematik
matematico *agg* matematiksel §

sm matematikçi
materasso *sm* şilte, döşek
materia *sf* madde; eşya; malzeme; konu *le materie prime* hammadde *in materia di* kapsamında
materiale *agg* maddi § *sm* gereç, malzeme
maternità *sf* analık; doğumevi
materno *agg* anaya özgü; ana gibi *scuola materna* anaokulu
matita *sf* kurşunkalem
matriarcale *agg* anaerkil
matrice *sf* matris; koçan, alındı kâğıdı; *mec.* köken
matricola *sf* sicil, kütük; sicil numarası; üniversiteye yeni kaydolmuş kişi
matrigna *sf* üvey ana
matrimoniale *agg* evlilik +
matrimonio *sm* evlenme; nikâh *matrimonio civile* resmi nikâh *matrimonio religioso* imam nikâhı
matrona *sf* saygıdeğer hanım
mattatoio *sm* mezbaha
mattina *sf* sabah *di mattina* sabahleyin *di prima mattina* erkenden
mattinata *sf* sabah vakti; matine
mattiniero *agg* erken kalkan
mattino *sm* sabah
matto *agg* deli, çılgın; *mec.* donuk, mat § *sm* deli insan
mattone *sm* tuğla
mattonella *sf* karo
maturare *vt* olgunlaştırmak; *mec.* hazırlamak § *vi* olgunlaşmak; süresi dolmak
maturità *sf* olgunluk; olgunlaşma; lise diploması
maturo *agg* olgun, olmuş
mausoleo *sm* anıtkabir
mazza *sf* baston, sopa
mazzata *sf* *mec.* beklenmedik darbe, yıkım
mazzo *sm* demet; deste *mazzo di carte* kart destesi
me *pron* beni, bana *secondo me* bana göre
meandro *sm* (ırmak) kıvrım, menderes
meccanica *sf* mekanik; mekanizma
meccanico *agg* mekanik; otomatik § *sm* makine uzmanı *ingegnere meccanico* makine mühendisi
meccanismo *sm* mekanizma; düzen
medaglia *sf* madalya; nişan
medaglione *sm* *mim.* daire içinde kabartma süs, madalyon
medesimo *agg* aynı; özdeş *io medesimo* kendim, bizzat
media *sf* ortalama; orta not *in*

media ortalama olarak *le medie* orta ve lise

mediano *agg* orta § *sm* orta saha oyuncusu

mediante *prep* yardımıyla, sayesinde

mediare *vt* aracılık etmek

mediatore *sm* arabulucu; tellal, simsar

medicamento *sm* ilaç

medicare *vt* yarayı temizlemek

medicazione *sf* pansuman; sargı

medicina *sf* tıp; ilaç *Facoltà di medicina* Tıp Fakültesi *medicina legale* adli tıp

medicinale *agg* şifalı § *sm* ilaç

medico *sm* doktor § *agg* tıbbi *visita medica* doktor muayenesi *certificato medico* doktor raporu

medievale *agg* ortaçağ +

medio *agg* orta; şöyle böyle *dito medio* ortaparmak

medio oriente Ortadoğu *scuola media* ortaokul *velocità media* ortalama hýz

mediocre *agg* orta, vasat; şöyle böyle

medioevo *sm* ortaçağ

meditare *vt/i* tasarlamak; üzerinde düşünmek

mediterraneo *agg* Akdeniz + *mare mediterraneo* Akdeniz

medium *sm/f* medyum

medusa *sf hayb*. denizanası

megafono *sm* megafon

meglio *avv/agg* daha iyi § *sm* en iyi şey *fare del proprio meglio* elinden geleni yapmak

mela *sf* elma

melacotogna *sf* ayva

melagrana *sf* nar

melanzana *sf* patlıcan

melissa *sf bitk*. oğulotu, melisa

melma *sf* çamur, balçık

melo *sm* elma ağacı

melodia *sf müz*. melodi

melone *sm* kavun

membro *sm* organ; üye

memorandum *sm* nota, memorandum

memoria *sf* hafıza, bellek; anı *a memoria* ezbere

memoriale *sm* dilekçe; anılar

menare *vt* sürdürmek; (yaşam) sürmek; dövmek

mendicante *sm/f* dilenci

mendicare *vi* dilenmek

meningite *sf hek*. menenjit

menisco *sm anat*. menisküs

meno *avv/agg* daha az, daha düşük § *sm* en az; eksi işareti § *prep* -den başka, hariç *a meno che* yeter ki *dal più al meno* yaklaşık olarak *per lo meno* hiç olmazsa, yine de *più o* *meno* aşağı yukarı, az çok *quanto meno* en azından, hiç olmazsa *senza meno* kuşkusuz

menomare *vt* eksiltmek; sakatlamak

menopausa *sf* menopoz

mensa *sf* sofra; yemekhane

mensile *agg* aylık § *sm* aylık ücret

mensola *sf* konsol

menta *sf bitk.* nane; nane likörü

mentale *agg* zihinsel

mentalità *sf* kafa, zihniyet

mente *sf* akıl, zihin *venire in mente* aklına gelmek *imparare a mente* ezberlemek *avere in mente* aklında olmak

mentire *vi* yalan söylemek

mento *sm* çene

mentolo *sm kim.* mentol

mentre *cong* iken; oysa, halbuki

menù *sm* yemek listesi, menü

menzionare *vt* adını anmak

menzione *sf* adını anma, bahsetme

menzogna *sf* yalan

meraviglia *sf* şaşma; hayret; harika

meravigliare *vt* şaşırtmak, hayrete düşürmek

meravigliarsi *vr* hayret etmek, şaşmak

meraviglioso *agg* mükemmel, olağanüstü

mercante *sm* tüccar

mercanteggiare *vi* pazarlık etmek

mercantile *agg* ticari, ticaret +

mercanzia *sf* ticari eşya, mal

mercato *sm* pazar; piyasa *mercato nero* karaborsa *mercato libero* serbest piyasa *mercato comune* ortak pazar

merce *sf* mal *treno merci* yük treni

mercé *sf* tanrı yardımı, lütuf

mercenario *agg/sm* ücretli

merceria *sf* tuhafiyecilik; tuhafiye dükkânı

merciaio *sm* tuhafiyeci

mercimonio *sm* kaçakçılık

mercoledi *sm* çarşamba

mercurio *sm kim.* cıva; *gökb.* Merkür

merda *sf* bok

merenda *sf* ikindi kahvaltısı

meridiana *sf* güneş saati; *gökb.* meridyen

meridiano *agg* öğlen + § *sm co.* meridyen

meridionale *agg* güneydeki § *sm/f* güneyli

meridione *sm* güney

meringa *sf* bir tür hafif kurabiye

meritare *vt* hak etmek, layık olmak

meritevole *agg* layık

merito *sm* değer, kıymet; övünç; yetenek *in merito a* bakımından; bu konuda

meritorio *agg* övgüye değer

merletto *sm* dantel

merlo1 *sm hayb.* karatavuk

merlo2 *sm mim.* mazgal arası siper

merluzzo *sm hayb.* morina balığı

meschino *agg* zavallı, yoksul

mescolanza *sf* karıştırma, harman etme

mescolare *vt* karıştırmak, harman etmek

mescolarsi *vr* karışmak; birleşmek

mese *sm* ay

messa1 *sf* düzeltme; çalıştırma *messa in piega* mizanpli *messa in scena* sahneye koyma *messa in moto* çalışma, çalıştırma

messa2 *sf* ayin

messaggero *sm* elçi, haberci

messaggio *sm* mesaj; bildiri

messale *sm* ayin kitabı

messe *sf* ekin, ürün

messia *sf* Mesih

messo *sm* odacı; mübaşir

mestiere *sm* iş, meslek; zanaat *essere di mestiere* işin ustası olma

mesto *agg* üzüntülü, mahzun

mestola *sf* büyük kepçe; sıvacı malası

mestolo *sm* kepçe

mestruazione *sf* âdet görme

metà *sf* yarı, yarısı *a metà prezzo* yarı fiyatına *tagliare a metà* ikiye bölmek

meta *sf* hedef; amaç

metafora *sf* istiare, eğretileme

metallico *agg* madensel; metal +

metallo *sm* maden; metal

metalmeccanico *agg* maden-makine + § *sm* maden makine işçisi

metano *sm kim.* metan gazı

meteora *sf gökb.* meteor; göktaşı

meteorite *sm gökb.* göktaşı

meteorologia *sf* meteoroloji

meteorologico *agg* meteorolojik

meticcio *sm biy.* kırma; melez

metile *sm* metil

metilene *sm* metilen

metodico *agg* yöntemli; düzenli

metodo *sm* yöntem, metot; düzen

metrica *sf* vezin

metrico *agg* metre + *sistema metrico* metrik sistem

metro *sm* metre; vezin *metro quadrato* metre kare *metro cubo* metre küp

metropoli *sf* metropol

metropolitana *sf* yeraltı treni,

metro
metropolitano *agg* anakent +; başpiskoposluk +
mettere *vt* koymak, yerleştirmek; giymek, takmak; hazırlamak; karşılaştırmak *mettere la seconda* ikinci vitese takmak *mettere in atto* gerçekleştirmek *mettere fame* acıktırmak *mettere in conto* hesaba yazmak *mettere paura* korkutmak *mettere qc dentro* hapse atmak
mettersi *vr* yerleşmek; başlamak; yönelmek *mettersi a letto* yatmak
mezza *sf* (saat) on iki buçuk, yarım
mezzadro *sm* yarıcı
mezzaluna *sf* hilal; doğrama bıçağı
mezzanino *sm* asma kat, ara kat
mezzano *agg* orta büyüklükte § *sm* aracı; pezevenk
mezzanotte *sf* gece yarısı
mezzo *agg* yarım, yarı; orta § *sm* yarısı, orta; çare; araç *mezza età* orta yaş *di mezza età* orta yaşlı *levarsi di mezzo* aradan çekilmek *per mezzo di* yardımıyla, sayesinde *mezzi di trasporto* ulaşım araçları *mezzi di comunicazione* iletişim araçları
mezzogiorno *sm* öğle; güney
miagolare *vi* miyavlamak
mica₁ *avv* hiç, hiç de *mica male* hiç fena değil!
mica₂ *sf* mika
miccia *sf* fitil
micidiale *agg* öldürücü; çok tehlikeli
microbico *agg* mikrobik
microbio *sm* mikrop
microbo *sm* mikrop
microfilm *sm* mikrofilm
microfono *sm* mikrofon
microscopio *sm fiz.* mikroskop
midollo *sm anat.* ilik *midollo spinale* omurilik
miele *sm* bal *luna di miele* balayı
mietere *vt* ekin biçmek
migliaio *sm* bin *a migliaia* binlerce
miglio *sm* darı
miglioramento *sm* düzelme, iyileşme
migliorare *vt* düzeltmek, iyileştirmek § *vi* düzelmek, iyileşmek
migliore *agg* daha iyi, en iyi § *sm/f* en iyisi *il migliore della classe* sınıfın en iyisi
mignolo *sm* serçeparmak
mignotta *sf* orospu

migrare *vi* göç etmek
migrazione *sf* göç; göçme
miliardario *agg/sm* milyarder
miliardo *sm* milyar
miliare *agg* kilometre gösteren **pietra miliare** kilometre taşı, dönüm noktası
milionario *agg/sm* milyoner
milione *sm* milyon
militante *agg/sm/f* azimli; militan
militare1 *agg* askeri § *sm* asker *servizio militare* askerlik görevi *fare il militare* askerlik yapmak *zona militare* askeri bölge
militare2 *vi* askerliğini yapmak
milite *sm* asker
millantare *vt* aşırı övmek
millantatore *agg/sm* böbürlenen
mille *num* bin; çok *mille grazie* çok teşekkür ederim
millefoglie *sm* milföy; *bitk.* civanperçemi
millennio *sm* bin yıllık zaman
millepiedi *sm* kırkayak
millesimo *agg* bininci § *sm* binde bir
milligrammo *sm* miligram
millimetro *sm* milimetre
milza *sf anat.* dalak
mimesi *sf* taklit
mimetizzare *vt* gizlemek, kamufle etmek
mimetizzarsi *vr* gizlenmek
mimica *sf* mimik
mimo *sm* mim, pandomima
mimosa *sf* mimoza, küstümotu
mina *sf* mayın; kalem içi
minaccia *sf* tehdit, gözdağı
minacciare *vt* tehdit etmek, gözdağı vermek
minaccioso *agg* tehdit edici
minare *vt* mayınlamak; *mec.* yıpratmak, çökertmek
minatore *sm* maden işçisi
minatorio *agg* tehdit eden
minerale *sm* maden, mineral § *agg* mineral + *acqua minerale* madensuyu
minerario *agg* maden +, mineral +
minestra *sf* çorba
minestrone *sm* makarnalı sebze çorbası
mingherlino *agg* cılız, zayıf
miniatura *sf* minyatür
miniera *sf* maden ocağı
minigonna *sf* mini etek
minimo *agg* çok küçük, azıcık § *sm* en az, minimum, asgari; (motor) rölanti
ministero *sm* bakanlık; hükümet, kabine
ministro *sm* bakan; *din.* Protestan papazı *primo ministro*

başbakan
minoranza *sf* azınlık; azlık
minorato *agg/sm* özürlü, sakat
minore *agg* daha küçük, daha az; daha genç; önemsiz § *sm/f huk.* yaşça küçük
minorenne *sm/f/agg* reşit olmayan
minuscolo *agg/sm* çok küçük; küçük harf
minuta *sf* karalama, müsvedde
minuto1 *agg* çok küçük; ufak tefek; *mec.* önemsiz *al minuto* perakende
minuto2 *sm* dakika *minuto secondo* saniye
mio *agg* benim § *pron* benimki *un mio amico* bir arkadaşım *i miei* ailem, bizimkiler
miope *agg/sm/f* miyop
mira *sf* maksat, amaç *prendere di mira qc* birini hedef almak
mirabile *agg* mükemmel, harika
miracolo *sm* mucize, harika
miraggio *sm* ılgın, serap
mirare *vi* nişan almak; *mec.* göz dikmek
mirino *sm* (silah) arpacık; *fot.* vizör
mirtillo *sm bitk.* yabanmersini
miscela *sf* karışım
miscelatore *sm* karıştırıcı, mikser

mischia *sf* dalaş; birbirine girme
mischiare *vt* karıştırmak, harman yapmak
mischiarsi *vr* birbirine karışmak
miscuglio *sm* karışım
miserabile *agg* zavallı, sefil, yoksul; bayağı
miseria *sf* yoksulluk, kıtlık
misericordia *sf* acıma, merhamet
misero *agg* zavallı, sefil; bayağı
misfatto *sm* cinayet; suç
misogino *agg/sm* kadın düşmanı
missile *sm* füze
missionario *sm* misyoner
missione *sf* özel görev; misyoner heyeti
misterioso *agg* gizemli, esrarengiz
mistero *sm* sır, esrar
mistificare *vt* aldatmak, yanıltmak
misto *agg* karma, karışık
mistura *sf* karışım
misura *sf* ölçü; ölçü birimi; önlem, tedbir *su misura* ısmarlama *passare la misura* ölçüyü kaçırmak
misurare *vt* ölçmek, hesaplamak
misurarsi *vr* kendini ayarlamak; boy ölçüşmek
misurato *agg* ölçülü; dengeli
mite *agg* yumuşak, uysal; ılıman
mitigare *vt* yumuşatmak, din-

dirmek
mitilo *sm hayb.* midye
mito *sm* efsane, mit
mitologia *sf* mitoloji, söylence
mitra₁ *sm* makineli tüfek
mitra₂ *sf* piskoposluk tacı
mitragliatrice *sf* makineli tüfek
mittente *sm/f* gönderen
mobile *agg* hareketli; taşınabilir § *sm* mobilya *bene mobile* taşınabilir eşya *scala mobile* yürüyen merdiven
mobilia *sf* döşeme eşyası, mobilya
mobiliare *agg* menkul, taşınır
mobilitare *vt* seferber etmek, harekete geçirmek
mocassino *sm* mokasen
moccio *sm* sümük
moccioso *sm* sümüklü çocuk, afacan, velet
moccolo *sm* mum ucu
moda *sf* moda; şekil *di moda* çok tutulan, moda olan *fuori moda* modası geçmiş
modalità *sf* biçim, şekil
modella *sf* manken
modellare *vt* şekil vermek, biçimlendirmek
modello *sm* model, örnek; maket; biçim
§**modem** *sm* modem
moderare *vt* ölçüyü aşmamak;

frenlemek
moderarsi *vr* kendini tutmak
moderato *agg* ılımlı, ölçülü
moderatore *agg/sm* yöneten
moderno *agg/sm* yeni, modern
modestia *sf* alçak gönüllülük; mütevazılık
modesto *agg* mütevazı, alçak gönüllü; vasat
modico *agg* (fiyat) uygun, makul
modifica *sf* değişiklik; düzeltme
modificare *vt* değiştirmek; düzeltmek
modista *sf* kadın şapkacısı
modo *sm* şekil, tarz; davranış; olanak; *dilb.* kip *ad ogni modo* her şeye rağmen *in nessun modo* asla *in tutti i modi* her halükârda *modo di dire* deyim
modulare *vt* sesini ayarlamak
modulazione *sf* frekans değişimi; modülasyon *modulazione di frequenza* frekans ayarı
modulo *sm* form; *mim.* oran ölçüsü; çap *modulo di iscrizione* kayıt formu
mogano *sm* maun, akaju
mogio *agg* sıkılmış, morali bozulmuş
moglie *sf* eş, karı
moina *sf* yaltaklanma, cilve
mola *sf* değirmentaşı; bileğitaşı

molare *sm* azıdişi
mole *sf* büyük kütle
molestare *vt* tedirgin etmek, rahatsız etmek
molestia *sf* can sıkma, usandırma
molesto *agg* tedirgin edici, can sıkıcı, bıktırıcı
molla *sf* yay, zemberek; makas *le molle* maşa
mollare *vt* bırakmak, salıvermek § *vi* yılmak
molle *agg* yumuşak; gevşek, etkisiz
molletta *sf* çamaşır mandalı; buz/şeker maşası
mollica *sf* ekmek içi
mollusco *sm hayb*. yumuşakçalar
molo *sm* dalgakıran; rıhtım
molteplice *agg* türlü türlü; birçok
moltiplicare *vt* çoğaltmak, artırmak
moltiplicarsi *vr* artmak, çoğalmak, büyümek
moltiplicazione *sf* çarpma; çoğalma, çoğaltma
molto *agg/avv/pron* çok *a dir molto* en fazla, olsa olsa *è glà molto* çok bile *molto grande* çok büyük
momentaneo *agg* ani, geçici
momento *sm* an, dakika *al momento di* esnasında, sırasında *per il momento* şimdilik *al momento* o anda *dal momento che* mademki *da un momento all'altro* neredeyse
monaca *sf* rahibe
monaco *sm* keşiş, rahip
monarca *sm* padişah, hükümdar
monarchia *sf* monarşi, hükümdarlık
monastero *sm* manastır
monastico *agg* manastır +
monco *agg/sm* çolak; *mec*. noksan
mondano *agg* dünyasal; yüksek sosyeteyle ilgili
mondare *vt* temizlemek; kabuklarını soymak
mondezza *sf* çöp
mondiale *agg* dünya çapında; dünya + *guerra mondiale* dünya savaşı
mondo *sm* dünya, yeryüzü; toplum *l'altro mondo* öbür dünya, ahiret *al mondo d'oggi* günümüzde
monello *sm* yumurcak, haylaz
moneta *sf* bozuk para; para *carta moneta* kâğıt para
monetario *agg* parasal
mongoloide *agg/sm/f* mongol
monito *sm* uyarma, ikaz
monitore *sm* monitör
monocolo *sm* tek gözlük
monofase *agg mek*. tek fazlı
monogamia *sf* tekeşlilik

monologo *sm* monolog
monopolio *sm* tekel, monopol
monotono *agg* tekdüze, monoton
monsignore *sm* Monsenyör
monsone *sm* muson
montacarichi *sm* yük asansörü
montaggio *sm* kurma, montaj; *sin.* kurgu
montagna *sf* dağ; *mec.* bir yığın
montanaro *agg* dağ + § *sm* dağ adamı
montare *vi* çıkmak; ata binmek; artmak § *vt* çalkalamak; *sin.* kurgusunu yapmak; monte etmek
montarsi *vr* alevlenmek; kibirlenmek
montatore *agg/sm* montajcı; kurgucu
montatura *sf* kurma, montaj; çerçeve; *mec.* abartma
monte *sm* dağ; tepe *andare a monte* suya düşmek *mandare a monte* berbat etmek
montone *sm* koç, koyun
montuoso *agg* dağlık
monumentale *agg* anıtsal; görkemli
monumento *sm* anıt; yapı
mora1 *sf* dut
mora2 *sf* gecikme
morale *agg* ahlaki; manevi § *sf* ahlak bilimi; sonuç § *sm* moral

essere giù di morale morali bozuk olmak
moralità *sf* ahlaka uygunluk; maneviyat
morbido *agg/sm* yumuşak; hoş
morbillo *sm hek.* kızamık hastalığı
morbo *sm* hastalık
morboso *agg* hastalıklı; aşırı, anormal
mordace *agg* dokunaklı, iğneli
mordente *agg/sm* ısıran; iğneleyen § *sm* canlılık
mordere *vt* ısırmak; sokmak; aşındırmak
morena *sf* buzultaş, moren
morfina *sf* morfin
moribondo *agg* can çekişen, ölmekte olan
morigerato *agg* ahlak sahibi
morire *vi* ölmek; sönmek, batmak *morire dalle risa* gülmekten katılmak *morire di fame* açlıktan ölmek
mormorare *vi* mırıldanmak; uğuldamak
moro *agg* esmer; karayağız
moroso *agg/sm huk.* ödeme süresini geçirmiş olan
morsa *sf* mengene; kıskaç
morsicare *vt* ısırmak
morso *sm* ısırık; ısırma; sokma; parça

mortaio *sm* havan topu
mortale *agg* ölümcül; ölümlü § *sm/f* insanoğlu
mortalità *sf* ölüm oranı
morte *sf* ölüm
mortificare *vt* mahcup etmek; küçültmek
mortificato *agg* mahcup
morto *agg* ölü; cansız § *sm* ölü *stagione morta* ölü mevsim
mosaico *sm* mozaik
mosca *sf* sinek *mosca cieca* körebe
moscato *sm* misket üzümü
moscerino *sm* küçük sinek
moschea *sf* cami
moschettiere *sm* silahşör
moschetto *sm* kısa namlulu tüfek
moscio *agg* gevşek; ölgün
mossa *sf* kıpırdama, hareket
mosso *agg* oynayan; hareket etmiş *mare mosso* dalgalı deniz
mostarda *sf* hardal
mostra *sf* gösteri; sergi; geçit töreni *mostra di pittura* resim sergisi *far bella mostra* kendini göstermek
mostrare *vt* göstermek; sergilemek
mostrarsi *vr* görünmek; kendini göstermek
mostro *sm* canavar; dev
mostruoso *agg* korkunç; azman
§**motel** *sm* motel
motivare *vt* yol açmak, neden olmak; açıklamak
motivazione *sf* gerekçe, neden; motivasyon
motivo *sm* neden, sebep; tema; *müz.* parça, motif *senza motivo* nedensiz
moto1 *sm* hareket; işleme; *mec.* ani duygu; isyan *mettere in moto* çalıştırmak, hareket ettirmek
moto2 *sf kon.* motosiklet
motocicletta *sf* motosiklet
motociclismo *sm* motosiklet yarışı
motociclista *sm/f* motosiklet yarışçısı
motocross *sm* motokros
motore *agg* hareket ettirici § *sm* motor *motore a combustione interna* içten yanmalı motor *motore a reazione* jet motoru
motorino *sm* küçük motosiklet *motorino d'avviamento* *oto.* marş
motorizzare *vt* makineleştirmek
motoscafo *sm* sürat motoru
motto *sm* özdeyiş; parola
movente *sm* neden, dürtü
movimentare *vt* canlılık vermek
movimento *sm* devinim, hareket;

trafik
mozione *sf* önerge
mozzare *vt* sertçe kesmek
mozzarella *sf* bir çeşit peynir, mozerella
mozzicone *sm* parça, artık; izmarit
mozzo1 *sm den.* muço
mozzo2 *sm mek.* poyra
mucca *sf* inek
mucchio *sm* küme, yığın; *mec.* bir sürü
muco *sm* sümük
muffa *sf* küf
muggine *sm* kefal balığı
muggire *vi* böğürmek
muggito *sm* böğürme
mughetto *sm bitk.* inciçiçeği
mugnaio *sm* değirmenci
mugolare *vi* inlemek
mulinello *sm* kasırga, girdap
mulino *sm* değirmen *mulino a vento* yeldeğirmeni
mulo *sm* katır
multa *sf* para cezası
multare *vt* para cezası kesmek
multiforme *agg* çok biçimli
multinazionale *agg* çok uluslu
multiplo *agg* çok öğeli § *sm mat.* kat
mummia *sf* mumya
mungere *vt* süt sağmak
municipale *agg* belediye +
municipio *sm* belediye, belediye sarayı
munifico *agg* eli açık, cömert
munire *vt* takviye etmek; donatmak
munizione *sf* gereç; cephane
muovere *vt* kımıldatmak; davranışa itmek
muoversi *vr* hareketlenmek; harekete geçmek
muraglia *sf* sur; bariyer
murale *agg* duvar +
murare *vt* duvar örmek
muratore *sm* duvarcı
muro *sm* duvar; *mec.* engel *il muro del suono* ses duvarı *mettere con le spalle al muro* zorlamak; kıstırmak
muschi *sm* yosun
muschio *sm* misk; *bitk.* yosun
muscolare *agg anat.* kas +
muscolo *sm anat.* kas, adale
museo *sm* müze
museruola *sf* tasma
musica *sf* müzik *musica da camera* oda müziği
musicale *agg* müzik +, müziksel
musicista *sm/f* müzisyen; besteci
muso *sm* (hayvanda) ağız ve burun; yüz; ön kısım *tenere il muso* somurtmak, surat asmak
musone *sm* asık suratlı
muta *sf* değişim; dalgıç elbisesi;

tüy değiştirme
mutamento *sm* değişiklik
mutande *sf/pl* don, külot
mutare *vt* değiştirmek § *vi* değişmek
mutazione *sf* değişme, dönüşme; *biy.* mutasyon
mutevole *agg* değişken, kararsız
mutilare *vt* sakatlamak; *mec.* eksiltmek
mutilato *sm* sakat
mutismo *sm hek.* dilsizlik; sessizlik
muto *agg* dilsiz; suskun, sessiz; *dilb.* telaffuz edilmeyen *cinema muto* sessiz sinema
mutua *sf* sağlık sigortası
mutuatario *sm* borçlu, verecekli
mutuo1 *agg* karşılıklı
mutuo2 *sm* ödünç alma

N

nacchera *sf/pl* zil, kastanyet
nafta *sf kim.* neftyağı; mazot *motore a nafta* dizel motor
naftalina *sf* naftalin
nailon *sm* naylon
nanna *sf* (çocuk dili) uyku
nano *agg/sm* cüce; bodur
nappa *sf* püskül
narciso *sm bitk.* nergis
narcosi *sf hek.* narkoz
narcotico *sm* uyuşturucu ilaç/madde
narghile *sm* nargile
narice *sf* burun deliği
narrare *vt* anlatmak, hikâye etmek
narrativa *sf* öykü, roman
narrativo *agg* anlatım +
narratore *sm* hikâyeci; anlatıcı
narrazione *sf* hikâye; öyküleme
nasale *agg* burun +
nascere *vi* doğmak; meydana gelmek, oluşmak
nascita *sf* doğum *anniversario di nascita* doğum günü *luogo di nascita* doğum yeri
nascondere *vt* saklamak, gizlemek
nascondersi *vr* saklanmak, gizlenmek
nascondiglio *sm* gizlenecek yer
nascondino *sm* saklambaç
nascosto *agg* gizli, saklı
nasello *sm hayb.* mezgit balığı
naso *sm* burun
nastro *sm* kurdele; şerit *nastro adesivo* yapışkan bant, seloteyp *nastro isolante* izole bant
Natale *sm* Noel *babbo Natale* Noel baba
natale *agg* doğum +

natalità *sf* doğum oranı
natalizio *agg* Noel +; doğum +
natante *agg* su üstünde yüzen
natica *sf anat.* kaba et, kıç
natio *agg* doğum yeri
nativo *agg* doğum yeri + § *sm* (bir yerin) yerlisi
nato *agg* doğmuş; doğuştan
natura *sf* doğa, tabiat; huy, yaradılış *per natura* doğuştan, yaradılıştan
naturale *agg* doğal, tabii
naturalezza *sf* doğal özellik
naturalista *sm/f* doğabilimci; natüralist
naturalizzare *vt* yurttaşlığa almak
naturalmente *avv* doğal olarak; elbette
naufragare *vi* (gemi) batmak; *mec.* başarısızlığa uğramak
naufragio *sm* (gemi) batma; deniz kazası; *mec.* yıkılma
naufrago *sm* kazazede
nausea *sf* mide bulantısı
nauseabondo *agg* mide bulandırıcı
nauseare *vt* mide bulandırmak
nautica *sf* denizcilik, gemicilik
nautico *agg* denizcilik +
navale *agg* gemicilik + *cantiere navale* tersane
navata *sf mim.* sahın, nef

nave *sf* gemi *nave cisterna* tanker *nave da guerra* savaş gemisi *nave passeggeri* yolcu gemisi *nave traghetto* feribot *nave spaziale* uzaygemisi
navetta *sf* mekik
navicella *sf* (uçak) motor yeri
navigare *vi* denizde seyretmek
navigatore *sm* denizci, gemici
navigazione *sf* denizcilik, gemicilik
naviglio *sm* donanma, filo; su kanalı
nazionale *agg* ulusal, milli § *sf sp.* milli takım *inno nazionale* ulusal marş
nazionalismo *sm* ulusçuluk, milliyetçilik
nazionalista *agg/sm/f* milliyetçi, ulusçu
nazionalità *sf* uyrukluk, vatandaşlık; ulus
nazione *sf* ulus, millet
ne *pron/avv* bundan, ondan; oradan, buradan
né *cong* ne, ne de *né io né lui* ne ben ne o
neanche *avv/cong* ne de, hiç de; bile *neanche per sogno!* asla!, katiyen!
nebbia *sf* sis, pus
nebbioso *agg* sisli; bulanık
nebulosa *sf gökb.* bulutsu, ne-

bülöz
nebuloso *agg* bulutlu, kapalı; *mec.* belirsiz
necessariamente *avv* zorunlu olarak
necessario *agg* gerekli; zorunlu
necessità *sf* gereklilik; zorunluluk; ihtiyaç; yokluk
necessitare *vi* gerekli olmak § *vt* zorunlu kılmak, gerektirmek
necessitato *agg* mecbur, zorunlu
necrologia *sf* ölüm duyurusu
nefasto *agg* uğursuz, kötü
negare *vt* yalanlamak, inkâr etmek; reddetmek; tanımamak *negare il permesso* izin vermemek
negativa *sf* olumsuz yanıt; *fot.* negatif film
negativo *agg* olumsuz; ters; *mat.* eksi; *fot.* negatif
negazione *sf* yadsıma, inkâr
negligente *agg* savsak, dikkatsiz; ilgisiz
negligenza *sf* ilgisizlik, kayıtsızlık
negoziante *sm/f* dükkân sahibi, tüccar
negoziare *vt* görüşmek, üzerinde tartışmak; ticaretle uğraşmak
negoziato *sm* görüşme, müzakere
negozio *sm* dükkân; ticari iş

negro *agg* zenci + § *sm* zenci
nembo *sm* yağmur bulutu
nemico *agg* düşmanca olan § *sm* hasım; düşman
nemmeno *avv/cong* bile; asla
nenia *sf* ağıt; nakarat
neo *sm hek.* ben; *mec.* küçük kusur
neon *sm* neon gazı
neonato *agg* yeni doğmuş § *sm* yeni doğmuş bebek
neppure *avv/cong* bile, ne de
nerbo *sm* sinir; kırbaç; *mec.* güç, canlılık
neretto *sm bas.* (harf) kalın
nero *agg* siyah, kara § *sm* siyah renk; zenci *il mar Nero* Karadeniz *mercato nero* karaborsa *vino nero* kırmızı şarap
nervatura *sf* sinirler; *mim.* tonoz kaburgası; *bitk.* (yaprakta) damarlar
nervo *sm anat.* sinir *avere i nervi* sinirli olmak *crisi di nervi* sinir krizi
nervoso *agg* sinirsel; sinirli *sistema nervoso* sinir sistemi
nespola *sf* muşmula
nespolo *sm* muşmula ağacı
nesso *sm* bağlantı; ilişki
nessuno *agg* hiç § *pron* hiçbir; hiç kimse; birisi *in nessun luogo* hiçbir yerde *in nessun modo*

hiçbir şekilde *nessuna cosa* hiçbir şey

nettare1 *sm bitk.* çiçek balı, balözü

nettare2 *vt* temizlemek

nettezza *sf* temizlik

netto *agg* temiz; belli; net *stipendio netto* net maaş

netturbino *sm* çöpçü

neurologia *sf* sinirbilim, nöroloji

neurologo *sm* nörolog

neutrale *agg* yansız, nötr

neutralità *sf* yansızlık, tarafsızlık

neutralizzare *vt kim.* nötrleştirmek

neutro *agg* tarafsız; nötr

neutrone *sm fiz.* nötron

nevaio *sm* kar yığını

neve *sf* kar

nevicare *vi* kar yağmak

nevicata *sf* kar yağışı

nevischio *sm* ince kar

nevoso *agg* karlı

nevralgia *sf hek.* sinir ağrısı, nevralji

nevrastenico *agg/sm* sinirleri zayıf, nevrastenik

nevrosi *sf* nevroz

nicchia *sf mim.* duvar oyuğu, niş

nichel *sm* nikel

nicotina *sf* nikotin

nido *sm* yuva

niente *pron* hiçbir şey § *sm* hiç, hiçbir şey § *avv* hiç, hiç de *di niente!* bir şey değil!, önemli değil *non fa niente* önemli değil, fark etmez

nientemeno *avv* bir de, üstelik

ninfa *sf* orman/su perisi

ninfea *sf bitk.* nilüfer

ninnananna *sf* ninni

ninnolo *sm* önemsiz şey, zımbırtı

nipote *sm/f* yeğen; torun

nitido *agg* temiz, düzgün; açık seçik

nitrato *sm kim.* nitrat

nitrico *agg kim.* nitrik

nitrire *vi* kişnemek

nitrito *sm* kişneme

nitroglicerina *sf kim.* nitrogliserin

no *avv* hayır, değil *perché no?* neden olmasın? *se no* yoksa, aksi takdirde

nobile *agg/sm/f* soylu, asil

nobiliare *agg* soylular +

nobiltà *sf* soyluluk; yücelik

nocca *sf* parmak eklemleri

nocciola *sf* fındık § *agg* açık kahverengi

nocciolo *sm* çekirdek; öz

nocciolo *sm* fındık ağacı

noce *sm* ceviz ağacı § *sf* ceviz *noce di cocco* hindistancevizi *noce moscata* toz hindistancevizi

nocivo *agg* zararlı
nodo *sm* düğüm; boğum; kavşak
nodoso *agg* düğümlü
noi *pron/sm/f* biz
noia *sf* can sıkıntısı; rahatsızlık
noialtri *pron* bizler
noioso *agg* usandırıcı; can sıkıcı
noleggiare *vt* kiralamak; kiraya vermek
noleggio *sm* kiralama; kira ücreti
noiente *agg* isteksiz
nolo *sm* navlun; kira ücreti *prendere a nolo* kiralamak
nomade *agg/sm/f* göçebe
nome *sm* ad, isim *a nome di ...* adına *nome di battaglia* takma ad *nome di battesimo* vaftiz ismi *nome di famiglia* soyadı *nome proprio* özel isim
nomea *sf* kötü şöhret
nomignolo *sm* takma ad
nomina *sf* atama, tayin
nominale *agg* ad +; saymaca
nominare *vt* adlandırmak; atamak, tayin etmek
nominativo *agg* ada yazılı § *sm dilb.* ismin yalın hali
non *avv* -me, -ma, değil *non c'è di che!* rica ederim, bir şey değil *non mai* asla
nonche *cong* aynı zamanda
noncurante *agg* ilgisiz, umursamaz
noncuranza *sf* aldırmazlık, ilgisizlik
nondimeno *cong* bununla birlikte, yine de
nonna *sf* büyükanne, nine
nonno *sm* büyükbaba, dede
nonostante *prep* -e karşın, -e rağmen § *cong* her ne kadar
nonsenso *sm* saçmalık
nord *sm* kuzey § *agg* kuzeye bakan *America del nord* Kuzey Amerika
nordest *sm* kuzeydoğu
nordico *agg* kuzey + § *sm* kuzeyli
nord-ovest *sm* kuzeybatı
norma *sf* kural, düzen; model *di norma* ilke olarak *a norma di legge* yasa uyarınca
normale *agg* olağan, normal
normalità *sf* olağanlık, normal durum
normalizzare *vt* normalleştirmek; standartlaştırmak
normalmente *avv* olağan biçimde; genellikle
§**Norvegia** *sf* : §*la Norvegia* Norveç
nostalgia *sf* ev/yurt özlemi, hasret, nostalji
nostalgico *agg* hasret dolu, özlemli
nostrano *agg* memlekete ait, yerli

nostro *agg/pron* bizim

nota *sf* not; işaret; *müz.* nota; (politika) nota; liste *nota di pegno* emanet makbuzu *degno di nota* dikkate değer *prendere nota* not almak

notabile *agg/sm* önemli, dikkate değer

notaio *sm* noter

notare *vt* işaretlemek; not almak, kaydetmek; gözlemlemek; fark etmek *farsi notare* kendini göstermek

notazione *sf* işaretleme; *mec.* yorum

notevole *agg* hatırı sayılır, dikkate değer; epeyce

notifica *sf* bildirme; ihbar

notificare *vt* bildirmek, tebliğ etmek

notizia *sf* haber; kısa not; bilgi

notiziario *sm* günlük haberler; haber bülteni

noto *agg* iyi bilinen, tanınmış

notorietà *sf* tanınmışlık; ünlülük

notorio *agg* belli, ortada

nottambulo *sm* gece yaşamını seven, gece kuşu

nottata *sf* gece

notte *sf* gece *giorno e notte* gece gündüz, durmadan *farsi notte* karanlık basmak *buona notte!* iyi geceler! *di notte* geceleyin

nottetempo *avv* geceleyin

notturno *agg* gece + *locale notturno* gece kulübü

novanta *num* doksan

novatore *sm* yenilikçi

nove *num* dokuz

novecento *num* dokuz yüz

novella *sf* öykü, hikâye

novellino *agg/sm* toy, tecrübesiz

novello *agg* turfanda, yeni çıkmış, yeni

novembre *sm* kasım

novilunio *sm* yeni ay

novità *sf* yenilik; özgünlük; son moda eşya *le novità della moda* son moda

noviziato *sm* çömezlik; çıraklık

novizio *sm* papaz çömezi; acemi

nozione *sf* kavram; temel bilgiler

nozze *sf/pl* düğün; evlilik *nozze d'argento* yirmi beşinci evlilik yıldönümü, gümüş yıldönümü *nozze d'oro* ellinci evlilik yıldönümü, altın yıldönümü

nube *sf* bulut

nubifragio *sm* şiddetli fırtına

nubile *agg* bekâr, evlenmemiş

nuca *sf* ense

nucleare *agg* *fiz.* çekirdek +; nükleer *centrale nucleare* nükleer santral

nucleo *sm* *fiz.* hücre çekirdeği; *mec.* küçük grup; merkez *nu-*

cleo familiare çekirdek aile
nudismo *sm* çıplaklık
nudista *sm/f* çıplak kimse
nudo *agg* çıplak; *mec.* süssüz § *sm* çıplak vücut resmi, nü
nulla *pron/sm/avv* hiçbir şey; hiç *per nulla* hiçbir şekilde
nullaosta *sm* izin; onay belgesi
nullità *sf* hiçlik; hükümsüzlük
nullo *agg* geçersiz; *sp.* berabere kalma
numerale *agg* sayısal § *sm dilb.* sayı sıfatları
numerare *vt* numaralamak
numerato *agg* numaralı
numerazione *sf* numaralama
numerico *agg* sayısal
numero *sm* sayı, numara; rakam; toplam; gösteri *numeri romani* Roma rakamları *numero d'ordine* sıra numarası
§ **numero di telefono** telefon numarasý *numero cardinale* asal sayý *numero intero* tamsayý *numero uno* birinci sýnýf
numeroso *agg* çok; kalabalık
nunzio *sm* papalık elçisi
nuocere *vi* zarar vermek
nuora *sf* gelin
nuotare *vi* yüzmek
nuotatore *sm* yüzücü
nuoto *sm* yüzme

nuovo *agg* yeni *di nuovo* tekrar, yeniden *nuovo di zecca* gıcır gıcır, yepyeni
nutrice *sf* sütanne
nutriente *agg/sm* besleyici
nutrimento *sm* besin, gıda
nutrire *vt* beslemek; bakmak; *mec.* taşımak, beslemek
nutrirsi *vr* beslenmek
nutritivo *agg* besleyici
nutrizione *sf* beslenme
nuvola *sf* bulut
nuvolo *sm* bulutlu hava
nuvoloso *agg* bulutlu
nuziale *agg* düğün +, evlenme + *cerimonia nuziale* düğün töreni
nylon *sm* naylon *calze di nylon* naylon çorap

O

oasi *sf co.* vaha
obbligare *vt* yükümlü kılmak; mecbur etmek
obbligarsi *vr* mecbur olmak
obbligato *agg* mecbur; zorunlu; kaçınılmaz
obbligatorio *agg* zorunlu, mecburi
obbligazione *sf* yüküm, mecburiyet; tahvil, hisse

senedi
obbligo *sm* yüküm, mecburiyet; ödev *d'obbligo* zorunlu
obbrobrio *sm* utanç, yüzkarası
obeso *agg/sm* şişmanlık hastası; şişko
obiettare *vt* karşı çıkmak, itiraz etmek
obiettivo *agg* yansız, objektif; gerçekçi § *sm ask.* hedef; *fot.* objektif
obiettore *sm* karşı çıkan
obiezione *sf* itiraz, karşı çıkma
obitorio *sm* morg
obliquo *agg* eğik, eğri; *mec.* dolaylı, dolambaçlı
obliterare *vt* iptal etmek, geçersiz kılmak
oblò *sm* (gemide) lomboz
oblungo *agg* boyu eninden fazla
oboe *sm müz.* obua
obolo *sm* sadaka
oca *sf hayb.* kaz
occasione *sf* fırsat; etken; kelepir mal *d' occasione* ucuz, kelepir *alla prima occasione* ilk fırsatta
occhiaia *sf anat.* göz çukuru
occhialaio *sm* gözlükçü
occhiali *sm/pl* gözlük *occhiali da sole* güneş gözlüğü *occhiali da vista* numaralı gözlük

occhiata *sf* göz atma *dare un'occhiata* göz atma
occhieggiare *vt* göz ucuyla bakmak, süzmek
occhiello *sm* ilik
occhio *sm* göz; *mec.* bakış *chiudere un occhio* göz yummak, görmezlikten gelmek *a colpo d'occhio* bir bakışta *a occhio e croce* göz kararı *a quattr'occhi* baş başa *dare all' occhio* göze çarpmak *colpo d'occhio* göz atma *a occhio e croce* aşağı yukarı *a occhio nudo* çıplak gözle *vedere di buon occhio* iyi gözle bakmak *tenere d'occhio* göz hapsine almak
occhiolino *sm* : *fare l' occhiolino* göz kırpmak
occidentale *agg* batıda bulunan § *sm/f* batılı; Avrupalı
occidente *sm* batı
occipite *sm anat.* artkafa
occludere *vt* kapamak, tıkamak
occlusione *sf* tıkanma, kapanma
occorrente *agg* gerekli § *sm* gerekli şey
occorrenza *sf* gerekli şey; koşul *all'occorrenza* gerektiğinde
occultare *vt* saklamak, gizlemek
occulto *agg* gizli; esrarlı
occupare *vt* işgal etmek; (yer)

tutmak; (zaman) almak; (makam) elinde bulundurmak; meşgul etmek
occuparsi *vr* ilgilenmek; meşgul olmak
occupato *agg* (yer) dolu, tutulmuş; meşgul; işgal edilmiş
occupazione *sf* işgal; iş; çalışan kesim
oceano *sm* okyanus
ocra *sf* aşıboyası
oculare *agg* göz + *testimone oculare* görgü tanığı
oculato *agg* aklı başında; dikkatli
oculista *sm/f* göz doktoru
ode *sf* küçük lirik şiir, od
odiare *vt* nefret etmek
odierno *agg* günlük, bugünkü
odio *sm* nefret; kin; antipati *avere in odio* nefret etmek
odioso *agg* iğrenç; çekilmez
odorare *vt* koklamak; koku vermek § *vi* kokmak
odorato *sm* koku alma duyusu
odore *sm* koku; iz
odoroso *agg* güzel kokulu
offendere *vt* hakaret etmek; gücendirmek; zarar vermek
offendersi *vr* gücenmek, kırılmak
offensiva *sf* saldırı; hücum
offensivo *agg* kırıcı, gücendirici
offerente *sm/f* en yüksek fiyatı veren

offerta *sf* sunma, arz; teklif *domanda e offerta* arz ve talep *fare un'offerta* teklifte bulunmak *offerta di lavoro* iş teklifi
offesa *sf* hakaret; incitme; hiçe sayma
offeso *agg/sm* hakarete uğramış (kişi)
officina *sf* atölye, imalathane
offrire *vt* sunmak; teklif etmek, önermek
offrirsi *vr* kendini ileri sürmek; ortaya çıkmak
offuscare *vt* karartmak; *mec.* bulanıklaştırmak
offuscarsi *vr* kararmak, kapanmak; belirsizleşmek
oggettivo *agg* nesnel, objektif
oggetto *sm* nesne; şey, eşya; konu *complemento oggetto dilb.* nesne, tümleç
oggi *avv/sm* bugün *al giorno d'oggi* günümüzde, bugünlerde *a tutt'oggi* bugüne kadar
oggigiorno *avv* günümüzde
ogni *agg* her; her şey; her biri *in ogni caso* her şeye rağmen *in ogni modo* (her) ne olursa olsun *ogni cosa* her şey *ogni giorno* her gün *ogni tanto* ara sıra
ognuno *pron* herkes; her biri

Olanda *sf* : *§l'Olanda* Hollanda
oleodotto *sm* petrol boru hattı
oleoso *agg* yağlı; yağ gibi
olfatto *sm* koklama duyusu
oliare *vt* yağlamak
oliera *sf* yağdanlık
olimpiade *sf* olimpiyat
olimpico *agg* olimpiyat +; olimpik
olio *sm* yağ *olio di mais* mısır özü yağı *olio di girasole* ayçiçeği yağı *olio d'oliva* zeytinyağı
oliva *sf* zeytin
olivastro *agg* zeytin yeşili
oliveto *sm* zeytinlik
olivo *sm* zeytin ağacı
olmo *sm* *bitk.* karaağaç
oltraggiare *vt* hakaret etmek
oltraggio *sm* hakaret; tecavüz
oltraggioso *agg* aşağılayıcı
oltralpe *avv* Alp dağlarının kuzeyinde
oltranza *sf* : *a oltranza* sonuna dek
oltre *avv* daha öteye; daha fazla § *prep* ötesi; ötesinde; -den başka, ek olarak *oltre misura* aşırı derecede *più oltre* daha sonra
oltremare *avv/sm* denizaşırı
oltrepassare *vt* aşmak, ötesine gitmek

omaggio *sm* hürmet; ikram *in omaggio* hediye olarak, parasız *omaggi* saygılar, hürmetler
ombelicale *agg anat.* göbek + *cordone ombelicale* göbek bağı
ombelico *sm anat.* göbek
ombra *sf* gölge; koyuluk; karaltı; *mec.* belirsizlik *all'ombra* gölgede *senz'ombra di dubbio* şüphesiz, kuşkusuz *nell'ombra* gizlice, karanlıkta
ombreggiare *vt* gölgelendirmek
ombrello *sm* şemsiye
ombrellone *sm* büyük şemsiye, güneşlik
ombretto *sm* (gözdeki) far
ombroso *agg* gölgeli; *mec.* alıngan
omelia *sf* dinsel söyleşi
omertà *sf* yasadışı örgüt dayanışması
omettere *vt* atlamak; es geçmek
omicida *agg* öldürücü § *sm/f* katil
omicidio *sm* adam öldürme, cinayet *omicidio colposo* kazara adam öldürme
omissione *sf* atlama, geçme
omofonia *sf* eşseslilik
omogeneità *sf* tek çeşitlilik; homojenlik
omogeneo *agg* tek çeşitli, türdeş; homojen

omologare *vt* onaylamak; geçerli saymak
omonimo *agg* eşadlı, adaş
omosessuale *agg/sm* eşcinsel, homoseksüel
omosessualità *sf* eşcinsellik
oncia *sf* ons
onda *sf* dalga; *fiz.* titreşim *onde corte* kısa dalga *onde medie* orta dalga *onde lunghe* uzun dalga *onde sonore* ses dalgası *andare in onda* (radyo/TV'de) yayınlanmak *mettere in onda* (radyo/TV'de) yayımlamak
ondata *sf* dalga *ondata di freddo* soğuk dalgası
onde *avv* nereden § *cong* için, diye
ondeggiare *vi* dalgalanmak; sallanmak; *mec.* bocalamak
ondulazione *sf* dalgalanma; (saçta) dalga
onere *sm* yüküm; görev, sorumluluk *onere fiscali* vergi kesintileri
oneroso *agg huk.* zor, külfetli
onestà *sf* dürüstlük, doğruluk
onice *sf* oniks
onnipotente *agg* gücü yeten
onomastico *sm* isim günü
onorabile *agg* onurlu, şerefli
onoranza *sf* saygı töreni *onoranze funebri* cenaze töreni
onorare *vt* şeref vermek, onurlandırmak; anmak
onorarsi *vr* şeref duymak, övünmek
onorario[1] *agg* onursal, fahri
onorario[2] *sm* ücret
onore *sm* şan, şeref; onur; namus *dare la parola d'onore* namus sözü vermek *fare onore alla propria parola* sözünde durmak *parola d'onore* şeref sözü *fare gli onori di casa* konukları ağırlamak *far onore a ... ... -e* onur vermek *in onore di* onuruna
onorevole *agg* onurlu, saygıdeğer § *sm/f* parlamento üyesi
onorificenza *sf* nişan, şeref madalyası
onorifico *agg* onursal
onta *sf* utanç, yüzkarası *ad onta di -e* rağmen
opaco *agg* donuk; mat
opale *sf* opal
opera *sf* iş, çalışma; *müz.* yapıt, eser; verim *all'opera* işbaşına *per opera sua* sayesinde *opera d'arte* sanat eseri
operaio *sm* işçi § *agg* işçi + *classe operaia* işçi sınıfı
operare *vt* yapmak, gerçekleştirmek; ameliyat etmek § *vi* çalışmak; hareket etmek
operarsi *vr* gerçekleştirilmek;

ameliyat olmak
operativo *agg* etkin; çalışan
operatore *sm hek.* cerrah, operatör; teknisyen ***operatore televisivo*** kameraman ***operatore turistico*** tur operatörü
operatorio *agg* ameliyat + ***sala operatoria*** ameliyathane
operazione *sf* çalışma; iş; *hek.* ameliyat
operetta *sf* operet
operoso *agg* faal, dinamik, aktif
opificio *sm* fabrika, imalathane
opinione *sf* düşünce, fikir; görüş ***la pubblica opinione*** kamuoyu
oppio *sm* afyon
opponente *agg/sm/f* karşı çıkan, muhalif
opporre *vt* karşı çıkmak; itiraz etmek
opporsi *vr* karşı gelmek, direnmek
opportunamente *avv* tam zamanında
opportunista *sm/f* fırsatçı
opportunità *sf* uygunluk; fırsat
opportuno *agg* uygun, münasip ***a tempo opportuno*** zamanı gelince
oppositore *sm* karşı çıkan, muhalif
opposizione *sf* karşıtlık; karşı çıkma; muhalefet ***partito d'opposizione*** muhalefet partisi
opposto *agg* ters, karşıt; farklı § *sm* zıt şey, tersi
oppressione *sf* baskı, zulüm
oppressivo *agg* baskıcı
oppresso *agg/sm* ezilen, mazlum
oppressore *agg/sm* zorba, zalim
opprimere *vt* ezmek, baskı yapmak; bezdirmek
oppugnare *vt* saldırmak; kuşatmak
oppure *cong* ya da, yahut, yoksa
optare *vi* iki şeyden birini seçmek
opuscolo *sm* broşür, kitapçık
opzionale *agg* seçmeli, isteğe bağlı
opzione *sf* seçim, tercih; opsiyon
ora1 *sf* saat; vakit, zaman ***da un'ora all'altra*** ansızın ***ora estiva*** yaz saati uygulaması ***ora locale*** yerel saat ***di buon'ora*** erkenden
ora2 *avv* şimdi; demin ***per ora*** şimdilik ***proprio ora*** hemen şimdi ***ora come ora*** bu durumda ***d'ora in poi*** bundan sonra
oracolo *sm* gaipten haber veren kişi
orafo *sm* kuyumcu

orale *agg* ağız +; sözlü § *sm* sözlü sınav
oramai *bkz* ormai
orango *sm hayb.* orangutan
orario *agg* saat +, zaman + § *sm* saat çizelgesi *orario d'apertura* açılış saati *orario di chiusura* kapanış saati *orario d'ufficio* çalışma saatleri
orata *sf hayb.* mercanbalığı
oratore *sm* konuşmacı; hatip
oratoria *sf* hatiplik
oratorio1 *agg* hitabet +
oratorio2 *sm* dua yeri; *müz.* oratoryo
orazione *sf* dua; nutuk
orbene *cong* o halde, öyleyse
orbita *sf gökb.* yörünge; *anat.* göz çukuru
orchestra *sf* orkestra
orchestrare *vt* orkestraya uyarlamak; *mec.* yönetmek
orchidea *sf bitk.* orkide
orco *sm* dev
orda *sf* sürü
ordigno *sm* alet, aygıt *ordigno esplosivo* bomba
ordinale *agg* sıra gösteren *numeri ordinali* sıra sayıları
ordinamento *sm* düzen, sistem; yönetmelik; teşkilat *ordinamento giudiziario* yasal sistem *ordinamento politico* politik sistem *ordinamento scolastico* eğitim sistemi
ordinanza *sf ask.* buyruk, emir; *huk.* yargı, karar *d'ordinanza* beylik
ordinare *vt* buyurmak, emretmek; düzenlemek; ısmarlamak; sıralamak
ordinario *agg* olağan, her zamanki; bayağı; vasat § *sm* olağanlık; alışkanlık; ordinaryüs profesör *d' ordinario* genelde, ekseriya
ordinata *sf mat.* ordinat; *kon.* çekidüzen
ordinativo *sm* sipariş
ordinato *agg* düzenli, tertipli
ordinazione *sf* sipariş; papaz atama töreni
ordine *sm* emir; düzen, tertip; birlik, kurum; sipariş *di prim'ordine* birinci derecede *in ordine alfabetico* alfabe sırasına göre *numero d'ordine* seri numarası *ordine del giorno* gündem *ordine di pagamento* ödeme emri, havale *ordine pubblico* kamu düzeni *parola d'ordine* parola
ordire *vt mec.* tezgâhlamak, dolap çevirmek
ordito *sm mec.* dolap, dalavere
orecchia *sf* kulak

orecchietta *sf anat.* kulakçık
orecchino *sm* küpe
orecchio *sm anat.* kulak; işitme *orecchio esterno* dışkulak *orecchio medio* orta kulak *orecchio interno* iç kulak *prestare orecchio* kulak vermek
orecchioni *sm/pl hek.* kabakulak
orefice *sm* kuyumcu
oreficeria *sf* kuyumcu dükkânı; kuyumculuk
orfano *agg/sm* yetim, öksüz *collegio per orfani* yetimhane
orfanotrofio *sm* öksüzler yurdu, yetimhane
organetto *sm müz.* laterna; armonika
organico *agg* organik § *sm* personel, kadro
organismo *sm biy.* organizma; vücut; kuruluş
organizzare *vt* düzenlemek, organize etmek
organizzarsi *vr* hazırlanmak; teşkilatlanmak
organizzatore *agg* düzenleyici § *sm* örgütçü; organizatör
organizzazione *sf* düzenleme; örgütleme; organizasyon, kuruluş
organo *sm anat.* organ; sözcü; *müz.* org

orgasmo *sm hek.* orgazm
orgia *sf* eğlence âlemi, cümbüş
orgoglio *sm* kibir; gurur
orgoglioso *agg* gururlu; kibirli
orientale *agg* doğuya özgü § *sm/f* doğulu
orientamento *sm* yönünü saptama; yönlendirme, yönelme
orientarsi *vr* yönünü saptamak; yönelmek
oriente *sm* doğu; şark *vicino oriente* Yakındoğu *medio oriente* Ortadoğu *estremo oriente* Uzakdoğu
origano *sm bitk.* kekik
originale *agg* özgün, orijinal; garip, tuhaf § *sm* asıl metin, orijinal
originalità *sf* orijinallik; değişiklik; görülmemişlik
originare *vt* doğurmak, neden olmak
originarsi *vr/i* meydana gelmek, oluşmak
originariamente *avv* başlangıçta
originario *agg* -den gelme, kaynaklı; asıl *originario di* -li, ... kökenli
origine *sf* başlangıç; köken, soy *dare origine* başlatmak, neden olmak *in origine* başlangıçta
origliare *vt/i* gizlice dinlemek
orina *sf* idrar

orinare *vi* idrar yapmak
orizzontale *agg* yatay
orizzontare *vt* yöneltmek
orizzontarsi *vr* yönelmek
orizzonte *sm* ufuk
orlare *vt* kenarını işlemek
orlo *sm* kenar, kıyı; uç
orma *sf* ayak izi; iz, işaret
ormai *avv* artık, bundan sonra; neredeyse
ormeggiare *vt* demir atmak, demirlemek
ormeggio *sm* demirleme; demir atma yeri § *pl* demir, zincir
ormonale *agg* hormonal
ormone *sm biy.* hormon
ornamentale *agg* süsleyici, süslü
ornamento *sm* süs; süsleme
ornare *vt* süslemek
ornarsi *vr* süslenmek
ornitologia *sf* kuşbilim
oro *sm* altın *d'oro* altın, altından
orologeria *sf* saatçilik; saatçi dükkânı *bomba a orologeria* saatli bomba
orologiaio *sm* saatçi, saat yapımcısı
orologio *sm* saat *orologio a muro* duvar saati *orologio a sveglia* çalar saat *orologio al quarzo* kuvars saat *orologio da polso* kol saati *orologio da tasca* cep saati

oroscopo *sm* yıldız falı
orrendo *agg* korkunç; çok çirkin
orribile *agg* korkunç, ürkütücü
orrido *agg* korkunç; berbat
orripilante *agg* tüyler ürpertici
orrore *sm* korku, dehşet; tiksinti *film dell'orrore* korku filmi
orsa *sf* dişi ayı *orsa maggiore* Büyük Ayı *orsa minore* Küçük Ayı
orso *sm* ayı
ortaggio *sm* sebze, zerzevat
ortensia *sf bitk.* ortanca
ortica *sf bitk.* ısırgan otu
orticaria *sf hek.* kurdeşen, ürtiker
orto *sm* sebze bahçesi, bostan
ortodosso *agg/sm din.* Ortodoks; kurallara uyan
ortografia *sf dilb.* yazım, imla
ortolano *sm* bahçıvan; sebzeci
ortopedia *sf hek.* ortopedi
ortopedico *agg* ortopedik
orzaiolo *sm hek.* arpacık
orzata *sf* arpa suyu şerbeti
orzo *sm* arpa
osare *vt/i* göze almak; cüret etmek
oscenità *sf* açık saçıklık, müstehcenlik
osceno *agg* açık saçık, müstehcen; yakışıksız
oscillare *vi fiz.* salınmak; sallanmak; duraksamak, bocalamak

oscillazione *sf* salınım; sallanma; dalgalanma
oscuramento *sm* kararma; karartma
oscurare *vt* karartmak; *mec.* anlaşılmaz yapmak
oscurarsi *vr* kararmak, kapanmak
oscuro *agg* karanlık; koyu; *mec.* güç, karışık; anlaşılmaz § *sm* karanlık
osé *agg* açık saçık
ospedale *sm* hastane
ospedaliero *agg* hastane +
ospitale *agg* konuksever
ospitalità *sf* konukseverlik
ospitare *vt* konuk etmek; barındırmak
ospite *sm/f* konuk, misafir; ev sahibi
ospizio *sm* düşkünler yurdu
ossatura *sf anat.* kemik çatısı; *mec.* yapı, kuruluş
osseo *agg* kemik +; kemik gibi
ossequio *sm* saygı, hürmet § *pl* saygılar, hürmetler
osservanza *sf* yerine getirme, riayet
osservare *vt* incelemek; gözlemlemek; riayet etmek
osservatore *agg/sm* inceleyen; gözlemci
osservatorio *sm* gözlemevi, rasathane; *ask.* gözetleme yeri
osservazione *sf* inceleme, gözlem; eleştiri; itiraz
ossessionare *vt* kafasından çıkmamak; tedirgin etmek
ossessione *sf* saplantı; kaygı
ossesso *agg/sm* saplantılı (kişi)
ossia *cong* yani; daha doğrusu
ossidare *vt* paslandırmak
ossidarsi *vr* paslanmak
ossido *sm kim.* oksit
ossigenare *vt kim.* oksijen katmak; rengini açmak, beyazlatmak
ossigeno *sm* oksijen
osso *sm anat.* kemik; çekirdek *osso duro* çetin ceviz
ossuto *agg* kemikli
ostacolare *vt* engellemek
ostacolo *sm* engel *corsa a ostacoli* engelli koşu
ostaggio *sm* rehine
oste *sm* meyhaneci; hancı
osteggiare *vt* engellemek, karşı çıkmak
ostello *sm* otel, pansiyon *ostello della gioventù* gençlik yurdu
ostensione *sf* gösterme, ortaya koyma
ostentare *vt* böbürlenmek, gösteriş yapmak
ostentazione *sf* gösteriş, çalım
osteria *sf* meyhane

ostetrica *sf* ebe
ostetrico *sm* doğum uzmanı § *agg* doğum +
ostia *sf din.* papazın verdiği mayasız ekmek; kapsül
ostico *agg* sert; zor, güç
ostile *agg* düşmanca
ostilità *sf* düşmanlık, kin § *pl* silahlı çatışma
ostinarsi *vr* inat etmek, diretmek
ostinato *agg/sm* inatçı, dik kafalı; ısrarlı
ostinazione *sf* direnme, inatçılık
ostrica *sf hayb.* istiridye
ostruire *vt* tıkamak, kapamak
ostruzione *sf* tıkama; engelleme
ottagonale *agg* sekizgen biçiminde
ottagono *sm* sekizgen
ottantina *sf* seksen kadar; seksenlik
ottava *sf müz.* oktav
ottavo *num* sekizinci
ottemperare *vi* uymak, itaat etmek
ottenere *vt* elde etmek; ulaşmak, erişmek
ottica *sf fiz.* optik
ottico *agg anat.* göz +, görme + § *sm* gözlükçü
ottimismo *sm* iyimserlik
ottimista *sm/f* iyimser
ottimo *agg* çok iyi, mükemmel

otto *num* sekiz
ottobre *sm* ekim
ottocento *num* sekiz yüz § *sm* on dokuzuncu yüzyıl
ottomana *sf* divan, sedir
ottone *sm* (metal) pirinç § *pl müz.* (pirinçten yapılmış) nefesli çalgılar
otturare *vt* tıkamak; dolgu yapmak
otturarsi *vr* tıkanmak
otturazione *sf* tıkama, tıkanma; dolgu
ottuso *agg* kalın kafalı; *mat.* geniş açı
ovaia *sf anat.* yumurtalık
ovale *agg* oval
ovario *sm bitk.* yumurtalık
ovatta *sf* pamuk dolgu; pamuk
ovattare *vt* pamuk doldurmak
ovazione *sf* coşkunca alkış
overdose *sf* aşırı doz
ovest *sm* batı, batı bölgesi *a ovest* batıda
ovile *sm* ağıl
ovino *agg* koyun + § *sm* koyunkeçi
ovulazione *sf biy.* yumurtlama
ovulo *sm anat.* yumurtacık
ovunque *avv* her yerde, her nereye; nerede olursa olsun
ovvero *cong* yani; ya da
ovvia *inter* haydi!

ovviare *vi* önünü almak, gidermek
ovvio *agg* açık, belli
ozio *sm* aylaklık, başıboşluk; boş zaman
ozioso *agg* tembel, aylak
ozono *sm kim.* ozon

pacato *agg* rahat, sakin
pacchetto *sm* küçük paket
pacco *sm* paket
pace *sf* barış; uyum *conferenza della pace* barış konferansı *lasciare in pace* rahat bırakmak *trattato di pace* barış anlaşması
pacificare *vt* uzlaştırmak, barıştırmak
pacifico *agg* sakin, yumuşak huylu
pacifismo *sm* barışseverlik
pacifista *sm/f* barışsever
padella *sf* tava
padiglione *sm* pavyon; büyük çadır
padre *sm* baba; peder *santo padre* Papa
padrino *sm* vaftiz babası
padronanza *sf* nüfuz, hâkimiyet
padrone *sm* efendi; mal sahibi; patron
padroneggiare *vt* hâkim olmak, hükmetmek
padroneggiarsi *vr* kendi kendini kontrol etmek
paesaggio *sm* görünüm, manzara; peyzaj
paesano *agg* köylü + § *sm/f* köylü; hemşeri
paese *sm* yu⁻t, memleket; kasaba *paesi europei* Avrupa ülkeleri *paese natio* doğum yeri
paffuto *agg* tombul
paga *sf* ücret, maaş *busta paga* maaş bordrosu
pagamento *sm* ödeme
pagano *agg/sm* çoktanrılı, putperest
pagare *vt* ödemek; ücret vermek *farsi pagare* hakkını almak
pagella *sf* öğrenci karnesi
paggio *sm* iç oğlanı, el ulağı
pagina *sf* sayfa, yaprak *pagine gialle* altın rehber
paglia *sf* saman, ekin sapı
pagliacciata *sf* maskaralık, soytarılık
pagliaccio *sm* maskara, soytarı
paglietta *sf* hasır şapka; payet
pagnotta *sf* somun ekmeği
pago *agg* hoşnut, memnun
paio *sm* çift
paiolo *sm* bakır kazan

pala *sf* kürek; palet
palamita *sf* palamut
palasport *sm* spor salonu
palato *sm anat.* damak
palazzo *sm* saray; büyük bina
   palazzo di giustizia Adliye
palchetto *sm* raf; *tiy.* loca
palco *sm* platform; loca; yapı iskelesi
palcoscenico *sm* sahne
palesare *vt* açığa vurmak, ortaya koymak
palesarsi *vr* belirmek, ortaya çıkmak
palese *agg* belli, meydanda
palestra *sf* jimnastik salonu; beden eğitimi, jimnastik
paletta *sf* ateş küreği; işaret levhası
paletto *sm* kazık; sürgü
palio *sm* : *mettere in palio* ödül olarak vermek
palla *sf* top; *ask.* mermi *palla di neve* kartopu
pallacanestro *sf* basketbol
pallavolo *sf* voleybol
palleggiare *vi sp.* topu zıplatmak; top sürmek
pallido *agg* soluk, solgun
pallina *sf* bilye
palloncino *sm* balon; küre şeklinde cam şişe
pallone *sm sp.* top; gaz balonu
   gioco del pallone futbol
pallore *agg* solgunluk, solma; cansızlık
pallottola *sf* mermi, fişek
palma1 *sf* el ayası
palma2 *sf bitk.* palmiye
palmo *sm* avuç; karış *restare con un palmo di naso* düş kırıklığına uğramak
palo *sm* direk; kazık *fare il (da) palo* gözetlemek, gözcülük yapmak
palombaro *sm* dalgıç
palpare *vt* elle dokunmak
palpebra *sf anat.* gözkapağı
palpitare *vi* hızla çarpmak; *mec.* içi hoplamak
palpito *sm* kalp atışı; *mec.* heyecan
paltò *sm* palto
palude *sf* bataklık
paludoso *agg* bataklık yer
palustre *agg* batakçıl
panca *sf* sıra, bank
pancetta *sf* yağlı domuz eti
panchetto *sm* tabure
panchina *sf* tahta sıra, bank
pancia *sf* karın; göbek *mettere su pancia* göbek yapmak, şişmanlamak
panciotto *sm* yelek
pancreas *sm anat.* pankreas
pandemonio *sm* gürültü;

karışıklık
pane *sm* ekmek; *mec.* geçim **pane integrale** çavdar ekmeği **pane in cassetta** tost ekmeği
panetteria *sf* ekmekçi dükkânı
panettiere *sm* ekmekçi
panettone *sm* Noel çöreği
panfilo *sm* yat
panico *sm* telaş, panik
paniere *sm* sepet
panificio *sm* ekmek fırını
panino *sm* sandviç
paninoteca *sf* sandviç dükkânı
panna *sf* kaymak **panna montata** kremşanti
panne *sf oto.* arıza **essere in panne** arıza yapmak
pannello *sm* pano; reklam tahtası
panno *sm* kumaş, örtü § *pl* çamaşır; giysiler **mettersi nei panni di qc** kendini başkasının yerine koymak
pannocchia *sf bitk.* başak; mısır koçanı
pannolino *sm* kundak bezi; hijyenik ped
panorama *sm* panorama; genel görünüş
panoramica *sf* manzaralı yol
panoramico *agg* manzaralı, panoramik
pantaloni *sm/pl* pantolon
pantano *sm* su birikintisi; bataklık
pantera *sf hayb.* pars, panter
pantofola *sf* terlik
pantomima *sf* pandomim, mim
panzer *sm* tank
paonazzo *agg* mor kırmızı
papa *sm* Papa
papà *sm* baba
papale *agg* Papa +
papato *sm* papalık
papavero *sm* afyon, haşhaş
papera *sf mec.* aptalca hata; dil sürçmesi
papero *sm* kaz palazı
papillon *sm* papyon kravat
papiro *sm* papirüs yaprağı
pappa *sf* çocuk maması
pappagallo *sm* papağan
pappagorgia *sf* sarkık gerdan, gıdık
pappare *vt* kurt gibi yemek
paprica *sf* kırmızıbiber, paprika
parà *sm* paraşütçü
parabola *sf mat.* parabol; *mec.* gidişat
parabrezza *sm oto.* ön cam, rüzgâr camı
paracadute *sm* paraşüt
paradiso *sm* cennet
paradossale *agg* akla aykırı gelen
paradosso *sm* paradoks; aykırı düşünce
parafango *sm* çamurluk

paraffina *sf kim.* parafin
parafulmine *sm* paratoner, yıldırımsavar
paraggio *sm* dolay, civar
paragonare *vt* karşılaştırmak, kıyaslamak
paragone *sm* karşılaştırma, kıyas *fare un paragone* karşılaştırma yapmak *senza paragone* eşsiz, benzeri olmayan
paragrafo *sm* paragraf
paralisi *sf hek.* felç, inme
paralitico *agg/sm* felçli, kötürüm
paralizzare *vt* kötürüm etmek
parallela *sf mat.* paralel çizgi
parallelo *agg* paralel § *sm* paralel daire; kıyaslama
parallelogrammo *sm* paralelkenar
paralume *sm* abajur
parametro *sm mat.* parametre; gösterge
paranoia *sf ruhb.* paranoya
paranoico *agg/sm* evhamlı, paranoyak
paraocchi *sm* meşin gözlük
parapetto *sm* korkuluk, parmaklık
parapiglia *sm* büyük dehşet, şaşırma
parapioggia *sm* şemsiye
parare *vt* süslemek; engel olmak; savunmak; kurtarmak
pararsi *vr* belirmek; korunmak
parasole *sm* güneşlik
parassita *agg/sm* asalak, parazit
parata *sf sp.* kurtarış; *ask.* geçit töreni
paraurti *sm oto.* tampon
paravento *sm* paravana, perde *fare da paravento a qn* işbirliği yapmak; arka çıkmak
parcella *sf* para makbuzu, fatura
parcheggiare *vt* park etmek
parcheggio *sm* park etme; park yeri
parco1 *sm* park; koru *parco nazionale* milli park *parco di divertimenti* lunapark
parco2 *agg mec.* ılımlı, azla yetinen
parecchio *agg* çok, birçok § *pron* birçokları, çoğu § *avv* çok, epeyi
pareggiare *vt* dengelemek, eşitlemek § *vi* berabere kalmak
pareggio *sm* denge; *sp.* beraberlik
parente *sm/f* akraba
parentela *sf* akrabalık; akrabalar
parentesi *sf* ayraç, parantez; ara söz
parere1 *sm* görüş, düşünce; tavsiye *a mio parere* bence, bana göre
parere2 *vi* görünmek, benzemek

mi pare che bana öyle geliyor ki
parete *sf* duvar
pari1 *agg* eşit, aynı; *mat.* çift *andare di pari passo* at başı gitmek
pari2 *sm* eşitlik; çift sayı
parificare *vt* denkleştirmek
pariglia *sf* çift
parità *sf* eşitlik
parlamentare *agg* parlamento + § *sm/f* parlamenter § *vi* düşmanla görüşme yapmak
parlamento *sm* parlamento; parlamento binası
parlante *agg* konuşan
parlare *vi* konuşmak, söylemek § *vt* belirli bir dil konuşmak *parlare ad alta voce* yüksek sesle konuşmak
parlatore *sm* konuşmacı
parlatorio *sm* ziyaretçi odası
parmigiano *agg/sm* parmesan peyniri
parodia *sf* parodi
parola *sf* sözcük, kelime; söz *parole crociate* çapraz bulmaca *parola d'ordine* parola *parola per parola* kelimesi kelimesine *in una parole* sözün kısası *prendere la parola* söz almak *parola d'onore* şeref sözü

parolaccia *sf* kaba söz, sövgü
parrocchia *sf* mahalle kilisesi
parroco *sm* kasaba papazı
parrucca *sf* takma saç, peruka
parrucchiere *sm* berber
parsimonia *sf* tutumluluk, idare, ekonomi
parte *sf* parça, kısım; taraf; pay, hisse; bölge; *huk.* taraf *a parte* -den başka, ... bir yana; ayrı ayrı *in paret* kısmen *da una parte* bir yandan *d'altra parte* öte yandan, ayrıca *da parte di* adına *da parte mia* benim açımdan
partecipanza *sf* ortaklık
partecipare *vi* katılmak; ortak olmak
partecipazione *sf* katılma; ortaklık
partecipe *agg* katılan
parteggiare *vi* -den yana olmak, tarafını tutmak
partenza *sf* yola çıkma; kalkış; *sp.* yarışa başlama *punto di partenza* çıkış noktası
particella *sf* zerre, tanecik
participio *sm dilb.* ortaç, sıfat-fiil
particolare *agg* özel; has, özgü § *sm* ayrıntı, detay *in particolare* özellikle, bilhassa
particolarità *sf* özellik; ayrıntı
partigiano *agg/sm* yandaş; parti-

zan
partire *vi* gitmek, hareket etmek; yola çıkmak; başlamak *a partire da* -den itibaren
partita *sf* oyun, maç; stok; defter tutma usulü
partito *sm* parti; karar; çare; evlilik fırsatı
partizione *sf* ayırma, bölme
parto *sm* doğurma, doğum *parto cesareo* sezaryenle doğum
partorire *vt* doğurmak; *mec.* yol açmak
parziale *agg* kısmi; taraflı
pascere *vt/vi* otlatmak, otlamak; beslemek
pasciuto *agg* gelişmiş
pascolare *vt/vi* otlatmak, otlamak
pascolo *sm* otlak; hayvan otlatma
pasqua *sf* Paskalya
pasquale *agg* Paskalya +
passabile *agg* şöyle böyle, orta
passaggio *sm* geçme; geçit; *sp.* pas *di passaggio* geçerken *passaggio pedonale* yaya geçidi *passaggio a livello* demiryolu geçidi
passante *agg* gelip geçen
passaporto *sm* pasaport
passare *vi* geçmek; uğramak; sona ermek; başarmak; girmek, geçmek § *vt* aşmak; geçirmek; sağlamak *passare per* diye tanınmak; yerine geçmek *passare un esame* sınavı geçmek *passarsela* geçinmek, yaşamak
passata *sf* paspas yapma
passatempo *sm* hobi, eğlence
passato *agg* geçmişte kalan; tazeliğini kaybetmiş § *sm* mazi; geçmiş yaşam; *dilb.* geçmiş zaman; sebze ezmesi
passaverdura *sm* sebze ezme makinesi
passeggero *agg* geçici § *sm* yolcu
passeggiare *vi* gezmek, dolaşmak
passeggiata *sf* gezinti; gezinti yeri *fare una passeggiata* yürüyüşe çıkmak
passeggino *sm* çocuk arabası
passeggio *sm* gezinme; gezinti yeri
passerella *sf* yaya köprüsü; geçit, pasaj
passero *sm* serçe
passibile *agg* cezalandırılabilir
passino *sm* tel süzgeç
passione *sf* tutku, ihtiras
passivo *agg* ilgisiz, hareketsiz; *dilb.* edilgen; zararda olan
passo₁ *sm* adım; ayak sesi; gidiş
passo₂ *sm* geçiş yeri, geçit *passo carrabile* araba girişi

pasta *sf* hamur; macun; pasta; *mec.* huy **pasta sfoglia** börek hamuru, yufka
pastasciutta *sf* makarna
pastello *sm* pastel boya; pastel renk
pasticca *sf* pastil
pasticceria *sf* pastacılık; pastane; pasta türleri
pasticciare *vt* yüzüne gözüne bulaştırmak, karıştırmak
pasticciere *sm* pastacı
pasticcio *sm* hamur işi; *mec.* beceriksizlik; karışıklık
pastificio *sm* makarna fabrikası
pastiglia *sf* pastil
pasto *sm* yemek; öğün *ora dei pasti* yemek zamanı
pastore *sm* çoban; rahip, papaz; çoban köpeği
pastorizzare *vt* pastörize etmek
pastoso *agg* hamur gibi; *mec.* yumuşak; olgun
pastrano *sm* kalın palto
pastura *sf* otlak; otlatma
patata *sf* patates *patate lesse* haşlanmış patates *patate fritte* kızarmış patates
patatrac *inter* paldır küldür! § *sm mec.* iflas; felaket
patema *sm* sıkıntı
patente *sf* meslek belgesi; ehliyet
paternità *sf* babalık; baba adı

paterno *agg* baba +; baba gibi
patetico *agg* dokunaklı, etkileyici
patibolo *sm* darağacı
patina *sf* pas; cila; (porselende) sır
patire *vt/i* acı çekmek; katlanmak
patito *agg/sm* tutkun, hasta
patologia *sf* hastalıkbilim, patoloji
patologico *agg* patolojik, marazi
patria *sf* yurt, vatan; doğum yeri
patriarca *sm* ilk ata; aile reisi
patrigno *sm* üvey baba
patrimonio *sm* malvarlığı; miras
patriota *sm/f* yurtsever, vatansever
patriottico *agg* yurt sevgisi +
patriottismo *sm* yurtseverlik
patrocinare *vt* savunmak; desteklemek
patrocinio *sm* koruma, himaye
patronato *sm* himaye; hayır kurumu
patrono *sm* koruyucu; *huk.* savunma vekili
patta *sf* (ceket/paltoda) iliklenme atkısı
patteggiare *vt/i* uzlaşma yollarını aramak
pattinaggio *sm* paten yapma *pattinaggio su ghiaccio* buz pateni

pattinare *vi* paten yapmak
pattino *sm* paten
patto *sm* antlaşma, sözleşme; koşul **a nessun patto** hiçbir surette
pattuglia *sf* devriye
pattuire *vt* uyuşmak
pattumiera *sf* çöp sepeti
paura *sf* korku; endişe **per paura di** korkusuyla
pauroso *agg* korkak; ürkütücü; korkunç
pausa *sf* mola; *müz.* durak işareti
pavido *agg* korkak, ürkek
pavimento *sm* döşeme, zemin
pavone *sm* tavuskuşu
pavoneggiarsi *vr* kasılmak
pazientare *vi* sabretmek
paziente *agg* sabırlı § *sm/f* hasta
pazienza *sf* sabır
pazzesco *agg* deli gibi; olağanüstü
pazzia *sf* delilik; tuhaflık; anlamsızlık
pazzo *agg/sm* deli; çılgın, kaçık **andare pazzo per qc** -in delisi, tutkun
pecca *sf* hata, kusur
peccaminoso *agg* günahkâr
peccare *vi* günah işlemek; yanılmak
peccato *sm* günah **che peccato!** ne yazık!

peccatore *sm* günahkâr
pece *sf* zift
pecora *sf* koyun
pecoraio *sm* çoban
pecorino *sm* koyun peyniri
peculiare *agg* özel, kendine özgü
pecunia *sf* para
pedaggio *sm* geçiş parası
pedagogia *sf* pedagoji
pedagogo *sm* pedagog, eğitimci
pedalare *vi* pedal çevirmek; bisikletle gitmek
pedale *sm* pedal
pedana *sf sp.* sıçrama tahtası; hız alma alanı
pedante *agg/sm/f* ayrıntıcı; ukala
pedata *sf* ayak izi; tekme
pederasta *sm* oğlancı, kulampara
pedestre *agg* basit, sıradan
pediatra *sm/f* çocuk doktoru
pediatria *sf* çocuk hastalıkları bilimi, pediatri
pedicure *sm/f* pedikürcü; pedikür
pedina *sf* piyon, dama taşı; *mec.* önemsiz kişi
pedinare *vt* gözetlemek
pedonale *agg* yayalara ayrılmış
pedone *sm* yaya; (satranç) piyon
peggio *avv/agg* kötü, daha kötü § *sm/f* en kötü şey **alla meno peggio** en kötü olasılıkla
peggioramento *sm* kötüleşme,

şiddetlenme
peggiorare *vi* kötüye gitmek § *vt* kötüleştirmek
peggiorativo *agg* kötüleştirici; aşağılayan
peggiore *agg/sm* daha kötü; en kötü
pegno *sm* rehin; güvence, teminat
pelare *vt* kabuğunu soymak; derisini yüzmek; *mec.* soyup soğana çevirmek
pelarsi *vr* saçları dökülmek
pelato *agg kon.* dazlak kafalı
pellame *sm* sepili deriler
pelle *sf* deri, cilt; kabuk *avere la pelle d'oca* tüyleri diken diken olmak
pellegrinaggio *sm* hac
pellegrino *agg/sm* hacı
pellerossa *sm/f* kızılderili
pelletteria *sf* deri imalatı; deri eşya; deri dükkânı
pellicano *sm* pelikan
pellicceria *sf* kürkçü dükkânı; kürk
pelliccia *sf* kürk; kürk manto/ceket
pellicola *sf* zar, ince tabaka; film şeridi
pelo *sm* kıl; tüy; kürk *cercare il pelo nell'uovo* kılı kırk yarmak

peloso *agg* tüylü, kıllı
peltro *sm* kurşun-kalay alaşımlı
peluria *sf* ince tüy
pena *sf* ceza; acı, ağrı; üzüntü *pena capitale* ölüm cezası *far pena* üzüntü vermek *essere in pena* kaygılanmak
penale *agg* cezai
penalità *sf* ceza
penalizzare *vt* cezalandırmak
penalty *sm sp.* penaltı
penare *vi* acı çekmek; zorlanmak
pendente *agg* sarkık; asılı; eğik § *sm* sallantılı küpe
pendentif *sm* pandantif
pendenza *sf* eğim; meyil; *huk.* askıda olan; ödenecek hesap
pendere *vi* sarkmak, asılı durmak
pendice *sf* yamaç, bayır
pendio *sm* iniş, meyil, eğim
pendola *sf* sarkaçlı saat
pendolare2 *sm/f* her gün bir taşıtla evden işe gidip gelen kimse
pendolo *sm* sarkaç
pene *sm anat.* penis
penetrante *agg* içe giren
penetrare *vi* içine girmek; nüfuz etmek § *vt* delip geçmek
penicillina *sf* penisilin
penisola *sf* yarımada
penitenza *sf* pişmanlık; tövbe

penitenziario *sm* cezaevi
penna *sf hayb.* tüy, telek; kalem; *müz.* pena
pennarello *sm* keçeli kalem
pennello *sm* resim fırçası; boya fırçası *a pennello* tam olarak, tastamam
pennino *sm* çelik kalem ucu
penombra *sf* yarı aydınlık; alacakaranlık
penoso *agg* üzücü; yorucu
pensare *vi* düşünmek; aklına getirmek § *vt* düşünmek; tasarlamak
pensiero *sm* düşünme; düşünce; fikir; endişe *stare in pensiero* merak etmek
pensieroso *agg* düşünceli; endişeli
pensile *agg* asılı duran
pensionante *sm* pansiyoner
pensionario *sm* pansiyoner
pensionato *agg/sm* emekli
pensione *sf* emekli aylığı; emeklilik; pansiyon ücreti; pansiyon *essere in pensione* emekli olmak
pensoso *agg* düşünceli
pentagono *sm* beşgen
pentecoste *sf* Yahudi yortusu; Hamsin yortusu
pentimento *sm* pişmanlık
pentirsi *vr* pişmanlık duymak, pişman olmak
pentito *agg/sm* pişman
pentola *sf* tencere *pentola a pressione* düdüklü tencere
penultimo *agg/sm* sondan bir önceki
penuria *sf* kıtlık, yokluk
penzolare *vi* sarkıp sallanmak
penzoloni *avv* asıda sallanan
pepe *sm* biber *pepe nero* karabiber
peperoncino *sm* acı yeşil/kırmızıbiber
peperone *sm* dolmalık biber
per *prep* yoluyla; arasında; -den, -dan; -e doğru, yönünde; boyunca; ile; nedeniyle; için *giorno per giorno* günlerce *per ora* şimdilik *per posta* postayla *per tempo* zamanında *per caso* tesadüfen *per esempio* örneğin *per via aerea* uçakla *uno per uno* birer birer *su per giù* aşağı yukarı *uno per volta* birer birer, sırayla *per poco* az kalsın
pera *sf* armut
peraltro *avv* hem, bununla birlikte, üstelik
perbene *agg* iyi yetişmiş, dürüst § *avv* doğru şekilde
percento *sm* yüzde
percentuale *sm* yüzde oranı

percepire *vt* anlamak, sezmek
percezione *sf* algı, idrak
perché *avv* neden, niçin § *cong* çünkü, -sin diye § *sm* neden, sebep *il perché e il percome* tüm ayrıntılarıyla
perciò *cong* bunun için, bu yüzden
percorrere *vt* yol katetmek
percorso *sm* rota; mesafe
percossa *sf* şiddetli darbe
percuotere *vt* vurmak, dövmek
percussione *sf* vuruş, çarpma *strumenti musicali a percussione* vurmalı çalgılar
perdere *vt* yitirmek, kaybetmek; yenilmek; zararlı çıkmak § *vi* değer kaybetmek, önemini yitirmek *lasciare perdere* boş vermek *perdere la vita* ölmek
perdersi *vr* kaybolmak; yok olmak
perdita *sf* yitme, yitirme; zarar; sızıntı *a perdita d'occhio* göz alabildiğine *perdita di sangue* kan kaybı
perdonare *vt* bağışlamak, affetmek
perdono *sm* bağışlama; özür dileme
perdurare *vi* sürüp gitmek, devam etmek
perdutamente *avv* çılgınca

perduto *agg* boşa gitmiş; yitirmiş; kaybolmuş
peregrinare *vi* dolaşmak, gezinmek
perenne *agg* devam eden, sürekli
perentorio *agg* kesin, tartışmasız
perfetto *agg* mükemmel, eksiksiz § *sm dilb.* geçmiş zaman
perfezionare *vt* mükemmelleştirmek, geliştirmek
perfezionarsi *vr* mükemmelleşmek, gelişmek
perfezione *sf* eksiksizlik; mükemmellik
perfido *agg* kalleş, sinsi
perfino *avv* bile, dahi
perforare *vt* delmek, delip geçmek
perforato *agg* delikli
perforatore *sm* delme makinesi, delgeç
perforatrice *sf* büyük kazı makinesi; delme makinesi
perforazione *sf* delme; delik
pergamena *sf* hayvan derisi, parşömen
pergola *sf* çardak
pericolante *agg* sağlam olmayan
pericolo *sm* tehlike; risk *essere fuori pericolo* tehlikeyi atlatmak
pericoloso *agg* tehlikeli

periferia *sf* kenar mahalle, banliyö
perifrasi *sf* dolaylı anlatım
perimetro *sm mat.* çevre uzunluğu
periodico *agg* devirli; periyodik § *sm* süreli yayın
periodo *sm* dönem, devre
peripezia *sf* beklenmedik terslik
perire *vi* ölmek, mahvolmak; telef olmak
periscopio *sm* periskop
perito *sm* uzman, eksper
perizia *sf* ustalık, kabiliyet; *huk.* bilirkişi raporu
perla *sf* inci
perlomeno *avv* en azından
perlustrare *vt* iyice aramak
permalosità *sf* alınganlık
permaloso *agg* alıngan
permanente *agg* sürekli, daimi § *sf* ondüle saç, permanant
permanenza *sf* süreklilik; kalma
permanere *vi* devam etmek, sürüp gitmek
permeabile *agg* geçirgen
permeare *vt* nüfuz etmek, içine işlemek
permesso₁ *agg* izinli
permesso₂ *sm* izin, müsaade *col vostro permesso* izninizle
permettere *vt* izin vermek, müsaade etmek

pernice *sf* keklik
perno *sm* mil, eksen
pernottare *vi* geceyi geçirmek
però *cong* fakat, ama; bununla birlikte
perpendicolare *agg* dikey, düşey § *sf* dikey çizgi
perpetrare *vt* (suç vb.) işlemek
perpetuare *vt* devam ettirmek
perpetuarsi *vr* ebedileşmek
perpetuo *agg* daimi, sürekli *carcere perpetuo* müebbet hapis
perplessità *sf* şaşkınlık, kararsızlık
perplesso *agg* şaşkın; zihni karışmış; kararsız
perquisire *vt* aramak, arama yapmak
perquisizione *sf* arama tarama
persecutore *agg/sm* işkence eden, zalim
persecuzione *sf* zulüm, kıyıcılık
perseguire *vt* peşine düşmek; takip etmek
perseguitare *vt* zulmetmek; rahat vermemek
perseverante *agg* direnen, sebatkâr
persiana *sf* pancur *persiana avvolgibile* stor
persiano *agg/sm* İran +; İranlı; Farsça
persico₁ *agg* : *golfo persico*

Basra körfezi
persino *avv* bile, dahi
persistente *agg* devamlı; inatçı
persistere *vi* sürüp gitmek; üstelemek, inat etmek
perso *agg* kayıp
persona *sf* kişi, kimse; kişilik *in persona* bizzat *in prima persona* şahsen
personaggio *sm* karakter, şahsiyet
personale *agg* kişisel, şahsi § *sm* personel, görevliler; beden *pronome personale* kişi zamiri
personalità *sf* kişilik, şahsiyet
personalmente *avv* şahsen; bizzat
personificare *vt* kişileştirmek, canlandırmak
perspicace *agg* keskin zekâlı
perspicuo *agg* açık, belli
persuadere *vt* inandırmak, ikna etmek
persuadersi *vr* ikna olmak, inanmak
persuasione *sf* inandırma, ikna
persuasivo *agg* kandırıcı, ikna edici
pertanto *cong* bunun için, bu yüzden
pertinace *agg* inatçı, azimli
pertinente *agg* ilgili, alakalı
perturbazione *sf* düzensizlik; hava muhalefeti
pervadere *vt* istila etmek, sarmak
pervenire *vi* ulaşmak, varmak
perversione *sf* cinsel sapıklık
perverso *agg* yoldan çıkmış, sapık
pervertire *vt* baştan çıkarmak, saptırmak
pesa *sf* tartma, tartı
pesante *agg* ağır; sıkıcı *industria pesante* ağır sanayi
pesare *vt* tartmak; incelemek § *vi* ağırlığında olmak; *mec.* ağır gelmek; önemli olmak
pesca1 *sf* şeftali
pesca2 *sf* balık avı; av
pescare *vt* balık avlamak; bulmak
pescatore *sm* balıkçı
pesce *sm* balık *pesce d'aprile* nisan bir şakası *Pesci* Balık Burcu
pescecane *sm* köpekbalığı
peschereccio *sm* balıkçı gemisi
pescheria *sf* balıkçı dükkânı
pescivendolo *sm* balıkçı, balık satıcısı
pesco *sm* şeftali ağacı
pescoso *agg* bol balıklı
peso *sm* ağırlık; yük; *mec.* önem *peso specifico* özgül ağırlık

pessimismo *sm* kötümserlik, karamsarlık
pessimista *sm/f* kötümser, karamsar
pessimo *agg* çok kötü
pestare *vt* ezmek; ufalamak, parçalamak
peste *sf* veba; bela; kötü kimse
pestello *sm* havan tokmağı
pestilenza *sf* veba; leş kokusu
pesto *agg* ezilmiş, dövülmüş *buio pesto* zifiri karanlık
petalo *sm* taçyaprak
petardo *sm* kestanefişeği; el bombası
petizione *sf* dilekçe
petroliera *sf* petrol tankeri
petrolifero *agg* petrol bulunan
pettegolare *vi* dedikodu yapmak
pettegolezzo *sm* dedikodu
pettegolo *agg/sm* dedikoducu, geveze
pettinare *vt* taramak
pettinarsi *vr* taranmak
pettinatura *sf* saç şekli
pettine *sm* tarak
pettirosso *sm hayb.* narbülbülü
petto *sm* göğüs; meme; yürek *giacca a doppio petto* kruvaze ceket
pettorina *sf* önlük
petulante *agg* yüzsüz, arsız
pezza *sf* kumaş parçası; yama

pezzente *sm/f* hırpani, dilenci kılıklı
pezzo *sm* parça; pasaj *pezzo grosso* önemli kişi *pezzo di ricambio* yedek parça *da un pezzo* epeydir
piacere *vi* sevmek, hoşlanmak § *sm* zevk, haz; iyilik *per piacere* lütfen *a piacere* isteğe göre *con piacere!* memnuniyetle! *fare un piacere* iyilik etmek
piacevole *agg* hoş, sevimli
piaga *sf* yara; acı; bela
piagnucolare *vi* inlemek, inildemek
pialla *sf* marangoz rendesi
piana *sf* düzlük, ova
pianeggiare *vi* düzleşmek
pianerottolo *sm* sahanlık
pianeta *sm* gezegen
piangere *vi* ağlamak; sızlamak, yakınmak
pianificare *vt* planlamak, düzenlemek
pianificazione *sf* planlama
pianista *sm/f* piyanist
piano[1] *agg* düz; anlaşılır; kolay, basit § *avv* alçak sesle; yavaşça
piano[2] *sm* plan, proje; taslak; düzlem; düzlük yer *primo piano* yakın çekim *in primo piano* ilkönce

pianoforte *sm* piyano
pianta *sf* bitki; plan; harita *di sana pianta* bütünüyle
piantagione *sf* ekim alanı, tarla
piantare *vt* dikmek, ekmek; yerleştirmek; terk etmek *piantala!* yeter!, kes artık
piantarsi *vr* dikilmek
piantato *agg* dikili
pianterreno *sm* zemin kat, giriş katı
pianto *sm* ağlama, gözyaşı
piantone *sm* nöbetçi, gözcü
pianura *sf* ova, düzlük
piastra *sf* tabaka, levha; sac
piastrella *sf* karo, duvar çinisi
piastrina *sf* künye
piattaforma *sf* platform; peron
piattezza *sf* bayağılık, monotonluk
piattino *sm* fincan tabağı
piatto *agg* düz; yassı; monoton § *sm* tabak; yemek *piatto caldo* sıcak yemekler *piatto fondo* çorba tabağı *piatto del giorno* günün yemeği
piazza *sf* meydan; alan; piyasa, pazar *far piazza pulita* ne var ne yok çalmak; silip süpürmek *piazza d'onore* şeref kürsüsü *piazza d'armi* eğitim alanı
piazzale *sm* meydan; alan
piazzamento *sm* derece
piazzare *vt* yerleştirmek; satmak
piazzarsi *vr* derece yapmak
piazzata *sf* patırtı, gürültü
piazzista *sm* seyyar satıcı, işportacı
picca *sf* mızrak, kargı *le picche* maça
piccante *agg* sert, keskin; acı; *mec.* açık saçık
piccarsi *vr* diretmek
picchetto2 *sm* grev gözcüsü; ileri karakol askeri
picchiare *vt* dövmek, vurmak § *vi* vurmak; pike yapmak
picchiata *sf* vurma; pike
picchiettare *vt* hafifçe vurmak; benek benek yapmak
picchio *sm* ağaçkakan
piccino *agg* çok küçük, minik
piccione *sm* güvercin
picco *sm* doruk, tepe *a picco* dikine
piccolo *agg* küçük, ufak § *sm* bebek, küçük *da piccolo* küçükken *sin da piccolo* küçüklükten beri
piccone *sm* kazma
§**picnic** *sm* piknik
pidocchio *sm* bit
piede *sm* ayak; taban *a piedi* yürüyerek *in piedi* ayakta *prendere piede* yerleşmek, yayılmak *stare in piedi* ayakta

durmak
piedistallo *sm* ayaklık; temel
piega *sf* kıvrım; kırışık; engebe
prendere una buona piega
iyiye doğru gitmek
piegare *vt* bükmek, eğmek; kıvırmak
piegarsi *vr* bükülmekk; kıvrılmak; boyun eğmek
pieghettare *vt* büzgü yapmak, kıvırmak
pieghevole *agg* bükülebilir; esnek; *mec.* uysal
piena *sf* suyun yükselmesi, taşma
pienezza *sf* doluluk
pieno *agg* dolu; som § *sm* dolu olma *a piena voce* var sesiyle *in pieno giorno* güpegündüz *luna piena* dolunay
pietà *sf* acıma, merhamet *senza pietà* acımasız
pietanza *sf* ana yemek
pietoso *agg* merhametli; acıklı
pietra *sf* taş *età della pietra* taş devri
pietrificare *vt* taşlaştırmak; *mec.* çok şaşırtmak
pietrina *sf* çakmaktaşı
piffero *sm müz.* kaval
pigiama *sm* pijama
pigiare *vt* ezmek, sıkmak
pigione *sf* kira, kiralama *dare a pigione* kiraya vermek

pigliare *vt* almak, yakalamak
piglio *sm* bakış
pigmento *sm* boya maddesi, pigment
pigmeo *sm* pigme
pigna *sf* kozalak
pignolo *agg* kılı kırk yaran
pignorare *vt* el koymak, haczetmek
pigolare *vt* cıvıldamak
pigrizia *sf* tembellik; isteksizlik
pigro *agg* tembel; yavaş
pila *sf* yığın, küme; pil
pilastro *sm* sütun
pillola *sf* hap *pillola anticoncezionale* doğum kontrol hapı
pilone *sm* sağlam direk; elektrik direği
pilota *sm/f* pilot; otobüs şoförü
pilotare *vt* pilotluk yapmak; araba vb. kullanmak
pimento *sm* biber
pinacoteca *sf* resim galerisi
pineta *sf* çam korusu
pineto *sm* çamlık
pingue *agg* yağlı, şişman
pinguedine *sf* şişmanlık
pinguino *sm* penguen
pinna *sf hayb.* yüzgeç; palet
pino *sm* çam
pinolo *sm* çamfıstığı
pinza *sf* pense; cımbız; *hek.* forseps

pinzetta *sf* cımbız
pio *agg* dindar, sofu; merhametli *pia fondazione* yardım kurumu
pioggia *sf* yağmur *una pioggia a dirotto* sağanak
piolo *sm* kazık
piombaggine *sf* grafit
piombare *vi* hızla düşmek; çıkagelmek § *vt* dolgu yapmak
piombatura *sf* dolgu yapma
piombino *sm* kurşun; çekül
piombo *sm* kurşun; saçma *a piombo* dikine, düşey
pioniere *sm* öncü
pioppo *sm* kavak
piovere *vi* yağmur yağmak; *mec.* dolmak, yağmak *piovere a dirotto* bardaktan boşanırcasına yağmak
piovigginare *vi* çiselemek
piovoso *agg* yağmurlu
piovra *sf* büyük ahtapot
pipa *sf* pipo
pipetta *sf* cam boru
pipistrello *sm* yarasa
piramide *sf* piramit
pirata *sm* korsan *nave pirata* korsan gemisi *pirata dell'aria* hava korsanı
pirico *agg* ateş veren *polvere pirica* barut
pirite *sf* pirit
pirofilo *agg* ateşe dayanıklı
piroga *sf* oyma kayık
piroscafo *sm* buharlı gemi
pisciare *vi* işemek
piscina *sf* havuz
pisello *sm* bezelye
pisolino *sm* kısa uyku, şekerleme
pista *sf* iz; pist; uçuş alanı
pistacchio *sm* şamfıstığı
pistola *sf* tabanca
pistone *sm* piston
pitone *sm* piton
pittore *sm* ressam; boyacı
pittoresco *agg* renkli, pitoresk; canlı
pittura *sf* ressamlık; resim
pitturare *vt* boyamak; resim yapmak
più *avv* daha, artık; artı § *agg* daha fazla; bir çok § *sm* en çoğu; artı işareti § *prep* ek olarak *mai più* asla; hiç *al più* olsa olsa *più o meno* aşağı yukarı; hemen hemen *in più* bir de, üstelik *per di più* üstelik, ayrıca *per lo più* çoğunlukla, genellikle *i più* çoğunluk
piuma *sf* tüy, kuştüyü
piumaggio *sm* kuştüyü
piumino *sm* ince kuştüyü; pufla yastık; toz alma tüyü
piuttosto *avv* oldukça, epeyce

pizza *sf* pizza
pizzaiolo *sm* pizzacı
pizzeria *sf* pizza lokantası
pizzicagnolo *sm* şarküteri
pizzicare *vt* çimdiklemek; sokmak; *müz.* parmak/mızrapla çalmak § *vi* kaşınmak; acı olmak
pizzicheria *sf* mezeci dükkânı
pizzico *sm* çimdik; *mec.* birazcık
pizzicotto *sm* çimdik
pizzo *sm* sivri uç; keçi sakal
placare *vt* yatıştırmak; dindirmek
placarsi *vr* yatışmak; dinmek
placca *sf* metal levha; plaka
placcare *vt* altın-gümüş kaplamak
placido *agg* sakin, uysal
plagio *sm* başka yapıttan çalınma
planare *vi* süzülerek uçmak
plancia *sf* kaptan köprüsü
planetario *agg* gezegen + § *sm* yıldız ve güneş sistemini gösteren cihaz
plasma *sm biy.* plazma
plasmare *vt* biçimlendirmek, biçim vermek
plastica *sf* plastik sanat; *hek.* plastik ameliyat; plastik *un sacchetto di plastica* plastik torba
plastico *agg* plastik + § *sm* maket *arti plastiche* plastik sanatlar
platano *sm* çınar ağacı
platea *sf tiy.* alt bölüm, koltuk
platino *sm* platin
platonico *agg* platonik, gerçekdışı
plausibile *agg* kabul edilebilir, makul
plebe *sf* avam, halk
plebeo *agg* halktan; aşağılık
plenario *agg* tam; eksiksiz
plenilunio *sm* dolunay
pleura *sf anat.* göğüszarı
pleurite *sf hek.* zatülcenp
plico *sm* mektup paketi
plissé *agg* pileli
plotone *sm* manga, takım
plumbeo *agg* kurşuni
plurale *agg/sm* birden fazla, çoğul
pluralità *sf* çoğunluk; çokluk
plusvalore *sm* artık değer
plutonio *sm* plutonyum
pneumatico *agg* hava basıncı + § *sm* otomobil lastiği
pochino *agg* az, çok az
poco *agg* az; yetersiz *a fra poco* yakında görüşürüz *un pò* biraz *poco fa* biraz önce *a poco a poco* yavaş yavaş; azar azar *non poco* çok, oldukça *per poco* az kalsın *un altro poco* biraz daha
podere *sm* toprak, çiftlik
poderoso *agg* güçlü, kuvvetli

podestà *sm* Ortaçağ'da belediye başkanı
podio *sm* kürsü, podyum
podismo *sm sp.* koşu ve yürüyüş
poema *sm* şiir
poesia *sf* şiir; nazım
poeta *sm* şair, ozan
poetica *sf* şiir sanatı
poetico *agg* şiirsel
poggiare *vt* dayamak, yaslamak § *vi* dayanmak, yaslanmak
poggio *sm* küçük tepe
poi *avv* sonra, daha sonra *prima o poi* er geç, eninde sonunda
poichè *cong* mademki, -diği için
poker *sm* poker
polacco *agg* Polonya + § *sm* Polonyalı; Lehçe
polemica *sf* sürtüşme, ihtilaf; polemik
polemico *agg* kavgacı; polemik
polenta *sf* koyu çorba, bulamaç
policlinico *sm* poliklinik
poliestere *sm* polyester
polifonia *sf müz.* çoksesli müzik
poligamia *sf* çok eşlilik
poligono *sm* çokgen, poligon
poliomielite *sf* omurilik iltihabı; çocuk felci
polipo *sm hek. hayb.* polip
politecnico *sm* politeknik yüksekokulu
politeismo *sm* çoktanrıcılık
politeista *agg/sm/f* çoktanrılı
politica *sf* politika, siyaset; taktik
politicizzare *vt* siyasal bir yön vermek
politico *agg* siyasal, politik § *sm* politikacı
polizia *sf* polis *polizia giudiziaria* adli polis *agente di polizia* polis görevlisi *polizia stradale* trafik polisi
poliziesco *agg* polis +, polisiye
poliziotto *sm* polis memuru
polizza *sf* poliçe *polizza di assicurazione* sigorta poliçesi
pollaio *sm* kümes
pollame *sm* kümes hayvanları
pollastro *sm* piliç
pollice *sm* başparmak
polline *sm* çiçektozu, polen
pollo *sm* tavuk, piliç
polmone *sm anat.* akciğer
polmonite *sf hek.* zatürre
polo *sm* kutup; uç *polo nord* Kuzey kutbu *polo sud* Güney Kutbu
Polonia *sf* Polonya
polpa *sf* meyve özü; yağsız lop et
polpaccio *sm* baldır; yağsız et
polpastrello *sm* parmak eti
polpetta *sf* köfte
polpettone *sm* iri köfte
polpo *sm* ahtapot
polposo *agg* özlü meyve

polsino *sm* kol ağzı, manşet
polso *sm* bilek; nabız
poltiglia *sf* bulamaç, pelte
poltrire *vi* tembel tembel oturmak
poltrona *sf* koltuk
polvere *sf* toz. *polvere da sparo* barut
polveriera *sf* barut deposu
polverizzare *vt* tozlaştırmak; püskürtmek; *mec.* yok etmek
polverone *sm* toz bulutu
polveroso *agg* tozlu
pomata *sm* merhem
pomello *sm* tokmak
pomeridiano *agg* öğleden sonra +
pomeriggio *sm* ikindi, öğle üstü
pomice *sf* süngertaşı
pomo *sm* elma ağacı; elma; tokmak *pomo d'Adamo* gırtlak çıkıntısı
pomodoro *sm* domates
pompa *sf* görkem, debdebe; pompa, tulumba *pompe funebri* cenaze işleri *pompa di benzina* benzin istasyonu
pompare *vt* pompalamak; şişirmek
pompelmo *sm* greyfrut
pompiere *sm* itfaiyeci
pomposo *agg* gösterişli; debdebeli
ponderale *agg* ağırlık +

ponderare *vt/i* ölçüp biçmek
ponderoso *agg* çok ağır; çok güç
ponente *sm* batı
ponte *sm* köprü; iskele *ponte sospeso* asma köprü *ponte aereo* hava köprüsü *fare ponte* destek olmak
pontefice *sm* Papa
pontificare *vi* ayin yapmak
pontificio *agg* Papalık +
popolano *agg* halktan; halkla ilgili
popolare₁ *agg* halktan; tanınmış, popüler
popolare₂ *vt* nüfuslandırmak; oturmak
popolarsi *vr* dolmak, kalabalıklaşmak
popolarità *sf* popüler olma
popolazione *sf* nüfus; halk
popolo *sm* insanlar; halk; toplum
popoloso *agg* kalabalık
poppa *sf* geminin kıç tarafı, pupa; meme
poppare *vt* emmek
poppatoio *sm* emzik, biberon
porcellana *sf* porselen
porcellino *sm* domuz yavrusu
porcheria *sf* pislik; *mec.* rezalet
porcile *sm* domuz ahırı
porcino *agg* domuz + § *sm* bir çeşit mantar
porco *sm* domuz; domuz eti

porcospino *sm* kirpi
porgere *vt* sunmak, takdim etmek
porno *agg/sm* açık saçık, porno
pornografia *sf* pornografi
poro *sm anat.* gözenek
poroso *agg* gözenekli
porpora *sf* erguvan rengi
porre *vt* koymak; yerleştirmek; varsaymak *porre in dubbio* kuşkulanmak *porre una domanda* bir soru sormak
porsi *vr* koyulmak
porro *sm* pırasa; *hek.* siğil
porta *sf* kapı; giriş; *sp.* kale *fuori porta* şehir dışı *a porte chiuse* kapalı kapılar ardında *porta girevole* döner kapı
portabagagli *sm* portbagaj; hamal
portabile *agg* taşınabilir
portacenere *sm* kül tablası
portachiavi *sm* anahtarlık
portacipria *sm* makyaj kutusu
portaerei *sf* uçak gemisi
portafogli *sm* cüzdan, para çantası
portafoglio *sm* para cüzdanı *Ministro senza portafoglio* Devlet Bakanı
portafortuna *agg/sm* nazarlık; maskot
portagioie *sm* mücevher kutusu

portamento *sm* davranış, tutum
portamonete *sm* para çantası
portante *agg* taşıyıcı, destek
portantina *sf* tahteravan; sedye
portare *vt* getirmek; taşımak; giymek; neden olmak *portare fortuna* uğur getirmek
portarsi *vr* gitmek, gelmek
portasapone *sm* sabunluk
portasigarette *sm* sigaralık
portata *sf* yiyecek; taşıma gücü, tonaj; menzil; seviye; kuvvet; *mec.* önem *a portata di mano* el altında *fuori portata* menzil dışında
portatile *agg* taşınır, taşınabilir
portato *agg* : *portato a* eğilimi olan, yatkın
portatore *sm* hamal; mikrop taşıyıcı; hamiline yazılı çek
portauovo *sm* yumurta kabı
portavoce *sm* sözcü
portento *sm* mucize
portico *sm* revak; sundurma
portiera *sf* araba kapısı
portiere *sm* kapıcı; *sp.* kaleci
portinaia *sf* kadın kapıcı
portinaio *sm* kapıcı
portineria *sf* kapıcı dairesi
porto1 *sm* liman *porto franco* serbest liman
porto2 *sm* taşıma; navlun *porto d'armi* silah taşıma ruhsatı

Portogallo *sm* Portekiz
portoghese *agg* Portekiz+ § *sm* Portekizli; Portekizce
portone *sm* ana kapı, ön kapı
portuale *agg* liman + § *sm* liman işçisi
porzione *sf* parça, bölüm; porsiyon
posa *sf fot.* poz; poz verme; ara
posacenere *sm* kül tablası
posare *vt* koymak; yere bırakmak § *vi* dayanmak; poz vermek
posarsi *vr* dinlenmek
posata *sf* çatal, kaşık, bıçak, sofra takımı
posato *agg* soğukkanlı
poscritto *sm* dipnot
positivo *agg* olumlu; gerçek; pozitif; artı
posizione *sf* durum; konum; mevki; pozisyon *luci di posizione* park lambaları
posologia *sf hek.* doz
posporre *vt* sonraya koymak; ertelemek
possedere *vt* sahip olmak; egemen olmak; *mec.* çok iyi bilmek
possedimento *sm* mülkiyet
possessivo *agg* iyelik belirten; egemen olan
possesso *sm* elinde bulundurma; mülkiyet
possessore *sm* malik

possibile *agg* mümkün; olabilir § *sm* mümkün olan şey *fare il possibile* elden geleni yapmak *il più presto possibile* en kısa zamanda
possibilità *sf* olanak, imkân
possidente *sm/f* mülk sahibi
posta *sf* posta, postane; posta servisi; ortaya sürülen para *posta aerea* uçak postası *fermo posta* postrestant
postale *agg* posta +
posteggiare *vt* park etmek
poateggio *sm* park yeri
posteriore *agg* arka § *sm* arka taraf
posticipare *vt* ertelemek
postilla *sf* dipnotu
postino *sm* postacı
posto *sm* yer, mevki; görev; bölge *posto di guida* sürücü koltuğu *al posto di* onun yerine
postulare *vt* talep etmek, istemek
postumo *agg* sonradan ortaya çıkan § *sm* hastalığın sonradan ortaya çıkan sonuçları
potabile *agg* içilebilir
potare *vt* budamak
potassio *sm* potasyum
potente *agg* güçlü, kuvvetli; yetkili

potenza *sf* güç, kuvvet
potenziale *agg/sm* güç, potansiyel
potere *vi* yapabilmek, edebilmek § *sm* güç; iktidar; yetki *può darsi* belki *non poterne più* dayanacak hali kalmamak *a più non posso* elinden geldiğince *potere calorifico* kalori değeri
potestà *sf* yetki; güç
povero *agg* yoksul, fakir; verimsiz § *sm* fakir kişi
povertà *sf* yoksulluk, fakirlik
pozza *sf* su birikintisi; gölcük
pozzanghera *sf* çamurlu su
pozzo *sm* kuyu *pozzo petrolifero* petrol kuyusu
pranzare *vi* öğle yemeği yemek
pranzo *sm* öğle yemeği; akşam yemeği
pratica *sf* uygulama; yapma; deneyim, tecrübe; konu *in pratica* uygulamada; gerçekte *mettere in pratica* uygulamaya koymak
praticabile *agg* uygulanabilir, gerçekleştirilebilir
praticamente *avv* gerçekte, aslında
praticante *agg* dini görevlerini yerine getiren § *sm* çırak; stajyer

praticare *vt* uygulamak § *vi* ilişki kurmak
pratico *agg* uygulamalı; pratik; becerikli; uzman
prato *sm* çayır; çimen
preavviso *sm* ön uyarı; ihtarname
precario *agg* geçici; sallantıda
precauzione *sf* önlem, tedbir
precedente *agg/sm* önceki *senza precedenti* benzeri olmayan
precedenza *sf* öncelik; önce olma *in precedenza* öncelikle
precedere *vt* önde olmak; önce varmak
precetto *sm* kural; temel ilke
precettore *sm* özel öğretmen, dadı
precipitare *vt* yüksekten atmak; aceleye getirmek § *vi* yuvarlanmak
precipitarsi *vr* kendini atmak; acele atılmak
precipitazione *sf* acelecilik; yağış
precipitoso *agg* aceleci; çok hızlı
precipizio *sm* uçurum
precisare *vt* belirtmek; açıklamak
precisione *sf* kesinlik, doğruluk; şaşmazlık
preciso *agg* kusursuz, tamam; net, belirgin
precludere *vt* engel olmak, tıka-

mak
precoce *agg* vaktinden önce gelişmiş; zamansız
preconcetto *sm* önyargı
precursore *sm* öncü; haberci
preda *sf* av; yağma
predare *vt* yağma etmek
predatore *agg/sm* yağmacı
predecessore *sm* selef
predestinare *vt* önceden hazırlamak
predetto *agg* önceden yazılmış/söylenmiş
predica *sf* vaaz; *mec.* nasihat
predicare *vt* vaaz vermek; öğüt vermek
predicato *sm dilb.* yüklem
prediletto *agg* çok sevilen § *sm* gözbebeği
prediligere *vt* çok sevmek, üstün tutmak
predire *vt* önceden söylemek; kehanette bulunmak
predisporre *vt* önceden hazırlamak
predisposto *agg* önceden hazırlıklı; yatkın
predominante *agg* üstün, egemen
predominare *vi* egemen olmak; önde gelmek
predominio *sm* üstünlük; hâkimiyet; çokluk
prefabbricato *agg* prefabrik

prefazione *sf* önsöz
preferenza *sf* tercih, yeğleme
preferenziale *agg* tercihli *voto preferenziale* tercihli oy
preferire *vt* yeğlemek, tercih etmek
prefetto *sm* vali
prefettura *sf* valilik; vilayet
prefiggere *vt* önceden saptamak
prefisso *sm dilb.* önek; telefon kodu
pregare *vt* yalvarmak; dua etmek; rica etmek *farsi pregare* zorluk çıkarmak
pregevole *agg* değerli; saygın
preghiera *sf* dua, yalvarma; rica
pregiare *vt* övmek
pregiato *agg* değerli; saygın *vino pregiato* seçkin şarap
pregio *sm* değer, hüner; iyi yan
pregiudicare *vt* haksız hüküm vermek; zarar vermek
pregiudicato *sm* sabıkalı
pregiudizio *sm* önyargı; zarar
pregnante *agg* gebe, hamile
pregno *agg* gebe; *mec.* içi dolu
prego *inter* rica ederim!; buyrun!
pregustare *vt* önceden tatmak
preistoria *sf* tarih öncesi
preistorico *agg* tarih öncesi +
prelato *sm* piskopos
prelevare *vt* para çekmek; götürmek; tutuklamak

prelievo *sm hek.* (kan vb.) alma
preliminare *agg* başlangıç niteliğinde; ön § *sm/pl* hazırlık; genel ilkeler
preludio *sm müz.* giriş parçası, prelüd
prematuro *agg* zamansız, erken § *sm* erken doğan bebek
premeditare *vt* önceden hazırlamak
premeditazione *sf* önceden tasarlanan suç
premere *vt* basmak § *vi* bastırmak; baskı yapmak; *mec.* ilgilendirmek
premessa *sf* önsöz, giriş
premesso *agg* önceden söylenmiş
premettere *vt* önceden söylemek; varsaymak
premiare *vt* ödüllendirmek
premier *sm* başbakan
premio *sm* ödül; prim, ikramiye
premonizione *sf* önsezi, içe doğma
premunirsi *vr* korunmak, önlem almak
premura *sf* acele; dikkat; özen
premuroso *agg* ilgilenen, düşünceli
prenatale *agg* doğum öncesi
prendere *vt* almak; yakalamak; binmek; beraber götürmek; davranmak; sanmak; farz etmek § *vi* hareket etmek; (belirti) büyümek
prendersi *vr* kavga etmek *prendere fuoco* ateş almak *prendere freddo* üşütmek *prendere un taxi* taksi tutmak *prendere una foto* bir resim çekmek *prendersela* kaygılanmak, tasalanmak
prenotare *vt* yer ayırtmak
prenotazione *sf* yer ayırtma; rezervasyon
preoccupare *vt* tasalandırmak, kaygılandırmak
preoccuparsi *vr* tasalanmak, meraklanmak
preoccupazione *sf* tasa, kaygı, endişe
preparare *vt* hazırlamak
prepararsi *vr* hazırlanmak
preparativo *agg/sm/pl* hazırlıklar
preparato *sm* hazırlanmış ilaç
preparatorio *agg* hazırlayıcı
preparazione *sf* hazırlanma, hazırlık
preposizione *sf dilb.* edat
prepotente *agg* zorba § *sm/f* kaba; zalim
prepotenza *sf* zorbalık; sertlik
presa *sf* kulp; ele geçirme; yakalama; *elek.* priz; (iskambil) el
presagio *sm* içe doğma; kehanet

presagire *vt* kehanette bulunmak; içine doğmak
presbite *agg/sm/f* yakını iyi görmeyen kişi
presbiterio *sm* kilise içinde sadece papazın girdiği kısım
prescindere *vi* göz önüne almamak, hesaba katmamak
prescolare *agg* okul öncesi
prescrivere *vt* buyurmak; *hek.* ilaç yazmak
prescrizione *sf hek.* doktor reçetesi; buyruk, emir; *huk.* zamanaşımı
presentare *vt* sunmak; tanıştırmak, tanıtmak; önermek *presentare la propria candidatura* adaylığını koymak
presentarsi *vr* kendini takdim etmek; görünmek
presentatore *sm* sunucu; tanıtıcı
presentazione *sf* sunma, takdim; gösterme; önsöz
presente1 *agg* bulunan, mevcut, hazır; bugünkü; bu *la presente settimana* bu hafta *avere presente* hatırlamak *far presente* hatırlatmak
presente2 *sm* hediye, armağan
presentimento *sm* önsezi
presenza *sf* var olma, bulunma; görünüş *di presenza* şahsen
preservare *vt* korumak

preservativo *sm* prezervatif, kaput
preside *sm/f* okul müdürü/müdiresi *preside di facoltà* dekan
presidente *sm* başkan; cumhurbaşkanı *presidente della repubblica* cumhurbaşkanı
presidentessa *sf* kadın başkan; cumhurbaşkanı karısı
presidenza *sf* başkanlık; cumhurbaşkanlığı
presidiare *vt* garnizon kurmak
presidio *sm* garnizon, askeri üs
presiedere *vt/vi* başkanlık etmek, yönetmek
preso *agg* işgal edilmiş; tutulmuş
pressa *sf* pres, baskı makinesi
pressante *agg* ivedi, acele
pressappoco *avv* yaklaşık, aşağı yukarı
pressare *vt* sıkıştırmak; ezmek
pressione *sf* basınç; baskı *far pressione* baskı yapmak *pressione alta* yüksek tansiyon *pressione bassa* düşük tansiyon
presso *avv* yanında; yakınında; zamanında; arasında; -de, -da; (mektup) eliyle § *sm* civarında
pressoché *avv* hemen hemen, aşağı yukarı
prestante *agg* iyi görünüşlü

prestare *vt* ödünç vermek, borç vermek *prestare attenzione* dikkatini vermek

prestarsi *vr* kendini vermek; uygun olmak, gitmek

prestazione *sf* hizmet; verim, çalışma

prestigiatore *sm* sihirbaz

prestigio *sm* saygınlık, itibar; el çabukluğu

prestito *sm* ödünç verme *prendere in prestito* ödünç almak

presto *avv* birazdan, yakında; çabuk, hızlı; erken *al più presto* en kısa zamanda *presto o tardi* er ya da geç

presumere *vt* sanmak, varsaymak

presunto *agg* öngörülen, varsayılan

presuntuoso *agg* kendini beğenmiş, ukala

presunzione *sf* kanı, sanı, tahmin

presupporre *vt* önceden varsaymak

presupposizione *sf* varsayım

presupposto *agg/sm* varsayım; kanı

prete *sm* papaz, rahip

pretendente *sm* talip; aday

pretendere *vt* hak iddia etmek; ileri sürmek § *vi* aday olmak; talip olmak

pretenzioso *agg* iddialı; gösterişli

pretesa *sf* sav, iddia, hak

pretesto *sm* bahane; fırsat

pretore *sm huk.* yargıç

pretto *agg* saf, arı

pretura *sf* sulh mahkemesi; yargıçlık

prevalente *agg* üstün gelen, hüküm süren

prevalenza *sf* üstünlük, çoğunluk

prevalere *vi* üstün gelmek

prevedere *vt* önceden kestirmek, sezmek

prevenire *vt* önce davranmak; önlemek

preventivamente *avv* önceden, zamanında

preventivo *agg* önleyici § *sm* fiyat teklifi

prevenzione *sf* önyargı; önleme; koruma

previdente *agg* öngören, ileriyi gören

previdenza *sf* önsezi; koruma *previdenza sociale* sosyal güvenlik

previsione *sf* öngörme; önsezi *previsione meteorologica* hava tahmini

previsto *agg* tahmin edilmiş; beklenen

prezioso *agg* değerli, kıymetli §

sm değerli eşya, mücevher
prezzemolo *sm* maydanoz
prezzo *sm* fiyat; kıymet
prigione *sf* hapishane, cezaevi
prigionia *sf* tutsaklık
prigioniero *agg* hapiste olan § *sm* tutsak; tutuklu
prima1 *avv* önce; daha önce; ilk olarak; önceleri *prima o poi* er geç
prima2 *sf* birinci sınıf; *tiy.* ilk gösteri; *oto.* birinci vites
primario *agg* ilk; başlıca § *sm* başhekim *scuola primaria* ilkokul
primate *sm* başpiskopos
primato *sm* başta gelme; rekor *battere un primato* rekor kırmak
primavera *sf* ilkbahar
primaverile *agg* ilkbahar +; ilkbahardan kalma
primeggiare *vi* üstün gelmek; birinci gelmek
primitivo *agg* ilkel; ilk
primizia *sf* turfanda; yeni haber
primo *agg* birinci; ilk; başlıca § *sm* ilk olan; (hafta/ay/yılın) ilk günü *per primo* ilk olarak, ilkönce *in primo luogo* ilk olarak *prima donna* kadın başoyuncu *di primo giorno* erkenden

primogenito *agg* ilk doğan § *sm* ilk (doğan) çocuk
primordiale *agg* önemli, başlıca
primordio *sm/pl* başlangıç
primula *sf* çuhaçiçeği
principale *agg* başlıca, ana; esas § *sm/f* işveren, patron
principato *sm* prenslik
principe *sm* prens *principe ereditado* veliaht
principessa *sf* prenses
principiante *sm/f* işe yeni başlayan; ilk seviye
principio *sm* başlangıç, başlama; köken § *pl* ilke, prensip *dal principio all fine* baştan sona *dal principio* baştan *in principio* başlangıçta *per principio* prensip olarak
priore *sm* başrahip
priorità *sf* öncelik; üstünlük
prisma *sm* prizma
privare *vt* yoksun bırakmak
privarsi *vr* kendini mahrum etmek
privativa *sf* tekel
privato *agg* özel, kişisel § *sm* kişi, şahıs *in forma privata* özel olarak
privazione *sf* yoksun bırakma; özveri
privilegiare *vt* ayrıcalık tanımak
privilegio *sm* ayrıcalık; imtiyaz

privo *agg* yoksun, -siz
pro1 *prep* için, yararına
pro2 *sm* yarar, çıkar; avantaj
probabile *agg* olası, muhtemel
probabilità *sf* olasılık, ihtimal
probità *sf* dürüstlük, doğruluk
problema *sm* sorun, problem
probo *agg* dürüst, namuslu
proboscide *sf* fil hortumu
procacciare *vt* sağlamak, temin etmek
procedere *vi* ileri sürmek; davranmak; *huk.* dava açmak
procedimento *sm* usul, tarz; yöntem
procedura *sf* işlem; usul; yargı aşamaları
processare *vt* yargılamak
processione *sf* tören alayı
processo *sm* süreç; *huk.* yargılama, dava, mahkeme
procinto *sm* : *in procinto di* - mek üzere olmak
proclama *sm* bildiri, duyuru
proclamare *vt* duyurmak, ilan etmek
procrastinare *vt* ertelemek
procreare *vt* doğurmak, döllemek
procura *sf huk.* vekâlet; savcılık
   per procura vekâleten
procurare *vt* sağlamak, temin etmek

procuratore *sm* vekil; savcı
   procuratore generale başsavcı
   procuratore della Repubblica Cumhuriyet savcısı
proda *sf* kıyı; kenar
prodigare *vt* saçıp savurmak, israf etmek
prodigarsi *vr* kendini harcamak
prodigio *sm* mucize; çok yetenekli kişi
prodigioso *agg* olağanüstü, şaşılacak
prodigo *agg/sm* tutumsuz, savurgan
prodotto *sm* ürün, mal
produrre *vt* üretmek, yetiştirmek; imal etmek
produttività *sf* verimlilik; üretkenlik
produttivo *agg* verimli; kârlı
produttore *sm* üretici; prodüktör
produzione *sf* üretim; verim; ürün; imalat
profanare *vt* saygısızlık etmek; lekelemek
profano *agg* kutsal olmayan, dindışı
proferire *vt* söylemek; dile getirmek
professare *vt* dile getirmek; (meslek) icra etmek
professarsi *vr* açıkça belirtmek
professionale *agg* meslekî; profe-

syonel
professione *sf* iş, meslek, uğraş
professionista *sm/f* meslek sahibi; profesyonel sporcu
professorato *sm* profesörlük
professore *sm* profesör; öğretmen
profeta *sm* peygamber; kâhin
profezia *sf* kehanet
proficuo *agg* yararlı, kazançlı
profilarsi *vr* ortaya çıkmak; gözükmek
profilattico *sm* prezervatif
profilo *sm* dış çizgiler; profil; yaşamöyküsü
profittare *vi* yararlanmak, istifade etmek
profitto *sm* yarar; kazanç, kâr; gelişme
profondità *sf* derinlik; dip
profondo *agg* derin; engin § *sm* derinlik; dip **sonno profondo** derin uyku
profugo *agg/sm* mülteci
profumare *vt* güzel koku saçmak; parfüm sürmek
profumarsi *vr* parfüm sürünmek
profumeria *sf* parfümeri mağazası; parfümeri
profumo *sm* güzel koku; parfüm
profusione *sf* bolluk, çokluk
progenitore *sm* ata, dede
progettare *vt* tasarlamak, planlamak
progetto *sm* tasarı, proje, plan *progetto di legge* yasa tasarısı
prognosi *sf hek.* tanı, prognoz
programma *sm* program; düzen
programmare *vt* programlamak; düzenlemek
programmatore *sm* programcı
programmi ta *sm/f* programcı
progredire *vi* ilerlemek; gelişmek
progressione *sf* ilerleme; gelişme
progressivo *agg* kademe kademe ilerleyen
progresso *sm* ilerleme; gelişme *in progresso di tempo* zamanla, gittikçe
proibire *vt* yasaklamak; engellemek
proibitivo *agg* yasaklayıcı; önleyici
proibito *agg* yasak, yasaklanmış
proibizione *sf* yasak, yasaklama
proiettare *vt* tasarlamak; fırlatmak; *sin.* (film) oynatmak
proiettile *sm* mermi
proiettore *sm* projektör; yansıtıcı
proiezione *sf* yansıtma, projeksiyon; görüntü
prole *sf* çoluk çocuk; soy
proletario *agg/sm* emekçi, işçi
proliferare *vi* çoğalmak, üremek

prolisso *agg* uzun, ayrıntılı
prologo *sm* giriş, öndeyiş
prolunga *sf* ek, uzantı
prolungare *vt* uzatmak; sürdürmek
promemoria *sm* kısa not
promessa *sf* söz verme, vaat
promesso *agg* söz verilmiş
promettere *vt* söz vermek, vaat etmek
prominente *agg* çıkıntılı
promiscuità *sf* karmakarışıklık
promontorio *sm co.* dağlık burun
promosso *agg* sınıfını geçmiş; terfi etmiş
promotore *sm* öncü
promozione *sf* terfi etme, yükselme
promulgare *vt* yürürlüğe koymak
promuovere *vt* terfi ettirmek
pronipote *sm/f* torun/yeğen oğlu; büyük torun § *pl* atalar, dedeler
prono *agg* yüzükoyun
pronome *sm dilb.* adıl, zamir *pronome personale* şahıs zamiri *pronome dimostrativo* işaret zamiri *pronome possessivo* iyelik zamiri *pronome interrogativo* soru zamiri *pronome relativo* ilgi zamiri
pronostico *sm* tahmin; kestirme
prontezza *sf* çabukluk; tezlik

pronto *agg* hazır; çabuk; (telefon) alo! *pronto soccorso* ilkyardım, acil servis
prontuario *sm* kılavuz, el kitabı
pronuncia *sf* sesletim
pronunciare *vt* telaffuz etmek, sesletmek
pronunzia *sf* telaffuz, sesletim
propaganda *sf* propaganda, yayma
propagare *vt* çoğaltmak; yaymak
propagarsi *vr* yayılmak; bulaşmak
propendere *vi* eğilimi olmak, yana olmak
propensione *sf* eğilim, temayül
propenso *agg* eğilimli; istekli
propinare *vt* vermek
propizio *agg* uygun, elverişli
proporre *vt* önermek, teklif etmek; sunmak
proporzionale *agg* orantılı
proporzionare *vt* ayarlamak
proporzione *sf* oran, orantı; ayar *in proporzione* orantılı olarak
proposito *sm* amaç, niyet; konu *di proposito* bilerek, bile bile *in proposito di* o konuya ilişkin
proposizione *sf dilb.* cümlecik; teorem
proposta *sf* öneri, teklif *proposto di legge* yasa tasarısı

proprietà *sf* sahiplik, mülkiyet; mal; uygunluk

proprietario *sm* sahip

proprio *agg* tipik, has; kendi § *avv* gerçekten *nome proprio* özel ad *in proprio* bizzat, kendisi

prora *sf* pruva

proroga *sf* erteleme; tehir

prorogare *vt* süresini uzatmak, ertelemek

prorompere *vi* taşmak, fışkırmak

prosa *sf* düzyazı, nesir

prosastico *agg* nesir

prosciogliere *vt* vaadinden kurtulmak; *huk.* beraat ettirmek

prosciugare *vt* kurutmak

prosciugarsi *vr* kurumak

prosciutto *sm* jambon

prosecco *sm* tatlı beyaz şarap

proseguimento *sm* devam; sürme *buon proseguimento!* yolunuz açık olsun!

proseguire *vt* sürdürmek, devam ettirmek § *vi* sürmek, devam etmek

prosperare *vi* gelişmek, zenginleşmek

prosperità *sf* mutluluk, refah; bereket

prospero *agg* bereketli; elverişli; gelişmiş

prosperoso *agg* bereketli, verimli; gürbüz

prospettare *vt* göstermek, açıklamak § *vi* -e bakmak

prospettarsi *vr* görünmek, gözükmek

prospettiva *sf* perspektif; görünüm; *mec.* olasılık

prospetto *sm* görünüş; çizelge; şema

prospiciente *agg* bir yöne bakan

prossimità *sf* yakınlık *in prossimità di* yakınında, civarında

prossimo *agg* çok yakın, yanında; gelecek § *sm* kişi, hemcins *parente prossimo* yakın akraba

prostata *sf anat.* prostat

prostituta *sf* fahişe, orospu

prostituzione *sf* fahişelik; fuhuş

prostrare *vt* yere yatırmak; *mec.* küçük düşürmek

prostrarsi *vr* ayaklarına kapanmak; *mec.* küçük düşmek

protagonista *sm/f* başoyuncu; başkişi

proteggere *vt* korumak; himaye etmek

proteina *sf* protein

protendere *vt* ileriye doğru uzatmak

protesi *sf hek.* protez

proteso *agg* öne uzanmış; ileri atılmış

protesta *sf* protesto, itiraz

protestante *agg/sm/f din.* Protestan

protestare *vi* karşı çıkmak, itiraz etmek § *vt huk.* protesto çekmek

protesto *sm* protesto

protettivo *agg* koruyucu

protetto *agg* korunmuş

protettore *sm* koruyucu; hami

protezione *sf* koruma; himaye

protocollare1 *vt* kaydetmek

protocollare2 *agg* protokole uygun

protocollo *sm* protokol defteri; protokol

protone *sm fiz.* proton

prototipo *sm* ilk örnek, prototip

protrarre *vt* ertelemek, geciktirmek

protuberante *agg* çıkık, şiş

protuberanza *sf* şiş, yumru

prova *sf* kanıt, delil; deneme; prova; örnek; sınav; *tiy.* prova; *mat.* sağlama ***prova generale*** genel prova ***mettere alla prova*** denemek, sınamak ***prova scritta*** yazılı sınav ***periodo di prova*** deneme dönemi ***prova del sangue*** kan tahlili

provare *vt* kanıtlamak; denemek, tecrübe etmek; hissetmek ***provare difficoltà*** zorluk çekmek

provarsi *vr* denemek, girişmek

provenienza *sf* kaynak, köken

provenire *vi* -den gelmek, çıkmak

provento *sm* gelir, kazanç

proverbio *sm* atasözü

provetta *sf* deney tüpü

provetto *agg* usta, tecrübeli

provincia *sf* il; kasaba

provinciale *agg* vilayet +; taşralı

provino *sm sin.* deneme çekimi; ilk deneme

provocante *agg* kışkırtıcı, tahrik edici

provocare *vt* neden olmak; kışkırtmak, tahrik etmek

provocatorio *agg* kışkırtıcı, tahrik edici

provocazione *sf* kışkırtma, tahrik

provvedere *vt* sağlamak, hazırlamak § *vi* önlem almak; öngörmek

provvedersi *vr* kendine sağlamak

provvedimento *sm* önlem, tedbir

provvidenza *sf* tanrı isteği

provvidenziale *agg* Tanrıdan gelme; Allahtan

provvigione *sf* yüzdelik, komisyon

provvisorio *agg* geçici, muvakkat

provvista *sf* erzak, gereç

prua *sf* pruva
prudente *agg* ihtiyatlı, tedbirli
prudenza *sf* ihtiyat, temkin; sağduyu
prudere *vi* kaşınmak
prugna *sf* erik
prurito *sm* kaşıntı, kaşınma
pseudo *pref* sahte, yalancı
pseudonimo *sm* takma ad
psicanalisi *sf* psikanaliz
psicanalista *sm/f* psikanalist, ruh doktoru
psiche *sf* ruh
psichiatra *sm/f* ruh doktoru, psikiyatr
psichiatria *sf* ruh hekimliği, psikiyatri
psichico *agg* ruhsal
psicologia *sf* ruhbilim, psikoloji
psicologico *agg* ruhbilimsel, psikolojik
psicologo *sm* ruhbilimci, psikolog
psicopatico *agg/sm* psikopat, ruh hastası
pubblicare *vt* yayımlamak
pubblicazione *sf* yayın; yayımlama; duyuru
pubblicista *sm/f* gazete yazarı
pubblicità *sf* reklam; ilan; herkese açık olma
pubblicitario *agg* reklam + § *sm* reklamcı

pubblico *agg* halka ait, kamusal; umumi § *sm* halk; seyirciler *Ministero della Pubblica Ýstruzione* Milli Eğitim Bakanlığı *opinione pubblica* kamuoyu *pubblico Ministero* savcı *in pubblico* ortalıkta, göz önünde *scuola pubblica* devlet okulu
pube *sm anat.* kasık kemiği
pubertà *sf* ergenlik çağı, buluğ
pudico *agg* görgülü; utangaç
pudore *sm* edep; utanç
puerile *agg* çocukluk +; çocukça
puerpera *sf* loğusa
pugilato *sm* boks
pugile *sm* boksör
pugnalare *vt* bıçaklamak
pugnale *sm* kama, hançer
pugno *sm* yumruk; avuç
pulce *sf* pire
pulcino *sm* civciv
puledro *sm* tay
puleggia *sf* makara; kasnak
pulire *vt* temizlemek; cilalamak
pulita *sf* temizleme; cilalama
pulito *agg* temiz; dürüst
pulitura *sf* temizleme
pulizia *sf* temizlik; temizleme *donna delle pulizie* temizlikçi kadın
pullman *sm* otobüs; lüks vagon
pullulare *vi* kaynaşmak; çoğal-

mak
pulmino *sm* minibüs
pulpito *sm* mimber; kürsü
pulsante *sm* kumanda düğmesi
pulsare *vi* (nabız) atmak
pulsazione *sf* nabız atışı
pulviscolo *sm* çok ince toz
puma *sm hayb.* puma
pungente *agg* sokan; gücendiren
pungere *vt* batırmak, sokmak; darıltmak, gücendirmek
pungiglione *sm* (böcekte) iğne
punire *vt* ceza vermek
punizione *sf* ceza; *sp.* penaltı
punta *sf* uç; tepe; çıkıntı; nakış *in punta di piedi* ayaklarının ucuna basarak *ore di punta* trafiğin yoğun olduğu saatler *punta del dito* parmak ucu
puntata₁ *sf* uğrama, kısa gezi
puntata₂ *sf* bahis, para sürme
puntata₃ *sf* bölüm, dizi
punteggiatura *sf dilb.* noktalama
punteggio *sm* puan, skor
puntellare *vt* payanda vurmak; *mec.* desteklemek
puntello *sm* payanda; *mec.* destek
puntiglioso *agg* inatçı, dik kafalı
puntina *sf* raptiye; küçük iğne
puntino *sm* küçük nokta *a puntino* özenle, tam olarak
punto *sm* nokta; puan; dikiş; *hek.* dikiş; *müz.* uzatma işareti *punti cardinali* ana yönler *di punto in bianco* ansızın, birdenbire *punto di vista* görüş açısı *fare il punto* durumu saptamak *due punti* iki nokta üstüste *punto e virgola* noktalı virgül *punti di sospensione* nokta nokta *punto di vendita* satış merkezi *punto esclamativo* ünlem işareti *punto interrogativo* soru işareti
puntuale *agg* zamanında olan, dakik
puntualità *sf* dakiklik
puntura *sf* iğne; batma
punzecchiare *vt* iğne sokmak; *mec.* kızdırmak
punzone *sm* zımba
pupa *sf* oyuncak bebek
pupazzetto *sm* kukla
pupazzo *sm* kukla
pupilla *sf anat.* gözbebeği; *mec.* gözde
pupo *sm kon.* bebek
purché *cong* yeter ki, şu şartla
pure *cong* bununla beraber; yine; bile § *avv* de, dahi
purè *sm* ezme, püre
purea *sf* püre
purezza *sf* saflık; arılık
purga *sf* müshil ilacı, arıtma; tasfiye

purgante *sm* müshil ilacı
purgare *vt* temizlemek, arıtmak; tasfiye etmek
purgatorio *sm* acı, ıstırap
purificare *vt* temizlemek, arıtmak
purità *sf* saflık, temizlik
puritano *agg/sm* sofu Protestan
puro *agg* saf, temiz; arı
purosangue *agg/sm* safkan at
purtroppo *avv* ne yazık ki, maalesef
pustola *sf* sivilce, çıban
putiferio *sm* gürültü, patırtı
putrefare *vi* çürümek, bozulmak
putrefatto *agg* çürümüş, bozulmuş
putrido *agg* çürük, bozuk
puttana *sf* orospu; fahişe
puzza *sf* pis koku
puzzare *vi* pis kokmak
puzzola *sf* kokarca
puzzolente *agg* pis kokulu
puzzonata *sf* rezalet

Q

qua *avv* buraya, burada *in qua* bu yöne doğru *per di qua* buradan
quaderno *sm* defter
qnadrangolo *sm* dörtgen
quadrante *sm mat.* dairenin dörtte biri; kadran
quadrare *vt mat.* karesini almak § *vi* denk gelmek, eşitlemek; uymak; *kon.* hoşuna gitmek
quadrato *agg/sm* dörtgen, kare *radice quadrata* kare kök *metro quadrato* metre kare
quadretto *sm* küçük tablo
quadrifoglio *sm* dört yapraklı yonca
quadro1 *agg* dörtgen, kare
quadro2 *sm* tablo, resim; çizelge; levha; elektrik dağıtım tablosu; *tiy.* sahne § *pl* (iskambil) karo *a quadri* kareli *metro quadro* metre kare
quadruplo *sm* dört kat § *agg* dört katı olan
quaggiù *avv* burada, aşağıda
quaglia *sf* bıldırcın
qualche *agg* birkaç, bazı; biraz *qualche volta* bazen
qualcosa *pron* bir şey *qualcos'altro* başka bir şey
qualcuno *pron* biri, birisi; bazısı *c'è qualcuno* kimse var mı?
quale *agg* hangi, hangisi § *sm* kalite, değer § *avv* nasıl *tale quale* aynısı, benzer
qualifica *sf* nitelik, vasıf; unvan
qualificare *vt* nitelemek; uz-

manlık vermek
qualificarsi *vr* seçilmek; *sp.* sonraki tura geçmek
qualificativo *agg* niteleyici *aggettivo qualificativo* niteleme sıfatı
qualificato *agg* nitelikli; vasıflı
qualificazione *sf* niteleme; sınıflandırma; *sp.* tur atlama
qualità *sf* nitelik, özellik; kalite *di prima qualità* birinci kalite
qualitativo *agg* niteleyici, belirleyici
qualora *cong* eğer, şayet
qualsiasi *agg* her, her bir; her türlü
qualunque *agg* herhangi bir; her türlü
qualunquismo *sm* umursamazlık
qualunquista *sm/f* umursamaz
quando *avv* ne zaman § *cong* -diği zaman *da quando* o zamandan beri *da quando?* ne zamandan beri? *di quando in quando* arada sırada
quantità *sf* nicelik; miktar
quantitativo *sm* miktar
quanto *agg/pron* kaç, ne kadar; kaç para; kaç tane; kaça § *avv* mümkün olduğu kadar *per quanto* her ne kadar ... ise de *quanti anni hai?* kaç yaşındasınız? *quanto a me* bana kalırsa *quanto prima* en kısa zamanda *quanti ne abbiamo oggi?* bugün ayın kaçı? *per quanto ne so* bildiğim kadarıyla
quantomeno *avv* en azından
quantunque *cong* her ne kadar ... ise de
quaranta *num* kırk
quarantena *sf* karantina
quarantesimo *agg* kırkıncı
quarantina *sf* kırk kadar
quaresima *sf din.* büyük perhiz
quarta *sf* dördüncü vites; dörtte bir
quartetto *sm* kuartet
quartiere *sm* semt; kışla *quartiere generale* karargâh *quartiere residenziale* yerleşim alanı
quartina *sf* dörtlük
quarto *num* dördüncü § *sm* çeyrek, dörtte bir *un quarto d'ora* çeyrek saat
quarzo *sm* kuvars
quasi *avv* hemen hemen; aşağı yukarı, yaklaşık; neredeyse *quasi che* sanki *quasi mai* hemen hiç
quasiché *cong* sanki
quassù *avv* burada, yukarıda
quatto *agg* gizlenmiş; sessiz
quattordici *num* on dört

quattrino *sm* para, kuruş *far quattrini* para kazanmak
quattro *num* dört *in quattro e quattr'otto* göz açıp kapayıncaya kadar
quattrocento *num* dört yüz; on beşinci yüzyıl
quello *agg* o, şu
quercia *sf* meşe
querela *sf huk.* dava, dava açma
querelare *vt huk.* dava açmak, davacı olmak
quesito *sm* soru; sorun, problem
questionare *vi* tartışmak
questionario *sm* soru formu, anket
questione *sf* sorun, mesele; anlaşmazlık *in questione* söz konusu *far questione* sorun çıkarmak
questo *agg* bu *in questo momento* bu anda *questa settimana* bu hafta
questore *sm* emniyet müdürü
questura *sf* emniyet müdürlüğü
qui *avv* burada, buraya *fin qui* buraya kadar *di qui* buralı
quietanza *sf* alındı makbuzu
quiete *sf* sessizlik, sakinlik; rahatlık
quieto *agg* sessiz, sakin; durgun; rahat
quindi *avv* sonra § *cong* bu yüzden
quindicesimo *num* on beşinci
quindici *num* on beş
quindicina *sf* on beş kadar; on beş günlük süre
quinta *sf* sahne arkası, kulis; beşinci vites
quintale *sm* yüz kilo
quinto *num* beşinci
quiz *sm* kısa sınav
quota *sf* hisse, pay; yükseklik, rakım; taksit *prendere qiota* (uçak) havalanmak *perdere quota* irtifa kaybetmek *quota d'abbonamento* abone *quota d'iscrizione* giriş ücreti
quotare *vt* fiyat vermek; paylaştırmak
quotazione *sf* fiyat verme; piyasa fiyatı
quotidiano *agg* günlük, her günlük § *sm* günlük gazete
quoziente *sm mat.* bölüm *quoziente d'intelligenza* I.Q. seviyesi

rabbia *sf* öfke, kızgınlık; hiddet; kuduz (hastalığı)
rabbino *sm* haham
rabbioso *agg* kızgın, öfkeli; kuduz

rabbonire *vt* sakinleştirmek, yatıştırmak
rabbonirsi *vr* yatışmak, sakinleşmek
rabbrividire *vi* ürpermek, titremek
rabbuiare *vr* kararmak, gece olmak
raccapezzarsi *vr* çaresini bulmak
raccapricciante *agg* korkunç, tüyler ürpertici
raccattapalle *sm sp.* top toplayıcı
raccattare *vt* toplamak
racchetta *sf* raket; *oto.* silecek kolu
racchiudere *vt* kapsamak
raccogliere *vt* toplamak; koparmak; biriktirmek; elde etmek
raccogliersi *vr* toplanmak; kendini bir şeye vermek
raccoglimento *sm* saygı duruşu
raccoglitore *sm* toplayan; klasör
raccolta *sf* ürün, rekolte; toplama; koleksiyon
raccolto1 *agg* düzgün, derli toplu
raccolto2 *sm* ürün, mahsul, rekolte
raccomandare *vt* tavsiye etmek
raccomandarsi *vr* dilemek; öğütlemek
raccomandata *sf* taahhütlü mektup *raccomandata con ricevuta di ritorno* iadeli taahhütlü mektup
raccomandazione *sf* öneri; tavsiy; (posta) taahhüt
raccontare *vt* anlatmak; nakletmek
racconto *sm* öykü, hikâye
raccorciare *vt* kısaltmak
raccorciarsi *vr* kısalmak
raccordo *sm* birleştirme; (boruda) rakor *raccordo anulare* çevreyolu
rachitico *agg* raşitik; *mec.* çelimsiz
rachitismo *sm hek.* raşitizm; *mec.* çelimsizlik
racimolare *vt* azar azar toplamak
rada *sf* liman
radar *sm* radar
raddolcire *vt* tatlılaştırmak; *mec.* yumuşatmak
raddoppiare *vt* ikiye katlamak; artırmak
raddrizzare *vt* düzeltmek; doğrultmak
radere *vt* tıraş etmek; *mec.* sıyırmak, sürtünmek
radersi *vr* tıraş olmak; kesmek
radiare *vt* çıkarmak; ışık saçmak
radiatore *sm* radyatör
radiazione1 *sf fiz.* radyasyon
radiazione2 *sf* çıkarma, silme
radicale *agg* kökten; esaslı § *sm/f dilb. bitk.* kök
radicare *vt* kök salmak

radicchio *sm bitk.* hindiba
radice *sf* kök; başlangıç *radice quadrata* kare kök
radio1 *sf* radyo *alla radio* radyoda
radio2 *sm* radyum
radioattivo *agg* radyoaktif
radiodiffusione *sf* radyo yayını
radiofonia *sf* radyo yayını
radiografare *vt* röntgen filmi çekmek
radiografia *sf* röntgen; radyografi
radiogramma *sm* radyogram
radiologia *sf* radyoloji, röntgenbilim
radioso *agg* parlak, parıltılı
radioterapia *sf* radyoterapi
rado *agg* seyrek; tek tük *di rado* nadiren, binde bir *non di rado* sıkça
radunare *vt* toplamak; biriktirmek
radunarsi *vr* toplanmak; bir araya gelmek
radura *sf* ağaçsız alan
rafferrmo *agg* bayat
raffica *sf* bora; yaylım ateşi; furya
raffigurare *vt* temsil etmek; tasvir etmek
raffinare *vt* arıtmak, tasfiye etmek
raffinatezza *sf* incelik; kibarlık
raffinato *agg* arıtılmış, saf; zarif
raffineria *sf* rafineri
rafforzare *vi* sağlamlaştırmak; takviye etmek
raffreddamento *sm* soğutma, soğuma
raffreddare *vt* soğutmak
raffreddarsi *vr* soğumak; *hek.* üşütmek, soğuk almak
raffreddato *agg* soğumuş; soğuk almış
raffreddore *sm hek.* nezle, soğuk algınlığı
raffronto *sm* kıyas, karşılaştırma
ragazza *sf* kız, genç kız; kız arkadaş *nome da ragazza* kızlık soyadı
ragazzo *sm* erkek çocuk, oğlan; delikanlı; erkek arkadaş *da ragazzo* çocukken
raggiante *agg* ışıldayan, ışık saçan
raggio *sm* ışın; güneş ışığı; *mat.* yarıçap; eksen *raggio d'azione* yetki alanı *raggio di sole* güneş ışını *raggi ultravioletti* morötesi ışınlar *raggi x* röntgen ışınları
raggirare *vt* aldatmak, dolandırmak
raggiro *sm* aldatma, kandırma; hile
raggiungere *vt* yetişmek; ulaşmak; gerçekleştirmek
raggomitolarsi *vr* kıvrılmak,

kıvrılıp yatmak
raggranellare *vt* biriktirmek
raggrinzare *vt* buruşturmak
raggrinzarsi *vr* buruşmak
raggruppare *vt* toplamak; gruplara ayırmak
ragguaglio *sm* karşılaştırma; eşitleme; bilgi
ragguardevole *agg* dikkate değer; hatırı sayılır
ragionamento *sm* düşünce; muhakeme; akıl yürütme
ragionare *vi* düşünmek; tartışmak
ragione *sf* akıl; mantık; anlayış; hak; neden *aver ragione* haklı olmak *perdere la ragione* aklını kaçırmak
ragioneria *sf* muhasebecilik; saymanlık
ragionevole *agg* mantıklı, makul; yerinde
ragioniere *sm* muhasebeci; sayman
ragliare *vi* anırmak
ragnatela *sf* örümcek ağı
ragno *sm* örümcek
ragù *sm* kıymalı domates salçası
rallegramento *sm* kutlama
rallegrare *vt* sevindirmek; neşelendirmek
rallegrarsi *vr* sevinmek, neşelenmek; kutlamak

rallentare *vt* yavaşlatmak, hızını kesmek § *vi* yavaşlamak
ramaiolo *sm* kepçe
ramanzina *sf* azar, fırça
rame *sm* bakır
rammaricare *vt* üzmek
rammaricarsi *vr* üzülmek; pişman olmak; yakınmak
rammarico *sm* üzüntü; pişmanlık
rammendare *vt* yamamak
rammendo *sm* yamama, yama
rammentare *vt* anımsatmak, hatırlatmat
rammentarsi *vr* anımsamak, hatırlamak
rammollire *vt* yumuşatmak
rammollirsi *vr* yumuşamak
ramo *sm* dal; kol; branş
ramoscello *sm* küçük dal
rampa *sf* bayır, rampa; uçuş alanı *rampa di lancio* atış kulesi, rampa
rampicante *agg* tırmanan
rampone *sm* büyük zıpkın; krampon
rana *sf* kurbağa
rancido *agg* ekşimiş, acı
rancore *sm* hınç, kin
randagio *agg* başıboş hayvan
randello *sm* kalın sopa
rango *sm* tabaka; aşama, rütbe
rannicchiarsi *vr* kıvrılmak, büzülmek

rannuvolarsi *vr* bulutlanmak; *mec.* kaygılanmak
ranocchia *sf* kurbağa
ranocchio *sm* kurbağa
rantolo *sm* hırıltı; can çekişme
rapa *sf* turp
rapace *agg* yırtıcı; *mec.* açgözlü § *sm* yırtıcı kuş
rapare *vt* saçları kazımak
rapida *sf* hızlı akan ırmak
rapidità *sf* sürat, hız
rapido *agg* hızlı, süratli; çabuk § *sm* ekspres tren
rapimento *sm* adam kaçırma
rapina *sf* soygun *rapina a mano armata* silahlı soygun
rapinare *vt* soymak; soygun yapmak
rapinatore *sm* soyguncu
rapire *vt* adam kaçırmak; kendinden geçirmek
rapportare *vt* tasarlamak; aktarmak; kıyaslamak
rapporto *sm* rapor; ilişki; bağlantı; *mat.* orantı
rapprendersi *vr* yoğunlaşmak, mayalanmak; pıhtılaşmak
rappresaglia *sf* misilleme, karşılık
rappresentante *sm/f* temsilci
rappresentanza *sf* temsilcilik *in rappresentanza di* adına, vekâleten

rappresentare *vt* temsil etmek; oynamak, temsil etmek; sergilemek
rappresentazione *sf* tasvir; sergileme, gösterme; oyun, temsil
rappreso *agg* pıhtılaşmış; mayalanmış
rapsodia *sf* rapsodi
raramente *avv* nadiren
raro *agg* nadir; ender
rasare *vt* tıraş etmek; perdahlamak; kırkmak
rasarsi *vr* tıraş olmak
raschiare *vt* kazımak; boğazını temizlemek
rasentare *vt* çok yakınından geçmek; *mec.* kıl payı kurtulmak
rasente *avv* çok yakınından
raso *agg* tıraş edilmiş; kazınmış § *sm* saten *fare tabula rasa* kökünden kazımak
rasoio *sm* ustura; tıraş bıçağı *rasoio elettrico* elektrikli tıraş makinesi
raspa *sf* törpü, rende
rassegna *sf ask.* denetleme, yoklama; inceleme; sergi *passare in rassegna* denetlemek, teftiş etmek
rassegnare *vt* çekilmek, bırakmak *rassegnare le proprie dimissioni* istifasını vermek

rassegnarsi *vr* işi oluruna bırakmak

rassegnazione *sf* boyun eğme; çekilme, istifa

rasserenarsi *vr* sakinleşmek, yatışmak

rassettare *vt* düzenlemek; onarmak, tamir etmek

rassicurare *vt* içini rahatlatmak

rassodare *vt/i* sertleştirmek; sağlamlaştırmak

rassomigliare *vi* benzemek, andırmak

rastrellare *vt* tırmıklamak

rastrelliera *sf* ot yemliği; dişli çubuk

rastrello *sm* tırmık

rata *sf* taksit *a rate* taksitle

ratificare *vt* tasdik etmek, onaylamak

ratto1 *sm* kız kaçırma

ratto2 *sm* lağım faresi

rattoppare *vt* yamamak

rattoppo *sm* yamama

rattrappire *vt* kasmak, büzmek

rattrappirsi *vr* kasılmak, büzülmek

rattristare *vt* üzmek

rattristarsi *vr* üzülmek

rauco *agg* (ses) boğuk, kısık

ravanello *sm* kırmızı turp

raviolo *sm* bir tür mantı, ravioli

ravvedersi *vr* kendini düzeltmek

ravvicinare *vt* yaklaştırmak; barıştırmak

ravvisare *vt* tanımak; saptamak

ravvivare *vt* canlandırmak; güç vermek

ravvivarsi *vr* canlanmak; tazelenmek

raziocinio *sm* akıl, mantık; sağduyu

razionale *agg* mantıklı; *mat.* rasyonel

razionalista *sm/f* rasyonalist

razionare *vt* karneye bağlamak

razione *sf* günlük tayın

razza *sf* ırk; soy; nesil; tür, cins

razzia *sf* yağma; talan

razziale *agg* ırksal

razziatore *sm* yağmacı

razzismo *sm* ırkçılık

razzista *sm/f/ agg* ırkçı

razzo *sm* havai fişek; roket

razzolare *vt* eşelemek; aramak

re *sm* kral, hükümdar; (satranç) şah

reagire *vi* tepki göstermek

reale1 *agg* gerçek; somut § *sm* gerçeklik

reale2 *agg* kral +

realismo *sm* gerçekçilik, realizm

realista *sm/f* gerçekçi, realist

realizzare *vt* kavramak; gerçekleştirmek

realizzazione *sf* gerçekleştirme,

uygulama
realizzo *sm* paraya çevirme
realmente *avv* gerçekten
realtà *sf* gerçek, hakikat
reame *sm* krallık
reato *sm* suç, cürüm
reattore *sm* reaktör; tepkili uçak
reazionario *agg/sm* tepki gösteren; gerici
reazione *sf* tepki; karşı çıkma
recapitare *vt* teslim etmek
recapito *sm* adres
recare *vt* götürmek, iletmek; neden olmak
recarsi *vr* gitmek
recedere *vi* geri çekilmek
recensione *sf* gözden geçirme
recensire *vt* eleştiri yazmak
recente *agg* yeni, son günlerdeki *di recente* geçenlerde
recentemente *avv* geçenlerde
recessione *sf* geri çekilme, vazgeçme
recidere *vt* kesmek
recidivo *agg* sabıkalı
recinto *sm* çit, duvar
recipiente *sm* kap
reciproco *agg* karşılıklı, iki taraflı
reciso *agg* kesik, kesilmiş
recita *sf* temsil, gösteri
recitare *vt* ezbere okumak; *tiy.* oynamak

recitazione *sf* oynama, temsil etme
reclamare *vt* talep etmek § *vi* şikâyet etmek
reclamo *sm* şikâyet
reclusione *sf* hapis
recluta *sf* (yeni) asker; işe yeni girmiş kişi
reclutare *vt* askere almak
recondito *agg* saklı; gizli
record *sm* rekor
recriminazione *sf* şikâyet; yakınma
recrudescenza *sf* azma, kötüye gitme
recuperare *vt* geri almak
redarguire *vt* azarlamak, paylamak
redattore *sm* gazete yazarı; redaktör **redattore capo** başyazar; yazı işleri müdürü
redazione *sf* kaleme alma, yazma; gazete yazarları; kaleme alınan yazı
redditizio *agg* gelir sağlayıcı; kârlı
reddito *sm* gelir; kazanç
redento *agg* kurtarılmış
redenzione *sf* kurtarma, kurtulma
redigere *vt* kaleme almak; düzenlemek
redimere *vt* rehinden kurtarmak

redine *sf* dizgin; *mec.* yönetim
reduce *agg* dönen, gelen § *sm* sağ kalan kişi
referendum *sm* halkoylaması, referandum
referenza *sf* tavsiye, referans
referto *sm* doktor raporu
refettorio *sm* yemekhane
refrattario *agg* ısıya dayanıklı; etkilenmez
refrigerare *vt* soğutmak
refrigeratore *sm* buzdolabı
regalare *vt* hediye etmek; sunmak
regale *agg* kral +
regalo *sm* armağan, hediye
regata *sf* yelken/kürek yarışı
reggente *agg/sm/f* kral naibi; vekil
reggere *vt* götürmek, kaldırmak; gerektirmek; yönetmek § *vi* dayanmak; devam etmek
reggersi *vr* ayakta durmak; yaslanmak
reggia *sf* kraliyet sarayı
reggicalze *sm* jartiyer
reggimento *sm* alay
reggipetto *sm* sutyen
reggiseno *sm* sutyen
regia *sf* rejisörlük, yönetmenlik
regime *sm* yönetim biçimi; sistem; düzen; perhiz, rejim
regina *sf* kraliçe; (satranç) vezir
regio *agg* kral +; krallık +
regionale *agg* bölgesel, yöresel
regione *sf* bölge; yöre; alan
regista *sm/f* yönetmen, rejisör
registrare *vt* kaydetmek; banda almak; saptamak
registratore *sm* kaydedici; teyp *di cassa* yazar kasa *registratore di volo* kara kutu
registrazione *sf* kayıt, tescil; çekim
registro *sm* sicil, kütük; *müz.* ses düzeni
regnare *vi* hüküm sürmek; geçerli olmak
regno *sm* krallık, saltanat; otorite *il regno delle tenebre* cehennem *il regno beato* cennet *il regno animale* hayvanlar alemi
regola *sf* kural, kaide *di regola* genellikle, kural olarak *una cosa fatta a regola d'arte* eksiksiz, kusursuz
regolamento *sm* yönetmelik; tüzük *regolamento di conti* hesaplaşma
regolare1 *agg* kurallı; ölçülü *statura regolare* orta boy
regolare2 *vt* düzenlemek; ayarlamak; halletmek
regolarsi *vr* davranmak; kendine çekidüzen vermek

regolarità *sf* düzenlilik, kurallara uygunluk
regolata *sf* çekidüzen
regolato *agg* düzenli; ayarlı
regolo *sm* cetvel
reintegrare *vt* eski durumuna getirmek; zararını ödemek
relativo *agg* ait, ilişkin; bağlı; orantılı
relazione *sf* ilgi, ilişki; rapor *in relazione a* -ile ilgili olarak *relazioni pubbliche* halkla ilişkiler *relazioni d'affari* iş ilişkileri
relegare *vt* sürgüne göndermek; uzaklaştırmak
religione *sf* din; mezhep
religioso *agg* dinsel; kutsal § *sm* din adamı
reliquia *sf* kutsal emanet
relitto *sm* gemi enkazı; harap
remare *vt* kürek çekmek
reminiscenza *sf* anımsama; çağrışım
remissione *sf* af, bağışlama; çare
remissivo *agg* uysal, yumuşak başlı
remo *sm* kürek
remoto *agg* uzak; ücra
rendere *vt* geri vermek; geri getirmek; gelir getirmek; anlatmak; dönüştürmek *rendere difficile* zorlaştırmak

rendersi *vr* gitmek, varmak
rendiconto *sm* rapor, bilgi
rendimento *sm* verim; randıman; gelir
rendita *sf* gelir; kazanç; verim
rene *sm anat.* böbrek
reni *sf/pl* böğür, yan
renitente *agg* direnen
renna *sf* rengeyiği; güderi
reo *sm* sanık
reparto *sm* bölüm, kısım; birlik
repellente *agg* geri tepici; tiksindirici
repentaglio *sm* büyük risk *mettere a repentaglio* tehlikeye atmak, riske sokmak
repentino *agg* birden, ansızın
reperto *sm* bulgu; buluntu
repertorio *sm* repertuar; dizin
replica *sf* karşı çıkma; yineleme, tekrar; kopya
replicare *vt* yinelemek, tekrarlamak; yanıtlamak
repressione *sf* bastırma; baskı
represso *agg* bastırılmış
reprimere *vt* bastırmak; ezmek; önlemek
repubblica *sf* cumhuriyet
repubblicano *agg/sm* cumhuriyet +; cumhuriyetçi
reputare *vt* farz etmek, varsaymak
reputazione *sf* ün; saygınlık

requie *sf* rahatlık, huzur *senza requie* durmadan, aralıksız
requisire *vt* resmen talep etmek
requisito *sm* nitelik, özellik
requisizione *sf* (resmi) el koyma
resa *sf* teslim olma; geri verme *la resa dei conti* hesaplaşma
residente *agg/sm* oturan, ikamet eden
residenza *sf* ikamet; konut, mesken
residenziale *agg* konut için ayrılmış
residuo *agg* geri kalan, artan § *sm* kalıntı
resina *sf* reçine, ağaçsakızı
resistente *agg* dayanıklı, sağlam
resistenza *sf* dayanıklılık; direnme; rezistans
resistere *vi* direnmek; dayanmak
resocontista *sm/f* raportör
resoconto *sm* rapor; sonuç
respingere *vt* geri itmek; kabul etmemek; (sınavda) başarısız saymak
respinto *agg* püskürtülmüş; kabul edilmemiş; sınıfta bırakılmış
respirare *vi/vt* nefes almak; içine çekmek
respiratorio *agg* solunum +
respirazione *sf* solunum; soluk *respirazione artificiale* suni solunum

respiro *sm* soluk; nefes alma; *mec.* rahatlama *trattenere il respiro* nefesini tutmak
responsabile *agg* sorumlu § *sm* sorumlu kişi *direttore responsabile* sorumlu müdür
responsabilità *sf* sorumluluk
responso *sm* yanıt, görüş
ressa *sf* kalabalık, izdiham
restare *vi* kalmak, durmak
restaurare *vt* onarmak, restore etmek
restaurazione *sf* yeniden kurma
restauro *sm* onarım, restorasyon
restio *agg* isteksiz; zıt
restituire *vt* geri vermek; restore etmek
resto *sm* geri kalan; bakiye § *pl* kalıntılar *del resto* ayrıca, üstelik
restringere *vt* daraltmak; sınırlamak; azaltmak; çekmek
restringersi *vr* daralmak; çekmek
restrizione *sf* sınırlama, kısıtlama
rete *sf* ağ; şebeke; tel örgü; (tenis) file; (radyo/TV'de) kanal *rete metallica* tel örgü *segnare una rete* gol atmak
reticente *agg* sır saklayan, ketum
reticolato *sm* tel kafes; tel örgü
reticolo *sm* ağ; şebeke
rètina *sf anat.* ağtabaka, retina

retina *sf* saç filesi
retorica *sf* güzel söz söyleme sanatı
retorico *agg* cafcaflı, tumturaklı
retribuire *vt* ücretini vermek, hakkını vermek
retribuzione *sf* ücret, karşılığını verme
retro *sm* arka, geri
retrocedere *vi* geri çekilmek § *vt* rütbesini düşürmek
retrogrado *agg* gerileyen; eski moda
retromarcia *sf* geri vites
retroscena *sm* sahne arkası; *mec.* işin içyüzü
retrospettiva *sf* geçmişe bakış
retrospettivo *agg* geçmişle ilgili
retrovia *sf* geri, arka
retrovisore *sm* dikiz aynası *dar retta* dikkate almak
retta2 *sf* pansiyon ücreti
retta3 *sf* doğru çizgi
rettangolare *agg* dik açılı; dikdörtgen biçimli
rettangolo *agg/sm* dikdörtgen *triangolo rettangolo* dik üçgen
rettifica *sf* düzeltme
rettificare *vt* düzeltmek; doğrultmak
rettile *sm* sürüngen
rettilineo *agg* düz; doğru

rettitudine *sf* doğruluk, dürüstlük
retto *agg* doğru, düzgün; dürüst *angolo retto* dik açı
rettorato *sm* rektörlük
rettore *sm* rektör
reumatismo *sm* romatizma
reverendo *agg* saygıdeğer, muhterem *reverendo padre* aziz peder
reversibile *agg* tersine çevrilebilir
revisionare *vt* gözden geçirmek
revisione *sf* gözden geçirme; elden geçirme
revisore *sm* gözden geçiren
revoca *sf* iptal, geçersiz kılma
revocare *vt* iptal etmek; yürürlükten kaldırmak
riabilitare *vt* eski durumuna getirmek; eski haklarını vermek
rialzare *vt* (ayağa) kaldırmak; yükseltmek § *vi* yükselmek, değer kazanmak
rialzo *sm* artma, yükselme; değer kazanma
rianimare *vt* yeniden canlandırmak
rianimarsi *vr* yeniden canlanmak
rianimazione *sf* yeniden canlanma; *hek.* reanimasyon
riaprire *vt* (yeniden) açmak § *vi* yeniden başlamak

riaprirsi *vr* açılmak
riarmo *sm* silahlanma
riassumere *vt* özetlemek; yeniden işe almak
riassonto *sm* özet
riavere *vt* yeniden sahip olmak; geri almak
riaversi *vr* kendine gelmek, güç kazanmak
ribadire *vt* perçinlemek; *mec.* doğrulamak
ribalta *sf* aşağı sarkan kapak; *tiy.* sahne; ışık düzeni
ribaltabile *agg* tersine çevrilebilir
ribaltare *vt* devirmek; düşürmek
ribassare *vt* (fiyat) indirmek § *vi* inmek
ribasso *sm* (fiyat) düşme; değer kaybetme; tenzilat
ribattere *vt* tekrar vurmak; yalanlamak; karşılık vermek
ribellarsi *vr* ayaklanmak; karşı çıkmak
ribelle *agg* başkaldıran; karşı çıkan § *sm/f* asi, isyankâr
ribellione *sf* ayaklanma, isyan
ribes *sm* frenküzümü
ribollire *vi* köpürmek; *mec.* içi kaynamak
ribrezzo *sm* tiksinme, iğrenme
ributtante *agg* iğrenç
ricadere *vi* tekrar düşmek; ele geçmek

ricaduta *sf hek.* (hasta) yeniden kötüleşme
ricalcare *vt* tekrar basmak; aktarmak; taklit etmek
ricamare *vt* nakış işlemek
ricambiare *vt* geri vermek; üstünü değiştirmek
ricambio *sm* karşılık verme; değiş tokuş; *hek.* metabolizma *in ricambio* karşılık olarak
ricamo *sm* nakış, işleme
ricapitolare *vt* özetlemek; tekrarlamak
ricapitolazione *sf* özet
ricattare *vt* şantaj yapmak
ricattatore *sm* şantajcı
ricatto *sm* şantaj; fidye
ricavare *vt* elde etmek; kazanmak; sonuç çıkarmak
ricavo *sm* kâr, kazanç
ricchezza *sf* zenginlik; bolluk § *pl* mal, mülk
riccio$_1$ *agg/sm* kıvırcık; dalgalı
riccio$_2$ *sm* kirpi *riccio di mare* deniz kestanesi
ricciolo *sm* lüle lüle saç
ricciuto *agg* kıvırcık; dalgalı
ricco *agg* zengin, varlıklı § *sm* zengin kişi
ricerca *sf* arama, araştırma; inceleme *ricerca di mercato* pazar araştırması
ricercare *vt* araştırmak;

soruşturmak; incelemek
ricercato *agg* aranan; özenle yapılmış § *sm* aranan kişi
ricetta *sf* reçete; yemek tarifi
ricettatore *sm* kaçakçı
ricettazione *sf* çalıntı mal alma
ricevente *agg/sm* alıcı
ricevere *vt* almak; kabul etmek
ricevimento *sm* alma; kabul; resepsiyon
ricevitore *sm* alıcı; ahize
ricevitoria *sf* bayi
ricevuta *sf* alındı, makbuz *ricevuta di cassa* kasa fişi *ricevuta fiscale* vergi iadesi fişi
ricezione *sf* (radyo/TV) alma
richiamare *vt* tekrar çağırmak; geri çağırmak; sonra telefon etmek; ilgi çekmek; azarlamak
richiamarsi *vr* değinmek, başvurmak
richiamo *sm* geri çağırma; celp; ilgi çekme
richiedere *vt* yeniden istemek; talep etmek; başvurmak
richiesta *sf* istek, talep; dilekçe *a richiesta generale* genel istek üzerine
richiesto *agg* istenen; gerekli
riciclare *vt* tekrar yararlanmak
ricino *sm* keneotu
ricognizione *sf ask.* keşif yapma; *huk.* doğrulama

ricominciare *vt/i* yeniden başlamak
ricomparire *vi* yeniden ortaya çıkmak
ricompensa *sf* karşılık, mükâfat
ricompensare *vt* ödüllendirmek, mükâfatlandırmak
riconciliare *vt* barıştırmak, uzlaştırmak
riconciliarsi *vr* yeniden anlaşmak, uyuşmak
riconciliazione *sf* uzlaştırma, barıştırma
riconfermare *vt* onaylamak; yenilemek
riconoscente *agg* minnettar
riconoscenza *sf* şükran, minnet
riconoscere *vt* tanımak; kimliğini saptamak; kabul etmek
riconoscimento *sm* tanıma; belirti; kimliğini saptama *in riconoscimento* karşılık olarak
riconosciuto *agg* kabul edilen; tanınan
ricopiare *vt* yeniden yazmak
ricoprire *vt* yeniden kaplamak; üstünü örtmek; gizlemek
ricordare *vt* anımsamak, hatırlamak; hatırlatmak
ricordarsi *vr* anımsamak, hatırlamak
ricordo *sm* anı, hatıra; hediye
ricorrente *agg* tekrarlanan, yin-

elenen
ricorrenza *sf* yinelenme; yıldönümü
ricorrere *vi* başvurmak; yinelenmek; geri dönmek; (tarih) düşmek
ricorso *sm* başvuru; dilekçe, müracaat
ricostituente *agg/sm* kuvvet verici, güçlendirici
ricostruire *vt* yeniden kurmak
ricostruzione *sf* yeniden yapma; yeniden inşa etme
ricotta *sf* bir tür lor peyniri
ricoverare *vt* barındırmak; misafir etmek; hastaneye kaldırmak
ricoverarsi *vr* sığınmak, barınmak
ricovero *sm* barındırma; barınak; hastaneye yatırma
ricreare *vt* yeniden yaratmak; canlılık vermek; eğlendirmek
ricrearsi *vr* eğlenmek; canlanmak
ricreazione *sm* dinlenme, eğlenme; teneffüs
ricredersi *vr* görüşünü değiştirmek
ricuperare *vt* yeniden elde etmek; kurtarmak *ricuperare le forze* kuvvetini toplamak
ridacchiare *vi* kıs kıs gülmek, kıkırdamak

ridere *vi* gülmek *far ridere i polli* gülünç olmak
ridicolo *agg* gülünç; saçma
ridimensionare *vt* yeniden düzenlemek; yeniden değerlendirmek
ridire *vt* tekrarlamak, yinelemek; eleştirmek
ridondante *agg* fazla, aşırı
ridosso *sm* sığınak, barınak
ridotto *agg* küçültülmüş; indirimli
ridurre *vt* azaltmak, kısmak; dönüştürmek; indirgemek; uydurmak
ridursi *vr* dönüşmek; küçülmek, kısalmak
riduzione *sf* indirim, indirme; indirgeme; dönüştürme
riempire *vt* doldurmak
riempirsi *vr* dolmak; tıka basa yemek
rientranza *sf* girinti
rientrare *vi* tekrar içeri girmek; geri dönmek; dahil olmak; girinti yapmak
rientro *sm* geri dönüş; dönme
riepilogare *vt* özetlemek
riepilogo *sm* özet
rifare *vt* yeniden yapmak; onarmak; taklidini yapmak *rifare i letti* yatakları yapmak
rifarsi *vr* yeniden olmak; kendine

gelmek
riferimento *sm* ilgi, ilişki; bilgi
in riferimento a ... ... ile ilgili olarak
riferire *vt* bildirmek, bahsetmek
riferirsi *vr* -e bağlamak; ilgili olmak
rifinire *vt* ayrıntılarını tamamlamak
rifinitura *sf* son işlem
rifiutare *vt* geri çevirmek, kabul etmemek
rifiuto *sm* geri çevirme, kabul etmeme; ıskarta § *pl* çöp
riflessione *sf* yansıma; aksetme; fikir
riflessivo *agg* düşünceli; *dilb.* dönüşlü (fiil)
riflesso *agg* yansımış § *sm* yansıma, aksetme; refleks *di riflesso* dolaylı olarak
riflettere *vt* yansıtmak; ortaya koymak § *vi* düşünmek, ölçüp biçmek *senza riflettere* düşünmeden
riflettersi *vr* yansımak
riflettore *sm* reflektör; projektör
riflusso *sm* cezir, denizin çekilmesi
rifondere *vt* yeniden eritmek; zararı ödemek
riforma *sf* yenilik, reform
riformare *vt* yeniden düzenlemek, reform yapmak; yenilemek; çürüğe çıkarmak
riformatorio *sm* çocuk ıslah evi
riformismo *sm* reformculuk
rifornimento *sm* edinme, sağlama; ikmal *posto di rifornimento* benzin istasyonu
rifornire *vt* araç gereç sağlamak, donatmak
rifrazione *sf fiz.* kırılma; yansıma
rifugiarsi *vr* sığınmak
rifugiato *agg/sm* mülteci
rifugio *sm* sığınak, barınak *offrire rifugio* barındırmak
riga *sf* sıra, dizi; çizgi; cetvel *a righe* çizgili
rigaglia *sf/pl* sakatat
rigare *vt* çizgi çekmek; çizmek
rigattiere *sm* eskici, hurdacı
rigettare *vt* geri fırlatmak; geri çevirmek, reddetmek
rigetto *sm* geri çevirme; *hek.* reaksiyon
righello *sm* cetvel
rigidezza *sf* sertlik, katılık
rigidità *sf* sertlik, katılık; disiplin
rigido *agg* sert, katı; bükülmez; gergin; disiplinli; boyun eğmez
rigirare *vt* yeniden döndürmek *rigirare il discorso* konuyu saptırmak
rigirarsi *vr* geri dönmek; *mec.*

saptırmak

rigo *sm* çizgi; satır; *müz.* nota çizgisi

rigoglioso *agg* gür, bol; enerji dolu

rigonfio *agg/sm* şiş, şişkinlik

rigore *sm* katılık, sertlik; soğukluk; disiplin; kesinlik; *sp.* penaltı *di rigore* zorunlu *calcio di rigore* penaltı atışı

rigorista *sm/f* katı, kuralcı

rigoroso *agg* sert, katı; titiz

rigovernare *vt* bulaşıkları yıkamak

riguardare *vt* yeniden bakmak; gözden geçirmek; olarak görmek *per quanto riguarda* -e gelince

riguardarsi *vr* kendine bakmak; sakınmak

riguardo *sm* hürmet, saygı; özen, itina *aver riguardo di* dikkat etmek *riguardo a* -e gelince, ... konusunda

riguardoso *agg* saygılı, hürmetkâr

rilasciare *vt* serbest bırakmak; teslim etmek

rilascio *sm* serbest bırakma, tahliye; teslim etme

rilassare *vt* gevşetmek

rilassarsi *vr* gevşemek; yatışmak; rahatlamak

rilegare *vt* yeniden bağlamak

rilegatore *sm* ciltçi

rilegatura *sf* cilt; ciltçilik

rileggere *vt* yeniden okumak

rilento *avv* : *a rilento* yavaşça

rilevamento *sm* belirtme, saptama; *den.* bir noktanın yerini saptama

rilevante *agg* önemli, kayda değer

rilevare *vt* ortaya çıkarmak; yükseltmek; gözlemlemek; ölçülemek; *den.* yerini saptamak; elde etmek

rilievo *sm* kabartma, rölyef; *co.* engebe; *mec.* önem; inceleme, gözlem *alto rilievo* yüksek kabartma *basso rilievo* alçak kabartma *mettere in rilievo* ortaya koymak, belirtmek *dare rilievo* önem vermek

riluttante *agg* isteksiz, rızasız

riluttanza *sf* isteksizlik; karşı çıkma

rima *sf* kafiye, uyak

rimandare *vt* geri göndermek; iade etmek; ertelemek

rimando *sm* geri gönderme; gönderme, atıf; erteleme

rimanente *agg/sm* geriye kalan; artık § *sm* bakiye

rimanenza *sf* geriye kalan, artık

rimanere *vi* kalmak, oturmak; geri kalmak, artmak; şaşırmak

rimanere in dubbio kuşku içinde kalmak
rimangiare *vt* yeniden yemek
rimare *vt* kafiye yapmak; şiir yazmak
rimarginare *vt* (yara) kapatmak
rimarginarsi *vr* (yara) kapanmak
rimasuglio *sm* artık
rimato *agg* kafiyeli, uyaklı
rimbalzare *vi* zıplamak, sekmek
rimbalzo *sm* zıplama, sekme; *sp.* (basket) ribaund
rimbambito *sm* bunamış, bunak
rimbeccare *vt* karşılık vermek
rimbeccarsi *vr* atışmak, tartışmak
rimboccare *vt* içeri sokmak, katlamak
rimbombare *vi* çınlamak; yankılamak
rimbombo *sm* gümbürtü, gürleme
rimborsare *vt* geri ödemek
rimborso *sm* geri ödeme
rimediare *vi* çaresini bulmak; telafi etmek § *vt* zorla elde etmek
rimedio *sm* çare; ilaç
rimescolare *vt* karıştırmak
rimessa *sf* para gönderme; garaj; ambar; *sp.* top gönderme
vendere a rimessa zararına satış

rimettere *vt* yerine koymak; geri vermek; para yollamak; yerine takmak; zarara uğramak
rimettere le radici kök salmak
rimettersi *vr* işe koyulmak; iyileşmek; (hava) düzelmek
rimodernare *vt* yenileştirmek, modernleştirmek
rimontare *vt* yeniden kurmak; *sp.* arayı kapatmak § *vi* yeniden binmek; uzanmak
rimorchiare *vt* yedekte çekmek; *mec.* ardında sürüklemek
rimorchiatore *sm* römorkör, çekici
rimorchio *sm* yedekte çekme; römork; treyler
rimorso *sm* vicdan azabı, pişmanlık
rimozione *sf* kaldırma; nakil; işten atma
rimpallo *sm sp.* sekme
rimpasto *sm* yeniden düzenleme
rimpatriare *vt* vatanına göndermek § *vi* vatanına dönmek
rimpatriata *sf* vatanına dönme
rimpatrio *sm* kendi vatanına dönme
rimpiangere *vt* hasretini çekmek
rimpianto *sm* özlem, hasret
rimpiazzare *vt* yerine başkasını koymak
rimpiccolire *vt* küçültmek

rimpinzare *vt* tıkıştırmak
rimproverare *vt* sitem etmek, kınamak; yakınmak
rimprovero *sm* azar; sitem; yakınma; kınama
rimuginare *vt* altını üstüne getirmek; uzun uzun düşünmek
rimunerazione *sf* karşılık; ödül
rimuovere *vt* ortadan kaldırmak; işinden almak
rinascimento *sm* rönesans, yeniden doğuş
rinascita *sf* yeniden doğma
rincalzare *vt* desteklemek; güçlendirmek
rincaro *sm* pahalılık, fiyat artışı
rincasare *vi* eve dönmek
rinchiudere *vt* içeri kapamak, hapsetmek
rinchiudersi *vr* içeri kapanmak; içine kapanmak
rinchiuso *agg* hapsedilmiş
rincontrare *vt* yeniden rastlamak
rincorrere *vt* kovalamak, peşine düşmek
rincorsa *sf* hız alma
rincrescere *vi* üzülmek
rinculare *vi* geri çekilmek, geri tepmek
rinfacciare *vt* yüzüne vurmak
rinforzare *vt* kuvvetlendirmek; takviye etmek

rinforzarsi *vi/vr* güçlenmek, kuvvetlenmek
rinforzo *sm* sağlamlık, güçlülük; destek
rinfrancare *vt* güven vermek
rinfrescare *vt* serinletmek; tazelemek § *vi* serinlemek
rinfrescarsi *vr* ferahlamak, kendine gelmek
rinfresco *sm/pl* yiyecek içecek şeyler; ko.:teyl parti
rinfusa *sf* : *alla rinfusa* rasgele, gelişigüzel
ringhiare *vi* hırlamak; homurdanmak
ringhiera *sf* parmaklık, tırabzan
ringiovanire *vt* gençleştirmek § *vi* gençleşmek
ringraziamento *sm* teşekkür etme
ringraziare *vt* teşekkür etmek; şükretmek
rinnegare *vt* yalanlamak, inkâr etmek
rinnegato *agg/sm* tanınmayan; dönek
rinnovamento *sm* yenileme, yenilenme
rinnovare *vt* yenilemek
rinnovo *sm* yenileme, yenilenme
rinoceronte *sm* gergedan
rinomato *agg* ünlü, tanınmış
rinsaldare *vt* pekiştirmek,

sağlamlaştırmak
rintoccare *vi* (zil/çan/saat vb) çalmak
rintracciare *vt* izleyerek bulmak
rinunzia *sf* vazgeçme; el çekme
rinunziare *vi* vazgeçmek; el çekmek
rinvenire1 *vt* bulmak, ortaya çıkarmak
rinvenire2 *vi* kendine gelmek; canlanmak
rinviare *vt* geri göndermek, iade etmek; ertelemek
rinvigorire *vt* kuvvetlendirmek
rinvio *sm* erteleme; geri gönderme
rione *sm* mahalle, semt
riordinare *vt* yeniden düzenlemek
riordino *sm* düzen, düzenleme
riorganizzare *vt* yeniden düzenlemek
ripagare *vt* yeniden ödemek
riparare *vt* korumak; onarmak; düzeltmek § *vi* korunmak; barınmak
riparazione *sf* tamirat, onarım; tazmin, tazminat
riparo *sm* sığınak, barınak; önlem; çare
ripartire *vt* bölmek, paylaştırmak
ripassare *vt* yeniden geçmek; gözden geçirmek § *vi* yeniden uğramak
ripensare *vi* yeniden düşünmek; düşünce değiştirmek
ripercuotersi *vr* yansımak; etkisini göstermek
ripercussione *sf* yansıma, aksetme
ripescare *vt* balık avlamak; *mec.* bulup çıkarmak
ripetere *vt* yinelemek; tekrar yapmak
ripetitivo *agg* tekrarlanan, yinelenen
ripetizione *sf* yineleme, tekrarlama; özel ders
ripiano *sm* raf; düz yer; sahanlık
ripicca *sf* küskünlük, öfke
ripidezza *sf* diklik, sarplık
ripido *agg* dik, sarp
ripiegare *vt* yeniden katlamak, bükmek § *vi* geri çekilmek
ripiegarsi *vr* bükülmek, eğilmek
ripiego *sm* tedbir; çare
ripieno *agg* dolu; doldurulmuş § *sm* dolgu; dolma
riporre *vt* yerine koymak; saklamak
riportare *vt* geri götürmek; anlatmak, aktarmak; beraberinde getirmek; kazanmak
riporto *sm* aktarma, geçirme
riposare *vi* dinlenmek; rahatlamak § *vt* dinlendirmek; rahat-

latmak
riposarsi *vr* dinlenmek
riposo *sm* dinlenme; emeklilik **andare a riposo** emekliye ayrılmak **buon riposo!** iyi uykular! **casa di riposo** huzurevi
ripostiglio *sm* sandık odası, kiler
riposto *agg* saklı, gizli
riprendere *vt* yeniden almak; geri almak; yakalamak; fotoğraf/film çekmek
riprendersi *vr* kendini toparlamak, canlanmak
ripresa *sf* yeniden başlama; yeniden gösterilme; *sin.* çekim; *oto.* (motor) çekiş gücü; *sp.* ikinci devre; (boks) raunt **a più riprese** birçok kereler
ripristinare *vt* eski durumuna getirmek; düzeltmek
riproducibile *agg* üretilebilir, çoğaltılabilir
riprodurre *vt* yeniden üretmek; kopyasını çıkarmak
riprodursi *vr* üremek, çoğalmak
riproduzione *sf* üreme, üretme; çoğaltma
ripudiare *vt* reddetmek, kabul etmemek
ripugnante *agg* iğrenç, tiksindirici
ripugnare *vi* iğrendirmek, tiksindirmek
ripulire *vt* temizlemek; düzenlemek
ripulita *sf* temizlik
riquadro *sm* karelere bölünmüş alan; çerçevelenmiş resim
risaia *sf* pirinç tarlası
risalire *vt* yeniden çıkmak § *vi* artmak, yükselmek; başlangıcına gitmek
risaltare *vi* göze çarpmak; çıkıntı yapmak; sivrilmek § *vi* yeniden atlamak
risalto *sm* göze çarpma, belirginlik
risanare *vt* iyileştirmek; düzeltmek; yeniden düzenlemek
risaputo *agg* herkesçe bilinen
risarcimento *sm* zarar ödeme, tazminat
risarcire *vt* zararını ödemek, tazmin etmek
risata *sf* kahkaha, gülme
riscaldamento *sm* ısıtma; ısıtma sistemi
riscaldare *vt* ısıtmak; *mec.* kızıştırmak
riscaldarsi *vr* ısınmak; *mec.* coşmak
riscattare *vt* fidye ile kurtarmak
riscattarsi *vr* kurtarmak, düzelmek
riscatto *sm* fidye; kefaret

rischiarare *vt* aydınlatmak; koyuluğunu açmak *rischiarare la voce* sesini temizlemek

rischiararsi *vr* açılmak, aydınlanmak

rischiare *vt* tehlikeyi göze almak § *vi* riske girmek

rischio *sm* tehlike, risk

rischioso *agg* tehlikeli, riskli

risciacquare *vt* çalkalamak, durulamak

riscontare *vt* yeniden ıskonto yapmak

riscontrare *vt* bulmak; karşılaştırmak; kontrol etmek § *vi* uyuşmak

riscontro *sm* karşılaştırma; kontrol, denetim; cevap

riscossa *sf* isyan etme; yeniden ele geçirme

riscossione *sf* para toplama

riscuotere *vt* sarsmak; para almak; kazanmak

riscuotersi *vr* titremek, sarsılmak

risentimento *sm* kızma, gücenme

risentire *vt* hissetmek; yeniden duymak § *vi* izlerini görmek

risentirsi *vr* gücenmek, kırılmak

riserbo *sm* sakınım, ihtiyat

riserva *sf* yedeğe ayırma; yedek; stok; kaçınma *essere in riserva* yedekte olmak

riservare *vt* ayırmak, saklamak

riservarsi di saklı tutmak, hakkı saklı olmak

riservatezza *sf* ölçülülük, ihtiyat

riservista *sm* yedek asker

risiedere *vi* oturmak, ikamet etmek

riso₁ *sm* gülme, gülümseme

riso₂ *sm* pirinç, çeltik *budino di riso* sütlaç

risolubile *agg* çözülebilir

risolutezza *sf* kararlılık, azim

risoluto *agg* kesin, kararlı

risoluzione *sf* çözme, çözüm; karar; geçersiz kılma

risolvere *vt* çözmek, çözüm bulmak; karara bağlamak

risolversi *vr* kararlaştırmak; çözüme kavuşmak

risonanza *sf* tınlama; yankılama; *mec.* yayılma *avere risonanza* yankı uyandırmak

risonare *vi* çınlamak, yankı yapmak; *mec.* duyulmak

risorgere *vi* yeniden doğmak; hayata dönmek; canlanmak

risorgimento *sm* yeniden doğuş, yenilenme

risorgiva *sf* yeraltı su kaynağı

risorsa *sf* kaynak; zenginlik

risparmiare *vt* biriktirmek; saklamak; kullanmamak

risparmiarsi *vr* kendine bakmak

risparmio *sm* biriktirme; biriktirilen para *fare dei risparmi* tasarruf etmek *libretto di risparmio* hesap cüzdanı *senza risparmio* gelişigüzel

rispecchiare *vt* yansıtmak

rispedire *vt* geri göndermek

rispettabile *agg* saygıdeğer; sayın

rispettare *vt* saygı göstermek, hürmet etmek *farsi rispettare* kendini saydırmak

rispettivo *agg* her biriyle ilgili

rispetto *sm* saygı, hürmet; ilişki *i miei rispetti* saygılarımla *rispetto a* -e göre

rispettoso *agg* saygılı

risplendere *vi* parlamak, ışıldamak

rispondente *agg* orantılı; uygun

rispondere *vi* yanıtlamak; karşılık vermek; sorumlu olmak; uymak

risposta *sf* yanıt, cevap *in risposta a* cevap olarak

rissa *sf* kavga, dövüş

ristabilire *vt* yeniden kurmak

ristabilirsi *vr* kendine gelmek

ristagnare *vi* akmamak; durgun olmak

ristagno *sm* akmama; durgunluk

ristampa *sf* yeniden basma; yeni baskı

ristampare *vt* yeniden basmak

ristorante *sm* lokanta

ristorare *vt* güç vermek, canlandırmak

ristorarsi *vr* dinlenmek, canlanmak

ristoro *sm* ferahlama; canlandırma *posto di ristoro* büfe

ristrettezza *sf* darlık; *mec.* sıkıntı

ristretto *agg* dar; sıkı; sınırlı; az; yoğun, koyu *mente ristretta* dar görüşlü *caffè ristretto* koyu kahve

risucchiare *vt* içine çekmek

risucchio *sm* anafor

risultanza *sf* sonuç

risultare *vi* sonuçlanmak, ileri gelmek; belirmek

risultato *sm* sonuç, netice

risurrezione *sf* yeniden doğma

risuscitare *vt* diriltmek; canlandırmak § *vi* dirilmek; canlanmak

risvegliare *vt* uyandırmak

risveglio *sm* uyanma; hareketlenme

risvolto *sm* dışa devrik (yaka/cep); kumaşın tersi

ritagliare *vt* yeniden kesmek

ritaglio *sm* kesik, gazete küpürü

ritardare *vt* geciktirmek; ertelemek § *vi* gecikmek, geç kalmak

ritardatario *sm* geciken

ritardo *sm* gecikme; geri kalma

ritegno *sm* ölçülülük; çekinme
ritenere *vt* inanmak; öyle görmek, saymak; tutmak
ritenersi *vr* kendini öyle sanmak
ritenuta *sf* kesinti
ritirare *vt* geri çekmek; geri çağırmak; kaldırmak; iptal etmek, vazgeçmek
ritirarsi *vr* geri çekilmek; uzaklaşmak; çekilmek; terk etmek
ritirata *sf* geri çekme; geri çekilme; koğuş borusu; tuvalet
ritiro *sm* geri çekme; geri çekilme; uzaklaşma
ritmico *agg* ahenkli, ritmik
ritmo *sm* ahenk, ritim; *mec.* gidiş, durum
rito *sm* dinsel tören; töre *di rito* alışılmış, kural gereği
ritoccare *vt* yeniden dokunmak; elden geçirmek
ritocco *sm* son düzelti, rötuş
ritornare *vi* geri dönmek; yeniden olmak § *vt* geri vermek
ritornello *sm* nakarat
ritorno *sm* dönüş, geri gelme *essere di ritorno* dönmek *biglietto di andata e ritorno* gidiş dönüş bileti
ritorsione *sf* arkaya bükme; misilleme
ritrarre *vt* geri çekmek; resmini yapmak; elde etmek
ritrattare *vt* yeniden kullanmak; geri almak; sözünü geri almak
ritrattista *sm/f* portre ressamı
ritratto *sm* portre, insan resmi
ritroso *agg* geri giden; kabul etmeyen; yabani; utangaç
ritrovamento *sm* bulma, buluş
ritrovare *vt* yeniden bulmak; rastlanmak, görülmek
ritrovarsi *vr* birlikte bulunmak; biriyle karşılaşmak
ritrovo *sm* toplantı yeri
ritto *agg* dik; dikey
rituale *agg* töresel; geleneksel § *sm* tören, merasim
riunione *sf* toplantı; bir araya gelme
riunire *vt* toplamak, bir araya getirmek
riunirsi *vr* birleşmek; toplanmak
riuscire *vi* başarmak, becermek; sonuçlanmak; yeteneği olmak
riuscita *sf* başarılı sonuç
riuscito *agg* başarılı *mal riuscito* başarısız
riva *sf* kıyı, sahil
rivale *sm/f* rakip
rivalità *sf* rekabet
rivalsa *sf* intikam; rövanş; tazminat
rivalutare *vt* yeniden değerlendirmek

rivedere *vt* yeniden görmek; tekrar gözden geçirmek; kontrol etmek
rivelare *vt* açıklamak, göstermek
rivelarsi *vr* ortaya çıkmak, görülmek
rivelatore *agg* bildirici § *sm* gösterici şey; *fot.* banyo
rivelazione *sf* açıklama, meydana çıkarma
rivendita *sf* yeniden satış; perakende satış mağazası
rivenditore *sm* perakendeci
riverberare *vt* yansıtmak
riverberarsi *vr* yansımak
riverbero *sm* yansıma, yansıtma; kamaşma
riverenza *sf* saygı; diz çökme, reverans
riverire *vt* saygı duymak, hürmet etmek
riversare *vt* dökmek; akıtmak; aktarmak
riversarsi *vr* dökülmek
rivestimento *sm* kaplama; örtü
rivestire *vt* yeniden giydirmek; kaplamak; *mec.* içermek, kapsamak
rivestirsi *vr* giyinmek
riviera *sf* deniz kıyısı, sahil
rivincita *sf sp.* ikinci maç, rövanş; intikam
rivista *sf* gözden geçirme; teftiş; dergi; revü, varyete tiyatrosu
rivivere *vi* yeniden yaşamak, yeniden doğmak
rivo *sm* ırmak, çay
rivolgere *vt* çevirmek, döndürmek
rivolgersi *vr* geri dönmek; başvurmak
rivolta *sf* ayaklanma, isyan
rivoltare *vt* ters yüz etmek; altüst etmek
rivoltella *sf* tabanca, revolver
rivoltoso *agg/sm* isyankâr
rivoluzionare *vt* ayaklandırmak; devrim yaratmak
rivoluzionario *agg* devrim yaratan § *sm* devrimci
rivoluzione *sf* devrim; ayaklanma
rizzare *vt* yukarı kaldırmak; dikmek
rizzarsi *vr* ayağa kalkmak; dikilmek *rizzarsi i capelli* tüyleri diken diken olmak
roba *sf* şey; eşya, nesne *roba di valore* değerli eşya *roba da mangiare* yiyecek bir şey
robivecchi *sm* eskici
robot *sm* robot
robusto *agg* güçlü, kuvvetli; sağlam
rocca *sm* kale
roccaforte *sf* kale, hisar

rocchetto *sm* makara; çark, dişli
roccia *sf* kaya
rococò *agg/sm mim.* rokoko tarzı
rodaggio *sm* rodaj; *mec.* alışma
rodare *vt* motoru alıştırmak
rodeo *sm* rodeo
rodere *vt* kemirmek; aşındırmak
roditore *sm* kemirgen
rododendro *sm* zakkum ağacı
rogatoria *sf huk.* sorgulama
rogna *sf* uyuz; *kon.* sıkıntı
rognone *sm* (yemek için) böbrek
rogo *sm* ateş ocağı, kor yığını
rollio *sm* yalpalama, yalpalanma
romanesco *agg* Roma + § *sm* Roma ağzı
romanico *agg/sm* Roma sanatı tarzında
romano *agg* Roma+ § *sm* Romalı; Roma ağzı *numeri romani* Romen rakamları *fare alla romana* Alman usulü yapmak
romanticismo *sm* romantizm
romantico *agg/sm* romantik; hayalperest
romanza *sf* romans
romanzare *vt* romanlaştırmak
romanzesco *agg* romansı, roman gibi
romanziere *sm* roman yazarı
romanzo *agg* Roman dili § *sm* roman *romanzo d'appendice* tefrika roman

rombare *vi* gümbürdemek, gürlemek
rombo₁ *sm* gümbürtü, gürleme
rombo₂ *sm mat.* eşkenar dörtgen; *hayb.* kalkan balığı
romboide *sm mat.* paralelkenar
romeno *agg/sm* Romanya +; Romanyalı; Romen dili
rompere *vt* kırmak; parçalamak *rompere le scatole* kafa ütülemek *rompere il discorso* konuşmayı kesmek
rompersi *vr* kırılmak; parçalanmak; *mec.* arası açılmak
rompicapo *sm* bilmece; sıkıntı, dert
rompighiaccio *sm* buzkıran gemi
rompiscatole *sm/f* can sıkan
ronda *sf* gece devriyesi; keşif birliği
rondella *sf mek.* rondela
rondine *sf* kırlangıç
rondone *sm* kılıç kırlangıcı
ronzare *vi* vızıldamak; vınlamak
ronzino *sm* beygir
rosa *agg* pembe, gül rengi § *sf* gül § *sm* pembe renk *rosa dei venti* rüzgârgülü *acqua di rosa* gülsuyu
rosaio *sm* gül ağacı; gül bahçesi
rosalia *sf* kızamık
rosario *sm* tespih
rosato *agg* pembemsi, gül reng-

inde § *sm* pembe şarap
roseo *agg* pembe renkte
roseto *sm* gül bahçesi
rosicare *vt* kemirmek; aşındırmak
rosicchiare *vt* kemirmek
rosmarino *sm* biberiye
rosolare *vt* ateşte kavurmak
rosolarsi *vr* pembeleşmek
rosolio *sm* şekerli likör
rosone *sm mim.* gülpencere
rospo *sm* karakurbağası
rosseggiare *vi* kızıllaşmak
rossetto *sm* dudak boyası, ruj
rosso *agg* kırmızı, kızıl § *sm* kırmızı renk *capelli rossi* kızıl saç *globulo rosso biy.* alyuvar
rossore *sm* kırmızılık; yüz kızarması
rosticceria *sf* kebapçı dükkânı
rosticciere *sm* kebapçı
rotaia *sf* ray, demiryolu
rotare *vi* çevresinde dönmek § *vt* döndürmek
rotatorio *agg* dönmeli
rotazione *sf* eksen üzerinde dönme; sırayla yapılma
roteare *vi/vt* dönmek; döndürmek
rotella *sf* küçük tekerlek; *anat.* dizkapağı
rotolare *vt* yuvarlamak
rotolarsi *vr* yuvarlanmak

rotolo *sm* tomar, rulo
rotonda *sf* yuvarlak yapı
rotondità *sf* yuvarlaklık
rotore *sm* döneç, rotor
rotta1 *sf* yarık, gedik *a rotta di collo* aceleyle, paldır küldür *essere in rotta con qc* ilişkisini kesmek
rotta2 *sf* yön; rota *giornale di rotta* seyir defteri
rottame *sm* hurda; kırıntı; enkaz
rotto *agg* kırık, parçalanmış *sfuggire per il rotto della cuffia* ucuz kurtulmak
rottura *sf* kırma, kırılma; kesilme
rotula *sf anat.* dizkapağı
roulette *sf* rulet
roulotte *sf* karavan
routine *sf* alışkanlık; rutin
rovente *agg* kızgın, ateş gibi
rovere *sf* meşe türü
rovesciare *vt* devirmek; darmadağın etmek; boşaltmak
rovesciarsi *vr* düşmek, devrilmek; ters yüz olmak; dökülmek
rovesciata *sf sp.* röveşata
rovescio *sm* ters yüz, arka yüz; şiddetli sağanak; (tenis) backhand *giacere rovescio* sırtüstü yatmak *il rovescio della mano* elin tersi *a rovescio* tersi, tersinden

rovina *sf* yıkım; yıkıntı; çökme *andare in rovina* yıkılmak, batmak
rovinare *vt* bozmak, tahrip etmek; yıkmak § *vi* yıkılmak, göçmek
rovinoso *agg* yıkan; yıkıcı; harap
rovistare *vt* didik didik etmek
rovo *sm* böğürtlen çalısı
rozzo *agg* ham, işlenmemiş; yabani; görgüsüz
ruba *sf* : *andare a ruba* kapışılmak
rubare *vt* çalmak, aşırmak
rubinetto *sm* musluk
rubino *sm* yakut; kızıl
rubrica *sf* (gazete vb'de) sütun; fihrist, adres defteri
rude *agg* kaba; sert
rudere *sm* yıkıntı, enkaz
rudimentale *agg* ilkel, basit
rudimento *sm* ilk adım; ön bilgi
ruffiano *sm* pezevenk
ruga *sf* kırışık
ruggine *sf* pas
ruggire *vi* kükremek
rugiada *sf* çiy
rugosità *sf* kırışıklık; buruşukluk
rugoso *agg* kırışık; buruşuk
rullare *vi* pistte ilerlemek § *vt* silindirle düzlemek
rullino *sm fot.* film
rullo *sm* davul sesi; merdane; bobin *rullo compressore* yol silindiri
ruminare *vt* geviş getirmek
rumore *sm* gürültü; uğultu; söylenti
rumorosità *sf* gürültü
rumoroso *agg* gürültülü
ruolo *sm* liste; görev; *tiy.* rol; kadro *fuori ruolo* kadro dışı
ruota *sf* tekerlek; çark *ruota del mulino* değirmen taşı *ruota di scorta* yedek lastik
rupe *sf* sarp kayalık
rurale *agg* kırsal
ruscello *sm* dere, çay
ruspa *sf* greyder
ruspare *vi* eşelemek
russare *vi* horlamak
Russia *sf* Rusya
russo *agg* Rus +; Rusya + § *sm/f* Rusyalı, Rus § *sm* Rusça
rustico *agg* kırsal; yabani, kaba saba
ruta *sf* sedefotu
ruttare *vi* geğirmek
ruvidità *sf* sertlik, kabalık
ruvido *agg* kaba, yontulmamış
ruzzola *sf* kaydırak
ruzzolare *vi* düşmek, yuvarlanmak
ruzzolone *sm* düşme, yuvarlanma
ruzzoloni *avv* tepetaklak

S

sabbia *sf* kum
sabbioso *agg* kumlu; kum gibi
sabotaggio *sm* sabotaj, baltalama
sabotare *vt* sabote etmek
sacca *sf* çanta; torba; çuval
saccarifero *agg* şekerli
saccarina *sf* sakarin
saccente *agg* bilgiç, ukala
saccheggiare *vt* yağmalamak, yağma etmek
saccheggio *sm* yağmalama, yağma etme
sacchetto *sm* torba, poşet
sacco *sm* çuval; torba; *anat.* kese; *kon.* bir sürü *sacco a pelo* uyku tulumu *un sacco di* bir sürü, bir yığın
saccoccia *sf* cep
sacerdote *sm* papaz, rahip
sacerdotessa *sf* rahibe
sacerdozio *sm* rahiplik, papazlık
sacralità *sf* kutsallık
sacramento *sm* kutsama; dinsel tören
sacrario *sm* tapınak
sacrificare *vt* kurban etmek; feda etmek
sacrificarsi *vr* kendini feda etmek
sacrificio *sm* kurban; fedakârlık
sacrilegio *sm* kutsal şeylere saygısızlık
sacro *agg* kutsal; dinsel
sadico *agg/sm* sadist
sadismo *sm* sadizm
saetta *sf* ok; yıldırım, şimşek
safari *sm* safari
sagace *agg* zeki, kurnaz
saggezza *sf* bilgelik; akıllılık
saggiare *vt* denemek, sınamak
saggio1 *agg* aklı başında, tedbirli § *sm* bilgili; bilge
saggio2 *sm* deneme, sınama; örnek; faiz; inceleme
Sagittario *sm* Yay Burcu
sagoma *sf* dış görünüş, profil; *kon.* karakter
sagra *sf* bayram, şenlik, panayır
sagrestano *sm* kilise hademesi
sagrestia *sf* kilisede kutsal eşyaların bulunduğu yer
saio *sm* papaz giysisi
sala *sf* salon *sala d'aspetto* bekleme odası *sala da ballo* dans salonu *sala da pranzo* yemek odası *sala da gioco* oyun salonu *sala operatoria* ameliyat odası *sala per concerti* konser salonu
salame *sm* domuz salamı
salamoia *sf* salamura

salare *vt* tuzlamak
salariare *vt* maaş vermek
salario *sm* maaş, ücret
salato *agg* tuzlu; *mec.* pahalı
salda *sf* kola
saldare *vt* tutturmak, birleştirmek; lehimlemek
saldatura *sf* kaynak, lehim
saldezza *sf* sağlamlık; katılık
saldo1 *agg* sağlam, dayanıklı; katı; *mec.* değişmez; kararlı
saldo2 *sm* ucuzluk, indirimli satış; hesap bakiyesi *prezzo di saldo* indirimli fiyat
sale *sm* tuz. *sale grosso* iri tuz *sale da cucina* yemeklik tuz
salice *sm* söğüt ağacı *salice piangente* salkımsöğüt
sallente *agg* göze çarpan; belirgin
saliera *sf* tuzluk
salina *sf* tuzocağı
salino *agg* tuzlu
salire *vi* tırmanmak; binmek; *mec.* artmak § *vt* çıkmak *salire al trono* tahta çıkmak *salire in automobile* arabaya binmek
salita *sf* yokuş; çıkış *fare una salita* tırmanmak
saliva *sf* tükürük
salma *sf* ceset
salmo *sm* ilahi
salmone *sm* sombalığı, somon
salone *sm* büyük salon; fuar; sergi salonu *salone di bellezza* güzellik salonu
salotto *sm* konuk odası; salon mobilyaları
salpare *vt* demir almak § *vi* yola çıkmak
salsa *sf* salça, sos
salsamenteda *sf* mezeci dükkânı, şarküteri
salsiccia *sf* domuz sucuğu/sosisi
salsiera *sf* salçalık
salso *agg* tuzlu
saltare *vi* atlamak, sıçramak; havaya uçmak § *vt* atlamak; okumadan geçmek; tavada kızartmak *salater fuori* ortaya çıkmak *far saltare* havaya uçurmak *saltare agli occhi* göze çarpmak
saltatore *sm* cambaz; akrobat
saltellare *vi* sıçramak; hoplamak
saltimbanco *sm* akrobat
salto *sm* atlama, sıçrama; takla *salto mortale* havada takla *salto in alto* yüksek atlama *salto in lungo* uzun atlama *salto triplo* üç adım atlama *salto con l'asta* sırıkla atlama
saltuariamente *avv* ara sıra
saltuario *agg* aralıklı; düzensiz
salubre *agg* sağlıklı, sıhhi
salume *sm* sucuk/sosis türü yiyecekler

salumeria *sf* mezeci dükkânı, şarküteri
salumiere *sm* mezeci
salutare1 *agg* sağlığa yararlı; *mec.* yerinde
salutare2 *vt* selamlamak; karşılamak
salute *sf* sağlık *salute!* merhaba!; çok yaşa! *alla salute!* şerefe!, sağlığa!
saluto *sm* selam; selamlama § *pl* saygılar *con i migliori saluti* en içten saygılarla
salvacondotto *sm* geçiş izni
salvagente *sm* cankurtaran simidi *giubbotto salvagente* cankurtaran yeleği
salvaguardare *vt* korumak
salvare *vt* kurtarmak; korumak
salvarsi *vr* kurtulmak, canını kurtarmak
salvataggio *sm* kurtarma
salvatore *sm* kurtarıcı, kurtaran
salve *inter kon.* selam!
salvezza *sf* kurtuluş, kurtulma
salvia *sf* adaçayı
salvietta *sf* kâğıt peçete
salvo *agg* kurtulmuş; sağ salim *sano e salvo* sağ salim *in salvo* emniyette, güvencede
salvo *prep* dışında, haricinde
sambuca *sf* anasonlu bir içki
sambuco *sm* mürver ağacı

samovar *sm* semaver
sanare *vt* iyileştirmek; düzeltmek
sancire *vt* onaylamak, tasdik etmek; doğrulamak
sandalo1 *sm* sandal ağacı
sandalo2 *sm* sandalet; *den.* sandal
sangue *sm* kan *esame del sangue* kan tahlili *a sangue freddo* soğukkanlılıkla *sangue misto* melez *puro sangue* safkan
sanguigno *agg* kan + *gruppo sanguigno* kan grubu
sanguinare *vi* kanamak
sanguinoso *agg* kanlı
sanguisuga *sf* sülük
sanità *sf* sağlık; sağlık işleri *Ministero della sanità* Sağlık Bakanlığı
sanitario *agg* sağlık +, sıhhi § *sm* doktor *articoli sanitari* banyo-tuvalet gereçleri
sano *agg* sağlıklı, sıhhatli; eksiksiz; *mec.* bozulmamış *sano e salvo* sağ salim *di sana pianta* baştan aşağı, tümüyle
santificare *vt* kutsamak, takdis etmek
santità *sf* kutsallık; azizlik *Sua santità* Papa Hazretleri
santo *agg* kutsal; aziz; hayırsever § *sm* ermiş, aziz, evliya *il santo padre* Papa *la Santa*

Sede Vatikan
santuario *sm* tapınak, mabet
sanzionare *vt* onaylamak; tasvip etmek
sanzione *sf* onay, tasdik; yaptırım
sapere *vt* bilmek; anlamak, yapabilmek § *vi* tadı olmak; kokmak § *sm* bilgi *far sapere* bildirmek, duyurmak *si sa* bilindiği gibi *non si sa mai* hiç belli olmaz *mi sa che* bence, muhtemelen
sapienza *sf* bilgi; bilgelik
saponata *sf* sabun köpüğü
saponetta *sf* el sabunu
sapore *sm* tat, lezzet
saporire *vt* tat vermek, tatlandırmak
saporito *agg* lezzetli
saporoso *agg* lezzetli
saracinesca *sf* kepenk
sarcasmo *sm* iğneleyici söz
sarchiare *vt* çapalamak
sardina *sf* sardalye balığı
sardo *agg/sm* Sardunya +; Sardunyalı
sarta *sf* kadın terzi
sarto *sm* terzi; modelist
sartoria *sf* terzi dükkânı, dikimevi
sasso *sm* taş; çakıl
sassofonista *sm/f* saksofoncu
sassofono *sm* saksofon
sassoso *agg* taşlı
satana *sm* şeytan
satanico *agg* şeytan +; şeytanca
satellite *sm* uydu
satira *sf* taşlama, yergi
saturno *sm gökb.* Satürn, Zühal
saturo *agg kim.* doymuş; *mec.* dolu
sauna *sf* sauna
Savoia *sf* Savoy
saziare *vt* doyurmak; *mec.* tatmin etmek
saziarsi *vr* doymak; *mec.* tatmin olmak
sazio *agg* tok, doymuş; *mec.* bıkmış
sbadato *agg/sm* dikkatsiz; kayıtsız
sbadigliare *vi* esnemek
sbadiglio *sm* esneme
sbagliare *vt* yanılmak; hata yapmak *sbagliare la mira* hedefi şaşırmak *sbagliare strada* yolu şaşırmak
sbagliarsi *vr* yanılgıya düşmek, yanılmak
sbaglio *sm* hata; yanılgı *per sbaglio* yanlışlıkla
sballare *vt* paketini açmak § *vi* saçmalamak
sballottare *vt* o yana bu yana sallamak
sbalordire *vt* sersemletmek;

şaşırtmak § *vi* sersemlemek; şaşmak
sbalorditivo *agg* inanılmaz, şaşırtıcı
sbalzare *vt* fırlatmak, savurmak § *vi* fırlamak; sıçramak
sbalzo *sm* sıçrama, atlama; ani değişiklik *di sbalzo* birden, beklenmedik bir şekilde
sbandare *vt* dağıtmak § *vi* yana yatmak; yoldan çıkmak
sbandarsi *vr* dağılmak; *mec.* mahvolmak
sbandierare *vt* bayrak dalgalandırmak
sbaragliare *vt* bozguna uğratmak; dağıtmak
sbaraglio *sm* risk, tehlike *gettarsi allo sbaraglio* tehlikeye atılmak
sbarazzarsi *vr* başından atmak, savmak
sbarcare *vt* (gemi/uçak vb.'den) indirmek, boşaltmak; karaya çıkarmak § *vi* karaya çıkmak
sbarco *sm* indirme, boşaltma; karaya çıkma
sbarra *sf* demir çubuk; parmaklık *presentarsi alla sbarra* yargıç önüne çıkmak
sbarramento *sm* engel; baraj, set
sbarrare *vt* yolu tıkamak; (göz) fal taşı gibi açmak

sbattere *vt* şiddetle vurmak; fırlatmak; çırpmak § *vi* hızla çarpmak
sbattitore *sm* çırpma aleti
sbattuto *agg* çırpılmış; çökmüş
sbavare *vi* salyası akmak
sbiadire *vi* solmak, sararmak § *vt* sarartmak
sbiadito *agg* soluk, rengi atmış; *mec.* solgun
sbiancare *vt* beyazlatmak, ağartmak *vi* beyazlaşmak; (yüz) soluklaşmak
sbieco *agg* eğri büğrü; verev *guardare di sbieco* ters ters bakmak *di sbieco* eğri, yandan
sbigottire *vt* allak bullak etmek, şaşırtmak
sbigottirsi *vr* şaşkına dönmek
sbilanciare *vt* dengeyi bozmak § *vi* dengesi bozulmak
sbilanciarsi *vr* ölçüyü kaçırmak, sınırı aşmak
sbirciare *vt* süzmek; göz ucuyla bakmak
sbirro *sm* polis, aynasız
sbloccare *vt* engeli kaldırmak; çözüm bulmak; kontrolü kaldırmak
sboccato *agg* ağzı bozuk
sbocciare *vi* çiçek açmak
sboccio *sm* açılma, yeşerme
sbocco *sm* dökülme, akma; çıkış

strada senza sbocco çıkmaz yol

sbornia *sf* kafayı bulma, sarhoş olma

sborsare *vt* para ödemek

sbottare *vi* (ağlama/gülme) boşalmak

sbottonare *vt* düğmeleri çözmek

sbracciato *agg* kolları sıvamış; kısa kollu

sbraitare *vi* bağırmak, haykırmak

sbranare *vt* parçalamak

sbriciolare *vt* ufalamak

sbrigare *vt* halletmek

sbrigarsi *vr* elini çabuk tutmak, acele etmek

sbrigativo *agg* çabuk; baştan savma; hamarat

sbrindellato *agg* yırtık pırtık

sbrodolare *vt* üzerini pisletmek

sbronzo *agg kon.* sarhoş

sbucare *vi* birden belirmek; çıkagelmek

sbucciare *vt* kabuğunu soymak

sbudellarsi *vr* : *sbudellarsi dalle risa* gülmekten katılmak

sbuffare *vi* oflayıp poflamak

sbuffo *sm* iç çekme, oflama

scabbia *sf* uyuz hastalığı

scabroso *agg* pürtüklü, düz olmayan; *mec.* açık saçık

scacchiera *sm* satranç tahtası

scacchiere *sm ask.* bölge, alan

scacciare *vt* kovmak, defetmek

scacco *sm* satranç tahtasındaki kare; ekose kumaş § *pl* satranç; mat olma *a scacchi* kareli, ekose

scaccomatto *sm* şah mat

scadente *agg* değersiz, kalitesiz

scadenza *sf* süre, vade, mühlet *a breve scadenza* kısa vadede *a lunga scadenza* uzun vadede

scadere *vi* süresi dolmak; gözden düşmek

scafandro *sm* dalgıç elbisesi; astronot elbisesi

scaffale *sm* raflı dolap, etajer

scafo *sm den.* gemi teknesi

scagionare *vt* temize çıkarmak; mazur görmek

scaglia *sf* balık pulu; kıymık

scagliare *vt* fırlatmak; *mec.* yağdırmak

scagliarsi *vr* atılmak, fırlamak

scaglionare *vt* sıraya koymak; *ask.* birlikleri yerleştirmek

scaglione *sm* basamak, taraça; takım; *ask.* birlik

scala *sf* merdiven; ölçek; dizi; *müz.* gam *scala a chiocciola* döner merdiven *scala mobile* yürüyen merdiven; eşelmobil *scala a libretto* açılır kapanır merdiven

scalare *vt* tırmanmak; (hesaptan)

düşmek
scalata *sf* tırmanma, çıkma
scalatore *sm* dağcı
scaldaacqua *sf* su ısıtıcısı
scaldabagno *sm* şofben
scaldare *vt* ısıtmak
scaldarsi *vr* ısınmak; *mec.* coşmak
scalfire *vt* çizmek, çizik atmak
scalinata *sf* büyük yapı girişi
scalino *sm* basamak; *mec.* aşama
scalo *sm* iskele, rıhtım; tren istasyonu *volo senza scalo* direkt uçuş
scaloppina *sf* dana eti dilimi
scalpello *sm* yontma kalemi
scalpore *sm* gürültü, patırtı
scaltrezza *sf* kurnazlık, açıkgözlülük
scaltro *agg* kurnaz, açıkgöz
scalzare *vt* toprağı açmak; *mec.* yerine geçmek
scalzo *agg* yalınayak
scambiare *vt* değiş tokuş etmek; benzetmek
scambievole *agg* karşılıklı
scambio *sm* değiş tokuş; (demiryolu) makas
scamosciato *agg* güderi
scampagnata *sf* kır gezintisi
scampare *vt* kurtarmak § *vi* kurtulmak; sığınmak *scampare bella* ucuz atlatmak
scampo1 *sm* kurtuluş, kurtulma

scampo2 *sm* iri karides
scampolo *sm* kumaş parçası
scanalatura *sf* yiv, oyuk
scandagliare *vt* derinliğini ölçmek; *mec.* yoklamak
scandalista *sm/f* rezil, kepaze
scandalizzare *vt* skandal yaratmak
scandalizzarsi *vr* utanmak; alınmak
scandalo *agg* rezalet, skandal
scandire *vt* hecelemek
scannare *vt* boğazlamak, katletmek
scansafatiche *sm/f* tembel, miskin
scansare *vt* sakınmak, kaçınmak; savmak
scansarsi *vr* kenara çekilmek
scansia *sf* raflı dolap
scanso *sm* : *a scanso di* önlemek amacıyla, kaçınmak için
scantinato *sm* bodrum katı
scantonare *vi* kaçmak, tüymek; konudan sapmak
scapaccione *sm* tokat, şamar
scapestrato *agg* haylaz
scapito *sm* zarar *a scapito di* aleyhine
scapola *sf anat.* kürekkemiği
scapolo *agg/sm* bekâr
scappamento *sm* egzoz
scappare *vi* kaçmak, tüymek;

sıvışmak **scappare di prigione** hapishaneden kaçmak
scappare via kaçmak, tüymek
scappata *sf* kısa ziyaret, uğrama
scappatella *sf* kaçamak
scappatoia *sf* kurtuluş yolu
scarabeo *sm* bokböceği
scarabocchiare *vt* çiziktirmek, karalamak
scarabocchio *sm* çiziktirme, karalama
scarafaggio *sm* hamamböceği, karafatma
scaramanzia *sf* büyü
scaraventare *vt* fırlatmak, savurmak
scardinare *vt* menteşesinden sökmek
scarica *sf* yaylım ateşi; boşalma; elektrik akımı **scarica elettrica** elektrik akımı
scaricare *vt* boşaltmak; yük indirmek; *mec.* başkasının üstüne atmak
scaricarsi *vr* üstünden atmak; (akü) boşalmak; (akarsu) dökülmek
scaricatore *sm* yük boşaltıcı
scarico *agg* boşalmış; yüksüz; (saat) durmuş § *sm* boşalma, boşaltma; çöplük; akıtma **acque di scarico** atık su
scarlattina *sf* kızıl hastalığı
scarlatto *agg/sm* kızıl (renk)
scarno *agg* zayıf, cılız
scarola *sf* hindiba
scarpa *sf* ayakkabı **scarpe ortopediche** ortopedik ayakkabı
scarpata *sf* uçurum; hendek
scarseggiare *vi* eksilmek, azalmak
scarsezza *sf* azlık, kıtlık
scarso *agg* kıt, eksik; yetersiz
scartamento *sm* ray arası aralık **a scartamento ridotto** normalden küçük boyda
scartare *vt* paketi açmak; gereksiz saymak; (iskambil) kâğıt atmak § *vi* aniden sapmak
scarto *sm* (iskambilde) kâğıt atma; eleme, ayırma; ıskarta; sapma; fark
scassinare *vt* kırıp açmak, zorla girmek
scasso *sm* kırarak girme
scatenare *vt* *mec.* kışkırtmak, ayaklandırmak
scatenarsi *vr* azmak, çığırından çıkmak
scatola *sf* kutu **scatola cranica** kafatası **cibi in scatola** konserve yiyecek
scattare *vi* fırlatmak; işlemek; *mec.* çileden çıkmak § *vt* resim çekmek
scatto *sm* klik sesi; fırlama;

scaturire

hamle; çalışma, harekete geçme; *mec.* kızma, çileden çıkma; terfi *di scatto* ansızın, birden

scaturire *vi* (su) fışkırmak; *mec.* kaynaklanmak

scavalcare *vt* aşmak; *mec.* yerini almak

scavare *vt* kazmak, çukur açmak; kazı yapmak

scavo *sm* kazma; kazı

scegliere *vt* seçmek; tercih etmek

sceicco *sm* şeyh

scellerato *agg* cani, alçak

scellino *sm* şilin

scelta *sf* seçme; seçenek; tercih *a scelta* seçmeli *di prima scelta* birinci kalite

scelto *agg* seçilmiş; seçkin

scemare *vt* azaltmak, eksiltmek § *vi* azalmak, eksilmek

scemo *agg/sm* aptal, ahmak

scempio *sm* katliam; *mec.* harap etme

scena *sf* sahne; *tiy.* olayın geçtiği yer; bölüm *andare in scena* sahnelenmek *fare scena muta* ağzını açmamak *calcare la scena* sahneye çıkmak

scenario *sm* sahne dekoru; *sin.* senaryo

scenarista *sm/f* senaryocu, senarist

scenata *sf* şamata, yaygara

scendere *vi* inmek; düşmek; batmak

sceneggiato *sm* televizyon dizisi

sceneggiatura *sf* senaryo

scenico *agg* sahne +

scervellato *agg/sm* akılsız, beyinsiz

scesa *sf* iniş; meyil

scettico *agg/sm* kuşkucu, şüpheci

scettro *sm* krallık asası

scheda *sf* fiş, kart *scheda elettorale* oy pusulası *scheda anagrafica* kütük kaydı *scheda telefonica* telefon kartı

schedare *vt* fişlemek, dosyalamak

schedario *sm* fiş dolabı

schedato *sm* fişlenmiş, sabıkalı

scheggia *sf* kıymık

scheletro *sm anat.* iskelet; çatı

schema *sm* şema, taslak; çizelge

scherma *sf sp.* eskrim

schermaglia *sf* tartışma

schermo *sm* set; beyazperde, ekran *piccolo schermo* televizyon

schernire *vt* alay etmek

scherno *sm* gülünç düşürme; alay

scherzare *vi* şaka etmek, şakalaşmak

scherzo *sm* şaka; alay; *mec.* çok

kolay iş *scherzo da prete* eşek şakası *per scherzo* şaka olsun diye
scherzoso *agg* şakacı; eğlendirici
schiaccianoci *sm* ceviz kıracağı, fındıkkıran
schiacciare *vt* ezmek; sıkıştırmak *schiacciare un pisolino* uyumak, kestirmek
schiaffeggiare *vt* tokat atmak, tokatlamak
schiaffo *sm* tokat, şamar
schiamazzare *vi* çığlık atmak
schiamazzo *sm* şamata, gürültü, yaygara
schiantare *vt* çarpıp parçalamak
schiantarsi *vr* çarpıp parçalanmak, kırılmak
schianto *sm* çatırtı, gümbürtü *di schianto* birden, aniden
schiarimento *sm* açıklama, izahat
schiarire *vt* aydınlatmak; rengini açmak
schiarirsi *vr* açılmak; aydınlanmak
schiarita *sf* açıklık, aydınlık
schiavitù *sf* kölelik
schiavo *agg/sm* köle, esir
schiena *sf* sırt, arka
schienale *sm* arkalık
schiera *sf* dizi, sıra; yığın; grup
schieramento *sm* düzen; sıralanma; koalisyon
schierare *vt* dizmek, sıralamak
schierarsi *vr* dizilmek, sıralanmak; *mec.* yanında yer almak
schietto *agg* arı, saf; içten, samimi
schifare *vt* iğrendirmek
schifo *sm* iğrençlik, tiksinme; mide bulantısı
schifoso *agg* iğrenç; berbat
schioccare *vt* şaklatmak; takırdatmak
schiudere *vt* aralamak, açmak
schiudersi *vr* açılmak
schiuma *sf* köpük; salya *bagno di schiuma* köpük banyosu
schiumare *vt* köpüğünü almak
schivare *vt* savmak, atlatmak
schivo *agg* kaçınan; utangaç
schizofrenia *sf ruhb.* şizofreni
schizzare *vt* sıçratmak; fışkırtmak; taslağını çıkarmak § *vi* sıçramak, fışkırmak
schizzinoso *agg* zor beğenen, müşkülpesent
schizzo *sm* sıçratma; taslak
sci *sm* kayak; kayak yapma *sci nautico* su kayağı
scia *sf* dümen suyu; iz
scià *sm* İran şahı
sciabola *sf* kılıç
sciacallo *sm* çakal
sciacquare *vt* çalkalamak, duru-

sciacquone *sm* sifon
sciagura *sf* şanssızlık, uğursuzluk; felaket
sciagurato *agg* şanssız, talihsiz; aşağılık
scialacquare *vt* saçıp savurmak, israf etmek
scialare *vi* lüks içinde yaşamak
scialbo *agg* solgun, rengi atmış; *mec.* silik
scialle *sm* şal
scialuppa *sf* filika *scialuppa di salvataggio* cankurtaran sandalı
sciame *sm* arı kümesi; *mec.* yığın
sciancato *agg* topal, aksak
sciare *vi* kayak kaymak
sciarpa *sf* atkı, eşarp
sciatore *sm* kayakçı
sciatto *agg* özensiz; düzensiz; ilgisiz
scientifico *agg* bilimsel
scienza *sf* bilim; bilgi *scienze naturali* doğa bilimleri *uomo di scienza* bilim adamı
scienziato *sm* bilim adamı, âlim
scimmia *sf* maymun
scimmiottare *vt* maymun gibi taklit etmek
scimpanzé *sm* şempanze
scimunito *agg/sm* aptal, salak
scindere *vt* ayırmak, bölmek

scintilla *sf* kıvılcım
scintillare *vi* parıldamak
scioccheria *sf* saçmalık
sciocchezza *sf* aptallık, salaklık; saçmalık *dire sciocchezze* saçmalamak
sciocco *agg/sm* aptal, salak; saçma
sciogliere *vt* çözmek; halletmek; bitirmek § *vi* erimek; çözülmek *sciogliere i muscoli* kasları gevşetmek
sciogliersi *vr* kurtulmak; erimek
scioltezza *sf* kolaylık, rahatlık; çeviklik; akıcılık
sciolto *agg* erimiş, çözülmüş; serbest; rahat *verso sciolto* serbest vezin
scioperante *sm/f* grevci
scioperare *vi* grev yapmak
sciopero *sm* işbırakımı, grev *sciopero generale* genel grev *sciopero bianco* işi yavaşlatma grevi *sciopero della fame* açlık grevi *fare sciopero* greve gitmek
scippatore *sm* yankesici
scippo *sm* yankesicilik
scirocco *sm* keşişleme rüzgâr
sciroppo *sm* şurup, şerbet
scisma *sm* dinden ayrılma; hizipleşme
scissione *sf* ayrılma, dağılma

sciupare *vt* bozmak, berbat etmek; israf etmek
sciuparsi *vr* bozulmak, berbat olmak
scivolare *vi* kaymak
scivolo *sm* kaydırak; kızak
scivoloso *agg* kaygan
sclerosi *sf hek.* doku sertleşmesi, skleroz
scoccare *vt* atmak; vurmak § *vi* çıkmak, fışkırmak; (saat) çalmak
scocciare *vt* can sıkmak, rahatsız etmek
scocciarsi *vr* canı sıkılmak
scodella *sf* çukur tabak; kâse
scodinzolare *vi* kuyruk sallamak
scogliera *sf* sıra kayalar, resif
scoglio *sm* kaya, kayalık
scoiattolo *sm* sincap
scolare *vi* sızmak, akmak § *vt* süzmek
scolaresca *sf* öğrenci grubu
scolaro *sm* öğrenci
scolastica *sf* skolastik felsefe
scolastico *agg* okulla ilgili *anno scolastico* ders yılı *libri scolastici* okul kitapları
scollare *vt* yapışık iki şeyi ayırmak
scollarsi *vr* ayrılmak
scollatura *sf* göğüs açıklığı; dekolte
scollo *sm* yaka açıklığı
scolo *sm* akma, dökülme
scolorire *vt* soldurmak
scolorirsi *vr* solmak; solgunlaşmak
scolpare *vt* temize çıkarmak, aklamak
scolpire *vt* oymak, yontmak; kazımak
scombinare *vt* karıştırmak, altüst etmek
scombro *sm* uskumru
scombussolare *vt* karıştırmak, altüst etmek
scommessa *sf* bahis, iddia *fare una scommessa* bahse girmek
scommettere *vt* bahse girmek
scomodare *vt* rahatsız etmek
scomodarsi *vr* rahatsız olmak
scomodo *agg* rahatsız; uygun olmayan
scomparire *vi* gözden kaybolmak, yok olmak
scomparsa *sf* gözden kaybolma; ortadan kaybolma
scompartimento *sm* kompartıman
scompigliare *vt* altüst etmek, karıştırmak
scompiglio *sm* karışıklık; düzensizlik
scomporre *vt* parçalara ayırmak; dağıtmak; karıştırmak

scomporsi *vr* bozulmak, duygularını belli etmek
scomposto *agg* dağınık, biçimsiz; uygunsuz; dengesiz
scomunica *sf* aforoz
scomunicare *vt* aforoz etmek
sconcertare *vt* altüst etmek; sarsmak
sconcio *agg* uygunsuz, açık saçık; utanç verici
sconfessare *vt* inkâr etmek, yalanlamak, tanımamak
sconfiggere *vt* yenmek; üstün gelmek
sconfinare *vi* sınırı geçmek; konu dışına çıkmak
sconfinato *agg* sınırsız, sonsuz
sconfitta *sf* yenilgi, mağlubiyet
sconforto *sm* umutsuzluk; yılgınlık
scongiurare *vt* yalvarmak, yakarmak; *mec.* kaçınmak
scongiuro *sm* büyü, sihir **fare gli scongiuri** 'nazar değmesin' anlamında tahtaya vurmak
sconnesso *agg* tutarsız; anlamsız
sconosciuto *agg* bilinmeyen, tanınmayan § *sm* yabancı
sconquassare *vt* tahrip etmek; hırpalamak
sconsiderato *agg* düşüncesiz; işi hafife alan
sconsigliare *vt* tavsiye etmemek; vazgeçirmek
sconsolato *agg* umutsuz
scontare *vt* indirim yapmak; ödeme yapmak; (ceza) çekmek
scontato *agg* indirim yapılmış; beklenen
scontento *agg* memnun olmayan § *sm* hoşnutsuzluk
sconto *sm* indirim, ıskonto **fare/concedere uno sconto** indirim yapmak
scontrino *sm* fiş, makbuz
scontro *sm* çarpışma; çatışma
scontroso *agg* huysuz, aksi
sconveniente *agg* münasebetsiz; elverişsiz
sconvolgere *vt* altüst etmek; karıştırmak; sarsmak
sconvolto *agg* aklı başından gitmiş, altüst olmuş
scopa *sf* süpürge
scopare *vt* süpürmek
scoperta *sf* buluş, icat
scoperto *agg* üstü açık; örtüsüz *a capo scoperto* dazlak, kel *assegno scoperto* karşılıksız çek
scopo *sm* amaç, gaye *a che scopo?* ne amaçla? *senza scopo* amaçsız
scoppiare *vi* patlamak; infilak etmek; *mec.* patlak vermek *scoppiare dal ridere* gülmek-

ten katılmak
scoppiettare *vi* çıtırdamak
scoppio *sm* patlama, infilak; patlak verme
scoprire *vt* icat etmek, keşfetmek; ortaya çıkarmak; belli etmek
scoraggiare *vt* yıldırmak, cesaretini kırmak
scoraggiarsi *vr* yılmak, cesareti kırılmak
scorciare *vt* kısaltmak
scorciatoia *sf* kestirme yol
scorcio *sm* kısa zaman
scordare *vt* : **scordarsi** unutmak, anımsamamak
scorgere *vt* uzaktan görmek, fark etmek
scoria *sf* maden posası; atık
scorpacciata *sf* tıkınma
scorpione *sm hayb.* akrep
Scorpione *sm* Akrep Burcu
scorrazzare *vi* koşuşturmak
scorrere *vi* kaymak; dökülmek § *vt* gözden geçirmek
scorretto *agg* yanlış, hatalı; yakışıksız; kaba
scorrevole *agg* akan; akıcı
scorribanda *sf* akın, baskın
scorsa *sf* göz atma
scorso *agg* geçen
scorsoio *agg* : *nodo scorsoio* ilmik

scorta *sf* eskort; koruma; yedek; stok *ruota di scorta* yedek lastik, istepne
scortare *vt* korumak; eşlik etmek
scortese *agg* kaba, terbiyesiz
scortesia *sf* kabalık, terbiyesizlik
scorticare *vt* derisini yüzmek
scorza *sf* meyve kabuğu; deri
scosceso *agg* dik, sarp
scossa *sf* sarsıntı, sallantı; irkilme; şok *scossa elettrica* elektrik çarpması
scosso *agg* sarsılmış; etkilenmiş
scostare *vt* uzaklaştırmak
scostarsi *vr* uzaklaşmak
scostumato *agg* ahlaksız
scottare *vt* yakmak; hafifçe pişirmek § *vi* yanmak
scottatura *sf* yanma, yanık
scovare *vt* çıkmaya zorlamak; ortaya çıkarmak
scozzese *agg* İskoçya + § *sm/f* İskoçyalı
screditare *vt* gözden düşürmek
screpolare *vt* çatlatmak
screpolarsi *vr* çatlamak
screpolatura *sf* çatlak, yarık
screzio *sm* uyuşmazlık, ihtilaf
scricchiolare *vi* çatırdamak, gıcırdamak
scricchiollo *sm* çatırtı, gıcırtı
scricciolo *sm* çalıkuşu
scrigno *sm* mücevher kutusu

scritta *sf* yazı

scritto *agg* yazılı, yazılmış § *sm* yazı *esami scritti* yazılı sınavlar *per scritto* yazılı olarak

scrittoio *sm* yazı masası

scrittore *sm* yazar

scrittura *sf* yazı; yazı biçimi; sözleşme, kontrat

scritturare *vt* sözleşme yapmak

scrivania *sf* yazı masası

scrivente *sm/f* yazar

scrivere *vt* yazmak

scroccone *sm* otlakçı

scrofa *sf* dişi domuz

scrollare *vt* sallamak; silkmek; sarsmak

scrollarsi *vr* silkinmek; canlanmak

scrosciare *vi* gürüldemek; çınlamak

scroscio *sm* çağıldama, gürüldeme

scrostare *vt* kabuğunu soymak

scrostarsi *vr* kabuğu soyulmak

scrupolo *sm* tereddüt; kuşku; endişe

scrutare *vt* dikkatle incelemek

scrutinio *sm* oylama; not hesabı *scrutinio segreto* gizli oylama

scucire *vt* dikişini sökmek

scuderia *sf* ahır

scudetto *sm* *sp.* şampiyonluk unvanı

scudiscio *sm* kamçı, kırbaç

scudo *sm* kalkan; siper

scultore *sm* heykeltıraş

scultura *sf* heykelcilik; heykel

scuola *sf* okul *scuola dell'obbligo* temel eğitim, zorunlu eğitim *scuola materna* ana okul *scuola elementare* ilk okul *scuola media* orta okul *scuola secondaria superiore* lise *scuola guida* sürücü kursu *scuola privata* özel okul *scuola pubblica* devlet okulu

scuotersi *vr* sarsılmak, sallanmak; *mec.* etkilenmek

scure *sf* balta

scuro *agg* karanlık; koyu § *sm* karanlık; koyu renk; pancur

scurrile *agg* bayağı, müstehcen

scusa *sf* özür; mazeret *chiedere scusa* özür dilemek *chiedo scusa* özür dilerim

scusante *sf* mazeret

scusare *vt* bağışlamak, affetmek *scusate!* kusura bakmayın!

scusarsi *vr* özür dilemek

sdegnare *vt* küçümsemek, hor görmek

sdegnato *agg* kızmış, darılmış

sdegno *sm* öfke, kızgınlık

sdegnoso *agg* hakaret dolu; horlayıcı

sdentato *agg* dişsiz
sdolcinato *agg* cilveli
sdoppiare *vt* ikiye bölmek
sdoppiarsi *vr* ikiye bölünmek
sdraia *sf* şezlong
sdraiarsi *vr* yayılmak, uzanmak
sdraio *sm* : *sedia a sdraio* şezlong
sdrucciolevole *agg* kaygan
se *cong* eğer, şayet § *sm* koşul, durum *se non altro* hiç olmazsa, en azından *se non mi sbaglio* yanılmıyorsam
sé *pron* kendisi, kendini, kendi *con sé* beraber, beraberinde
sebbene *cong* her ne kadar; -e rağmen
secca *sf* sığ yer
seccare *vt* kurutmak; *mec.* can sıkmak, tedirgin etmek
seccarsi *vi/r* kurumak; canı sıkılmak
seccatore *sm* can sıkıcı, bezdirici
seccatura *sf* sıkıntı; bela
secchia *sf* kova
secchio *sm* kova
secco *agg* kuru; zayıf; sek; sert § *sm* kuru yer; kuraklık *lavaggio a secco* kuru temizleme *rimanere in secco* meteliksiz kalmak
secolare *agg* yüzyıllık, asırlık; laik

secolo *sm* yüzyıl; çağ
seconda *sf oto.* ikinci vites; ikinci sınıf
secondario *agg* ikincil, tali
secondino *sm* gardiyan
secondo1 *num* ikinci; aşağı § *sm* ikinci; ana yemek; saniye *di seconda mano* ikinci elden, elden düşme
secondo2 *prep* -(y)e göre; uyarınca *secondo me* bence, bana göre, kanımca
secreto *sm* salgı
sedano *sm* kereviz
sedativo *agg/sm* sakinleştirici, yatıştırıcı
sede *sf* merkez; yer *sede centrale* genel merkez *in sede di* sırasında
sedentario *agg* yerleşik
sedere1 *vi* oturmak
sedere2 *sm* kıç, arka, popo
sedia *sf* sandalye, iskemle *sedia a sdraio* şezlong *sedia a rotelle* tekerlekli sandalye *sedia elettrica* elektrikli sandalye
sedicente *agg* ... olarak geçinen, sözde
sedici *num* on altı
sedile *sm* koltuk
sedimento *sm* tortu; çökelti
seducente *agg* çekici; tahrik edici
sedurre *vt* baştan çıkarmak;

kendine çekmek

seduta *sf* oturma; oturum, toplantı

seduzione *sf* baştan çıkarma, ayartma; cazibe

sega *sf* testere, bıçkı

segale *sf* çavdar

segare *vt* testereyle kesmek, biçmek

segatura *sf* talaş

seggio *sm* koltuk; sandalye *seggio elettorale* seçim kurulu; sandık

seggiola *sf* sandalye

seggiolone *sm* mama sandalyesi

seggiovia *sf* telesiyej

segheria *sf* bıçkıhane

segnalare *vt* işaret etmek; bildirmek, söylemek

segnalarsi *vr* kendini göstermek

segnale *sm* işaret; sinyal *segnale orario* saat ayarı *segnale stradale* trafik işareti *segnale d'allarme* alarm

segnaletica *sf* trafik işaretleri

segnare *vt* işaretlemek; not etmek; belirtmek

segnarsi *vr* haç çıkarmak

segno *sm* belirti, işaret; hedef; limit *il segno della croce* istavroz *segni di punteggiatura* noktalama işaretleri

segregare *vt* ayırmak, ayrı tutmak

segregazione *sf* ayırma, ayrı tutma

segretaria *sf* sekreter

segretario *sm* sekreter *segretario generale* genel sekreter

segreteria *sf* sekreterlik; sekreterya *segreteria telefonica* telesekreter

segretezza *sf* gizlilik, saklılık

segreto1 *agg* gizli; saklı *voto segreto* gizli oy

segreto2 *sm* sır; gizlilik *in segreto* gizlice

seguace *sm/f* yandaş; savunucu

seguente *agg* izleyen; sonraki

seguire *vt* izlemek, takip etmek § *vi* eşlik etmek; izlemek; uygulamak

seguitare *vt* devam etmek, sürdürmek § *vi* sürmek, devam etmek

seguito *sm* maiyet; gerisi; yandaş, taraftar; sıra *di seguito* ara vermeden, arka arkaya *in seguito* daha sonra

sei *num* altı

seicento *num* altı yüz § *sm* on yedinci yüzyıl

selciato *sm* kaldırım

selettore *sm* seçici

selezionare *vt* seçmek, ayırmak

selezione *sf* seçme; seçim

sella *sf* eyer; sele
selva *sf* orman
selvaggina *sf* av hayvanı
selvaggio *agg* vahşi, yabani; ilkel § *sm* vahşi
selvatico *agg* yaban; vahşi
selvoso *agg* ağaçlık
semaforo *sm* trafik ışığı
se mai *cong* eğer, şayet
semantica *sf* *dilb.* anlambilim, semantik
sembrare *vi* benzemek, gibi görünmek
seme *sm* *biy.* meni; tohum; (iskambilde) kupa/maça/karo/sinek cinslerinden her biri
semente *sf* tohum
semestre *sm* yarı yıl, sömestr; altı aylık süre
semicerchio *sm* yarım daire
semifinale *sf* yarıfinal
semifreddo *agg/sm* bir tür soğuk tatlı-pasta
seminare *vt* (tohum) ekmek, serpmek
seminario *sm* seminer; rahip okulu
seminterrato *sm* bodrum katı, zemin katı
semitico *agg/sm* Sami +; Sami dilleri
semmai *cong* eğer, şayet

semola *sf* kepek; irmik
semplice *agg* basit, sade, yalın
semplicemente *avv* yalnızca, sadece
semplicità *sf* basitlik, sadelik
sempre *avv* her zaman, daima; hâlâ *di sempre* her zamanki *sempre che* yeter ki *per sempre* sonsuza dek, ebediyen *una volta per* ilk ve son olarak
senape *sf* hardal
senato *sm* senato
senatore *sm* senatör
senilità *sf* yaşlılık
senno *sm* sağduyu
sennò *cong* yoksa, şayet
seno *sm* göğüs, meme; kucak; *co.* koy; yürek; sinüs
sensato *agg* sağduyulu; mantıklı
sensazionale *agg* yankı uyandıran; sansasyonel
sensazione *sf* yankı, heyecan; his *fare sensazione* yankı uyandırmak
sensibile *agg* duyarlı, duygusal; hassas; göze çarpan
sensibilità *sf* duyarlılık; hassasiyet
sensitivo *agg* duygulu, hassas
senso *sm* duyu, his; duygu; anlam; yön *sesto senso* altıncı his *senso vietato* ters yön, girilmez *senso figurato* me-

cazi anlam *in tutti i sensi* her bakımdan *fare senso* tiksinti vermek, iğrenmek
sensuale *agg* şehvetli; seks düşkünü
sensualità *sf* şehvet düşkünlüğü
sentenza *sf* yargı, hüküm; görüş; özdeyiş
sentenziare *vt/i* karar vermek; hüküm vermek
sentiero *sm* patika, keçiyolu
sentimentale *agg* duygusal; hisli
sentimento *sm* duygu, his
sentinella *sf* nöbetçi
sentire *vt* hissetmek; tadına bakmak; işitmek; dinlemek § *vi* hissedilmek; tadında olmak
sentirsi *vr* kendini ... hissetmek
sentito *agg* yürekten, içten *per sentito dire* kulaktan dolma
senza *prep* -sız; -sızın; -meden *senza parlare* konuşmadan *senza di me* bensiz *senza riposo* durmadan, dinlenmeden *senza dubbio* kuşkusuz *senz'altro* kuşkusuz
separabile *agg* ayrılabilir
separare *vt* ayırmak
separarsi *vr* ayrılmak
separato *agg/sm* ayrılmış; ayrı
separazione *sf* ayırma; ayrılık
sepolcro *sm* mezar
sepolto *agg* gömülü

seppellire *vt* gömmek, toprağa vermek
seppia *sf* mürekkepbalığı
sequenza *sf* dizi, sıra
sequestrare *vt huk.* haczetmek; el koymak; adam kaçırmak
sequestro *sm* haciz; el koyma *sotto sequestro* hacizli
sera *sf* akşam *di sera* akşamleyin *verso sera* akşamüstü *buona sera* iyi akşamlar
serale *agg* akşam +
serata *sf* akşam; özel gösteri
serbare *vt* saklamak; muhafaza etmek
serbatoio *sm* depo; hazne
serbo *sm* : *tenere in serbo* gizli tutmak *mettere in serbo* saklamak
sereno *agg* açık, bulutsuz; sakin; huzurlu; soğukkanlı
sergente *sm* çavuş
serial *sm* TV dizisi
serie *sf* dizi, sıra; seri; *sp.* küme *in serie* seri olarak *di serie* sıradan
serietà *sf* ciddilik
serio *agg* önemli; ciddi; güvenilir *sul serio* ciddi olarak
sermone *sm* nutuk, vaiz
serpe *sf* yılan
serpeggiare *vi* kıvrıla kıvrıla gitmek; *mec.* dalga dalga

yayılmak
serpente *sm* yılan ***serpente a sonagli*** çıngıraklıyılan
serra *sf* sera
serranda *sf* kepenk
serrare *vt* kapatmak, kilitlemek; sıkıştırmak
serratura *sf* kilit
serva *sf* kadın hizmetçi
servire *vt* hizmet etmek; yardım etmek; ikramda bulunmak; (iskambil) dağıtmak § *vi* hizmet vermek; yararı dokunmak; gerekli olmak ***serve qc?*** bir şey lazım mı?
servirsi *vr* kullanmak; müşterisi olmak
servitù *sf* kölelik, tutsaklık; uşaklar
servizievole *agg* yardımsever
servizio *sm* hizmet, servis; iş; görevli olma; sofra takımı; haber ***essere di servizio*** görevli olmak ***servizio militare*** askerlik ***fuori servizio*** bozuk, servis dışı ***servizio militare*** askerlik hizmeti ***servizio segreto*** gizli servis ***i servizi*** banyo ve tuvalet
servo *sm* uşak, hizmetçi
sesamo *sm* susam
sessanta *num* altmış
sessantina *sf* altmış kadar
sessione *sf* dönem; oturum
sesso *sm* cinsiyet; seks
sessuale *agg* cinsel, seksüel
sestante *sm* sekstant, açıölçer
sesto *num* altıncı § *sm* altıda biri
seta *sf* ipek
sete *sf* susuzluk, susama ***avere sete*** susamak
setola *sf* domuz kılı
setta *sf* tarikat
settanta *num* yetmiş
settantina *sf* yetmiş kadar
sette *num* yedi
settecento *num* yedi yüz; on sekizinci yüzyıl
settembre *sm* eylül
settentrionale *agg* kuzey +
settentrione *sf* kuzey
settimana *sf* hafta; haftalık ücret
settimanale *agg* haftalık § *sm* haftalık dergi
settimo *num* yedinci § *sm* yedide bir
settore *sm* *mat.* daire kesmesi; dal, sektör
severità *sf* sertlik; ciddilik
severo *agg* sert, katı; ciddi
seviziare *vt* kötü muamele etmek
sezionare *vt* *hek.* kadavrayı kesip ayırmak; bölmek
sezione *sf* kesit; *hek.* kesim, kesme; bölge; parça; kısım
sfaccendato *agg/sm* aylak, tem-

bel

sfacciato *agg/sm* yüzsüz, arsız; göz alıcı

sfacelo *sm* yıkılma, çökme

sfaldarsi *vr* katmanlaşmak

sfamare *vt* doyurmak

sfarzo *sm* görkem, debdebe, şatafat

sfasciare *vt* sargıyı çözmek; parçalamak, kırmak

sfasciarsi *vr* parçalanmak

sfavillare *vi* parıldamak; kıvılcım saçmak

sfavorevole *agg* elverişsiz; aykırı

sfera *sf* küre, yuvar **penna a sfera** tükenmezkalem

sferico *agg* küresel, yuvarlak

sferrare *vt* nallarını sökmek

sferza *sf* kamçı, kırbaç

sferzare *vt* kamçılamak, kırbaçlamak

sfida *sf* meydan okuma

sfidare *vt* meydan okumak; cesaretle karşılamak

sfiducia *sf* güvensizlik

sfigurare *vt* biçimini bozmak § *vi* kötü bir izlenim bırakmak

sfilare *vi* geçit töreni yapmak § *vt* iplikten boşaltmak; sırasını bozmak

sfilarsi *vr* iplikten boşanmak, çözülmek

sfilata *sf* geçit töreni; geçit; defile **sfilata di moda** moda defilesi

sfinge *sf* sfenks

sfinito *agg* bitkin, halsiz

sfiorare *vt* çok yaklaşmak, değmek

sfiorire *vi* solmak

sfizio *sm* kapris, keyif

sfocato *agg* ayarsız, flu

sfociare *vi* dökülmek, akmak; *mec.* dönüşmek

sfogare *vt* dışa vurmak § *vi* çıkmak, yayılmak

sfogarsi *vr* içini dökmek

sfoggiare *vt/i* gösteriş yapmak

sfoggio *sm* gösteriş

sfoglia *sf* tabaka, yaprak **pasta sfoglia** yufka

sfogliare *vt* sayfaları çevirmek

sfogo *sm* içini dökme, boşalma; çıkış noktası

sfolgorare *vi* parlamak, ışıldamak

sfollare *vt* boşaltmak, kalabalığı dağıtmak § *vi* dağılmak; çekilmek

sfondare *vt* dibini delmek; kırıp geçmek; *ask.* yarmak; kendini tanıtmak

sfondo *sm* arka plan; fon

sfornare *vt* fırından çıkarmak

sfornito *agg* yoksun, mahrum

sfortuna *sf* talihsizlik; uğur-

suzluk
sfortunato *agg* şanssız, talihsiz
sforzare *vt* zorlamak
sforzarsi *vr* çabalamak, uğraşmak
sforzo *sm* çaba, gayret; zorlama
sfrattare *vt* tahliye ettirmek § *vi* tahliye olmak
sfratto *sm* evden atma, tahliye
sfregiare *vt* çizip bozmak
sfregio *sm* kesik, çizik
sfrenato *agg* ölçüsüz, dizginsiz
sfrontato *agg* yüzsüz, küstah
sfruttamento *sm* sömürü; istismar
sfruttare *vt* sömürmek; istismar etmek
sfuggire *vi* atlatmak; gözden kaçmak; ağzından kaçmak
sfuggita *sf* kaçamak *di sfuggita* alelacele, apar topar
sfumare *vi* yok olmak, kaybolmak; (renk) açılmak § *vt* (renk) açmak; silikleştirmek
sfumatura *sf* (renk) açılma; koyuluk derecesi; ayrıntı
sfuriata *sf* ani öfke; paylama
sgabello *sm* tabure
sgabuzzino *sm* küçük oda
sgambettare *vt* çelme takmak § *vi* bacaklarını sallamak
sgambetto *sm* çelme *fare lo sgambetto a qc* *mec.* ayağını kaydırmak
sganasciarsi *vr* : *sganasciarsi dalle risa* gülmekten katılmak, kırılmak
sganciare *vt* kancadan çıkarmak; (bomba) atmak; para çıkarmak
sganciarsi *vr* kancadan çıkmak; *mec.* atlatmak
sgangherato *agg* viran; düzensiz
sgarbato *agg* kaba, görgüsüz
sgarbo *sm* görgüsüzlük
sgarro *sm* yanılgı, hata
sgelare *vt/i* buzunu çözmek
sghembo *agg* eğri büğrü; dolambaçlı
sghignazzare *vi* alaylı gülmek
sgobbare *vi kon.* çok çalışmak
sgocciolare *vi* damlamak § *vt* damlatmak
sgocciolo *sm* son damla
sgolarsi *vr* gırtlak patlatmak
sgombero *sm* boşaltma; tahliye
sgombrare *vt* boşaltmak; tahliye etmek
sgombro *agg* rahat; boş
sgomentare *vt* korkutmak, ürkütmek
sgomento *sm* korku, endişe § *agg* korkmuş
sgonfiare *vt* havasını boşaltmak; şişini indirmek
sgonfiarsi *vr* havası boşalmak; şişi inmek

sgorbio *sm* mürekkep lekesi; kargacık burgacık yazı

sgorgare *vi* fışkırmak; taşmak

sgozzare *vt* boğazını kesmek

sgradevole *agg* tatsız, hoşa gitmeyen; nahoş

sgradito *agg* istenmeyen; hoşa gitmeyen

sgranare *vt* tanelemek *sgranare gli occhi* *kon.* gözlerini fal taşı gibi açmak

sgranocchiare *vt* şapır şupur yemek

sgravio *sm* yükün azalması; *mec.* kurtulma *sgravio fiscale* vergi indirimi

sgraziato *agg* biçimsiz, hantal

sgretolare *vt* dağıtmak, ufalamak

sgretolarsi *vr* dağılmak, ufalanmak

sgridare *vt* azarlamak, paylamak

sgridata *sf* azarlama, paylama

sgrossare *vt* yontmak

sguaiato *agg* kaba, görgüsüz

sgualcire *vt* buruşturmak

sgualdrina *sf* fingirdek; yosma

sguardo *sm* bakış; göz atma

sguattero *sm* bulaşıkçı

sguazzare *vi* su sıçratmak; *mec.* içinde yüzmek *sguazzare nell'oro* zenginlik içinde yüzmek

sgusciare1 *vt* kabuğunu çıkarmak

sgusciare2 *vi* elinden kaçmak, kaymak

shampoo *sm* şampuan

si1 *pron* kendi, kendini, kendine; birbiri, birbirini, birbirine, birbirleri *come si dice?* nasıl söylenir?

si2 *avv* evet *è vero si o no?* o doğru mu? *un giorno si un giorno no* günaşırı, iki günde bir

sia *cong* gerek ... gerek, hem ... hem; -se bile

sibilare *vi* uğuldamak; tıslamak

sibilo *sm* tıslama; uğuldama

sicario *sm* kiralık katil

sicché *cong* demek, demek ki; o halde

siccità *sf* kuraklık, çoraklık

siccome *cong* -diği için, çünkü

Sicilia *sf* Sicilya

siciliano *agg/sm* Sicilya +; Sicilyalı

siculo *agg/sm* Sicilyalı

sicuramente *avv* kuşkusuz, elbette; muhakkak

sicurezza *sf* güvenlik, emniyet; güven; emin olma *valvola di sicurezza* emniyet supabı *Consiglio di Sicurezza* Güvenlik Konseyi

sicuro *agg* emin; güvenli, emniyetli; kesin, doğru § *avv* tabii

ki, kesinlikle *di sicuro* kesinlikle, muhakkak, kuşkusuz
siderurgia *sf* *tek.* demir-çelik sanayii
siepe *sf* çit
siero *sm* serum
sieropositivo *agg* aids virüsü taşıyan
siesta *sf* öğle üstü uykusu
sifilide *sf* frengi
sifone *sm* sifon
sigaretta *sf* sigara
sigaro *sm* puro
sigillare *vt* mühürlemek
sigillo *sm* mühür, damga
sigla *sf* rumuz, baş harfler; kısa imza
significante *agg* önemli, anlamlı
significare *vt* anlamına gelmek
significativo *agg* anlamlı; önemli
significato *sm* anlam; önem
signora *sf* bayan, hanımefendi; eş *Nostra signora* Meryem Ana
signore *sm* bay; bey, beyefendi; soylu kişi; (büyük harfle) Tanrı
signorile *agg* seçkin; zarif, ince
signorina *sf* evlenmemiş bayan *nome da signorina* kızlık adı
signorino *sm* delikanlı
silente *agg* sessiz
silenziatore *sm* susturucu
silenzio *sm* sessizlik; suskunluk *in silenzio* sessizce *far silenzio* susmak, ses çıkarmamak
silenzioso *agg* sessiz
silicato *sm* silis, çakmaktaşı
silicio *sm* silisyum
silicone *sm* silikon
sillaba *sf* hece
sillabare *vt* hecelemek
silloge *sf* derleme, antoloji
silo *sm* silo, tahıl ambarı
silurare *vt* torpillemek; *mec.* ayağını kaydırmak
siluro *sm* torpil
simboleggiare *vt* simgelemek
simbolico *agg* simgesel; sembolik
simbolo *sm* simge, sembol
similare *agg* benzer, benzeş
simile *agg* benzer; böyle
simmetria *sf* simetri, bakışım
simmetrico *agg* simetrik
simpatia *sf* sempati, cana yakınlık
simpatico *agg* hoş, sevimli, sempatik; içten
simpatizzante *agg/sm/f* yandaş, taraftar
simpatizzare *vi* yakınlık duymak
simposio *sm* sempozyum
simulacro *sm* put, idol
simulare *vt* yalandan yapmak, süsü vermek

simulatore *sm* yalancı, sahtekâr
simulazione *sf* yalandan yapma; sahte tavır
simultaneo *agg* anında; eşzamanlı
sinagoga *sf* sinagog
sincerità *sf* içtenlik, açıksözlülük
sincero *agg* içten, samimi, açıksözlü
sincope *sf dilb.* içses düşmesi; *hek.* baygınlık
sincronia *sf* eşzamanlık
sindacale *agg* sendikal
sindacalista *sm/f* sendikacı
sindacato *sm* sendika; işçi birliği
sindaco *sm* belediye başkanı; denetimci
sindone *sf* kefen
sinfonia *sf* senfoni
singhiozzo *sm* hıçkırarak ağlama; hıçkırık **a singhiozzo** aralıklı, kesik kesik
singolare *agg* yalnız, tek; eşsiz § *sm dilb.* tekil; *sp.* tek
singolo *agg* tek; özel § *sm* birey; (tenis) tekler karşılaşması
sinistra *sf* sol; sol el *divieto di svolta a sinistra* sola dönülmez
sinistro *agg* sol; sol taraf; *mec.* uğursuz § *sm* kaza
sino *prep* -e kadar
sinonimo *sm dilb.* eşanlamlı sözcük
sinora *avv* şimdiye kadar
sinossi *sf* özet
sintassi *sf dilb.* sözdizimi
sintesi *sf* sentez; özet
sintetico *agg* yapay, suni, sentetik
sintetizzare *vt* özetlemek
sintomatico *agg hek.* belirti niteliğinde
sintomo *sm hek.* hastalık belirtisi; işaret
sinuoso *agg* kıvrımlı, dolambaçlı
sipario *sm tiy.* perde
sirena1 *sf* denizkızı; *mec.* çekici kadın
sirena2 *sf* siren
Siria *sf* Suriye
siriano *agg/sm* Suriyeli
siringa *sf* şırınga
siringare *vt* şırınga etmek
sisma *sm* deprem, yersarsıntısı
sismico *agg* sismik
sismografo *sm* depremölçer
sistema *sm* sistem; yöntem, usul
sistema di vita yaşam biçimi
sistema solare güneş sistemi
sistema nervoso sinir sistemi
sistemare *vt* düzenlemek, düzene sokmak; çözümlemek; evlendirmek
sistemarsi *vr* yerleşmek; iş bulmak; evlenmek

sistematico *agg* düzenli, sistemli, sistematik
sistemazione *sf* düzenleme; yerleştirme; iş; evlilik
sito *sm* mevki; alan, yer
situare *vt* yerleştirmek; yer almak
situazione *sf* konum; durum
slacciare *vt* bağını çözmek, düğümünü açmak
slacciarsi *vr* çözülmek, düğmeleri açılmak
slanciarsi *vr* atılmak, fırlamak
slanciato *agg* narin, ince uzun
slancio *sm* hamle; atılım *di slancio* bir hamlede
slavo *agg* İslav + § *sm* İslav; İslav dili
sleale *agg* sözünde durmayan
slegare *vt* bağ çözmek
slitta *sf* kızak
slittare *vi* kızak kaymak; (tekerlek) patinaj yapmak
slittino *sm* kızak
slogare *vt* : *slogarsi* burkulmak, yerinden çıkmak
sloggiare *vt* çıkarmak, kovmak § *vi* çekip gitmek
smacchiare *vt* leke çıkarmak, temizlemek
smacco *sm* küçük düşürme; utanç
smagliante *agg* parıldayan, ışıldayan
smagliatura *sf* örgüyü sökme
smaltare *vt* minelemek; sırlamak
smaltire *vt* sindirmek; azaltmak; elden çıkarmak
smalto *sm* mine; sır *smalto per unghie* tırnak cilası, oje
smanceria *sf* cilve, naz
smania *sf* istek, yanıp tutuşma; coşkunluk
smantellare *vt* yerle bir etmek; sökmek
smarrimento *sm* yitme; yitirme; bocalama
smarrire *vt* yitirmek, kaybetmek
smarrirsi *vr* kaybolmak; *mec.* kendini kaybetmek; bocalamak
smarrito *agg* kaybolmuş; bocalamış
smascherare *vt* maskesini çıkartmak
smembrare *vt* parçalamak, bölmek
smemorato *agg* unutkan, dalgın
smentire *vt* yalanlamak, tekzip etmek; inkâr etmek
smentirsi *vr* aksini söylemek
smentita *sf* yalanlama, tekzip
smeraldo *sm* zümrüt
smerciare *vt* satmak
smercio *sm* satış
smeriglio *sm* zımpara
smerlo *sm* fisto, dantel

smettere *vt/i* durdurmak, kesmek
sminuire *vt* azaltmak, düşürmek
sminuzzare *vt* parçacıklara ayırmak
smistare *vt* ayırmak, sınıflandırmak
smisurato *agg* ölçüsüz; aşırı; çok büyük
smobilitare *vt* seferberliği bitirmek
smodato *agg* ölçüsüz, aşırı
smontare *vt* parçalarına ayırmak; cesaretini kırmak § *vi* aşağı inmek; nöbetini almak
smontarsi *vr* yılmak
smorfia *sf* yüz buruşturma; naz, kırıtma
smorfioso *agg* nazlı, cilveli
smorto *agg* sönük; solgun
smorzare *vt* söndürmek; kısmak; hafifletmek; gidermek
smosso *agg* yerinden oynamış
smottamento *sm* toprak kayması, heyelan
smuovere *vt* yerinden oynatmak; *mec.* caydırmak
smussare *vt* yuvarlak yapmak; *mec.* yumuşatmak
smussarsi *vr* körelmek, keskinliğini kaybetmek
snaturato *agg/sm* hayırsız, insanlık dışı davranan

snello *agg* ince yapılı, narin; çevik
snervare *vt* sinirlendirmek
snobbare *vt* küçümsemek
snocciolare *vt* çekirdeklerini ayırmak
snodare *vt* çözmek, açmak
snodarsi *vr* çözülmek, açılmak
soave *agg* hoş, tatlı
sobbalzare *vi* sıçramak; hoplamak
sobbalzo *sm* hoplama, sıçrama; sarsma; sarsıntı
sobbarcarsi *vr* katlanmak
sobborgo *sm* kenar mahalle
sobillare *vt* kışkırtmak, ayartmak
sobrio *agg* ölçülü, ılımlı
socchiudere *vt* aralık bırakmak
soccorrere *vt* yardım etmek
soccorso *sm* yardım § *pl* yardım malzemeleri *posto di pronto* ilk yardım istasyonu *pronto soccorso* ilk yardım
socialdemocratico *agg/sm* sosyal demokrat
socialdemocrazia *sf* sosyal demokrasi
sociale *agg* toplumsal, sosyal; kamusal *assistenza sociale* sosyal yardım *assicurazione sociale* sosyal sigorta
socialismo *sm* sosyalizm
socialista *agg/sm/f* sosyalist

società *sf* toplum; dernek, kulüp; ortaklık, şirket; sosyete *società per azioni* anonim ortaklık *società a responsabilità limitata* limited ortaklık *società sportiva* spor klübü (derneği)
socievole *agg* toplumdan kaçmayan, sosyal
socio *sm* ortak; üye
sociologia *sf* sosyoloji, toplumbilim
sociologico *agg* sosyolojik, toplumbilimsel
sociologo *sm* sosyolog, toplumbilimci
soda *sf* soda
sodalizio *sm* birlik; topluluk
soddisfacente *agg* doyurucu, tatminkâr
soddisfare *vt* memnun etmek; tatmin etmek; yerine getirmek
soddisfatto *agg* memnun; tatmin olmuş
soddisfazione *sf* hoşnutluk; doyum, tatmin
sodio *sm* sodyum
sodo *agg/avv* sert; katı; sağlam *uovo sodo* haşlanmış yumurta
sofà *sm* sedir
sofferenza *sf* acı, ıstırap
sofferto *agg* sıkıntılı; zorlu
soffiare *vt/i* üflemek; esmek; aşırmak
soffice *agg* yumuşak
soffietto *sm* körük
soffio *sm* üfleme; esinti; hırıltı *per un soffio* kıl payı
soffitta *sf* tavan arası
soffitto *sm* tavan
soffocare *vt* boğmak, havasız bırakmak; *mec.* bastırmak; örtbas etmek § *vi* boğulmak; bunalmak
soffriggere *vt/vi* hafifçe kızartmak
soffrire *vt/i* acı çekmek; derdi olmak; katlanmak
sofista *sm* sofist, yanıltıcı
sofisticato *agg* aşırı süslü, yapmacıklı; karıştırılmış
soggettista *sm/f* senarist
soggettivo *agg* öznel, sübjektif
soggetto1 *agg* bağımlı; tabi
soggetto2 *sm* özne, kişi; konu
soggezione *sf* utanma, sıkılma; saygı; endişe
soggiacere *vi* bağımlı olmak
soggiogare *vt* egemen olmak, hükmetmek
soggiornare *vi* kalmak
soggiorno *sm* kalma; oturma odası
soggiungere *vt* eklemek
soglia *sf* eşik; *mec.* sınır
sogliola *sf* dilbalığı

sognare *vt/i* rüya görmek; hayal kurmak

sognatore *sm* hayalperest, hayalci

sogno *sm* düş, rüya; hayal

soia *sf* soya fasulyesi

solaio *sm* tavan arası

solamente *avv* yalnızca, sadece; sırf

solare *agg* güneş +; *mec.* belli, belirgin *luce solare* güneş ışığı

solarium *sm* solaryum

solatio *agg* güneşli

solco *sm* saban izi; (yüzde) kırışıklık; dümen suyu

soldato *sm* asker *soldato semplice* er

soldo *sm* metelik; para *non valere un soldo* beş para etmemek

sole *sm* güneş *colpo di sole* güneş çarpması *luce del sole* güneş ışığı *prendere il sole* güneşlenmek *occhiali da sole* güneş gözlüğü

soleggiato *agg* güneş gören

solenne *agg* görkemli, gösterişli

solennità *sf* gösteri, görkem; tören, merasim

solfato *sm* sülfat

solfuro *sm* sülfür

solidale *agg* dayanışma içinde

solidarietà *sf* dayanışma

solido *agg* sağlam, dayanıklı; katı; güvenilir § *sm* katı cisim *in solido huk.* müştereken, birlikte

soliloquio *sm* kendi kendine konuşma

solista *agg/sm/f* solist

solitamente *avv* genellikle

solitario *agg* yalnız; ıssız § *sm* tek kişilik iskambil oyunu; tek taş elmas

solito *agg* her zamanki; alışılmış *di solito* genellikle, çoğunlukla

solitudine *sf* yalnızlık; ıssızlık

sollecitare *vt* hızlandırmak; sıkıştırmak; teşvik etmek

sollecitazione *sf* sıkıştırma; hızlandırma

sollecito[1] *agg* eli çabuk; titiz, dikkatli

sollecito[2] *sm* hatırlatma

sollecitudine *sf* çabukluk, hız; titizlik

solleticare *vt* gıdıklamak

solletico *sm* gıdıklama, gıdıklanma

sollevamento *sm* kaldırma *sollevamento pesi sp.* halter

sollevare *vt* yükseltmek, kaldırmak; ayaklandırmak; rahatlatmak

sollevarsi *vr* yükselmek; kurtulmak
sollievo *sm* ferahlama; teselli
solo *agg* yalnız; tek § *avv* yalnızca; tek başına *da solo* yalnız, tek başına
soltanto *avv* yalnızca, sadece
solubile *agg* erir, çözünür
soluzione *sf* erime, çözünme; eriyik; çözüm
solvente *agg* çözücü § *sm* çözücü madde
soma *sf* yük *bestia da soma* yük beygiri
somaro *sm* eşek
somiglianza *sf* benzerlik
somigliare *vi* benzemek, gibi görünmek
somigliarsi *vr* benzeşmek
somma *sf* toplam; tutar; para miktarı
sommare *vt* toplamak; eklemek
sommario *agg* özet halinde § *sm* özet
sommergere *vt* batırmak; sulara gömmek
sommergibile *sm* denizaltı
sommerso *agg/sm* batmış
sommesso *agg* boyunduruk altında; (ses) alçak
somministrare *vt* vermek; gereksinimlerini karşılamak
sommità *sf* tepe, zirve; *mec.* en yüksek nokta
sommo *agg* en yüksek; yüce § *sm* doruk, en yüksek nokta *per sommi capi* ana hatlarıyla
sommossa *sf* ayaklanma, isyan
sommozzatore *sm* dalgıç
sonaglio *sm* çıngırak
sonante *agg* sesli
sonare *vt* ses çıkarttırmak; çaldırmak § *vi* ses vermek, çalmak
sonda *sf* *hek.* sonda; iskandil; sondaj
sondare *vt* sondalamak; iskandil etmek; araştırmak
sonnambulo *agg/sm* uyurgezer
sonnecchiare *vi* uyuklamak
sonnifero *sm* uyku ilacı
sonno *sm* uyku *fare tutto un sonno* deliksiz uyumak
sonoro *agg* sesli; gürültülü; *sin.* ses +, seslendirme + *effetto sonoro* ses efektleri
sontuoso *agg* görkemli, şatafatlı
soppesare *vi* tartmak, ölçüp biçmek
soppiatto *agg* : *di soppiatto* gizlice
sopportare *vt* dayanmak, katlanmak; hoş görmek
sopprimere *vt* geçersiz kılmak; ortadan kaldırmak
sopra *prep/avv* üzerine; üzerinde;

üstünde; konusunda; üstte; daha önce § *agg* üstteki *al di sopra di* üstünde, ötesinde
soprabito *sm* pardösü
sopracciglio *sm* kaş
sopraccoperta *sf* yatak örtüsü; (kitap) kâğıt kap
sopraffare *vt* yenmek, alt etmek
sopraffino *agg* seçkin, mükemmel
sopraggiungere *vi* çıkagelmek, ansızın gelmek
sopralluogo *sm* yerinde inceleme
soprammobile *sm* biblo
soprannaturale *agg* doğaüstü
soprannome *sm* takma ad, lakap
soprano *sm/f müz.* soprano
soprappensiero *avv* düşünceli, dalgın
soprassalto *sm* irkilme, sıçrama *di soprassalto* birden
soprassedere *vi* ertelemek
soprattassa *sf* ek vergi
soprattutto *avv* özellikle; her şeyden önce
sopravanzo *sm* artık
sopravvento *sm* üstünlük *prendere il sopravvento su qc* üstünlüğü ele geçirmek
sopravvissuto *agg/sm* yaşayan, sağ kalan
sopravvivere *vi* sağ kalmak, kurtulmak

soprelevata *sf* üstgeçit
soprintendente *sm/f* yönetici, şef
soprintendenza *sf* danışmanlık
sopruso *sm* zorbalık, haksızlık
soqquadro *sm* karışıklık, kargaşa *mettere a soqquadro* allak bullak etmek
sorbetto *sm* şerbet
sorbire *vt* yudumlamak; *mec.* tahammül etmek
sorcio *sm* sıçan, fare
sordido *agg* pis, kirli; *mec.* pinti
sordina *sf* ses kısıcı *in sordina* gizlice
sordità *sf* sağırlık
sordo *agg* sağır; boğuk; *mec.* ilgisiz §*sm/f* sağır kimse
sordomuto *agg/sm* sağır-dilsiz
sorella *sf* kız kardeş; rahibe
sorellastra *sf* üvey kız kardeş
sorgente *sf* kaynak, pınar; *mec.* köken
sorgere *vi* doğmak; yükselmek; ortaya çıkmak
sormontare *vt mec.* yenmek, üstesinden gelmek
sornione *agg* sinsi, içten pazarlıklı
sorpassare *vt* geçmek, aşmak; sollamak *sorpassare il limite di velocità* hız sınırını aşmak
sorprendente *agg* şaşırtıcı;

inanılmaz
sorprendere *vt* yakalamak; şaşırtmak
sorprendersi *vr* şaşmak
sorpresa *sf* sürpriz; şaşkınlık *di sorpresa* ansızın, birden
sorreggere *vt* desteklemek, yardım etmek
sorridere *vi* gülümsemek
sorriso *sm* gülümseme, tebessüm
sorso *sm* yudum
sorta *sf* çeşit, tür
sorte *sf* yazgı, kader; kısmet; kura *buona sorte* iyi şans *cattiva sorte* kötü şans *tirare a sorte* kura çekmek *per buona sorte* şans eseri
sorteggio *sm* kura, ad çekme
sortilegio *sm* büyü, büyücülük
sortita *sf* saldırı
sorveglianza *sf* gözetim, nezaret; denetim
sorvegliare *vt* gözetmek, nezaret etmek; denetlemek
sorvolare *vt/i* üstünden uçmak; *mec.* üstünkörü incelemek
sosia *sf* eş, benzer
sospendere *vt* asmak, sarkıtmak; *mec.* ertelemek; durdurmak
sospensione *sf* asılma, sarkıtma; durdurma, ara verme; erteleme; süspansiyon
sospensiva *sf* erteleme, tehir

sospeso *agg* asılı, asılmış; ertelenmiş *in sospeso* askıda *ponte sospeso* asma köprü
sospettare *vt/i* kuşkulanmak, şüphelenmek
sospetto1 *agg* şüpheli, kuşkulu
sospetto2 *sm* kuşku, şüphe
sospettoso *agg* kuşkulu; güvensiz
sospingere *vt* ileri itmek; teşvik etmek
sospirare *vi* içini çekmek § *vt* yanıp tutuşmak
sospiro *sm* iç çekme
sosta *sf* durma; mola; durak *senza sosta* aralıksız, durmadan
sostantivo *agg/sm dilb.* ad, isim
sostanza *sf* madde; öz; cevher *in sostanza* sözün kısası, sonuç olarak
sostanzioso *agg* verimli; besleyici
sostare *vi* durmak; ara vermek
sostegno *sm* destek, dayanak
sostenere *vt* desteklemek; yardım etmek; savunmak; ileri sürmek
sostenersi *vr* tutunmak; kendini savunmak
sostenitore *sm* destekçi; yandaş
sostentamento *sm* geçindirme
sostenuto *agg* özenli; yüce, soylu *prezzo sostenuto* yüksek fiyat

sostituire *vt* yerine başkasını koymak; değiştirmek
sostituto *sm* birinin yerine geçen, vekil
sostituzione *sf* değiştirme; yerine başkasını koyma *in sostituzione di* yerine
sostrato *sm* alt tabaka
sottaceto *avv* : *mettere sottaceto* turşu kurmak
sottana *sf* etek; iç etek
sotterfugio *sm* kaçamak; bahane *di sotterfugio* gizlice
sotterranea *sf* yer altı demiryolu
sotterraneo *agg* yeraltı + § *sm* bodrum katı
sotterrare *vt* gömmek; yeraltında saklamak
sottigliezza *sf* incelik; *mec.* kurnazlık
sottile *agg* ince; narin; zayıf *guardare per il sottile* detayına inmek, kılı kırk yarmak
sottintendere *vt* dolaylı anlatmak; ima etmek
sottinteso *sm* gizli anlam *parlare per sottintesi* dolaylı konuşmak *parlare senza sottintesi* açıkça konuşmak
sotto *prep* altına, altında § *avv* altta, aşağıda; açısından § *sm* alt kısım *tenere sott'occhio* gözaltında tutmak *sotto di lui* emrinde *sotto il nome di* adı altında *sotto la media* ortalamanın altında *sotto Natale* Noel arifesinde
sottobanco *avv* el altından, gizlice
sottocchio *avv* göz önünde
sottocosto *avv* değerinin altında
sottolineare *vt* altını çizmek; *mec.* vurgulamak
sottolio *agg* konserve
sottomarino *agg* deniz + § *sm* denizaltı
sottomesso *agg* boyunduruk altında; saygılı
sottomettere *vt* boyunduruk altına almak; bağlı kılmak
sottomettersi *vr* boyun eğmek, baş eğmek
sottopassaggio *sm* yeraltı geçidi
sottoporre *vt* boyun eğdirmek; bağlı kılmak
sottoporsi *vr* boyun eğmekk; katlanmak
sottoposto *agg* bağımlı, buyruğu altında
sottoprefetto *sm* kaymakam
sottoscritto *agg/sm* aşağıda imzası bulunan
sottoscrivere *vt* imzalamak; onaylamak
sottoscrizione *sf* imza; imzalama
sottosegretario *sm* bakan

yardımcısı, müsteşar
sottosopra *avv* altüst
sottostante *agg* alt, alttaki, aşağıdaki
sottotenente *sm* asteğmen
sottoterra *avv* yeraltında
sottotitolo *sm* alt başlık; *sin.* altyazı
sottoveste *sf* kombinezon, mintan
sottovoce *avv* alçak sesle
sottrarre *vt mat.* çıkarmak; kaldırmak; kurtarmak; *mec.* çalmak, aşırmak
sottrarsi *vr* kaçmak, kurtulmak
sottrazione *sf mat.* çıkarma; aşırma, yürütme
sovente *avv* sık sık
sovietico *agg/sm* Sovyet
sovraccaricare *vt* tıka basa yüklemek
sovrano *agg* yüce, ulu § *sm* kral, hükümdar
sovrapporre *vt* üst üste koymak
sovrastare *vt/vi* üstünde olmak; üstün olmak
sovrumano *agg* insanüstü
sovvenzione *sf* mali destek
sovversivo *agg* yıkıcı; ayaklandıran
sozzo *agg* pis, kirli
spaccare *vt* yarmak, kırmak
 spaccare il minuto kılı kırk yarmak
spaccarsi *vr* yarılmak, kırılmak
spaccata *sf* ikiye ayırma
spaccatura *sf* yarık, çatlak
spacciare *vt* çok satmak; piyasaya sürmek; yaymak
spacciarsi *vr* kendini ... diye yutturmak, diye geçinmek
spacciatore *sm* satıcı, dağıtıcı
spaccio *sm* satma, piyasaya sürme; satış yeri
spacco *sm* yarık, çatlak; yırtmaç
spaccone *sm* övüngen, palavracı
spada *sf* kılıç
spaesato *agg* yerini şaşırmış
spaghetti *sm/pl* spagetti
Spagna *sf* İspanya
spagnolo *agg* İspanya +, İspanyol + § *sm/f* İspanyol § *sm* İspanyolca
spago *sm* sicim, ip
spalancare *vt* ardına kadar açmak
spalare *vt* kürekle atmak
spalla *sf* omuz; sırt, arka *a spalla* sırtında *voltare le spalle* sırt çevirmek
spalleggiare *vt* omuz vermek, desteklemek
spalliera *sf* omuzluk, arkalık
spalmare *vt* sürmek
spalto *sm* tribün
spandere *vt* yaymak, sermek;

akıtmak; savurmak
spandersi *vr* yayılmak; saçılmak
sparare *vt* ateş etmek; silah çekmek
sparatore *sm* ateş eden; vuran
sparatoria *sf* silahlı çatışma
sparecchiare *vt* masayı toplamak
spareggio *sm* (hesap) açık; *sp.* baraj maçı
spargere *vt* yaymak; serpmek, saçmak *spargere lacrime* gözyaşı dökmek
spargersi *vr* yayılmak, dağılmak
spargimento *sm* dökme, akıtma *spargimento di sangue* kan dökme
sparire *vi* yok olmak; gözden kaybolmak
sparlare *vi* arkadan konuşmak
sparo *sm* silah atışı
sparpagliare *vt* dağıtmak, saçmak
sparpagliarsi *vr* dağılmak, yayılmak
sparso *agg* dağılmış, yayılmış; dağınık
spartire *vt* bölmek; pay etmek
spartito *agg* bölünmüş, pay edilmiş
spartitraffico *sm* yol üstü barikatı
sparuto *agg* zayıf, sıska
sparviero *sm* atmaca
spasimante *sm* vurgun, tutkun
spasimare *vi* acı çekmek; *mec.* yanıp tutuşmak
spasimo *sm* sancı, ağrı; kramp
spasmodico *agg* sancılı, sızılı
spassionato *agg* yansız, tarafsız
spasso *sm* eğlenme; gezme *andare a spasso* gezmeye gitmek *essere a spasso* işsiz olmak *mandare qc a spasso* kovmak *per spasso* şaka olarak
spatola *sf* mala; spatula
spauracchio *sm* bostan korkuluğu
spaurire *vt* korkutmak
spavaldo *agg* kendine güvenen, övüngen
spaventapasseri *sm* bostan korkuluğu
spaventare *vt* korkutmak
spaventarsi *vr* korkmak
spavento *sm* korku
spaventoso *agg* korkunç
spazientire *vi* sabrı taşmak
spazio *sm* uzay; boşluk
spazioso *agg* geniş, büyük
spazzacamino *sm* baca temizleyicisi
spazzare *vt* süpürmek; ortadan kaldırmak
spazzatura *sf* çöp; süpürme
spazzino *sm* çöpçü
spazzola *sf* fırça *spazzola per abiti* elbise fırçası *spazzola*

per capelli saç fırçası
spazzolare *vt* fırçalamak
spazzolino *sm* küçük fırça *spazzolino da denti* diş fırçası
specchiarsi *vr* aynada kendine bakmak
specchio *sm* ayna
speciale *agg* özel; kendine has *in modo speciale* özellikle
specialista *sm/f* uzman; mütehassıs
specialità *sf* uzmanlık alanı; özellik; spesiyalite
specializzare *vt* uzmanlaştırmak
specializzarsi *vr* uzmanlaşmak
specialmente *avv* özellikle, özel olarak
specie *sf* tür, çeşit, cins *la specie umana* insanoğlu *in specie* özellikle
specificare *vt* belirtmek; üstünde durmak
specifico *agg* özgü, kendine has; belli
specimen *sm* örnek, numune
speculare *vi* düşünmek; spekülasyon yapmak; vurgunculuk yapmak
speculatore *sm* vurguncu, spekülatör
speculazione *sf* spekülasyon, kuram; vurgun
spedire *vt* göndermek, yollamak

speditivo *agg* çabuk, hızlı
spedizione *sf* yollama, gönderme; sevk
spegnere *vt* söndürmek; durdurmak; dindirmek *spegnere il motore* motoru durdurmak
spegnersi *vr/vi* sönmek; kapanmak; kesilmek; dinmek
spellare *vt* derisini yüzmek
spellarsi *vr* derisi soyulmak; sıyrılmak
spelonca *sf* mağara
spendere *vt* harcamak; sarf etmek
spennare *vt* yolmak
spensierato *agg* kaygısız, düşüncesiz
spento *agg* sönmüş; kapalı; giderilmiş; sönük, cansız
speranza *sf* umut, ümit *senza speranza* umutsuz
sperare *vt* ummak, umut etmek § *vi* bel bağlamak, güvenmek *speriamo!* inşallah!
sperduto *agg* gözden uzak; kaybolmuş; yolunu şaşırmış
spergiuro *sm* yalan yere yemin
sperimentale *agg* deneysel
sperimentare *vt* denemek; görüp geçirmek
sperimentazione *sf* deneme, sınama
sperma *sm* meni, sperm

sperone *sm* mahmuz; çıkıntı
sperperare *vt* çarçur etmek, israf etmek
spesa *sf* harcama; masraf; alışveriş *fare la spesa* alışveriş yapmak
spesso1 *agg* kalın; yoğun; gür
spesso2 *avv* sık sık, çoğu zaman
spessore *sm* kalınlık; en
spettabile *agg* sayın, saygıdeğer
spettacolo *sm* gösteri, temsil; görüntü *dare spettacolo di sé* gösteri yapmak
spettacoloso *agg* görkemli
spettare *vi* görevi olmak; ait olmak
spettatore *sm* seyirci
spettinare *vt* saçlarını dağıtmak
spettinarsi *vr* saçları dağılmak
spettro *sm* hortlak; *fiz.* tayf
spezie *sf/pl* baharat
spezzare *vt* kırmak; yarmak; ara vermek
spezzarsi *vr* kırılmak; yarılmak
spezzatino *sm* tas kebabı
spezzato *agg* kırık, kırılmış
spezzettare *vt* küçük parçalara ayırmak, kıymak
spia *sf* casus, ajan; gösterge; gözetleme deliği
spiacente *agg* üzgün
spiacevole *agg* üzücü; tatsız, sevimsiz

spiaggia *sf* kumsal, plaj *l'ultima spiaggia* son şans
spianare *vt* düzleştirmek; *mec.* ortadan kaldırmak
spianazione *sf* yorum, açıklama
spiano *sm* : *a tutto spiano* durmadan, aralıksız
spiantato *agg* yıkılmış, mahvolmuş; yoksul
spiare *vt* gözetlemek; incelemek
spiata *sf* hafiyelik, casusluk
spiccare *vt* ayırmak, koparmak § *vi* göze çarpmak
spiccato *agg* açık, belirgin; göze çarpan; seçkin
spicchio *sm* diş; dilim
spicciare *vt* hemen yapmak
spicciarsi *vr* elini çabuk tutmak, acele etmek
spiccicato *agg* aynı, tıpkı
spiccio *agg* çabuk, süratli
spicciolo *agg/sm* bozuk para
spicco *sm* göze çarpma, dikkat çekme
spider *sm* spor araba
spiedo *sm* kebap şişi
spiegare *vt* yaymak, sermek; açıklamak *mi sono spiegato?* anlıyor musun?
spiegarsi *vr* düşüncelerini açıklamak; anlaşılmak
spiegazione *sf* açıklama, izahat
spiegazzare *vt* buruşturmak

spietatezza *sf* acımasızlık, insafsızlık

spietato *agg* acımasız, insafsız, merhametsiz

spifferare *vt kon.* açıkça anlatmak

spiga *sf* başak

spighetta *sf* kurdele

spigliato *agg* rahat davranışlı

spigola *sf* levrek

spigolo *sm* çıkıntı; köşe; *mat.* ayrıt

spilla *sf* topluiğne; broş *spilla di sicurezza* çengelli iğne

spillare *vt* akıtmak; *mec.* (para/haber vb.) sızdırmak

spillo *sm* topluiğne; broş *spillo da balia* çengelli iğne, firkete

spilorcio *agg* pinti, cimri

spina *sf* diken; kılçık; *elek.* fiş, priz *spina dorsale* belkemiği, omurga *birra alla spina* fıçı birası

spinacio *sm* ıspanak

spinato *agg* dikenli

spingere *vt* itmek; *mec.* sürüklemek, itmek

spingersi *vr* ilerlemek; ileri gitmek

spinoso *agg* dikenli

spinta *sf* itme, itiş; dürtü; *mec.* teşvik; iltimas, torpil

spinto *agg* itilmiş; zorlanmış

spionaggio *sm* casusluk

spione *sm* casus

spiovere *vi* aşağı akmak; dökülmek

spiraglio *sm* aralık, delik; *mec.* ışık

spirale *sf* sarmal eğri; *hek.* spiral

spirare *vi* esmek; yayılmak; ölmek; sona ermek

spiritato *agg* korkuya kapılmış

spiritismo *sm* ruh çağırma

spirito *sm* ruh; hayalet; düşünme biçimi; espri; ispirto

spiritosaggine *sf* şakacılık, nüktedanlık

spiritoso *agg* şakacı, esprili

spirituale *agg* ruhsal; manevi

splendente *agg* parlak, ışıldayan

splendere *vi* parlamak, ışıldamak

splendido *agg* muhteşem; harika; göz kamaştırıcı

splendore *sm* parıltı; görkem, ihtişam

spodestare *vt* yetkisini elinden almak

spoglia *sf* (hayvanda) deri; giysi; ganimet; ölüden kalan şeyler

spogliare *vt* soymak; çıkarmak; tasnif etmek

spogliarsi *vr* soyunmak; derisini soymak

spogliarello *sm* striptiz

spogliatoio *sm* soyunma odası

spoglio *agg* soyunmuş; çıplak
spoglio2 *sm* sayım, tasnif; kullanılmayan giysiler
spola *sf* mekik *fare la spola* mekik dokumak
spolpare *vt* etini çıkarmak
spolverare *vt* tozunu almak; serpmek
sponda *sf* kıyı, sahil; kenar
sponsali *sm/pl* düğün
spontaneo *agg* kendiliğinden; doğal, içten
spopolare *vt* nüfusu azaltmak § *vi kon.* kitleleri peşinden sürüklemek
spopolarsi *vr* nüfusu azalmak
sporcare *vt* kirletmek; *mec.* lekelemek
sporcarsi *vr* kirlenmek; *mec.* adını kötülemek
sporcizia *sf* kir, pislik
sporco *agg* pis, kirli
sporgenza *sf* çıkıntı, uzantı
sporgere *vi* çıkıntı yapmak § *vt* öne uzatmak *sporgere querela* dava açmak
sporgersi *vr* dışarıya sarkmak
sport *sm* spor
sporta *sf* alışveriş sepeti
sportello *sm* kapı; gişe; banka şubesi *sportello automatico* bankomat
sportività *sf* sportmenlik

sportivo *agg* sporla ilgili; sportmen
sposa *sf* gelin; eş *promessa sposa* nişanlı
sposalizio *sm* düğün
sposare *vt* evlendirmek; ile evlenmek; *mec.* benimsemek
sposarsi *vr* evlenmek
sposato *agg* evli, evlenmiş
sposina *sf* yeni gelin
sposo *sm* damat, güvey; koca *sposi* gelin-damat *sposi novelli* yeni evli çift
spossante *agg* yorucu
spossare *vt* yormak
spossato *agg* yorgun, bitkin
spostare *vt* yerini değiştirmek; başka yere göndermek
spostarsi *vr* yerini değiştirmek; hareket etmek
spot *sm elek.* spot
spranga *sf* sürgü
spray *sm* sprey
sprazzo *sm* su serpintisi; *mec.* parıltı
sprecare *vt* boşa harcamak; çarçur etmek
sprecarsi *vr* kendini harcamak
spreco *sm* savurganlık, israf
spregevole *agg* adi, iğrenç
spregiudicato *agg* önyargısız; umursamaz
spremere *vt* sıkıp suyunu çıkar-

mak
spremilimoni *sm* limon sıkacağı
spremuta *sf* taze meyve suyu
  spremuta d'aranica taze portakal suyu
sprezzante *agg* küçümseyen, hor gören
sprigionare *vt* yaymak, çıkarmak
sprigionarsi *vr* çıkmak, yayılmak
sprizzare *vi* fışkırmak, boşalmak
sprofondare *vi* göçmek, çökmek; batmak
sprofondarsi *vr* kendini koyvermek; *mec.* dalmak
spronare *vt* mahmuzlamak; *mec* teşvik etmek
sprone *sm* mahmuz; *mec.* dürtü, teşvik
sproporzionato *agg* orantısız; aşırı
sproporzione *sf* oransızlık; orantısızlık
spropositato *agg* saçma sapan; aşırı, ölçüsüz
sproposito *sm* uygunsuzluk; saçmalık; zırvalama
sprovveduto *agg* hazırlıksız, tedbirsiz
sprovvisto *agg* -den yoksun *alla sprovvista* ansızın
spruzzare *vt* püskürtmek; serpmek; sıçratmak
spruzzo *sm* sıçratma; püskürtme

spugna *sf* sünger
spugnoso *agg* süngerimsi
spuma *sf* köpük
spumante *sm* köpüklü şarap
spumare *vi* köpürmek, köpüklenmek
spumeggiante *agg* köpüren, köpüklü; *mec.* canlı
spumoso *agg* köpüklü
spuntare *vt* ucunu kesmek; iğnesini çıkarmak; *mec.* üstesinden gelmek § *vi* (bitki) bitmek; görünmek
spuntino *sm* atıştırma
spunto *sm* *tiy.* başlama işareti; başlangıç noktası
spurgare *vt* temizlemek, arıtmak
sputare *vt/i* tükürmek; *mec.* püskürtmek
sputo *sm* tükürük
squadra *sf* *ask.* manga; birlik; takım; ekip; gönye
squadrare *vt* kare biçimli yapmak; *mec.* dikkatlice incelemek
squadriglia *sf* filo
squadrone *sm* süvari birliği
squagliarsi *vr* erimek; sıvılaşmak
squalifica *sf* diskalifiye
squalificare *vt* diskalifiye etmek
squallido *agg* kasvetli; soluk, sönük
squallore *sm* kasvetlilik,

sıkıcılık; solukluk
squalo *sm* köpekbalığı
squama *sf* balık pulu
squamare *vt* pullarını çıkarmak
squamarsi *vr* kabuk değiştirmek
squarciagola *avv* : *a squarciagola* avazı çıktığı kadar, var gücüyle
squarciare *vt* yarmak, parçalamak
squartare *vt* dört parçaya ayırmak
squarto *sm* dörde ayırma
squattrinato *agg* beş parasız, meteliksiz
squilibrato *agg/sm* dengesiz; sapık
squilibrio *sm* dengesizlik; sapıklık
squillante *agg* keskin, tiz
squillare *vi* çalmak; çınlamak
squillo *sm* zil sesi; çan sesi *ragazza squillo* telekız
squisito *agg* nefis; lezzetli; seçkin
sradicare *vt* kökünden sökmek; *mec.* kökünü kazımak
sragionare *vi* saçmalamak, zırvalamak
sregolato *agg* düzensiz; ölçüsüz
stabile *agg* sabit, kımıldamaz; dayanıklı; yerleşik § *sm* yapı, bina

stabilimento *sm* fabrika; kuruluş
stabilire *vt* yerleştirmek; saptamak; karar vermek
staccare *vt* ayırmak, sökmek; gevşetmek; uzaklaştırmak; (yarış) arayı açmak *non staccare gli occhi* gözlerini ayırmamak
staccarsi *vr* ayrılmak, uzaklaşmak; kopmak; farklı olmak
staccio *sm* kalbur, elek
stadio *sm* stadyum; safha, evre
staff *sm* personel
staffa *sf* üzengi; ip merdiven *perdere le staffe* kendini kaybetmek, tepesi atmak
staffetta *sf* kurye; *sp.* bayrak yarışı
stage *sm* staj
staggio *sm* destek, payanda
stagionale *agg* mevsimlik
stagionare *vt* baharat katmak; kurutmak
stagione *sf* mevsim; sezon *stagione morta* ölü mevsim *fuori stagione* mevsim dışı, zamansız *alta stagione* yoğun sezon *bassa stagione* mevsim dışı, sezon dışı
stagnare *vt* kalaylamak; akmasını durdurmak § *vi* durgunlaşmak
stagnarsi *vr* akması durmak

stagno1 *sm* kalay; su birikintisi
stagno2 *agg* su geçirmez, sızmaz
stagnola *sf* alüminyum
stalla *sf* ahır
stallatico *sm* gübre
stallone *sm* aygır
stamani *avv* bu sabah
stamattina *avv* bu sabah
stambecco *sm* dağkeçisi
stampa *sf* basım, matbaacılık; baskı; basın; yayın *conferenza stampa* basın toplantısı *agenzia di stampa* haber ajansı
stampante *sf* printer, yazıcı
stampare *vt* basmak; yayımlamak
stampatello *agg/sm* büyük harf
stampella *sf* koltuk değneği; elbise askısı
stampiglia *sf* damga, mühür
stampo *sm* kalıp
stanare *vt* ininden çıkarmak
stancare *vt* yormak; usandırmak, bıktırmak
stancarsi *vr* yorulmak; usanmak
stanchezza *sf* yorgunluk; bıkkınlık
stanco *agg* yorgun; bıkkın
standard *sm* standart
stanga *sf* kol demiri; bariyer
stangata *sf* sopa darbesi; kazıklanma; (sınavda) kalma
stanotte *avv* dün gece; bu gece

stante *agg* : *a sé stante* ayrı, bağımsız
stante *prep* -den dolayı, nedeniyle
stantuffo *sm* piston
stanza *sf* oda; (şiir) kıta *stanza da letto* yatak odası
stanziare *vt* para ayırmak, tahsis etmek
stappare *vt* tapasını çıkarmak; kapağını çıkarmak
stare *vi* kalmak, durmak; yaşamak; bulunmak; var olmak; bağlı olmak *sto bene* iyiyim *come sta?* nasılsınız? *stai attento!* dikkat et! *lascia stare!* boş ver! *stare con qc* biriyle çıkmak *stare a letto* yatakta kalmak *stare bene* iyi olmak
starna *sf hayb.* keklik
starnutire *vi* hapşırmak, aksırmak
starnuto *sm* hapşırık, aksırık; aksırma
stasera *avv* bu akşam
statale *agg* devlet + § *sm/f* devlet memuru
statica *sf* statik
statico *agg* statik, hareketsiz
statista *sm/f* devlet adamı
statistica *sf* istatistik
stato *sm* durum, hal; konum; medeni hal; statü; devlet *stato*

d'assedio sıkıyönetim ***stato di emergenza*** olağanüstü hal durumu ***stato civile*** medeni hal ***stato d'arresto*** tutukluluk ***uomo di stato*** devlet adamı ***stato Maggiore*** Genel Kurmay

statua *sf* heykel

statunitense *agg* Amerika Birleşik Devletleri + § *sm/f* Amerikan; Amerikalı

statura *sf* boy, endam; düzey, seviye

status *sm* hal, durum

status quo *sm* statüko

statuto *sm* kanun, yasa; yönetmelik

stavolta *avv* bu sefer

stazionario *agg* sabit, durağan; değişmeyen

stazione *sf* istasyon; durak; yer ***stazione di servizio*** (araba için) servis istasyonu ***stazione meteorologica*** meteoroloji istasyonu ***stazione di polizia*** polis merkezi ***stazione ferroviaria*** tren istasyonu

stecca *sf* çıta; bilardo sopası; sigara kartonu; yanlış nota

steccata *sf* çit, tahtaperde

steccato *sm* çit, tahtaperde

stecchino *sm* kürdan

stecchito *agg* çok zayıf, sıska; (bitki) kuru ***morto stecchito*** kaskatı kesilmiş

stele *sf* dikilitaş

stella *sf* yıldız ***stella di mare*** denizyıldızı ***stella errante*** gezegen ***stella polare*** kutup yıldızı, kuzey yıldızı

stelo *sm* bitki sapı ***lampada a stelo*** ayaklı lamba

stemma *sm* arma

stemperare *vt* sulandırmak, seyreltmek

stendardo *sm* sancak, bayrak

stendere *vt* sermek; asmak; yaymak; yatırmak

stendersi *vr* uzanmak, serilmek, yayılmak

stenodattilografa *sf* stenodaktilograf

stenografia *sf* steno

stenografo *sm* stenograf

stentare *vi* zorlanmak; sıkıntı çekmek

stento *sm* zorluk, güçlük ***a stento*** zorlukla, güçlükle

steppa *sf* bozkır, step

sterco *sm* hayvan pisliği

stereo *pref* stereo-

stereofonico *agg* stereofonik

sterile *agg* kısır; işe yaramayan; mikropsuz, steril

sterilità *sf* kısırlık; verimsizlik; mikropsuzluk

sterilizzare *vt* sterilize etmek; kısırlaştırmak
sterilizzazione *sf* kısırlaştırma; sterilize etme
sterlina *sf* sterlin
sterminare *vt* kırıp geçirmek, kökünü kazımak
sterminato *agg* sonsuz, sınırsız
sterminio *sm* kıyım, katliam
sterno *sm anat.* göğüs kemiği
sterpo *sm* çalı çırpı
sterrare *vt* toprağı kazmak
sterzare *vt* direksiyonu çevirmek
sterzo *sm* direksiyon
steso *agg* asılı; uzanmış
stesso *agg* aynı; tıpkı; kendi § *avv* yine de *io stesso* bizzat, kendim *oggi stesso* bugün *fa lo stesso* fark etmez
stesura *sf* düzenleme, tanzim
stetoscopio *sm hek.* stetoskop
stigma *sm* iz; damga
stigmate *sf/pl* leke, iz
stilare *vt* düzenlemek, yazmak
stile *sm* biçim; tarz; stil
stilista *sm/f* stilist, desinatör
stilla *sf* damla
stillare *vi* damlamak § *vt* damlatmak
stilografico *agg* : *penna stilografica* dolmakalem
stima *sf* saygı, itibar; değer; takdir; hesaplama

stimare *vt* beğenmek, takdir etmek; değer vermek; değerlendirmek
stimolare *vt* uyarmak; teşvik etmek
stimolo *sm* uyarı; dürtü
stinco *sm anat.* incik kemiği, kavalkemiği
stingere *vt* soldurmak § *vi* solmak
stinto *agg* solmuş, rengi atmış
stipare *vt* yığmak, tıkıştırmak
stipendiato *agg* ücretli, maaşlı
stipendio *sm* maaş, aylık, ücret
stipite *sm* kenar pervaz
stipulare *vt* sözleşme düzenlemek
stirare *vt* ütülemek; germek
stirarsi *vr* gerinmek
stirata *sf* ütüleme
stirpe *sf* soy, nesil
stitichezza *sf* kabızlık
stitico *agg* kabız
stiva *sf* saban kolu
stivale *sm* çizme
stizza *sf* hiddet, kızgınlık
stizzire *vr* kızmak, tepesi atmak
stizzoso *agg* sinirli; kızgın
stoccafisso *sm* kurutulmuş balık
stoccata *sf* kılıç vuruşu; *mec.* iğneleme
stoffa *sf* kumaş, dokuma; *mec.* doğal yetenek

stoino *sm* paspas
stola *sf* etol, şal
stolto *agg* aptal, ahmak
stoma *sm bitk.* gözenek
stomaco *sm* mide *dare di stomaco* kusmak
stonare *vt* notayı şaşırmak; *mec.* allak bullak etmek § *vi* uymamak
stop *sm* durma; stop lambası
stoppa *sf* kıtık, üstüpü
stnppia *sf* ekin dibi, anız
stoppino *sm* fitil
storcere *vt* bükmek § *vi* bükülmek; burkulmak
storcersi *vr* kıvranmak
stordire *vt* sersemletmek; şaşkına çevirmek
stordito *agg* serseme dönmüş; şaşkın
storia *sf* tarih; öykü
storico *agg* tarihi, tarihsel § *sm* tarihçi
storione *sm hayb.* mersin balığı
stormo *sm* kuş sürüsü; küme
stornare *vt* savmak; başka hesaba aktarmak
storno *sm hayb.* sığırcık
storpiare *vt* sakatlamak
storpio *agg* topal, aksak
storta *sf* bükme, kıvırma; burkulma
storto *agg* eğri büğrü; *mec.* yanlış; ters
stoviglie *sf/pl* sofra takımı
strabico *agg* şaşı
strabismo *sm* şaşılık
stracarico *agg* aşırı yüklü
stracciare *vt* yırtmak, parçalamak
straccio1 *sm* paçavra; tahta bezi
straccio2 *agg* yırtık, eskimiş *carta straccia* işe yaramaz kâğıt
stracotto *agg* çok pişmiş § *sm* güveç
strada *sf* yol; sokak *strada asfaltata* asfalt yol *strada cieca* çıkmaz sokak *strada principale* ana yol *strada a senso unico* tek yönlü yol *essere fuori strada* yanlış yolda olmak *strada facendo* yol üstünde, yürürken
stradale *agg* yol + *polizia stradale* trafik polisi
strafalcione *sm* büyük hata
strafare *vi* gereğinden fazlasını yapmak
strafottente *agg* tınmayan, aldırış etmeyen
strage *sf* kıyım, katliam
stralunato *agg* gözleri dönmüş; altüst olmuş
stramazzare *vi* çökmek
strambo *agg* tuhaf, garip
strampalato *agg* tuhaf, acayip

stranezza *sf* tuhaflık, gariplik
strangolare *vt* boğmak
straniero *agg/sm* yabancı
strano *agg* tuhaf, garip
straordinario *agg* olağanüstü; eşi bulunmaz
strapazzare *vt* kötü davranmak; kötü kullanmak
strapazzarsi *vr* kendini yormak; didinmek
strapazzato *agg* : *uova strapazzate* sahanda yumurta
strapazzo *sm* aşırı yorgunluk
strapiombo *sm* uçurum
strapotere *sm* büyük güç
strappare *vt* koparmak; yırtmak; *mec.* zorla elde etmek
strapparsi *vr* yırtılmak; parçalanmak
strappo *sm* yırtma; yırtık *strappo muscolare* kas yırtılması *fare uno strappo alla regola* kural dışına çıkma
straripare *vi* taşmak
strascicare *vt* sürüklemek, peşinden çekmek
strascico *sm* sürükleme; kuyruk; *mec.* kalıntı
stratagemma *sm* hile, tuzak
strategia *sf* strateji
strategico *agg* stratejik
strato *sm* tabaka; katman
§ **strato di ozone** ozon tabakasý *strato sociale* sosyal sýnýf
stravagante *agg* garip, acayip
stravaganza *sf* tuhaflık, gariplik
stravecchio *agg* çok eski
stravizio *sm* aşırılık, ifrat
stravolgere *vt* şaşkına çevirmek, altüst etmek
stravolto *agg* sarsılmış, altüst olmuş
straziare *vt* canını yakmak; içini sızlatmak
strazio *sm* işkence; eziyet, azap
strega *sf* büyücü kadın
stregare *vt* büyü yapmak, büyülemek
stregone *sm* büyücü; üfürükçü
stremare *vt* zayıf düşürmek
strenna *sf* hediye, armağan
strenuo *agg* yiğit, cesur
strepito *sm* gürültü
strepitoso *agg* gürültülü; *mec.* yankı uyandıran
stress *sm* stres, gerginlik
stressante *agg* stresli
stretta *sf* sıkma; sıkıştırma; *mec.* yüreği parçalanma *una stretta di mano* tokalaşma *essere alle strette* çıkmazda olmak
strettamente *avv* sıkı sıkıya
strettezza *sf* darlık; sıkılık
stretto₁ *agg* dar; sıkı; sert; içten *parente stretto* yakın akraba

stretto2 *sm* boğaz; geçit
strettoia *sf* dar yol; *mec.* sıkıntı
strettura *sf* sıkılık
striato *agg* çizgili; damarlı
stridere *vi* tiz ses çıkarmak, gıcırdamak
stridore *sm* gıcırtı, gıcırdama
stridulo *sm* tiz ses
strillare *vi* bağırmak, çığlık atmak
strillo *sm* çığlık, feryat
strillone *sm* gazete satıcısı
striminzito *agg* zayıf, bir deri bir kemik
strimpellare *vt* (çalgı) tıngırdatmak
stringa *sf* ayakkabı bağı
stringato *agg* kısa ve öz
stringere *vt* sıkmak, sıkıştırmak; daraltmak ***stringere la mano a qc*** elini sıkmak, tokalaşmak ***stringi stringi*** sonuç olarak
stringersi *vr* sıkışmak; kısaltmak
striscia *sf* şerit; çizgi ***a strisce*** çizgili ***strisce pedonali*** yaya geçidi (çizgisi)
strisciare *vi/vt* sürünmek; yalamak; sıyırmak; sürtmek
striscio *sm* sıyırma; sıyrık
stritolare *vt* ufalamak
strizza *sf kon.* korku
strizzare *vt* sıkmak; ezmek ***strizzare l'occhio*** göz kırpmak

strofa *sf* (şiir) kıta
strofinaccio *sm* toz bezi, tahta bezi
strofinare *vt* ovmak, ovuşturmak; keselemek
stroncare *vt* kırmak, parçalamak; *mec.* bastırmak
stropicciare *vt* ovmak; sürtmek
stropiccio *sf* ovma, ovuşturma
strozzare *vt* boğmak, boğazını sıkmak
strozzarsi *vr* boğazında kalmak
strozzatura *sf* boğum; daralma
struggere *vt* eritmek; tüketmek § *vi* erimek; yanıp tutuşmak
strumentale *agg* enstrümantal; araç +
strumentalizzare *vt* yararlanmak, kullanmak
strumentista *sm/f* çalgıcı, müzisyen
strumento *sm* araç, alet; enstrüman; *mec.* vasıta, araç ***strumenti a fiato*** üflemeli çalgılar ***strumenti a corda*** telli çalgılar ***strumento a percussione*** vurmalı çalgılar ***strumenti ad arco*** yaylı çalgılar
struttivo *agg* yapısal
strutto *sm* domuz yağı
struttura *sf* yapı; çatı
strutturale *agg* yapısal

strutturare *vt* yapısını kurmak
struzzo *sm hayb.* devekuşu
stuccare *vt* alçıyla sıvamak
stucchevole *agg* bıktıran; *mec.* sıkıcı
stucco *sm* alçı sıva; alçı süs *rimanere di stucco* afallamak, hayret etmek
studente *sm* öğrenci, talebe
studentesco *agg* öğrenci +; okul +
studiare *vt* öğrenim görmek; öğrenmek; çalışmak
studio *sm* öğrenim; öğrenme, çalışma; inceleme; çalışma odası; stüdyo *studio dentistico* dişçi muayenehanesi *studi universitari* üniversite eğitimi
studioso *agg* çalışkan § *sm* araştırmacı; bilgin
stufa *sf* soba *stufa a carbone* kömür sobası *stufa a gas* gaz sobası *stufa elettrica* elektrik sobası
stufare *vt* buğulamak, hafif pişirmek; *mec.* usandırmak
stufato *sm* güveç
stufo *agg* bezgin, bıkkın
stuoia *sf* hasır
stuolo *sm* kalabalık
stupefacente *agg* şaşırtıcı § *sm* uyuşturucu, uyuşturucu ilaç
stupendo *agg* olağanüstü, şahane
stupidaggine *sf* aptallık; saçmalık
stupidità *sf* budalalık, ahmaklık
stupido *agg* ahmak, aptal
stupire *vi* şaşırmak; hayret etmek § *vt* şaşırtmak
stupito *agg* şaşırmış
stupore *sm* hayret, şaşkınlık
stupro *sm* ırza geçme
sturare *vt* tıkanıklığı gidermek
stuzzicadenti *sm* kürdan
stuzzicare *vt* (diş) karıştırmak; tahriş etmek; *mec.* kışkırtmak *stuzzicare i denti* dişlerini karıştırmak
su *prep/avv* üst, üstte; yukarı; yukarıda, yukarıya; üzerinde, üstüne, üzerine; -e doğru; konusunda *andare su e giù* gidip gelmek, inip çıkmak *su per giù* aşağı yukarı, takriben *su due piedi* ayaküstü *metter su famiglia* evlenmek *sul momento* o anda
sub *sm* dalgıç
subacqueo *agg* sualtı +
subbuglio *sm* karışıklık, kargaşa
subconscio *agg/sm ruhb.* bilinçaltı
subcosciente *sm ruhb.* bilinçaltı
subdolo *agg* hileli; aldatıcı
subire *vt* maruz kalmak; katlan-

mak
subito *agg* hemen, derhal *in un subito* bir anda
subordinativo *agg* bağımlı
subordinato *agg* bağımlı; ikinci planda
suburbano *agg* kentdışı +
succedere *vi* yerine geçmek; meydana gelmek *che cosa sta succedendo?* ne oluyor?
succedersi *vr* birbirini izlemek
successione *sf* yerine geçme; haleflik; birbirini izleme
successivo *agg* ertesi, izleyen
successo *sm* başarı *di successo* başarılı
succhiare *vt* emmek; içine çekmek
succhiello *sm* matkap
succhio *sm* emme
succhiotto *sm* emzik
succinto *agg* kısa ve öz
succo *sm* meyve/sebze suyu; öz, esas *succo gastrico* mide suyu
succoso *agg* sulu; *mec.* özlü
succursale *sf* şube
sud *sm* güney *polo sud* güney kutbu
§**Sudafrica:** §*il Sudafrica* Güney Afrika
§**Sudamerica:**
§ il Sudamerica Güney Amerika
sudare *vi* terlemek *sudare freddo* soğuk terler dökmek
sudata *sf* terleme
suddetto *agg* yukarıda söylenen
suddito *sm* uyruk; kul
suddividere *vt* alt bölümlere bölmek
sudest *sm* güneydoğu
sudicio *agg* pis; iğrenç § *sm* pislik
sudore *sm* ter
sudovest *sm* güneybatı
sufficiente *agg* yeterli, kâfi
sufficienza *sf* yeterlilik; uygunluk; geçer not *a sufficienza* yeteri kadar
suffisso *sm dilb.* sonek
suffragio *sm* onaylama; tasvip *suffragio universale* genel oy
suggellare *vt mec.* onaylamak; mühürlemek
suggerimento *sm* öneri, öğüt, tavsiye
suggerire *vt* önermek; tavsiye etmek; sufle etmek
suggeritore *sm* suflör
suggestionare *vt* etkilemek
suggestione *sf* öneri; etkileme; büyüleme
suggestivo *agg* etkileyici, büyüleyici
sughero *sm* mantar
sugo *sm* salça, sos; *mec.* öz, esas
suicida *sm/f* intihar eden kişi §

agg intihar etmeye yönelik
suicidarsi *vr* intihar etmek
suicidio *sm* intihar, kendini öldürme
suino *agg* domuz + § *sm* domuz *carne suina* domuz eti
sultana *sf* sultan karısı
sultanina *agg/sf* çekirdeksiz üzüm
sultano *sm* sultan, padişah
sunto *sm* özet
suo *agg/pron* onun; onunki
suocera *sf* kayınvalide, kaynana
suocero *sm* kayınpeder
suola *sf* ayakkabı tabanı; pençe
suolo *sm* yer; toprak
suonare *vt/i* çalmak; *mec.* anlamına gelmek
suono *sm* ses *suono vocalico* sesli *suono consonantico* sessiz
suoneria *sf* alarm
suora *sf* rahibe
super *agg* süper *benzina super* süper benzin
superare *vt* geçmek; aşmak; yenmek; başarılı olmak *superare un esame* sınavdan geçmek
superbia *sf* kibir, kendini beğenme
superbo *agg* kibirli, kurumlu; muhteşem

superficiale *agg* yüzeysel
superficie *sf* yüzey; yüzölçümü
superfluo *agg* gereksiz; lüzumsuz
superiora *sf* baş rahibe
superiore *agg* üst, yukarıdaki; üstün § *sm* baştakiler
superiorità *sf* üstünlük
superlativo *agg* olağanüstü, eşsiz
§**supermercato** *sm* süpermarket
supersonico *agg* süpersonik, sesten hızlı
superstar *sf* süper yıldız
superstite *agg/sm/f* sağ kurtulan, hayatta kalan
superstizione *sf* batıl inanç, hurafe
supestizioso *agg* batıl inançlı
supino *agg* sırt üstü yatan
suppellettile *sf* mefruşat, mobilya
suppergiù *avv* aşağı yukarı, yaklaşık olarak
supplementare *agg* ek, ilave; tamamlayıcı
supplemento *sm* ek, ilave
supplente *agg/sm/f* geçici görevde olan; yedek öğretmen
supplica *sf* yalvarma; dilekçe
supplicare *vt* yalvarmak; rica etmek
supplire *vi* telafi etmek
supplizio *sm* işkence; eziyet
supporre *vt* varsaymak, farz

etmek; tahmin etmek
supporto *sm* destek, dayanak
supposta *sf hek.* fitil
supremazia *sf* üstünlük
supremo *agg* ulu, yüce
surgelare *vt* dondurup saklamak
surgelato *agg* dondurulmuş
surplus *sm* fazla üretim
surriscaldare *vt* aşırı ısıtmak
surrogato *sm* vekil; yerine geçen kimse/şey
suscettibile *agg* elverişli, uygun; hassas
suscitare *vt* neden olmak; ortaya çıkarmak
susina *sf* erik
susino *sm* erik ağacı
sussidiario *agg* yardımcı, destek
sussidio *sm* mali yardım; destek
sussistere *vi* var olmak; geçerli olmak
sussultare *vi* yerinden fırlamak; irkilmek
sussurrare *vi* fısıldamak; uğuldamak
sussurro *sm* fısıldama, fısıltı; uğultu
suturare *vt* dikmek, dikiş yapmak
svagare *vt* dikkatini dağıtmak; eğlendirmek
svagarsi *vr* oyalanmak, vakit geçirmek

svago *sm* oyalama, oyalanma; eğlenme; vakit geçirme
svaligiare *vt* soymak
svalutare *vt* değerini düşürmek
svalutarsi *vr* değer kaybetmek
svalutazione *sf* devalüasyon
svanire *vi* yok olmak; kaybolmak
svantaggio *sm* dezavantaj; zarar, ziyan
svaporare *vi* buharlaşmak
svariato *agg* değişik, farklı
svastica *sf* gamalı haç
svedese *agg/sm* İsveç +; İsveçli § *sm* İsveççe
sveglia *sf* uyandırma; çalar saat; kalk borusu *sveglia telefonica* telefonla uyandırılma
svegliare *vt* uyandırmak
svegliarsi *vr* uyanmak; kalkmak
sveglio *agg* uyanık; *mec.* açıkgöz
svelare *vt* açığa vurmak
svelto *agg* çabuk, hızlı; çevik *alla svelta* çabucak
svendita *sf* indirimli satış
svenimento *sm* bayılma, baygınlık
svenire *vi* bayılmak
sventare *vt* önlemek, engel olmak
sventato *agg* tedbirsiz; patavatsız
sventolare *vt* sallamak, dalgalandırmak § *vi* dalgalanmak, sallanmak

sventrare *vt* karnını yarmak; içini açma
sventura *sf* kötü talih; uğursuzluk
sventurato *agg* talihsiz, bahtsız
svergognato *agg* utanmaz, yüzsüz
svernare *vi* kışı geçirmek
svestire *vt* soymak
svestirsi *vr* soyunmak
svezzare *vt* sütten kesmek
sviare *vt* yönünü değiştirmek
sviarsi *vr* yoldan çıkmak
svignarsela *vi* toz olmak, sıvışmak
sviluppare *vt* geliştirmek § *vi* gelişmek; büyümek
sviluppo *sm* gelişim, gelişme
svincolo *sm* malın çekilmesi
sviscerato *agg* tutkulu, ateşli
svista *sf* yanılgı
svitare *vt* sökmek, vidasını çıkarmak
§Svizzera:
§ la Svizzera Ýsviçre
svogliato *agg* isteksiz; ilgisiz
svolazzare *vi* oradan oraya uçmak
svolgere *vt* (sarılı şeyi) çözmek; *mec.* geliştirmek; gerçekleştirmek; yerine getirmek
svolgersi *vr* çözülmek; gerçekleşmek; gelişmek
svolgimento *sm* gelişme; gerçekleşme; ele alma
svolta *sf* dönemeç; viraj; *mec.* dönüm noktası *svolta a sinistra* sola dönüş
svoltare *vi* dönmek, dönüş yapmak
svuotare *vt* boşaltmak

T

tabaccaio *sm* sigara bayii
tabaccheria *sf* sigara bayii
tabacco *sm* tütün
tabella *sf* liste, tablo
tabernacolo *sm* kutsal köşe
tabù *agg/sm* tabu, yasak şey
tabulato *sm* bilgisayar çizelgesi
tacca *sf* çentik; çizik; oyuk
taccagno *agg* cimri, pinti
taccheggio *sm* dükkân hırsızlığı
tacchino *sm* hindi
tacco *sm* topuk, ökçe *tacchi a spillo* ince topuk
taccuino *sm* not defteri
tacere *vt/vi* susmak, konuşmamak; gizli tutmak *far tacere* susturmak
tachimetro *sm* hızölçer, takometre
tacito *agg* sözsüz; sessiz
tafano *sm* atsineği
tafferuglio *sm* çatışma, dalaşma

taffetà *sm* tafta
taglia *sf* fidye; haraç; vergi; ödül
tagliacarte *sm* kağıt kesici
tagliando *sm* koçan, kupon
tagliare *vt* kesmek; biçmek § *vi* kestirmeden gitmek *tagliare la corda* sıvışmak, kaçmak *tagliare corto* kısa kesmek
tagliatelle *sf/pl* yumurtalı yassı makarna
tagliente *agg/sm* keskin; kesici
taglio *sm* kesme, kesilme; kesik; biçki; kenar; keskin taraf
tagliola *sf* kapan
tagliuzzare *vt* doğramak, kıymak
talco *sm* talk
tale *agg/pron* bunun gibi, böyle; benzer *un tale* biri
talento *sm* yetenek, beceri
talismano *sm* tılsım
talloncino *sm* koçan, kupon
tallone *sm* topuk, ökçe
talmente *avv* öyle, o kadar
talora *avv* bazen
talpa *sf* köstebek
talvolta *avv* bazen
tamburello *sm* tef, darbuka
tamburo *sm* davul, trampet
tamponare *vt* *hek.* tampon yapmak; tıkamak
tampone *sm* tampon, gaz bezi; tıkaç; ıstampa
tana *sf* hücre; in, kovuk

tanfo *sm* küf kokusu
tangente *agg* *mat.* teğet geçen § *sf* teğet, tanjant
tango *sm* tango
tantino *pron/avv* birazcık
tanto *agg/cong/avv* o kadar, o denli; pek çok; birçok; zaten *ogni tanto* ara sıra *tanto per dire* laf olsun diye *tante grazie* çok teşekkürler
tappa *sf* mola yeri; durma; *sp.* etap
tappare *vt* tıkamak; kapamak
tapparella *sf* pancur
tappeto *sm* halı *mettere qc sul tappeto* tartışmaya açmak *andare al tappeto* yere serilmek
tappezzare *vt* duvar kaplamak
tappezzeria *sf* duvar örtüsü; duvar kâğıdı; döşemelik
tappezziere *sm* kaplamacı, döşemeci
tappo *sm* tıkaç, tapa; şişe mantarı
tarchiato *agg* geniş omuzlu
tardare *vi* gecikmek, geç gelmek
tardi *avv* geç *al più sul tardi* geç saatte *fare tardi* geç kalmak
tardivo *agg* geç, geciken; *mec.* kalın kafalı
tardo *agg* yavaş giden; geç ilerleyen; *mec.* kalın kafalı

targa *sf* plaka; tabela
targato *agg* plakalı
tariffa *sf* tarife; fiyat
tarlo *sm* tahtakurdu
tarocco *sm* bir tür iskambil kâğıdı
tartagliare *vt/vi* kekelemek, dili dolaşmak
tartaro *sm* şarap tortusu; *hek.* kefeki
tartaruga *sf* kaplumbağa
tartina *sf* (yiyecek) kanape
tartufo *sm* yermantarı, domalan
tasca *sf* cep; kese *orologio da tasca* cep saati
tascabile *agg* küçük ebatta, cep boyutunda
taschino *sm* küçük cep
tassa *sf* vergi; harç *tassa sul reddito* gelir vergisi
tassametro *sm* taksimetre
tassare *vt* vergi koymak, vergilendirmek
tassativo *agg* kesin
tassazione *sf* vergilendirme; vergi koyma
tassello *sm* takoz, tahta çivi
tassi *sm* taksi
tassista *sm/f* taksi şoförü
tasso1 *sm bitk.* porsuk ağacı
tasso2 *sm hayb.* porsuk
tasso3 *sm* faiz yüzdesi; oran *tasso d'interesse* faiz oranı *tasso di natalità* doğum oranı
tastare *vt* yoklamak; *mec.* anlamaya çalışmak
tastiera *sf* klavye
tasto *sm* yoklama, dokunma; tuş
tastoni *avv* el yordamıyla
tattica *sf* taktik; yöntem
tattico *agg* taktik +
tatto *sm* dokunma duyusu; *mec.* incelik, nezaket
tatuaggio *sm* dövme
tatuare *vt* dövme yapmak
taverna *sf* meyhane
tavola *sf* masa; çizelge, tablo; tablet *servizio da tavola* sofra takımı
tavolato *sm* tahta döşeme; tahta bölme
tavoletta *sf* kalıp, parça
tavolino *sm* yazı masası; küçük masa
tavolo *sm* masa
tavolozza *sf* palet
taxi *sm* taksi
tazza *sf* fincan; kâse
tazzina *sf* kahve fincanı
te *pron* seni; sana *a te* sana *di te* senden
tè *sm* çay
teatrale *agg* tiyatro +, temsili
teatro *sm* tiyatro
tecnica *sf* teknik; yol, yöntem
tecnico *agg* teknik; mesleki § *sm*

teknisyen
tecnologia *sf* teknoloji
tecnologico *agg* teknolojik
tedesco *agg/sm* Almanya +; Alman; Almanca
tedio *sm* sıkıntı, bezginlik
tegame *sm* tava; tencere
teglia *sf* sahan, tava
tegola *sf* kiremit
teiera *sf* çaydanlık
tela *sf* bez; *tiy.* perde; tuval *tela cerata* muşamba
telaio *sm* dokuma tezgâhı; kafes, çatı
telecamera *sf* televizyon kamerası
telecomando *sm* uzaktan kumanda
telecomunicazione *sf* telekomünikasyon
telecronaca *sf* televizyon yayını *telecronaca diretta* canlı yayın
telecronista *sm/f* televizyon spikeri
teleferica *sf* teleferik
telefonare *vt/i* telefon etmek
telefonata *sf* telefon konuşması
telefonico *agg* telefonla ilgili *elenco telefonico* telefon rehberi *centrale telefonica* telefon santralı
telefonista *sm/f* santral memuru
telefono *sm* telefon *avere il telefono* telefonda olmak *telefono pubblico* telefon kulübesi
telegiornale *sm* (televizyonda) haber bülteni
telegrafo *sm* telgraf
telegramma *sm* telgraf
telepatia *sf* telepati
telescopico *agg* teleskopik
telescopio *sm* teleskop
telescrivente *sf* teleks
teleselezione *sf* otomatik telefon
televisione *sf* televizyon *televisione via cavo* kablolu televizyon
televisore *sm* televizyon cihazı
telex *sm* teleks
tema *sm* konu; tema; kompozisyon
temerario *agg* atılgan; gelişigüzel yapılan
temere *vt/vi* korkmak; katlanmak
temperalapis *sm* kalemtıraş
temperamento *sm* huy, mizaç; karakter
temperare *vt* yatıştırmak, ölçülü yapmak; ucunu açmak
temperato *agg* yumuşak; ılımlı, ölçülü
temperatura *sf* sıcaklık, ısı; ateş
temperino *sm* kalemtıraş
tempesta *sf* fırtına

tempestare *vt* fırtına koparmak; *mec.* ... yağmuruna tutmak
tempestivo *agg* zamanında yapılan, vaktinde
tempestoso *agg* fırtınalı
tempia *sf* şakak
tempio *sm* tapınak
tempo *sm* zaman, vakit; süre; hava; mevsim; bölüm; *dilb.* zaman *da tempo* çoktan *a tempo* uygun zamanda *un tempo* bir zamanlar *tempo utile* yasal süre *in un primo tempo* başlangıçta *in tempo* zamanında *al tempo stesso* aynı zamanda *un tempo* bir zamanlar *primo tempo* birinci yarı
temporale₁ *agg* zamanla ilgili; geçici
temporale₂ *sm* fırtına, sağanak
temporaneo *agg* geçici; kesin olmayan
temporeggiare *vi* zaman kazanmak, oyalamak
temprare *vt* (çelik) tavlamak; *mec.* güçlendirmek
tenace *agg* yapışkan, inatçı; güçlü, tuttuğunu koparan
tenacia *sf* direnme, inat
tenaglia *sf/pl* kerpeten
tenda *sf* çadır; perde; tente
tendaggio *sm* tül
tendenza *sf* eğilim, meyil
tendere *vt* uzatmak; germek; yöneltmek § *vi* yaklaşmak; yönelmek *tendere gli orecchi* kulaklarını dört açmak *tendere lo sguardo* gözlerini dikmek
tendina *sf* tül
tendine *sm anat.* tendon
tendone *sm* tente, güneşlik
tenebra *sf* karanlık
tenebroso *agg* karanlık; esrarengiz
tenente *sm* teğmen
tenere *vt* tutmak; elde tutmak; izlemek; saymak, kabul etmek; karşı gelmek § *vi* benzemek; çok istemek *tenere d'occhio* gözünü ayırmamak *tenere il campo* önde gelmek *tenere presente* akılda tutmak
tenersi *vr* tutunmak; kendini tutmak
tenero *agg* yumuşak; nazik, hassas; merhametli
tenia *sf* tenya, bağırsak kurdu
tennis *sm* tenis
tennista *sm/f* tenisçi
tenore *sm* biçim; kapsam; *müz.* tenor *il tenore di vita* yaşam biçimi
tensione *sf* gerilim; gerilme
tentare *vt* denemek; girişmek;

kalkışmak
tentativo *sm* girişim; teşebbüs
tentazione *sf* teşvik etme; dürtü
tentennare *vi* tereddüt etmek, duraksamak
tenue *agg* ince; zayıf; yumuşak; *mec.* az
tenuta *sf* çiftlik; üniforma; alma gücü, hacim
teologia *sf* teoloji, tanrıbilim
teologo *sm* tanrıbilimci, ilahiyatçı
teorema *sm* teorem
teoria *sf* kuram, teori *in teoria* teorik olarak
teorico *agg* teorik; kuramsal
tepore *sm* ılıklık, sıcaklık
teppismo *sm* serserilik
teppista *sm/f* serseri
terapia *sf* tedavi, iyileştirme *terapia intensiva* yoğun bakım
tergicristallo *sm oto.* cam sileceği
tergiversare *vi* atlatmak
tergo *sm* sırt; arka
termale *agg* termal
terme *sf/pl* kaplıca, ılıca
termico *agg* sıcaklık +, ısı veren
terminale *agg* uçta bulunan, sondaki § *sm* terminal, uç
terminare *vt* bitirmek, son vermek § *vi* bitmek, son bulmak
termine *sm* limit, sınır; son; müddet; koşul *contratto a termine* sınırlı sözleşme *a lungo termine* uzun vadeli *a breve termine* kısa vadeli
termometro *sm* termometre
termosifone *sm* kalorifer
termostato *sm* termostat
terra *sf* yeryüzü, dünya; toprak; tarla *presa di terra* topraklı priz *gomma a terra* patlak lastik *terra ferma* anakara
terracotta *sf* pişmiş toprak
terraferma *sf* kara
terrapieno *sm* toprak set
terrazza *sf* taraça, teras
terrazzo *sm* taraça, teras
terremoto *sm* yer sarsıntısı, deprem
terreno *agg* dünya + § *sm* zemin; toprak, arsa; oyun alanı
terrestre *agg* yeryüzü +, dünya +; karasal
terribile *agg* korkunç; ürkütücü
terrificante *agg* korkunç, dehşet verici
terrina *sf* çorba kâsesi
territoriale *agg* ülke topraklarıyla ilgili
territorio *sm* ülke toprağı, arazi
terrore *sm* dehşet, terör
terrorismo *sm* terörizm
tertorista *sm/f* terörist
terso *agg* temiz, pırıl pırıl
terzo *num* üçüncü § *pl* üçüncü

kişiler *terzo mondo* üçüncü dünya
tesa *sf* (şapkada) kenar
teschio *sm* kafatası
tesi *sf* tez, sav, iddia
teso *agg* gerili; asılı; gergin
tesoreria *sf* vezne; hazine
tesoriere *sm* veznedar, haznedar
tesoro *sm* hazine *ministero del tesoro* Maliye Bakanlığı *Buoni del tesoro* hazine bonosu
tessera *sf* kart
tessere *vt* dokumak; örmek
tessile *agg* dokuma + § *sm* dokuma ürünü
tessitore *sm* dokumacı
tessitoria *sf* dokuma fabrikası
tessitura *sf* dokuma, örme
tessuto *sm* kumaş, dokuma; *biy.* doku
test *sm* test; prova
testa *sf* baş; kafa; baş taraf; (parada) tura *in testa* başta, önde, önünde *a testa* kişi başına *mal di testa* baş ağrısı *testa e croce* yazı tura *avere la testa fra le nuvole* aklı havalarda olmak
testamento *sm* vasiyetname *antico testamento* Tevrat *nuovo testamento* İncil
testardo *agg* inatçı, dik kafalı

testata *sf* başlık; uç
teste *sm/f* tanık
testicolo *sm* testis, haya
testimone *sm/f* tanık, şahit
testimonianza *sf* tanıklık; delil
testimoniare *vt* kanıtlamak, ispat etmek; tanıklık yapmak
testina *sf* uç, kafa
testo *sm* metin; kapsam
testuale *agg* kelimesi kelimesine; metin +
tetano *sm* tetanos
tetro *agg* karanlık, kasvetli
tetto *sm* dam, çatı; tavan
tettoia *sf* saçak, pervaz; sundurma
thermos *sm* termos
ti *pron* seni, sana
tibia *sf anat.* kavalkemiği
tic *sm* tik
ticchettio *sm* tıkırtı
ticchio *sm* tik; garip istek
tiepido *agg* ılık
tifare *vi* taraf tutmak, desteklemek
tifo *sm* tifo; taraftarlık *fare il tifo per una squadra* bir takımı tutmak
tifone *sm* tayfun, kasırga
tifoso *sm/f* taraftar, yandaş
tiglio *sm* ıhlamur
tigre *sf* kaplan
timballo *sm* dümbelek, darbuka

timbro *sm* damga, mühür; *müz.* ses rengi
timido *agg* utangaç, çekingen
timo *sm bitk.* kekik
timone *sm* dümen
timoniera *sf* dümen dairesi
timore *sm* korku, endişe
timoroso *agg* korkak, ürkek
timpano *sm* büyük davul; *anat.* orta kulak
tinello *sm* yemek odası
tingere *vt* boyamak
tino *sm* kap, tekne
tinozza *sf* küvet
tinta *sf* boya maddesi; renk
tintarella *sf* güneşte bronzlaşma
tintinnare *vi* çınlamak, tıngırdamak
tinto *agg* boyalı; lekeli
tintoria *sf* kuru temizleyici dükkânı
tintura *sf* boyama; boya maddesi
tipico *agg* tipik, kendine özgü
tipo *sm* tip; cins, tür, çeşit; tip, herif
tipografia *sf* basımcılık, matbaacılık; basımevi
tipografo *sm* matbaacı, basımcı
tiranno *sm* zorba yönetici; diktatör
tirante *sm* çekici
tirare *vt* çekmek, cezbetmek; fırlatmak; çıkarmak § *vi* çekmek; atmak; vurmak *tirare avanti* iyi kötü geçinip gitmek *tirare a sorte* kura çekmek
tirarsi *vr* çekilmek *tirarsi indietro* geri çekilmek
tiratore *sm* vurucu, nişancı
tiratura *sf* baskı, tiraj
tirchio *agg* cimri, pinti
tiro *sm* çekme; atma; vurma; oyun *tiro libero* serbest vuruş
tirocinio *sm* staj
tiroide *sf anat.* kalkanbezi, tiroit
tisana *sf* şifalı ot suyu
titolare *agg* unvanlı, mevki sahibi § *sm* unvan, makam; *sp.* asıl takımda yer alan oyuncu
titolo *sm* başlık; ad; unvan; hak; hisse senedi *titolo di studio* diploma *a quale titolo?* ne hakla?
titubante *agg* kararsız
tizio *sm* biri; herif
toccante *agg* dokunaklı, etkileyici
toccare *vt* dokunmak, ellemek; temas etmek; etkilemek § *vi* olmak, başa gelmek; değinmek *a chi tocca?* sıra kimde?
tocco *sm* dokunma; vuruş
toga *sf* cüppe
togliere *vt* kaldırmak; çıkarmak; engellemek
togliersi *vr* çekilmek, gitmek

toletta *sf* tuvalet; tuvalet masası
tollerante *agg* hoşgörülü, göz yuman
tolleranza *sf* hoşgörü, tolerans
tollerare *vt* katlanmak, tahammül etmek; hoş görmek
tolto *agg* alınmış, çıkarılmış
tomba *sf* mezar
tombino *sm* lağım kapağı
tombolo *sm* tepetaklak düşme, takla
tomo *sm* (kitap) cilt
tonaca *sf* rahip giysisi
tonare *vi* gürlemek; gümbürdemek
tondo *agg* yuvarlak; tombalak
tonfo *sm* suya düşme sesi; cumburlop düşme
tonico *sm* güçlendirici ilaç; tonik § *agg müz.* ton +
tonificare *vt* güçlendirmek
tonnellata *sf* ton
tonno *sm* tonbalığı
tono *sm* ton; (ses) perde
tonsilla *sf anat.* bademcik
tonsillite *sf hek.* bademcik iltihabı
tonto *agg* sersem, aptal, şaşkın
topazio *sm* topaz
topo *sm* sıçan
topografia *sf* topografya, yerçizimi
toppa *sf* yama; kilit
torace *sm* göğüs
torbido *agg* bulanık; *mec.* karışık; düzensiz
torcere *vt* sıkmak; kıvırmak
torcersi *vr* kıvrılmak, bükülmek
torchio *sm* cendere, mengene
torcia *sf* meşale *torcia elettrica* elektrikli fener
torcicollo *sm* boyun tutulması
torciera *sf* şamdan
tordo *sm* ardıçkuşu
tormenta *sf* tipi
tormentare *vt* eziyet etmek, acı çektirmek
tormentarsi *vr* kendine eziyet etmek; acı çekmek
tormento *sm* eziyet, işkence
tornaconto *sm* kâr, çıkar; menfaat
tornado *sm* hortum
tornante *sm* geniş dönemeç
tornare *vi* dönmek, geri dönmek; yeniden gelmek *tornare a dire* yinelemek, tekrar söylemek *tornare in patria* eve dönmek
tornasole *sm* ayçiçeği
tornata *sf* toplantı, oturum
torneo *sm* turnuva
tornio *sm* torna
toro *sm* boğa *il segno del toro* Boğa Burcu *Toro* Boğa Burcu
torpedine *sf* torpil
torpediniera *sf* torpido gemisi

torre *sf* kule; (satranç) kale *torre di controllo* kontrol kulesi
torrefazione *sf* kavurma
torrente *sm* hızlı akıntı
torretta *sf* küçük kule
torrione *sm* kale burcu
torrone *sm* bir çeşit Noel tatlısı
torsione *sf* burma, bükme
torso *sm* gövde, sırt
torta *sf* pasta, turta
torto1 *agg* kıvrılmış, bükülmüş; dolambaçlı
torto2 *sm* haksızlık; hata, kusur *avere torto* haksız olmak
tortora *sf* kumru
tortuoso *agg* dolambaçlı; dönemeçli; *mec.* gizli kapaklı
tortura *sf* işkence; eziyet
torturare *vt* işkence etmek; eziyet etmek
torvo *agg* yan bakış; kötü göz
tosaerba *sf* çim budama makinesi
tosare *vt* kırkmak; budamak
toscano *agg/sm* Toskana bölgesi +; Toskanalı
tosse *sf* öksürük
tossicchiare *vi* öksürmek
tossico *agg* zehirli
tossicodipendente *sm/f* uyuşturucu müptelası
tossicomane *sm/f* uyuşturucu müptelası

tossina *sf* zehir
tossire *vi* öksürmek
tostapane *sm* tost makinesi
tostare *vt* kızartmak; kavurmak
tosto1 *agg* sert; inatçı *faccia tosta* yüzsüz, utanmaz
tosto2 *sm* kızarmış ekmek, tost
totale *agg/sm* toplam, bütün
totalità *sf* tüm, bütün; tümü
totalizzare *vt* toplamak; sağlamak
totocalcio *sm* sportoto
tournée *sf* turne
tovaglia *sf* masa örtüsü
tovagliolo *sm* peçete
tozzo1 *agg* tıknaz, bodur
tozzo2 *sm* ekmek parçası
tra *prep* arasında, içinde; arasından *tra breve* yakında *tra l'altro* ayrıca
traballare *vi* sallanmak; sendelemek
traboccare *vi* taşmak
trabocchetto *sm* tuzak; düzen
tracannare *vt* birden yutmak
traccia *sf* iz; belirti; taslak, ana hat
tracciare *vt* iz bırakmak; taslağını çizmek
tracciato *sm* grafik; taslak
trachea *sf anat.* soluk borusu
tracolla *sf* omuz kayışı
tracollo *sm* yıkım, çökme

tracotante *agg* kendini beğenmiş, küstah
tradimento *sm* ihanet, ele verme
tradire *vt* ihanet etmek; ele vermek; aldatmak
traditore *agg/sm* hain, ele veren
tradizionale *agg* geleneksel
tradizione *sf* gelenek, görenek
tradotta *sf* askeri tren
tradurre *vt* çevirmek, tercüme etmek; aktarmak
traduttore *sm/f* çevirmen, tercüman
traduzione *sf* çeviri, tercüme
traduzione simultanea anında çeviri
traente *sm/f* çek/senet veren kimse
trafelato *agg* nefessiz
trafficante *sm/f* kaçakçı
trafficare *vt* ticaret yapmak
traffico *sm* trafik, dolaşım; yasadışı ticaret
trafiggere *vt* delip geçmek; *mec.* yaralamak
trafitta *sf* yara; sancı, sızı
traforare *vt* delmek, delik açmak
tragedia *sf* trajedi
traghetto *sm* arabalı vapur, feribot
tragico *agg* acıklı, trajik
tragitto *sm* yol; yolculuk
traguardo *sm* varış çizgisi; hedef, amaç
traiettoria *sf* mermi yolu; yörünge
trainare *vt* yedekte çekmek
traino *sm* yedekte çekme; kızak
tralasciare *vt* yarıda bırakmak; atlamak
tralcio *sm* asma çubuğu; sarmaşık dalı
traliccio *sm* sık dokunmuş kumaş; kafes yapı
tram *sm* tramvay
trama *sf* (kumaşta) atkı; konu; dolap
tramandare *vt* kuşaktan kuşağa aktarmak
tramare *vt mec.* tezgâhlamak, dolap çevirmek
trambusto *sm* kargaşa, karmaşa
tramezzino *sm* sandviç
tramezzo *sm* bölme
tramite *sf* aracılık; geçiş
tramontare *vi* batmak
tramonto *sm* günbatımı; batma
tramortire *vt* sersemletmek, bayıltmak § *vi* sersemlemek, bayılmak
trampolino *sm* tramplen
trampolo *sm* koltuk değneği
tramutare *vt* yerini değiştirmek; aktarmak
tranello *sm* tuzak
trangugiare *vt* yutmak, mideye

indirmek
tranne *prep* dışında, -den başka, hariç
tranquillamente *avv* rahatlıkla
tranquillante *sm* yatıştırıcı, sakinleştirici
tranquillità *sf* sessizlik; rahatlık, huzur
tranquillizzare *vt* rahatlatmak, sakinleştirmek
tranquillo *agg* sakin, sessiz
transatlantico *agg* Atlantik aşırı § *sm* transatlantik
transazione *sf* uzlaşma, anlaşma
transenna *sf* bariyer
transigere *vt* uzlaşmak, anlaşmak
transistor *sm* transistor; *kon.* cep radyosu
transitabile *agg* geçilebilir
transitare *vt* geçmek
transitivo *agg dilb.* geçişli
transito *sm* geçme; transit *divieto di transito* geçmek yasaktır
transitorio *agg* geçici, süreksiz
tranvia *sf* tramvay
trapano *sm* matkap, delgi; *hek.* cerrah testeresi
trapassare *vt* diğer tarafa geçirmek
trapasso *sm* geçiş, geçme
trapelare *vi* sızmak; *mec.* belirmek, dışarıya sızmak
trapezio *sm mat.* yamuk; trapez
trapezista *sm/f* trapezci
trapiantare *vt* (bitkiyi) başka yere dikmek; nakletmek
trapianto *sm* doku/organ nakli; başka yere dikme
trappola *sf* tuzak; kapan
trapunta *sf* pamuklu yorgan
trarre *vt* çekmek; çıkarmak; kurtarmak *trarre origine* kaynaklanmak *trarre esempio* örnek almak
trasalire *vi* yerinden sıçramak, irkilmek
trasandato *agg* baştan savma; savsak
trasbordare *vt* bir gemiden diğerine geçirmek, aktarma yapmak
trascinare *vt* peşinden götürmek, sürüklemek
trascinarsi *vr* sürünmek; sürüncemede kalmak
trascorrere *vt* zaman geçirmek § *vi* geçmek
trascrittore *sm* yazan, kopya eden
trascrivere *vt* yazmak, kopya etmek; kaydetmek
trascurare *vt* önemsememek; ihmal etmek
trascuratezza *sf* özensizlik, ih-

malkârlık; ilgisizlik
trascurato *agg* ihmalkâr; dikkatsiz, özen göstermeyen
trasferimento *sm* yer değişimi; nakil; devir; *sp.* transfer
trasferire *vt* başka yere taşımak; devretmek
trasferirsi *vr* yerini değiştirmek; tayin olmak
trasferta *sf* başka yere gitme; *sp.* deplasman
trasfigurare *vt* görünüşünü değiştirmek
trasformare *vt* biçimini değiştirmek
trasfusione *sf* aktarma, nakil
trasgredire *vt/vi* karşı gelmek, ihlal etmek
traslato *agg/sm* eğretilemeli, mecazi
traslocare *vt* başka yere atamak, tayin etmek
traslocarsi *vr* taşınmak
trasloco *sm* taşınma; ev değiştirme
trasmettere *vt* geçirmek; aktarmak; göndermek; yayımlamak
trasmettitore *sm* verici istasyonu
trasmissione *sf* geçme, geçirme; iletme; yayın; gönderme
trasmittente *sf* radyo verici istasyonu
trasognato *agg* rüya aleminde; afallamış
trasparente *agg* saydam, şeffaf; berrak
trasparire *vi* arasından gözükmek
traspirare *vi* terlemek; *mec.* sızmak, yayılmak
traspirazione *sf* terleme
trasportare *vt* taşımak, nakletmek; aktarmak
trasporto *sm* taşıma, nakil; aktarma **mezzi di trasporto** ulaşım araçları
trastullare *vt* eğlendirmek, oyalamak
trastullarsi *vr* eğlenmek, oyalanmak
trasudare *vi* sızmak; terlemek § *vt* sızdırmak
trasversale *agg* enine kesen, çapraz
trasvolare *vt* uçarak geçmek
tratta *sf* ticaret **tratta delle bianche** beyaz kadın ticareti
trattamento *sm* davranış, muamele; tedavi; işlem; ağırlama
trattare *vt* kullanmak; işlemek; davranmak; incelemek; bahsetmek *di che si tratta?* konu nedir?
trattarsi *vr* davranmak, muamele etmek
trattativa *sf* görüşme, müzakere

trattato *sm* antlaşma; bilimsel inceleme
trattazione *sf* ele alma, inceleme
tratteggiare *vt* kısa çizgilerle çizmek; taslağını yapmak
trattenere *vt* alıkoymak, tutmak; saklamak; oyalamak
trattenersi *vr* kendini tutmak, frenlemek
trattenimento *sm* eğlence, parti; oyalanma
trattenuta *sf* kesinti
trattino *sm* tire işareti
tratto *sm* çizgi; bölüm; mesafe; davranış, tavır *a un tratto* birdenbire, aniden
trattore *sm* traktör
trattoria *sf* lokanta
trauma *sm hek.* travma; sarsıntı
traumatico *agg* travmatik
travaglio *sm* sıkıntı; tasa, kaygı
travasare *vt* diğer şişeye dökmek
trave *sf* kiriş
traversa *sf* kiriş; demiryolu traversi; enine kesen yol
traversata *sf* geçme, geçiş
traversia *sf* talihsizlik, terslik
traverso *agg* enine, karşıdan karşıya § *sm* yan *guardare di traverso* ters bakmak *andare di traverso* ters gitmek
travestimento *sm* başka kılığa girme
travestire *vt* başka kılığa sokmak
travestirsi *vr* kılığını değiştirmek
travestito *sm* travesti
traviare *vt* yanlış yola sevk etmek
travisare *vt* olayları saptırmak
travolgere *vt* ezip geçmek; bozguna uğratmak
tre *num* üç
trebbiare *vt* harman dövmek
treccia *sf* örgü
trecento *num* üç yüz; on dördüncü yüzyıl
tredici *num* on üç
tregua *sf* ateşkes; ara
tremare *vi* titremek; sarsılmak
tremendo *agg* berbat; korkunç
tremito *sm* titreme
tremolare *vi* titremek; titrek yanmak; görünüp kaybolmak
tremore *sm* titreme, ürperti
treno *sm* tren *treno passeggeri* yolcu treni *treno merci* yük treni *treno rapido* hızlı tren *treno locale* banliyö treni
trenta *num* otuz
trentesimo *num* otuzuncu
trepido *agg* kaygılı, endişeli
treppiede *sm* fotoğraf sehpası; üç ayaklı sehpa
trespolo *sm* tabure, sehpa
triangolo *sm* üçgen
tribù *sf* kabile, aşiret
tribuna *sf* kürsü; platform; tribün

tribuna d'onore şeref tribünü
tribunale *sm* mahkeme
tributare *vt* sunmak; dağıtmak
tributo *sm* katkı; vergi
tricheco *sm hayb.* mors
triciclo *sm* üç tekerlekli bisiklet
tricolore *agg* üç renkli § *sm* İtalyan bayrağı
tridente *sm* yaba
trifoglio *sm* yonca
triglia *sf* barbunya balığı
trimestre *sm* üç aylık süre; üç aylık para
trina *sf* dantel
trincea *sf* cephe; siper; hendek
trincerare *vt* siper kazmak
trinciare *vt* doğramak, kıymak
trio *sm* üçlü
trionfare *vi* yenmek; başarılı olmak
trionfo *sm* zafer; başarı
triplicare *vt* üç katına çıkarmak
triplice *agg* üçlü; üç katlı
triplo *agg/sm* üçlü; üç misli, üç kat
tripode *sm* üç ayaklı sehpa
trippa *sf* işkembe
tris *sm* üçlü
triste *agg* üzgün, kederli; hazin; acıklı
tristezza *sf* üzüntü, hüzün, keder
tritacarne *sm* kıyma makinesi
tritare *vt* kıymak
trito *agg* kıyılmış, doğranmış
trittico *sm* üç bölümlü yapıt
trivella *sf* burgu
trivellare *vt* burgu ile delmek
triviale *agg* kaba, bayağı
trofeo *sm* ödül; zafer
tromba *sf* borazan; korna *tromba delle scale* merdiven boşluğu *tromba d'aria* hortum, kasırga
trombone *sm* trombon
trombosi *sf hek.* damar tıkanması
troncare *vt* kesmek; *mec.* bitirmek, son vermek
tronco₁ *agg* kesik; *mec.* eksik, yarım kalmış
tronco₂ *sm* gövde; kütük; tomruk
troneggiare *vi* yüksekte olmak
tronfio *agg* kibirli; tumturaklı
trono *sm* taht
tropicale *agg* tropikal
tropico *sm* dönence *tropico del Capricorno* Oğlak dönencesi *tropico del Cancro* Yengeç dönencesi
troppo *agg/avv/sm* çok; aşırı; pek *di troppo* gereğinden fazla
trota *sf* alabalık
trottare *vi* (at) tırıs gitmek
trotto *sm* tırıs
trottola *sf* topaç
trovare *vt* bulmak; görmek; karşılaşmak *andare a trovare qc* birini görmeye gitmek

trovarsi *vr* bulunmak; olmak; buluşmak
trovata *sf* iyi fikir
truccare *vt* hile yapmak; başka kılığa sokmak; *sp.* şike yapmak
truccarsi *vr* boyanmak, makyaj yapmak
truccatore *sm* makyajcı
truccatura *sf* makyaj
trucco *sm* makyaj; hile, dolap
truce *agg* korkunç; kızgın
trucidare *vt* katletmek
truciolo *sm* talaş
truffa *sf* dolandırıcılık; hile, düzenbazlık
truffare *vt* dolandırmak; kandırmak
truppa *sf ask.* birlik; takım
tu *pron* sen **dare del tu a qc** 'sen' diye hitap etmek, senlibenli konuşmak **a tu per tu** baş başa; karşı karşıya
tubatura *sf* boru tertibatı
tubercolosi *sf* verem, tüberküloz
tuberosa *sf* çuhaçiçeği
tubetto *sm* tüp
tubo *sm* boru **tubo dell'acqua** su borusu **tubo di scappamento** egzoz borusu **tubo digerente** sindirim borusu
tuffare *vt* daldırmak, batırmak
tuffarsi *vr* dalmak, suya atlamak
tuffo *sm* dalma, suya atlama

tugurio *sm* bakımsız yer
tulipano *sm* lale
tumefarsi *vr* şişmek; kabarmak
tumido *agg* şişmiş, kabarmış
tumore *sm* ur, tümör
tumulto *sm* kargaşa; ayaklanma, isyan
tumultuoso *agg* gürültülü, patırtılı; isyankâr
tunica *sf* tunik
tunnel *sm* tünel
tuo *agg* senin § *pron* seninki
tuono *sm* gök gürültüsü
tuorlo *sm* yumurta sarısı
turacciolo *sm* şişe kapağı
turare *vt* tıkamak, kapamak *turarsi il naso* burnunu tıkamak
turbamento *sm* huzursuzluk, tedirginlik; düzensizlik
turbante *sm* türban, tülbent
turbare *vt* karıştırmak; sarsmak; etkilemek; rahatsız etmek
turbine *sm* girdap; kasırga
turbo *agg/sm* turbo
turbogetto *sm* turbojet
turbolento *agg* çalkantılı, fırtınalı; yaramaz
turbolenza *sf* karışıklık, kargaşa, ayaklanma
turchese *agg/sf* firuze, türkuvaz
§**Turchia** *sf* :
§ **la Turchia** Türkiye

turchino *agg/sm* koyu mavi
turco *agg* Türkiye +; Türk + § *sm* Türk; Türkçe *caffè alla turca* Türk kahvesi
turismo *sm* turizm
turista *sm/f* turist
turistico *agg* turistik *ufficio turistico* turizm bürosu *agenzia turistica* seyahat acentası
turno *sm* sıra; nöbet, vardiya *farmacia di turno* nöbetçi eczane *turno di notte* gece nöbeti *fare a turno* sırayla yapmak
turpe *agg* çirkin, aşağılık, iğrenç
turpiloquio *sm* çirkin sözler
tuta *sf* iş tulumu; eşofman
tutela *sf* huk. vasilik; koruma; himaye
tutelare *vt* korumak
tutore *sm* vasi; koruyucu
tuttavia *cong* bununla beraber, yine de, mamafih
tutto *agg/pron* bütün, tüm; hepsi; her; herşey *tutto il tempo* sürekli *tutto a un tratto* birden, aniden *tutto il giorno* bütün gün *a tutt'oggi* bugüne kadar *in tutti i casi* her şeye rağmen *di tutto cuore* içten, yürekten *dopo tutto* nihayet *a tutta forza* tüm gücüyle *prima di tutto* her şeyden önce *in tutto* toplam olarak *tutt'al più* en çok *del tutto* tamamıyla
tuttofare *agg/sm/f* orta hizmetçisi
tuttora *avv* hâlâ
tzigano *agg/sm* çigan, çingene

U

ubbidiente *agg* söz dinleyen, itaatli
ubbidienza *sf* söz dinleme, itaat
ubbidire *vi* söz dinlemek, itaat etmek
ubicare *vt* yerleştirmek, iskân etmek
ubriacare *vt* sarhoş etmek; *mec.* kendinden geçirmek
ubriacarsi *vr* sarhoş olmak
ubriaco *agg* sarhoş; kendinden geçmiş
ubriacone *sm* ayyaş
uccelliera *sf* büyük kuş kafesi
uccello *sm* kuş
uccidere *vt* öldürmek
uccisione *sf* öldürme
ucciso *agg* öldürülen
uccisore *sm* katil
udienza *sf* oturum; celse
udire *vt* duymak, işitmek
uditivo *agg* işitsel
udito *sm* işitme duyusu; işitme
uditore *sm* dinleyici

uditorio *sm* dinleyiciler
ufficiale₁ *agg* resmi *gazzetta ufficiale* resmi gazete
ufficiale₂ *sm* subay; resmi görevli *pubblico ufficiale* kamu görevlisi *ufficiale di stato civile* evlendirme memuru
ufficio *sm* büro, ofis; daire; görev *d'ufficio* resmen *ufficio postale* postane *ufficio di collocamento* iş ve işçi bulma kurumu *ufficio di imposte* vergi dairesi *orario d'ufficio* çalışma saatleri
ufficioso *agg* yarı resmi
Ufo *sm* uçandaire
uggioso *agg* sıkıcı; sıkıntılı
uguaglianza *sf* eşitlik; denklik
uguagliare *vt* denkleştirmek; eşitlemek
uguagliarsi *vr* denk olmak, eşit olmak
uguale *agg* eşit; denk; aynı
ugualmente *avv* eşit olarak; yine de
ulcera *sf* ülser
ulna *sf* dirsek kemiği
ulteriore *agg* diğer; sonraki; bundan başka
ultima *sf* en son olay
ultimare *vt* bitirmek; tamamlamak
ultimatum *sm* ültimatom
ultimo *agg* son; sonuncu; geçen; en önemli *in ultima analisi* sonuç olarak *fino all'ultimo* sonuna kadar *all'ultimo* sonunda, en sonunda *in ultimo* son olarak
ultra- *pref* ultra-, aşırı; - ötesi
ultravioletto *agg* morötesi, ültraviyole
ululare *vi* ulumak
ululato *sm* uluma; inleme
umanista *sm/f* hümanist
umanità *sf* insanlık; merhamet
umanitario *agg* insancıl, hayırsever
umano *agg* insan +; insani
umidità *sf* nemlilik, nem, rutubet
umido *agg* nemli, rutubetli § *sm* ıslaklık, nem
umile *agg* alçakgönüllü, mütevazı
umiliare *vt* küçük düşürmek; gururunu kırmak
umiliarsi *vr* gururu kırılmak; küçük düşmek
umiliazione *sf* küçük düşme, aşağılanma
umiltà *sf* alçakgönüllülük, tevazu
umore *sm* ruhi durum; mizaç; keyif *essere di buon umore* keyfi yerinde olmak *essere di cattivo umore* keyfi kaçmak
umorismo *sm* mizah, güldürü; komiklik

umorista *sm/f* mizah ustası; güldürü sanatçısı

umoristico *agg* güldürü +; nükteli, komik

unanime *agg* hep birlikte; oybirliğiyle

unanimità *sf* oybirliği; ittifak *all'unanimità* oybirliğiyle

uncinetto *sm* tığ, şiş

uncino *sm* kanca, çengel

undici *num* on bir

ungere *vt* yağlamak

ungersi *vr* yağlanmak

ungherese *agg/sm/f* Macaristan +, Macar +; Macar; Macarca

unghia *sf* tırnak; *mec.* pençe

unghiata *sf* tırmalama; tırmık

unguento *sm* merhem

unico *agg* tek; yalnız; eşsiz *figlio unico* tek çocuk

unificare *vt* birleştirmek; standartlaştırmak

unificazione *sf* birlik; birleşme; standartlaştırma

uniformare *vt* uydurmak

uniforme *sf* resmi giysi, üniforma

unilaterale *agg* tekyanlı; bir taraflı

unione *sf* birlik; birleşme; anlaşma; uyum *unione doganale* gümrük birliği

unire *vt* birleştirmek; bağlamak; uyuşturmak

unirsi *vr* birleşmek, bir araya gelmek; katılmak

unità *sf* birlik; *ask.* birlik; birim; ünite *unità monetaria* para birimi

unitario *agg* birlik içinde, bölünmez *prezzo unitario* birim fiyat

unito *agg* birleşmiş; birlik içinde; uyumlu *tinta unita* tek renk *Nazioni Unite* Birleşmiş Milletler

universale *agg* evrensel; genel

università *sf* üniversite

universitario *agg* üniversite + § *sm* üniversite öğrencisi

uno *agg/pron* bir; herhangi bir(i); biri, birisi; tek *uno per cento* yüzde bir *a uno a uno* birer birer *l'uno e l'altro* her ikisi de *uno di noi* bizden biri

unto1 *agg* yağlı, yağlanmış

unto2 *sm* yağ

untuoso *agg* yağlı

uomo *sm* insan; adam, erkek; kişi *uomo d'affari* işadamı

uopo *sm* gereksinme, ihtiyaç *all'uopo* gerektiğinde

uovo *sm* yumurta *bianco dell'uovo* yumurta akı *rosso d'uovo* yumurta sarısı *uovo di Pasqua* Paskalya yumurtası

uovo sode katı yumurta *uovo in camicia* lop yumurta
uragano *sm* kasırga
uranio *sm kim.* uranyum
Urano *sm gökb.* Uranus
urbanistica *sf* kentbilim, şehircilik
urbano *agg* kent +, şehir +; nazik, kibar
urbe *sf* kent, şehir
urea *sf* üre
urgente *agg* acil; zorunlu *caso urgente* acil durum
urgenza *sf* acele, ivedilik; gereklilik *con urgenza* acil olarak
urgere *vi* gerekli olmak
urina *sf* idrar, sidik
urlare *vi* bağırmak, çığlık atmak
urlo *sm* çığlık, feryat; haykırma
urna *sf* kavanoz; oy sandığı *andare alle urne* sandığa gitmek, oy vermek
urrà *inter* çok yaşa!, yaşasın!
urtare *vt* çarpmak, vurmak; sinirlendirmek
urtarsi *vr* çarpışmak; sinirlenmek
urto *sm* çarpma, vurma; çarpışma; uyuşmazlık
usanza *sf* alışkanlık; gelenek
usare *vt* kullanmak; yararlanmak § *vi* alışkanlığı olmak; kullanılmak

usato *agg/sm* kullanılmış, eskimiş; elden düşme
usciere *sm* odacı; kapıcı
uscio *sm* kapı
uscire *vi* çıkmak; (söz) bitmek *uscire dal pericolo* tehlikeyi atlatmak
uscita *sf* çıkış; çıkma; harcama; çıkış kapısı *via d'uscita* çıkış yolu, çözüm yolu *all'uscita* çıkışta *via senza uscita* çıkmaz sokak
usignolo *sm* bülbül
uso *sm* kullanım, kullanma; alışkanlık; âdet *fuori uso* modası geçmiş; bozuk
ustione *sf* yanık; yanma
usuale *agg* alışılmış, olağan
usura1 *sf* tefecilik; faiz
usura2 *sf* yıpranma, aşınma
utensile *agg/sm* alet; araç, takım *utensili di cucina* mutfak aletleri
utente *sm/f* kullanan, tüketen
utero *sm* rahim, dölyatağı
utile *agg* yararlı, faydalı; verimli § *sm* kazanç; çıkar *in tempo utile* zamanında *utile netto* net kazanç
utilità *sf* yarar, fayda
utilitaria *sf* binek arabası
utilitario *agg/sm* çıkarcı
utilizzare *vt* yararlanmak; kul-

lanmak
uva *sf* üzüm ***uva passa*** kuru üzüm ***uva spina*** bektaşiüzümü
uzzolo *sm* istek, arzu

V

vacante *agg* boş, sahipsiz
vacanza *sf* tatil; boşluk ***andare in vacanza*** tatile çıkmak ***essere in vacanza*** tatilde olmak
vacca *sf* inek
vaccinare *vt* aşılamak
vaccino *sm* aşı
vacillare *vi* sendelemek, sallanmak; bocalamak
vacuo *agg* boş; anlamsız
vagabondo *agg/sm* avare; serseri, başıboş
vagare *vi* gezinmek; aylak aylak dolaşmak
vagheggiare *vt* yanıp tutuşmak; çok istemek
vagina *sf* dölyolu, vajina
vagire *vi* (bebek) ağlamak
vagito *sm* ağlama, feryat
vaglia *sm* havale ***vaglia postale*** posta havalesi
vagliare *vt* elekten geçirmek; *mec.* iyice incelemek
vaglio *sm* kalbur, elek

vago *agg* belli belirsiz; şüpheli
vagone *sm* vagon ***vagone letto*** yataklı vagon ***vagone ristorante*** lokanta vagonu
vaiolo *sm* çiçek hastalığı
valanga *sf* çığ
valente *agg* hünerli, becerikli
valere *vi* değerinde olmak; nüfuzu olmak; getirmek; yaramak; değerli olmak ***non vale la pena*** değmez ***quanto vale?*** ne kadar? ***vale a dire*** yani, demek istiyorum ki
valevole *agg* geçerli
valicare *vt* aşmak, öteye geçmek
valico *sm* geçit; boğaz
valido *agg* geçerli; etkin; değerli
valigeria *sf* deri eşya; deri eşya imalathanesi
valigia *sf* bavul, valiz ***fare le valigie*** yolculuk hazırlığı yapmak ***valigia diplomatica*** diplomatik kurye
vallata *sf* vadi
valle *sf* vadi
valletto *sm* uşak, hizmetçi
valore *sm* değer, kıymet; geçerlilik; cesaret § *pl* değerli eşya ***di valore*** değerli ***senza valore*** değersiz
valorizzare *vt* değerlendirmek
valuta *sf* para ***valuta cartacea*** kâğıt para

valutare *vt* değer biçmek; belirlemek; değerlendirmek; ölçüp biçmek
valutazione *sf* değer biçme; değerlendirme; belirleme
valvola *sf* supap; *elek.* sigorta; *anat.* kapakçık
valzer *sm* vals
vampata *sf* alev, ısı
vampiro *sm* vampir
vandalismo *sm* barbarlık
vandalo *sm* barbar
vaneggiare *vi* sayıklamak, saçmalamak
vanga *sf* bahçıvan beli
vangelo *sm* İncil
vaniglia *sf* vanilya
vanillina *sf* vanilin
vanità *sf* hiçlik; kendini beğenmişlik
vanitoso *agg* kendini beğenmiş, kibirli
vano *agg* boş, nafile; yararsız; verimsiz § *sm* duvar boşluğu; oda
vantaggio *sm* üstünlük, avantaj; çıkar *essere di vantaggio a* yararına olmak *portarsi in vantaggio* öne geçmek
vantaggioso *agg* elverişli, kârlı
vantare *vt* övmek, göklere çıkarmak
vantarsi *vr* övünmek; gurur duymak
vanteria *sf* kendini övme; böbürlenme
vanto *sm* övünç; gurur; böbürlenme
vanvera *avv* : *a vanvera* gelişigüzel; rasgele *parlare a vanvera* aklına geleni söylemek
vapore *sm* buhar, buğu *a tutto vapore* son hızla *vapore acqueo* su buharı
vaporetto *sm* küçük vapur
vaporizzare *vt* buharlaştırmak
vaporoso *agg* ince, şeffaf; belirsiz
varare *vt den.* suya indirmek; *mec.* yasayı çıkarmak
varcare *vt* öteye geçmek, aşmak
varco *sm* geçit; yol
variabile *agg* değişken, değişen
variare *vt* değiştirmek § *vi* değişmek
variato *agg* değişik, farklı
variazione *sf* değişiklik; düzeltme
varice *sf* varis
varicella *sf* suçiçeği
varicoso *agg* varisli
variegato *agg* renk renk
varietà *sf* çeşitlilik; çeşit; cins § *sm* müzikli şov gösterisi, varyete
vario *agg* çeşitli, türlü; farklı

variopinto *agg* renk renk
varo *sm* suya indirme
vasaio *sm* çanak çömlekçi
vasca *sf* havuz; küvet **vasca da bagno** banyo küveti
vascello *sm* *den.* büyük yelkenli savaş gemisi
vaselina *sf* vazelin
vasellame *sm* çanak çömlek; porselen takımı
vaso *sm* vazo; saksı; kavanoz; *anat.* damar **vaso da fiori** saksı
vassoio *sm* tepsi
vasto *agg* geniş; sonsuz
Vaticano *sm* Vatikan
vecchiaia *sf* yaşlılık
vecchio *agg* yaşlı; eski; bayat § *sm* yaşlı insan
vece *sf* : **fare le veci di ...** -nin görevini yürütmek **in vece mia** benim yerime
vedere *vt* görmek; farkına varmak; anlamak
vedersi *vr* kendini görmek; görüşmek **ci vediamo!** görüşürüz **far vedere** göstermek, haddini bildirmek **farsi vedere** gözükmek, görünmek
vedetta *sf* gözetleme yeri; *den.* sahil güvenlik gemisi
vedova *sf* dul kadın
vedovo *agg/sm* dul
veduta *sf* görünüm, manzara; görüş
veemente *avv* şiddetli; ateşli
vegetale *agg/sm* bitki +; bitkisel
vegetariano *agg/sm* etyemez, vejetaryen
vegeto *agg* sağlıklı, dinç
veglia *sf* uyanık kalma; uyumama
vegliare *vt/vi* uyanık kalmak; sabahlamak
veicolo *sm* araç, taşıt **veicolo spaziale** uzaygemisi
vela *sf* yelken **barca a vela** yelkenli tekne
velare *vt* örtmek, üstünü kapamak
velarsi *vr* örtünmek
velato *agg* örtülü; gizli
veleggiare *vi* yelken açmak; süzülerek uçmak
velenifero *agg* zehirli
veleno *sm* zehir
velenoso *agg* zehirli
veliero *sm* yelkenli
velina *sf* karbon kâğıdı; parşömen kâğıdı
velivolo *sm* uçak
velleità *sf* saçma istek/arzu/amaç
vello *sm* post
velluto *sm* kadife
velo *sm* tül; peçe; ince zar
veloce *agg* çabuk; hızlı, süratli
velocista *sm/f* kısa mesafe koşucusu

velocità *sf* hız, sürat *velocità limite* hız limiti
velodromo *sm* bisiklet yarış alanı
vena *sf* damar; kaynak; eğilim; ilham
venale *agg* satılabilir; çıkarını düşünen
vendemmia *sf* bağbozumu
vendemmiare *vt* bağ bozmak, üzüm toplamak
vendere *vt* satmak
vendesi *sm* satılık
vendetta *sf* öç, intikam
vendicare *vt* öcünü almak
vendicativo *agg* kinci
vendita *sf* satma, satış *contratto di vendita* satış sözleşmesi *in vendita* satılık *reparto vendite* satış bölümü *vendita all'asta* açık artırmayla satış *vendita in contanti* peşin satış
venditore *sm* satıcı *venditore ambulante* seyyar satıcı
venefico *agg* zehirli
venerabile *agg* saygıdeğer
venerando *agg* saygıdeğer; saygın
venerare *vt* çok sevmek; hürmet etmek
venerdì *sm* cuma
Venere *sf* Venüs; Çobanyıldızı
venereo *agg* cinsel ilişki +
veneziana *sf* jaluzi
venia *sf* af, bağışlama

veniale *agg* affedilebilir
venire *vi* gelmek; ulaşmak; büyümek *far venire* getirtmek *quanto viene?* (fiyat) ne kadar? *venire su* büyümek, yetişmek *venire al mondo* dünyaya gelmek, doğmak
ventaglio *sm* yelpaze
ventata *sf* şiddetli rüzgâr
ventenne *sm/f* yirmi yaşında, yirmilik
ventesimo *num* yirminci
venti *num* yirmi
ventilare *vt* havalandırmak; *mec.* tartışmaya açmak
ventilatore *sm* vantilatör
ventina *sf* yirmi kadar
vento *sm* rüzgâr *rosa dei venti* rüzgârgülü
ventola *sf* körük; yelpaze
ventosa *sf* vantuz; (hayvanda) emici organ
ventoso *agg* rüzgârlı
ventre *sm* karın; göbek
ventura *sf* alınyazısı; talih, şans *alla ventura* gelişigüzel, rasgele *soldati di ventura* paralı asker
venturo *agg* gelecek
venuta *sf* gelme, geliş
venuto *agg* gelen, gelmiş
veramente *avv* gerçekten; aslında
veranda *sf* veranda

verbale¹ *agg* fiil +; sözlü
verbale² *sm* tutanak, zabıt
verbo *sm* fiil, eylem *verbo ausiliare* yardımcı fiil *verbo regolare* düzenli fiil *verbo irregolare* düzensiz fiil
verde *agg/sm* yeşil *verde chiaro* açık yeşil *verde cupo* koyu yeşil *essere al verde* meteliksiz kalmak
verderame *sm* bakır yeşili
verdetto *sm* yargı; karar
verdura *sf* sebze; yeşillik
verga *sf* çubuk, değnek
vergato *agg* çizgili
vergine *sf* kız, bakire; Meryem Ana *Vergine* Başak Burcu *olio extra vergine* halis zeytinyağı
verginità *sf* kızlık, bakirelik
vergogna *sf* utanç; utanma; ayıp
vergognarsi *vr* utanmak; yüzü kızarmak
vergognoso *agg* utanç verici; utangaç
verifica *sf* doğruluğunu araştırma; tetkik etme
verificare *vt* doğruluğunu ispat etmek; kontrol etmek, yoklamak
verità *sf* gerçek, hakikat
veritiero *agg* gerçeğe uygun
verme *sm* kurt, solucan
vermicello *sm* şehriye
vermiglio *agg* parlak kırmızı, al
vermut *sm* vermut
vernice *sf* boya; vernik *vernice a olio* yağlıboya
verniciare *vt* cilalamak, vernik sürmek
vero *agg* gerçek, hakiki *a dire il vero* aslında
verosimile *agg* gerçeğe uygun, inanılır
verruca *sf* siğil
versamento *sm* dökülme; *tic.* ödeme; para yatırma
versante *sm co.* yamaç
versare *vt* dökmek, boşaltmak; *tic.* ödemek § *vi* bulunmak, olmak
versarsi *vr* dökülmek
versatile *agg* çok yönlü, yetenekli
versato *agg* deneyimli, uzman
versione *sf* çeviri; yorum; versiyon
verso¹ *prep* -ye doğru, yönünde; -e karşı *verso sera* akşama doğru
verso² *sm* mısra; satır; koşuk; çığlık; yön; gürültü; yol *per un verso* bir yandan *non c'è versi* imkânsız, çaresiz
vertebra *sf* omur, omurga
verticale *agg/sf* düşey, dikey
vertice *sm* doruk, tepe, zirve

conferenza al vertice zirve konferansı
vertigine *sf* baş dönmesi
vertiginoso *agg* baş döndüren, çok hızlı
vescica *sf anat.* sidik torbası; kese
vescovato *sm* piskoposluk
vescovo *sm* piskopos
vespa *sf* eşekarısı
vespro *sm* akşam vakti
vessillo *sm* sancak, bayrak
vestaglia *sf* sabahlık, ropdöşambr
veste *sf* giysi; kılık; vasıf *in veste ufficiale* resmi olarak
vestiario *sm* giyim eşyası; sahne kostümü
vestibolo *sm* giriş, hol, antre
vestire *vt* giydirmek
vestirsi *vr* giymek, giyinmek
vestito *agg* giyinik § *sm* elbise, giysi *vestito da sera* gece elbisesi
veterano *sm* kıdemli asker
veterinaria *sf* veterinerlik
veterinario *agg* veterinerlik + § *sm* veteriner, baytar
veto *sm* veto; yasak
vetraio *sm* camcı
vetrata *sf* cam kapı, cam pencere
vetrato *agg* camlı
vetreria *sf* cam fabrikası § *pl* cam eşyalar

vetrina *sf* vitrin, camekân
vetrinista *sm/f* vitrin düzenleyicisi
vetro *sm* cam
vetta *sf* tepe, doruk
vettore *sm* vektör; taşıyıcı
vettovaglia *sf* yiyecek, erzak
vettura *sf* araba; vagon; nakliye
vetturino *sm* arabacı
vezzeggiare *vt* okşamak
vezzeggiativo *sm* küçültme ismi
vezzo *sm* âdet, alışkanlık; okşama § *pl* çekicilik, cazibe
vezzoso *agg* sevimli, çekici
via₁ *sf* yol; sokak *per via aerea* uçakla *via satellite* uydu aracılığıyla *trasmissione via cavo* kablolu TV yayını *per via orale* ağızdan *in via provvisoria* geçici olarak *per via di* yüzünden *in via di* olarak *via mare* deniz yoluyla *via terra* kara yoluyla
via₂ *avv* -den, dan § *sm* başlangıç; start *andar via* ayrılmak, gitmek *mandare via* kovmak
Via lattea *sf* Samanyolu
viabilità *sf* yol durumu; yollar
viadotto *sm* viyadük
viaggiare *vi* yolculuk etmek, seyahat etmek
viaggiatore *sm* yolcu
viaggio *sm* yolculuk, seyahat

borsa da viaggio seyahat çantası *buon viaggio!* iyi yolculuklar! *viaggio di nozze* balayı *viaggio turistico* tur
viale *sm* bulvar
viavai *sm* koşuşma
vibrare *vt* titreştirmek § *vi* titremek
vicaria *sf* vekillik
vicariato *sm* vekil
vice *sm* vekil, yardımcı
viceconsole *sm* konsolos vekili, viskonsül
vicedirettore *sm* müdür yardımcısı
vicenda *sf* olay *a vicenda* sırayla; karşılıklı olarak
vicendevole *agg* karşılıklı
vicepresidente *sm* başkan yardımcısı
viceversa *avv* tersine; karşılıklı olarak
vicinanza *sf* yakınlık § *pl* dolay, civar
vicinato *sm* komşuluk
vicino *agg* yakın; komşu § *sm* komşu
vicino *avv* yakında; yakından
vico *sm* köy
vicolo *sm* dar sokak
video *sm* video
videocamera *sf* video kamera
videocassetta *sf* video kaset
videoregistratore *sm* videoteyp
vietare *vt* yasaklamak; engel olmak
vietato *agg* yasak; engellenmiş *è vietato fumare* sigara içmek yasaktır *sosta vietata* durmak yasaktır
vigente *agg* yürürlükteki, geçerli olan
vigilante *sm/f* gözcü
vigilare *vt/vi* göz kulak olmak; gözcülük etmek
vigile *agg* dikkatli, uyanık § *sm* polis; itfaiyeci *vigile urbano* trafik polisi *vigile del fuoco* itfaiyeci
vigilia *sf* arife *alla vigilia di* hemen önce, arifesinde
vigliacco *agg/sm* alçak; kalleş
vigna *sf* üzüm bağı
vigneto *sm* üzüm bağı, bağ
vignetta *sf* karikatür
vigore *sm* güç, kuvvet; *huk.* yürürlük *essere in vigore* yürürlükte olmak *entrare in vigore* yürürlüğe girmek
vigoroso *agg* güçlü, kuvvetli
vile *agg* alçak, aşağılık, kalleş
vilipendio *sm* küçümseme, hor görme; aşağılama
villa *sf* villa
villaggio *sm* köy
villano *agg* kaba, hödük § *sm*

köylü; kaba insan
villino *sm* yazlık ev
villoso *agg* kıllı, tüylü
viltà *sf* alçaklık, aşağılık
vimine *sm* söğüt dalı
vincere *vt* kazanmak, yenmek; üstün gelmek; alt etmek
vincita *sf* kazanç; galibiyet
vincitore *sm* kazanan, galip
vincolare *vt* bağlamak; kısıtlamak
vincolo *sm* bağ, ilişki; yüküm
vinicolo *agg* şarap +
vino *sm* şarap *vino da pasto* sofra şarabı *vino d'annata* yıllanmış şarap
vinto *agg* kazanmış, galip gelmiş
viola1 *sf bitk.* menekşe § *agg/sm* mor
viola2 *sf müz.* viyola
violare *vt* ihlal etmek, çiğnemek; zorla girmek
violentare *vt* tecavüz etmek
violento *agg* zorba; şiddetli
violenza *sf* kaba güç, şiddet; zorbalık *violenza carnale* ırza tecavüz
violetta *sf* menekşe
violetto *sm* mor renk, menekşe rengi
violinista *sm/f* kemancı
violino *sm* keman; kemancı
violoncello *sm* viyolonsel; viyolonselci
viottolo *sm* dağ yolu, patika
vipera *sf* engerek yılanı
virale *agg* virüslü, virüs +
virare *vt* döndürmek, çevirmek § *vi* dönmek, yön değiştirmek
virgola *sf* virgül *punto e virgola* noktalı virgül
virgolette *sf/pl* tırnak işareti
virile *agg* erkeklik +; erkeğe özgü
virtù *sf* erdem, fazilet *in virtù di* -e dayanarak, ... gereğince
virtuale *agg* fiilen, fiili
virtuoso *agg* erdemli § *sm müz.* virtüöz
virus *sm* virüs
viscere *sm* bağırsaklar, iç organlar; *mec.* iç
vischio *sm* ökseotu
vischioso *agg* yapışkan, cıvık cıvık
viscido *agg* kaygan
visibile *agg* görünür, görülebilir
visiera *sf* şapka siperi
visionario *agg/sm* hayali, düşsel
visione *sf* görüş; inceleme; görüş açısı *prendere visione di* -e göz atmak, incelemek
visita *sf* ziyaret; doktor muayenesi, vizite; teftiş *visita ufficiale* resmi ziyaret *biglietto da visita* kartvizit
visitare *vt* ziyaret etmek; do-

laşmak; muayene etmek; denetlemek
visitatore *sm* ziyaretçi
visivo *agg* görsel
viso *sm* yüz, surat
visone *sm* vizon, Amerikan sansarı
vispo *agg* canlı, hareketli
vissuto *agg* yaşamış, görmüş geçirmiş
vista *sf* görme; görüş; görünüm *a prima vista* ilk görüşte, ilk bakışta *dare una vista* bir göz atmak *far bella vista* kendini göstermek *a vista d'occhio* göz alabildiğine *in vista di* göz önünde tutarak *perdere di vista* gözden kaçırmak
visto *sm* vize *visto d'ingresso* giriş vizesi *visto di transito* transit vize
vistoso *agg* göze çarpıcı; önemli
visuale *agg* görme +; görsel
vita1 *sf* yaşam, hayat; ömür *a vita* yaşam boyu *essere in vita* hayatta olmak *il costo della vita* hayat pahalılığı
vita2 *sf* bel
vitale *agg* çok önemli, hayati
vitalizio *agg* yaşam boyu süren
vitamina *sf* vitamin
vite1 *sf bitk.* asma
vite2 *sf mek.* vida

vitello *sm* dana
viticoltore *sm* bağcı
viticoltura *sf* bağcılık
vitreo *agg* cam gibi
vittima *sf* kurban
vitto *sm* yemek, yiyecek *spese di vitto e alloggio* yemek ve yatma ücreti
vittoria *sf* zafer
viva! *inter* yaşasın!
vivace *agg* canlı, hayat dolu; parlak
vivacità *sf* canlılık; parlaklık
vivaio *sm* balık havuzu; fidanlık
vivanda *sf* yiyecek, yemek
vivente *agg* yaşayan
vivere *vi* yaşamak; yaşam sürmek § *sm* yaşam, hayat *cessare di vivere* ölmek
viveri *sm/pl* yiyecekler
vivido *agg* canlı, parlak
vivo *agg* yaşayan, canlı; diri; *mec.* parlak; hararetli *farsi vivo* ortaya çıkmak *a viva voce* sözlü olarak *dal vivo* canlı olarak
viziare *vt* şımartmak; ihlal etmek
viziato *agg* şımarık; bozulmuş
vizio *agg* kötü huy; eksiklik, kusur
vizioso *agg* kötü huylu; kusurlu
vocabolario *sm* sözlük; sözcük dağarcığı
vocabolo *sm* sözcük, kelime

vocale

vocale₁ *agg* sesle ilgili
vocale₂ *sf dilb.* ünlü, sesli harf
vocazione *sf* çağırma, davet; yetenek; heves
voce *sf* ses; sözcük; madde *a voce* sözlü olarak *a tutta voce* yüksek sesle *avere voce in capitolo* söz sahibi olmak
vociare *vi* bağırmak
voga *sf* kürek çekme
vogare *vi* kürek çekmek
voglia *sf* arzu, istek; doğum lekesi *far venire la voglia* iştahını açmak, canı istemek
voi *pron* siz
voialtri *pron* sizler
volano *sm* batminton oyunu, bu oyunda kullanılan top; *mek.* düzenteker
volante₁ *agg* uçan *disco volante* uçandaire
volante₂ *sm oto.* direksiyon
volantino *sm* basılı doküman
volare *vi* uçmak; *mec.* geçip gitmek
volatile *agg/sm* uçan, uçucu § *sm* kuş
volente *agg* istekli
volenteroso *bkz* volonterosa
volentieri *avv* isteyerek, seve seve
volere₁ *vt* istemek; arzu etmek § *vi* gerekmek, istemek *che cosa vuoi?* ne istiyorsunuz? *volere male* nefret etmek *volere o volare* ister istemez
volere₂ *sm* arzu, istek
volgare *agg* halk tabakasına ait; kaba; adi
volgarizzare *vt* halk diline çevirmek
volgere *vt* döndürmek; çevirmek
volgersi *vr* dönmek; dönüşmek
volgo *sm* halk tabakası
volitivo *agg* istekli; iradeli
volo *sm* uçuş, uçma *capire al volo* leb demeden leblebiyi anlamak *a volo d'ucello* kuşbakışı
volontà *sf* istek, arzu, dilek *a volontà* istediği kadar *buona volontà* iyi niyet
volontario *agg* gönüllü § *sm* gönüllü asker
volpe *sf* tilki
volt *sm* volt
volta *sf* kere, defa, kez; dönemeç; dönme; *mim.* tonoz; tavan *ancora una volta* bir kez daha, yeniden *uno per volta* birer birer, sırayla *spesse volte* sık sık *un po' per volta* azar azar *una volta* bir kez *una volta o l'altra* er ya da geç
voltafaccia *sf* yüz çevirme, geriye dönme

voltaggio *sm* voltaj, gerilim
voltare *vt* döndürmek; yöneltmek
voltarsi *vr* dönmek
volteggiare *vi* uçuşmak; sıçramak
volto *sm* yüz, surat
volubile *agg* değişken karakterli; maymun iştahlı
volume *sm* hacim; kapsam; cilt; ses
voluminoso *agg* çok yer tutan; geniş
voluttà *sf* şehvete düşkünlük
voluttuoso *agg* şehvetli, çekici
vomitare *vt* kusmak; püskürmek
vomito *sm* kusma; kusmuk
vongola *sf* deniz tarağı
vorace *agg* obur
voragine *sf* derin yarık
vortice *sm* girdap, anafor; hortum
vostro *agg/pron* sizin § *sm* sizinki
votante *sm/f* seçmen
votare *vt/vi* oy vermek; oyla onaylamak; adamak
votazione *sf* oy verme, oylama; not *votazione unanime* oybirliği
voto *sm* ant; adak; oy; not *mettere ai voti* oylamaya koymak *voto di fiducia* güven oyu
vulcanico *agg* volkanik
vulcano *sm* yanardağ
vulnerabile *agg* yaralanabilir; incinebilir
vulva *sf anat.* vulva
vuotare *vt* boşaltmak
vuotarsi *vr* boşalmak
vuoto *agg* boş; mahrum § *sm* boşluk, çukur; vakum *discorsi vuoti* boş laflar *assegno a vuoto* karşılıksız çek *vuoto d'aria* hava boşluğu *a vuoto* boşuna

W

water closet *sm* tuvalet
whisky *sm* viski

X

xerografia *sf* serigrafi
xilofono *sm müz.* ksilofon

Y

yacht *sm* yat
yard *sm* yarda
yogurt *sm* yoğurt

Z

zabaione *sm* yumurtalı likör

zaffata *sf* kötü koku
zafferano *sm* safran
zaffiro *sm* safir, gökyakut
zaino *sm* sırt çantası
zampa *sf* (hayvanda) ayak; pençe
zampetto *sm* paça
zampillare *vi* fışkırmak
zampillio *sm* fışkırma
zampillo *sm* fışkırtı
zampogna *sf* gayda
zana *sf* sepet
zanna *sf* (hayvanda) sivri diş; azıdişi
zanzara *sf* sivrisinek
zanzariera *sf* cibinlik
zappa *sf* çapa
zappare *vt* çapalamak
zar *sm* çar
zarina *sf* çariçe
zattera *sf* sal
zavorra *sf* safra, ağırlık
zazzera *sf* (erkekte) uzun saç
zebra *sf* zebra
zebrato *agg* çizgili, çubuklu *passaggio zebrato* yaya geçidi
zecca1 *sf* darphane
zecca2 *sf hayb.* parazit
Zelanda *sf* Zelanda *Nuova Zelanda* Yeni Zelanda
zelo *sm* çaba, hararet, şevk
zenit *sm gökb.* başucu noktası
zenzero *sm* zencefil
zeppa *sf* takoz, kama

zeppo *agg* tıka basa dolu *pieno zeppo* dopdolu
zerbino *sm* paspas
zero *sm* sıfır; hiç *sotto zero* sıfırın altı *partire da zero* sıfırdan başlamak
zia *sf* teyze, hala, yenge
zibellino *sm* samur
zigomo *sm anat.* elmacık kemiği
zigzag *sm* zikzak, dolambaçlı
zimbello *sm* gülünecek kişi, maskara
zinco *sm* çinko
zingaro *sm* Çingene
zinna *sf* meme
zio *sm* amca, dayı, enişte
zip *sm* fermuar
zitella *sf* evde kalmış kız
zitto *agg* sessiz; suskun *zitto!* sus!, kes sesini!
zizzania *sf mec.* anlaşmazlık *seminare zizzania* anlaşmazlık yaratmak, nifak sokmak
zoccola *sf* şırfıntı
zodiaco *sm gökb.* zodyak, burçlar kuşağı
zolfanello *sm* kibrit
zolfo *sm* kükürt
zolla *sf* toprak parçası
zolletta *sf* kesmeşeker
zompo *sm* atlama, sıçrama
zona *sf* bölge; alan, saha *in zona*

cesarini son anda *zona di alta pressione* yüksek basınç alanı *zona di depressione* alçak basınç alanı *zona industriale* sanayi bölgesi *zona verde* yaşil alan

zonzo *sm* : *andare a zonzo* boş boş dolaşmak, oyalanmak

zoo *sm* hayvanat bahçesi

zoologia *sf* hayvanbilim, zooloji

zoologico *agg* hayvanbilimsel, zoolojik

zoologo *sm* zoolog

zoppicare *vi* topallamak, aksamak

zoppo *agg* topal, aksak; *mec.* kusurlu

zotico *agg* kaba, hödük

zucca *sf* kabak

zuccherare *vt* şeker koymak

zuccherato *agg* şekerli

zuccheriera *sf* şekerlik

zuccherificio *sm* şeker fabrikası

zuccherino *agg* şekerli, tatlı

zucchero *sm* şeker

zucchino *sm* dolmalık kabak *zucchini ripieni* kabak dolması

zuffa *sf* itişme, kakışma

zuppa *sf* çorba; tirit; *mic.* karışıklık *zuppa di verdura* sebze çorbası *zuppa inglese* supanglez

zuppiera *sf* çorba tası

zuppo *agg* ıslanmış, suya batmış *zuppo fradicio* sırılsıklam

İtalyanca Öğrenci Sözlüğü

Bölüm İki

TÜRKÇE - İTALYANCA

A

abajur paralume
abanmak gettarsi di peso
abanoz *bitk.* ebano
abartı iperbole
abartmak esagerare, drammatizzare, enfatizzare, gonfiare, ingrandire, ingigantire, ricamare, sopravvalutare
abece abbicci, alfabeto
abecesel alfabetico
abes futile, inutile
abide monumento
abla sorella maggiore
abluka blocco **abluka etmek** bloccare
abone abbonamento, abbonato, quota d'abbonamento **abone olmak** abbonarsi
abonman abbonamento
abuk sabuk incoerente
acaba mai, forse, per avventura
acayip strano, bizzarro, stravagante, bisbetico, estroso, grottesco, peregrino
acayiplik bizzarria
acele pressante, urgente, affrettato; fretta, furia, premura, urgenza **acele etmek** affrettarsi, fare fretta a qc, sbrigarsi, spicciarsi
aceleci frettoloso, precipitoso
acemi inesperto, novizio, maldestro, novellino; principiante
acente agenzia; agente
acı acre, afflizione, amaro, amaro, aspro, piccante; male; passione, pena, sofferenza, tormento, compianto, desolazione, dolore, ostico, patimento, piccante, rancido **acı çekmek** dolere, patire, soffrire, penare, spasimare, affliggersi, tormentarsi **acısını çekmek** risentire
acıklı deplorabile, deplorevole, doloroso, lacrimevole, lacrimoso, patetico, pietoso, strappalacrime, tragico, triste
acıkmak aver fame
acılık acredine, amarezza, rancidezza
acıma compassione, misericordia, pietà, compatimento
acımak compatire, compiangere, deplorare, lamentare
acımasız acerrimo, atroce, carnefice, crudele, empio, feroce, impietoso, inclemente, senza pietà, truce
acımasızlık crudeltà, atrocità, efferatezza, inclemenza, spietanza, spietatezza
acındırmak impietosire

acıtmak indolenzire, farire, addolorare

acil impellente, pressante, urgente, stringente *acil servis* pronto soccorso

âciz impotente

aciz incapace

aç affamato *aç kalmak* digiunare *aç karnına* a digiuno

açgözlü avido, ghiotto, cupido, ingordo, insaziabile, sfondato

açgözlülük avidità, brama, cupidigia, voracità

açı angolo

açık aperto; libero; chiaro; esplicito; preciso, apparente; ammanco; (futbol) ala; (hesap) spareggio, cospicuo, distinto, lampante, manifesto, netto, sereno, sfumato, spiccato *açık açık* esplicitamente, nettamente *açık alan* spianato *açık artırma* asta, incanto *açık çek* assegno in bianco *açık deniz* alto mare, il largo, altura *açık hava* sereno *açık hava tiyatrosu* arena *açık konuşmak* mettere i puntini sulle i, parlare chiaro *açık saçık* scabroso, sconcio, piccante, osé, porno *açık seçik* nitido

açıkça apertamente, chiaramente, esplicitamente, a chiare note, a viso aperto, addirittura, francamente, nettamente, palesemente, pubblicamente, vistosamente

açıkgöz astuto, birichino, furbacchione, sveglio, scaltro, vispo

açıkgözlülük scaltrezza

açıklama annotazione, dichiarazione, enunciazione, esplicazione, formulazione, glossa, illustrazione, interpretazione, professione, rivelazione, schiarimento

açıklamak spiegare, denunciare, esporre, precisare, chiarire, dichiarare, esplicare, illustrare, interpretare, proferire, pronunziare, prospettare

açıklayıcı dichiarativo, divulgativo, esplicativo, espressivo, interpretativo

açıklık apertura, evidenza, precisione, chiarezza, fauci, intercapedine, lucidità, nettezza, piazzale, slargo, vacanza

açıksözlü sincero

açıksözlülük sincerità

açılır kapanır ripieghevole

açılış apertura, inaugurazione; inaugurale

açılmak aprirsi; schiarirsi; rasserenarsi, chiarire, espandersi, liberarsi, riaprirsi, rischiararsi, sbottonarsi, snodarsi

açımlamak anatomizzare

açıölçer sestante

açlık fame *açlığını bastırmak* sedare la fame *açlık grevi* sciopero della fame *açlıktan ölmek* morire di fame

açmak aprire; sgombrare; (kalem) temperare; (radyo) accendere; (törenle) inaugurare, schiudere, sfumare, snodare, spiegare

açmaz dilemma

ad nome, prenome; titolo; *dilb.* sostantivo *ad durumu* caso *ad koymak* chiamare *ad takmak* soprannominare *ad vermek* denominare *adı geçen* detto, predetto, sopranominato *adını anmak* citare, menzionare

ada isola

adabımuaşeret galateo

adaçayı salvia

adak *din.* oblazione, ex voto

adale muscolo

adalet equità, giustizia *Adalet Bakanlığı* ministero di grazia e giustizia

adaletsiz ingiusto, iniquo

adaletsizlik ingiustizia, iniquità

adalı isolano

adam uomo, individuo, persona, signore, soggetto *adam almak* impiegare *adam öldürme* omicidio *adam tutmak* marcare

adamak farevoto, promettere, votare, consacrare, dedicare

adamakıllı di santa ragione, fortemente, per bene

adamsendecilik qualunquismo

adaptasyon adattamento

adapte adatto *adapte etmek* adattare *adapte olmak* adattarsi, inserirsi

adaş omonimo

aday aspirante, candidato, concorrente, pretendente *aday göstermek* candidare

adçekme sorteggio

adçekmek sorteggiare

âdet abitudine, consuetudine, uso, andazzo, costumanza, vezzo *âdet edinmek* solere

âdeta addirittura

adil *dilb.* pronome

adım passo *adım adım* a passo d'uomo, a passo di lumaca *adım atmak* fare un passo

adına a nome di, da parte di, per incarico di

adi basso, scadente, volgare, comune, infimo, spregevole

adil equo, giusto

adilik banalità, trivialità, volgare, volgarità
adlandırmak chiamare, nominare, denominare, intitolare
adli forense, giudiziario, giuridico *adli sicil* casellario penale *adli tıp* medicina legale
adliye giustizia *adliye sarayı* palazzo di giustizia
adres indirizzo, recapito *adres defteri* rubrica, agendina
Adriyatik adriatico
aerobik aerobica
af condono, perdono, remissione, venia
afacan birichino, moccioso
afallamak sbalordire, stupire, trasognare, allibire
aferin bravo!, complimenti!
afet disgrazia, calamità, disastro
affetmek perdonare, scusare
Afgan afgano
afiş cartello, cartellone, affisso, locandina
afiyet salute, sanità
aforoz anatema, scomunica *aforoz etmek* scomunicare
Afrika Africa, Continente Nero
Afrikalı africano
afyon oppio, papavero
ağ rete, reticolato, reticolo
ağa feudatario
ağabey fratello maggiore

ağaç albero *ağaç kabuğu* corteccia
ağaççileği lampone
ağaçkakan picchio
ağaçkavunu cedro
ağaçlıklı boscoso
ağarmak imbianchire, imbiancare
ağda depilazione
ağdalı viscoso, vischioso
ağı veleno
ağıl alone, aureola, nimbo, ovile, stabbio
ağılı velenoso
ağıotu cicuta
ağır pesante, grave, gravoso, lento, sostenuto, massiccio *ağır ağır* lentamente *ağır ceza* corte d'assise *ağır ceza mahkemesi* corte d'assise, tribunale penale *ağır çekim* effetto di rallentamento *ağır gelmek* pesare *ağır işitmek* avere l'udito ottuso, essere duro di timpani *ağır sanayi* industria pesante
ağırbaşlı contegnoso, grave, dignitoso
ağırlamak ospitare
ağırlaşmak aggravarsi, appesantirsi, peggiorare
ağırlık pesantezza, peso, gravità, lentezza, lungaggine *ağırlık*

merkezi baricentro, centro di gravità *ağırlık vermek* gravare
ağırsıklet peso massimo
ağıt elegia, nenia
ağız bocca; idioma, parlare, parlata *ağız kavgası* alterco, battibecco, litigio *ağızdan ağıza dolaşmak* circolare, passare di bocca in bocca *ağzı açık kalmak* restare a bocca aperta, strabiliare *ağzı sulanmak* leccarsi le labbra *ağzı süt kokmak* avere ancora il latte alla bocca *ağzına geleni söylemek* dime di tutti i colori, sparare a zero *ağzında gevelemek* balbettare, ciancicare *ağzını açmamak* essere una tomba, fare scena muta, non dire parola *ağzını sulandırmak* far venire l'acquolina *ağzının payını vermek* rispondere per le rime
ağızlık bocchino, boccaglio, imboccatura
ağlamak piangere, lacrimare, spargere lacrime, vagire
ağlamaklı flebile *ağlamaklı olmak* avere le lacrime agli occhi
ağlatı tragedia
ağrı dolore, male, fitta, pena, spasimo
ağrımak dolere, indolenzirsi
ağtabaka *anat.* rètina
ağustos agosto
ağustosböceği cicala
ah ahi
ahali popolo, pubblico
ahbap amico, conoscente, conoscenza
ahenk armonia, ritmo
ahır scuderia, stabbio, stalla
ahize ricettore, ricevitore
ahlak morale, costume *ahlakını bozmak* corrompere, depravare
ahlakçı moralista
ahlakdışı amorale, immorale, scollacciato
ahlaki etico, morale
ahlaklı morigerato, costumato
ahlaksız disonesto, dissoluto, licenzioso, perverso, scostumato, spudorato
ahlaksızlık dissolutezza, immoralità, malcostume, putridume, scostumatezza, spudoratezza, turpitudine
ahmak cretino, stupido, baccalà, barbalocco, ebete, interdetto, minchione, scemo
ahmaklık balordaggine, deficienza, ebetismo, scemenza, stupidità
ahret vita futura, altra vita, altro

mondo
ahşap di legno
ahtapot polpo
ahu gazzella
ahududu lampone
aidat quota
aile famiglia *aile efradı* famigliare *aile planlaması* pianificazione familiare *aile reisi* capo famiglia, capoccio
ait appartenente, relativo *ait olmak* appartenere, riguardare, competere, spettare, toccare
ajan agente, spia *ajan provokatör* agente provocatore
ajanda agenda, rubrica
ajans agenzia
ak bianco, candido
akademi accademia *akademi üyesi* accademico
akademik accademico
akağaç orniello
akarsu fiume
akaryakıt combustibile liquido
akasya acacia
akbaba avvoltoio, grifone
akciğer polmone
akçaağaç *bitk.* acero
akçe moneta
Akdeniz Mediterraneo, mare mediterraneo
akdiken *bitk.* biancospino

akıbet fine, termine
akıcı scorrevole, fluido, spedito, fugace
akıcılık fugacità, fluidità, nitore, scioltezza
akıl intelligenza, mente, ingegno, ragione, saggezza, raziocinio *akıl almaz* dissennato, formidabile, inopinabile *akıl hastalığı* infermità mentale, psicopatia, psicosi *akıl hastanesi* manicomio *akıl hastası* alienato, infermo di mente *akıl hocası* mentore *akılda tutmak* tenere presente *aklına koymak* fissarsi *aklından geçmek* girare, saltare in mente *aklını başına toplamak* mettere la testa a posto *aklını başından almak* ammaliare *aklını çelmek* distrarre *aklını kaçırmak* dare di volta il cervello, perdere la ragione
akılcı ragionevole, razionale
akıllı intelligente, ragionevole, saggio, ingegnoso, intelligente, savio
akıllıca saggiamente
akıllılık ingegnosità, sagacia, saggezza
akılsız senza ragione, sciocco, stupido, scervellato

akım corrente, filone, indirizzo, corrente

akın affluenza, afflusso, incursione, frequenza, irruzione, scorreria, scorribanda *akın etmek* affluire

akıntı affluenza, corrente, flusso *akıntıya kapılmak* andare alla deriva, seguire la corrente *akıntıya kürek çekmek* andare controcorrente

akış affluenza, andamento, corso, flusso

akışkan fluido

akışkanlık fluidità

akıtmak riversare, smaltire, spandere, spillare, trasudare, versare

akik agata

akis eco

akkan *hek.* linfa

akkor incandescente

aklama giustificazione, proscioglimento

aklamak prosciogliere, assolvere, purgare, scolpare

aklanmak essere assolto, scagionarsi, scolparsi

aklıselim ragione, senno, buon senso

akmak scorrere, scolare, fluire, affluire, grondare, trascorrere, sfociare, colare, fluire, sboccare

akordeon fisarmonica

akort accordo, accordatura *akordu bozuk* scordato *akordu bozulmak* scordarsi *akort etmek* accordare

akraba parente, congiunto, familiare, intimo

akrabalık parentela, parentato

akreditif accreditamento, accredito, lettera di credito

akrep *hayb.* scorpione; lancetta delle ore

akrobasi acrobazia, funambolismo

akrobat acrobata, saltatore, saltimbanco

akrobatik acrobatico

aks asso

aksak sbilenco, sciancato, storpio, zoppicante

aksaklık accidente, zoppicamento

aksamak arrancare, zoppicare

aksan accento

aksesuar accessorio, fantasia

aksetmek riflettersi

aksırık starnuto

aksırmak starnutire

aksi all'incontrario, avverso, contrario, malaugurato, ricalcitrante, scontroso, scorbutico

aksilik contrarietà; contrat-

aksine

tempo; accidente; avversità
aksine al contrario, all'opposto, contrariamente, tutt'altro
aksiyom assioma
akşam sera, serata *akşam yemeği* cena, cenone, desinare, pranzo
akşamleyin di sera
akşın albino
akşınlık albinismo
aktar erborista
aktarıcı traslatore, trasmittente
aktarma trasmissione, trasfusione, trasporto, bonifico, trasposizione, traslazione *aktarma yapmak* trasbordare
aktarmak trasmettere, trasportare, rapportare, riportare, riversare, travasare, tradurre
aktarmasız diretto
aktif attivo, efficace, energico, fattivo, operoso; *tic.* attività
aktör attore
aktris attorice, attrice
akupleman aggancio
akupunktur agopuntura
akustik acustico; acustica
akümülatör accumulatore
akvaryum acquario
akyuvar globulo bianco
al rosso, rubicondo, vermiglio
alabalık trota
alabora il capovolgersi *alabora olmak* capovolgersi
alacak avere, credito, spettanza
alacaklı creditore
alageyik daino
alaka attinente, concernente, pertinente, interessato
alakadar attinente, concernente, inerente, pertinente, interessato *alakadar etmek* concernere, interessare *alakadar olmak* interessarsi
alakalı pertinente
alamet orma, presagio, augurio, parvenza, sintomo *alameti farika* marchio di fabbrica
alan campo, piazza, area, settore, spazio, regione, raggio, dominio, terreno, zona
alarm allarme, segnale d'allarme
alaşağı etmek rovesciare
alaşım *kim.* lega
alaturka alla turca
alay canzonatura, beffa, ironia; corteo; (askeri) reggimento, processione, sberleffo, scherno *alay etmek* canzonare, schernire, deridere, dileggiare, gabbare, motteggiare, beffare, burlare *alay konusu* derisibile, ludibrio *alay konusu olmak* essere oggetto di scherno *alaya almak* beffare, beffarsi, deridere, ironizzare

alaycı beffardo, ironico, beffatore, cinico, sardonico
alaylı ironico, irrisorio, burlesco, derisorio, sarcastico
albay colonnello
albeni attrazione, grazia
albino albino
albüm albo, album
albümin albumina
alçak basso, infame, sommesso; canaglia, vigliacco, vile, misero
alçakgönüllü modesto, umile
alçakgönüllülük benevolenza, modestia, umiltà
alçaklık bassezza, ignominia, infamia, turpitudine, vigliaccheria, viltà
alçalmak abbassare, discendere, calare, declinare, degradarsi, digradare
alçı gesso, ingessatura
aldanmak abboccare, illudersi
aldatıcı ingannatore, trappolone, fallace, illusorio, insidioso, subdolo
aldatmaca *sp.* finta
aldatmak ingannare, barare, illudere, imbrogliare, lusingare, mistificare, fingere, fregare, raggirare
aldırmazlık incuranza, incuria, menefreghismo, noncuranza
alegori allegoria
alelacele di sfuggita
âlem univiro; mondo; baldoria
aleni flagante, pubblico
alerji allergia
alerjik allergico
alet strumento, arnese, attrezzo, utensile, apparecchiatura, attrezzatura, congegno
alev fiamma, vampa, vampata
alevlendirmek accendere, acuire, infiammare
alevlenmek avvampare, divampare, inalberarsi, incendiarsi, infervorarsi, montarsi, riscaldarsi, scalmanarsi
aleyh opposizione
aleyhine a scapito di
aleyhtar nemico
alfabe abbicci, alfabeto
alfabetik alfabetico
algı intuizione, percezione, ricettività
algılamak avvertire, percepire, recepire
alıcı compratore, acquirente, consegnatario, destinatario, ricevitore, ricevente
alık idiota
alıkoymak tenere, trattenere, intercettare, internare
alım acquisto; fascino, attrattiva
alım satım commercio, com-

alımlı pravendita
alımlı attraente, interessante
alın fronte *alın teri* sudore
alındı bolla, bolletta, ricevuta, scontrino
alıngan suscettibile, permaloso, ombroso
alınganlık permalosità, suscettibilità
alınmak offendersi, urtarsi, piccarsi
alınyazısı destino, fatalità, fato, predestinazione, ventura
alışık abituato, avvezzo
alışkanlık abitudine, assuefazione, consuetudine, usanza, abito, convenzione, costume, habitus, ordinario, rito, routine
alışmak abituarsi, assuefarsi, adattarsi, conformarsi, familiarizzare, informarsi
alıştırma compito, esercitazione, esercizio
alıştırmak abituare, assuefare, avvezzare, esercitare
alışveriş commercio; relazione, compravendita, spesa
âlim dotto, erudito; luminare, sapiente
alize alisei
alkış acclamazione, applauso, battimano
alkışlamak acclamare, applaudire
alkol alcool
alkolik alcolizzato; ubriacone, alcolico
alkolizm alcolismo
alkollü alcolico *alkollü içki* acquavite, alcolico, bevanda alcolica, liquore
alkolsüz analcolico
Allah Dio, Ente supremo, padreterno *Allah Allah* perbacco *Allah bilir* chissà, Dio sa, lo sa il cielo *Allah korusun* Dio me ne guardi
allahaısmarladık arrivederci, arrivederla
Allahtan provvidenziale
allak bullak turbato, stravolto *allak bullak etmek* mettere a soqquadro, sbigottire, scompaginare, sconcertare, soqquadrare, squinternare *allak bullak olmak* rimescolarsi
allegro allegro
almak prendere; ricevere; acquistare; pigliare; prelevare, buscare, gradire, tenere
Alman tedesco *Alman usulü yapmak* fare alla romana
almanak almanacco, lunario
Almanca lingua tedesca, tedesco
Almanya Germania; tedesco
almaş alternanza

almaşık alterno, rotativo
alo pronto
alt disotto; inferiore, sottostante, piede, subalterno *alt etmek* domare, soarastare, sopraffare, superare, vincere *altını çizmek* accentuare, sottolineare *altını üstüne getirmek* incasinare, rimuginare
altçene *anat.* mandibola
altderi *anat.* derma
altgeçit sottopassaggio
altı sei
altıgen esagono
altın oro; aureo *altın sikke* zecchino
altıncı sesto
altından sotto
altınsuyu acqua regia
altmış sessanta
alttür sottospecie
altüst capovolto, sottosopra *altüst etmek* disorganizzare, sconvolgere, squilibrare, capovolgere, perturbare, scombussolare, scompaginare, squassare, turbare *altüst olmak* andare all'aria, sbandarsi
altyapı infrastruttura
altyazı didascalia, sottotitolo
alüminyum alluminio, stagnola
alyans vera
alyuvar *biy.* globulo rosso

ama comunque, ma, però
amaç scopo, intenzione, meta, mira, obiettivo, proposito, intento, traguardo *amacına ulaşmak* riuscire nell'intento
amaçlamak proporre, proporsi per scopo
amaçsız senza scopo
amade disposto
aman misericordia *aman Allahım* mamma mia!
amansız crudele, spietato, acerrimo, implacabile, inesorabile
amatör amatore, dilettante
ambalaj imballaggio *ambalaj kâğıdı* carta da imballaggio *ambalaj yapmak* imballare
ambalajlamak incassare
ambar deposito, magazzino, fondaco, rimessa
ambargo embargo
amber ambra
amca zio, zio paterno
amel diarrea
amele operaio
ameliyat *hek.* operazione, intervento chirurgico *ameliyat olmak* operarsi, subire un' operazione
ameliyathane sala operatoria
Amerika America, il Nuovo Continente
Amerikalı americano, statuni-

tense
Amerikan americano, statunitense
amfi aula magna
amfibi anfibio
amfiteatr anfiteatro
amin amen
amip ameba
amir capo, superiore
amiral ammiraglio
amonyak ammoniaca
amorti ammortamento
amortisman ammortamento
amortisör ammortizzatore
amper ampere
ampul fiala, lampadina
amut perpendicolare *amuda kalkmak* fare la verticale
amyant amianto
an momento, attimo, istante, ora, punto
ana madre, mamma; elementare, fondamentale, principale, cardinale, centrale *ana baba* genitori, parenti *ana kuzusu* figlio di mamma *anasından emdiği süt burnundan gelmek* sudare sette camicie *anasının gözü* saperla lunga, sbarazzino
anadil lingua madre, lingua materna
anadili madrelingua
anaerki matriarcato
anaerkil matriarcale, matriarcato
anafor risucchio, vortice
anahtar chiave
anakara continente, terra ferma
analık maternità
analiz analisi *analiz etmek* analizzare
ananas ananas, ananasso
anane tradizione
anaokulu giardino d'infanzia, scuola materna
anarşi anarchia
anarşist anarchico
anason anice
anatomi anatomia
anatomik anatomico
anayasa costituzione, legge costituzionale
anayasal costituzionale
anayol arteria, strada maestra
anayurt madre patria
ancak eppure, ma, però; appena, soltanto
andırmak arieggiare, assomigliare, avvicinarsi, somigliare
anestezi anestesia
angarya lavoro faticoso
Anglikan anglicano
Anglosakson anglosassone
anı memoria, ricordo, rimembranza

anımsamak richiamare, ricordarsi, evocare

anında a un attimo, detto fatto, immediato, simultaneo, subito

anırmak ragliare

anıt memoriale, monumento, pantheon

anıtkabir mausoleo

anıtsal monumentale

ani immediato, improvviso, istantaneo, repentino, subitaneo, momentaneo, repente

aniden subito, repente, di botto, di scatto, di schianto, ex abrupto, istantaneo

anjin *hek.* angina

anket inchiesta, questionario

anlam costrutto, significato, senso **anlamına gelmek** equivalere, significare, voler dire

anlama apprensione, comprensione, capimento, cognizione, percettivo

anlamak comprendere, intendere, concepire, capire, divinare, realizzare, sentire

anlamazlık incomprensione **anlamazlıktan gelmek** fare l'indiano

anlambilim *dilb.* semantica

anlamlı eloquente, emblematico, espressivo, indicativo, profondo, significante

anlamsız insignificante, assurdo, insensato, insulso, pazzesco, sconnesso, vacuo

anlaşılır accessibile, chiaro, comprensibile, concepibile, intelligibile, piano

anlaşılmak spiegarsi, trapelare

anlaşılmaz incomprensibile, impenetrabile, inconcepibile, inesplicabile, ambiguo, confuso, illeggibile, oscuro

anlaşma accomodamento, accordo, compromesso, convenzione, intesa, affiatamento, alleanza, armonia, concordia, transazione **anlaşma yapmak** allearsi **anlaşmayı bozmak** rompere l'accordo

anlaşmak accodarsi, concordare, intendersi, accostarsi, andare d'accordo, concordare, intendersi

anlaşmazlık dissidio, lite, controversia, disaccordo, disarmonia, discordia

anlatı narrativa, narrazione

anlatmak narrare, raccontare, rappresentare, dire, enunciare, rendere, riportare

anlayış apprensione, concezione, intelletto, intelligenza, mentalità, percezione, perspicacia

anlayışlı ragione, spirito
anlayışlı apprensivo, comprensivo
anlayışsız incomprensivo, stupido
anma celebrazione, commemorazione *anma töreni* cerimonia commemorativa, commemorazione
anmak celebrare, commemorare, onorare, richiamare, ripensare
anne madre, mamma *anneler günü* la festa della mamma
anneanne nonna materna
annelik maternità
anonim anonimo *anonim ortaklık* società per azioni *anonim şirket* accomandita
anormal abnorme, anomalo, anormale, morboso
anormallik aberrazione, anomalia, anormalità; *hek.* malformazione
anot anode
ansızın all'improvviso, improvvisamente, alla sprovvista, brusco, da un'ora all'altra, di botto, di scatto, di sorpresa, improvvisamente, istantaneo
ansiklopedi enciclopedia
ant giuramento, voto, sacramento *ant içmek* fare sacramento, giurare

Antarktika l'Antardide
anten antenna
antepfıstığı pistacchio
antibiyotik antibiotico
antika antico, vetusto
antikacı antiquario; negozio d'antiquariato
antikalık antichità
antikor anticorpo
antilop antilope
antipati antipatia, odio, ripulsione
antipatik antipatico
antitez antitesi
antlaşma patto, trattato, alleanza
antoloji antologia, silloge
antre androne, atrio, vestibolo
antrenör allenatore
antropolog antropologo
antropoloji antropologia
anüs ano
aort aorta
apaçık evidente, palese, assiomatico, eclatante, macroscopico
apandisit *hek.* appendicite
apansız immediato, repentino; repente
apar topar con precipitazione, di sfuggita
apartman appartamento, condominio, immobile
aperitif aperitivo, stuzzichino

apolet spallina
apse ascesso
aptal stupido, scemo; sciocco, fesso, idiota, babbeo, baccalà, deficiente, ebete, scimunito, stolto, tonto
aptallaşmak incretinire, inebetirsi, intontirsi, rimbambolire, rimbecillire
aptallık stupidità, idiozia, sciocchezza, baggianata, ebetismo, imbecillità, scemenza, stoltezza, stupidaggine
aptes abluzione
ara distanza; pausa, posa, sosta, distanziamento, intermittenza, intervallo, sp. distacco, stacco *ara bozmak* seminare zizzania *ara bulmak* mediare *ara sıra* a intervalli, a stratte, ogni tanto, saltuariamente *ara vermek* sospendere, sostare, spezzare, cessare *araya girmek* frapporsi, interporsi, intervenire, intromettersi
araba automobile, auto, macchina; vettura; carrozza *araba kazası* incidente d'auto *araba kullanmak* guidare *araba vapuru* traghetto *araba yarışı* automobilismo
arabacı carrozziere, cocchiere, vetturino
arabesk arabesco
arabuluçu intermediario, mediatore, paciere
arabuluculuk mediazione
aracı mediatore, sensale, intermediario, mezzano, tramezzano
aracılık intercessione, mediazione, buoni uffici, tramite
araç arnese, mezzo, strumento, apparecchio, attrezzo, corredo, ordigno, utensile
arada fra, tra *arada bir* ogni tanto *arada sırada* a intervalli, di quando in quando, ogni tanto
araklamak arraffare, soffiare
aralamak schiudere
aralık socchiuso; frattempo; intervallo; (ay) dicembre, distanza, intercapedine *aralık bırakmak* accostare, socchiudere, spazieggiare
aralıklı a singhiozzo, a strappi, discontinuo, intermittente, saltuario, sporadico
aralıksız a distesa, a getto continuo, consecutivo, continuo, di fila, filato, ininterrottamente, ripetuto, senza posa, senza requie, senza sosta
arama perquisizione; ricerca *arama tarama* perquisizione,

aramak

rastrellamento *arama yapmak* frugare, perquisire

aramak cercare, frugare, perquisire, ricercare, rimpiangere, razzolare

aranjman arrangiamento, arrangiamento musicale

Arap arabo; arabico

Arapça arabo

arapsaçı groviglio, pasticcio, calderone, matassa, zibaldone *arapsaçına çevirmek* aggrovigliare *arapsaçına dönmek* aggrovigliarsi

araştırma indagine, investigazione, ricerca, tesi, saggio, scandaglio, sonda, accertamento, esame, esplorazione, inchiesta

araştırmacı ricercatore, studioso

araştırmak ricercare, accertare, esaminare, esplorare, indagare, investigare, verificare, sondare

arazi terra, territorio *arazi sahibi* feudatario

ardıç *bitk.* ginepro; *hayb.* tordo

ardıçkuşu tordo

ardıl successore

ardışık successivo

ardiye deposito, magazzino

arena arena

argo gergo

arı puro, schietto, genuino, pretto, raffinato; ape *arı kovanı* alveare, arnia

arıcılık apicoltura

arılık integrità, purezza

arınmak purificare, purgare, raffinare

arıtmak affinare, depurare, purgare, purificare, raffinare, spurgare

arıza accidente, infortunio, guasto, magagna

arızalı guasto

arızi avventizio

arife vigilia

aristokrasi aristocrazia

aristokrat aristocratico

aristokratlık aristocrazia

aritmetik aritmetica; aritmetico

Arjantin Argentina, l'Argentina

Arjantinli argentino

ark canale, *elek.* arco, fossato

arka dorso, dosso, schiena; rovescio; posteriore, retro, retrovia, sedere, tergo *arka arkaya* di seguito, uno dopo l'altro *arka plan* sfondo *arkadan vurmak* colpire alla schiena *arkasına düşmek* seguire

arkadaş compagno, amica, amico, camerata

arkadaşlık compagnia, amicizia

arkalık schienale, spalliera
arkeolog archeologo
arkeoloji archeologia
arkeolojik archeologico
arma distintivo, insegna, stemma
armağan presente, dono, regalo, strenna **armağan etmek** donare, regalare
armatör armatore
armoni concento, euritmia
armonika armonica, organetto
armut pera
Arnavut albanese
Arnavutça albanese
arpa orzo
arpacık (silah) mirino, *hek.* orzaiolo
arsa area, terreno
arsenik arsenico
arsız impertinente, petulante, procace, sfacciato
arsızlık impertinenza, impudicizia, sfacciataggine, sfrontatezza
arşidük arciduca
arşiv archivio, tabulario *arşiv filmi* film di repertorio
art la parte posteriore *art arda* consecutivamente
artı più, positivo
artık più, già; avanzo, eccedenza, mozzicone, residuo, scampolo, restante, rimanente, scarto
artıkyıl anno bisestile
artırma rilancio
artırmak accrescere, aumentare, inasprire, aggravare, amplificare, incrementare, maggiorare, raddoppiare
artış aggravio, aumento, maggiorazione
artist artista
artistik artistico *artistik patinaj* pattinaggio artistico
artmak accrescere, aumentare, avanzare, accrescersi, acuirsi, eccedere, ingrossarsi, moltiplicarsi, montare, rimanere
arya aria
arz offerta, presentazione *arz etmek* offrire, presentare *arz ve talep* domanda e offerta
arzu desiderio, voglia, volere, volontà, ambizione, intenzione, uzzolo *arzu etmek* desiderare, volere, chiedere
arzulamak anelare, desiderare, invocare
as asso
asabi nervoso
asal fondamentale; basico *asal sayı* numero cardinale, numero primo
asalak parassita

asalaklık parassitismo
asalet cavalleria, nobiltà
asansör ascensore
asap nervo *asap bozukluğu* esaurimento nervoso
asbest amianto
asetilen *kim.* acetilene
aseton solvente, acetone
asfalt asfalto, bitume *asfalt kaplamak* bitumare
asgari minimo
asıl origine, base, fondamento, originale, originario, principale
asılı appeso, pendente, sospeso, steso, teso
asılmak essere appeso, pendere, insistere
asılsız infondato, senza fondamento
asır secolo
asi ammutinato, ribelle, tumultuante
asil aristocratico, elevato, eminente, nobile
asistan assistente
asit acido
asker soldato, militare, milite *asker kaçağı* disertore, imboscato *asker olmak* indossare l'uniforme *askere almak* arruolare, assoldare, reclutare *askere gitmek* arruolarsi

askeri marziale, militare, militaresco *askeri bölge* zona militare *askeri mahkeme* corte marziale, tribunale militare *askeri öğrenci* allievo ufficiale, cadetto
askerlik servizio militare *askerlik şubesi* distretto militare
askı attaccapanni, gancio
askıda giacente, in sospeso, pendente
asla mai, giammai, a nessun costo, neanche, nemmeno, non mai
asla neanche per sogno!
aslan leone *Aslan burcu* Leone *aslan payı* la parte del leone
aslında a dire il vero, difatti, in fondo, in pratica, in realtà, onestamente, praticamente, veramente
asli intrinseco
asma attacco, stenditura, *bitk.* vite
asmak appendere, sospendere, affiggere, impiccare, giustiziare, impiccare, stendere
aspiratör aspiratore
aspirin aspirina
ast subalterno, inferiore, subordinato
astar fodera
astarlamak foderare

asteğmen sottotenente
astım *hek.* asma
astronom astronomo
astronomi astronomia
astronomik astronomico
astronot astronauta
Asya l'Asia; asiatico
Asyalı asiatico
aşağı inferiore; giù, abbasso, secondo *aşağı görmek* svalutarsi *aşağı yukarı* circa, all'incirca, intorno, quasi, forse, approssimativamente, pressoché, suppergiù
aşağıda disotto, giù, laggiù, infra, quaggiù, sotto
aşağılamak degradare, denigrare, infamare, vilipendere
aşağılık bassezza, vile, viltà, volgare, basso, dissoluto, ignobile, infame, scellerato, servile, trivialità, turpe *aşağılık kompleksi* complesso d'inferiorità
aşağıya giù, ingiù, quaggiù
aşama gradazione, gradino, grado, rango
aşamalı graduale, scalare *aşamalı olarak* gradatamente
aşçı cuoco
aşçılık cucina, culinaria
aşı innesto, vaccinazione, vaccino *aşı yapmak* inoculare

aşıboyası ocra
âşık ammiratore, innamorato, spasimante
aşık malleolo
aşılamak vaccinare, inoculare, iniettare, innestare, infondere
aşındırmak consumare, corrodere, erodere, intaccare, logorare, mangiare, rodere, rosicare
aşınma abrasione, corrosione, erosione, logoramento, usura
aşınmak logorarsi, consumarsi, rodersi
aşırı eccessivo, esorbitante, estremo, bestiale, esagerato, immoderato, ingordo, morboso, smisurato, smodato, stragrande
aşırılık eccessività, eccesso, esagerazione, esorbitanza, orgia, soprannumero
aşırmak rubare; oltrepassare, arraffare, rubacchiare, soffiare
aşikâr flagante, manifesto, palese, perspicuo
aşiret tribù
aşk amore, passione, fiamma *aşka gelmek* accalorarsi
aşmak sorpassare, eccedere, oltrepassare, superare, varcare, passare, attraversare, spuntare, superare, tras-

cendere

at cavallo, ronzino *at yarışı* corsa di cavalli *ata binmek* cavalcare, montare

ata padre, antenato, avo, predecessore, progenitore *atadan kalma* ancestrale

ataerki patriarcato

ataerkil patriarcale

atak impetuoso, irruente, baldanzoso

atama designazione, insediamento, nomina, spostamento

atamak assegnare, destinare, designare, insediare, nominare

atanmak insediarsi

atardamar arteria

atasözü proverbio

ataşe addetto

ateist ateo

ateizm ateismo

ateş fuoco; febbre, temperatura, bruciore, colpo, fiamma *ateş açmak* aprire il fuoco *ateş almak* prendere fuoco *ateş etmek* mitragliare, sparare *ateş gibi* rovente *ateş püskürmek* prendere fuoco, sputare veleno *ateşe vermek* appiccare il fuoco a, dar fuoco, incendiare

ateşböceği *hayb.* lucciola

ateşçi fochista

ateşkes armistizio, armistizio, tregua *ateşle oynamak* scherzare col fuoco

ateşlemek accendere

ateşli febbricitante, fervente, impetuoso, febbrile, animoso, scalmanato, veemente, vivace *ateşli silah* arma da fuoco, macchina infernale

atıf richiamo, riferimento, rimando, rinvio

atık scoria *atık su* acque di scarico

atılgan audace, intraprendente, impavido, ardimento, spericolato, temerario

atılım slancio, attacco

atılmak gettarsi, precipitarsi, buttarsi, scagliarsi, slanciarsi

atış tiro, sparo, colpo *atış alanı* campo di tiro

atışmak litigare, abbaruffarsi, rimbeccarsi

atıştırmak mangiare in fretta

atik agile, alacre, veloce, lesto, snello

atkestanesi ippocastano

atkı sciarpa; trama

atlama omissione, salto, salto, sbalzo, zompo

atlamak saltare, omettere, gettarsi, lanciare, sorvolare, zompare

atlas atlante *Atlas Okyanusu*

oceano Atlantico
atlatmak eludere, sbarazzarsi, scansare, spicciarsi, sganciarsi, sfuggire
atlet canottiera; atleta
atletik atletico
atletizm atletica leggera
atlı cavaliere
atlıkarınca carosello, giostra
atmaca sparviero
atmak gettare, buttare, lanciare, proiettare, sbattere, scagliare, scoccare, tirare *atıp tutmak* dirle grosse
atmosfer atmosfera
atol atollo
atom atomo *atom bombası* bomba atomica
atomal atomico
atölye atelier, officina
atsineği mosca cavallina, tafano
av caccia, preda, pesca *av hayvanı* cacciagione, selvaggina *av köpeği* bracco, cane da caccia *ava çıkmak* andare a caccia
avadanlık utensileria
avam plebe, volgo
avanak babbeo, grullo, imbecille
avans anticipo, pagamento anticipato *avans vermek* avanzare
avanta guadagno illecito
avantaj vantaggio, sopravvento, bene, beneficio, tornaconto
avantajlı beneficiato, vantaggioso
avare errabondo, vagabondo
avcı cacciatore *avcı uçağı* aereo da caccia
avcılık caccia
avize lampadario, lumiera
avlamak cacciare
avlanmak cacciare
avlu atrio, corte, cortile
avokado avocado
Avrupa Europa
Avrupalı europeista, occidentale
Avrupalılaştırmak Europeizzare
avuç palmo, pugno *avuç dolusu* manata
avukat avvocato, legale
avunmak consolarsi
avuntu conforto
Avustralya l'Austraila
Avustralyalı australiano
Avusturya l'Austria
Avusturyalı austriaco
avutmak consolare
ay luna; mese *ay ışığı* chiaro di luna *ay tutulması* eclissi di luna
ayak piede; base; tappa, gamba *ayağa kalkmak* mettersi in piedi, rizzarsi *ayağını*

ayakkabı

kaydırmak soppiantare, fare lo sgambetto a qc, silurare *ayak bağı* imbarazzo, impaccio, pastoia *ayak basmak* scendere a terra *ayak bileği* caviglia, tarso *ayak diremek* impuntarsi, ostinarsi *ayakta* in piedi *ayakta kalmak* mantenersi, reggersi, sopravvivere *ayakta uyumak* dormire a occhi aperti

ayakkabı scarpa

ayakkabıcı calzoleria, ciabattino

ayaklandırmak sommuovere, sollevare, rivoluzionare, scatenare

ayaklanma ammutinamento, insurrezione, ribellione, moto, rivolta, rivoluzione, sedizione, sommossa

ayaklanmak insorgere, ribellarsi, tumultuare

ayaktakımı gentaglia, marmaglia

ayakyolu latrina

ayar grado, proporzione *ayar etmek* aggiustare

ayarlamak adeguare, aggiustare, combinare, disporre, regolare, calibrare, registrare

ayarlı proporzionato, regolato

ayarsız sfocato

ayartmak sedurre, sobillare

ayaz freddo a ciel sereno

aybaşı mestruazione, regole

ayçiçeği girasole, tornasole

aydın colto, illuminato, intellettuale, letterato

aydınlanmak chiarire, illuminarsi, rischiararsi, schiarirsi

aydınlatıcı informativo

aydınlatmak assodare, illuminare, chiarire, delucidare, illustrare, lumeggiare, schiarire

aydınlık luce, chiarore, albore, chiarezza, lucidità, luminosità, luminoso, schiarita

ayet versetto

aygır stallone

aygıt apparecchio, congegno, *anat.* apparato, apparecchiatura, ordigno

ayı orso; incolto

ayıbalığı foca

ayık sobrio

ayıklamak mondare, sarchiare, epurare

ayılmak rinvenire, disubriacarsi, riprendere conoscenza

ayıp vizio, difetto, vergogna

ayıplamak biasimare, deplorare, deprecare

ayırmak separare, assegnare, destinare, disgiungere, distaccare, riservare, staccare, dissociare, disunire, dividere, segregare, selezionare

ayırt etmek caratterizzare, discernere, distinguere
ayin messa
aykırı contrario, sfavorevole, contro, eterodosso *aykırı düşmek* sfigurare
ayla alone, aureola, nimbo
aylak ozioso, vagabondo, girovago, inoperoso, sfaccendato
aylık mensile; stipendio
ayna specchio
aynen idem, testuale, testualmente
aynı conforme, medesimo, stesso, idem, identico, sosia, trito, uguale *aynı zamanda* al tempo stesso, insieme, intanto, nonche
ayraç parentesi
ayran yogurt diluito con l'acqua
ayrı distinto, diverso, isolato, differente, dissimile, separato *ayrı tutmak* disgiungere, isolare, segregare
ayrıca inoltre, d'altronde, altresì, d'altra parte, del resto, oltreché, per di più, tra l'altro
ayrıcalık appannaggio, capitolazione, prerogativa, privilegio
ayrıcalıklı privilegiato
ayrıkotu gramigna
ayrılık separazione, disparità, distacco, divergenza, diversità
ayrılmak separarsi, disgiungersi, distaccarsi, lasciarsi, staccarsi, abbandonare, accomiatarsi, assentarsi, dissociarsi, divergere, diversificarsi, dividersi, scollarsi
ayrım differenza, distinzione, discriminazione, divario, divergenza
ayrıntı dettaglio, particolare, particolarità, sfumatura
ayrıntılı dettagliato, minuto, minuzioso, prolisso *ayrıntılı olarak* dettagliatamente, minutamente, specificatamente
ayrışık eterogeneo
ayrışmak decomporsi, dissolvere
ayrıştırmak decomporre, dissociare
ayrıt *mat.* spigolo
ayva cotogna, mela cotogna
ayyaş alcolizzato, ubriacone
ayyaşlık alcolismo
az poco, scarso, insufficiente, pochino, ristretto, tenue *az çok* più o meno *az kalsın* per poco, è mancato poco che, a momenti
aza membro, socio
azalmak decrescere, rallentarsi, attenuarsi, diminuirsi, scar-

azaltmak

seggiare, scemare
azaltmak alleggerire, rallentare, ridurre, diminuire, attenuare, ammortizzare, assottigliare, dimezzare, limitare, minimizzare, restringere
azami massimo, al massimo
azap pena, castigo, tormento, supplizio, strazio
azar appunto, rimprovero, sgridata *azar azar* a mano a mano, a poco a poco, gradatamente
azarlamak rimproverare, sgridare, deplorare, redarguire, richiamare, strigliare
azat emancipazione *azat etmek* emancipare
azdırmak esasperare, incattivire, inferocire, attizzare, inasprire
azgelişmiş arretrato, sottosviluppato
azgelişmişlik sottosviluppo
azgın accanito, tumultuoso
azıcık lontanamente, minimo, pochino, zinzino
azıdişi molare, zanna
azık razione
azılı furioso, violento, ribelle
azınlık minoranza
azıtmak traviare, divenire insolente
azim perseveranza, risoluzione, fermezza, pertinacia, puntiglio, risolutezza
azimli risoluto, militante, pertinace, volonteroso
aziz beato, santo
azizlik santità
azletmek destituire, dimettere, dimissionare, deporre
azmak incattivirsi, inferocirsi, scatenarsi
azman enorme, mostruoso, colossale
azot azoto
Azrail Azraele

B

baba padre, babbo, papà
babaanne nonna
babalık paternità
baca camino, comignolo
bacak gamba, arto, coscia, fante
bacanak cognato
bacı sorella
badana bianco, tinta per muri, calcina
badanacı imbianchino, pittore
badanalamak imbiancare
badem mandorla
bademcik *anat.* tonsilla
bademşekeri confetto
bagaj bagagliaio, bagaglio, port-

abagagli
bağ legame; collegamento, relazione, correlazione; vigna, vite, vigneto
bağbozumu vendemmia
bağcı vignaiolo, viticoltore
bağcık laccio, stringa
bağcılık viticoltura
bağdaşmak associarsi, coincidere, concordare
bağımlı dipendente, subordinato, legato, soggetto, sottoposto
bağımlılık subordinazione, giogo, vassallaggio
bağımsız a sé stante, indipendente
bağımsızlık indipendenza
bağıntı attinenza, relatività
bağıntılı relativo
bağır cuore *bağrına basmak* cullarsi, vezzeggiare *bağrına taş basmak* mettere una pietra sopra
bağırmak gridare, strillare, urlare, vociferare *bağırıp çağırmak* rumoreggiare, schiamazzare, strepitare
bağırsak budello, intestino
bağırtı grido, schiamazzo
bağış donazione, oblazione
bağışık esente, immune
bağışıklık esonero, immunità, esenzione, franchigia
bağışlamak perdonare, indulgere, negare la grazia; donare
bağlaç *dilb.* congiunzione
bağlam contesto
bağlama legatura; sorta di mandola, aggancio, allacciamento, commutazione, installazione, *müz.* sincope
bağlamak legare, fasciare, agganciare, allacciare, attaccare, attribuire, collegare, connettere, obbligare, impegnare, innestare, inserire, *tic.* immobilizzare
bağlantı collegamento, contatto, riferimento, allacciamento, coesione, coincidenza, comunicazione, connessione, corrispondenza, relazione
bağlayıcı impegnativo
bağlı legato; affezionato, fedele, inerente, relativo, dipendente, dovuto, soggetto
bahane appiglio, pretesto, sotterfugio, incentivo, scusa *bahane aramak* cercare scuse
bahar primavera
bahçe giardino
bahçıvan giardiniere, ortolano
bahçıvanlık giardinaggio
bahis puntata, scommessa *bahse*

girmek giocare, scommettere
bahsetmek dissertare, riferire, trattare
bahşiş mancia, regalia *bahşiş vermek* dare la mancia a qlcu
baht fortuna, sorte
bakan ministro
bakanlık ministero, dicastero
bakıcı vigilatore
bakım custodia, manutenzione, mantenimento, cura
bakımevi casa di cura
bakımlı ben curato, ben tenuto, composto
bakımsız malridotto, trascurato, dimesso
bakınmak guardarsi attorno
bakır rame
bakırcı ramaio
bakış occhiata, sguardo, piglio
bakışım simmetria
bakışımlı simmetrico
bakışımsız asimmetrico, assimetrico
bakışımsızlık asimmetria, dissimmetria
bakışmak guardarsi l'un l'altro, osservarsi
bakire vergine
bakiye resto, rimanente
bakkal droghiere, negozio di alimentari *bakkal dükkânı* drogheria
bakla fava
baklagiller leguminose
baklava sfogliata
bakmak guardare; accudire; curare; custodire; sostenere, *hek.* assistere, nutrire, mantenere, vigilare
bakraç mezzina, secchiello
bakteri batterio
bakteriyolog batteriologo
bakteriyoloji batteriologia
bal miele
balast massicciata, zavorra
balayı luna di miele, viaggio di nozze
balçık limo, melma
baldır polpaccio
baldıran cicuta
baldız cognata
bale balletto, ballo
balerin ballerina, ballerino
balgam catarro, mucco, sputacchio *balgam çıkarmak* spurgarsi
balık pesce *balık ağı* barbaia *balık avlamak* pescare, ripescare
balıkçı pescatore, pescivendolo; pescheria
balıkçıl airone
balıkyağı olio di fegato di merluzzo
balina balena

balistik balistica
balkabağı zucca
balkon balcone; (tiyatroda) balconata, galleria
balmumu cera
balo ballo
balon aerostato, pallone; aerostato
balözü nettare
balta scure, accetta, ascia ***balta girmemiş orman*** foresta vergine, giungla
baltalama sabotaggio
baltalamak sabotare, silurare
balya balla, collo, imballaggio
bambu bambu
bamya ibisco
bana me
bandaj fascetta
bando fanfara, banda
bank banco, panca, panchina
banka banca, banco ***banka cüzdanı*** libretto ***banka kartı*** carta assegni ***banka şubesi*** sportello
bankacı banchiere
banker banchiere
banknot banconota, biglietto, biglietto di banca
banko bancarella
banliyö periferia, sobborgo, contado, suburbio ***banliyö treni*** treno locale
banmak intingere
bant banda, fascia, nastro ***banda almak*** registrare
banyo bagno, *fot.* rivelatore ***banyo yapmak*** prendere un bagno, *fot.* sviluppare
bar banco di mescita, bar
baraj diga, sbarramento, argine, *sp.* barriera
baraka baracca, chiosco
barbar barbaro, incivile, vandalo
barbarlık barbarie, imbarbarimento, inciviltà, vandalismo
barbunya triglia
bardak bicchiere
barfiks *sp.* sbarra
barınak asilo, ricovero, rifugio, riparo, dimora
barındırmak accogliere, albergare, imboscare, offrire rifugio, ospitare, ricoverare
barınmak ricoverarsi, riparare
barış pace
barışmak pacificarsi, ravvicinarsi, riconciliarsi
barıştırmak conciliare, pacificare, rappacificare, ravvicinare, riavvicinare, riconciliare
bari almeno
barikat barricata
bariton baritono
bariz evidente

barmen barista
baro foro, collegio degli avvocati
barok barocco
barometre barometro
baron barone
barut polvere da sparo, polvere pirica
baryum bario
bas *müz.* basso
basamak gradino, scalino, scaglione
basık basso, piatto
basılı stampato
basım stampa
basımcı stampatore, tipografo
basımevi tipografia, stamperia
basın stampa *basın ataşesi* addetto stampa *basın toplantısı* conferenza stampa
basınç compressione, pressione
basınçölçer manometro
basil bacillo
basiret preveggenza
basiretli previdente
basit semplice, elementare, frugale, banale, modesto, pedestre, rudimentale
basitlik semplicità
baskı stampa; edizione; oppressione, pressione *baskı altında tutmak* comprimere, reprimere *baskı yapmak* premere, far pressione, opprimere, vessare

baskın assalto, incursione, irruzione, dominante, retata *baskın çıkmak* prevalere *baskın yapmak* assaltare, irrompere, prendere d'assalto
baskül bascula, bilancia
basma stampa
basmak pestare; premere; stampare, calcare, imprimere
bastırmak premere, reprimere, smorzare, pressare, soffocare, sedare, sommergere
baston bastone, mazza
basur *hek.* emorroide
baş testa; capo, capoccio *baş ağrısı* mal di capo *baş aşağı* a capo fitto, capofitto, testa in giù *baş başa* a quattrocchi, a tu per tu *baş belası* scocciatore, seccatore, incubo, pestifero *baş döndürücü* turbinoso, vertiginoso, vorticoso *baş dönmesi* capogiro, vertigine, giramento *başa çıkmak* riuscire *başı dönmek* avere le vertigini, soffrire le vertigini *başına gelmek* capitare, conoscere, incorrere *başında durmak* piantonare *başından atmak* sbarazzarsi *başından savmak* togliersi qc dai piedi *başını belaya sokmak* ficcarsi in un guaio *baştan aşağı* da

capo a piedi, di sana pianta, integrale **baştan çıkarmak** corrompere, sedurre, depravare, pervertire **baştan savma** alla carlona, sbrigativo, senza cura, trasandato
başak pannocchia, spiga
başarı riuscita, successo, affermazione, alloro
başarılı riuscito, arrivato, di successo, efficace, promosso
başarısız fallito, infruttifero, mal riuscito **başarısız olmak** far fiasco
başarısızlık fiasco, fallimento, insuccesso, trombatura
başarmak riuscire, spuntare, arrivare, passare, vincere
başbakan cancelliere, premier, primo ministro
başçavuş sergente maggiore
başhekim primario
başhemşire caposala
başıboş vagabondo
başıbozuk sbandato
başka altro; ulteriore; eccetto; fuorché, tranne, differente, diverso
başkaları altri
başkaldırı sollevazione, sommossa
başkaldırmak ribellarsi, insorgere, tumultuare, voltarsi contro
başkan presidente, capo, leader
başkanlık direzione, presidenza
başkası altri, altro, un altro
başkent capitale, città capitale
başkomutan comandante in capo, condotta
başkonsolos console generale
başlamak cominciare, incominciare, avviare, iniziare, intraprendere, mettersi, partire
başlangıç inizio, principio, avvio, esordio, origine, preludio, prologo **başlangıç noktası** spunto
başlatmak incominciare, avviare, dare inizio, impiantare, intentare
başlıca principale, capitale, cardinale, essenziale, fondamentale, maestro, primario, primo
başlık cappuccio, berretto, intestazione, titolo, copricapo
başmakale articolo di fondo, editoriale
başoyuncu protagonista
başörtüsü velo
başparmak pollice
başpiskopos arcivescovo, primate
başsağlığı condoglianza **başsağlığı dilemek** esprimere

başsavcı

il proprio cordoglio
başsavcı procuratore generale
başsız acefalo, anarchico
başucu zenit
başvurmak indirizzarsi, richiamarsi, richiedere, ricorrere, rivolgersi
başvuru domanda, istanza, ricorso
başyapıt capolavoro
başyazar caporedattore, redattore capo
başyazı articolo di fondo, editoriale
batak melmoso, paludoso, melma
batakhane fogna
bataklık acquitrino, palude, melma, pantano
bateri batteria
batı occidente, ovest, ponente; occidentale
batık affondato, sommerso; cavo
batıl falso ***batıl itikat*** superstizione
batılı occidentale
batılılaşma occidentalizzazione
batırmak affondare, pungere, sommergere, colare, conficcare, infilzare, inabissare
batmak affondare, sprofondare, tramontare; fallire, andare a fondo, (güneş) calare, colare, declinare, profondarsi, scendere
battaniye coperta
bavul bagaglio, baule, valigia
bay don, signore
bayağı banale, comune, volgare, convenzionale, inferiorità, infimo, misero, ordinario
bayan dama, donna, signora
bayat raffermo, rancido
bayat vecchio
bayatlamak divenire vieto, perdere la freschezza
baygın svenuto
baygınlık sincope, svenimento ***baygınlık geçirmek*** fare svenire
bayılmak svenire; andare pazzo per; (para) pagare, perdere i sensi, tramortire
bayındır florido
bayındırlık prosperità, lavori pubblici
bayır discesa, pendio, versante, colle, costa, rampa, sdrucciolo
bayi ricevitoria, venditore
baykuş civetta, gufo, nottola
bayrak bandiera, insegna, stendardo, vessillo ***bayrak çekmek*** inalberare
bayram festa, festività, sagra
bayramlık festivo
baytar veterinario

baz basamento, caposaldo
bazen qualche volta, talvolta
bazı alcuno, qualche, certo, taluno
bazilika basilica
bebe bambino
bebek bambino, bimbo, *kon.* pupo, piccolo, putto ***bebek beklemek*** aspettare un bambino
beceri abilità, artificio, destrezza, ingegno, maestria, talento
becerikli abile, bravo, capace, destro, forte, ingegnoso, valente
beceriklilik bravura, destrezza, ingegnosità, maestria, perizia
beceriksiz goffo, inetto, incapace, confusionario, imbranato, inabile, maldestro, scalzacane
beceriksizlik incapacità, pasticcio
becermek riuscire, saperfare, destreggiarsi, sbrogliarsi
bedava gratuito; gratis, gratuitamente
beddua esecrazione, imprecazione, maledizione ***beddua etmek*** maledire, mandare un accidente
bedel equivalente, corrispettivo, costo, prezzo
beden corpo, taglia ***beden eğitimi*** palestra, ginnastica, esercizio
bedensel *biy.* somatico
begonya begonia
beğeni consenso, gusto
beğenilmek avere successo
beğenmek gradire, apprezzare, invaghirsi, piacere, stimare
beğenmemek disapprovare
bek *sp.* terzino
bekâr celibe; scapolo, nubile
bekâret verginità
bekârlık celibato
bekçi custode, guardia, guardiano
bekleme aspetto, attesa ***bekleme odası*** anticamera, sala d'aspetto
beklemek attendere, aspettare, sperare
beklenmedik inaspettato, inatteso, insperato, improvviso, brusco, casuale, fortuito, inavvertito
beklenti aspettativa
bekletmek fare aspettare, fare attendere, traccheggiare
bel lombo, vita; (alet) vanga; sperma ***bel ağrısı*** dolore lombare, lombaggine ***bel bağlamak*** fidare, sperare

bela disgrazia, guaio, flagello, grana, peste, piaga, seccatura *bela aramak* andare in cerca di guai, cercare rogna *belaya çatmak* incappare nei guai

belalı rognoso belediye *belediye başkanı* sindaco *belediye meclisi* consiglio comunale

belge documento, certificato, attestato, bollettino, buono, licenza

belgelemek attestare, certificare, documentare, far fede, giustificare

belgesel documentario *belgesel film* documentario

belgisiz *dilb.* indefinito

belirgin evidente, chiaro, marcato, preciso, sallente, solare

belirginlik risalto, specificità

belirlemek determinare, decidere, caratterizzare, delimitare, designare, precisare, quantificare, sancire

belirli certo, definito, dato, determinato

belirmek apparire, affiorare, comparire, delinearsi, manifestarsi, palesarsi

belirsiz indefinito, incerto, impreciso, indeterminato, ambiguo, confuso, oscuro

belirsizlik incertezza, indeterminatezza, imprecisione, ambiguità, discutibilità, limbo, oscurità

belirteç avverbio

belirti segno, contrassegno, indizio, orma, presagio, traccia, impronta, indice, insegna, marca, ricordo, sentore

belirtisiz latente, *dilb.* indeterminativo

belirtmek denotare, precisare, caratterizzare, definire, determinare, distinguere, indicare, profilare, registrare, specificare

belkemiği colonna vertebrale, spina dorsale

belki chissà, forse, può darsi

bellek memoria

bellemek memorizzare, imparare a memoria; vangare

belli evidente, manifesto, apparente, determinato, distinto, esplicito, notorio, ovvio, perspicuo, tipico, visibile *belli belirsiz* sfumato, vago *belli etmek* scoprire

belsoğukluğu *hek.* gonorrea

bembeyaz bianco come il marmo, candido

bemol bemolle

bence a mio avviso, a mio parere, mi sa che, per conto

mio, secondo me
bencil egoista, individualista
bencillik egoismo, individualismo
benek macchia, pallino, tacca
benimsemek adottare, assimilare, sanzionare, sposare
beniz carnagione, colorito *benzi atmak* impallidire
benlik coscienza di se stesso, presunzione
bent diga
benzemek assomigliare, sembrare, somigliare, accostarsi, avvicinarsi, identificarsi, tenere
benzer simile, similare, affine, analogo, eguale; simile, sosia, consimile, facsimile, somigliante, tale
benzerlik accostamento, affinità, analogia, parallelismo, similitudine, somiglianza, sorellanza, uniformità
benzersiz impareggiabile, incomparabile, singolare
benzeşmek rassomigliarsi, somigliarsi
benzetme imitazione
benzetmek imitare, scambiare per, prendere per, assimilare, scambiare
benzin benzina *benzin istasyonu* distributore di benzina, pompa di benzina, stazione di rifornimento
benzol benzolo
beraat assoluzione, proscioglimento *beraat etmek* essere assolto *beraat ettirmek* assolvere, prosciogliere
beraber assieme, insieme, con sé *berabere kalmak* impattare, pareggiare, *sp.* fare pari
beraberlik unione; (spor) pareggio, parità
berat brevetto
berbat orribile, sporco, disastroso, infame, maledetto, tremendo *berbat etmek* guastare, sporcare, intorbidare, mandare a monte, massacrare
berber barbiere, parrucchiere, pettinatrice *berber dükkânı* barbieria
bere ammaccatura; contusione, contuso, ferita, lesione
bereket abbondanza, fertilità, benedizione, ricchezza
bereketli abbondante, fertile, benefico, prospero, ricco
bereketsiz infecondo, sterile
beri da, dato che, fino, oltre, di qua
berilyum *kim.* berillio
berrak limpido, lindo, traspar-

berraklık

ente
berraklık chiarezza, limpidezza
besbelli evidente, apparente, chiaramente, innegabile
besi alimentazione; nutriente
besili nutrito
besin alimento, cibo, nutrimento
besleme alimentazione, mantenimento
beslemek alimentare, mantenere, nutrire, imboccare, pascere
beslenmek alimentarsi, cibarsi, mantenersi, nutrirsi, pascersi, rifocillarsi
besleyici alimentatore, nutriente, nutritivo, nutrito, sostanzioso
beste composizione
bestelemek comporre
beş cinque *beş para etmez* non vale una patacca *beş parasız* squattrinato
beşgen pentagono
beşik culla
beşinci quinto
beter peggio
betimleme rappresentazione
betimlemek descrivere
beton calcestruzzo, cemento, cemento armato
bevliye urologia
bevliyeci urologo
bey signore
beyan denuncia, dichiarazione, enunciato, notificazione
beyanat dichiarazione
beyanname dichiarazione, notificazione, manifesto
beyaz bianco *Beyaz Saray* la Casa Bianca
beyazlatmak imbiancare, sbiancare
beyazlık bianchezza, candidezza, candore
beyazperde schermo
beyefendi messere, signore
beygir cavallo, ronzino, ronzino
beygirgücü cavallo vapore
beyin cervello *beyin kanaması* ictus cerebrale *beyin yıkama* lavaggio del cervello
beyincik cervelletto
beyinsiz scervellato, senza cervello
beyit distico
beylik banale, d'ordinanza, signoria
bez panno, tela
bezdirmek assillare, opprimere, stancare
beze *anat.* glandola
bezek finimento, ornamento
bezelye pisello
bezemek adornare, decorare, ornare, ornamentare
bezgin stanco, stufo

bezginlik prostrazione, stanchezza, tedio
bıçak coltello, posata
bıçaklamak accoltellare, pugnalare
bıçkı sega
bıkkın stanco, stufo
bıkkınlık disgusto, fastidio, stanchezza
bıkmak annoiarsi di, stomacarsi di, stufarsi di, seccarsi
bıktırıcı fastidioso, importuno, molesto, noioso
bıktırmak annoiare, assillare, stancare, stufare
bıldırcın quaglia
bıngıldak *anat.* fontanella
bırakmak abbandonare, lasciare, depositare, deporre, disertare, rinunciare, smettere, posare, concedere, desistere, lasciare
bıyık baffo *bıyık altından gülmek* ridere sotto i baffi
bıyıklı baffuto
biber pepe, pimento
biberiye rosmarino
biberli pepato, piccante
biberon biberon, poppatoio
biblo soprammobile
biçare meschino, miserabile
biçerdöver mietitrice
biçim forma, foggia, maniera, modalità, modo, aspetto, genere, gusto, mezzo, modello, stile, tenore
biçimli formoso
biçimsiz amorfo, deforme, difforme, sformato, sgraziato
biçki taglio
biçme segatura, tagliata
biçmek falciare, tagliare, segare
bidon bidone
biftek bistecca, carne di bue
bigudi bigodino
bikini costume a due pezzi
bilakis anzi, bensi
bilanço bilancio, conguaglio
bilardo bigliardo, biliardo
bildiğini okumak irrigidirsi
bildik conoscenza
bildiri annuncio, avviso, comunicato, comunicazione, dichiarazione, manifesto, bollettino, manifesto, notificazione, proclama
bildirim denuncia
bildirme comunicazione, dichiarazione, divulgazione, indicazione, notifica ***bildirme kipi*** modo indicativo
bildirmek annunciare, comunicare, dichiarare, divulgare, indicare, notificare, pronunziare, protestare, riferire, segnalare

bile

bile anche, pure, già, neppure, perfino, magari, suppere
bileğitaşı affilatrice
bilek polso
bilemek affilare, arrotare, molare
bileşen ingrediente
bileşik composito, composto
bileşim composizione, impasto
bilet biglietto ***bilet gişesi*** biglietteria
biletçi bigliettaio, bigliettaio, controllore
bileyici arrotino
bilezik bracciale, braccialetto
bilge saggio, sapiente, savio
bilgelik saggezza, sapienza
bilgi conoscenza, informazione, sapienza, dato, istruzione, notizia, riferimento, scienza ***bilgi almak*** consultare ***bilgi edinmek*** informarsi
bilgiç saccente
bilgiçlik pedanteda, saccenteria ***bilgiçlik taslamak*** fare il cicerone, sentenziare, sputare sentenze
bilgiişlem informatica
bilgili colto, dotto, erudito, esperto, saggio, sapiente
bilgin dotto, luminare, sapiente, scienziato
bilgisayar cervello elettronico, elaboratore
bilgisiz ignorante, incolto, incompetente, indotto
bilgisizlik ignoranza, incompetenza
bilhassa in particolare, soprattutto, specificamente
bilim scienza ***bilim adamı*** scienziato, uomo di scienza
bilimkurgu fantascienza
bilimsel scientifico
bilinç consapevolezza, coscienza, conoscenza, senso
bilinçaltı profondo, subconscio, inconscio
bilinçli consapevole, cosciente, coscienzioso, lucido
bilinen matricolato, solito, trito
bilinmeyen ignoto, incognito, inesplorato, oscuro, *mat.* incognita
bilirkişi esperto, intendente ***bilirkişi raporu*** perizia
billur cristallo ***billur gibi*** cristallino
billurlaşmak cristallizzarsi
bilmece indovinello, puzzle, enigma, rebus
bilmeden all'insaputa di, inconsapevolmente
bilmek azzeccare, conoscere, indovinare, sapere, sapere, conoscere, indovinare

bilmezlik ignoranza *bilmezlikten gelmek* far lo gnorri, ignorare

bilmukabele di rimbecco

bin migliaio, mille *binde bir* di rado, millesimo

bina costruzione, edificio, fabbricato *bina etmek* costruire

binbaşı maggiore

bindirmek caricare, imbarcare

binek cavalcatura

binici cavalcatore, cavaliere

binicilik equitazione, ippica

bininci millesimo

binlerce a migliaia

binmek montare, salire, inforcare

bir compatto, uguale, uno *bir ağızdan* in coro *bir araya gelmek* raccogliersi, radunarsi, unirsi *bir avuç* manciata *bir bakıma* da un canto, in un certo senso *bir çırpıda* in una tirata *bir daha* ancora una volta *bir de* in più, nientemeno, per giunta *bir miktar* alquanto *bir sürü* infinità, sacco, mare, selva, un sacco di, una catena di *bir şey* niente, qualcosa *bir şey değil* non c'è di che!, di niente!, prego! *bir taşla iki kuş vurmak* pigliar due colombi ad una fava, prendere due piccioni con una fava *bir varmış bir yokmuş* c'era una volta *bir yana* a parte *bir zamanlar* già, in tempi lontani, un tempo *birer birer* a uno a uno, uno per uno

bira birra

birader fratello

birahane birreria

biraz un poco, alquanto, qualche, un pò

birazcık tantino, zinzino, pizzico

birazdan a momenti, presto, tra breve birbiri *birbirine girmek* incastrarsi

birçok molteplice, moltitudine, numeroso, parecchio, tanto

birden improvviso, alla sprovveduta, di scatto, di schianto, di sorpresa, ex abrupto, istantaneo, repentino

birdenbire improvvisamente, a un tratto, di botto, inaspettatamente, repente

bireşim sintesi

birey individuo, singolo

bireyci individualista

bireycilik individualismo

bireysel individuale

biricik unico

birikinti ammasso

birikmek riunirsi, adunarsi,

biriktirmek

accalcarsi, accumularsi, ammassarsi, ammucchiarsi, depositarsi

biriktirmek ammassare, radunare, risparmiare, accantonare, accumulare, ammucchiare, collezionare, cumulare, raccogliere

birim reparto, unità

birinci primatista, primo *birinci gelmek* arrivare per primo, primeggiare, vincere *birinci sınıf* fuoriclasse, sopraffino, numero uno, prima, sopraffino

birincil primario

birincilik primato

birini cotale

birisi nessuno, qualcuno, taluno, uno

birkaç alcuno, qualche

birleşik combinato, federale

birleşim combinazione

birleşmek associarsi, fondersi, unirsi, allearsi, coalizzarsi, congiungersi, mescolarsi, riunirsi

birleşmiş unito *Birleşmiş Milletler* Nazioni Unite

birleştirmek connettere, unire, unificare, aggregare, associare, combinare, accomunare, agganciare, annettere, collegare, commettere, incorporare, *kim.* combinare, raccordare

birli asso

birlik associazione, lega, unione; unità, arma, truppa, milizia, compagine, comunione, confederazione, unificazione

birlikte assieme, insieme, con, in compagnia, in comune, in coro

birtakım alcuno, taluno

bisiklet bicicletta

bisküvi biscotto

bisturi bisturi

bit pidocchio

bitap sfinito

bitim terminazione, termine

bitirmek finire, terminare, concludere, esaurire, ultimare, compiere, completare, spossare, struggere, troncare

bitiş arrivo, chiusura, fine

bitişik adiacente, attiguo, contiguo, coerente, comunicante

bitişmek combaciare, congiungersi

bitiştirmek agganciare, agglutinare, commettere, giungere

bitki erba, pianta *bitki örtüsü* flora, vegetazione

bitkibilim botanica

bitkin affranto, fiacco, esausto, languido, provato, spossato, stracco *bitkin düşmek* estenu-

arsi, languire
bitkinlik esaurimento, fiacca, indebolimento, languore, prostrazione, sfinimento, spossatezza
bitkisel vegetale
bitmek finire, terminare; crescere; amare, compiersi, concludersi, estinguersi, macerarsi, spirare, (bitki) spuntare
biyografi biografia, curriculum
biyokimya biochimica
biyolog biologo
biyoloji biologia
biyolojik biologico
biyopsi biopsia
biz noi
bizim nostro
bizimki il nostro
blok blocco
bloke blocco *bloke etmek* bloccare
bluz blusa, camicetta, camicia
boa boa
bobin bobina, rullo, *elek.* rocchetto
bocalamak imbrogliarsi, impappinarsi, ondeggiare, oscillare, tentennare
bocurgat argano, verricello
bodrum cantina, sotterraneo *bodrum katı* interrato, scantinato, seminterrato, sottosuolo
bodur basso di statura, nano, tozzo
boğa toro *boğa güreşi* corrida
boğaz gola; *coğ.* stretto *boğaz ağrısı* mal di gola *boğazına düşkün* ghiottone, ingordo *boğazına sarılmak* prendere per il collot *boğazında kalmak* strozzarsi
Boğaziçi Bosforo
boğazlamak scannare, strangolare
boğmaca pertosse
boğmak affogare, asfissiare, soffocare, strangolare, strozzare, ricolmare
boğucu afoso, soffocante, torrido, asfissiante
boğuk rauco, roco, sordo
boğulmak affogare, annegarsi, soffocarsi
boğum ganglio, nodosità, nodulo, strozzatura
boğuşmak accapigliarsi
bohça fagotto, fardello, involto, mazzetta
bok merda
boks boxe, pugilato
boksör boxer, pugile
bol abbondante, esuberante, largo, lasso, ricco, lento, rigoglioso, ubertoso *bol bol* ampiamente *bol keseden atmak*

bolluk

promettere mari e monti, vendere fumo

bolluk abbondanza, esuberanza, profusione, benessere, diluvio, inflazione, lusso, opulenza, ricchezza

bomba bomba, ordigno esplosivo

bombalamak bombardare, spezzonare

bombardıman bombardamento

boncuk perlina

bone cuffia

bono buono, cambiale

bora fortunale, tempesta, burrasca, raffica

borazan clarino, tromba, trombetta

borç addebito, debito, passività, dare, dovuto, tributo *borca girmek* indebitarsi *borç almak* contrarre debiti *borç vermek* prestare

borçlanmak inchiodarsi, indebitarsi

borçlu debitore, mutuatario, obbligato

borda *den.* abbordaggio

bordro borderò

borsa borsa, cambio, mercato azionario *borsa tellalı* agente di cambio

boru condotta, condotto, manica, tubo

bostan orto *bostan korkuluğu* spaventapasseri, spauracchio

boş vuoto, vacuo; disabitato; disponibile; libero; sgombro; vacante; vano; inabitato *boş oturmak* stare con le mani in mano *boş vermek* lasciare andare, lasciare perdere *boş yere* indebitamente, invano, senza compenso *boşa gitmek* andare all'aria

boşalmak svuotarsi, vuotarsi, scaricarsi, defluire, sprizzare; sbottare; eiaculare

boşaltmak vuotare, evacuare, sbarcare, scaricare, sgombrare, svuotare, liberare, mescere, rovesciare, sfollare

boşamak divorziare

boşanma divorzio

boşanmak divorziare

boşluk vuoto, lacuna, spazio, vano, cavità, mancanza, piazza, spaziosità, vacanza, vacuità

boşuna invano, inutilmente, a vuoto, vanamente *boşu boşuna* inutilmente, invano

bot scarpone, stivaletto

botanik botanica

boy statura, lunghezza, formato, taglia *boy göstermek* prodursi

boy ölçüşmek misurarsi, uguagliarsi
boya colorante, colore, lucido, pittura, vernice
boyacı pittore
boyamak colorare, dipingere, pitturare, tingere
boykot boicottaggio *boykot etmek* boicottare
boylam *coğ.* longitudine
boynuz corno
boynuzlamak fare le corna a qc
boynuzlu cornuto
boyun collo, gola *boynunu bükmek* piegare la testa *boyun eğmek* cedere, inchinarsi, asservirsi, piegarsi, sottoporsi, ubbidire
boyuna longitudinale, perpetuamente
boyunbağı cravatta
boyunca durante, lungo, per, per tutta la durata
boyunduruk giogo *boyunduruk altına almak* schiavizzare, soggiogare, sottomettere
boyut dimensione, formato, grandezza, proporzione
boz grigio
bozgun disfatte, sconfitta *bozguna uğratmak* disfare, sbaragliare, sconfiggere, travolgere

bozguncu disfattista
bozkır steppa
bozmak (para) cambiare, guastare, rovinare, adulterare, alterare, corrompere, deteriorare, disfare, sciupare, sconvolgere, turbare, cambiare, annullare, disturbare, imbrogliare, intorbidare, rompere, scomporre
bozuk avariato, cattivo, fradicio, fuori servizio, guasto, purefatto, putrido *bozuk para* moneta, rotto, spiccio, spicciolo
bozukluk distorsione, perturbazione, disturbo, magagna, vizio, dissesto, *hek.* turba
bozulmak deteriorarsi, guastarsi, putrefare, intorbidarsi, scassarsi, scomporsi, alterarsi, avariarsi, decomporsi, degenerare
böbrek *anat.* rene, *anat.* rene; rognone
böbürlenmek millantarsi, essere pieno di sé, ostentare
böcek gambero, insetto
böğür lombo, reni
böğürmek berciare, muggire
böğürtlen rovo, spino
bölen divisore, divisorio
bölge zona, regione, sezione,

circondario, disretto, cantone, circoscrizione, località, posto, settore
bölgesel regionale
bölme divisione, divisorio, compartimento, partizione, smembramento, spartizione, suddivisione
bölmek dividere, spartire, accismare, disunire, frazionare, ripartire, sezionare, disintegrare
bölücü settario
bölük parte, porzione, compagnia
bölüm divisione, frazione, parte, pezzo, porzione, reparto, settore, sezione, episodio, branca, *mat.* quoziente, partizione, quota, segmento, tratto
bölünen *mat.* dividendo
bölüşmek ripartirsi, spartirsi
bölüştürmek ripartire, impartire, distribuire
bön ingenuo, imbecille, sempliciotto, stupido
börek pasticcio, frittella
böyle cosi, tale, simile
böylece cosi
branda branda
branş ramo
bravo bravo!, complimenti!
Brezilya Brasile, Brasilia
Brezilyalı brasiliano
briç bridge
briyantin brillantina
brom *kim.* bromo
bromür *kim.* bromuro
bronş bronco
bronşit bronchite
bronz bronzo
bronzlaşmak abbronzare, abbronzarsi
broş spilla spillo
broşür opuscolo
bröve brevetto
brüt lordo
bu questo, questi, ciò ***bu arada*** frattanto, intanto, nel frattempo, per inciso ***bu gece*** stanotte ***bununla beraber*** ciononostante, eppure, intanto, tuttavia ***bununla birlikte*** pure, tuttavia, dopotutto, eppure, nondimeno, però
bucak angolo, comune rurale
buçuk mezzo
budak ramo, nodo
budala cretino, stupido, allocco, babbeo, ebete, idiota, imbecille, scemo, stolto
budalalık stupidità, balordaggine, coglioneria, cretineria, ebetismo, imbecillità, scemenza, stoltezza
budamak succidere, cimare,

potare, stralciare, tosare
Budist buddista
Budizm buddismo
budun popolo
budunbetim etnografia
budunbilim etnologia
bugün oggi, oggi stesso
bugünkü odierno, presente
bugünlerde al giorno d'oggi
buğday frumento, grano
buğu vapore
buğulanmak appannarsi
buğulu appannato
buhar vapore
buharlaşmak evaporare, vaporizzarsi, svaporare, volatilizzarsi
buhran crisi, depressione
buhur incenso
buhurdan incensiere, turibolo
buji candela
bukalemun camaleonte
buket mazzo
bulandırmak intorbidare, turbare, annebbiare
bulanık torbido, nebuloso *bulanık suda balık avlamak* pescare nel torbido
bulanmak annebbiarsi
bulantı nausea
bulaşıcı contagioso, infettivo
bulaşık sporcato, contagioso, vaseliame *bulaşık makinesi* lavapiatti, lavastoviglie
bulaşıkçı lavapiatti, sguattero
bulaşmak contaminarsi, sporcarsi, immischiarsi, impicciarsi, invadere, propagarsi
bulaştırmak contaminare, imbrattare, attaccare, coinvolgere
Bulgar bulgaro
Bulgarca lingua bulgaria
Bulgaristan Bulgaria
bulgu reperto
bulmaca gioco di pazienza, puzzle, rompicapo
bulmak trovare, indovinare, azzeccare, inventare, pescare, rinvenire, riscontrare, scoprire
buluğ pubertà
bulundurmak detenere, tenere in pronto
bulunmak trovarsi, giacere, stare, figurare, restare, rimanere, versare
buluş invenzione, ritrovamento, scoperta
buluşma incontro, ritrovo
buluşmak incontrarsi, rivedersi, trovarsi
bulut nube, nuvola
bulutlanmak annuvolarsi, annebbiarsi, rannuvolarsi
bulutlu coperto, nebuloso, nuvoloso
bulutsuz senza nuvole, sereno

bulvar viale
bunak demente, ebete, rimbambito
bunaklık demenza
bunalım crisi, depressione
bunalmak rimanere stordito, rimanere soffocato, averne fin sopra i capelli, soffocare
bunaltmak deprimere, opprimere
bunamak perdere i colpi, rimbambire
bundan ne *bundan başka* inoltre, oltre a questo, ulteriore *bundan böyle* d'ora in poi, d'ora in avanti, da adesso in poi *bundan dolayı* perciò, pertanto, sicché
bura qui, qua, questo luogo
burada qua, quaggiù, quassù, qui
buradan ne, per di qua
buralı di qui
burası questo luogo
buraya qua, qui *buraya kadar* fin qui
burç costellazione, torrione, sgno zodiacale
burçak veccia
burgu trivella, verrina
burjuva borghese
burjuvazi borghesia
burkmak slogare
burkulmak slogarsi, storcere
burmak castrare
burs borsa
buruk agro, aspro, austero, brusco
burun *coğ.* capo, muso, naso, naso, muso; *coğ.* capo *burnu büyümek* alzare la cresta, montarsi la testa *burnu havada* vanitoso, arrogante *burnunu sokmak* impacciarsi, impicciarsi, ingerirsi, intromettersi *burun buruna gelmek* sfiorare *burun deliği* narice
buruşmak incresparsi, sgualcirsi, accartocciarsi, raggrinzarsi
buruşturmak spiegazzare, sgualcire, increspare, raggrinzare, (yüz) sbertucciare
buruşuk rugoso; piega, grinzoso
but coscia
butik bottega
buyruk ordinanza, comandamento, decreto, imposizione, mandato, ordine
buyurmak comandare, prescrivere, decretare, disporre, imporre, ingiungere, ordinare
buz gelo, ghiaccio *buz gibi* gelido, glaciale *buz tutmak* gelarsi
buzağı vitello di latte

buzdağı iceberg
buzdolabı frigorifero, refrigeratore
buzlu ghiacciato
buzluk cella frigorifera, ghiacciaia
buzul banco di ghiaccio, ghiacciaio
büfe credenza, posto di ristoro
büklüm ansa
bükmek filare, torcere, curvare, flettere, inchinare, piegare
bükülgen flessibile, pieghevole, flessuoso
bülbül usignolo
bülten bollettino
bünye struttura, costituzione
büro ufficio
bürokrasi burocrazia
bürokrat burocrate
bürümek gremire
bürünmek involgersi, avvolgersi, ammantarsi
büsbütün completamente
büst busto
bütan butano
bütçe bilancia, bilancio
bütün tutto, completo, integrale, integro, intero, compatto, insieme, massa, totale, totalità
bütünleme integrazione
bütünleşmek integrarsi
bütünlük compattezza, integrità, intero
bütünüyle anima e corpo, di sana pianta, interamente
büyü incanto, magia, incantesimo, malia, scongiuro, sortilegio **büyü yapmak** fare scaramanzia, stregare
büyücü mago, stregone
büyücülük magia, sortilegio, stregoneria
büyük grande, grosso, massiccio; adulto, ampio, largo, magno, gigante, spazioso **büyük harf** lettera capitale, maiuscola **büyük ölçüde** in larga misura
büyükanne nonna
büyükbaba nonno
büyükbaş bestiame
büyükelçi ambasciatore
büyükelçilik ambasceria, ambasciata
büyüklük grandezza, grossezza, grandiosità, immensità, voluminosità, mole
büyülemek ammaliare, incantare, affascinare, avvincere, innamorare, magnetizzare
büyüleyici affascinante, avvincente, fascinoso, incantevole, magico, suggestivo
büyülü magico
büyümek crescere, ingigantire,

büyüteç

ingrandirsi, ampliarsi, aumentare, farsi grande, grandeggiare, ingrossarsi, moltiplicarsi, venire, (bitki) vegetare

büyüteç lente d'ingrandimento

büyütmek crescere, espandere, ingigantire, ingrandire, ampliare, amplificare, gonfiare, ingrossare

büzgü ruga, piega

büzmek restringere, contrarre

büzülmek accartocciarsi, accovacciarsi, rannicchiarsi, rattrappirsi

C

cadde strada
cadı strega
cafcaf pompa, pasto
cafcaflı pomposo, retorico
cahil ignorante
cahillik ignoranza
cam vetro
cambaz acrobata, saltatore
cambazlık acrobazia, funambolismo
camcı vetraio
cami moschea
can anima, spirito *can atmak* anelare, bramare, impazientirsi, non vedere l'ora *can çekişmek* agonizzare, boccheggiare, rantolare *can düşmanı* nemico capitale, nemico mortale *can sıkıcı* fastidioso, noioso, opprimente, seccante, importuno, insipido, molesto, petulante *can sıkıntısı* fastidio, noia, seccatura, disperazione, noia *can vermek* inanimare, morire *cana yakın* adorabile, pimpante, simpatico *canı çıkmak* sfaccendare, sputare sangue *canı istemek* desiderare, far venire la voglia *canı sıkılmak* scocciarsi, seccarsi, annoiarsi *canı yanmak* provare un grande dolore *canını çıkarmak* ammazzare, sfiancare *canını kurtarmak* salvare la pelle, salvarsi *canını sıkmak* molestare, scocciare, seccare, annoiare, infastidire, opprimere *canını yakmak* straziare

canavar mostro, orco
canciğer intimo, profondo
candan accetto, cordiale, cordialmente
cani assassino, criminale, massacratore, scellerato

cankurtaran ambulanza *cankurtaran simidi* ciambella, salvagente *cankurtaran yeleği* giubbotto salvagente

canlandırmak rappresentare, ravvivare, vitalizzare, vivacizzare, vivificare, animare, incarnare, personificare, colorire

canlanmak ravvivarsi, rinascere, animarsi, ricrearsi, rinvenire, riprendersi, risuscitare, rifiorire

canlı animato; vivo, brioso, vispo, vivace; vivente, vivido, dinamico, energico, allegro, rigoglioso *canlı yayın* telecronaca diretta, trasmissione in presa diretta

canlılar essere animati

cansız esanime, floscio, inanimato, morto

cari corrente *cari hesap* conto corrente

casus delatore, spia, spione

casusluk delazione, spiata, spionaggio

caydırmak dissuadere, distornare

caymak desistere, mutare parere, fare retromarcia

caz jazz

cazcı jazzista

cazibe attrattiva, attrazzione, fascino, malia, seduzione

cazibeli prestigioso, rubacuori

cazip affascinante, allettante, attraente

cebir algebra

cefa strazio

cehalet ignoranza

cehennem inferno *cehennem azabı* calvario, pena infernale, perdizione

cehennemi infernale

cehennemlik dannato, reprobo

ceket giacca, giubbotto

cellat boia, giustiziere, carnefice, giustiziere

celp attrazione, mandato di citazione, richiamo

celse dibattimento, udienza

cemaat comunità

cemiyet associazione, corporazione, società

cenaze funerale, mortorio *cenaze alayı* corteo funebre, funerale

cendere pressa, strettoio, torchio

cengâver guerriero

cenin embrione, feto

cennet eden, paradiso

centilmen gentiluomo

cep saccoccia, tasca *cep saati* orologio da tasca *cep telefonu* telefono portatile, telefonino

cephane munizione

cephe fronte, frontespizio, trin-

cea, *mim.* facciata
cerahat pus
cereyan corrente
cerrah chirurgo, operatore
cerrahlık chirurgia
cesaret animo, coraggio, audacia, esortazione *cesaret etmek* ardire, azzardarsi, baldanzeggiare, osare *cesaret vermek* animare, esortare, incoraggiare *cesaretini kırmak* esanimare, avvilire, smontare, scoraggiare
cesaretlendirmek favorire, rincorare
cesaretlenmek farsi coraggio, farsi cuore, farsi forza
cesaretli bravo
cesaretsiz timido, cordardo
ceset cadavere, corpo, salma
cesur bravo, coraggioso, impavido, valoroso, agguerrito, ardito, audace, baldo, garibaldino
cesurluk bravata
cet ascendente
cetvel regolo, riga, righello, ruolo
cevap riscontro, risposta *cevap vermek* rispondere
cevaplandırmak rispondere
cevher sostanza
ceviz noce
ceylan *hayb.* gazzella
ceza castigo, pena, penitenza, punizione, penale, *sp.* penalizzazione *ceza hukuku* diritto penale *ceza vermek* infliggere, punire *ceza vuruşu* punizione dal limite *cezasını çekmek* scontare, espiare *cezaya çarptırmak* infliggere
cezaevi carcere, galera, penitenziario, prigione
cezalandırmak castigare, punire, condannare, penalizzare
cezalı punito, in castigo
cezbetmek adescare, attrarre, allettare, ammaliare, tirare
cezir riflusso
cezve bricco, cuccuma
cılız asciutto, debole, fievole, magro, scarno, tenue, pallido
cımbız pinza, pinzetta
cırcırböceği *hayb.* grillo
cırlak petulante
cıva *kim.* mercurio, argento vivo
cıvata bullone
cıvıl cıvıl vispo come un uccello
cıvıldamak cinguettare, gorgheggiare, pigolare
cızırtı cigolio
cibinlik zanzariera
cici carino
ciddi grave, serio, severo, con-

tegnoso *ciddiye almak* prendere sul serio
ciddiyet gravità, severità, serio
ciğer polmone
cihaz apparato, apparecchio
cila cera, lucido, lustro, vernice
cilalamak lustrare, verniciare, incerare, inverniciare, laccare, pulire
cilalı lucidato, inverniciato
cilt pelle, cute; rilegatura; volume, tomo
ciltçi legatore, rilegatore; legatoria
ciltçilik rilegatura
ciltlemek *bas.* rilegare
ciltli rilegato
cilve civetteria, lezio, moina, smanceria, smorfia, vezzo
cilveli lezioso, sdolcinato, smorfioso
cimri avaro, gretto, spilorcio, tirchio, sordido, taccagno
cimrilik avarizia, tirchieria, taccagneria, tirchieria
cin gnomo, spirito *cin gibi* astuto
cinai delittuoso
cinayet assassinio, delitto, omicidio, crimine
cinnet pazzia, follia
cins genere, razza, sorta, specie, varietà
cinsel carnale, sessuale *cinsel ilişkide bulunmak* fottere
cinsellik sessualità
cinsiyet sesso, sessualità
cip jeep
cirit *sp.* giavellotto *cirit atma* lancio del giavellotto
ciro fatturato, girata *ciro etmek* girare
cisim corpo, elemento
civar adiacenza, paraggio, regione, vicinanza
civarında in prossimità di, intorno, presso
civciv pulcino
coğrafi geografico
coğrafya geografia
coğrafyacı geografo
cokey fantino, jockey
conta giunto, guarnizione
coşku emozione, entusiasmo, fervore, foga, impeto
coşkun caloroso, entusiasta, esuberante, febbrile, impetuoso, irruente, vibrato
coşkunluk delirio, entusiasmo, esuberanza, esultanza, impetuosità, irruenza
coşmak entusiasmarsi, esaltarsi, accalorarsi, infervorarsi, infiammarsi
coşturmak entusiasmare, esaltare, infervorare, galvanizzare

cömert generoso, liberale, magnanimo
cömertlik generosità, liberalità, magnanimità
cuma venerdì
cumartesi sabato
cumhurbaşkanı presidente
cumhuriyet repubblica
cumhuriyetçi repubblicano
curcuna baldoria
cüce lillipuziano, nano
cümle frase
cümlecik *dilb.* proposizione
cüppe cappa, toga
cüret audacia, baldanza *cüret etmek* azzardarsi, baldanzeggiare, osare
cürüm crimine, delitto, reato
cüsse corpo, corporatura
cüsseli corpulente, grosso
cüzam *hek.* lebbra, lebbroso
cüzamlı lebbroso
cüzdan portafogli

Ç

çaba impegno, sforzo, zelo
çabalamak adoperarsi, affaccendarsi, arrabattarsi, cercare, dibattersi, sforzarsi
çabuk veloce, rapido, alacre, pronto, sollecito, spedito, svelto; presto, serrato, speditivo, tosto *çabuk olmak* affrettarsi, darsi premura, spicciarsi
çabuklaşmak sveltirsi
çabuklaştırmak affrettare, accelerare, snellire, sollecitare
çabukluk alacrità, fretta, rapidità, sollecitudine, speditezza
çadır tenda *çadır kurmak* accamparsi
çağ epoca, età, tempo, era, secolo
çağanoz granchio
çağdaş contemporaneo; moderno
çağdaşlaşmak modernizzarsi
çağdaşlaştırmak modernizzare
çağıldamak gorgogliare, scrosciare, sussurrare
çağırmak chiamare, convocare; invitare, urlare
çağlamak gorgogliare, mormorare
çağlayan cascata
çağrı chiama, chiamata, convocazione, invito
çağrılı convocato, invitato
çağrışım associazione, reminiscenza, richiamazione
çağrıştırmak evocare
çakal sciacallo
çakı temperino
çakıl ciottolo, sasso

çakıllı ciottoloso
çakılmak infiggersi
çakıltaşı ciottolo
çakırkeyf allegro, alticcio, brillo
çakışmak coincidere, collimare, combaciare, commettere
çakmak accendigas, accendino, conficcare, infiggere
çakmaktaşı pietrina, selce, silicato
çaktırmadan di straforo
çalçene loquace
çalgı strumento
çalgıcı sonatore, strumentista
çalı arbusto, cespuglio *çalı çırpı* sterpo, stipa
çalıkuşu scricciolo
çalılık macchia, fratta, boscaglia, boschetto
çalım ostentazione, posa, sufficienza *çalım satmak* posare
çalışkan laborioso, diligente, industrioso, solerte, studioso
çalışkanlık diligenza, operosità, solerzia
çalışma addestramento, allenamento, esercizio, funzione, lavoro, marcia, opera, operazione, andatura, prestazione, scatto *çalışma koşulları* condizioni di lavoro *çalışma saatleri* orario d'ufficio
çalışmak lavorare, agire, funzionare, studiare, allenarsi, marciare, operare, scattare
çalıştırmak accendere, allenare, attivare, avviare, esercitare, maneggiare, mettere in marcia
çalkalamak agitare, risciacquare, sbattere, sciacquare
çalkalanmak agitarsi, fluttuare
çalkantı agitazione, tempesta
çalmak rubare, eseguire, suonare, (saat) battere, scoccare, arraffare, derubare, rubacchiare *çalar saat* sveglia
çam pino
çamaşır biancheria, bucato, panno *çamaşır makinesi* lavatrice *çamaşır mandalı* molletta *çamaşır yıkamak* fare il bucato
çamaşırhane lavanderia
çamfıstığı pinolo
çamlık pineta, pineto
çamur fango, melma, belletta, limo *çamur atmak* gettare fango
çamurlu fangoso, melmoso, lutulento
çamurluk parafango
çan campana
çanak piatto; scodella, calice, ciotola *çanak çömlek* coccio, terraglia, vasellame
çanta borsa, cartella, sacca

çap calibro, diametro, modulo
çapa àncora, zappa
çapak cispa
çapkın donnaiolo, rubacuori, damerino, dissipato
çapkınlık bricconeria, libertinaggio
çapraz crociato, trasversale
çapul refurtiva
çaput straccio
çar zar
çarçabuk con precipitazione, in poche battute, in quattro e quattr'otto
çarçur sperpero, spreco *çarçur etmek* dissipare, sperperare, sprecare
çardak pergola
çare espediente, rimedio, ripiego, soluzione, mezzo, remissione, riparo *çare bulmak* rimediare
çaresiz inguaribile, irrimediabile, senza riparo
çaresizlik disperazione
çarık ciocia
çariçe zarina
çark ingranaggio, ruota, *tek.* rocchetto
çarkıfelek girandola
çarmıh croce *çarmıha germek* crocifiggere, inchiodare alla croce

çarpan *mat.* fattore, moltiplicatore *çarpanlara ayırmak mat.* scomporre
çarpı croce
çarpıcı appariscente, folgorante, sconvolgente, sgargiante
çarpık arcuato, sbilenco, storto *çarpık bacaklı* dalle gambe arcuato *çarpık çurpuk* in tralice
çarpım *mat.* prodotto *çarpım tablosu* tavola pitagorica
çarpıntı batticuore, palpito
çarpışma combattimento, conflitto, investimento, scontro, urto, avvisaglia, collisione
çarpışmak combattere, urtarsi, affrontarsi, battagliare, battersi
çarpmak defraudare, frodare, investire, sbattere, tamponare, urtare, moltiplicare, arrotare, derubare, scontrarsi
çarşaf biancheria da letto, lenzuolo
çarşamba mercoledi
çarşı mercato
çatal forca, forchetta, posata
çatalağız delta
çatallaşmak biforcarsi
çatı tetto, telaio, carcassa, fusto, scheletro, struttura *çatı katı* attico, mansarda

çatık agrottato, connesso *çatık kaşlı* arcigno
çatırdamak crepitare, scricchiolare
çatırtı fracasso, fragore, schianto, scricchiollo
çatışma antagonismo, collisione, conflitto, scaramuccia, scontro, tafferuglio, urto
çatışmak urtarsi; scontarsi, affrontarsi
çatlak crepaccio, fenditura, fessura, spaccatura, crepatura, scissura, spacco
çatlamak incrinarsi, spaccarsi, martellare, screpolarsi, spaccarsi
çatmak incappare, inveire
çavdar segale *çavdar ekmeği* pane integrale
çavuş brigadiere, sergente
çay tè; ruscello *çay kaşığı* cucchiaino
çaydanlık teiera
çayır prato
çaylak nibbio
çehre faccia, viso, volto
çek assegno
çekecek calzascarpe, calzatoio
çekememek invidiare
çekememezlik gelosia
çekici affascinante, allettante, attraente, incantevole, lusinghiero, appetitoso, magnetico, maliardo, frizzante, rubacuori, seducente
çekicilik attrattiva, attrazzione, avvenenza, incanto, magnetismo, seduzione, vezzosità
çekiç martello
çekidüzen compostezza, ordine, regolata *çekidüzen vermek* mettere in ordine
çekiliş estrazione
çekilme dimissione, rassegnazione, ritiro, *yerb.* regressione
çekilmek dimettersi, levarsi, rassegnare, ritirarsi, sfollare, tirarsi, togliersi
çekilmez insopportabile, intollerabile, iocompatibile, massacrante, odioso
çekim presa, ripresa; attrazzione; *dilb.* declinazione *çekim eki* desinenza
çekimser che si astiene
çekimserlik astensione
çekingen timido
çekingenlik timidezza
çekinmeden a visiera alzata, con disinvoltura, senza complimenti, spudoratamente
çekinmek esitare, non osare, astenersi da, intimidirsi, trattenersi
çekirdek acino, cellula, grana,

çekirge

nocciolo, osso
çekirge cavalletta
çekişme alterco, contestazione, disputa, scaramuccia
çekişmek contendere, litigare
çekiştirmek spettegolare, tagliare i panni addosso a qc
çekmece casella, cassetto, tiretto
çekmek tirare, trarre, adescare, assomigliare, attirare; coniugare; macinare, scontare, (diş) estirpare, estrarre, restringere, ricalcare **çekip çevirmek** maneggiare **çekip gitmek** andarsene, levare le tende, sbaraccare, sloggiare
Çekoslovak cecoslovacco
Çekoslovakya Cecoslovacchia
çekül filo a piombo, piombino
çelebi gentiluomo
çelenk corona
çelik acciaio, acciaiolo
çelimsiz magro, mingherlino, spolpato, rachitico
çelişki contraddizione, contrasto, discordanza
çelişkili contraddittorio, discordante, discorde, incoerente
çelişmek discordare, ripugnare
çelme gambetto **çelme takmak** sgambettare
çeltik riso
çember anello, circonferenza, cerchia, circolo, circonferenza
çene mandibola, mascella, mento **çene çalmak** barattare parola, chiacchierare, discorrere
çengel gancio, uncino, arpione, rampino
çengelliiğne fermaglio, spilla di sicurezza
çentik intacco, tacca
çeper *anat.* setto, membrana, parete
çerçeve cornice, infisso, incorniciatura, inquadratura
çerçevelemek incorniciare, inquadrare, riquadrare
çerez antipasto
çeşit assortimento, genere, razza, sorta, specie, tipo, varietà **çeşit çeşit** molteplice
çeşitleme *müz.* variazione
çeşitli diverso, vario, parecchio, assortito
çeşitlilik diversità, svariatezza, varietà
çeşme fontana
çeşni condimento, sapore
çeşnici buongustaio, degustatore
çete banda, gang, congrega, cricca
çetin arduo, faticoso, acerrimo, aspro, travagliato **çetin ceviz** osso duro

çevik agile, veloce, arzillo, leggero, lesto
çeviklik agilità, briosità, scioltezza, sveltezza
çeviri traduzione, versione
çevirmek convertire, girare, rivolgere, trasformare, voltare, tradurre, adibire, cingere, rendere, ridurre, rotare, virare
çevre adiacenza, ambiente, ambito, contorno, dintorni, giro
çevrebilim ecologia
çevrelemek circondare, coronare, incoronare
çevrim ciclo
çevriyazı *dilb.* trascrizione
çeyiz corredo, dote
çeyrek quarto
çıban ascesso, foruncolo, pustola
çığ valanga
çığır sentiero, via *çığırından çıkmak* scatenarsi
çığlık grido, strillo, urlo, verso *çığlık atmak* esclamare, gridare, strillare, urlare
çıkagelmek piombare, sbucare, sopraggiungere, sopravvenire
çıkar guadagno, interesse, profitto, utile, vantaggio *çıkar sağlamak* profittare, ricavare *çıkar yol* espediente
çıkarcı affarista, utilitario, profittatore
çıkarcılık utilitarismo
çıkarım deduzione
çıkarma detrazione, estrazione, rimozione; *mat.* sottrazione, eliminazione, esclusione, stralcio, taglio
çıkarmak asportare, togliere, dedurre, defalcare, detrarre, emettere, estrarre, lavare, pubblicare, scorgere, sottrarre, trarre, cavare, dedurre, mandare, sloggiare, staccare
çıkartma il far uscire, decalcomania
çıkık dislocazione, protuberante, sporgente, *hek.* lussazione
çıkın fagotto, malloppo
çıkıntı aggetto, prominenza, punta, risalto, spigolo, sporgenza
çıkıntılı aggettante, angoloso, prominente, protuberante, sporgent, sporgente
çıkış salita, uscita, sbocco, ascensione, avvento, genesi
çıkışmak bastare, rimproverare
çıkma aggetto, ascensione, uscita, ascesa, avvento, emanazione, scalata
çıkmak uscire, levarsi, provenire, salire, sorgere, spuntare, approdare, emanare, insorgere, montare, sfogare, sortire

çıkmaz circolo vizioso, vicolo cieco ***çıkmaz sokak*** strada cieca, via senza uscita ***çıkmaza girmek*** andare in malora, arenarsi, impantanarsi, incagliarsi

çıkrık girella, naspo, verricello

çıldırmak impazzire, ammattire, perdere la ragione

çılgın demente, folle, frenetico, matto, pazzo, sfrenato

çılgınca all'impazzata, delirante, follemente, perdutamente, scapigliato

çılgınlık delirio, demenza, follia, frenesia, insania

çınar platano

çıngırak campanella, sonaglio, squilla

çıngıraklıyılan serpente a sonagli

çınlamak tintinnare, risonare, martellare, rimbombare, scrosciare, squillare

çıplak brullo, ignudo, nudo, spoglio ***çıplaklar kampı*** campeggio di nudisti

çıplaklık nudismo, nudità

çırak apprendista, garzone, praticante

çıraklık apprendistato, noviziato, tirocinio

çırılçıplak tutto nudo

çırpınmak agitarsi, dibattersi, arrabattarsi

çırpmak dibattere, frullare, sbattere

çıta bacchetta, regolo, stecca

çıtçıt automatico

çıtırdamak scoppiettare

çıtlatmak accennare

çiçek fiore ***çiçek açmak*** fiorire, sbocciare ***çiçek gibi*** un fiore di ragazza

çiçekçi fioraio, fiorista

çiçeklenmek fiorire

çiçekli florido

çiçeklik portafiori

çiçektozu polline

çift doppio; coppia, paio, duplice, *mat.* pari ***çift sürmek*** arare

çiftçi agricoltore, colono, fattore, coltivatore

çiftçilik agricoltura

çifte doppio, coppia di calci, doppietta, zampata

çiftleşme accoppiamento

çiftleşmek accoppiarsi

çiftleştirmek accoppiare, appaiare

çiftlik fattoria, podere, tenuta, masseria

çiğ crudo

çiğnemek calpestare, masticare, trasgredire, violare, pigiare

çiklet cicca, gomma da masticare
çikolata cioccolata, cioccolato
çil lentiggine
çile ascesi, matassa, macerazione, (ip) gomitolo *çile çekmek* soffrire, patire, macerarsi *çileden çıkarmak* esasperare *çileden çıkmak* esasperarsi, perdere le staffe, uscire dai gangheri
çilek fragola
çilingir magnano
çilli lentigginoso
çim erba
çimdik pizzico, pizzicotto *çimdik atmak* pizzicare
çimdiklemek pizzicare
çimen erba, prato
çimento cemento
çimentolamak cementare
çimlenmek germinare, germogliare
Çin Cina
çini maiolica *çini mürekkebi* inchiostro di China
çinko zinco
çirkin brutto, sconcio, racchio, laido, turpe
çirkinleşmek imbruttire
çirkinleştirmek deturpare, imbruttire, sfigurare
çirkinlik bruttezza, mostruosità
çiselemek piovigginare
çiş urina
çit recinto, siepe, sbarramento, steccata
çitilemek lavare strofinando, strofinare
çivi chiodo
çivilemek inchiodare
çivit indaco
çiy guazza, rugiada
çizelge tabella, tavola, diagramma, schema, specchio
çizgi linea, riga, tratto, verso, rigatura, striscia *çizgi film* cartone animato, film d'animazione *çizgi roman* fumetto, giornaletto
çizgili a righe, rigato, striato, vergato, zebrato
çizgisel lineare
çizik scalfitura, sfregio, sgraffio, tacca
çiziktirmek scarabocchiare
çizim disegno
çizme stivale
çizmek rigare; disegnare, delineare, descrivere, ritrarre, scalfire
çoban mandriano, pastore, bovaro, pecoraio *çoban köpeği* pastore
Çobanyıldızı Venere
çocuk bambino, bimbo, bambina, bimbo *çocuk arabası*

çocukça

passeggino, carrozzina *çocuk doktoru* pediatra *çocuk düşürmek* abortire *çocuk gibi* bambo *çocuk mahkemesi* tribunale per i minorenni *çocuk maması* pappa *çocuk yuvası* asilo d'inganzia, asilo infantile *çoluk çocuk* prole

çocukça infantile, puerile, bambinesco

çocukluk fanciullaggine, infanzia

çocuksu bambinesco, infantile

çoğalmak accrescersi, accumularsi, aumentare, crescere, moltiplicarsi, prolificare, riprodursi

çoğaltmak accrescere, aumentare, crescere, incrementare, moltiplicare, propagare, raddoppiare

çoğu grosso, parecchio *çoğu zaman* spesso

çoğul *dilb.* plurale

çoğunluk generalità, i più, maggioranza, massa, prevalenza

çoğunlukla abitualmente, di solito, per lo più, perlopiù

çok molto, assai, esuberante, parecchio, rasente, tanto, troppo, numeroso, mille, sproporzionato *çok fazla* dirotto, eccessivo, esorbitante *çok olmak* abbondare, pullulare

çokgen poligono

çokluk esuberanza, profusione, eccesso, esorbitanza, moltitudine, numerosità, quantità

çoksesli *müz.* polifonico

çoktanrıcılık paganesimo, politeismo

çoktanrılı pagano, politeista

çokuluslu multinazionale

çolak monco

çomak bastoncino

çomar mastino

çopur buttero

çorak arido, brullo

çoraklık aridità, nudità, siccità

çorap calza

çorba minestra, pasticcio, zuppa

çökelek gromma

çökelmek *kim.* precipitare

çökelti *kim.* deposito, sedimento, tartaro

çökertmek demolire, minare, prostrare, sfondare, sopraffare, sprofondare

çökkün abbattuto, depresso, esaurito

çökmek accasciarsi, andare in spianto, crollare, decadere, sprofondare, disfarsi, rovinare, stramazzare

çökük depresso

çöküntü sedimento, posatura,

abbattimento, rovina, demolizione
çöküş crollo, decadenza, marasma, regresso, crepuscolo
çöl deserto
çömelmek accoccolarsi, accovacciarsi, accucciarsi
çömez discepolo
çömlek pentola, vaso
çöp immondezza, immondizia, robaccia, spazzatura, rifiuto
çöpçü netturbino, spazzino
çöplük immondezzaio, mondezzaio, scarico
çörek focaccia
çözelti emulsione, soluzione
çözgü ordito, orditura
çözmek risolvere, sciogliere, slegare, svincolare, sbrogliare, snodare, disciogliere
çözücü risolvente, solvente
çözülmek disfarsi, dissolversi, sciogliere, sciogliersi, sfilarsi, slacciarsi, snodarsi, staccarsi, svolgersi
çözüm riparo, risoluzione, soluzione
çözümleme analisi, deliberazione
çözümlemek analizzare, definire, sistemare
çözünme soluzione
çözünmek dissolvere

çözünürlük *kim.* solubilità
çubuk bacchetta, stecca, barra, canna, cannello, *tek.* gambo
çuha drappo, panno
çuhaçiçeği primula, tuberosa
çukur buca, buco, fossa, cavità, cavo, incavo, sterro, vuoto
çulluk beccaccia
çuval sacca, sacco
çünkü perché, siccome
çürük ammaccatura, marcio, contusione, contuso, carie, putrido, carito, *hek.* ecchimosi
çürüğe çıkarmak riformare
çürümek imputridire, marcire, putrefare, cariarsi, decomporsi, disfarsi
çürütmek ammaccare, cariare, confutare, controbattere, corrodere, decomporre, far marcire, impugnare, infirmare, ribattere, rodere

D

dadanmak frequentare
dadı balia, precettore
dağ montagna, monte *dağ eteği* falda
dağcı alpinista, arrampicatore, scalatore
dağcılık alpinismo

dağılmak dileguarsi, disfarsi, distribuirsi, sfasciarsi, decomporsi, diffondersi, disgregarsi, disperdersi, dissolversi, sfollare, spargersi

dağınık disordinato, dispersivo, sparso, arruffone, caotico, confusionario, irregolare, sbandato, scombinato

dağınıklık disordine, farragine

dağıtıcı distributore, spacciatore

dağıtım dispensa, distribuzione

dağıtmak darsi ai bagordi, disperdere, dileguare, diramare, dissipare, distribuire, ripartire, sbandare, sfasciare, sparpagliare, disorganizzare, dissolvere, dividere, sbaragliare, spappolare, spargere, tributare, scacciare

dağkeçisi camoscio, stambecco

dağlamak marchiare, cuterizzare

dağlık montuoso, montagnoso

daha ancora, più, altro **daha çok** maggiore, piuttosto, più **daha doğrusu** ossia **daha iyi** meglio, migliore, preferibile **daha kötü** peggio, peggiore **daha sonra** in seguito, più in là, più oltre

dahi perfino, pure, anche, manco

dahil compreso, incluso **dahil etmek** aggregare, aggregare, includere **dahil olmak** aggregarsi, rientrare

dahili interiore, interno, intestino

dahiliye interni

dahiliyeci internista

daima perpetuamente, sempre

daimi costante, permanente, perpetuo, perenne

dair concernente, riguardante, relativo a, attinente

daire appartamento; circonferenza, circolo, cerchia

dakik esatto, preciso, puntuale

dakika minuto, minuto primo, momento

daktilo macchina da scrivere

daktilograf dattilografo

dal branca, disciplina, frasca, settore **daldan dala konmak** saltare di palo in frasca

dalak *anat.* milza

dalaş mischia

dalaşmak abbaruffarsi, azzuffarsi, litigare

dalavere imbroglio, inghippo, cabala, fraudolenza, intrigo, maneggio, rigiro, trappoleria

dalavereci cialtrone, faccendiere, imbroglione, improbo, trafficone, trappolone

daldırmak immergere, tuffare

dalga onda, flutto, ondata; beffa;

(saç) ondulazione *dalga geçmek* beffarsi, dileggiare, prendere in giro, prendersi spasso di qc, sbertucciare
dalgakıran frangiflutti, gettata, molo
dalgalanmak agitarsi, fluttuare, incresparsi, ondeggiare, ondulare
dalgalı agitato, mosso, *elek.* alternato, ondulatorio, riccio, ondoso
dalgıç palombaro, sommozzatore, tuffatore
dalgın distratto; smemorato, pensieroso, soprappensiero
dalgınlık distrazione, inavvertenza, smemorataggine
dalkavuk adulatore, cicisbeo, cortigiano
dalkavukluk adulazione *dalkavukluk etmek* adulare, strusciarsi, ungere le ruote
dalmak immergersi, tuffarsi; distrarsi
dam tetto; dama
damak *anat.* palato
damar *anat.* vaso, vena
damga bollo, marca, marchio, timbro, sigillo, stampiglia, stigma
damgalamak bollare, marcare, timbrare, marchiare
damıtmak distillare
damla goccia, gocciolo, lacrima, stilla *damla damla* a goccia a goccia
damlalık contagocce
damlamak grondare, sgocciolare, stillare
dana vitello *dana eti* manzo, vitellone
dangalak rozzo, zotico
danışma consultazione, ufficio informazioni
danışmak consultare, consigliarsi, conferire
danışman consigliere, consulente
danışmanlık consulenza, soprintendenza
Danıştay Consiglio di Stato
dans danza, ballo *dans etmek* danzare, ballare
dansçı danzatore
dansör danzatore
dansöz danzatrice
dantel merletto, pizzo, smerlo
dar angusto, attillato, ristretto, stretto, striminzito *dar açı* angolo acuto *dar görüşlü* gretto, mente ristretta
dara tara *darasını düşmek* tarare
darağacı corda, forca, patibolo
daralmak restringersi

daraltmak

daraltmak restringere, stringere
darbe botta, colpo, battitura, bussa, martellata
darbuka tamburello, timballo
dargın irritato, in collera
dargınlık ira, collera, amarezza
darı miglio
darılmak amareggiarsi, offendersi, risentirsi
darıltmak pungere
darlık angustia, ristrettezza, strettezza
darmadağın disseminato
darmadağınık disseminato
darphane zecca
dava causa, processo, querela, *huk.* azione ***dava açmak*** agire, procedere, demandare, far causa a, intentare lite, sporgere querela ***dava etmek*** sporgere querela
davacı accusatore, litigante
davet convocazione, invito, partecipazione ***davet etmek*** invitare
davetiye biglietto d'invito, invito
davetli invitato
davetsiz non invitato ***davetsiz misafir*** intruso
davlumbaz tamburo
davranış azione, condotta, atteggiamento, atto, trattamento, comportamento, contegno, maniera, tratto
davranmak agire, comportarsi, trattare, operare, procedere, regolarsi
davul tamburo ***davul çalmak*** tambureggiare
davulcu tamburino
dayak picchiata ***dayak atmak*** bastonare, picchiare ***dayak yemek*** buscare, essere bastonato, essere picchiato, prender le busse
dayamak appoggiare, poggiare, addossare
dayanak appoggio, sostegno, base, conforto, montante, supporto
dayandırmak fondare
dayanıklı consistente, gagliardo, resistente, robusto, saldo, solido, stabile
dayanıklılık consistenza, fortezza, resistenza, solidità, stabilità
dayanıksız delicato, inconsistente, non resistente
dayanılmaz insopportabile, insostenibile, intollerabile, massacrante, maledetto
dayanışma compattezza, comunanza, solidarietà
dayanmak durare, fondarsi, poggiare, tenere, appoggiarsi,

basarsi, consistere, posare, resistere, tollerare
dayı zio
dazlak a capo scoperto, calvo
dâhi genio
de anche, pure, altresi, e, pure
debdebe fasto, lusso, pompa, sfarzo, splendore
debdebeli pomposo, solenne, fastoso
debelenmek dibattersi, dimenarsi
debriyaj *oto.* frizione
dede nonno; antenato, progenitore
dedektif investigatore
dedikodu chiacchiera, diceria, pattegolezza, pettegolezzo, rumore ***dedikodu yapmak*** pattegolare, pettegolare
dedikoducu malalingua, maldicente, pettegolo
defa volta
defetmek sbattere qc fuori dalla porta, scacciare
defile defilé, sfilata
defin sepoltura
define tesoro
deflasyon deflazione
defne alloro, lauro
defnetmek inumare, seppellire
deforme difforme
defter quaderno; taccuino ***deftere geçirmek*** contabilizzare
değer valore, merito, pregio, prezzo, stima, costo, quale, vaglia ***değer biçmek*** stimare, valutare, estimare ***değer vermek*** avere molta stima, quotare, stimare
değerlendirmek approfittare, avvalorare, ripescare, valorizzare, valutare
değerlenmek aumentar di valore
değerli apprezzabile
değerli pregiato, prezioso, emerito, pregevole, valido, valoroso ***değerli taş*** gemma, gioia, spinello
değersiz senza valore, futile, andante, dappoco, fatuo
değgin attinente
değil no, non
değin fino a, sino a
değinmek richiamarsi, riferire, toccare
değirmen mulino
değirmenci mugnaio
değiş scambio, cambio ***değiş tokuş*** baratto ***değiş tokuş*** cambio, scambio ***değiş tokuş etmek*** scambiare, barattare
değişik mutato, vario, altro, differente, diverso, variato, svariato, discorde, distinto, disuguale ***değişik olmak*** dif-

değişiklik

ferire

değişiklik differenza, modifica, modificazione, variazione, mutamento, stacco, varianza, varietà

değişim evoluzione, muta, trasformazione, variazione

değişken fluttuante, incostante, instabile, mutabile, *mat.* differenziale, variabile

değişme alterazione, varianza, alternanza, conversione, muta, mutamento, mutazione, sostituzione

değişmek alterarsi, cambiare, mutare, variare, divenire

değişmez costante, inalterabile, irremovibile, stabile, immutabile, invariabile

değiştirme alterazione, cambiamento, cambio, commutazione, modificazione, mutilazione, sostituzione

değiştirmek alterare, cambiare, modificare, mutare, sostituire, variare, convertire, diversificare, modificare, scambiare

değme contatto

değmek lambire, sfiorare, strisciarsi, toccare

değnek asta, bastone, manganello, bacchetta, verga

deha genio

dehliz galleria

dehşet atrocità, orrore, terrore *dehşet saçmak* terrorizzare

dehşetli spettrale, terribile, orribile

dejenere degenerato *dejenere olmak* degenerare

dek finché

dekan decano, preside di facoltà

dekanlık decanato

dekolte scollacciato, scollato, scollatura

dekor scenario

dekorasyon decorazione

dekoratör arredatore, decoratore

delegasyon delegazione

delege delega, delegato, incaricato, inviato

delgeç perforatore

delgi trapano, verrina, trivello

deli folle, matto, pazzo, alienato *deli etmek* far dannare qcno, rompere l'anima *deli gibi* all'impazzata, pazzesco *deli olmak* andare matto per, impazzare per qn /qc *deliye dönmek* impazzare, impazzire

delice delirante

delicesine a rotta di collo, alla follia, follemente

delifişek arrischiato

delik buca, buco, falla, foro, bucato, spiraglio *delik açmak*

bucare, punteggiare, traforare
delikanlı giovanotto, ragazzo, signorino
delikli perforato, poroso
deliksiz profondo
delil prova, dimostrazione, indizio, testimonio *delil göstermek* portare prove
delilik follia, pazzia, alienazione, insania
delirmek ammattire, impazzire, uscire di senno
delişmen sagoma, zuzzurullone
delmek bucare, forare, perforare, traforare
delta delta
dem fiato, soffio, momento
demagog demagogo
demagoji demagogia
demeç dichiarazione, pronunziazione
demek dire, sicché *demek istemek* alludere, intendere, volere dire
demet fasciatura, fascio, mazzo
demin poco fa, poco prima, ora, testè
demir ferro; àncora, ormeggio *demir almak* levare ancora, salpare *demir atmak* ancorare, ormeggiare, salpare, gettare ancora
demirbaş inventariato, che non cambia
demirci fabbro, ferraio
demirlemek ancorare, ancorarsi, ormeggiare
demiryolu ferrovia, rotaia
demlemek mescolare, macerare
demode all'antica, antiquato
demokrasi democrazia
demokrat democratico
demokratik democratico
deneme prova, saggio, tentativo, esperienza, esperimento, assaggio, test
denemek provare, tentare, collaudare, esperire, riprovarsi, saggiare, sperimentare
denetim controllo, ispezione, riscontro, sorveglianza
denetimsiz incontrollato
denetleme ispezione, accertamento, rassegna, rivista, supervisione, visita
denetlemek controllare, ispezionare, accertare, passare in rassegna, sindacare, visionare, visitare
deney esperienza, esperimento
deneyim esperienza, pratica
deneyimli esperto, sperimentato, versato
deneyimsiz inesperto
deneysel empirico, sperimentale
denge bilico, equilibrio, pareg-

dengelemek

gio, staticità
dengelemek bilanciare, equilibrare, equiparare, pareggiare, stabilizzare
dengeli equilibrato, equo, misurato, posato
dengesiz lunatico, pazzoide, sbandato, scomposto, spostato, squilibrato, zoppo
deniz mare; marino, marittimo *deniz kazası* naufragio *deniz kuvvetleri* marina *deniz tutmak* soffrire il mal di mare *deniz tutması* mal di mare *deniz yoluyla* via mare
denizaltı sommergibile, sottomarino
denizanası *hayb.* medusa, medusa
denizaşırı oltremare
denizatı cavalluccio marino
denizbilim oceanografia
denizci marinaio, marittimo, navigatore
denizcilik marina, nautica, navigazione
denizkızı sirena
denk balla, collo, cortispettivo, equivalente, uguale *denk gelmek* quadrare *denk olmak* corrispondere, uguagliarsi
denklem equazione
denkleştirmek bilanciare, compensare, equilibrare, livellare, parificare, ragguagliare
deodoran deodorante
deplasman *sp.* trasferta
depo deposito, magazzino, serbatoio, rimessa, capannone
deprem sismo, terremoto
depresyon depressione
dere grondaia, ruscello
derebeyi valvassore
derebeylik feudalismo, feudalità, signoria, vassallaggio
derece gradazione, grado, piazzamento, scalino
dereceli graduale, graduato
dereotu aneto, crescione
dergi rivista
derhal immediatamente, direttamente, prontamente, subito, tosto
deri cute, pelle, cuoio, scorza *derisini yüzmek* pelare, scorticare
derici pellaio
derin profondo, cupo, fondo, abissale, viscerale *derin derin düşünmek* contemplare
derinleşmek approfondirsi
derinlik altezza, profondità, profondo, ventre, viscere
derleme collana, collezione, compilazione, repertorio
derlemek compilare, raccapez-

zare, raccogliere
derli toplu raccolto
derman rimedio, forza
dernek associazione, lega, società, istituzione
ders lezione; materia, corso ***ders vermek*** impartire lezioni
derslik aula
dert pena, dolore, guaio, grana, impiccio, scocciatura, tribolazione ***dert yanmak*** recriminare
dertlenmek affliggersi
dertli sofferente, addolorato
derviş asceta, derviscio, fachiro
derya mare
desilitre decilitro
desimetre decimetro
despot vescovo, despota
destan epica, epopea, epos
deste mazzo, supporto
destek appoggio, sostegno, ausilio, consolazione, portante, rinforzo, staggio, supporto, sussidiario ***destek olmak*** essere di spalla, fare ponte, sostenere
destekleme favoreggiamento, mantenimento
desteklemek sostenere, appoggiare, favoreggiare, favorire, proteggere, rincalzare, sorreggere, suffragare

destroyer cacciatorpediniere
deşmek aprire
detay dettaglio, particolare
detaylı particolareggiato
deterjan detergente, detersivo
dev gigante, mostro, orco, titanico ***dev gibi*** enorme, ingente, mostruoso, colossale, gigantesco
devalüasyon svalutazione
devam continuazione, continuità, permanenza, proseguimento, seguito, prosecuzione ***devam etmek*** continuare, durare, frequentare, procedere, proseguire, seguitare, mantenersi, permanere
devamlı continuo; continuamente, costante, filato
devamsız assenteista
devamsızlık assenteismo, assenza
deve cammello
devedikeni cardo
devekuşu *hayb.* struzzo
devingen mobile, versatile
devinim moto, movimento
devir giro, cessione, ciclo, circolazione, epoca, età, tempo, devoluzione, era, evo, passaggio di proprietà, trasferimento
devirli periodico
devirmek abbattere, ribaltare,

devlet

rovesciare, sovvertire, travolgere, atterrare, capovolgere, radere
devlet stato ***devlet adamı*** statista, uomo di stato ***devlet hazinesi*** erario
devletleştirmek nazionalizzare
devre periodo, tempo, fase, *elek.* circuito
devretmek alienare, devolvere, trasferire
devrik *dilb.* inverso
devrim rivoluzione
devrimci rivoluzionario
devriye pattuglia ***devriye gezmek*** pattugliare
deyim locuzione, esressione, frase
dezavantaj svantaggio **dezenfekte** ***dezenfekte etmek*** disinfettare
dış esteriore, esterno, estero
dışadönük espansivo, estroverso
dışalım importazione
dışalımcı importatore
dışarı fuori!
dışarı fuori, infuori
dışavurumculuk espressionismo
dışbükey convesso
dışında a eccezione di, eccetto, all'infuori di, tranne
dışişleri affari esteri ***Dışişleri Bakanlığı*** ministro degli Affari Esteri
dışkı escremento, feci
dışlamak emarginare
dışmerkezli eccentrico
dışsatım esportazione
didaktik didattico
didinmek affaccendarsi, affaccendarsi, ingegnarsi, armeggiare, arrabattarsi, farsi in quattro, sfaccendare, strapazzarsi, travagliarsi
diferansiyel *oto.* differenziale
difteri difterite, tifterite
diftong dittongo
diğer altro, ulteriore
dik arduo, diritto, perpendicolare, ripido, ritto, scosceso ***dik açı*** angolo retto ***dik başlı*** insubordinato, testardo ***dik kafalı*** indocile, ostinato, puntiglioso, testardo ***dik üçgen*** triangolo rettangolo
dikdörtgen rettangolo
diken aculeo, spina
dikenli spinato, spinescente, spinoso
dikey perpendicolare, ritto, verticale
dikilitaş obelisco, stele
dikilmek esser piantato, piantarsi, rizzarsi
dikimevi sartoria
dikine a picco, a piombo

dikiş cucito, cucitura, *hek.* punto, punto, sutura *dikiş dikmek* cucire *dikiş iğnesi* ago, ferro da calza *dikiş makinesi* cucitrice
dikit stalagmite
dikiz sguardo, sbirciata; scorcio *dikiz aynası* retrovisore, specchietto retrovisivo
dikizlemek guardare, spiare
dikkat all'erta!, attenzione
dikkat attenzione, riguardo, accuratezza, circospezione, oculatezza *dikkat çekmek* imporsi, richiamare l'attenzione *dikkat etmek* aver riguardo di, badare, guardare, stare attento a qc, vigilare *dikkate almak* dar retta *dikkatini çekmek* avvertire, farsi guardare, mettere qn sull'avviso
dikkatli accurato, attento, diligente, guardingo, sollecito, vigile
dikkatsiz disattento, distratto, impreciso, incauto, noncurante, sventato
dikkatsizlik disattenzione, incuria, inavvertenza, sventatezza
dikme cucitura, erezione, montante
dikmek cucire, erigere, piantare, alzare, issare, porre, suturare
diksiyon dizione
diktatör dittatore, tiranno
diktatörlük dittatura, tirannia
dikte dettato *dikte etmek* dettare
dil *anat.* lingua; linguaggio *dile getirmek* esprimere, sfogare, esternare, proferire, professare, rendere *dili dolaşmak* impappinarsi, tartagliare *dili tutulmak* ammutolire, impappinarsi, stare zitto *dilini yutmak* ammutolire
dilbalığı sogliola
dilbasan *hek.* spatola
dilbilgisel grammaticale
dilbilgisi grammatica
dilbilim filologia, linguistica
dilbilimci filologo, linguista
dilbilimsel linguistico
dilek augurio, voglia, volere, volontà, voto *dilek kipi* congiuntivo, ottativo
dilekçe istanza, petizione, domanda, petizione, ricorso
dilemek augurare, desiderare, auspicare, gradire, invocare
dilenci accattone, mendicante
dilencilik accatto, accattonaggio
dilenmek accattare, mendicare
dilim fetta, spicchio, lobo, taglio *dilim dilim* a fette, a spicchi, lobato
dilimlemek affettare

dilsiz

dilsiz muto
din religione, culto, fede
dinamik dinamica, dinamico, operoso
dinamit dinamite
dinamizm dinamicità, dinamismo
dinamo dinamo
dinar dinaro
dinç forte, fresco, leggero, vegeto, vigoroso
dinçlik vigorosità
dindar devoto, religioso, credente
dindarlık religiosità
dindirmek ammansire, calmare, mitigare, rasserenare, smorzare
dingil asse
dingin calmo, sereno
dini canonico, religioso
dinlemek ascoltare, sentire
dinlendirici distensivo, ricreativo, riposante
dinlendirmek riposare
dinlenmek riposare, riposarsi, posarsi, ristorarsi
dinleti concerto
dinleyici ascoltatore, uditore
dinleyiciler uditorio
dinmek calmare, cessare, placarsi, spegnersi, (yağmur) spiovere
dinozor dinosauro
dinsel religioso, sacro
dinsiz ateo, empio
dinsizlik ateismo, empietà
dip basso, fondo, fondale, profondo, ventre
dipçik calcio
diploma brevetto, diploma
diplomasi diplomazia
diplomat diplomatico
diplomatik diplomatico
dipnot poscritto
dirayet acume
direk asta, colonna, palo, *den.* albero
direksiyon sterzo, volante
direkt direttamente, diretto
direktif direttiva
direktör direttore
direnç resistenza, tenacia, *elek.* reattanza
direniş resistenza
direnmek opporsi, resistere
diretmek insistere, ostinarsi, piccarsi, proseguire
direy fauna
diri gagliardo, vivo
dirilmek ravvivarsi, risuscitare
diriltmek ravvivare, rigenerare
dirlik accordo, armonia
dirsek gomito, spigolo ***dirsek çürütmek*** mettersi olio di gomito

disiplin disciplina, rigidità, rigore
disiplinli disciplinato, rigido
disiplinsiz indisciplinato
disk *anat.* disco
diskalifiye squalifica, squalificato *diskalifiye olmak* squalificarsi
disket *bilg.* dischetto
disko discoteca
diskotek discoteca
dispanser dispensario
distribütör distributore
diş dente; spicchio, tacca *diş ağrısı* mal di dente *diş bilemek* avere il dente avvelenato *diş çekmek* levare il dente *diş çıkarmak* mettere i denti *diş fırçası* spazzolino *diş hekimi* dentista *diş macunu* dentifricio
dişbudak frassino
dişçi dentista
dişeti *anat.* gengiva
dişi femmina
dişil *dilb.* femminile
dişlemek addentare, azzannare
dişli dentato, dente, rocchetto
divan divano, ottomana
diyabet diabete
diyafram diaframma
diyalektik dialettica
diyaliz *hek.* dialisi
diyalog dialogo
diyanet religiosità, devozione
diyar paese, terra
diye perché, purché, affinché, affinchè, onde
diyet dieta, alimentazione
diz ginocchio *diz çökmek* genuflettersi, inginocchiarsi, prostrarsi
dizanteri dissenteria
dize versetto, verso
dizel Diesel
dizge sistema
dizgi *bas.* composizione
dizgici *bas.* compositore, *bas.* impaginatore
dizgin briglia, redine *dizginleri ele almak* tenere le redini
dizginlemek frenare, reprimere
dizginsiz sfrenato
dizi serial; ciclo, fila, serie, successione, filare, filza, lista, sfilza, rango, sequenza
dizin indice, repertorio
dizkapağı *anat.* rotella, *anat.* rotula
dizlik gambale, gambiera, ginocchiera
dizmek disporre, assortire, arrangiare, *bas.* comporre, incatenare, incolonnare
dobra franco, burbero, brusco *dobra dobra* apertamente,

doçent chiaro e tondo, senza mezzi termini
doçent docente
dogma dogma
dogmatik dogmatico
doğa natura **doğa bilimleri** scienze naturali
doğal naturale, spontaneo, spontaneo **doğal olarak** naturalmente
doğan falco
doğmak nascere, levarsi, provenire, sorgere, spuntare, derivare, insorgere, spuntare, vedere la luce
doğrama trinciatura, tritatura
doğramacı falegname
doğramak spezzettare, tagliuzzare, tagliuzzare, trinciare
doğru diretto, diritto, corretto, esatto, giusto, legittimo, preciso, rettilineo, vero, retto, retta; verso, dovuto, già, giusto, probo, sicuro **doğru dürüst** ammodo, decente **doğrudan doğruya** addirittura, direttamente, immediato
doğrulamak affermare, asserire, attestare, confermare, accertare, accreditare, constatare, legittimare, suffragare, testificare
doğrulmak raddrizzarsi, dirigersi verso
doğrultmak raddrizzare, rettificare
doğruluk esattezza, precisione, rettitudine, accuratezza, correttezza, dirittura, fondatezza, giustizia, onestà, veridicità
doğrusu appunto, in verità, onestamente, per la verità **doğrusunu isterseniz** a dirla schietta, d'altronde
doğu est, levante, oriente
doğum nascita, parto **doğum günü** anniversario di nascita, compleanno **doğum kontrolü** controllo delle nascite
doğumevi casa di maternità, maternità
doğurgan fecondo, prolifico, viviparo
doğurmak generare, partorire, causare, dare alla luce, destare, mettere al mondo, originare, procreare
doğuştan congenito, connaturale, infuso, ingenito, innato, nato
doksan novanta
doksanlık novantenne
doktor dottore, medico, sanitario
doktora dottorato, laurea
doktrin dottrina
doku *biy.* tessuto, tessitura

dokuma stoffa, tessitura, tessuto
dokumacı filatore, tessitore
dokumak tessere
dokunaklı commovente, patetico, affettivo, derisorio, toccante, pepato
dokunmak nuocere, toccare, intaccare, ledere
dokunulmazlık *huk.* immunità, inviolabilità
dokuz nove
doküman documento
dolamak attorcigliare, avviluppare, avvolgere
dolambaç giravolta, rigiro
dolambaçlı obliquo, sghembo, sinuoso, tortuoso, zigzag
dolandırıcı imbroglione; truffaldino, farabutto, filibustiere, trappolone
dolandırmak frodare, imbrogliare, truffare, abbindolare, aggirare, defraudare, ingannare, raggirare
dolanmak aggirare, attorcigliarsi, circolare, involgersi, rigirare
dolap armadio; artificio, credenza, intrigo, arte, fraudolenza, intrallazzo, ordito, trama, trucco **dolap çevirmek** armeggiare, intrallazzare, intrigare, ordire, tramare

dolaşım circolazione, circolo, traffico
dolaşmak aggirarsi, circolare, girare, gironzolare, girovagare, passeggiare, vagabondare, correre, peregrinare
dolay dintorni, paraggio, vicinanza
dolayı a causa di, riguardo a, per conseguenza, in conseguenza di, stante
dolayısıyla in occasione di, quindi, ragione per cui
dolaylı implicito, indiretto, allusivo, obliquo
dolaysız diretto, immediato
doldurmak caricare, colmare, empire, gremire, otturare, riempire, coprire, insaccare, ricolmare
dolgu otturazione, ripieno, imbottitura
dolgun pieno, ripieno, cicciuto
dolma ripiene; infarcito
dolmak empirsi, gremire, riempirsi, popolarsi, saturarsi, piovere
dolmakalem stilografica, penna stilografica
dolu pieno, colmo, ripieno, ricolmo, occupato, carico, ingombro, gravido **dolu yağmak** grandinare

dolunay luna piena, plenilunio
domates pomodoro
domuz maiale, porco, suino
don mutande; gelo
donakalmak allibire, rimanere di ghiaccio
donanım apparato, armamento, armatura
donanma flotta, marina, armata, naviglio
donanmak munirsi
donatım apparato, attrezzatura, corredo, equipaggiamento
donatmak addobbare, adornare, guarnire, munire, parare, attrezzare, equipaggiare, rifornire
dondurma gelato; refrigerazione
dondurmak agghiacciare, congelare, gelare, ghiacciare
donmak agghiacciarsi, assiderarsi, congelarsi, gelarsi, ghiacciare
donuk appannato, opaco, cupo, matto
doping doping *doping yapmak* drogare
doru baio
doruk cima, colmo, cresta, culmine, sommità, vetta, acme, apice, apogeo, estremo, picco
dost amico, amante, compagno, compare

dostça amichevole
dostluk amicizia
dosya cartella, archivio, classificatore, pratica
dosyalamak schedare
doymak saziarsi, godersi, saturarsi
doyum soddisfazione
doyurmak saziare, *kim.* saturare, sfamare
doyurucu esauriente, soddisfacente
doz dose, *hek.* posologia
dozaj dosaggio
dökme effusione, spargimento, travaso, versamento
dökmek versare, rovesciare, colare, cospargere, effondere, scaricare
dökülmek affluire, rovesciarsi, cadere, effondersi, riversarsi, scorrere, sfociare, gettarsi
döküm gettata
dökümcü fonditore
döküntü pezzetti, rimasugli, detrito, rifiuto
döllemek fecondare, inseminare, impregnare, procreare
dölüt *anat.* feto
dölyatağı utero
dölyolu vagina
döndürmek girare, voltare, rivolgere, rotare, roteare, vi-

rare, volgere
dönek incostante, rinnegato, volubile
dönem ciclo, periodo, epoca, età, evo, periodo, sessione
dönemeç curva, svolta, voltata, giravolta, volta
dönence tropico
döner girevole ***döner kapı*** bussola, porta girevole
dönmek circolare, ritornare, rivolgersi, tornare, voltarsi, curvare, girare, roteare, svoltare, virare
dönüm acro ***dönüm noktası*** giro di boa, svolta, nodo, pietra miliare
dönüşlü riflessivo
dönüşmek ridursi, trasformarsi, volgersi, sfociare
dönüştürmek convertire, trasformare, adibire, commutare, rendere, ridurre
dönüşüm conversione
dördüncü quarto
dört quattro ***dört dönmek*** farsi in quattro ***dört elle sarılmak*** tenere duro ***dört köşeli*** qnadrangolare ***dörtte bir*** quarto
dörtgen quadro, quadrato, qnadrangolo
dörtlü quaterna, quaternario
dörtlük quartina

dörtnal galoppo, galoppata ***dörtnala gitmek*** galoppare
dörtyol incrocio
döşek materasso
döşeli ammobilliato, arredato
döşem arredo, infisso
döşeme pavimento, solaio
döşemeci tappezziere
döşemek ammobiliare, arredare, fornire, pavimentare
döviz divisa, valuta estera
dövme battitura, battuta, picchiata, tatuaggio
dövmek battere, pestare, picchiare, colpire, percuotere
dövüş lotta, rissa
dövüşmek accapigliarsi, auuffarsi, combattere, fare a botte, lottare, scontrarsi
dram dramma
dramatik drammatico
dramatize etmek drammatizzare
drenaj drenaggio
dua benedizione, invocazione, orazione, preghierə ***dua etmek*** benedire, invocare, pregare
duba *den.* galleggiante, boa
dublaj doppiaggio ***dublaj yapmak*** doppiare
dubleks duplex
dublör controfigura
dudak labbro ***dudak boyası*** rossetto ***dudak bükmek*** stor-

cere la bocca
dul vedovo, vedova
duman fumata, fumo, vapore
dumanlı fumoso
durağan immobile, stazionario
durak fermata, sosta, stazione, *müz.* pausa
duraklamak soffermarsi
duraksamak esitare, indugiare, oscillare, tentennare, titubare, traccheggiare
durdurmak fermare, frenare, interrompere, trattenere, bloccare, cessare, mantenere, ritenere, smettere, spegnere
durgun sereno, tranquillo, fermo, morto, quieto, stagnante, statico
durgunlaşmak languire, ristagnare, stagnare
durgunluk inerzia, quiete, ristagno, serenità, staticità, marasma
durmak cessare, fermarsi, interrompersi, restare, sostare, stare, incantarsi, spiovere
duru limpido
durulamak risciacquare, risciacquare, sciacquare
durum condizione, situazione, caso, circostanza, posizione, stato, contingenza, partito, ritmo

duruş atteggiamento, compostezza
duş doccia
dut gelso, mora
duvak velo
duvar cerchia, chiusa, muro, parete, recinto *duvar ilanı* cartellone *duvar kâğıdı* carta da parati, tappezzeria *duvar saati* orologio a muro
duvarcı manovale, muratore
duyarga *hayb.* antenna
duyarlı impressionabile, sensibile
duyarsız indifferente, insensibile, refrattario
duygu sensazione, senso, sentimento, emozione, sentire
duygulandırmak commuovere, impietosire, impressionare, toccare
duygulanmak commuoversi, impietosirsi, intenerirsi, sentirsi piangere il
duygulu sensibile, sentimentale, affettivo, impressionabile, sensitivo
duygusal affettivo, sensibile, sentimentale, sentimentalista
duygusuz apatico, cinico, insensibile
duymak sentire, udire, risentire *duymazlıktan gelmek* fare il

sordo, fare orecchi da mercante
duyu senso
duyurmak annunciare, comunicare, bandire, divulgare, far sapere, proclamare
duyuru annuncio, avviso, bando, cartello, comunicazione, proclama, pubblicità
düdük fischietto, fischio, *müz.* piffero
düello duello
düet duetto
düğme bottone, pulsante
düğmelemek abbottonare
düğüm fiocco, groppo, nodo, nodosità, *anat.* ganglio
düğümlemek annodare
düğümlenmek annodarsi
düğün matrimonio, nozze, sponsali *düğün alayı* nozze
düğünçiçeği ranuncolo
dük duca
dükkân bottega, negozio, casa *dükkân açmak* mettere su bottega
dükkâncı bottegaio, bottegato
dülger carpentiere, legnaiuolo
dümbelek timballo
dümen diavoleria, intrallazzo, manovra, timone
dümenci nocchiere, timoniere
dün ieri *dün akşam* ieri sera
dün gece ieri notte, stanotte
dünür consuecero
dünya globo, mondo, secolo, terra *dünyaya gelmek* nascere, vedere la luce, venire al mondo *dünyaya getirmek* dare alla luce, mettere al mondo, procreare
dünyevi temporale, terreno
dürbün binocolo, cannocchiale
dürmek piegare
dürtmek eccitare; stimolare, spronare
dürtü impulso, movente, incentivo, spinta, stimolo, sprone, tentazione
dürtüklemek aizzare
dürüst bravo, leale, onesto, perbene, probo, retto, corretto, pulito
dürüstlük lealtà, onestà, rettitudine, correttezza, probità
düş immaginazione, sogno, illusione, lusinga *düş görmek* sognare *düş kırıklığı* delusione, disappunto *düş kurmak* fare castelli in aria
düşes duchessa
düşey a piombo, perpendicolare, verticale
düşkün dedito a; decaduto, amante, avido, innamorato
düşman nemico

düşmanlık avversione, inimicizia, ostilità, animosità, veleno

düşmek cadere, cascare, dedurre, detrarre, ibassarsi, precipitare, abbattersi, cacciarsi, rovesciarsi, tombolare

düşük caduto, cascato; aborto; basso

düşünce idea, opinione, parere, pensiero, avviso, concetto, pensata, proposizione, ragione

düşünceli pensieroso, preoccupato, pensoso, premuroso, soprappensiero, cupo

düşüncesiz sconsiderato, spensierato, avventato, inconsiderato, rompicollo, sconsigliato, senza cervello

düşüncesizlik imprudenza, indiscrezione, sconsideratezza, spensieratezza, sprovvedutezza, sventatezza

düşündürmek sapere

düşünmek pensare, concepire, considerare, meditare, contare, giudicare, immaginare, ragionare

düşünür filosofo, pensatore

düşürmek abbattere, ribaltare, ribassare, sminuire

düşüş caduta, calo, abbassamento, frana, regresso

düz diritto, levigato, liscio, piano, piatto, rettilineo

düzelmek guarire, migliorare, accomodarsi, rifarsi, riscattarsi

düzeltme messa, rettifica, ammendamento, emendamento, modifica, modificazione, rettificazione, riparazione

düzeltmek aggiustare, assestare, correggere, migliorare, raddrizzare, ammendare, emendare, misurare, modificare, raccomodare, rettificare, rimediare, ritoccare, sanare

düzeltmen correttore

düzen artificio, congegno, disposizione, ordine, assetto, congiura, norma, imbroglio, ordito, regime, impianto, intrigo, rigiro, riordino ***düzene koymak*** codificare, mettere a posto, mettere in sesto, rassettare ***düzene sokmak*** disciplinare, ordinare, sbarazzare, sistemare

düzenleme accomodamento, arrangiamento, organizzazione, accordatura, assestamento, compilazione, coordinazione, regolazione, riordino, sistemazione

düzenlemek accomodare, armonizzare, assortire, combi-

nare, disporre, ordinare, organizzare, allestire, architettare, arrangiare, compilare, coordinare, equiparare, impostare, programmare, regolare, rogare, sistemare
düzenli armonico, composto, metodico, ordinato, regolare, regolato, ritmico, sistematico
düzensiz irregolare, sregolato, anarchico, anomalo, caotico, confuso, discontinuo, disordinato, putrido, torbido
düzensizlik anarchia, anomalia, confusione, disordine, disorganizzazione, irregolarità, perturbazione, putrefazione, sregolatezza, turbamento
düzey livello, quota, statura
düzgün regolare, retto, armonico, corretto, nitido, raccolto
düzine dozzina
düzlem piano
düzlemek levigare, lisciare, livellare, molare
düzlük dirittura, piano, pianura, spianato
düzmece apocrifo, falso
düzmek fottere
düztaban dai piedi piatti
düzyazı prosa

E

ebat dimensione
ebe levatrice, ostetrica
ebedi eterno, perpetuo, immortale
ebediyen per sempre
ebediyet eternità
ebegümeci *bitk.* malva
ebelik ostetricia
ebemkuşağı arcobaleno
ebeveyn genitore
ebonit ebanite
ecdat avi, avo
ecel termine fatale della vita
ecnebi straniero
ecza droga
eczacı farmacista
eczane farmacia
eda esecuzione, manlera
edat *dilb.* preposizione
edebi letterario
edebiyat lettera, letteratura
edebiyatçı letterato
edep pudore, garbo
edepsiz impudico, maleducato
edepsizlik scortesia, sfacciataggine, maleducazione
eder costo, prezzo
edilgen *dilb.* passivo

edinmek acquisire, acquistare, munirsi, recepire, riacquistare, rifornirsi, riportare
efekt effetto
efektif denaro effettivo
efendi gentiluomo, messere, padrone
efkârlanmak impensierisi, preoccuparsi
eflatun color lilla, color malva
efsane leggenda, mito
efsanevi favoloso, leggendario, mitico
egemen dominante, dominatore, egemone, predominante
egemenlik predominanza, regno, sovranità, dominazione, egemonia
egoist egoista
egzersiz esercitazione, esercizio
egzotik esotico
egzoz *oto.* marmitta, scappamento
eğe lima, raspa
eğelemek limare, raspare
eğer se, qualora, semmai
eğik curvo, obliquo, ricurvo
eğilim attitudine, predisposizione, tendenza, inclinazione, propensione, vena
eğilmek inchinarsi, inclinare, piegarsi, chinarsi, curvarsi, flettersi
eğim china, declivio, inclinazione, pendenza, pendio, scesa
eğirmek filare
eğitici educativo, educatore, formativo, informativo, istruttore
eğitim educazione, istruzione, addestramento, educamento, formazione
eğitimci educatore, pedagogo
eğitimsiz indotto
eğitmek educare, formare, istruire, addestrare, allevare, ammaestrare, avvezzare
eğlence divertimento, passatempo, svago, baldoria, trattenimento, festa, festività, svago
eğlenceli delizioso, divertente, giocoso, sfizioso, spassoso
eğlendirmek divertire, ricreare, sollazzare, spassare, trastullare
eğlenmek dilettarsi, distrarrsi, divertirsi, ricrearsi, sollazzarsi, spassarsi, trastullarsi
eğlenti baldoria
eğmek chinare, curvare, inchinare, inclinare, incurvare, piegare
eğreltiotu *bitk.* felce
eğreti precario
eğri curvo; curva, di sbieco,

obliquo *eğri büğrü* contorto, flessuoso, sbilenco, sghimbescio, torto
eğrilik curvatura
eğriltmek curvare
ehemmiyet importanza, portata
ehil atto, capace
ehli capace
ehlileştirmek addomesticare, domare
ehliyet patente
ehliyetli competente, patentato
ehliyetsiz incapace
ejderha drago
ek aggiunto, allegato, supplementare, annesso; aggiunta, allegato, supplemento, aggregato, appendice, accessorio, addizionale, *dilb.* particella
ekili seminato
ekim seminagione; (ay) ottobre
ekin messe
ekip squadra
eklem articolazione, giuntura
eklemek addizionare, aggiungere, allegare, annettere, apporre, includere, inserire, sommare
eklenti accessorio, giunta
ekoloji ecologia
ekonomi economia, parsimonia
ekonomik economico
ekose a scacchi

ekran schermo
ekselans eccellenza
eksen asse, perno, raggio
ekseriya d'ordinario
ekseriyet maggioranza
eksi *mat.* meno, negativo
eksik difettoso, imperfetto, deficiente, deficitario, insufficiente, scarso, monco, tronco
eksiklik difetto, imperfezione, lacuna, mancanza, assenza, deficienza, incompiutezza, insufficienza, scarsità, viziosità
eksiksiz completo, esauriente, fedele, impeccabile, perfetto, plenario, senza riserva
eksilmek decrescere, diminuire, diminuirsi, scarseggiare, scemare
eksiltmek diminuire, menomare, mutilare, scemare
ekskavatör scavatrice
ekspres espresso
ekstra extra
ekşi acido, acre, agro, aspro, austero
ekşilik acidità, acredine, asprezza, rancidezza, spunto
ekşimek divenire acido, inacidirsi, insaprirsi
ekşimsi agrodolce
ekşitmek inacidire
ekvator equatore

el mano; giocata *el altında* a portata di mano, sottomano *el altından* clandestinamente, di straforo, nascostamente, sottobanco *el arabası* carriola *el atmak* intervenire, intromettersi, manomettere *el bombası* bomba a mano, petardo *el çekmek* abdicare, rinunziare *el ele* la mano nella mano *el freni* freno di stazionamento *el ilanı* manifestino *el işi* lavorazione a mano, lavoro a mano *el koymak* confiscare, sequestrare, usurpare, pignorare *el üstünde tutmak* portare in palmo di mano, tenere nella bambagia *el yazısı* scrittura *elde etmek* acquistare, impossessarsi, ottenere, ricavare, buscare, conquistare, estrarre, rilevare, sortire *elden çıkarmak* dar via, disfarsi, smaltire, spogliarsi *elden düşme* di seconda mano, usato *elden geçirmek* rimaneggiare, ritoccare *ele almak* affrontare, discutere *ele geçmek* ricadere *ele vermek* fare la spia, tradire *eli açık* generoso, liberale, largo, munifico *eli kulağında* da un giorno all'altro, imminente *eli sıkı* tirato, spilorcio *elinde tutmak* impugnare *elinden geleni yapmak* adoperarsi per qn /qc, fare l'impossibile, ingegnarsi *elini çabuk tutmak* affrettarsi, andare per le lisce, sbrigarsi, spicciarsi *elini eteğini çekmek* tirare i remi in barca

elastiki flessibile, flessuoso
elastikiyet flessibilità
elâlem la gente tutti
elbirliği cooperazione
elbise abito, vestito, indumento, vestimento, spoglia
elçi inviato, legato, messaggero, delega, deputato
elçilik legazione, ambasciata
eldiven guanto
elebaşı capo, istigatore
elek setaccio, staccio, vaglio
elektrik elettricità; elettrico *elektrik akımı* scarica elettrica *elektrik düğmesi* interruttore
elektrikçi elettricista
elektrikli elettrico
elektroliz *fiz.* elettrolisi
elektron elettrone
elektronik elettronica, elettronico, elettronico; elettronica
elem dolore, pena
eleman elemento
eleme eliminatoria, eliminazi-

one, scarto, stacciatura
elemek eliminare, estrarre, scartare, setacciare, stacciare
element *kim.* elemento
eleştiri critica, recensione, osservazione
eleştirmek commentare, criticare, ridire, attaccare, biasimare
ellemek palpeggiare, tastare, toccare
elli cinquanta
elma mela, pomo
elmas brillante, diamante
elti cognata
elveda addio
elverişli adatto, conveniente, favorevole, idoneo, apposito, convenevole, dovuto, opportuno, propizio, ragionevole, suscettibile, suscettivo
elverişsiz inabile, sfavorevole, inetto, sconveniente
elyaf fibra
emanet consegna, deposito *emanet etmek* affidare, depositare
emanetçi depositario
embriyon *biy.* embrione
emek lavoro *emek vermek* mettersi olio di gomito
emekçi proletario
emeklemek camminare carponi

emekli pensionato *emekli aylığı* pensione *emekli olmak* essere in pensione
emeklilik pensione, quiescenza, riposo
emel ambizione, speranza mira
emici assorbente, succhiatore
emin certo, sicuro, convinto, serio *emin olmak* accertarsi, rendersi certo
emir ordine; emiro, prescrizione, consegna, bando, comandamento *emir eri* attendente, portaordini *emir subayı* aiutante di campo, ufficiale d'ordinanza *emir vermek* impartire ordini, intimare, prescrivere
emisyon emissione
emlak proprietà
emmek assorbire, succhiare, aspirare, impregnarsi, succhiare
emniyet sicurezza, sicuro *emniyet kemeri* cintura di sicurezza *emniyet supabı* valvola di sicurezza
emniyetli sicuro
emperyalist imperialista
emperyalizm espansionismo, imperialismo
empresyonizm impressionismo
emretmek comandare, decretare,

imporre, ingiungere, ordinare
emsal esempio
emtia mercanzia
emzik poppatoio, succhiotto
emzirmek allattare en *en aşağı* infimo *en az* meno, minimo *en büyük ortak bölen* massimo comun divisore *eninde sonunda* prima o poi
enayi stupido, ingenuo
encümen giunta
endam corporatura, statura
ender d'eccezione, raro
endirekt indiretto
endişe preoccupazione, timore, affanno, ansia, ansietà, ossessione, scrupolo, sgomento, soggezione
endişeli ansioso, inquieto, pensieroso, trepidante, trepido
endüstri industria
endüstriyel industriale
enerji energia, forza, rigoglio, vigore
enerjik dinamico, energico, vibrato
enfarktüs infarto, infarto cardiaco
enfeksiyon *hek.* infestione
enfes eccellente, squisito
enfiye tabacco da fiuto
enflasyon inflazione
engebe rilievo, piega
engebeli dissestata, accidentata
engel handicap, impedimento, inciampo, ingombro, intoppo, ostacolo, scoglio, barriera, blocco, difficoltà, ostruzione, impaccio, muro *engel olmak* impedire, parare, arginare, impacciare, ostare, precludere, vietare
engellemek bloccare, contrariare, impacciare, impedire, intralciare, ostacolare, sabotare, tamponare, osteggiare, proibire, trattenere
engerek vipera
engin immenso, profondo, spazioso, vasto
enginar carciofo
enine traverso *enine boyuna* in lungo e in largo
enişte cognato, zio
enjeksiyon iniezione
enkaz macerie, rottame, rudere
enlem latitudine
enli alto, ampio, largo, spesso
ense nuca, collottola
enselemek afferrare, agguantare
enstantane instantaneo
enstitü istituto
enstrüman strumento
ensülin *hek.* insulina
entari veste
entrika congiura, intrigo, cabala,

cospirazione, maneggio, manovra **entrika çevirmek** brogliare, intrigare
envanter inventario
erbaş sottufficiale
erdem virtù
erdemli virtuoso
erek fine, mira, oggetto
ergen adolescente
ergenlik adolescenza, pubertà
ergime fusione
ergimek disciogliersi
ergin pubero, adulto, adolescente, maggiorenne
erginlik adolescenza, pubertà
erguvan albero di Giudea
erik prugna, susina
eril *dilb.* maschile
erim portata
erimek languire, sciogliersi, disciogliersi, disgelare, macerarsi, sciogliere, sgelare, squagliarsi
erişmek accedere, ammontare, arrivare, conseguire, guadagnare, sommare
eritmek fondere, sciogliere, disciogliere, dissolvere, squagliare
eriyik emulsione, soluzione
erk potere
erke energia
erkek maschio, uomo **erkek gibi** mascolino
erkekçe mascolino
erkeklik maschilità, mascolinità, virilità
erken presto, di buon'ora, prematuro
erkenci mattiniero
ermiş santo, santone
eroin eroina
erotik erotico
erotizm erotismo
erozyon erosione
ertelemek aggiornare, differire, posporre, prorogare, protrarre, rinviare, rimandare, ritardare, soprassedere
ertesi appresso, consecutivo, seguente, successivo **ertesi gün** il giorno appresso, il giorno seguente, indomani
erzak provvista, vettovaglia, fornitura
es *müz.* pausa **es geçmek** glissare, omettere
esans essenza
esaret schiavitù
esas fondamentale, principale; essenza, basilare, capitale, cardinale, fondamento, primordiale
esasen tendenzialmente
esaslı essenziale, radicale, sugoso, sodo

esenlik

esenlik euforia
eser opera, lavoro, componimento, titolo, vestigio
esin estro, ispirazione
esinlemek infondere, ispirare
esinlenmek ispirare, ispirarsi
esinti brezza, sbuffo, soffio
esir prigioniero, schiavo
esirgemek proteggere, risparmiare
eski antico, vecchio, antiquato, anziano, arcaico, primitivo *eski eserler* antichità
eskici ferravecchio, rigattiere, robivecchi
eskiden anticamente
eskilik antichità, arcaismo, caducità
eskimek invecchiare
Eskimo eschimese
eskrim *sp.* scherma
esmek soffiare, spifferare, spirare
esmer bruno, moro
esmerleşmek abbronzare, abbronzarsi
esnaf artigiano
esnasında al momento di, durante
esnek anendevole, elastico, flessibile, pieghevole, flessuoso, ondulante, resiliente
esneklik elasticità, flessibilità, molla, molleggio
esnemek molleggiare, sbadigliare
espri arguzia, spirito
esrar arcano, mistero
esrarengiz arcano, misterioso, tenebroso
esrarkeş drogato, tossicomane
estetik estetico; estetica
eş simile, coniuge, consorte, coppia, sosia, sposa, identico; dama, signora, moglie
eşanlamlı sinonimo
eşarp sciarpa
eşcinsel invertito, omosessuale
eşdeğer equipollente, equivalente
eşdeğerli cortispettivo
eşek asino, somaro, ciuco, somaro *eşek sudan gelinceye kadar dövmek* bastonare di santa ragione *eşek şakası* scherzo da prete
eşekarısı vespa, calabrone
eşeklik coglioneria
eşelemek razzolare, ruspare
eşik limitare, sentiero, soglia
eşit eguale, pari, uguale
eşitlik parità, uguaglianza, equilibrio, equità
eşkenar equilatero
eşkıya bandito, brigante, malandrino, masnadiere

eşlemek appaiare
eşlik accompagnamento, identità *eşlik etmek* accompagnare, condurre, scortare, seguire
eşmek grattare, raspare
eşofman tuta
eşsesli omofono
eşsiz fuoriclasse, impagabile, impareggiabile, incomparabile, singolare, prezioso, senza confronti, senza paragone, sublime, unico
eşya articolo, avere, effetto, materia, oggetto
eşzamanlı isocrono, simultaneo, sincrono
et carne, ciccia *et suyu* dado, sugo *etine dolgun* grassoccio
etajer scaffale
etap *sp.* tappa
etçil carnivoro
etek gonna, sottana
eteklik gonna, sottana, gonnella
eter *kim.* etere
etiket cartellino, etichetta
etilen *kim.* etilene
etimoloji *dilb.* etimologia
etken agente, attivo, causa, fattore, occasione
etki azione, effetto, efficacia, influenza, influsso, efficienza, impressione
etkilemek far colpo, commuovere, influenzare, influire, agire, colpire, fare impressione, incidere, segnarsi, toccare, turbare
etkileşim azione reciproca
etkileyici imponente, impressionante, patetico, suggestivo, toccante
etkili efficace, efficiente, attivo, drastico, effettivo, eloquente, influente, operante, toccante
etkin attivo, efficace, militante, operativo, operoso, valido
etkinlik attività, efficienza, autorevolezza, operosità
etkisiz inconcludente, inefficace, inefficiente, inoperante, molle
etli carnoso, cicciuto
etmek fare, rendere; costare, ammontare, scoprire, trattare
etmen agente
etnik etnico
etnografya etnografia
etobur carnivoro
etol stola
etraf adiacenza, ambito, dintorni
etraflı minuziosi, panoramico
ettirgen *dilb.* causativo
ev casa, abitazione, domicilio, abituro *ev kadını* casalinga, massaia *ev sahibesi* affittacamere *ev sahibi* affittacamere, anfitrione, ospite *evde*

kalmak stare in casa
evcil domestico
evcilleştirmek addomesticare, ammaestrare
evermek accasare, ammogliare
evet si
evham allusioni, sospetti
evlat figli, figlio, figlia *evlat edinmek* adottare
evlatlık figlio adottivo
evlendirmek ammogliare, sposare, maritare
evlenmek metter su famiglia, sposarsi, sposare, coniugarsi, ammogliarsi, accasarsi, contrarre matrimonio, maritarsi
evli ammogliato, coniugato, maritata, sposato
evlilik connubio, matrimonio, nozze, sistemazione
evliya santo
evrak documento
evre fase, stadio
evren cosmo, mondo, universo
evrensel ecumenico, universale
evrim *biy.* evoluzione
evvel primo, prima
eyalet provincia
eyer arcione, barda, sella
eyerlemek insellare
eylem atto, verbo, azione
eylül settembre
eyvah ahimè, guai

ezber a memoria, a mente
ezbere a memoria, tastoni *ezbere konuşmak* sapere una cosa a pappagallo
ezberlemek memorizzare, imparare a memoria
ezeli eterno
ezgi aria, canto, melodia, inno
ezici oppressivo, persecutorio, schiacciante, travolgente
ezik contusione, contuso, schiacciamento
eziklik lesione
ezilmek schiacciarsi
eziyet fastidio, tormento, tortura, strazio, supplizio *eziyet etmek* affliggere, tormentare, torturare, bersagliare, strapazzare
eziyetli tormentoso, travagliato
ezme ammaccatura, schiacciamento, purè
ezmek opprimere, reprimere, schiacciare, calpestare, calcare, pestare, pigiare, pressare, sopraffare, tiranneggiare, maciullare

F

faal attivo, dinamico, operoso
faaliyet attività

fabrika fabbrica, stabilimento, opificio
fabrikatör fabbricante, industriale
facia catastrofe, disastro, sciagura, dramma, tragedia
fagot *müz.* fagotto
fahişe prostituta, meretrice, puttana
fahri onorario
fail autore
faiz interesse, saggio, usura *faiz oranı* tasso d'interesse
fakat ma, però
fakir bisognoso, povero, tristo
fakirleşmek impoverirsi
fakirlik povertà
faks (belge) facsimile, telecopia; (makine) telecopiatrice
faktör fattore
fakülte facoltà
fal pronostico, presagio
falcı indovina
familya famiglia
fanatik fanatico
fani effimero, mortale, transitorio
fanila flanella, maglia, canottiera
fantezi fantasia
far *oto.* faro, luce; (göz) ombretto
faraş pattumiera
fare sorcio, topo
fark differenza, distinzione, distacco, divario, scarto *fark etmek* avvedersi, discernere, notare, scorgere *fark etmez* fa lo stesso, non fa niente *farkına varmak* accorgersi, rendersi conto, vedere *farkında olmak* rendersi conto
farklı differente, distinto, diverso, variato, vario, discorde, dissimile
farklılık differenza, disparità, diversità, variante
farksız indifferente
farmakoloji farmacologia
fars farsa
Farsça persiano
farz presunsizione, sunna
Fas Marocco
fasıla interruzione
fasikül dispensa, estratto, fascicolo
fasulye fagiolo
faşist fascista
faşizm fascismo
fatih conquistatore
fatura fattura, bolletta, parcella
faul *sp.* fallo
favori favorito; favoriti, basetta
fayans maiolica
fayda utilità, interesse, beneficio
faydalanmak approfittare, av-

faydalı

valersi
faydalı utile *faydalı olmak* fare
faydasız inutile, vano, disutile, infruttuoso
fayton carrozza
faz *fiz.* fase
fazilet statura, virtù
fazla eccessivo, esorbitante; tanto, troppo, estremo *fazla mesai* lavoro straordinario
fazlalık eccedenza, eccesso, sovrabbondanza, eccessività, esorbitanza, superfluo
fazlasıyla estremamente
feci drammatico, tragico
feda sacrificio *feda etmek* sacrificare
fedakârlık abnegazione, sacrificio
federal federale
federasyon federazione
felaket catastrofe, disastro, sciagura, calamità, malanno, piaga
felaketzede malcapitato, sinistrato
felç apoplessia, paralisi *felce uğratmak* paralizzare
felçli paralitico
felek cielo, destino
felsefe filosofia
feminist femminista
feminizm femminismo
fen scienza
fena male, cattivo
fenalaşmak essere colto da malore
fenalık cattiveria, malore
fener fanale, lanterna
feragat abdicazione, cedimento, recesso, rinuncia
ferah largo, ampio
ferahlamak rallegrarsi, divenire ridente, respirare, rinfrescarsi
ferahlatmak ricreare
ferahlık gioia, gaudio
ferdi individuale, particolare
feribot nave traghetto
ferman editto, firmano
fermuar cerniera, zip
fersah lega
fert individuo
feryat grido, lamento, strillo, vagito *feryat etmek* gridare, invocare aiuto, lamentarsi
fesat malignità
fesatçı cospiratore
feshetmek abrogare, denunciare, derogare, rescindere, risolvere
fesih abrogazione, annullamento, deroga
fesleğen basilico
festival festa, festival
fethetmek conquistare, espugnare
fetih conquista

fetiş feticcio
fetişizm feticismo
fevkalade splendido, straordinario
fıçı botte, fusto, barile *fıçı birası* birra alla spina
fıkırdamak guizzare
fıkra aneddoto, articolo, barzelletta, storiella
fındık nocciola
fındıkkıran schiaccianoci
fırça pennello, spazzola; (azar) sgridata, ramanzina *fırça atmak* sgridare
fırçalamak spazzolare, spennellare
fırfır vola, volante
fırıldak banderuola, girandola
fırın fornello, forno
fırıncı fornaio
fırlak sporgente
fırlama guizzo, sbalzo, scatto, sobbalzo
fırlamak gettarsi, sporgere, erompere, guizzare, sbalzare, scagliarsi, slanciarsi
fırlatmak buttare, gettare, lanciare, proiettare, sbattere, rilanciare, sbalzare, scagliare
fırsat occasione, opportunità, possibilità, evenienza *fırsat beklemek* aspettare l'occasione
fırsat vermek lasciar fare
fırsatı kaçırmak lasciarsi scappare l'occasione, fallire, perdere il treno
fırtına bufera, burrasca, fortunale, tempesta, temporale
fırtınalı burrascoso, tempestoso, turbolento, turbinoso
fısıldamak bisbigliare, sussurrare, parlare a for di labbra, suggerire
fısıltı bisbiglio, sussurro, imbeccata
fıstık pistacchio
fışkın ritorta
fışkırmak gettare, prorompere, schizzare, scoccare, sgorgare, zampillare, sprizzare
fışkırtmak schizzare
fıtık *hek.* ernia
fidan arboscello, piantina
fidanlık vivaio
fide piantina
fidye riscatto, taglia
figür figura, passo
figüran comparsa
fihrist indice, rubrica
fiil atto, azione, verbo
fikir idea, opinione, pensiero, ragione, credenza, parere, pensata, sentenza
fikstür girone, *sp.* tabella di marcia
fil elefante; (satranç) alfiere

filarmonik filarmonica
filatelist filatelista
fildişi avorio
file rete, reticella
fileto filetto
filika feluca, lancia di bordo, scialuppa
filinta carabina
Filistin la Terra Santa
filiz getto, piantone, germoglio, rampollo
filizlenmek germinare
film film; pellicola, *fot.* rullino *film yıldızı* diva *filme almak* cinematografare, filmare
filo flotta, naviglio, squadriglia
filoloji filologia
filozof filosofo, pensatore
filtre filtro
final finale, fine
finalist finalista
finans finanza *finanse etmek* finanziare
finansman finanziamento
fincan tazza
fingirdek civetta, sgualdrina
Finlandiya Finlandia
Finli finlandese
firar evasione, fuga *firar etmek* disertare, evadere
fire calo *fire vermek* far calo
firkete forcina, spillo da balia
firma azienda, ditta, casa, impresa
firuze turchese, turchina
fiş *elek.* spina, gettone, marca, scontrino, stampato; *elek.* spina
fişek cartuccia, mortaretto, pallottola
fitil *hek.* suppositorio, supposta; miccia, stoppino
fitne istigazione
fiyaka boria, spavalderia *fiyaka yapmak* far faville
fiyasko fiasco, insuccesso
fiyat costo, prezzo, tariffa
fiyort fiordo
fizik fisica
fizikçi fisico
fizyoloji fisiologia
fizyonomi fisionomia
flamankuşu *bitk.* fenicottero
flaş *fot.* lampeggiatore
floresan fluorescenza
flört civetta, *kon.* ragazza *flört etmek* far la civetta, amoreggiare
flu mosso, sfocato
flüt flauto
flütçü flautista
fobi fobia
fodul presuntuoso
fokurdamak bollire
folklor folclore
fon cassa, fondi, sfondo

fonetik fonetica
fonksiyon funzione
form formato, modulo, maglia
forma formato, fascicolo, *sp.* casacca
formalite formalità
formül formula
forum foro
forvet *sp.* attaccante
fosfat *kim.* fosfato
fosfor *kim.* fosforo
fosforlu fosforescente, fosforico
fosil fossile
fosilleşmek fossilizzarsi
foto foto
fotoğraf foto, fotografia *fotoğraf çekmek* riprendere *fotoğraf makinesi* macchina fotografica
fotoğrafçı fotografo
fotoğrafçılık fotografia
fotojenik fotogenico
fotokopi fotocopia *fotokopi makinesi* fotocopiatrice
fotomontaj fotomontaggio
fotoroman fotoromanzo
fötr şapka feltro
frak coda di rondine, frac, marsina
frank franco
Fransa Francia
Fransız francese
Fransızca lingua francese, francese

frekans frequenza
fren frenata, freno *fren yapmak* frenare
frengi sifilide
frenkinciri fico d'India
frenküzümü ribes, uva spina
frenlemek frenare, moderare, arginare, contenere, imbrigliare, trattenersi
fresk affresco
freze fresa
fuar fiera, salone
fuaye *tiy.* ridotto
fuhuş prostituzione
furya raffica
futbol calcio, gioco del pallone *futbol sezonu* stagione calcistica
futbolcu calciatore
füze missile, razzo

G

gaddar atroce, crudele, efferato, empio, tigre
gaddarlık atrocità, crudeltà, efferatezza, ferocità
gaf gaffe, cantonata, sproposito, abbaglio *gaf yapmak* fare una topica, prendere un abbaglio
gafil improvidente, disavveduto

gaga

gafil avlamak prendere al varco, prendere alle spalle
gaga becco, rostro
gala gala
galaksi *gökb.* galassia
galeri galleria, loggia
galeta biscotto, galletta
galiba probabilmente, a quanto pare
galibiyet vincita, vittoria, trionfo
galip trionfante, vincente, vincitore, vittorioso
galon gallone
galvanizlemek galvanizzare
gam *müz.* gamma, scala; dolore, afflizione
gamet gamete
gammaz denunziatore
gamze fossetta
gangster gangster
ganimet bottino, preda, spoglia
gar stazione (ferroviaria)
garaj garage, autorimessa, rimessa
garanti garanzia *garanti etmek* garantire, avallare, certificare
garantör garante
gardırop armadio, guardaroba
gardiyan agente di custodia, aguzzino, carceriere, guardia carceraria, guardiano, secondino
gargara gargarismo *gargara yapmak* gargarizzare, gargatizzare
garip strano, curioso, bizzarro, eccentrico, grottesco, stravagante, estroso, inspiegabile, originale, strambo, tenebroso
gariplik originalità, stramberia, stranezza, stravaganza
garnitür contorno
garnizon guarnigione, presidio
garson cameriere
gasp estorsione, usurpazione *gasp etmek* depredare, usurpare
gastrit *hek.* gastrite
gayda ciaramella, cornamusa, zampogna, piva
gaye intento, obiettivo, scopo, ideale, meta, mira
gayret ardore, premura, sforzo, zelo, entusiasmo, fervore, impegno, sollecitudine, voga
gayret orsù *gayret etmek* sforzarsi, adeporarsi
gayretli assiduo, entusiasta, zelante
gayri altro *gayri menkul* immobile; immobiliare *gayri meşru* illegittimo, illegale
gaz gas *gaz maskesi* maschera antigas *gaz pedalı* acceleratore *gaz sobası* stufa a gas
gazap furore

gazete giornale, gazzetta, foglio
gazeteci giornalaio, giornalista
gazetecilik giornalismo, pubblicistica
gazi soldato reduce dalla guerra
gazino casino
gazlı gassato, gassoso
gazoz gassosa, gazzosa
scoprire, segnalare, segnare, svelare, **tgötürmek** portare, condurre, prelevare, menare, recare, reggere
gebe incinta, gravido, pregnante, gestante; (hayvan) pregno *gebe kalmak* rimanere incinta; (hayvan) impregnarsi
gebelik gestazione, gravidanza *gebelik önleyici* anticoncezionale, contraccettivo
gebermek crepare
gebertmek ammazzare, uccidere
gece notte, nottata *gece bekçisi* guardiano notturno, metronotte *gece gündüz* giorno e notte *gece yarısı* a notte fatta, mezzanotte
gecelemek pernottare
geceleyin di notte, nottetempo
gecelik camicia da notte, vestaglia
gecikme indugio, ritardo, mora, tardività
gecikmek ritardare, tardare, indugiare, attardarsi, fare tardi
geciktirmek protrarre, ritardare, traccheggiare
geç tardo; tardi; tardivo *geç kalmak* tardare, ritardare, fare tardi
geçen scorso; passato; altro; ultimo; uscente *geçen gün* l'altro giorno
geçenlerde di recente, nei giorni scorsi, recentemente, tempo fa
geçer corrente
geçerli corrente, valido, valevole
geçersiz nullo, invalido, viziato, impotente, nullo, scaduto
geçici momentaneo, provvisorio, temporaneo, avventizio, effimero, fugace, fuggevole, labile, passeggero, precario, temporale, transitorio
geçim mantenimento, convivenza, sussistenza, pane
geçimsiz bisbetico
geçimsizlik disaccordo, dissapore
geçindirmek sostenere, mantenere
geçinmek vivere, campare, accordarsi, intendersi, mantenersi, passarsela, scroccare *geçinip gitmek* arrangiare, campare, tirare avanti, vivacchiare

geçirgen permeabile
geçirmek subire, trasmettere, infilare, attaccare, condurre, contagiare, imprimere, passare
geçiş passaggio, transito, attraversamento, corso, tramite, transitabilità, transizione, trapasso, traversata
geçişli *dilb.* transitivo, transitato
geçişsiz *dilb.* intransitivo
geçiştirmek trasandare
geçit passaggio, attraversamento, corridoio, galleria, tragitto, valico, varco, canale, corsia, passerella, passo, sfilata, stretto, sella
geçmek oltrepassare, passare, sorpassare, superare, transitare, attraversare, distaccare, distanziare, inserirsi, intercorrere, trascorrere, travalicare *geçip gitmek* correre, passare, trascorrere, sfilare, volare
geçmiş antefatto, passato
geçmişte addietro, in tempi lontani
gedik breccia, falla, intacco, rotta
geğirmek ruttare
geğirti rutto
gelecek futuro, venturo, prossimo; avvenire, domani, entrante, prospettiva, prossimo *gelecek zaman dilb.* futuro
gelecekte in futuro, in prospettiva
gelenek tradizione, uso, usanza, consuetudine, convenzione, costumanza, costume, rito
gelenekçi tradizionalista
gelenekçilik tradizionalismo
geleneksel classico, rituale, sacramentale, tradizionale
gelgit marea
gelin sposa, nuora
gelincik rosolaccio
gelinlik abito da sposa, ragazza da marito
gelir reddito, rendita, introito, frutto, gettito, provento, rendimento *gelir vergisi* imposta sul reddito, tassa sul reddito
gelişigüzel a caso, qualsiasi, a casaccio, a vanvera, alla carlona, alla rinfusa, alla ventura, senza risparmio, trasandato
gelişim andamento, evoluzione, sviluppo
gelişmek crescere, migliorare, prosperare, avanzare, evolvere, fiorire, formarsi, perfezionarsi, progredire, rifiorire, risorgere, sviluppare, svolgersi
gelişmiş prospero, sofisticato,

evoluto, fiorente, florido, pasciuto, progredito, sviluppato
geliştirmek avvantaggiare, esplicare, perfezionare, sviluppare
gelmek arrivare, venire, capitare, convenire, giungere, portarsi, sboccare
gem briglia, imboccatura
gemi bastimento, nave *gemiye binmek den.* imbarcarsi
gemici marinaio, navigatore
gemicilik marina, nautica, navigazione
genç fresco, giovane, ragazzo, giovanotto
gençleşmek ringiovanire
gençleştirmek ringiovanire
gençlik giovinezza, gioventù, la verde età
genel generale, pubblico, globale, generico, universale *genel grev* sciopero generale *genel müdür* direttore generale, governatore *genel olarak* comunemente, correntemente, generalmente, in complesso, in generale, in genere, in linea di massima, in linea generale, regolarmente *genel sekreter* segretario generale
genelev bordello, casa di tolleranza, casino
genelge circolare, comunicazione, lettera circolare
genelleme generalizzazione
genellikle generalmente, correntemente, abitualmente, comunemente, di regola, di solito, in generale, in genere, normalmente, per lo più, solitamente
general generale
genetik genetica
geniş ampio, esteso, largo, spazioso, vasto, alto, capace, estensivo, voluminoso *geniş açı mat.* ottuso *geniş ölçüde* per una buona parte, su larga scala
genişlemek allargarsi, ampliarsi, ingrandirsi, dilatarsi, estendersi, slargarsi
genişletmek allargare, estendere, ingrandire, espandere, ampliare, aumentare, dilatare, slargare
genişlik altezza, ampiezza, larghezza, largo, spaziosità, vastità, voluminosità
geniz fosse natali
genleşmek dilatarsi
gensoru interpellanza
geometri geometria
geometrik geometrico
gerçek reale, vero, effettivo,

gerçekçi

genuino, autentico, genuino, sicuro; realtà, fatto, verità *gerçeği söylemek* a dire il vero, a onore del vero

gerçekçi realista, realistico, obiettivo

gerçekçilik realismo, verismo

gerçekdışı irreale, platonico, utopistico

gerçekleşmek realizzarsi, effettuarsi, avverarsi, attuarsi, aver luogo, awerarsi, concretarsi, svolgersi, verificarsi

gerçekleştirmek effettuare, realizzare, concretare, adempiere, attuare, commettere, concretizzare, eseguire, espletare, instaurare, mandare a effetto, materializzare, maturare, mettere in atto, operare, produrre, raggiungere, svolgere

gerçeklik certezza, reale, veracità, veridicità, verità, autenticità

gerçekte in pratica, in realtà, praticamente, infatti, difatti

gerçekten effettivamente, veramente, davvero, forte, in effetti, invero, propriamente, proprio, realmente

gerçeküstü surrealismo

gerçeküstücülük surrealismo

gerçi benche, quantunque

gerdan collo

gerdanlık monile, collana

gerdek talamo

gereç arnese, materiale, provvista, approvigionamento, attrezzo, corredo, equipaggiamento, munizione, rifornimento

gereğince in virtù di, secondo

gerek sia; necessità

gerekçe motivazione, motivo, senso

gerekirse caso mai, ove

gerekli essenziale, indispensabile, necessario, occorrente, basilare, debito, doveroso, richiesto

gerekmek bisognare, occorrere, imporsi, importare, necessitare, volere

gereksiz inutile, ozioso, superfluo, voluttuario *gereksiz yere* inutilmente

gerektirmek richiedere, esigere, comportare, condizionare, importare, meritare, necessitare, prescrivere, reggere

gergedan rinoceronte

gergin rigido, teso, tirato

gerginleşmek irrigidirsi

gerginlik stress, tensione

geri dietro, posteriore, addietro,

indietro, retro, retrovia **geri almak** riprendere, ricuperare, riavere, ritrattare **geri çekilmek** arretrare, battere in ritirata, indietreggiare, recedere, retrocedere, rinculare, ripiegare, ritirarsi, ritrarsi, tirarsi dietro, tirarsi indietro **geri çekmek** ritirare, ritrarre, ritrattare **geri çevirmek** bocciare, rifiutare, rigettare, declinare, ricusare **geri dönmek** far ritorno, retrocedere, ricorrere, rientrare, rigirarsi, ritornare, rivolgersi, tornare, volgersi indietro **geri gelmek** ricorrere, ripresentarsi, ritornare, tornare **geri göndermek** rimandare, rinviare, rispedire **geri tepmek** rinculare **geri vermek** ricambiare, ritornare, tornare, rendere, restituire, riconsegnare, rimettere **geri zekâlı** deficiente
gerici reazionario, retrivo
gericilik oscurantismo, reazione
geride dietro, indietro
gerilemek decadere, retrocedere, cedere, indietreggiare, perdere terreno
gerilim tensione, voltaggio, potenziale
gerilla guerriglia
gerilmek stiracchiarsi
gerinmek stiracchiarsi, stirarsi
germek distendere, stendere, stirare, tendere, tesare
getirmek apportare, arrecare, portare, recare, valere
gevelemek masticare
geveze chiacchierone, ciarliero, favellio, pettegolo
gevezelik chiacchiera, chiacchierata, diceria, vaniloquio **gevezelik etmek** chiacchierare, ciarlare
geviş ruminazione **geviş getirmek** ruminare, biasciare
gevrek croceante
gevşek flaccido, floscio, lasso, lento, molle, moscio, sciolto
gevşeklik indolenza, letargo, rilassamento
gevşemek afflosciarsi, allentarsi, ammoscire(a)re, distendersi, rilassarsi
gevşetmek afflosciare, allentare, ammoscire(a)re, distendere, rilasciare, rilassare, staccare
geyik alce, cervo
gez (silah) mira
gezegen pianeta, stella errante
gezgin viandante
gezi escursione, gita
gezici ambulante, errabondo, errante, itinerante
gezinmek gironzolare, vagabon-

gezinti

dare, andare in giro, girare, peregrinare, vagare

gezinti gita, passeggiata, passeggio, camminata, escursione, giro, spasso

gezmek girare, passeggiare

gıcık irritante; solletico

gıcır gıcır nuovo di trinca, nuovo di zecca

gıcırdamak stridere, cigolare, crocchiare, scricchiolare

gıcırtı stridore, cigolio, scricchiollo

gıda alimento, cibo, nutrimento

gıdaklamak crocchiare

gıdıklamak solleticare, titillare

gına noia *gına gelmek* stufarsi

gıpta invidia *gıpta etmek* invidiare

gırgır canzonatura

gırtlak *anat.* laringe

gıyap contumacia

gibi come

gider spesa

gidermek smorzare, togliere, levare, compensare, dissolvere, elidere, ovviare, ricuperare, risolvere, sbarazzare, stralciare

gidiş andata, partenza, passo, andamento, andare, andatura, corso, tenore *gidiş dönüş bileti* biglietto di andata e ritorno

gidişat passo, andamento, andazzo, piega, parabola

girdap gorgo, vortice, mulinello, turbine

girift intricato

girinti rientramento, insenatura, rientranza

giriş entrata, accesso, avvertenza, imbocco, ingresso, introduzione, vestibolo, adito, atrio, immissione, porta, preambolo, premessa, prologo

girişim impresa, iniziativa, tentativo, affare, operazione; *fiz.* interferenza

girişken intraprendente

girişmek accingersi, intraprendere, affrontare, attaccare, azzardarsi, entrare in azione, lanciare, provarsi, tentare

girmek entrare, introdursi, ficcarsi, infilarsi, infiltrarsi, accedere, affiliarsi, cacciarsi, inoltrarsi, passare

gişe botteghino, sportello *gişe rekoru kırmak* tenere il cartellone

gitar chitarra

gitarist chitarrista

gitgide alla lunga, di ora in ora

gitmek andare, partire, portarsi, recarsi, accedere, andar via,

andare, combinare, prestarsi, rendersi, togliersi
gittikçe in progresso di tempo, progressivamente
giydirmek abbigliare, acconciare, vestire
giyim abbigliamento *giyim kuşam* abbigliamento
giyinmek rivestirsi, vestirsi
giymek indossare, mettere, portare, vestirsi, infilare, (ayakkabı, çorap) calzare
giyotin ghigliottina
giysi abito, vestito, indumento, vestimento, abbigliamento, costume, spoglia, veste
gizem arcano, mistero
gizemli arcano, enigmatico, misterioso, mistico
gizlemek nascondere, occultare, adombrare, camuffare, celare, dissimulare, imboscare, imbucare, mascherare, velare, mimetizzare, ricoprire
gizlenmek acquattarsi, mimetizzarsi, nascondersi, occultarsi, trincerarsi
gizli segreto, riservato, clandestino, esoterico, furtivo, nascosto, occulto, recondito, riposto, tacito, velato *gizli kapaklı* tortuoso *gizli oturum* udienza a porte chiuse *gizli oy* voto segreto *gizli tutmak* insabbiare, nascondere, tacere, tenere in serbo
gizlice nascostamente, segretamente, alla zitta, clandestinamente, di nascosto, di soppiatto, di sotterfugio, di straforo, in segreto, in sordina, nell'ombra, privatamente, sotto banco, sottobanco, tacitamente
gizlilik riservatezza, segretezza, segreto
gladyatör gladiatore
glikoz glucosio
gliserin glicerina
gocunmak turbarsi, inquietersi
gol rete *gol atmak* andare a rete, segnare una rete, marcare
golf golf
gonca *bitk.* occhio, bocciolo
gondol gondola
goril gorilla
gotik gotico
göbek ombelico, trippa, pancia, ventre *göbek bağı* cordone ombelicale, funicolo *göbek dansı* danza del ventre
göbekli panciuto, trippone
göç migrazione, emigrazione, immigrazione *göç etmek* emigrare, immigrare, migrare
göçebe errante, nomade
göçebelik nomadismo

göçmek

göçmek emigrare; sprofondare; rovinare; sfondarsi
göçmen emigrato; emigrante, immigrante
göğüs petto, seno, cuore, tetta, torace *göğüs germek* affrontare
gök cielo, aria, firmamento *gök gürültüsü* tuono *gök mavisi* celeste *göklere çıkarmak* decantare, magnificare, millantare, osannare, portare alle stelle, vantare
gökada galassia
gökbilim astronomia
gökbilimci astronomo
gökdelen grattacielo
gökkuşağı arcobaleno, iride
göktaşı bolide, meteora, meteorite
gökyakut zaffiro
gökyüzü cielo, firmamento, la volta celeste
göl lago
gölcük guazzo, pozza
gölge ombra
gölgelemek oscurare
gölgeli ombroso
gömlek camicia
gömme incastro, seppellimento, tumulazione, sepoltura
gömmek seppellire, sotterrare, incastrare, interrare, inumare, tumulare
gönder asta, mezzomarinaro
gönderen mittente, speditore
gönderme inoltro, invio, rinvio, trasmissione, mandata, richiamo, rimando, spedizione
göndermek mandare, inviare, spedire, diramare, indirizzare, inoltrare, accomiatare, destinare, spedire, trasmettere
gönül animo, cuore, petto *gönül almak* compiacere *gönül vermek* affezionarsi
gönüllü volontario, volonteroso
gönülsüz a malincuore
gönye squadra
göre secondo, giacché, conforme a, a seconda di, in base a ..., in rapporto a, rispetto a
görecilik relativismo
göreli relativo
görenek consuetudine, costume, tradizione
görev compito, incarico, dovere, funzione, impegno, posto, servizio, carica, debito, dovuto, impiego, impresa, incombenza, mansione, ministero, onere, parte, ruolo, spettanza, ufficio
görevlendirmek commettere, designare, destinare, incaricare

görevli addetto, incaricato; funzionario, impiegato, ufficiale, agente, commessa, commesso, funzionario, in carica, intendente

görgü educazione, esperienza, galateo *görgü kuralları* convenienza, galateo *görgü tanığı* testimone oculare

görgülü ammodo, beneducato, costumato, educato, pudico

görgüsüz maleducato, sgarbato, impertinente, incivile, ineducato, inqualificabile, insolente, ostrogoto, rozzo, sguaiato, smanierato, tarpano

görgüsüzlük ignoranza, inciviltà, insolenza, malagrazia, maleducazione, scorrettezza, sgarbataggine, sgarbo

görkem pompa, maestà, grandiosità, imponenza, sfarzo, sfarzosità, solennità, sontuosità, splendore

görkemli maestoso, sfarzoso, grandioso, imponente, impressionante, maestoso, monumentale, solenne, sontuoso, spettacolare, spettacoloso, splendido, trionfale

görmek vedere, subire, avvistare, notare, scorgere, sentire, osservare, trovare *görüp geçirmek* sperimentare

görsel visivo, visuale

görülmemiş d'eccezione, fuori del comune, originale

görümce cognata

görünmek apparire, comparire, parere, affacciarsi, affiorare, dimostrarsi, farsi vedere, mostrarsi, palesarsi, presentare, presentarsi, prodursi, prospettarsi, rispecchiare, spuntare

görüntü veduta, vista, immagine, inquadratura, prospetto, spettacolo

görünüm apparenza, forma, spettacolo, veduta, figura, immagine, paesaggio, prospettiva, sembianza, vista, visuale

görünüş apparenza, aspetto, forma, assetto, comparsa, effigie, parvenza, presenza, quadro, sembianza, veste, viso

görünüşte apparentemente, in apparenza

görüş idea, opinione, parere, visione, vista, aspetto, avviso, concezione, giudizio, osservazione, responso, sentenza

görüşme colloquio, conversazione, dibattito, discussione, incontro, intervista, abboccamento, comunicazione, dia-

görüşmek

logo, dibattimento, negoziato, ritrovo, trattativa

görüşmek conversare, incontrarsi, deliberare, discorrere, discutere, conferire, dialogare, negoziare, vedersi

gösterge indicatore, indice, lancetta, parametro, spia

gösteri dimostrazione, mostra, rappresentazione, recita, spettacolo, esibizione, manifestazione, prova, solennità *gösteri yapmak* dare spettacolo di sé, esibirsi, manifestare

gösterici dimostrante, espositore, indicativo, indicatore, manifestante

gösterim proiezione

gösteriş pompa, sfoggio, affettazione, lusso, mostra, ostentazione, svolazzo, teatralità *gösteriş yapmak* ostentare, sfoggiare

gösterişçi teatrante

gösterişli florido, vistoso, fastoso, lussuoso, pomposo, pretenzioso, sfarzoso, solenne, sontuoso

gösterişsiz dimesso, modesto

göstermek mostrare, indicare, denotare, esibire, esporre, affacciare, caratterizzare, dare risalto, dedurre, dichiararsi, dimostrare, esternare, far vedere, insegnare, manifestare, offrire, presentare, prospettare, raffigurare, rappresentare

götürü forfetario *götürü iş* cottimo

gövde corpo, tronco, carcassa, guscio, torso

göz occhio; cassetto; tiretto; (dolapta) casella *göz açıp kapayıncaya kadar* a vista d'occhio, in quattro e quattr'otto, in un battere d'occhio *göz alıcı* apparìscente, vistoso, sfacciato, sgargiante, spettacolare *göz atmak* consultare, dare un occhiata, prendere visione di, scorrere *göz dikmek* mirare *göz kamaştırmak* abbagliare, accecare, affascinare, far faville *göz kırpmak* ammiccare, far l'occhiolino, fare l'occhietto, strizzare l'occhio *göz koymak* mettere gli occhi addosso, mirare *göz kulak olmak* essere tutt'occhi e tutt'orecchi, vigilare *göz önünde tutmak* considerare, notare, prendere in considerazione *göz ucuyla bakmak* guardare con la coda dell'occhio, occhieggiare, sbirciare *göz yummak* chiudere un occhio, tollerare *gözden düşmek* discreditarsi, essere in ribasso, scadere *gözden geçirmek* revisionare, aggiornare, riguardare, rivedere, scorrere, visionare *gözden kaçmak* sfuggire *gözden kaybolmak* scomparire, sparire, svanire *göze çarpmak* dare nell'occhio, risaltare, saltare agli occhi, spiccare *gözleri fal taşı gibi açılmak* stralunare *gözü kalmak* lasciarci gli occhi *gözü olmak* ambire *gözü pek* audace, intrepido, ardimento, ardito, arrischiato, baldo, impavido, rompicollo, scavezzacollo, spavaldo *gözünü dikmek* fissare *gözünü korkutmak* intimidire

gözaltı arresto *gözaltına almak* internare

gözbebeği *anat.* pupilla; idolo, pupillo, prediletto

gözcü guardia, piantone, sorvegliante, vedetta, vigilatore

gözdağı intimidazione, minaccia *gözdağı vermek* minacciare

gözde beniamino, cocco, favorita, favorito, preferito

gözenek poro, stoma

gözetim custodia, sorveglianza

gözetleme osservazione, vigilanza, guardia

gözetlemek pedinare, spiare, fare il (da) palo

gözetmek osservare, sorvegliare

gözkapağı *anat.* palpebra

gözlem osservazione, rilievo

gözlemci osservatore, vigilatrice

gözlemek osservare, spiare, vigilare

gözlemevi osservatorio

göz'.ük occhiali *gözlük takmak* portare gli occhiali, portere le lenti

gözlükçü occhialaio, ottico

gözükmek apparire, parere, offrirsi, delinearsi, farsi vedere, profilarsi, prospettarsi

gözyaşı lacrima, pianto *gözyaşı dökmek* lacrimare, spandere lacrime, spargere lacrime, versare lacrime

grafik grafico; grafica

grafit grafite, piombaggine

gram grammo

gramer grammatica

gramofon grammofono

granit granito

gravür incisione

grekoromen greco-romano *grekoromen güreş* lotta greco-romana

grev sciopero *grev yapmak* scioperare
grevci scioperante
greyder ruspa
greyfrut pompelmo
gri bigio, cinereo, grigio
grip influenza
grup gruppo, comitiva, banda, brigata, carovana, fascia, manica, manipolo, scaglione, schiera, squadra
gudde glandola
gurbet lontananza dal paese nativo
guruldamak borbottare, gorgogliare
gurup tramonto
gurur arroganza, boria, fierezza, orgoglio, vanto *gurur duymak* andare fiero di, gloriarsi, vantarsi
gururlanmak insuperbirsi
gururlu orgoglioso, fiero, altero, arrogante
gusül abluzione
gut *hek.* gotta
gübre fertilizzante, letame, concime, ingrasso, stabbio, stallatico
gübrelemek concimare, fertilizzare, ingrassare
gücendirmek ferire, indignare, offendere, amareggiare, pungere, urtare
gücenmek indignarsi, offendersi, sdegnarsi, adombrarsi, amareggiarsi, formalizzarsi, risentirsi, urtarsi
güç forza, potenza, vigore, energia; difficile, gravoso
güçlendirmek fortificare, rafforzare, rinforzare, consolidare, guarni e, potenziare, ricostituire, rincalzare, tonificare, vivificare
güçlenmek rafforzarsi, ringorzarsi, consolidarsi, rinvigorirsi
güçlü forte, potente, robusto, aitante, energico, ferreo, forzuto, gagliardo, maschio, poderoso, possente, vigoroso
güçlük difficoltà, guaio, imbarazzo, inciampo, barriera, briga, complicazione, difficile, disagio, incidente, intoppo, strettoia, scoglio, scomodo, stentatezza, stento *güçlük çekmek* faticare, stentacchiare *güçlük çıkarmak* contrariare, dare del filo da torcere, intralciare
güçlükle a fatica, a stento, affannosamente, appena, difficilmente, faticosamente, stentatamento
güçsüz debole, impotente, de-

bilitamento, labile, macilento
güderi camoscio, renna, scamosciato
güdüm guida
güfte parola (libretto)
güğüm brocca
gül rosa
güldürmek burlare, far ridere
güldürü commedia, umorismo
güleç sorridente
gülmece humour
gülmek ridere, fare una risata *güle güle* a rivederci, ciao *güler yüzlü* gioviale, sorridente *gülmekten katılmak* morire dalle risa, ridere a crepapelle, sbellicarsi dalle risa, sbracarsi dalle risa, sbudellarsi dalle risa, schiantarsi dal ridere, scoppiare dal ridere, sganasciarsi dalle risa
gülsuyu acqua di rosa
gülümseme riso, sorriso
gülümsemek arridere, sorridere
gülünç buffo, comico, grottesco, ridicolo, bernesco, buffonesco, burlesco, goffo
gümbürdemek rimbombare, risonare, rombare, tonare
gümbürtü frastuono, rimbombo, rombo, schianto
gümrük dogana *gümrük vergisi* dazio doganale, diritti doganali
gümrükçü doganiere
gümrüksüz franco dogana, in franchigia doganale
gümüş argento; argenteo *gümüş kaplama* argentatura, ricoperto di argento
gün giorno *gün ağarmak* albeggiare *gün ışığı* la luce del giorno, luce diurna *günden güne* di giorno in giorno *günü gününe* giornalmente, giorno per giorno, quotidianamente *gününü gün etmek* fare bella vita
günah iniquità, macchia, peccato *günah çıkartmak* confessare *günah işlemek* peccare *günaha girmek* peccare
günahkâr iniquo, malfattore, peccaminoso, peccatore
güncel aggiornato, attuale, odierno, topico
güncellik attualità
gündelik giornaliero, giornata, quotidiano, giornaliero, giornato
gündelikçi giornaliero
gündem l'ordine del giorno
gündönümü solstizio, equinozio
gündüz giorno
güneş sole *güneş çarpması* colpo di sole, insolazione

güneş gözlüğü occhiali da sole, paraocchi **güneş ışığı** luce del sole, luce solare, raggio **güneş ışını** raggio di sole **güneş sistemi** sistema solare
güneşlenmek prendere il sole, prendere sole
güneşli assolato, solatio, soleggiato
güneşlik ombrellone, parasole, tendone
güneşte al sole **güneşte yanmak** abbronzarsi
güney sud, mezzogiorno, meridione, australe **güney kutbu** polo sud
güneybatı sudovest
güneydoğu sudest
güneyli abitante del sud, meridionale
günlerce giorno per giorno
günlük quotidiano, giornale, odierno; giornalmente, quotidianamente
güpegündüz in pieno giorno
gür rigoglioso, folto, fecondo, spesso, vivido
gürbüz forte, robusto, aitante, nutrito, prosperoso
güreş lotta
güreşçi lottatore
güreşmek lottare
gürlemek ruggire, rombare, tonare
gürlük rigoglio, foltezza
gürüldemek borbottare, scrosciare
gürültü rumore, chiasso, baccano, fracasso, fragore, schiamazzo, baraonda, baruffa, casino, clamore, gazzarra, pandemonio, piazzata, putiferio, rumorosità, scalpore, strepitio, strepito, urlo, verso **gürültü çıkarmak** brusire, rumoreggiare
gürültülü rumoroso, chiassoso, clamoroso, sonoro, strepitoso, tumultuante, tumultuoso
gürz *ask.* mazza ferrata
güve tarma
güveç stracotto, stufato
güven fiducia, assegnamento, fede, affidamento, confidenza, credenza, credibilità, credito, sicurezza
güvence garanzia, assicurazione, cauzione, copertura, pegno
güvenilir affidabile, attendibile, fidato, credibile, degno di fede, discreto, serio, solido
güvenli sicuro
güvenlik sicurezza
güvenmek affidare, affidarsi, confidare, contare, fidarsi, confidare, contare, fare asseg-

namento, darsi in braccio, fare affidamento su qn, sperare
güvenoyu voto di fiducia
güvensiz diffidente, insicuro, malfidato, sospettoso
güvensizlik diffidenza, sfiducia, insicurezza
güvercin colombo, piccione
güverte *den.* coperta, tolda
güz autunno
güzel bello, buono, formoso, minuto, estetico *güzel sanatlar* le Belle Arti
güzelleştirmek abbellire, donare, impreziosire, lisciare, rabbellire, rimbellire
güzellik bellezza, belta, estetica, garbo, leggiadria, venustà *güzellik enstitüsü* istituto di bellezza
güzergâh itinerario, percorso, tracciato

H

haber informazione, comunicazione, cronaca, dispaccio, notizia, ambasciata, annuncio *haber ajansı* agenzia di stampa *haber almak* apprendere, essere informato, sapere
haber vermek avvisare, informare, annunciare, avvertire
haberci informatore, araldo, corriere, messaggero, precursore
haberdar consapevole *haberdar etmek* mettere al corrente
haberleşme comunicazione
haberleşmek comunicare
haberli consapevole
habersiz ignaro, all'insaputa di qn, inconsapevole
habis cattivo, maligno
hac pellegrinaggio
hacı pellegrino
hacıyatmaz misirizzi, saltamartino
hacim volume, voluminosità, tenuta
haciz confisca, esproprio, pignoramento, sequestro
hacizli sequestrato, sotto sequestro
haczetmek confiscare, sequestrare, pignorare
haç croce
had limite *haddini aşmak* uscire dal limiti *haddini bildirmek* far vedere
hadde laminatoio
hademe bidello, inserviente
hadım eunuco *hadım etmek* castrare, evirare

hadise accaduto, evento, fatto, incidente, avvenimento, caso
hafıza memoria
hafif leggero, blando, lieve *hafife almak* prendere alla leggera, scherzare
hafifçe delicatamente, leggermente
hafifletici attenuante
hafifletmek alleggerire, attenuare, alleviare, smorzare
hafiflik fatuità, leggerezza
hafifsıklet pesi leggeri
hafiye delatore
hafta settimana *hafta sonu* weekend
haftalık ebdomadario, settimanale
hain sleale, traditore, furfante, giuda, perfido, vigliacco
hainlik perfidia, tradimento, vigliaccheria
hak concessione, diritto, pretesa, ragione, rimunerazione, titolo *hak etmek* meritare *hak sahibi* intestatario *hakkından gelmek* averla vinta, sopraffare *hakkını vermek* retribuire, rimunerare
hakaret insulto, affronto, ingiuria, oltraggio, improperio, offesa, spregio *hakaret etmek* insultare, ingiuriare, offendere, oltraggiare
hakem arbitro, giudice, direttore d'incontro
haki cachi
hakikat realtà, verità
hakikaten veramente, davvero, effettivamente, infatti, invero
hakiki vero, reale, effettivo, autentico
hakkında circa, intorno
hakkıyla meritatamente
haklı lecito, legittimo, ragionevole, sacrosanto
haksız ingiusto, illegittimo, indebito, iniquo
haksızlık ingiustizia, torto, sopruso
hal stato, circostanza, condizione; mercato coperto; *dilb.* caso *hali vakti yerinde* benestante
hala zia paterna
halat fune, gomena, cima, ormeggio
halbuki mentre, invece, laddove
hale alone, aureola, nimbo
halef delfino, successore
halı tappeto
haliç estuario
halife califfo
halihazır effettivo
halis puro, genuino
halk popolo, gente, massa,

popolazione, folla, plebe, pubblico
halka anello, girello
halkbilim folclore
halkoylaması referendum
halkoyu plebiscito
halletmek regolare, risolvere, sbrigare, sbrogliare, dare un taglio netto
halsiz debilitamento, debole, fiacco, floscio, sfinito
halsizlik debolezza, fiacca, languore, prostrazione, sfinimento
halter manubrio, sollevamento pesi
ham acerbo, crudo, greggio, rozzo *ham petrol* greggio
hamak amaca
hamal facchino, portabagagli, portatore
hamam bagno
hamamböceği scarafaggio
hamarat assiduo, diligente, sbrigativo, sollecito
hami patrono, protettore, tutelare
hamil portatore, latore
hamile gravido, incinta, pregnante, gestante, incinta *hamile kalmak* concepire
hamilelik gravidanza
hamiyet zelo
hamle slancio, attacco, mossa, scatto
hammadde materia prima
hamsi acciuga, alice
hamur pasta, lievito, fermento *hamur açmak* stendere la pasta *hamur işi* pasticcio
han khan; locanda
hançer cangiarro, pugnale, stilo
hane casella
hanedan dinastia
hangar capannone, hangar
hangi che, quale
hangisi quale
hanım signora, moglie, dama
hanımefendi madama, signora
hanımeli caprifoglio
hani dove, mai, ebbene
hantal grosso, enorme, sgraziato
hap pillola, compressa
hapis detenzione, incarcerazione, prigioniero, imprigionamento, reclusione *hapse atmak* imprigionare, mettere dentro, mettere qc dentro, schiaffare qc dentro
hapishane carcere, galera, prigione, casa di pena, gattabuia
hapsetmek imprigionare, incarcerare, carcerare, inchiodare, rinchiudere
hapşırmak starnutire
harabe avanzo, rovina, rudere

haraç angheria, taglia, tributo
haraççı taglieggiatore
harakiri carachiri
haram proibito, vieetato, sacro
harap distrutto, devastato, relitto, rovinoso, sgangherato *harap etmek* demolire, distruggere, rovinare, sconquassare *harap olmak* distruggersi
hararet calore, sete, febbre, ardore, caldana, zelo
hararetli caloroso, scottante, vivace, vivo
harcama consumazione, spesa, uscita
harcamak spendere, consumare, impiegare, mangiare
harcırah diaria
harç malta, tassa
harçlık denaro per spese minute
hardal mostarda, senape
harekât operazione
hareket movimento, moto, atto, azione, condotta, partenza, avvio, figura, locomozione, mossa *hareket etmek* muoversi, smuoversi, agire, comportarsi, partire, operare, prendere, spostarsi *harekete geçmek* agire, destarsi, entrare in azione, muoversi
hareketli agile, fattivo, fluttuante, mobile, vispo

hareketsiz fermo, immobile, fisso, fitto, immobilizzato, inerte, passivo, quieto, stagnante, statico
harem harem, moglie, serraglio
harf carattere, lettera
harıl harıl intensamente
harici esterno, estero, estrinseco
hariç eccetto, tranne, fuorché, a eccezione di, all'infuori di, esclusività, escluso, estraneo, fuori
harika fantastico, magnifico, stupendo, miracolo, miracoloso, splendido; meraviglia
haris avido, cupido
harita carta (geografica), cartina, mappa, pianta
harman aia, mescolanza *harman dövmek* trebbiare *harman makinesi* trebbia, trebbiatrice
harp guerra
has particolare, proprio
hasar danno, perdita, eversione, lesione
hasat messe, mietitura, raccolto *hasat etmek* mietere
hasılat incasso
hasım avversario, nemico
hasır paglia, stuoia
hasis avaro
hasret nostalgia, desiderio di

rivedere, rimpianto
hassas scottante, sensibile, sensitivo, suscettibile, tenero
hassasiyet sensibilità
hasta malato, infermo; ammalato, paziente, ricoverato; patito *hasta etmek* asfissiare *hasta olmak* volere un bene dell'anima a qn *hastası olmak* impazzare per ...
hastabakıcı infermiere
hastalanmak ammalarsi
hastalık acciacco, malanno, malattia, accidente, affezione, infermità, morbo
hastalıklı infetto, infermo, malaticcio, morboso
hastane ospedale *hastaneye kaldırmak* ricoverare
haşarı indisciplinato
haşere insetto
haşhaş papavero
haşlama lavata di capo, sgridata
haşlamak lessare, scottare
haşmetli ieratico, maestà
hat linea, tratto
hata sbaglio, errore, cantonata, colpa, difetto, equivoco, fallo, sproposito, male, mancanza, pecca, sgarro
hatalı erroneo, colpevole, difettoso, errato, scorretto, sbagliato, vizioso
hatır memoria; mente; riguardo *hatırı için* per amore di *hatırı sayılır* cospicuo, notevole, ragguardevole
hatıra memoria, ricordo, rimembranza *hatıra defteri* diario
hatırlamak ricordare, ricordarsi, richiamare, avere presente, evocare, pensare, rammentarsi
hatırlatmak far presente, ricordare
hatip oratore
hatta anzi, perfino, nemmeno, neanche, addirittura, magari
hattat calligrafo
hattatlık calligrafia
hatun signora
hava aria, atmosfera, tempo *hava almak* prendere aria, non guadagnare nulla *hava atmak* darsi delle arie, pompare *hava basıncı* pressione d'aria *hava boşluğu* vuoto d'aria *hava kuvvetleri* aeronautica militare, aviazione, forze aeree *hava raporu* bollettino meteorologico *hava üssü* base aerea *havaya uçurmak* far saltare
havaalanı aerodromo
havacı aviere, aviatore
havacılık aeronautica, aviazione
havadan gratuitamente, senza

fatica
havadar arioso, ventilato
havadis cronaca, notizia
havagazı gas (di città)
havai aereo, frivolo
havalandırmak aerare, ventilare, arieggiare, condizionare
havalanmak prendere qiota, decollare, prendere il volo
havale mandato, ordine di pagamento, vaglia *havale etmek* devolvere, rimettere
havalı aerato; pneumatico
havalimanı aeroporto
havan mortaio *havan topu* mortaio
havari apostolo
havasız male aerato
havlamak latrare, abbaiare
havlu asciugamano
havuç carota
havuz piscina, vasca
havyar caviale
havza bacino, conca
haya testicolo
hayal immagine, illusione, immaginazione, sogno, fantasia, spettro *hayal kırıklığına uğramak* restare a bocca asciutta, rimanere con un palmo naso *hayal kurmak* fantasticare, sognare, vagabondare con la fantasia *hayal meyal* vagamente
hayalci sognatore; utopista
hayalet fantasma, spirito
hayali fantastico, immaginario, utopistico, visionario
hayalperest sognatore
hayat vita, esistenza, vivere *hayatını kazanmak* guadagnarsi la vita
hayati vitale
haydut bandito, brigante, masnadiere
hayırlı utile, buono, fedele, benemerente, fausto
hayırsever filantropico, caritatevole, benefattore, benefico, santo, umanitario
hayırsız inutile, cattivo, senaturato, infedele, snaturato
haykırış schiamazzo
haykırmak esclamare, gridare, sbraitare
haylaz fannullone, disutilone, indocile, libertino, monello, scapestrato
hayli parecchio, abbastanza
hayran ammiratore, fanatico *hayran bırakmak* affascinare, avvincere, estasiare, incantare *hayran olmak* ammirare, invaghirsi
hayranlık adorazione, ammirazione

hayret meraviglia, stupore, stupefazione **hayret etmek** meravigliarsi, meravigliarsi, stupire, rimanere di stucco, stupire
haysiyet decoro, dignità
haysiyetli decoroso, degno, dignitoso
hayvan animale, bestia **hayvanat bahçesi** zoo, giardino zoologico
hayvanbilim zoologia
hayvansal animalesco
haz delizia, godimento, diletto, gaudio, piacere
hazım digestione
hazımsızlık imbarazzo di stomaco, indigestione
hazır pronto, presente, preparato, agibile, desto, disponibile *hazır bulunmak* assistere, presenziare, tenersi pronto *hazır olmak* prepararsi, stare in campana
hazırlamak preparare, allestire, disporre, allenare, apprestare, confezionare, mettere, provvedere, redigere
hazırlanmak accingersi, allenarsi, apprestarsi, organizzarsi, prepararsi
hazırlık preparazione, allenamento, disposizione, predisposizione
hazırlıklı preparato
hazırlıksız impreparato, sprovveduto
hazin lugubre, squallido, funebre, luttuoso, triste
ḥazine erario, tesoreria, tesoro
haziran giugno
hazmetmek assimilare, digerire
hazne serbatoio
hâkim predominante; giudice; magistrato, dominante, padrone *hâkim olmak* impadronirsi, sovrastare, dominare, padroneggiare
hâkimiyet dominazione, dominio, egemonia, padronanza, predominanza, sovranità
hâlâ ancora, tuttora, sempre
hece sillaba
hecelemek scandire, sillabare
hedef obiettivo, bersaglio, destinazione, meta, traguardo, mira, oggetto, scopo
hediye regalo, ricordo, strenna, dono, presente *hediye etmek* regalare
hekim medico
hektar ettaro
hektolitre ettolitro
hektometre ettometro
hela gabinetto, latrina, cesso
helal legittimo, permesso

hele sopratutto, anzi, specialmente
helezon spirale, elica
helezoni spirale
helikopter elicottero
helyum elio
hem e; inoltre; peraltro
hemen immediatamente, subito, a un attimo, immantinente, presto, prontamente, senza dilazione, sul momento, urgentemente **hemen hemen** più o meno, pressoché, quasi
hemoglobin emoglobina
hemoroit emorroide
hemşeri compaesano, concittadino, conterraneo, paesano
hemşire caposala, infermiera
hemzemin geçit passaggio a livello
hendek fossa, fossato, fosso, trincea, scarpata
hentbol pallamano
henüz ancora, appena
hep tutto, tutti, sistematicamente **hep beraber** fra tutti, tutti insieme
hepsi complessivamente, complesso, tutto
hepten integralmente
her ogni, ciascuno, singolo, qualsiasi, tutto **her günkü** giornaliero, quotidiano **her kim** chiunque; qualsiasi **her ne** qualsiasi **her ne kadar** benché, quantunque, comunque, nonostante, sebbene **her ne pahasına olursa olsun** a ogni costo **her nerede** ovunque **her nereye** ovunque **her şey** ogni, ogni cosa, tutto **her tarafta** dappertutto **her yerde** dappertutto, dovunque, in ogni luogo, ovunque **her yere** in ogni luogo **her zaman** sempre
hergele briccone, lazzarone, mascalzone
herhangi qualsiasi, qualunque
herif individuo, tipo, tizio
herkes ognuno, tutti, ciascuno, chiunque
hesap calcolo, conto, computo, conteggio **hesap açmak** aprire un conto **hesap cüzdanı** libretto di risparmio **hesap defteri** saldaconti **hesap etmek** calcolare, contare **hesap pusulası** borderò **hesap vermek** rendere conto
hesaplamak calcolare, contare, computare, conteggiare, estrarre
hesaplaşmak fare i conti
hesaplı calcolato, considerato, parsimonioso
hesapsız innumerevole, avven-

tato
heterojen eterogeneo
heves voglia, desiderio, inclinazione, entusiasmo, fervore, vocazione
hevesli amatore, dilettante
heybe bisaccia
heybetli imponente
heyecan eccitazione, emozione, sensazione, turbamento
heyecanlandırmak emozionare
heyecanlanmak agitarsi, emozionarsi, entusiasmarsi, turbarsi
heyecanlı emotiv, emozionante, agitato, eccitato
heyelan smottamento, valanga
heyet comitato, delegazione
heykel scultura, statua
heykeltıraş scultore
heykeltıraşlık scultura, statuaria
hezimet batosta, disfatta, sconfitta *hezimete uğratmak* debellare
hıçkırık singhiozzo
hıçkırmak singhiozzare
hınç animosità, astio, livore, malanimo, rancore
hınzır perfido, malvagio
hır baruffa *hır çıkarmak* far baruffa
hırçın aggressivo, arcigno, bisbetico, ispido, ringhioso, scorbutico
hırçınlaşmak incattivirsi, inacidirsi, inasprirsi
hırgür baruffa
hırıldamak rantolare
hırıltı soffio, rantolo, il russare
Hıristiyan cristiano
Hıristiyanlık cristianesimo
hırka maglione
hırlamak latrare, ringhiare
hırpalamak maltrattare, logorare, conciare, malmenare, sconquassare, tartassare
hırpani lacero, pezzente
hırs accanimento, ambizione, avidità, brama, cupidigia
hırsız ladro, ladrone, malvivente, scassinatore, svaligiatore
hırsızlık furto, ladreria, rapina
hırslı ambizioso, avido, bramoso
hısım congiunto, parente *hısım akraba* tutti i parenti
hısımlık parentela
hışırtı fruscio
hıyar cetriolo
hız speditezza, velocità, rapidità, sollecitudine, sveltezza
hızar segatrice
hızlandırmak accelerare, affrettare, sollecitare, sveltire
hızlı rapido, svelto, veloce, espresso, pronto, spedito, presto, accelerato, speditivo, veloce-

hibe

mente
hibe donazione, erogazione *hibe etmek* donare, elargire
hiciv epigramma, satira
hiç nessuno; niente; alcuno; mai; mica; mai più; nulla; zero *hiç kimse* nessuno *hiç olmazsa* almeno, per lo meno, quanto meno, se non altro
hiçbir nessuno *hiçbir şekilde* in nessun modo, per nulla *hiçbir şey* niente, nulla, roba · da niente, stupidaggine *hiçbir yerde* in nessun luogo *hiçbir yere* in nessun luogo *hiçbir zaman* giammai, mai
hiçbiri nessuno
hiççilik nichilismo
hiddet bizza, collera, furia, ira, rabbia, stizza
hiddetlenmek irritarsi, sdegnarsi, incollerirsi, infuriare
hiddetli irritato, sdegnato, esasperato
hidroelektrik idroelettrico
hidrofil idrofilo
hidrojen idrogeno
hidrolik idraulico
hidrosfer idrosfera
hikâye novella, favola, racconto, storia, narrazione
hikâyeci narratore
hilal mezza luna

hile artificio, frode, imbroglio, inganno, inghippo, bindolo, cabala, falsità, furberia, truffa *hile yapmak* abbindolare, alterare, barare, defraudare, truccare
hileci fraudolento, imbroglione
hileli alterato, fraudolento, surrettizio, mancino, subdolo, truccato
himaye patrocinio, protezione, auspicio, mandato, patronato, salvaguardia *himaye etmek* favorire, patrocinare, proteggere
hindi gallo d'India, tacchino
hindiba cicoria, indivia, radicchio, scarola
Hindistan India
hindistancevizi cocco, noce moscata
Hint Okyanusu oceano indiano
hintkamışı bambu
hintyağı olio di ricino
hipermetrop ipermetrope
hipertansiyon ipertensione
hipnotizma ipnotismo
hipodrom ippodromo
hipotenüs ipotenusa
hipotez ipotesi, supposizione
his senso, sensazione, emozione, impressione, sentimento, sentire

hisar cittadella, fortezza, roccaforte
hisli sentimentale
hisse azione, parte, quota, lotto *hisse senedi* credito mobiliare, obbligazione, azione, titolo
hissedar azionista
hissetmek accusare, provare, sentire
hissiz apatico
histoloji istologia
hitabe allocuzione
hitap indirizzo
Hitit ittita
hiyerarşi gerarchia
hiyerarşik gerarchico
hiza linea
hizip fazione
hizmet servigio, servizio, prestazione *hizmet etmek* servire
hizmetçi servo, cameriera, domestica, inserviente, servitore
hoca maestro, insegnante, istruttore, docente
hokey hockey
hokkabaz giocoliere
hol vestibolo
holding holding
Hollanda Olanda
Hollandalı olandese
homojen omogeneo
homoseksüel finocchio, invertito, omosessuale
homurdanmak borbottare, brontolare, grugnire, ringhiare
homurtu mormodo
hoparlör altoparlante
hoplamak saltellare, scattare, balzare, sobbalzare
hoppa leggiero, avventato
hoppalık frivolezza, leggerezza
hor vile; spregevole *hor görmek* disprezzare, sdegnare, vilipendere *hor kullanmak* maltrattare
horlamak ronfare, russare
hormon ormone
horoz gallo; (silahta) percussore
hortlak fantasma, spettro
hortum tromba, proboscide, tornado, vortice
horuldamak russare, ronfare
horultu il russare
hostes assistente di volo, hostess
hoş gradevole, piacevole, affabile, ameno, buono, geniale, gentile, accetto, aggraziato, amabile, blando, delicato, gradito, gustoso, morbido, pastoso, simpatico, spassoso *hoş görmek* sopportare, indulgere, tollerare *hoşa gitmek* andare a fagiolo, esilarare, godere, incontrarsi, interessare *hoşuna gitmek* andare a genio, gar-

hoşgörü

bare, gradire, provarci gusto
hoşgörü tollerante, tolleranza, indulgenza
hoşgörülü tollerante, comprensivo, indulgente, longanime
hoşgörüsüz insofferente, intollerante
hoşgörüsüzlük insofferenza, intolleranza
hoşlanmak piacere, affezionarsi, amare, gradire, andare, prendere gusto
hoşlanmamak odiare, spiacere
hoşnut appagato, contento, onorato, pago
hoşnutluk compiacenza, compiacimento, contentezza, soddisfazione
hoşnutsuzluk contestazione, disagio, indignazione, insoddisfazione, malcontento, malumore, scontento
hovarda donnaiolo
hoyrat manesco
hödük cafone, tamarro, troglodita, villano, zotico, zulù
hörgüç gobba
höyük collina artificiale, tumulo
hububat cereali
hudut frontiera, limite
hukuk diritto, giurisprudenza
hukukçu giurista, uomo di legge
hukuki giuridico

humus humus
huni imbuto
hurafe superstizione
hurda rottame *hurda demir* ferraglia
hurdacı ferravecchio, rigattiere
hurma dattero
husus faccenda, particolare
hususi speciale
hususiyet specialità
huy assuefazione, consuetudine, indole, umore, carattere, natura, temperamento *huy edinmek* farsi la bocca
huysuz arcigno, caratterino, nervoso, scontroso, scorbutico
huysuzluk malumore, smania
huzur cospetto, requie, riposo, serenità, tranquillità
huzurevi casa di riposo
huzurlu placido, sereno
huzursuz agitato, inquieto, disagiato, irrequieto
huzursuzluk agitazione, disagio, irrequietezza, malessere, malumore, turbamento
hücre cella, cellula, tana
hücum afflusso, aggressione, assalto, attacco, incursione, offensiva *hücum etmek* aggredire, attaccare, assalire
hücumbot *ask.* esploratore
hükmetmek giudicare, prescriv-

ere, dominare, imperare, soggiogare

hüküm clausola, giudizio, sentenza, verdetto, condanna, regolamento *hüküm sürmek* imperare, regnare, signoreggiare

hükümdar monarca, sovrano, imperatore, re

hükümdarlık monarchia, sovranità

hükümet governo, la cosa pubblica, ministero, stato *hükümet darbesi* colpo di stato

hükümlü condannato, galeotto, prevenuto

hükümsüz caduco, impotente, invalido, nullo

hümanist filantropo, umanista

hümanizm umanesimo

hüner arte, artificio, merito, virtuosismo, virtuosità

hünerli abile, industrioso, valente, virtuoso

hüngür hüngür ağlamak disfarsi in lacrime, scoppiare in lacrime

hür indipendente, libero

hürmet omaggio, rispetto, stima, considerazione, ossequio, riguardo *hürmet etmek* rispettare, riverire, stimare, venerare

hürmetsizlik irriverenza

hürriyet libertà

hüsran disappunto

hüviyet identità

hüzün malinconia, mestizia, tristezza

hüzünlenmek rattristarsi

hüzünlü flebile, malinconico, mesto, squallido, strappalacrime, straziante

I

ıhlamur tiglio
ıkınmak ponzare
ılıca terme
ılık tiepido
ılıklık tepore
ılım discrezione
ılıman tiepido, temepato, mite
ılımlı moderato, dimesso, sobrio, temperato
ılımlılık moderatezza, regola, temperanza
ıpıslak fradicio
Irak Irak
ırak lontano
Iraklı iracheno
ıraksak *mat.* divergente
ırk razza, etnia, genia

ırkçı razzista
ırkçılık razzismo
ırmak fiume, rivo
ırz onore *ırz düşmanı* seduttore, violentatore *ırza tecavüz* violenza carnale *ırzına geçmek* stuprare
ısı calore, caldo, temperatura, caldana, vampata
ısınma riscaldamento
ısınmak riscaldarsi, scaldarsi
ısırgan ortica
ısırık morso
ısırmak addentare, mordere, morsicare, azzannare, mozzicare
ısıtmak riscaldare, scaldare
ıska manicotto, perdita *ıska geçmek* steccare
ıskalamak fallire
ıskarmoz scalmiera
ıskarta rifiuto, scarto
ıskonto sconto
ıslah riforma *ıslah etmek* correggere, migliorare, migliorare, riformare *ıslah olmaz* incorreggibile
ıslak bagnato, madido, molle, umidiccio
ıslaklık l'esser bagnato, umidità, umido
ıslatmak bagnare, inzuppare, ammollare, imbevere

ıslık fischio *ıslık çalmak* fischiare, zufolare
ısmarlama su misura
ısmarlamak *kon.* pagare, ordinare
ıspanak spinacio
ısrar caparbietà, insistenza, persistenza *ısrar etmek* insistere, accanirsi, ostinarsi, persistere
ısrarla insistentemente, persistentemente
ısrarlı ostinato
ıssız deserto, isolato, remoto, desolato, inabitato, solitario
ıssızlık desolazione, solitudine
ıstakoz aragosta, astice, gambero, granchio
ıstampa tampone
ıstırap sofferenza, male, passione, patimento, purgatorio *ıstırap çekmek* soffrire, patire
ışık luce, lume, luminosità, raggio
ışıklandırmak illuminare, luminare, lumeggiare
ışıklı luminoso
ışıldamak luccicare, risplendere, brillare, illuminarsi, rifulgere, sfavillare, sfolgorare
ışıltı bagliore, barlume, lume
ışıltılı lucido, radiante, risplendente

ışın raggio *ışın demeti* raggiera, sprazzo
ışınım radiazione
ıtır fragranza
ıvır zıvır gingillo
ızgara gratella, graticola, griglia *ızgara yapmak* danneggiare

İ

iade resa, ritorno, restituzione, riconsegna *iade etmek* restituire, rendere, tornare, riconsegnare, rimandare *iadeli taahhütlü* raccomandata con ricevuta di ritorno
ibadet adorazione, preghiera *ibadet etmek* adorare, pregrare
ibaret consistente in
ibik cresta
iblis demonio
İbranice ebraico
ibraz produzione *ibraz etmek* esibire
ibre indice, lancetta
ibret lezione
ibrik boccale, bricco
icabında caso mai
icap necessità, requisito *icap etmek* bisognare
icat invenzione, scoperta, scoprire *icat etmek* inventare
icra esecutorietà, esecuzione, esercizio *icra etmek* esercitare, eseguire; professare, esplicare, fare
icraat atti, fattura
iç interno; interiore, interno, cuore, intestino, grembo, seno *iç çamaşırı* biancheria, biancheria da intima *iç çekmek* sospirare *iç lastik* camera d'aria *iç savaş* guerra civile *iç sıkıcı* angoscioso *iç sıkıntısı* patema d'animo *içine almak* comprendere, contenere, implicare, incorporare *içine dert olmak* avere una spina nel cuore *içine doğmak* presagire, presentire *içini açmak* confidarsi *içini dökmek* aprirsi a qn, sbottonarsi, sfogarsi, sputare il rospo
içbükey concavo
içecek bevanda, bibita
içedönük introverso
içerde intetiormente
içeri dentro *içeri girmek* entrare, penetrare, farsi avanti
içerik contenuto, tenore, testo
içerlek rientrante
içerlemek adombrarsi
içermek contenere, includere, abbracciare, implicare
içgüdü impulso, istinto

içgüdüsel istintivo
için per; giacché, perché, poichè, siccome, affinché, affinchè, onde, pro
içinde in, dentro, entro, incluso, incluso
içinden attraverso
içişleri gli interni *İçişleri Bakanlığı* ministero degli interni
içki beva, bevanda *içkiyi fazla kaçırmak* alzare il gomito
içkici alcolizzato
içkili ubriaco
içli affettivo
içlidışlı confidenziale, intimo
içme bevuta
içmek bere; fumare
içmimar arredatore, decoratore
içten cordiale, franco, genuino, intimo, schietto, profondamente, sincero, stretto
içtenlik franchezza, intimità, ingenuità, sincerità, veracità
içtenlikle apertamente, francamente, puramente, sentitamente
içtima adunata
idam esecuzione capitale *idam etmek* giustiziare, impiccare, passere qn per le armi
idare amministrazione, gestione, maneggio, direttivo, direzione, regia *idare etmek* amministrare, dirigere, governare, reggere, condurre, guidare
idareci amministratore, dirigente
idareli parsimonioso
idari amministrativo
iddia pretesa, reclamo, asserzione, pretensione, tesi *iddia etmek* reclamare, sostenere
iddialı pretenzioso
iddianame atto d'accusa, requisitoria
ideal ideale
idealist idealista
idealizm idealismo
ideoloji ideologia
ideolojik ideologico
idman allenamento, preparazione sportiva
idrak apprensione, concezione, intuizione, percettivo, percezione *idrak etmek* comprendere, concepire, discernere
idrar orina, urina
ifa adempimento, attuazione, esecuzione *ifa etmek* adempiere, assolvere, eseguire
ifade espressione, linguaggio, attestazione, deposizione, enunciato *ifade vermek* deporre
iffet castità, onore, purezza

iffetli casto, pudico
iffetsiz impudico
iflah miglioria ***iflahı kesilmek*** sfacchinare
iflas fallimento, bancarotta, patatrac ***iflas etmek*** andare in malora, fallire
ifrat pazzia, stravizio
ifşa rivelazione, rivelizione ***ifşa etmek*** rivelare, svelare
iftihar orgoglio ***iftihar etmek*** vantarsi
iftira calunnia, maldicenza, diffamazione, insinuazione ***iftira etmek*** calunniare, denigrare, diffamare
iftiracı calunniatore, delatore, malalingua, maldicente
iğ fuso **iğdiş** ***iğdiş etmek*** castrare, evirare
iğfal inganno, seduzione ***iğfal etmek*** ingannare, sedurre
iğne ago; puntura; pungiglione, spillo ***iğne yapmak*** iniettare
iğnelemek appuntare, pungere
iğneleyici derisorio, pepato, sarcastico
iğneli mordace
iğrenç infame, odioso, orribile, ributtante, schifoso, abietto, disgustoso, ignobile, immondo, lurido, nauseabondo, orrido, ripulsivo, turpe, vomitevole
iğrençlik infamia, odiosità, orrore, schifezza, schifo, sudiceda, turpitudine
iğrendirmek dare il vomito, disgustare, nauseare, ripugnare, schifare, stomacare
iğrenmek disgustarsi di, stomacarsi di, detestare, schifarsi
ihale accollo, appalto, concorso ***ihale etmek*** aggiudicare ***ihaleye çıkarmak*** appaltare
ihanet defezione, pugnalata, tradimento ***ihanet etmek*** tradire
ihbar denuncia, diffida, notifica ***ihbar etmek*** denunciare
ihbarname notificazione
ihlal infrazione, trasgressione, profanazione, violazione ***ihlal etmek*** trasgredire, violare, infrangere, manomettere
ihmal abbandono, dimenticanza, trascurataggine ***ihmal etmek*** dimenticare, trascurare, lasciare indietro
ihracat esportezione
ihracatçı esportatore
ihraç esclusione, esportazione ***ihraç etmek*** esportare
ihtar ammonimento, preavviso, ammonizione, avvertimento,

avviso *ihtar etmek* ammonire, avvertire probabilità, diffidare

ihtilaf dissenso, polemica, screzio, vertenza

ihtilaflı controverso

ihtilal rivoluzione

ihtilalci rivoluzionario

ihtimal probabilità, caso, probabilità

ihtimam cura, accuratezza, diligenza, premura

ihtiras ambizione, brama, passione

ihtiraslı ambizioso, bramoso

ihtisas specialità, specializzazione *ihtisas yapmak* specializzarsi

ihtişam magnificenza, sfarzo, fasto, splendore

ihtiyaç bisogno, esigenza, fabbisogno, necessario, necessità, provvista

ihtiyar anziano, vecchio

ihtiyari facoltativo, permissivo

ihtiyarlamak invecchiare

ihtiyarlık vecchiaia

ihtiyat cautela, precauzione, prudenza, circospezione, riserva

ihtiyatlı avveduto, previdente, prudente, saggio, cautamente, cauto, previdentemente

ihtiyatsız imprevidente, imprudente, inavveduto, incauto, malaccorto, scavezzacollo

ihtiyatsızlık imprevidenza, imprudenza

ikamet residenza *ikamet etmek* abitare, risiedere, alloggiare

ikametgâh domicilio, residenza

ikaz ammonimento, avvertenza, avviso, monito *ikaz etmek* ammonire, avvertire, avvisare

iken da, finché, mentre

iki doppio, due

ikilem dilemma

ikili bilaterale, coppia

ikinci secondo

ikincil secondario, incidentale

ikindi pomeriggio

ikişer per due *ikişer ikişer* a coppie, a due a due

ikiyaşayışlı anfibio

ikiyüzlü ipocrita

ikiyüzlülük ipocrisia

ikiz gemello

ikizkenar isoscele *ikizkenar üçgen* mat. isoscele

iklim clima

ikmal rifornimento *ikmal etmek* rifornirsi

ikna convinzione, persuasione *ikna etmek* convincere, persuadere

ikram buona accoglienza, trattamento, omaggio *ikram et-*

mek offrire, onorare, elargire
ikramiye gratifica, gratificazione, premio
iksir elisir
iktidar autorità, potere
iktidarsız impotente
iktidarsızlık impotenza
iktisadi economico
iktisat economia
iktisatçı commercialista, economista
ilaç medicina, farmaco, medicamento, rimedio, droga, rimedio
ilah Dio
ilahi cantico, divino, inno, salmo
ilahiyat teologia
ilahiyatçı teologo
ilan annuncio, avviso, cartello, cartellone, dichiarazione, inserzione, pubblicità, affisso, bollettino, manifesto, proclama *ilan etmek* annunciare, denunciare, dichiarare, bandire, emanare, indire, proclamare
ilave supplementare; aggiunta, supplemento, accessorio, addizionale, appendice, giunta, inserto *ilave etmek* aggiungere
ilçe circondario, circoscrizione
ile colle, con, in, per
ileri avanti

ileri sofisticato; avanti, innanzi, inoltrato *ileri atılmak* rilanciarsi *ileri gitmek* eccedere, proseguire, andare avanti, esagerare *ileri sürmek* pretendere, sostenere, procedere, addurre, affermare, avanzare, invocare
ilerici innovatore, progressista
ilerlemek avanzare, inoltrarsi, procedere, progredire, andare, avviarsi, camminare, farsi sotto, marciare, proseguire, spingersi avanti
iletim trasmissione
iletişim comunicazione
iletken conduttore
iletkenlik conduzione
iletmek portare, inoltrare, comunicare, imprimere, rapportare, trasmettere, *fiz.* condurre
ilga deroga *ilga etmek* derogare
ilgi cura, interesse, relazione, riferimento, analogia, connessione, correlazione, interessamento, pertinenza *ilgi uyandırmak* appassionarsi *ilgi zamiri* pronome relativo
ilgilendirmek concernere, importare, interessare, riguardare, incombere
ilgilenmek accudire, affaccen-

ilgili

darsi, interessarsi, occuparsi, pensare
ilgili attinente, concernente, inerente, pertinente, interessato
ilginç frizzante, interessante, trascinante
ilgisiz indifferente, insensibile, apatico, insensibile, sordo, negligente, noncurante, svogliato
ilgisizlik distacco, apatia, disamore, disinteresse, indifferenza, negligenza, noncuranza, passività, svogliatezza
ilham estro, ispirazione, illuminazione, vena
ilik midollo, occhiello, asola
iliklemek abbottonare, fermare
ilim erudizione, sapienza, scienza
ilişik allegato, incluso; allegato
ilişki contatto, rapporto, relazione, affinità, aggancio, attinenza, corrispondenza, legame, nesso, paragone, riferimento, riguardo *ilişki kurmak* collegare, contattare, praticare, prendere contatto, riconnettere
ilişkili relativo
ilişmek attaccarsi a, toccare
iliştirmek allegare, includere, affibbiare

ilk primo; iniziale, primario, primitivo, originario, preliminare *ilk fırsatta* alla prima occasione
ilkbahar primavera
ilke canone, criterio, massima, norma, principio
ilkel primitivo, bruto, primordiale, rudimentale, barbaro
ilkin dapprima, li per li
ilkokul scuola elementare, scuola primaria
ilkönce in primo piano, per prima cosa
ilkyardım astanteria
ilkyardım pronto soccorso
illet malattia, accidente, scocciatore
illüstrasyon illustrazione
ilmi scientifico
iltica rifugio *iltica etmek* rifugiarsi
iltifat complimento, galanteria *iltifat etmek* accogliere benevolmente, complimentare
iltihap infiammazione, inflammazione
iltihaplanmak *hek.* infiammarsi
iltimas favoritismo, raccomandazione, spinta, protezione, spintone *iltimas etmek* favorire
ima accenno, allusione, riferi-

mento, insinuazione *ima etmek* accennare, riferire, alludere, insinuare, sottintendere
imal produzione *imal etmek* produrre, fabbricare, fare
imalat produzione, fabbricazione, fabbricato, manifattura
imalatçı fabbricante, manifatturiere
imalathane manifattura, officina, opificio
imalı allusivo, insinuante
imam imam
iman fede, religione
imansız incredulo, infedele, miscredente
imar il render fiorente un paese *imar etmek* rendere fiorente
imbik alambicco *imbikten geçirmek* distillare, lambiccare
imdat aiuto, soccorso
imge effigie, immagine
imgelem fantasia, immaginazione
imgelemek immaginare
imha annientamento, distruzione *imha etmek* distruggere, annientare, annichilare
imkân possibilità
imkânsız impossibile, non c'è versi
imla dettato, ortografia
imparator imperatore
imparatoriçe imperatrice
imparatorluk impero
imrenmek invidiare
imtihan esame, prova
imtiyaz appannaggio, concessione, prerogativa, privilegio
imtiyazlı beneficiato
imza firma, sottoscrizione *imza sahibi* firmatario
imzalamak firmare
imzalı firmato, sottoscritto
in caverna, grotta, covo, tana
inak dogma
inan fiducia
inanç credenza, fede, religione, credo, culto
inançlı credente
inandırıcı convincente, suadente
inandırmak assicurare, convincere, persuadere
inanılmaz inconcepibile, incredibile, sbalorditivo, inaudito, scandaloso
inanmak credere, persuadersi, ritenere, convincersi, fidare
inat accanimento, caparbietà, cocciutaggine, dispetto, insistenza, ostinatezza, persistenza *inat etmek* insistere, ostinarsi, impuntarsi, persistere, piccarsi
inatçı caparbio, testardo, cocciuto, insistente, ostinato, per-

sistente, tenace, testardo
inatçılık ostinazione, testardaggine
ince sottile, fine, delicato; magro;, leggero, raffinato, cortese, gentile, gracile *ince eleyip sık dokumak* spulciare
inceleme analisi, esame, investigazione, osservazione, rassegna, ricerca, studio, tesi, consultazione, controllo, critica
incelemek analizzare, esaminare, investigare, osservare, ricercare, scrutare, studiare, controllare, inquisire, investigare, visionare
incelik sottigliezza, finezza, delicatezza, affabilità, amabilità, cortesia, eleganza, galanteria, gentilezza, gracilità, raffinatezza
incelmek assottigliarsi, snellirsi, raffinarsi
inceltmek assottigliare, snellire, affinare, affusolare
inci perla
incik *anat.* stinco *incik kemiği* tibia
İncil bibbia, nuovo testamento, vangelo
incinmek dolere, offendersi, scandalizzarsi

incir fico
incitici lesivo, offensivo
incitmek offendere, addolorare, ferire, ledere, mortificare
indeks elenco, indice
indirgeme riduzione
indirgemek ridurre
indirim abbuono, ribasso, sconto, riduzione
indirimli ridotto *indirimli satış* liquidazione, saldo, svendita
indirmek ammainare, calare, ribassare, ridurre, sbarcare, atterrare, azzeccare, detrarre, restringere, (fiyat) ribassare
inek vacca; mucca
infaz esecuzione
infilak esplosione, scoppio *infilak etmek* esplodere, scoppiare
İngiliz britannico, inglese *İngiliz anahtarı* britannico, inglese
İngilizce inglese
İngiltere Inghilterra
inildemek gemere, piagnucolare
inilti gemito, lamento, ululato
iniş atterraggio, discesa, pendio, pendenza, scesa
inkâr abiura, diniego, negazione *inkâr etmek* disdire, negare, rinnegare, sconfessare, smentire
inlemek gemere, lamentarsi,

mugolare, piagnucolare
inme discesa; paralisi, abbassamento, apoplessia, calo, ictus
inmek atterrare, calare, discendere, ibassarsi, sbarcare, scendere, digradare, diminuirsi
inmeli paralitico
inorganik inorganico
insaf oquità, piletà
insafsız empio, iniquo, spietato
insafsızlık empietà, spietanza, spietatezza
insan essere, persona, prossimo, uomo *insan hakları* diritti civili, i diritti umani
insanbilim antropologia
insanbilimci antropologo
insanca umanamente
insancıl umanitario, umano
insani umano
insanlık mondo, umanità
insanoğlu l'essere umano, la specie umana, mortale
insanüstü sovrumano
inşa costruzione *inşa etmek* costruire, erigere, alzare, edificare, fabbricare, fare
inşaat fabbricato, fabbricazione
inşaatçı costruttore
inşallah se Dio vuole!, speriamo!

intiba effetto
intibak adattabilità, adattamento *intibak etmek* adattarsi, aderire
intihar suicidio *intihar etmek* ammazzarsi, suicidarsi
intikam rivincita, vendetta, rivalsa, taglione *intikam almak* vendicare
intizam regolarità
intizamlı abitudinario
inziva isolamento, solutudine *inzivaya çekilmek* vivere in una torre d'avorio
ip corda, filo, fune, spago *ipin ucunu kaçırmak* perdere il filo *iple çekmek* non vedere l'ora
ipek seta
ipekböceği baco da seta
iplik fibra, filo, stame
ipnotizma ipnotismo
ipnotizmacı ipnotizzatore
ipnoz ipnosi
ipotek ipoteca *ipotek etmek* ipotecare
ipsiz malvivente
iptal abrogazione, annullamento, cancellazione, cassamento, obliterazione, revoca, risoluzione *iptal etmek* revocare, annullare, cancellare, disdire, invalidare, obliterare, risolvere

ipucu

ipucu indizio
irade carattere, volizione, volontà
iradedışı involontario
iradeli volitivo, volontario
iradesiz senza volontà, involontario
İran Iran
İranlı iraniano, persiano
irdelemek scrutare
iri grosso, massiccio
irilik enormità, grossezza
irin pus
iris iride
iriyarı corpulento
irkilmek sussultare, trasalire
İrlanda Irlanda
İrlandalı irlandese
irmik semola
irsaliye avviso di consegne, lettera di vettura
irsi ereditario
irtibat collegamento, comunicazione
irticalen estemporaneo
irtifa altitudine
is fuliggine
İsa Cristo, Gesù, il Salvatore
isabet il colpire *isabet etmek* colpire, toccare, dare
isabetsiz impreciso
ise se; in quanto a, anzichè *ise de* benche, malgrado, pure

ishal *hek.* diarrea
isim etichetta, nome, prenome; titolo; sostantivo, rinomanza *isim vermek* intitolare
isimsiz anonimo
iskambil briscola
İskandinavya Scandinavia
iskarpin scarpino
iskân ubicazione *iskân etmek* ubicare
iskele approdo, imbarcadero, imbarco, pontile, scalo, armatura, *den.* palanca
iskelet *anat.* scheletro, carcassa, telaio
iskemle sedia
iskete *hayb.* lucherino
İskoç scozzese
İskoçya Scozia
İskoçyalı scozzese
iskorbüt *hek.* scorbuto
İslam islamismo
İslamiyet islam
İslav slavo
islemek affumicare
isnat riferimento
İspanya Spagna
İspanyol spagnolo
İspanyolca spagnolo
ispat dimostrazione, riprova, suggello, testimonio *ispat etmek* comprovare, dimostrare, provare, testimoniare

ispatlamak dimostrare, provare
ispinoz fringuello
ispirto spirito
israf dispendio, sperpero, spreco *israf etmek* dissipare, sciupare, sperperare, sprecare, prodigare, scialacquare
İsrail Israele
istasyon stazione
istatistik statistica
istavroz il segno della croce
istek desiderio, pretesa, voglia, volere, volontà, gusto, intenzione, istanza, sfizio
isteka stecca
istekli aspirante, desideroso, volonteroso, affamato, alacre, ansioso, ardente, volente, volitivo
isteksiz noiente, restio, riluttante, svogliato
isteksizlik fiacchezza, malavoglia, mancanza di volantà, pigrizia, svogliatezza
istem volizione
istemek volere, chiedere, desiderare, esigere, pretendere, richiedere, domandare, gradire, postulare *ister istemez* inevitabilmente, per forviare, volente o nolente
istemeyerek a malincuore, malvolentieri, di malavoglia, involontariamente, senza intenzione
isteri isteria, isterismo
isterik isterico
isteyerek di buon animo, volentieri
istidat talento
istif ammasso *istif etmek* accatastare, ammucchiare, stivare
istifa dimissione, rassegnazione *istifa etmek* dimettersi, rassegnare, rassegnare il mandato
istifade profitto; vantaggio *istifade etmek* avvalersi, profittare, utilizzare
istifçi accaparratore
istifçilik accaparramento, incetta
istikamet direzione
istikrar costanza, stabilità, stabilizzazione
istikrarlı costante
istikrarsız discontinuo, incostante, instabile
istikrarsızlık discontinuità, fluidità, incostanza, instabilità
istila discesa, invasione *istila etmek* infestare, invadere, pervadere
istilacı invasore
istimlak espropriazione, esproprio *istimlak etmek* espropriare

istinaden in conformità a
istirahat quiescenza, riposo *istirahat etmek* riposarsi
istiridye *hayb.* ostrica
istismar sfruttamento *istismar etmek* sfruttare
istisna eccezione, esclusività, franchigia
istisnai eccezionale, esclusivo
istisnasız senza eccezione, senza riserva
İsveçli svedese
İsviçre Svizzera
İsviçreli elvetico, svizzero
isyan ammutinamento, insurrezione, ribellione, rivolta, sommossa, moto, sedizione, tumulto *isyan etmek* ammutinarsi, insorgere, ribellarsi, tumultuare
isyancı ammutinato, insorto, sovversivo
isyankâr ribelle, rivoltoso, tumultuante, tumultuoso
iş lavoro, affare, atto, cosa, faccenda, impiego, mestiere, opera, posto, azione, fatto, occupazione, professione *iş görmek* fungere *iş günü* giorno lavorativo *iş ve işçi bulma kurumu* ufficio di collocamento *işe yaramak* servire *işi başından aşkın olmak* essere sovraccarico di lavoro *işi oluruna bırakmak* andare alla deriva, rassegnarsi *işin içinden çıkmak* disimpegnarsi, sbrogliarsi *işin içyüzü* retroscena *işinden olmak* giocarsi il posto *işini bitirmek* liquidare *işten çıkarmak* licenziare
işadamı impresario, uomo d'affare
işaret segno, accenno, contrassegno, segnalazione, traccia, avvisaglia, indice, marca *işaret etmek* segnalare, accennare, additare, indicare *işaret sıfatı* aggettivo dimonstrativo *işaret zamiri* pronome dimostrativo
işaretlemek notare, segnare
işaretparmağı indice
işbirliği collaborazione, cooperazione
işçi operaio, lavorante, proletario, bracciante, dipendente, lavoratore *işçi sınıfı* classe operaia, proletariato
işçilik lavorazione, manodopera
işemek orinare, pisciare
işgal occupazione *işgal etmek* occupare
işitmek udire, sentire, intendere
işitsel uditivo
işkembe trippa

işkence tormento, tortura, strazio, supplizio ***işkence etmek*** martirizzare, martoriare, seviziare, suppliziare, torturare
işlek frequentato, trafficato
işlem operazione, procedura, trattamento
işleme funzione, ricamo, avviamento, lavorazione, moto, operazione
işlemek (suç, vb.) perpetrare, lavorare, agire, funzionare, penetrare, trattare, andare, commettere, scattare
işlemeli trapunto
işlenmemiş greggio, incolto, rozzo
işlenmiş lavorato, manufatto
işletme gestione, azienda, maneggio
işletmeci esercente, gestore
işletmek gestire, tenere, attivare, esercire, manovrare
işlev funzione
işlevsel funzionale
işporta paccottiglia ***işporta malı*** paccottiglia
işportacı piazzista
işsiz disoccupato, inoperoso, sfaccendato
işsizlik disoccupazione
iştah appetito, gusto ***iştah açıcı*** appetitoso, stuzzicante ***iştah açmak*** stuzzicare
iştahsız inappetente, senza appetito
işte ecco
iştirak partecipaizone, contributo, concorso ***iştirak etmek*** contribuire, intervenire, partecipare
işveren datore di lavoro, padrone
işyeri ufficio, azienda
it cane; canaglia, furfante
itaat ottemperanza, sottomissione, ubbidienza ***itaat etmek*** accedere, ottemperare, rispondere, ubbidire
itaatli ubbidiente
itaatsiz disobbediente, disubbidiente, insubordinato
itaatsizlik disubbidienza, insubordinatezza, insubordinazione
italik corsivo, italico
İtalyan italiano
İtalyanca italiano
itelemek spintonare
itfaiye guardia del fuoco, pompieri, vigili del fuoco
itfaiyeci pompiere, vigile del fuoco
ithaf dedica ***ithaf etmek*** dedicare
ithal importazione ***ithal etmek*** importare, introdurre

ithalat importazione
ithalatçı importatore
itham accusa, imputazione, incriminazione *itham etmek* accusare, biasimare, incolpare
itibar autorità, credibilità, credito, onore, prestigio, riguardo, valore *itibar etmek* considerare
itibari nominale
itibarlı valoroso
itimat fede, fiducia, affidabilità, fiducia *itimat etmek* confidare, fidarsi
itimatname lettere credenziali
itina cura, accuratezza, riguardo, esattezza
itinalı accurato
itiraf confessione, dichiarazione
itiraz contestazione, contestare, obiettare, opporre, protestare, osservazione, protesta *itiraz etmek* opporsi, obiettare, contestare, contraddire, impugnare, protestare, reclamare, replicare
itiyat abitudine
itmek spingere, indurre, sospingere, impellere, repellere
ittifak unione, alleanza, coesione, unanimità
ivedi urgente, pressante; premura, impellente, stringente
ivedilik fretta, urgenza
ivme accelerazione
iyelik proprietà
iyi buono; bene, benigno *iyi gelmek* andare bene, far bene *iyi gitmek* convenirè *iyi kalpli* di buon cuore *iyi ki* per fortuna *iyi kötü* bene o male *iyi olmak* stare bene, venire bene
iyice bene, benino, fortemente
iyileşmek guarire, migliorare, rimarginare, rimettersi
iyileştirmek guarire, curare, migliorare, correggere, risanare, sanare
iyilik bene, bontà, favore, grazia, beneficio, benevolenza, servizio *iyilik etmek* fare del bene, favorire
iyiliksever benefico, benevolo, benigno
iyimser ottimistico; ottimista
iyimserlik ottimismo
iyon *kim.* ione
iyot *kim.* iodio
iz traccia, contrassegno, impronta, indizio, orma, pista, tracciato, impronta, stigma, stigmate
izah enunciazione, spiegazione *izah etmek* spiegare, esporre, precisare

izahat esplicazione, schiarimento, spiegazione
izci esploratore
izdiham ressa
izdüşüm proiezione
izin commiato, licenza, nullaosta, permesso, concessione, congedo *izin almak* accomiatarsi, mettersi in aspettativa *izin vermek* ammettere, concedere, permettere, consentire
izinli in lecenza, in congedo, permesso
izinsiz senza permesso, sbenza licenza
izlemek guardare, inseguire, seguire, tallonare, tenere
izlenim effetto, impressione
izleyici spettatore
izmarit cicca, mozzicone
izole isolante *izole bant* nastro isolante *izole etmek* bloccare
izotop *kim.* isotopo
izzetinefis amore proprio, stima di sé

J

jaguar *hayb.* giaguaro
jaluzi persiana, veneziana
jambon prosciutto
jandarma gendarme, gendarmeria, carabiniere
Japon giapponese
Japonca lingua giapponese, giapponese
Japonya Giappone
jarse maglia
jartiyer giarrettiera, reggicalze
jelatin gelatina
jeneratör generatore
jeodezi geodesia
jeolog geologo
jeoloji geologia
jeolojik geologico
jeopolitik geopolitica
jeotermik geotermico
jest gesto
jet jet
jeton gettone, marca
jikle *tek.* getto
jilet lama, rasoio
jimnastik ginnastica, palestra
jimnastikçi ginnasta
jinekolog ginecologo
jinekoloji ginecologia
joker jolly; (iskambil) jockey
jöle gel, gelatina
judo *sp.* judo
jübile giubileo
jüri giurato, giuria

K

kaba grossolano, aspro, brusco, bruto, greggio, rozzo, rude, rustico, sgarbato, volgare, burbero, crudo, disumano, incivile, inospitale, inumano, ritroso, ruvido, scortese, villano *kaba et* natica *kaba saba* rustico *kaba söz* parolaccia

kabaca alla grossolana, volgarmente

kabadayı bravaccio, spaccone, prepotente

kabadayılık bravata

kabahat colpa, mancanza, torto

kabahatli colpevole, reo

kabahatsiz innocente

kabak zucca *kabak çekirdeği* bruscolino, semi di zucca *kabak tadı vermek* mostrare la corda

kabakulak *hek.* orecchioni

kabalık asprezza, inciviltà, sgarbo, brutalità, rudezza, ruvidità, volgare, volgarità

kaban gabbana

kabarcık bitorzolo, bolla, vescica

kabare cabaret

kabarık gonfio

kabarıklık bomba, rigonfio, sgonfio

kabarmak ingrossarsi, lievitare, rigonfiare, tumefarsi

kabartı bernoccolo, rilievo

kabartma bassorilievo, rilievo, sbalzo

kabız stitico

kabızlık *hek.* costipazione, stitichezza

kabile clan, popolazione, tribù

kabiliyet attitudine, capacità, perizia, talento

kabiliyetli capace, dotato

kabin cabina

kabine gabinetto, ministero

kablo cablo, cavo, cordone, fune

kabotaj cabotaggio

kabristan cimitero

kabuk buccia, guscio, scorza, valva, coccia, crosta, gromma, involucro *kabuğuna çekilmek* rannicchiarsi nel proprio guscio *kabuğunu soymak* pelare, sbucciare, scrostare *kabuk bağlamak* incrostare, incrostarsi

kabuklu squamato, squamoso, testaceo

kabuksuz senza corteccia

kabul accettazione, accoglienza, ammissione, ricevimento,

adesione, assenso **kabul etmek** accettare, accogliere, ammettere, convenire, ricevere, aderire, adottare, aggregare, approvare, sposare
kaburga costola
kâbus incubo, ossessione
kaç quanti, quanto
kaça quanto
kaçak fuggitivo, latitante; evaso, fuga, fuggiasco, furtivo, transfuga
kaçakçı contrabbandiere, ricettatore, trafficante
kaçakçılık contrabbando, frodo, mercimonio, traffico
kaçamak evasivo; sotterfugio, elusivo, fugace, sfuggente
kaçamaklı elusivo, evasivo
kaçık folle; sciocco, idiota, matto, pazzoide
kaçıklık alienazione, deficienza, follia, idiozia
kaçınılmaz immancabile, ineluttabile, inevitabile, obbligato
kaçınmak astenersi, evitare, guardarsi, risparmiare, scansare, sfuggire
kaçırmak fallire, rapire, perdere, far cilecca, mancare, trafugare
kaçış fuga, evasione
kaçmak evadere, fuggire, scappare, sfuggire, filare, mettersi in fuga, scampare, scantonare, sottrarsi
kadar fino; finché, fino, fra
kadastro catasto
kadavra cadavere
kadeh bicchiere, calice, coppa *kadeh kaldırmak* brindare
kademe scalino, gradino, grado
kader destino, fato, sorte, ventura, fatalità
kaderci fatalista
kadercilik fatalismo
kadın donna, femmina, signora *kadın berberi* per signora
kadınsı effeminato, femminile
kadırga *den.* galea
kadife velluto
kadran quadrante
kadro organico, ruolo
kafa capoccia, mentalità, mente, testa, testina *kafa patlatmak* arrovellarsi il cervello, rompersi la testa, scervellarsi *kafa şişirmek* assordare *kafası kızmak* andare in collera *kafasına koymak* prefiggere
kafalı intelligente, perspicace
kafasız stupido, scemo
kafatası cranio, teschio, scatola cranica
kafein caffeina
kafes gabbia, graticola, gretola,

kafile telaio
kafile carovana, convoglio, corteo
kâfi bastante, sufficiente
kâfir infedele
kafiye rima
kafiyeli rimato
kaftan caffetano
kâğıt carta, foglio *kâğıt para* banconota, biglietto
kahır rimorso
kâhin indovino, profeta, veggente
kahkaha ilarità, risata
kahraman eroe, prode
kahramanlık eroismo, gesta, prodezza
kahrolası maledetto, maledizione
kahrolmak esser distrutto
kahrolsun accidenti!, mannaggia!, abbasso!
kahvaltı colazione
kahve caffè *kahve cezvesi* caffettiera *kahve değirmeni* macinacaffè, macinino da caffè *kahve fincanı* tazza da coffè, tazzina
kahveci caffettiere
kahvehane caffè
kahverengi color caffè, bruno, mairone
kâhya factotum, poateggiatore

kaide norma, regola; piedistallo, criterio, principio
kâinat universo
kaka cacca
kakao cacao
kakma intarsio, sbalzo
kaktüs cactus, pianta grassa
kalabalık folla, affollato, affluenza, affollamento, gremito, massa, ressa, *kon*. fracasso, numeroso, stormo
kalan avanzo, residuo, resto
kalas palanca, pancone, tavolone
kalay stagno
kalaycı stagnaio, stagnatore
kalaylamak stagnare
kalaylı stagnato
kalbur setaccio, vaglio, staccio
kalça anca, coscia, fianco
kaldıraç leva, manovella
kaldırım marciapiede, selciato
kaldırmak alzare, elevare, levare, rimuovere, sollevare, togliere, cancellare, disfare, drizzare, innalzare, prelevare, rialzare, rilevare
kale baluardo, castello, fortezza; (futbol) porta, roccaforte, (satranç) torre
kaleci portiere
kalem articolo, matita, penna *kaleme almak* redigere
kalemtıraş temperalapis, tem-

perino
kalfa capomastro
kalıcı duraturo, durevole, indelebile, stabile, stanziale
kalın grosso, spesso, massiccio *kalın kafalı* barbalocco, duro, ottuso, tardo
kalınlaşmak ingrossarsi
kalınlık grossezza, spessore
kalıntı residuo, frammento, morchia, scampolo, tronco
kalıp forma, lastra, stampo, tavoletta *kalıba dökmek* gettare, modellare
kalıtım ereditarietà, eredità
kalibre calibro
kalifiye qualificato
kalite quale, qualità
kalitesiz andante, scadente
kalkan scudo
kalkış partenza
kalkışmak azzardare, azzardarsi, tentare
kalkmak alzarsi, levarsi, innalzarsi, svegliarsi, tirarsi su
kalleş carogna, codardo, perfido, vile
kalleşlik perfidia, vigliaccheria
kalmak restare, avanzare, soggiornare, stare, albergare, fermarsi, rimanere
kalori caloria
kalorifer calorifero, termosifone

kalp cuore, falso *kalp atışı* palpito *kalp krizi* attacco cardiaco, infarto cardiaco
kalpak colbacco
kalpazan falsado, falsario
kalpsiz senza cuore
kalsiyum calcio
kama pugnale, stiletto, zeppa
kamara cabina
kambiyo cambio
kambur gobbo; gobba, curvo, gibboso
kamçı flagello, frusta, scudiscio, sferza, staffile
kamçılamak flagellare, fustigare, scudisciare, solleticare, staffilare, acuire
kamelya camelia
kamera cinepresa
kamış canna; giunco, cannello, falasco, pene, verga
kamp campo, accampamento *kamp kurmak* accampare, bivaccare, campeggiare *kamp yeri* bivacco, campeggio, *sp.* ritiro
kampanya campagna
kampçı campeggiatore
kamu pubblico *kamu düzeni* ordine pubblico *kamu hizmeti* servizio pubblico *kamu hukuku* diritto pubblico
kamuflaj occultamento kamufle

kamufle etmek mimetizzare, occultare
kamulaştırma espropriazione, socializzazione, statalizzazione
kamulaştırmak espropriare, municipalizzare, socializzare, statalizzare
kamuoyu la pubblica opinione, opinione pubblica, voce di popolo
kamyon camion, autocarro, autotreno
kamyonet camioncino, furgone, furgoncino
kan sangue *kan bankası* banca del sangue *kan basıncı* pressione sanguigna *kan davası* faida, un fatto di sangue *kan grubu* gruppo sanguigno *kan nakli* trasfusione del sangue *kan tahlili* analisi del sangue, esame del sangue *kana susamış* assetato di sangue
kanaat convinzione, opinione, moderazione
kanaatkâr frugale, sobrio
Kanada Canada
Kanadalı canadese
kanal canale, condotta; *anat.* vestibolo; (radyo /TV) rete
kanalizasyon fogna, fognatura
kanama *hek.* emorragia
kanamak sanguinare
kanarya canarino
kanat ala, braccio
kanatçık aletta
kanatlı alato
kanaviçe canovaccio
kanca arpione, attaccapanni, gancio, uncino, griffa, rampino
kancalı uncinato
kandırmak imbrogliare, ingannare, irretire, lusingare, raggirare, truffare
kandil lucerna, lampada
kanepe canapè
kangren cancrena
kanguru canguro
kanı opinione, convinzione, credenza, giudizio, presupposto
kanımca a mio avviso, secondo me
kanıt prova, dimostrazione, argomento, indizio, riprova, testimonianza
kanıtlamak provare, dimostrare, attestare, comprovare, testificare, testimoniare
kanlı sanguigno, sanguinoso, insanguinato
kanmak saziarsi, persuadersi
kano canoa
kanser cancro
kanserli canceroso
kansız anemico, incruento

kansızlık anemia, anemta
kantar stadera
kantin bettolino
kanun codice, legge, statuto, *müz.* salterio
kanuni legale, lecito
kanunsuz illegale
kaos caos
kap recipiente, contenitore, conca, tino, vaso
kapak chiusino, coperchio, tappo
kapalı chiuso; cupo, coperto, ingombro, nebuloso, recondito, serrato, vestito
kapamak chiudere, coprire, ostruire, sbarrare, turare, occludere
kapan tagliola, trappola *kapana kısılmak* essere con la corda al collo
kapanış chiusura
kapanmak coprirsi; (yara) rimarginare, ficcarsi, offuscarsi, oscurarsi, spegnersi, tapparsi
kaparo caparra
kapasite capacità, capienza, facoltà
kapatma chiusura, ostruzione, ricupero
kapatmak chiudere, imprigionare, eclissare, serrare, spegnere
kapı porta, uscio, cancello, portiera, sportello *kapı dışarı etmek* mettere alla porta, sbattere qc fuori dalla porta *kapı tokmağı* battente, martello dell'uscio
kapıcı portiere, custode, portinaio, usciere
kapılmak abbandonarsi
kapışılmak andare a ruba
kapışmak strappare rapire
kapital capitale
kapitalist capitalista
kapitalizm capitalismo
kapitülasyon capitolazione
kaplama ricopertura, rivestimento
kaplamak coprire, foderare, dilagare, gremire, rivestire, vestirsi
kaplan tigre
kaplıca terme
kaplumbağa tartaruga
kapmak strappare, acchiappare, contrarre, impugnare, scippare
kaporta cofano
kapris capriccio, sfizio
kaprisli bizzoso, capriccioso, caratterino, estroso, voglioso
kapsam contenuto, tenore, testo, volume
kapsamak contenere, comprendere, includere, abbracciare, implicare, inglobare, rivestire

kapsamlı comprensivo
kapsül capsula, ostia
kaptan capitano, comandante
kaput cappotto, preservativo
kar neve *kar fırtınası* raffiche di neve *kar tanesi* fiocco *kar yağmak* nevicare, fioccare
kâr profitto, ricavo, beneficio, lucro, utile
kara nero; terra, terraferma, giudizio *kara kutu* registratore di volo, scatola nera *kara kuvvetleri* forze terrestre *kara mizah* umorismo nero *karaya oturmak* andare in secca, arenarsi, incagliare
karaağaç *bitk.* olmo
karabasan incubo
karabatak *hayb.* marangone
karabiber pepe nero
karaborsa borsa nera, mercato nero
karaborsacı bagarino, borsaro
karaca capriolo
karaciğer fegato
Karadeniz Mar Nero
karafatma scarafaggio
karahumma tifo
karakış inverno crudo
karakol commissariato
karakter carattere, personaggio, indole, naturale, personaggio *karakter oyuncusu* caratterista *karakter sahibi* uomo di carattere
karakteristik caratteristica
karalamak denigrare, depennare, scarabocchio, intaccare
karaltı ombra
karambol carambola
karamela caramella
karamsar pessimista
karamsarlık pessimismo
karanfil garofano
karanlık oscuro, buio, scuro, cupo, fosco, tenebroso; oscurità, tenebra *karanlık basmak* farsi notte *karanlık oda* camera oscura
karanlıkta nell'ombra
karantina quarantena
karar decisione, delibera, deliberazione, giudizio, risoluzione, verdetto, determinazione, disposto, lodo, proponimento, sentenza *karar vermek* decidere, decidersi, giudicare, risolversi, deliberare, risolvere, sentenziare
karargâh quartiere generale
kararlaştırmak decidere, designare, fissare, risolversi, stabilire
kararlı deciso, risoluto, fermo, irriducibile, saldo
kararlılık decisione, determi-

nazione, fermezza, risolutezza, risoluzione
kararmak abbuiare, annebbiarsi, annerire, offuscarsi, oscurarsi, rabbuiare, scurirsi
kararname atto, decreto legge, ordinanza
kararsız impacciato, indeciso, instabile, irresoluto, incerto, insicuro, legato, esitante, mutevole, titubante
kararsızlık indecisione, bilico, instabilità, dubbio, esitazione, impaccio, incertezza, indeterminatezza, titubanza
karartma oscuramento
karasevda malinconia
karasuları acque territoriali
karatavuk *hayb.* merlo
karate karatè
karavan roulotte
karavana rancio
karayolu strada
karbon carbonio *karbon kâğıdı* carta carbone, velina
karbonat carbonato
karbondioksit anidride carbonica
karbüratör carburatore
kardeş fratello, sorella
kardeşlik fraternità, fratellanza
kardinal cardinale
kardiyografi cardiografia
kardiyolog cardiologo
kardiyoloji cardiologia
kare quadro; quadrato s, (film) fotogramma *karesini almak* quadrare
kareli a quadri, a scacchi
karga corvo
kargaşa confusione, trambusto, anarchia, caos, disordine, scompiglio, soqquadro, subbuglio, trambusto, tumulto
kargo carico
karı moglie, sposa, signora
karın ventre, addome, pancia *karın ağrısı* mal di ventre *karnı zil çalmak* avere una fame del diavolo
karınca formica
karıncalanmak formicolare
karıncık ventricolo
karış palmo
karışık complesso, misto, sofisticato, caotico, confuso, oscuro, torbido
karışıklık agitazione, baraonda, confusione, disorganizzazione, groviglio, impurità, pasticcio, perturbazione, scompiglio, bordello, calderone, caos, complessità, disordine, sconcerto, subbuglio, turbolenza
karışım miscela, mistura, miscuglio, amalgama, composito

karışmak fondersi, impicciarsi, amalgamarsi, frapporsi
karıştırıcı miscelatore
karıştırmak mescolare, miscelare, complicare, fondere, frugare, mischiare, turbare, adulterare, coinvolgere, disordinare, disturbare, intricare, perturbare, rimescolare, scomporre
karides gamberetto, scampo
karikatür caricatura, vignetta, macchietta
karikatürcü vignettista
karlı nevoso
kârlı lucroso, produttivo, proficuo, redditizio, vantaggioso
karma composito, impasto, misto, promiscuo
karmak impastare
karmakarışık complesso, inestricabile, senza capo né coda
karmaşa baraonda, trambusto
karmaşık complesso, macchinoso
karnabahar broccolo, cavolfiore, cavolfiore
karnaval carnevale
karne buono, pagella
karo mattonella, piastrella; quadri
karoser carrozzeria
karpuz anguria, cocomero

kârsız improduttivo
karşı opposto, contrario, contro, avverso, malgrado, in onta a, verso, sfavorevole *karşı casusluk* controspionaggio *karşı çıkmak* contestare, obiettare, protestare, contrapporsi, eccepire, opporre, osteggiare *karşı gelmek* derogare, disubbidire, opporsi, tenere, trasgredire *karşı koymak* combattere, contenere, contrapporre, contrastare, fronteggiare, opporsi, resistere *karşıdan karşıya geçmek* attraversare
karşılamak accogliere, affrontare, assecondare, compensare, salutare, sopperire
karşılaşmak imbattersi, incontrare, affrontarsi, incontrarsi, incrociare
karşılaştırma confronto, paragone, raffronto, riscontro
karşılaştırmak confrontare, paragonare, raffrontare, equiparare, mettere a confronto, mettere a riscontro, paragonare, raffrontare
karşılaştırmalı attuariale, comparato, *dilb.* comparativo
karşılık compenso, replica, ricompensa, risposta, contropartita, ricambio, riscontro

karşılık vermek contrapporre, corrispondere, ribattere, ricambiare, rispondere

karşılıklı cortispettivo, mutuo, reciproco, scambievole *karşılıklı olarak* a vicenda, reciprocamente, rispettivamente, viceversa

karşılıksız gratuito

karşın sebbene; malgrado, nonostante, a dispetto di

karşısında davanti, dinanzi, dirimpetto

karşıt contrario, opposto, alieno, avverso

karşıtlık antagonismo, contrapposizione, contrarietà, contrasto, opposizione

kart vizzo, carta, scheda, tessera, cartella

kartal aquila

kartel sindacato

karton cartone

kartopu palla di neve

kartpostal cartolina

kartvizit carta, carta da visita, cartolina

karyola letto

kas muscolo, filamento

kasa cassa, forziere *kasa açığı* ammanco

kasaba borgata, borgo, paese, provincia

kasap beccheria, macellaio

kâse ciotola, scodella, tazza

kaset cassetta

kasık *anat.* inguine

kasılmak pavoneggiarsi, rattrappirsi

kasım novembre

kasımpatı crisantemo

kasırga ciclone, uragano, mulinello, tifone, turbine

kasıt dolo, intenzionalità

kasıtlı doloso, intenzionale, malevolo

kasiyer casiere, cassiere

kasket berretta

kasko casco

kaslı muscoloso

kasmak contrarre, rattrappire

kasnak tamburo, galoppino, puleggia

kasten apposta, intenzionalmente, volutamente

kastetmek intendere, premeditare

kasti doloso

kasvet tetraggine, tristezza

kasvetli lugubre, squallido, sepolcrale, squallido, triste, uggioso

kaş sopracciglio *kaş çatmak* aggrottare le sopracciglia, corrugare *kaşla göz arasında* d'un soffio, in un batter d'occhio

kaşlarını çatmak accigliarsi
kaşağı brusca, striglia
kaşık cucchiaio, posata
kaşımak grattare
kaşınmak grattarsi, prudere, pizzicare
kaşıntı prurito
kâşif esploratore
kat piano, strato, falda, manto, *mat.* multiplo *kat kat* sovrapposto, stratiforme *kat mülkiyeti* condominio
katafalk catafalco
katalizör catalizzatore
katalog catalogo, elenco
katar convoglio
katarakt *hek.* cateratta
katedral cattedrale, duomo
kategori categoria, classe
katı duro; solido, austero, compatto, fermo, inflessibile, rigido, rigoroso, severo *katı yürekli* impietoso
katık companatico
katıksız fino, genuino
katılaşmak indurirsi, solidificarsi, irrigidirsi
katılık austerità, solidità, irrigidimento, rigidità, rigore
katılım contributo, presenza
katılmak partecipare, presenziare, accedere, aderire, associarsi, concorrere, unirsi

katır mulo
katışık impuro
kati decisivo, definitivo
katil omicida, assassino, killer, uccisione, massacratore
kâtip amanuense, commesso, segretario
katiyen neanche, neanche per sogno!
katkı additivo, apporto, contributo, tributo *katkıda bulunmak* contribuire
katlamak piegare, rimboccare
katlanmak piegarsi; sopportare, compatire, prestarsi, soffrire, sottostare, subire, tollerare, sorbire
katletmek assassinare una cosa, scannare, trucidare
katliam massacro, strage, carneficina, eccidio, scempio
katma addizione, aggiuntivo, annessione, incorporazione, integrazione
katmak aggiungere, annettere, associare, incorporare
katman falda, letto, strato
katmer falda
Katolik cattolico
Katoliklik cattolicesimo
katot *elek.* catode
katran catrame, pece liquida
katranlamak catramare

katsayı coefficiente
katyon *elek.* catione
kauçuk caucciù, gomma
kavak pioppo
kaval piffero, zufolo
kavalkemiği *anat.* perone, tibia, stinco
kavalye cavaliere
kavanoz barattolo, urna, vaso
kavga alterco, baruffa, bisticcio, disputa, lotta, rissa, zuffa, bega, lite *kavga etmek* accapigliarsi, auffarsi, bisticciare, fare a botte, litigare
kavgacı attaccabrighe, bellicoso, litigante, litigioso
kavram concetto, idea, nozione
kavrama apprensione, comprensione, concezione, levatura
kavramak comprendere, intendere, concepire, afferrare, avvinghiare, capire, captare, realizzare
kavrayış accorgimento, accortezza, acume, intelletto
kavşak crocevia, incrocio, crocicchio, nodo
kavun melone
kavuniçi arancione
kavurma bruciamento, torrefazione
kavurmak rosolare, tostare, torrefare

kavuşmak congiungersi con, combaciare, confluire con
kavuşturmak collegare
kaya roccia, macigno, masso, scoglio *kaya gibi* macigno
kayak sci
kayakçı sciatore
kayalık frangente, roccia, rupestre, scoglio
kaybetmek perdere, smarrire, rimetterci
kaybolmak perdersi, dileguarsi, smarrirsi, confondersi, dissiparsi, sfumare, sperdersi, svanire *kayda geçirmek* prendere atto
kaydetmek incidere, iscrivere, notare, registrare, segnare
kaydırak ruzzola, scivolo
kaygan liscio, scivoloso, viscido, viscoso
kayganlık scivolosità, viscidità, viscosità
kaygı affanno, angoscia, ansia, apprensione, sgomento, ansietà, cruccio, pensiero, travaglio
kaygılandırmak affannare, angosciare, angustiare, impensierire, inquietare, preoccupare
kaygılanmak angosciarsi, angustiarsi, darsi la briga, im-

kaygılı

pensierirsi, inquietarsi, prendersela, trepidare
kaygılı ansioso, inquieto, preoccupato, trepidante, trepido
kaygısız supino, scanzonato, sereno, spensierato
kayık barca, imbarcazione, caicco, canotto, lancia
kayıkçı barcaiolo, barcaiuolo
kayın faggio, betulla, cognato
kayınbirader cognato
kayınpeder suocero
kayınvalide suocera
kayıp perduto; perdita, disperso, smarrimento
kayırmak avvantaggiare, favorire, privilegiare
kayısı albicocca
kayış cinghia, cintura, cinturone
kayıt registrazione, clausola, incisione, iscrizione, *bilg.* memorizzazione *kayda değer* ragguardevole, rilevante, cospicuo, rimarchevole *kayıt defteri* registro
kayıtlı iscritto
kayıtsız apatico, cinico, indifferente, negligente, refrattario, sbadato *kayıtsız kalmak* trascurare *kayıtsız şartsız* assoluto
kayıtsızlık apatia, indifferenza, negligenza, sbadataggine, trascuratezza

kaymak scorrere, sgusciare, strisciare
kaymakam sottoprefetto
kaynak disponibilità, focolaio, fonte, origine, provenienza, risorsa, sorgente, genesi, matrice, saldatura, vena *kaynak yapmak* saldare
kaynakça bibliografia
kaynakçı saldatore
kaynaklanmak emanare, discendere, riallacciarsi, risultare
kaynama bollore, ebollizione, effervescenza
kaynamak bollire, ebollire
kaynana suocera
kaynaşmak brulicare, fondersi, pullulare, rigurgitare
kaynata suocero
kaynatmak far bollire, conversare amichevolmente, lessare
kaz *hayb.* oca *kaz kafalı* talpa
kaza accidente, disgrazia, incidente, infortunio, scontro, sinistro *kaza sigortası* assicurazione contro gli infortuni *kazaya uğramak* naufragare
kazak cosacco, maglione
kazan caldaia
kazanç guadagno, introito, profitto, reddito, rendita, ricavo, frutto, pro, provento, rendita, ricavato, vantaggio

kazançlı lucroso, produttivo, proficuo, redditizio, rimunerativo

kazanmak guadagnare, lucrare; riscuotere; vincere, acquisire, acquistare, battere, ricavare

kazara accidentalmente

kazazede malcapitato, naufrago, sinistrato

kazı scavo, sterro

kazıbilim archeologia

kazıbilimci archeologo

kazık picchetto, piolo, inghippo, paletto, *kon.* sonata

kazıkçı ladrone

kazıklamak impalare, truffare, buggerare, *kon.* rifilare, stangare

kazıklıhumma tetano

kazımak grattare, raschiare, incidere, raspare, scolpire

kazma incisione, piccone, scavo

kazmak intagliare, scavare, vangare

kebap arrosto, arrosto di manzo

keçe feltro

keçi capra

keçiyolu sentiero

keder afflizione, desolazione, dispiacere, costernazione, mestizia, pena, tristezza

kederlenmek affliggersi, dolorarsi, intristire

kederli addolorato, afflitto, compianto, infelice, triste

kedi gatto

kefal cefalo, muggine

kefalet avallo, cauzione

kefaret espiazione, penitenza, riscatto ***kefaretini ödemek*** espiare

kefen sindone, lenzuolo funebre, sudario

kefil garante, mallevadore ***kefil olmak*** avallare, garantire

kefillik avallo, malleveria

kehanet presagio, profezia, vaticinio ***kehanette bulunmak*** predire, presagire, profetizzare

kehribar ambra

kek torta

kekelemek balbettare, impappinarsi, tartagliare

kekeme balbo, balbuziente

kekemelik balbuzie

kekik *bitk.* origano, timo

keklik pernice, starna

kekre acre, aspro, austero

kekrelik acredine, asprezza

kel a capo scoperto, calvo

kelebek farfalla

kelepçe manette

kelepçelemek ammanettare

kelepir occasione

kelime parola, vocabolo, voce ***kelimesi kelimesine*** letterale,

parola per parola, testuale
kellik calvizie
kem cattivo, infausto
keman violino
kemancı violinista, violino
kement laccio
kemer arco; cinghia, cintura, arcata, cinto, *mim.* arco
kemik *anat.* osso ***kemik gibi*** osseo
kemikli ossuto
kemirmek erodere, intaccare, mordere, rodere, rosicare, rosicchiare
kenar estremità, bordo, margine, orlo, sponda, banda, contorno, fiancata, lato, lembo, proda ***kenar mahalle*** borgata, sobborgo, periferia ***kenara çekilmek*** scansarsi
kenarortay *mat.* mediana
kendi sé, si, stesso ***kendi başına*** isolato ***kendi halinde*** mansueto ***kendinden geçmek*** andare in estasi per qlco, delirare, estasiarsi, impazzire, perdere i sensi ***kendine gelmek*** prendere conoscenza, riaversi, rifarsi, rinvenire, riprendere conoscenza, riprendersi ***kendini beğenmiş*** presuntuoso, vanitoso, arrogante, orgoglioso, pretenzioso, vanaglorioso ***kendini beğenmişlik*** arroganza, immodestia, orgoglio, presunzione, vanità ***kendini toparlamak*** riprendersi
kendileri loro stessi, si
kendiliğinden spontaneo, istintivo
kendim io medesimo, io stesso, me stesso
kene zecca
kenef cesso
kenet grappa, arpese
kenevir canapa
kent città, urbe
kentleşme urbanesimo, urbanizzazione
kentsoylu borghese
kepaze scandalista
kepazelik dissolutezza, scandalo
kepçe mestolo, ramaiolo
kepek crusca, semola; forfora
kepenk anta, saracinesca, serranda
keramet miracolo
kerata birbaccia, briccone, birbante, *kon.* mariolo
kere volta
kereste legname, legno
kereviz sedano
kermes kermesse
kerpeten cacciachiodo, tenaglia
kerte grado, punto

kertenkele lucertola
kertik intacco
kertikli zigrinato
kertmek intaccare
kervan carovana
kesat mancanza, penuria, stagnante
kese borsa, sacchetto, tasca, *anat.* sacco
kesecik *anat.* follicolo
keselemek strofinare
keseliler *hayb.* marsupiale
kesen secante, tagliatore
keser ascia
kesici incisivo, tagliatore, tagliente
kesif fitto, folto
kesik ritaglio, taglio, mozzo, reciso, sfregio, tronco **kesik kesik** a scatti, a singhiozzo
kesikli intermittente
kesiksiz assiduo, perpetuo
kesilmek cessare, interrompersi, spegnersi
kesim frazione, settore, taglio, ripartizione
kesimevi macello, mattatoio
kesin categorico, conclusivo, decisivo, definitivo, definito, certo, esplicito, formale, preciso, esattamente, esatto, espresso, ferreo, indubbio, matematico, netto, perentorio, risoluto **kesin olarak** decisamente, di positivo, in assoluto, indiscutibilmente, perentoriamente
kesinlik certezza, determinatezza, fermezza, infallibilità, precisione, rigore
kesinlikle assolutamente, immancabilmente, decisamente, fermamente, matematicamente, senza dubbio, sicuro
kesinti ritaglio, interruzione, ritenuta, trattenuta
kesintili discontinuo
kesintisiz ininterrotto, *tic.* lordo
kesir frazione
kesirli *mat.* fratto
kesişmek incrociarsi, intersecarsi
kesit sezione
keskin tagliento, acuto, affilato, aguzzo, incisivo, piccante, sottile **keskin nişancı** cecchino **keskin zekâlı** accorto, arguto, perspicace
keskinleştirmek acuire, affilare, arrotare
keskinlik acutezza
kesme tagliamento, tagliata, tagliatura, taglio, apostrofo, sezione, sforbiciata, stroncatura
kesmek tagliare, troncare, inter-

kesmeşeker

rompere, rasare, spaccare, tranciare, accismare, radersi, recidere, smettere
kesmeşeker zolla, zolletta, zucchero a quadretti
kestane castagna, marrone
kestirme previsione, pronostico; scorciatoia, sonnellino *kestirme yol* direttissima, scorciatoia *kestirmeden gitmek* tagliare
kestirmek far tagliare, comprendere, congetturare, indovinare, intuire, *kon.* pisolare
keşfetmek esplorare, scoprire, escogitare, fondare, inventare, rinvenire
keşif esplorazione, scoperta, perlustrazione
keşiş frate, monaco, eremita
keşişleme scirocco
keşke magari
keten lino
kevgir schiumaiuola
keyfi arbitrario
keyif delizia, godimento, gusto, umore, sfizio *keyfi kaçmak* amareggiarsi, essere di cattivo umore *keyfi yerinde olmak* essere a proprio agio, essere su di giri *keyfine bakmak* mettersi a proprio agio *keyfini kaçırmak* amareggiare *keyif sürmek* scialare
keyifli festoso
keyifsiz di cattivo umore, disagiato, indisposto
keyifsizlik indisposizione, malessere, malumore
kez volta
kezzap acido nitrico
kıble sud
Kıbrıs Cipro
kıç anca, chiappa, culo, deretano, natica, sedere
kıdem anzianità
kıdemli anziano
kıkırdak cartilagine, disco
kıkırdamak ridacchiare
kıl pelo; setola *kıl payı* pelo, per un soffio *kıl payı kurtulmak* rasentare *kılı kırk yarmak* cercare il pelo nell'uovo, guardare per il sottile, sottilizzare, spaccare il minuto
kılavuz guida, guidatore, cicerone, prontuario
kılcal capillare
kılçık arista, spina
kılçıklı liscoso
kılıbık marito debole
kılıç sciabola, spada *kılıçtan geçirmek* mettere a ferro e fuoco, passare a fil di spada
kılıçbalığı pesce spada
kılıf astuccio, coperta, custodia,

fodera, capsula, guaina
kılık aspetto, veste, maschera *kılık değiştirmek* travestirsi
kılıksız scalcinato
kıllı peloso, villoso •
kımıldamak muoversi, smuoversi
kımıldatmak muovere, smuovere
kın fodero, guaina
kına henna
kınakına china
kınamak biasimare, deplorare, condannare, deprecare, disapprovare, riprovare, stigmatizzare
kınkanatlılar *hayb.* coleotteri
kıpırdamak muovere, agitare
kıpkırmızı carminio *kıpkırmızı olmak* sentir le fiamme al viso
kır *kır koşusu* corsa campestre *kır saçlı* brizzolato
kıraç sterile
kırağı brina
kırat (emas) carato, carato
kırbaç frusta, scudiscio, nerbo, sferza
kırbaçlamak frustare, scudisciare
kırçıl grigio
kırgın offeso, irritato, amareggiato
kırgınlık amarezza, irritazione
kırıcı offensivo
kırık frattura, infranto, rotto, rottura
kırıklık malessere
kırılgan esile, fragile
kırılmak rompersi, offendersi, fracassarsi, sdegnarsi, spezzarsi, amareggiarsi, infrangersi, risentirsi, spaccarsi, rifrangersi
kırım strage
kırıntı briciola, detrito, frammento, rottame, tritume
kırışık rugoso; grinza, piega, ruga, crespa, grinzoso, vizzo
kırışmak incresparsi, sgualcire
kırıştırmak increspare, incresparsi
kırıtmak fare il vezzoso
kırk quaranta *kırk yılda bir* a ogni morte di papa
kırkayak millepiedi
kırkıncı quarantesimo
kırkmak rasare, tosare
kırlangıç rondine
kırmak rompere, ferire, fracassare, offendere, spezzare, frangere, infrangere, scassare, spaccare *kırıp dökmek* far danni *kırıp geçirmek* decimare, infierire, sterminare
kırmızı rosso
kırmızıbiber paprica, pep-

eroncino, peperone
kırmızılaşmak arrossarsi
kırmızılık rossezza, rossore
kırmızımsı rossastro, rossiccio
kıro incolto, zotico, zulù
kırpmak cimare, tosare
kırsal campestre, rustico, campagnolo, rurale
kırtasiye cancelleria, scartoffie
kırtasiyeci cartolaio
kırtasiyecilik burocrazia
kısa corto, basso, breve, sommario, fuggevole, laconico, piccolo *kısa dalga* onde corte *kısa devre* corto circuito *kısa kesmek* tagliare corto
kısaca in breve, in sintesi, sommariamente, succintamente
kısalık bassezza, brevità, sinteticità
kısalmak accorciarsi, abbreviarsi, raccorciarsi, ridursi, scorciarsi
kısaltma abbreviazione, sigla, abbreviatura, accorciamento, compendio, riduzione
kısaltmak abbreviare, accorciare, raccorciare, ridurre, scorciare, stringersi
kısas taglione
kısık rauco
kısım classe, divisione, frazionamento, parte, reparto, sezione, zona
kısıntı ristrettezza, strettezza
kısır sterile, infecondo
kısırdöngü circolo vizioso
kısırlaştırmak sterilizzare
kısırlık infecondità, sterilità
kısıtlama restrizione, interdizione
kısıtlamak limitare, interdire, vincolare
kısıtlayıcı interdittorio, restrittivo
kısıtlı interdetto
kıskaç branca, ganascia, chela, morsa
kıskanç geloso, invidioso
kıskançlık gelosia, invidia
kıskandırmak ingelosire
kıskanmak ingelosire, ingelosirsi, invidiare
kısmak restringere, ridurre, diminuire, limitare
kısmen parzialmente
kısmet sorte
kısmetli fortunato
kısmetsiz iellato, infelice, scalognato
kısmi parziale
kısrak cavalla, giumenta
kıssa storia, racconto *kıssadan hisse* morale
kıstak istmo
kıstas metro

kıstırmak mettere con le spalle al muro, serrare

kış inverno *kış uykusu* ibernazione *kışı geçirmek* svernare

kışkırtıcı agente provocatore, agitatore, eversivo, istigatore, procace, provocatorio, sedizioso

kışkırtmak agitare, incitare, istigare, provocare, sobillare, motivare, attizzare, eccitare, scatenare, sommuovere

kışla caserma, quartiere

kışlık invernale

kıt scarso, tristo

kıta continente; (şiir) strofa, stanza

kıtalararası intercontinentale

kıtır kıtır croccante

kıtlaşmak scarseggiare

kıtlık carestia, esiguità, mancanza, penuria, scarsezza, scarsità

kıvam tempra

kıvanç vanto

kıvılcım favilla, scintilla

kıvırcık crespo, riccio, ricciuto *kıvırcık salata* insalata riccia

kıvırmak piegare, torcere, arricciare, ondulare, pieghettare

kıvrak attorcigliato

kıvranmak spasimare, storcersi

kıvrık ricurvo, ritorto, rovescia, torto

kıvrım ansa, crespa, falda, piega, piegatura

kıyafet abito, costume, sembianze, vestito *kıyafet balosu* ballo in costume

kıyamet apocalisse, rissurrezione *kıyamet günü* il giorno del giudizio *kıyameti koparmak* far baracca, fare il diavolo a quattro

kıyas confronto, paragone, raffronto

kıyasla in confronto a

kıyaslamak mettere, paragonare, raffrontare, rapportare

kıyı orlo, bordo, sponda; costa, lido, riva, sponda, proda

kıyım assassinio, eccidio, massacro, sterminio, strage, strazio, tagliamento

kıyma tritatura, *kon.* macinato

kıymak spezzettare, tagliuzzare, trinciare, tritare

kıymet valore, pregio, prezzo, stima, merito

kıymetli benemerente, pregiato, prezioso

kıymetsiz immeritevole, indegno

kıymık bruscolo, scaglia, scheggia, schiappa, sverza

kız ragazza; (evlat) figlia, figliola; (kâğıt) donna, vergine

kız evlat figlia **kız kardeş** sorella **kız kurusu** zitella
kızak slitta, slittino, toboga **kızak kaymak** slittare
kızamık morbillo, rosolia
kızarmak arrossire
kızarmış fritto **kızarmış ekmek** crostino
kızartma arrosto, fritto, frittura
kızartmak arrostire, abbrustolire, rosolare, tostare, friggere
kızdırmak adirare, arroventare, alterare, indisporre, infuriare, innervosire, irritare
kızgın adirato, arrabbiato, irato, rovente, bizzoso, eccitato, furente, furioso, stizzoso
kızgınlık collera, dispetto, rabbia, esasperazione, indignazione, irritazione, sdegno, sfuriata
kızıl scarlatto; scarlattina **kızıl saçlı** dai capelli rossi
Kızılderili indiano
Kızılhaç Croce Rossa
kızılötesi infrarosso
kızışmak eccitarsi, infiammarsi
kızıştırmak stuzzicare, riscaldare
kızlık verginità **kızlık zarı** imene
kızmak arrabbiarsi, adirarsi, alterarsi, incavolarsi, indignarsi, infuriare, irritarsi, saltare la mosca al naso, scaldarsi
ki che
kibar cortese, delicato, fine, delicato, distinto, galante, garbato, gentile
kibarca cordialmente, cortesemente, delicatamente, gentilmente
kibarlık cortesia, delicatezza, garbo, cavalleria, cordialità, eleganza, finezza, galanteria, gentilezza, raffinatezza
kibir orgoglio, superbia, arroganza, sussiego
kibirlenmek avere la puzza al naso, insuperbirsi, montarsi
kibirli arrogante, orgoglioso, superbo, altero, borioso, tronfio, vano
kibrit fiammifero, zolfanello
kil argilla, creta
kiler cantina, dispensa, ripostiglio
kilim tappeto liscio
kilise chiesa
kilit chiusura, serratura, toppa
kilitlemek chiudere a chiave, serrare
kilitli chiuso a chiave, sottochiave
kilo chilo **kilo almak** aumentare di peso, ingrassarsi **kilo ver-**

mek dimagrire, perdere chili
kilogram chilogrammo
kilometre chilometro
kilovat chilowatt
kim chi
kimi chi
kimlik generalità, identità *kimlik belgesi* carta d'identità, documento di riconoscimento, tesserino
kimono chimono
kimse elemento, essere, persona
kimsesiz solo, abbandonato
kimya chimica
kimyager chimico
kimyasal chimico
kimyon cumino
kin astio, rancore, animosità, inimicizia, malanimo, ostilità, rancore *kin beslemek* avere il dente avvelenato, masticare veleno
kinaye tropo
kinci vendicativo
kinin chinino
kip *dilb.* modo
kir sporcizia, sporco
kira affitto, fitto, pigione *kiraya vermek* affittare, appigionare, dare a pigione
kiracı affittuario, inquilino, locatario
kiralamak affittare, noleggiare, appigionare, prendere a nolo
kiralık da affittare *kiralık katil* sicario
kiraz ciliegia
kireç calce, creta, gromma *kireç kuyusu* calcinaio
kireçli calcareo
kiremit embrice, laterizio, tegola
kiriş tendine, trave, montante, *mat.* corda *kirişi kırmak* tagliare la corda
kirlenmek insozzarsi, insudiciarsi, macchiare, sporcarsi
kirletmek macchiare, sporcare, contaminare, infettare, inquinare, insudiciare, conciare
kirli sporco, lordo, sudicio, sordido, sozzo
kirlilik impurità, inquinamento
kirpi porcospino, riccio
kirpik ciglio
kist *hek.* ciste
kişi persona, individuo, anima; (eserde) personaggio, anima, prossimo, uomo
kişileştirmek personificare
kişilik individualità, persona, personalità
kişiliksiz impersonale, insignificante
kişisel personale, individuale, privato, riservato

kişnemek nitrire
kitabe epigrafe, iscrizione
kitabevi libreria
kitap libro
kitapçı libraio
kitaplık biblioteca, libreria
kitle blocco, corpo, cumulo, massa, schiera
klakson clacson, avvisatore acustico
klan congrega
klarnet clarinetto, clarino
klasik classico, convenzionale
klasör raccoglitore
klavye tastiera
klinik clinica
klor cloro
klorofil clorofilla
koalisyon coalizione, schieramento
kobalt cobalto
kobay cavia, porcellino d'India
kobra cobra
koca marito, sposo, uomo
kocakarı vecchia
kocaman colossale, enorme, gigantesco, ingente, mostruoso, imponente, madornale
koç montone, ariete
koçan torso, madre, figlia, matrice, talloncino
kod codice
kodes prigione, carcere, gattabuia
kodlamak codificare
koğuş camerata, dormitorio
kokain cocaina
kokarca puzzola
koklamak odorare, fiutare, annusare
kokmak sapere
kokmuş marcio, rancido, fetido, purefatto, putrido
kokteyl rinfresco
koku odore
kokulu odorante, odorato
kokusuz inodore, inodoro
kokuşmak marcire
kol braccio; manubrio; ramo; affluente, branca, corpo, colonna, gambo *kol düğmesi* gemello, manichino *kol gezmek* fare la ronda *kol kola* a braccetto, sotto braccio *kol saati* orologio da polso
kola amido, salda
kolalamak inamidare
kolalı inamidato
kolay facile, agevole, elementare, piano, pratico
kolayca facilmente, correntemente, senza sforzo
kolaylaşmak semplificarsi
kolaylaştırmak agevolare, facilitare, favorire, giovare, semplificare

kolaylık facilitazione, agevolazione, comodità, disinvoltura, facilità, praticità
kolaylıkla agevolmente, con disinvoltura, facilmente, speditamente
kolej collegio
koleksiyon collezione, raccolta
koleksiyoncu collezionista
kolektör collettore
kolera *hek.* colera
koli balla, collo
kolit colite
kollamak proteggere, spiare
kolluk bracciale
kolon colonna, rubrica
koloni colonia
kolonya acqua di Cologna
kolordu corpo d'armata
koltuk poltrona, sedile, seggio, stallo **koltuk altı** ascella **koltuk değneği** gruccia, stampella, trampolo
kolye collana, monile
koma *hek.* coma
komando commando
kombinezon sottoveste
komedi commedia
komedyen comico, commediante, istrione
komik buffo, ridicolo, comico, ameno, bernesco, umoristico
komiser commissario
komisyon commissione, provvigione, *huk.* giunta
komisyoncu agente di cambio, commissionario, sensale
komite comitato
komodin comodino
kompartıman compartimento, scompartimento
komple completo
kompleks complesso
komplikasyon *hek.* complicazione
kompliman complimento **kompliman yapmak** complimentare
komplo complotto, congiura, cospirazione **komplo kurmak** congiurare
komposto composta
kompozisyon composizione, tema
kompresör compressore
komşu confinante, vicino
komşuluk vicinato
komut comando
komuta comando
komutan capitano, comandante, condottiero
komutanlık comando
komünist comunista, rosso
komütatör commutatore
konak palazzo, tappa
konaklamak accampare, accan-

tonare, albergare, bivaccare, campeggiare
konçerto concerto
kondansatör condensatore
konfederasyon confederazione
konfeksiyon confezione
konferans conferenza ***konferans vermek*** tenere una conferenza
konfor conforto, agiatezza, agio, comodità
konforlu confortevole, signorile
kongre congresso, convegno
koni cono
konik conico
konkordato concordato
konmak posarsi su, alloggiare in
konsantrasyon concentrazione
konsantre concentrato ***konsantre olmak*** concentrare, concentrarsi
konser concerto
konservatuvar conservatorio
konserve conserva, sottolio
konsey consiglio
konsol canterano, comodino, mensola
konsolos console
konsolosluk consolato
konsorsiyum consorzio
konsültasyon *hek.* consulto
kont conte, marchese
kontak accensione, *elek.* contatto ***kontak anahtarı*** chiavetta d'accensione
kontes contessa
kontralto contralto
kontrat contratto, scrittura
kontratak contropiede, contrattacco
kontrbas contrabbasso
kontrol controllo, riscontro ***kontrol etmek*** controllare, accertare, rivedere, spuntare, verificare
kontrolör controllore
konu soggetto, tema, trama, argomento, topica, oggetto, proposito, punto
konuk ospite
konuksever ospitale
konukseverlik ospitalità
konum situazione, posizione, posto, stato
konuşkan ciarliero, loquace
konuşma conferenza, conversazione, discorso, allocuzione, colloquio, parlato
konuşmacı conferenziere, oratore, parlatore
konuşmak parlare, conversare, discorrere, favellare
konut abitazione, domicilio, residenza, alloggio, dimora
konvoy autocolonno, convoglio
konyak cognac
kooperatif cooperativa

koordinasyon coordinazione
koordinat *mat.* coordinata
koparmak strappare, cogliere, estorcere, raccogliere, spezzare, staccare, spiccare
kopça fermaglio, griffa
kopçalamak affibbiare
kopmak scoppiare, staccarsi
kopuk mascalzone, mozzo
kopya copia, duplicato, replica, riproduzione, doppione, esemplare, facsimile *kopya çekmek* copiare *kopya kâğıdı* carta vergata, cartacarbone
kopyacı *kon.* copione
kor brace
kordiplomatik corpo diplomatico
kordon cordone, filo
koreografi coreografia
koridor andito, corridoio, corsia, galleria
korkak codardo, pauroso, vigliacco, pavido, timoroso
korkaklık pusillanimità
korkmak temere, aver paura, impaurire, impaurirsi, intimorirsi, spaventarsi, allarmarsi, paventare, spaurirsi
korku timore, paura, apprensione, fifa, orrore, sgomento, spavento, tremarella *korku salmak* spaventare, terrorizzare *korkuya kapılmak* essere preso dallo spavento, impressionarsi
korkulu temibile
korkuluk parapetto, ringhiera
korkunç atroce, tremendo, formidabile, impressionante, mostruoso, orrendo, orribile, orrido, spaventoso, terribile, bestiale, macabro, spettrale, terrificante, tremendo
korkusuz impavido, intrepido, audace, senza paura
korkusuzca alla garibaldina
korkusuzluk audacia, prodezza
korkutmak impaurire, intimorire, spaventare, allarmare, inorridire, minacciare, sgomentare, spaurire, terrorizzare
korna avvisatore acustico, tromba *korna çalmak* suonare il clacson
kornea *anat.* cornea
korner angolo
kornet *müz.* cornetta
korniş cornicione
koro coro *koro halinde* corale
korsan pirata, corsaro, filibustiere
korsanlık pirateria
kortej convoglio, corteggio, corteo

koru bosco, parco
korumak proteggere, conservare, custodire, preservare, mantenere, parare, premunire, salvaguardare, coprire, difendere, fiancheggiare, salvare
korunma difesa, preservazione, previdenza, tutela
korunmak guardarsi, premunirsi, coprirsi, difendersi, pararsi, riparare, tutelarsi
koruyucu conservatore, protettore, difensore, guardia, guardiano, patrono, protettivo
kostüm vestito, costume
koşmak accorrere, correre, fare una corsa
koşu corsa, volata *koşu alanı* circuito
koşucu corridore, podista
koşul circostanza, condizione, clausola, contingenza, occorrenza, termine
koşullandırmak condizionare
koşullu condizionale
koşulsuz incondizionato
koşum tiro; muta
kota *tic.* contingente
kotra cutter
kova secchia, secchio *Kova burcu* l'Acquario
kovalamak cacciare, inseguire, rincorrere, incalzare
kovan alveare, bossolo
kovboy cow-boy
kovmak allontanare, cacciare, espellere, scacciare, mandare via, sloggiare
kovuk incavato, vuoto, cavità, tana
kovuşturma l'accusa
koy baia, *coğ.* seno
koymak mettere, porre, collocare, deporre, inserire, posare
koyu denso; spesso, bruno, fosco, ristretto, scuro
koyulaşmak addensarsi
koyulaştırmak addensare
koyulmak accingersi, mettersi, intraprendere, attaccare, porsi, rapprendersi
koyultmak rapprendere
koyuluk densità, cupezza, grossezza, scurezza
koyun grembo, montone, pecora, seno
koyuvermek mandare
koyvermek lasciarsi andare, mollare
koz noce, briscola
koza bozzolo
kozalak pigna
kozmetik cosmetico; cosmetica
kozmopolit cosmopolita
köfte crocchetta, polpetta

kök radice; origine ***kök salmak*** attecchire, barbicare, invalere, mettere radice, radicare ***kökünden sökmek*** estirpare, sradicare, sbarbare ***kökünü kurutmak*** sterminare
köken origine, provenienza, principio, germe, sorgente
kökenbilim etimologia
köklenmek barbicare
kökleşmek radicarsi
köklü con radici, radicale, viscerale
köknar abete
kökten radicale, radicalmente
köktencilik radicalismo
köle schiavo, servo, vassallo
kölelik schiavitu, servitu, schiavitù, servitù
kömür carbone
kömürcü carbonaio
kömürleşmek carbonizzarsi
kömürlük carbonaia
köpek cane
köpekbalığı pescecane, squalo
köprü ponte ***köprü kurmak*** gettare
köpük schiuma, spuma
köpüklü spumante, spumeggiante, spumoso
köpürmek arrabbiarsi, imperversare, incavolarsi, ribollire, spumare, scattare

kör cieco; orbo ***kör olası*** dannato ***körü körüne*** allą cieca, ciecamente
kördüğüm groviglio, nodo gordiano, nodo stretto
körebe mosca cieca
körelme *hek.* atrofia
körelmek smussarsi
körfez *coğ.* golfo
körlük cecità
körpe fresco, giovane
körük soffietto, ventola, mantice
körüklemek attizzare
köse imberbe
kösele cuoio
kösnül libidinoso
köstebek talpa
kösteklemek incagliare, intralciare
köşe angolo, cantone, spigolo, canto
köşegen *mat.* diagonale
köşeli angolare, angoloso
köşk chiosco, villino, castello
kötü cattivo, malvagio; male, nefasto, peggio, tremendo ***kötü niyetli*** malevolo, maligno ***kötüye kullanmak*** abusare, profanare
kötücül *hek.* maligno, malefico
kötülemek denigrare
kötüleşmek aggravarsi, inasprirsi, peggiorare, acuirsi,

kötülük

acutizzarsi, declinare, ridursi
kötülük male, malvagità, malizia, malvagità, iniquità ***kötülük etmek*** fare del male
kötümser pessimista
kötümserlik pessimismo
kötürüm paralitico
köy paese, vico, villaggio
köylü campagnolo, contadino, paesano, forese, villano
kral monarca, re, sovrano ***kral naibi*** reggente
kraliçe regina
kramp *hek.* crampo, spasimo
krampon rampone
krank manovella, gomito
krater cratere
kravat cravatta
kredi credenza, credito ***kredi kartı*** carta di credito ***kredi mektubu*** lettera di credito
krem crema
krema crema
kreş asilo
kriket pallamaglio
kriko binda, cricco, martinetto
kriminoloji criminologia
kristal cristallino, cristallo
kriter criterio
kritik critico, cruciale
kriz accesso, attacco, crisi, ictus
krizantem crisantemo
kroki schizzo, abbozzo
krom cromo
kromozom *biy.* cromosoma
kronik cronico
kronoloji cronologia
kronolojik cronologico
kronometre cronometro
kruvazör incrociatore
kuaför acconciatore, per signora
kuartet quartetto
kubbe calotta, cupola
kucak grembo, seno
kucaklamak abbracciare
kucaklaşmak abbracciarsi
kudret forza
kudretli potente, forte
kudretsiz impotente
kudurmak inferocire, inferocirsi, accanirsi, arrabbiarsi, imperversare
kudurmuş forsennato, furibondo, furioso
kudurtmak fare arrabbiare qlcu, inferocire
kuduz rabbia, idrofobia, arrabbiato, rabbioso
kuğu cigno
kukla burattino, marionetta, fantoccio, pupazzo
kul schiavo, creatura, suddito
kulaç braccio
kulak orecchia, orecchio ***kulağını çekmek*** tirare le orecchie a qc ***kulak ağrısı*** otalgia

kulak iltihabı otite *kulak kabartmak* rizzare gli orecchi *kulak kesilmek* drizzare gli orecchi, essere tutt'orecchi *kulak vermek* dar corda a qn, porgere orecchio
kulakçık *anat.* orecchietta
kulakkepçesi *anat.* padiglione
kulaklık auricolare, cuffia
kulakzarı membrana del timpano
kulampara pederasta
kule maschio, torre
kulis camerino, quinta
kullanılmış usato
kullanım impiego, uso, utenza, utilizzo
kullanışlı comodo, pratico, funzionale, maneggevole
kullanmak usare, utilizzare, adoperare, adibire, condurre, esercitare, impiegare, maneggiare, consumare, manovrare, servirsi, strumentalizzare
kulluk sudditanza
kulp impugnatura, manico, maniglia, presa
kuluçka incubazione *kuluçka makinesi* incubatrice *kuluçkaya yatmak* covare
kulübe capanna, baracca, cabina, chiosco
kulüp casino, circolo, società
kulvar corsia
kum arena, sabbia
kumanda comando *kumanda etmek* capitanare, comandare
kumandan comandante
kumanya provvista
kumar giochi d'azzardo *kumar oynamak* giocare d'azzardo
kumarhane bisca, casa da gioco
kumaş stoffa, panno, tessuto
kumbara salvadanaio
kumlu arenoso, sabbioso
kumral biondo, castano
kumru tortora
kumsal lido, spiaggia
kundak fasce
kundakçı incendiario
kundura scarpa
kunduracı ciabattino
kunduz castoro
kupa coppa; (kâğıt) cuore, trofeo
kupon cedola, tagliando, buono, talloncino
kupür ritaglio
kur corso *kur yapmak* corteggiare
kura sorte, sorteggio *kura çekmek* estrarre, sorteggiare, tirare a sorte
kurabiye sgonfiotto
kurak arido, brullo
kuraklık aridità, arsura, siccità, secco

kural norma, regola, arte, legge, precetto, regolamento
kuraldışı anomalo
kurallı regolare
kuram speculazione, teoria
kuramsal speculativo, teoretico, teorico
Kuran Corano
kurbağa rana, ranocchia
kurbağalama nuoto a rana
kurban sacrificio, vittima, ex voto, martire, olocausto
kurcalamak frugare, rimestare
kurdele nastro, fiocco, nastro, spighetta
kurdeşen *hek.* orticaria
kurgu *sin.* montaggio
kurmak fondare, impiantare, installare, meditare; (saat) caricare, assemblare, costituire, costruire, edificare, innalzare
kurmay stato maggiore *kurmay subay* ufficiale di stato maggiore
kurnaz abile, accorto, astuto, furbo, malizioso, scaltro, farabutto, sagace, *kon.* dritto
kurnazlık abilità, accortezza, furberia, artificio, malizia, scaltrezza, meandro
kurs corso
kursak ingluvie

kurşun piombino, piombo *kurşun geçirmez* blindato *kurşuna dizmek* fucilare, giustiziare
kurşuni plumbeo
kurşunkalem lapis, matita
kurt lupo; baco, verme
kurtarıcı redentore, salvatore
kurtarma riscossa, salvataggio, redenzione, ricupero
kurtarmak salvare, liberare, svincolare, parare, ricuperare, scampare, trarre in salvo
kurtçuk *hayb.* larva
kurtlanmak inverminare, tarlare
kurtlu verminoso
kúrtulmak salvarsi, liberarsi, sbarazzarsi, sfuggire, sollevarsi, sopravvivere, affrancarsi, districarsi, scampare, sottrarsi, togliersi
kurtuluş salute, salvezza, scampo
kuru secco, asciutto, (bitki) stecchito, arido *kuru incir* fico secco *kuru temizleme* lavaggio a secco *kuru üzüm* uva passa, uvetta
kurucu costituente, costitutivo, fondatore, istitutore *kurucu meclis* assemblea costituente
kurul assemblea, comitato, collegio, commissione, consulta

kurulamak asciugare, essiccare
kurulmak darsi aria, posare, esser montato, costituirsi
kurultay congresso, convenzione
kuruluk aridità, arsura, asciuttezza
kuruluş costituzione, fondatezza, fondazione, compagnia, istituto, istituzione, organismo, ossatura
kurum associazione, compagnia, ente, fuliggine, istituto, orgoglio, superbia, caligine, presunzione, arroganza
kurumak seccarsi, prosciugarsi, (bitki) stecchire
kurumlu orgoglioso, superbo, borioso
kuruntu immaginazione, timori, illusione, chimera, paura, scrupolo
kuruş piastra, quattrino
kurutma stagionatura *kurutma kâğıdı* carta assorbente
kurutmak asciugare, essiccare, prosciugare, seccare, inaridire, stagionare
kurye corriere, staffetta
kusmak rigettare, vomitare
kusmuk vomito
kusur difetto, fallo, colpa, magagna, mancanza, macchia, pecca, vizio *kusur bulmak* criticare, ridire *kusura bakmamak* perdonare
kusurlu difettoso, imperfetto, malfatto, manchevole, vizioso, zoppo
kusursuz corretto, impeccabile, perfetto, preciso
kuş uccello, volatile *kuş beyinli* cervello di gallina, testa di legno
kuşak generazione; zona, cinto, cintura, progenie
kuşatma accerchiamento, assedio
kuşatmak accerchiare, assediare, attorniare, cingere, imbottigliare, oppugnare
kuşbakışı a volo d'uccello
kuşet cuccetta
kuşkonmaz asparago
kuşku dubbio, incertezza, sospetto, discutibilità, scrupolo *kuşku duymak* sospettare
kuşkucu diffidente, scettico, sospettoso
kuşkulanmak dubitare, insospettire, insospettirsi, sospettare, porre in dubbio
kuşkulu incerto, sospetto, sospettoso, ambiguo, discutibile, dubbiso
kuşkusuz altrochè, certamente, certo, indubbio, senz 'altro,

kuşpalazı

senza dubbio
kuşpalazı *hek.* difterite
kuştüyü piuma, piumaggio
kutlama complimento, congratulazione, congratulazione, celebrazione, festeggiamento
kutlamak congratularsi, festeggiare, rallegrarsi, celebrare
kutsal sacro, santo, benedetto, sacrale
kutsallık sacralità, santità, venerabilità
kutsama apoteosi, consacrazione, sacramento, santificazione
kutsamak benedire, consacrare, santificare
kutu scatola, astuccio, cassetta, custodia
kutulamak inscatolare
kutup diodo, polo
kuvars quarzo
kuvvet forza, potenza, efficacia, portata, potenza, vigore *kuvvetten düşmek* infiacchirsi
kuvvetlendirmek fortificare, rinforzare, invigorire
kuvvetlenmek rafforzarsi, rinforzarsi
kuvvetli forte, potente, forzuto, agguerrito, maschio, robusto, vigoroso
kuvvetsiz debole, senza forza, esiguo, fiacco
kuyruk coda, fila, gamba *kuyruk sallamak* scodinzolare kuyruklu *kuyruklu piyano* pianoforte a coda *kuyruklu yalan* bugia maiuscola
kuyrukluyıldız cometa
kuyruksokumu *anat.* sacro
kuytu pozzo, fossa
kuyumcu gioielliere, orefice, orafo *kuyumcu dükkânı* gioielleria, oreficeria
kuzen cugino
kuzey nord, nord, settentrione; settentrionale
kuzeybatı nord-ovest
kuzeydoğu nordest
kuzeyli nordico, settentrionale
kuzgun corvo
kuzu abbacchio, agnello *kuzu gibi* arrendevole
kübik cubico
küçücük piccolino, minimo
küçük piccolo, ridotto *küçük düşmek* mortificarsi, umiliarsi, prostrarsi *küçük düşürmek* avvilire, fare degli spregi, prostrare, umiliare *küçük düşürücü* avvilente, denigratorio, umiliante *küçük harf* lettera minuscola, minuscolo
küçüklük esiguità, piccolezza
küçülmek impiccolirsi, re-

stringersi, abbassare, degradarsi, ridursi
küçültmek impiccolire, restringere, ridurre, rimpiccolire, avvilire, diminuire, minimizzare
küçümsemek avere in spregio, disprezzare, sdegnare, dileggiare, snobbare, sottovalutare, svalutarsi
küf muffa
küfe cesta
küfelik ubriaco fradicio
küflenmek ammuffire, muffire
küflü muffo
küfretmek bestemmiare
küfür bestemmia, affronto, insulto, blasfemo
küfürbaz bestemmiatore
küfürlü ingiurioso
kükremek ruggire
kükürt zolfo
kükürtlü solforico, solforoso, sulfureo
kül cenere *kül tablası* portacenere, posacenere
külah berretta, cono
külçe lingotto
külfet fatica
külfetli oneroso
külhanbeyi teppista
küllük portacenere, posacenere
külot mutande *külotlu çorap* calzamaglia
külrengi grigio
kültür cultura
kültürel culturale
kültürfizik cultura fisica
kültürlü colto, letterato
kültürsüz incolto
külüstür vecchio, antiquato
küme gruppo, mucchio, ammasso, conglomerato, cumulo, massa, pila, sp. serie
kümes pollaio, stia *kümes hayvanları* pollame
künye matricola, piastrina
küp cubo, giara *küplere binmek* arrovellarsi, uscire di senno
küpe orecchino
küpeçiçeği fucsia
kürdan stecchino, stuzzicadenti
küre globo, sfera
kürek pala, badile, remo, vanga *kürek çekmek* remare, vogare
kürekçi canottiere, rematore, vogatore
kürekkemiği *anat.* scapola
küresel sferico
kürk pellicceria, pelliccia, pelo
kürkçü pellicciaio *kürkçü dükkânı* pellicceria
kürsü cattedra, tribuna, podio, pulpito
kürtaj raschiatura, aborto
küskünlük ripicca
küsmek indignarsi

küstah insolente, irrispettoso, spavaldo, arrogante, impertinente, impudente, svegognato
küstahlık arroganza, impertinenza, impudenza, insolenza, petulanza
küstümotu mimosa
küsurat rotto
kütle mole, *fiz.* massa
kütük mozzicone, registro, tronco, archivio, ceppo, matricola, *bitk.* stipite
kütüphane biblioteca, libreria
kütüphaneci bibliotecario
küvet bacinella, bacino, catinella, conca, vasca

L

labirent labirinto
laboratuvar laboratorio, gabinetto
lacivert colore blu marino
laçka lento, fiacco
ladin abete
laf parola *laf olsun diye* si far per dire, tanto per dire *lafa tutmak* attaccare discorso *lafı ağzından almak* togliere le parole di bocca *lafı çevirmek* rimangiarsi la parola
lağım fogna
lahana cavolo
lahit arca, sarcofago
lahza attimo, istante, momento
laik laico, secolare
laikleştirmek laicizzare, secolarizzare
laiklik laicismo, laicità, secolare
lakap appellativo, epiteto, soprannome
lake lacca
laktoz lattosio
lale tulipano
lama *hayb. din.* lama
lamba lampada, fanale, lume
lanet esecrazione, imprecazione, maledizione, dannato *lanet etmek* imprecare
lanetlemek imprecare, maledire
lanetli imprecativo, maledetto
lapa pappa
lastik gomma; (arabada) copertone
laterna *müz.* organetto
Latin latino
Latince latino
laubali familiare, alla buona
laubalilik disinvoltura
lav lava
lavabo lavabo, lavandino
lavanta lavanda
layık degno, meritevole *layık olmak* degnarsi, meritare

lazım necessario, occorrente *lazım olmak* bisognare, occorrere, necessitare
lazımlık vaso da notte
leğen catino, vasca, bacinella, bacino
leh beneficio, vantaggio
lehçe dialetto, idioma
lehim saldatura
lehimlemek saldare
lehine a favore
lejyon legione
leke macchia, chiazza, ombra, stigmate, tacca, infamia *leke çıkarmak* smacchiare
lekelemek macchiare, denigrare, calunniare, contaminare, diffamare, profanare
lekeli macchiato, macchioso, tinto
lekesiz illibato, immacolato, nitido, pulito, puro
lenf linfa
lens lenti a contatto
leopar gattopardo, leopardo
levazım approvigionamento
levha lastra, targa, cartella, piastra
levrek insegna, tabella, spigola
levye manovella
leylak lilla
leylek cicogna
lezbiyen lesbica
leziz delizioso, squisito
lezzet sapore, gusto, delizia, squisitezza
lezzetli delicato, ghiotto, gustoso, saporito, saporoso, squisito, succulento
liberal liberale
liberalizm liberalismo
libero *sp.* libero
Libya Libia
Libyalı libico
lider capo, condottiero, duce, leader
lif fibra
lifli fibroso
likör liquore
liman porto, rada
limit limite, segno, termine
limon limone
limonata limonata
linç linciaggio *linç etmek* linciare
linyit lignite
lir *müz.* lira
lira lira
liret lira italiana
lirik lirico
lisan lingua
lise liceo, scuola secondaria superiore
liseli liceale
liste lista, distinta, elenco, listino, tabella

litografya litografia
litre litro
liyakat merito
liyakatli benemerito
lobi ridotto
loca loggia, palco, tribuna, *tiy.* palchetto
lodos libeccio
logaritma *mat.* logaritmo
loğusa puerpera
loğusalık puerperio
lojistik *ask.* logistica
lojman alloggio
lokal locale; circolo
lokanta ristorante, trattoria
lokantacı trattore
lokavt serrata
lokma boccone, morso
lokmanruhu etere
lokomotif locomotiva, motrice
lokum sorta di dolce
lomboz oblò
lonca corporazione
losyon lozione
loş cupo, fosco, buio
lösemi leucemia
lumbago *hek.* lombaggine
lunapark lunapark, parco di divertimenti
lüfer leccia
lügat vocabolario
lüks lussuoso; lusso, lussureggiante
lüle riccio
lületaşı magnesite, schiuma di mare
lütfen per favore, per cortesia, per piacere
lütuf favore, grazia, beneficio, cortesia, mercé
lüzum necessità
lüzumlu necessario

M

maalesef disgraziatamente, purtroppo
maaş stipendio, compenso, paga, salario, appannaggio, busta paga
maaşlı stipendiato
mabet santuario
Macar magiaro, ungherese
Macarca ungherese
Macaristan Ungheria
macera avventura
maceralı avventuroso, fortunoso, rocambolesco
macun pasta, impasto, mastice
maç incontro, gara, partita
maça picche
maçuna gru
madalya medaglia, insegna, patacca

madalyon medaglione
madam madama, signora
madde materia, articolo, clausola, sostanza, corpo, elemento
maddeci materialista
maddecilik materialismo
maddeten materialmente
maddi materiale
maden metallo, minerale *maden işçisi* minatore *maden ocağı* fornace, miniera *maden yatağı* giacimento
madenci cavatore
madencilik metallurgia
madeni metallico
madensel metallico
madensuyu acqua minerale
madik trucco, espediente *madik atmak* fare le scarpe a qn
mafsal articolazione
mafya mafia
magazin rotocalco
magma *yerb.* magma
magnezyum *kim.* magnesio
mağara caverna, grotta, antro, spelonca
mağaza bottega, negozio
mağlubiyet sconfitta, disfatta
mağlup vinto, sconfitto *mağlup etmek* sconfiggere *mağlup olmak* perdere, essere sconfitto
mağrur altezzoso, sdegnoso, spavaldo
mahal luogo, posto, ubicazione
mahalle quartiere, rione
mahalli locale, regionale
maharet artificio, bravura, maestria
maharetli bravo
mahcubiyet imbarazzo, mortificazione
mahcup mortificato, ritroso, vergognoso *mahcup etmek* imbarazzare, mortificare *mahcup olmak* imbarazzarsi, mortificarsi
mahkeme corte, tribunale, processo *mahkeme kararı* giurisprudenza
mahkûm condannato, forzato, galeotto, recluso *mahkûm etmek* condannare
mahkûmiyet condanna
mahmuz sperone, sprone
mahmuzlamak spronare
mahpus detenuto
mahrem segreto, intimo
mahrum privo, sfornito, vuoto *mahrum etmek* privare
mahrumiyet privazione *mahrumiyet bölgesi* sede disagiata
mahsul prodotto, messe, mietitura, raccolto
mahsur assediato

mahsus

mahsus apposta, particolare, per dispetto, volutamente
mahvetmek annientare, mandare in rovina, massacrare, rovinare
mahvolmak andare a rotoli, andare in fascio, perire, rovinarsi
mahzen sotterraneo
mahzun addolorato, amareggiato, mesto, triste
mahzur inconveniente
mahzurlu svantaggioso
maiyet codazzo, scorta, seguito
majeste maestà
majüskül maiuscola, maiuscolo
makale articolo, servizio
makam titolare
makara bobina, carrucola, girella, puleggia, rocchetto
makarna maccheroni, pasta, pastasciutta
makas forbici, molla, scambio
makat sedere, panno
makbuz ricevuta, bolletta, scontrino, bolla, buono
maket bozzetto, modello, plastico
maki macchia, lemure
makine macchina, apparecchiatura, apparecchio *makine mühendisi* ingegnere meccanico *makineli tüfek* mitra, mitragliatrice
makineleştirmek meccanizzare, motorizzare
makinist macchinista
maksat intenzione, meta, proposito, mira
maksimum massimale, massimo
makul ragionevole, sensato, plausibile, trattabile
makyaj truccatura, trucco *makyaj yapmak* imbellettare, imbellettarsi, dipingersi, tingersi, truccarsi
mal bene, merce, mercanzia, partita, proprietà, articolo, prodotto, ricchezza, sostanza *mal etmek* attribuire *mal olmak* costare *mal sahibi* padrone
mala cazzuola, spatola
malarya malaria
mali finanziario *mali yıl* esercizio finanziario
malik possessore, proprietario *malik olmak* possedere
malikâne proprieta, tenuta, dominio
maliye finanza *Maliye Bakanlığı* ministero del tesoro
maliyeci finanziere, guardia di finanza
maliyet costo *maliyet fiyatı* costo di fabbricazione
malt malto

Malta Malta
malul invalido
malumat notizie, informazioni
malzeme materia, materiale, provvista; ingrediente, munizione, rifornimento
mama omogeneizzato
mamafih tuttavia
mamul manufatto
mamut *hayb.* mammùt
mana espressivo, senso
manalı significativo
manasız senza significazione
manastır abbazia, chiostro, convento, monastero, cenobio
manav fruttivendolo
mancınık balista, catapulta, onagro, spingarda
manda bufalo, mandato
mandal molletta
mandalina mandarino
mandıra cascina, caseificio
mandolin mandolino
manevi morale, spirituale
maneviyat moralità
manevra manovra, *ask.* mossa, *den.* evoluzione
manga *ask.* squadra, plotone
mangal braciere
manganez manganese
mangır *kon.* palanca
manifatura manifattura
manifaturacı manifatturiere
manifesto manifesto
manikür manicure
manikürcü manicure
manivela leva, manovella
mankafa ebete, *kon.* zuccone
manken indossatrice, modella
manolya *bitk.* magnolia
manometre *fiz.* manometro
Manş Denizi Manica
manşet polsino
manşon manicotto
mantar fungo, sughero
mantık logica, ragione, raziocinio
mantıkdışı insensato
mantıksız illogico, irragionevole
mantıksızlık anomalia
manto mantello, manto
manyak maniaco
manyetik magnetico *manyetik alan* campo magnetico
manyetizma magnetismo
manyeto magnete
manzara scenario, spettacolo, veduta, paesaggio, sguardo, visione
manzaralı panoramico
marangoz carpentiere, falegname
marangozluk falegnameria
maraton maratona
marazi malaticcio, morboso, patologico

mareşal maresciallo
margarin margarina
marifet abilità, destrezza, arte
marifetli abile, destro, valente
marj margine
marka marca, gettone, marchio di fabbrica
markaj marchio
marke etmek marcare
marki marchese
markiz marchesa
marmelat marmellata
maroken marocchino
Mars marte
marş accensione, marcia, *mek.* marcia, *oto.* motorino d'avviamento
mart marzo
martaval storiella
martı gabbiano
marul lattuga
maruz esposto, sottoposto *maruz kalmak* incorrere, sottostare, subire, sottoporsi
masa tavola *masa örtüsü* biancheria da tavola, tovaglia
masaj massaggio *masaj yapmak* massaggiare
masal favola, fiaba, frottola *masal anlatmak* favoleggiare
masatenisi ping-pong, tennis da tavolo
masif massiccio
maskara buffone, ludibrio, pagliaccio, zimbello
maskaralık buffonata, farsa, mascherata, pagliacciata
maske maschera, velo *maskeli balo* ballo in maschera, mascherata
maskelemek mascherare
maskot mascotte, portafortuna
maslahatgüzar incaricato d'affari
mason frammassone, massone
masonluk massoneria
masör massaggiatore
masraf spesa
masraflı dispendioso, oneroso
mastar *dilb.* infinito
mastürbasyon masturbarsi, masturbazione
masum ingenuo, innocente
masumiyet innocenza
masura bobina
maşa le molle
maşrapa cantaro
mat matto *mat etmek* mattare
matador torero
matara borraccia, fiasca
matbaa stamperia, tipografia
matbaacı stampatore, tipografo
matbaacılık stampa, tipografia
matbua stampa, stampato
matem lutto *matem tutmak* portare il lutto

matematik matematica
matematikçi matematico
materyalist materialista
materyalizm materialismo
matine mattinata, spettacolo diurno
matkap succhiello, trapano, trivello, verrina
matmazel signorina
matrak scherzo
matris matrice
maun mogano
maval frottola
mavi azzurro, blu
mavimsi azzurrognolo
mavna maona, barcone, chiatta
maya fermento, lievito
mayalamak fermentare, lievitare
mayalanma fermentazione
mayalanmak fermentare, lievitare, rapprendersi
mayasıl eczema
maydanoz prezzemolo
mayhoş agrodolce
mayın mina *mayın tarama gemisi* dragamine *mayın tarlası* campo minato
mayınlamak minare
mayıs maggio
mayısböceği *hayb.* maggiolino
maymun scimmia *maymun iştahlı* girandola, volubile
mayo costume da bagno
mayonez maionese
mazeret scusa, giustificazione, scusante
mazgal merlatura
mazı *bitk.* galla
mazi passato
mazlum oppresso
mazoşist *ruhb.* masochista
mazoşizm *ruhb.* masochismo
mazot gasolio, nafta
mazur scusabile, scusato *mazur görmek* scusare, perdonare, scagionare
mâni impedimento, ostacolo, impaccio *mâni olmak* impedire, ostacolare, imbarazzare, impicciare
mebus deputato
mecaz metafora, tropo
mecazi metaforico, figurato
mecbur costretto, obbligato, impegnato, necessitato, tenuto *mecbur etmek* costringere, obbligare, implicare *mecbur olmak* obbligarsi
mecburi coatto, obbligato, obbligatorio *mecburi iniş* atteraggio di fortuna
mecburiyet carica, impegno, obbligatorietà, obbligo
meclis assemblea, convegno, riunione, consiglio
mecmua rivista

meç stocco
meçhul ignoto
meddücezir marea
medeni civile
medeniyet civiltà
medrese seminario
medyum medium
mefruşat arredamento, suppellettile
megafon megafono
meğer invece
mehtap chiaro di luna
mekanik meccanico; meccanica
mekanizma meccanismo, congegno, dispositivo, ordigno
mekân luogo, abitazione
mekik navetta, rocca, spola *mekik dokumak* fare la navetta, fare la spola
mektep scuola
mektup lettera, missiva
mektuplaşma corrispondenza
mektuplaşmak corrispondere
melankoli malinconia
melankolik malinconico
melek angelo, cherubino *melek gibi* angelico
meleke facoltà
melemek belare
melez ibrido, mezzosangue, sangue misto
melhem pomata
melodi melodia, canto
melodram melodramma
melon bombetta
meltem brezza, zefiro
melun maledetto
meme mammella, petto, poppa, tetta *memeden kesmek* svezzare
memeli mammifero
memleket paese
memnun appagato, contento, felice, onorato *memnun etmek* accontentare, appagare, beatificare, deliziare *memnun olmak* accontentarsi, godere, appagarsi, contentarsi, deliziarsi
memnunluk benessere, compiacenza, contentezza
memorandum memorandum
memur funzionario, impiegato, ufficiale, addetto
memuriyet incarico, funzione, mansione
menderes meandro
mendil fazzoletto
menekşe mammola, viola
menenjit meningite
menetmek inibire, vietare
menfaat bene, beneficio, interesse, tornaconto, vantaggio
menfi negativo
mengene morsa, strettoio, torchio

meni *biy.* seme, sperma
menkul mobiliare
menopoz menopausa
mensup appartenente a, attinente a
menşe provenienza
menteşe cardine, cerniera, ganghero
mentol *kim.* mentolo
menzil gittata, portata
mera pascolo
merak curiosità, mania, pallino, preoccupazione, ansietà *merak etmek* preoccuparsi, inquietarsi, incuriosirsi, stare in pensiero *merak sarmak* appassionarsi *merakta bırakmak* preoccupare
meraklanmak impensierirsi, preoccuparsi
meraklı appassionante; curioso; dilettante, amatore
merasim cerimonia; funzione, rituale, solennità
mercan corallo
mercanada atollo
mercanbalığı *hayb.* orata
mercanköşk *bitk.* maggiorana
mercek lente
mercimek lente, lenticchia
merdane matterello, rullo
merdiven gradinata, scala, gradino *merdiven sahanlığı* ballatoio
merhaba ciao, salute!
merhamet clemenza, compassione, misericordia, pietà, carità, umanità *merhamet etmek* aver pietà, compiangere
merhametli clemente, compassionevole, misericordioso, pietoso, tenero, umano
merhametsiz carnefice, crudele, efferato, empio, inclemente, inesorabile, spietato
merhametsizlik durezza, inclemenza, spietanza
merhem balsamo, pomata, unguento
merhum defunto, fu, estinto, buonanima
meridyen meridiano
Merih *gökb.* marte
merinos *hayb.* merino
merkez centro, centrale, sede, capoluogo, focolaio
merkezi centrale
merkeziyetçilik accentramento
merkezkaç centrifugo
Merkür *gökb.* mercurio
mermer marmo
mermi pallottola, proiettile
merserize mercerizzato
mersin *bitk.* mirto, mortella; *hayb.* storione
mert galantuomo, generoso

mertebe grado
Meryem Ana Madonna, Nostra signora
mesafe distanza, intervallo, percorso, tratto
mesai lavorativo *mesai saatleri* ore lavorative
mesaj messaggio, dispaccio, ambasciata
mesela per esempio
mesele questione, problema, cosa
Mesih messia
mesken residenza, abitazione, alloggio, dimora, domicilio
meslek professione, mestiere, carriera
mesleki professionale, tecnico
meslektaş collega
mesnet supporto
mest ebbro *mest etmek* rapire *mest olmak* andare a nozze, incantare
mesul responsabile
mesuliyet responsabilità
mesut felice
meşale fiaccola, torcia
meşe quercia, rovere
meşgale bisogna
meşgul occupato, affaccendato, impegnato, indaffarato *meşgul etmek* impegnare, occupare *meşgul olmak* affaccendarsi, essere in faccenda, occuparsi
meşguliyet attività, faccenda, occupazione
meşhur famoso, rinomato, celebre *meşhur olmak* fare epoca
meşin cuoio, pelle
meşru lecito, legittimo *meşru müdafaa* legittima difesa
meşrubat bevande, bibite, gli analcolici
met flusso
metabolizma *biy.* metabolismo, ricambio
metafizik metafisica
metal metallo
metalurji metallurgia
metamorfoz metamorfosi
metan metano
metanet costanza, fermezza
metastaz metastasi
metelik moneta, soldo *meteliğe kurşun atmak* non avere il becco di un quattrino
meteliksiz senza un soldo, squattrinato
meteor *gökb.* meteora
meteoroloji meteorologia
meteorolojik meteorologico
methetmek lodare, elogiare, encomiare
methiye elogio, panegirico
metil metile *metil alkol* alcool metilico

metilen metilene
metin testo; solido, tenace, costante, brano
metodoloji metodologia
metodolojik metodologico
metot metodica, metodo
metotlu metodico
metraj *sin.* metraggio
metre metro ***metre kare*** metro quadro ***metre küp*** metro cubo
metres amante, concubina
metrik metrico ***metrik sistem*** sistema metrico
metro metro, metropolitana, metropolitana
metronom *müz.* metronomo
metropol metropoli
metropolit metropolita
metruk disabitato
mevcudiyet entità, presenza
mevcut esistente, disponibile, presente ***mevcut olmak*** esistere, sussistere
mevduat depositi in banca ***mevduat hesabı*** deposito fiduciario
mevki grado, posizione, sito, sito, status
mevsim stagione, tempo
mevsimlik stagionale
mevzi posto
mevzu topica, oggetto, soggetto
mevzuat legislazione

meyankökü liquirizia
meydan esedra, piazza, piazzale, slargo ***meydan okumak*** affrontare, sfidare ***meydan vermemek*** prevenire ***meydana çıkarmak*** svelare ***meydana çıkmak*** dimostrarsi, rivelarsi ***meydana gelmek*** accadere, avvenire, succedere, capitare, constare, originarsi, succedere ***meydana getirmek*** comporre, costituire, creare, fare, partorire, suscitare
meydanda palese
meyhane bettola, osteria, taverna
meyhaneci tavernaio, bettoliere
meyil inclinazione, pendenza, tendenza, declivio, discesa, pendio, scesa
meyilli inclinato, pendente, spiovente
meyve frutta, frutto ***meyve bahçesi*** frutteto ***meyve suyu*** succo, succo di frutta
meyvesiz senza frutto
mezar tomba, fossa, sepolcro, tumulo
mezarlık camposanto, cimitero
mezat incanto, asta
mezbaha macello, mattatoio
meze antipasto
mezgit nasello

mezhep culto, religione, setta
meziyet merito, pregio, virtù
mezozoik *yerb.* mesozoico
mezun diplomato, in congedo, autorizzato
mezuniyet graduazione
mıknatıs magnete, calamita
mıknatıslamak calamitare, magnetizzare
mıknatıslı magnetico
mıntıka zona
mırıldanmak borbottare, mormorare, parlottare, ronfare
mırıltı bisbiglio, mormodo, mormorio
Mısır Egitto
mısır granturco, mais *mısır koçanı* pannocchia
Mısırlı egiziano
mısra versetto, verso
mışıl mışıl sanamente, solidamente *mışıl mışıl uyumak* dormire come una marmotta
mızmız pedante, pignolo
mızrak lancia, spiedo, dardo, giavellotto, picca
miço mozzo
mide stomaco *mide bulandırmak* nauseare, stomacare *mide bulantısı* nausea, schifo
midye cozza, mitilo
migren *hek.* emicrania
miğfer casco, elmetto, barbuta

mihrap altare
mika mica
mikrobik microbico
mikrobiyoloji microbiologia
mikrofilm microfilm
mikrofon microfono
mikroorganizma microrganismo
mikrop microbio, germe
mikroplu settico, infettivo
mikropsuz asettico, sterile
mikroskop *fiz.* microscopio
mikser impastatrice, miscelatore
miktar quantità, somma, dose, quantitativo
mil miglio; perno, asse, ferro, lega
milat nascita di Gesu Cristo *milattan önce* avanti Cristo *milattan sonra* dopo Cristo
milibar millibar
miligram milligrammo
milimetre millimetro
milis milizia
militan militante
millet nazione, popolo, popolo
milletlerarası internazionale
milletvekili deputato
milli nazionale *Milli Eğitim Bakanlığı* Ministero della Pubblica İstruzione, Ministero della pubblica istruzione *milli gelir* prodotto nazionale *milli takım* nazionale

milliyet nazionalità
milliyetçi nazionalista
milliyetçilik nazionalismo
milyar miliardo
milyarder miliardario, ricco sfondato
milyon milione
milyoner milionario
mimar architetto
mimari architettonico, architettura
mimarlık architettura
mimoza mimosa
minare minareto
minder capezzale, giaciglio
mine smalto
mineral minerale
mineraloji mineralogia
mini minigonna *mini etek* minigonna
minibüs pulmino
minik esiguo, minuto, piccino
minimum minimo
minnet gratitudine, riconoscenza
minnettar grato, riconoscente, memore, obbligato
minnettarlık gratitudine
minyatür miniatura
miras eredità, legato, patrimonio
mirasçı erede
misafir ospite *misafir etmek* alloggiare, ricoverare
misafirperver accogliente, ospitale
misafirperverlik ospitalità
misal esempio
misilleme rappresaglia, ritorsione *misillemede bulunmak* ricambiare
misina lenza
misket palline
miskin gretto; poltrone, indolente, marmotta
miskinlik indolenza
misyon missione
misyoner missionario
mit mito
miting comizio
mitoloji mitologia
miyar *kim.* reattivo
miyav miagolio
miyavlamak miagolare
miyop corto di vista, miope
miyopluk miopia
mizaç indole, natura, temperamento, umore
mizah humour, umorismo
mizahçı umorista
mizahi umoristico
mizanpli messa in piega
mobilya mobile, mobilia, mobilio, arredamento, suppellettile
moda moda, voga *moda olmak* andare di moda *modası geçmiş* antiquato, fuori moda,

giù di moda, sorpassato
model esemplare, modello, norma, schema
modern moderno, moderno
modernleşmek rimodernarsi, modernizzarsi
modernleştirmek modernizzare, rimodernare, ammodernare
modernlik modernità
modülasyon *fiz.* modulazione
mokasen mocassino
mola pausa, posa, sosta, tappa *mola vermek* riposarsi, sostare, fermarsi
molekül molecola
moleküler molecolare
moloz breccia, calcinacci
moment *fiz.* momento
monarşi monarchia
monarşik monarchico
monitör monitore
monogami monogamia
monografi monografia
monolog monologo
monopol monopolio
monoton monotono, piatto, uniforme
monotonluk monotonia, piattezza, routine, tran tran
mont giacca a vento
montaj montaggio, montatura, assemblaggio
montajcı montatore
monte etmek assemblare, montare
mor viola
moral morale *moral vermek* rassicurare *morali bozulmak* avvilirsi, buttarsi giù *moralini bozmak* avvilire, demoralizzare
morartı ecchimosi
moratoryum moratoria
morfem morfema
morfin morfina
morfoloji *dilb.* morfologia
morg obitorio
morina merluzzo
morötesi ultravioletto
moruk vecchio
mosmor livido
motif motivo
motivasyon motivazione
motor motore
motosiklet motocicletta, motociclo, moto
mozaik mosaico
muaf esente, immune *muaf tutmak* esentare, esonerare, esimere
muafiyet dispensa, esenzione, esonero, franchigia, immunità
muamele trattamento, procedura, contegno, procedimento *muamele etmek* trattare, trattarsi

muamma enigma, incognita, rebus

muavin aiutante, assistente, aggiunto

muayene esame *muayene etmek* esaminare, visitare

muayenehane ambulatorio

muazzam grandioso, importante, favoloso, immenso, monumentale

mucit inventore

mucize miracolo, prodigio, miracoloso, portento

mucizevi portentoso

muço den. mozzo

mudi correntista

muğlak ambiguo, impreciso

muhabbet affetto, amore, amicizia, benevolenza, carezza *muhabbet tellalı* mezzana, ruffiano

muhabir corrispondente, cronista

muhafaza conservazione, custodia, manutenzione, preservazione, rivestimento, salvaguardia *muhafaza etmek* conservare, mantenere, preservare, custodire, serbare

muhafazakâr conservatore

muhafız custode, guardiano, guardia

muhakeme illazione, ragionamento; processo, logica *muhakeme etmek* ragionare

muhakkak certo, sicuro, certamente, immancabile, sicuramente

muhalefet opposizione, contrarietà *muhalefet etmek* contrariare, contrastare, opporsi *muhalefet partisi* partito d'opposizione

muhalif contrario, opposto, dissidente, avversario, opponente, oppositore

muharebe guerra, battaglia

muhasara assedio

muhasebe contabilità

muhasebeci contabile, ragioniere

muhatap interlocutore

muhayyile immaginazione

muhit ambiente, ambito

muhtaç bisognoso, indigente, povero

muhtar autonomo, preposto

muhtelif vario, parecchio, molteplice

muhtemel probabile, eventuale, possibile

muhtemelen eventualmente, mi sa che, probabilmente

muhterem egregio, rispettabile

muhteşem magnifico, solenne, splendido, fastoso, superbo,

glorioso
muhtıra memorandum
mukaddes benedetto, sacro
mukavele convenzione, contratto, ingaggio, scritta
mukavemet resistenza
mukavva agglomerato, cartone
mukayese confronto, paragone, parallelo, raffronto, riscontro *mukayese etmek* comparare, equiparare, paragonare, raffrontare, riscontrare
mukoza mucosa
muktedir potente, capace *muktedir olmak* potere
mum candela, cero
mumlu ceroso
mumya mummia
mumyalamak imbalsamare, mummificare
muntazam ordinato, regolare, metodico
musallat che importuna o molesta *musallat olmak* importunare, molestare, perseguitare
Musevi ebreo; giudeo
musibet disastro, accidente, peste, pestifero
muska amuleto
muslin mussola
musluk cannella, rubinetto
muson monsone
muşamba incerata, nespola, tela cerata
muşmula nespola
mutabakat conforme a, concordante con
mutasyon *biy.* mutazione
mutat solito
mutemet depositario
mutfak cucina
mutlak assoluto
mutlaka assolutamente, immancabilmente
mutlu beato, felice, beatificare, fausto, felice, gioioso
mutluluk beatitudine, felicità, gioia, prosperità
mutsuz disgraziato, infelice, sciagurato
mutsuzluk infelicità, sfortuna
muvafakat consenso, accordo *muvafakat etmek* consentire
muvaffak riuscito, arrivato
muvakkat provvisorio
muvakkaten temporaneamente
muz banana
muzaffer trionfante, trionfatore
muzip burlone, malizioso, mattacchione
muziplik burla
mübadele permuta
mübalağa esagerazione, iperbole
mübalağalı enfatico, esagerato
mübarek benedetto, santo

mübaşir messo, usciere, ufficiale giudiziario
mücadele combattimento, lotta, antagonismo, battaglia *mücadele etmek* combattere, lottare, battersi, contrastarsi
mücadeleci agonistico, battagliero, guerriero, lottatore
mücbir coercitivo *mücbir sebep* forza maggiore
mücevher gioiello, monile, prezioso
mücevherat bigiotteria, gioielleria
mücevherci gioielliere
müdafaa difensiva, difesa *müdafaa etmek* difendere
müdafaasız indifeso
müdahale intervento, mossa *müdahale etmek* intervenire, impicciarsi
müdavim abitudinario, frequentatore, habitué
müddet tempo, durata, termine
müdire direttrice
müdür consigliere d'amministrazione, direttore, soprintendente
müebbet perpetuo *müebbet hapis* carcere perpetuo, ergastolo
müessese stabilimento, istituzione
müfettiş commissario di Polizia, ispettore
müfettişlik ispettorato
müflis fallito
mühendis ingegnere
mühendislik ingegneria
mühim importante
mühlet termine, proroga, scadenza
mühür sigillo, suggello, bollo, stampiglia, timbro *mühür basmak* timbrare
mühürlemek sigillare, suggellare
mühürlü sigillato
müjde sigillato, buona notizia
mükâfat premio, ricompensa, taglia
mükâfatlandırmak ricompensare
mükemmel perfetto, eccellente, ottimo, ideale, impeccabile, meraviglioso, mirabile, sopraffino
mülakat colloquio, intervista, conversazione *mülakat yapmak* conversare
mülayim benigno
mülk bene, proprietà, censo, ricchezza *mülk sahibi* possidente
mülkiyet possedimento, possesso, proprietà

mülteci profugo, rifugiato
mümessil rappresentante
mümessillik rappresentanza
mümin fedele
mümkün fattibile, possibile
mümtaz distinto, eminente
münakaşa discussione, litigio, briga, contesa, scontro
münasebet connessione, paragone, pertinenza, rapporto
münasebetsiz inopportuno, sconveniente, scorretto
münasebetsizlik petulanza, sconvenienza
münasip appropriato, acconcio, adatto, conveniente, fatto, tagliato
münavebe alternanza
müneccim astrologo, magi
münferit sporadico
münhal vacante
münzevi appartato
müptela afflitto *müptela olmak* indulgere
müracaat ricorso *müracaat etmek* ricorrere
mürebbiye istutrice
müreffeh prospero
mürekkep inchiostro
mürekkepbalığı calamaro, seppia
mürettebat equipaggio
mürit adepto

müsaade licenza, permesso, concessione *müsaade etmek* permettere, sopportare
müsabaka gara, incontro
müsademe avvisaglia
müsadere confisca *müsadere etmek* confiscare
müsait appropriato, conveniente, propizio, prospero, suscettivo
müsamaha indulgenza, tolleranza *müsamaha etmek* tollerare
müsamahakâr compiacente, indulgente
müsamere serata, spettacolo
müsekkin calmante
müshil lassativo, purgante
Müslüman musulmano, maomettano
Müslümanlık islam, islamismo
müspet affermativo, positivo
müsrif dilapidatore, dissipatore, prodigo, spendaccione, sprecone
müstakbel futuro
müstakil indipendente
müstehcen osceno, impudico, scurrile
müstehcenlik oscenità
müstesna eccettuato, immune
müsteşar sottosegretario
müsvedde brutta copia, minuta, bozza

müşahede osservazione
müşavir consigliere
müşfik affettuoso, tenero
müşkül dificile
müşkülpesent difficile, schizzinoso
müştemilat dipendenza
müşterek collettivo, comune
müşteri cliente, acquirente, avventore, compratore
mütareke armistizio
müteahhit appaltatro, imprenditore, contraente, imprenditore edile
müteakiben a seguito a, successivamente
müteakip successivo
müteessir triste, spiacente, dolente *müteessir olmak* affliggersi
mütehassıs specialista
mütemayil propenso
mütercim traduttore
müteselsil *huk.* solidale
müteşebbis imprenditore
müteşekkir riconoscente
mütevazı modesto, umile
müteveffa fu
müthiş terribile, formidabile
müttefik alleato
müvekkil mandante, cliente
müvezzi distributore
müzakere dibattito, discussione, negoziato, trattativa *müzakere etmek* deliberare, discutere, negoziare
müzayede asta
müze museo
müzik musica
müzikal musicale
müzikbilim musicologia
müzikçi musicante
müzisyen musicista, sonatore, strumentista
müzmin cronico

N

nabız polso *nabzı atmak* pulsare *nabzını yoklamak* tastare il polso
nadas dissodamento, maggese
nadir infrequente, peregrino, raro
nadiren di rado, raramente
nafaka assegno alimentare, alimenti
nafile vano
naftalin naftalina
nağme tono, melodia
nahoş dispiacevole, sgradevole, spiacevole
nakarat filastrocca, nenia, ritornello, *kon.* tiritera

nakış punta, ricamo *nakış işlemek* ricamare
nakil trasporto, trasfusione, rimozione, trasbordo, trasferimento
nakit contante
naklen in diretta
nakletmek trasportare, raccontare, trasferire, devolvere, riportare, trapiantare
nakliye traporto, vettura
nakliyeci casa di spedizione, spedizioniere, trasportatore
nal ferro di cavallo
nalbant maniscalco
nalbur ferramenta
nalın zoccolo
nallamak ferrare
nam fama, reputazione, nome
namağlup imbattuto
namaz preghiera
name lettera
namına per incarico di
namlu canna
namus onestà, onore
namuslu onesto, integro, probo, retto, diritto
namussuz birbante, disonesto, birbo, improbo, ribaldo
namussuzluk birbata, disonestà, disonore
namzet candidato
nane *bitk.* menta

nankör ingrato, irriconoscente
nankörlük ingratitudine
nar granata, melagrana
nara schiamazzo
narenciye agrume, agrumi
nargile narghilè
narin delicato, elegante, fragile, esile, gracile, snello
narinlik delicatezza, fragilità, gracilità
narkotik narcotico
narkoz narcosi *narkoz vermek* anestetizzare, narcotizzare
narsisizm narcisismo
nasıl come; che, quale
nasılsa communque sia; dopotutto
nasır callo *nasır bağlamak* fare il callo a qc
nasırlaşmak incallire
nasırlı calloso, incallito
nasihat consiglio, suggerimento, esortazione, predica *nasihat etmek* consigliare, suggerire
nasip parte
natüralist naturalista
natüralizm naturalismo
natürmort natura morta
navlun nolo, porto
naylon nailon, nylon
naz lezio, moina, smanceria, smorfia, svenevolena
nazar sguardo, malocchio, con-

siderazione **nazar değmek** essere colto dal malocchio
nazariye teoria
nazarlık amuleto, portafortuna
nazım poesia
nazik affabile, amabile, cortese, delicato, elegante, fragile, bonario, fine, galante, gentile
naziklik affabilità, cordialità, delicatezza, eleganza, finezza, fragilità
nazlanmak fare smancerie, fare il difficile
nazlı lezioso, smanceroso, che fa il difficile, smorfioso
ne che; che cosa **ne demeye** come mai **ne diye** come mai **ne kadar** quanto vale?; come; quanto **ne pahasına olursa olsun** a qualsiasi patto **ne var ki** solo che, soltanto **ne var ne yok** nessuna notizia? **ne zaman** quando
nebati vegetale
nebülöz nebulosa
nece che lingua?
nedamet rimorso
neden argomento, cagione, causa, motivo, perché, ragione, causale, motivazione, movente, occasione **neden olmak** arrecare, causare, recare, suscitare, cagionare, dar motivo, portare, provocare
nedeniyle per, stante
nedensiz gratuitamente, immotivato, ingiustificato, senza motivo
nedime dama di corte
nefes respiro, fiato, alito **nefes almak** respirare, aspirare, fiatare, inspirare **nefes borusu** trachea **nefes vermek** espirare **nefesli çalgılar** strumenti a fiato
nefis delizioso, squisito
nefret odio, ribrezzo, schifo, accanimento, animosità, disgusto **nefret etmek** odiare, aborrire, detestare, avere in odio, volere male **nefret uyandırmak** suscitare orrore
nefrit nefrite
neft nafta
negatif negativo; negativa, *fot.* negativo
nehir fiume **nehir yatağı** alveo
nektar nettare
nem umidità, umido
nemlendirici idratante
nemlenmek inumidirsi
nemli molle, umidiccio, umido
nemrut arrogante
neolitik neolitico
neon neon
Neptün *gökb.* Nettuno

nereden donde, onde
nereli di dove, di che paese
neresi che luogo, che parte, dove
nereye dove
nergis *bitk.* narciso
nesil generazione, genia, razza
nesir prosa, prosastico
nesne cosa, oggetto, roba
nesnel oggettivo
nesnellik oggettivismo, oggettività
neşe allegria, gioia, umore, brio, felicità, gaiezza, riso
neşelendirmek rallegrare, rasserenare, sollazzare
neşelenmek rallegrarsi, allietarsi, sollazzarsi
neşeli allegro, brioso, gaio, lieto, festoso, ilare
neşesiz abbattuto
neşretmek propagare, pubblicare
neşter bisturi
net netto, chiaro, nitido, lucido, preciso *net ağırlık* peso netto, peso netto
netice risultato, conseguenza, esito, conclusione, effetto
neticelenmek concludersi, terminare
neticesiz senza risultato, sterile
nevale provvista di cibo
nevi sorta

nevralji nevralgia
nevrasteni nevrastenia
nevroz nevrosi
ney sorta di zufolo di canna
neyse in ogni caso, comunque *neyse ki* meno male, per fortuna
nezaket cortesia, delicatezza, eleganza, garbo, gentilezza, affabilità, creanza
nezaketsiz ineducato
nezaketsizlik malagrazia, scortesia, sgarbataggine
nezaret sorveglianza *nezaret etmek* sorvegliare
nezle catarro, influenza, raffreddore
nicel quantitativo
nicelik quantità
niçin come mai, perché
nifak dissenso, discordia *nifak sokmak* seminare zizzania
nihai definitivo, finale
nihayet dopo tutto, finalmente, infine
nihilizm nichilismo
nikâh matrimonio
nikâhsız non sposato, celibe
nikel nichel
nikotin nicotina
nilüfer *bitk.* ninfea
nimet favore, beni
nine nonna

ninni ninnananna
nirengi triangolazione
nisan aprile
nispet proporzione; dispetto
nispeten relativamente
nispetle in confronto a
nispi relativo *nispi temsil* rappresentariza proporzionale
nişan segno, marca, mira; fidanzamento, insegna, onorificenza, patacca *nişan almak* mirare
nişanlamak fidanzare
nişanlanmak fidanzarsi
nişanlı fidanzato, fidanzata
nişasta amido
nitekim come appunto, infatti, in effetti
niteleme qualificazione *niteleme sıfatı* aggettivo qualificativo
nitelemek individuare, qualificare
nitelik qualità, indole, qualifica, attributo, prerogativa, privilegio, proprietà, requisito
nitelikli abilitato, qualificato
nitrat *kim.* nitrato
nitrik *kim.* nitrico
nitrogliserin *kim.* nitroglicerina
niye perchè
niyet intento, intenzione, idea, intendimento, pensiero *niyet etmek* intendere di, avere l'intenzione di
nizam norma
nizamname regolamento
Noel Natale *Noel ağacı* albero di Natale
nohut cece
noksan imperfetto, incompleto, difettivo, difettoso, manchevole
noksanlık imperfezione, mancanza, incompiutezza
nokta puntino, punto *noktalı virgül* punto e virgola
noktalama *dilb.* punteggiatura
noktalamak punteggiare
norm norma
normal normale, comune
Norveç Norvegia
Norveçli norvegese
not nota, appunto, annotazione, votazione, voto *not etmek* notare, segnare
nota memorandum, *müz.* nota, nota
noter notaio
nöbet accesso, guardia, turno, *hek.* attacco *nöbet tutmak* montare la guardia, piantonare
nöbetçi guardia, sentinella, piantone
nörolog neurologo
nöroloji neurologia
nötr neutrale, neutro

nötron *fiz.* neutrone
Nuh Noè ***Nuh'un gemisi*** l'arca di Noè
numara numero; finta, esibizione, giochetto ***numara yapmak*** affettare, fingere
numaralamak numerare
numaralı numerato
numarasız sensa numero
numune specimen, campionario, esemplare, saggio
nur luce
nutuk discorso, dissertazione, orazione, sermone, tirata ***nutuk atmak*** intonare ***nutuk çekmek*** declamare
nüfus abitante, popolazione ***nüfus kütüğü*** anagrafe ***nüfus memurluğu*** anagrafe, ufficio anagrafico ***nüfus sayımı*** censimento ***nüfus yoğunluğu*** densità di popolazione
nüfusbilim demografia
nüfuz autorità, influenza, penetrazione, padronanza, potere ***nüfuz etmek*** insinuarsi, penetrare, permeare
nüfuzlu autorevole, influente
nükleer atomico, nucleare ***nükleer enerji*** energia nucleare ***nükleer santral*** centrale nucleare ***nükleer savaş*** guerra nucleare
nüksetmek ricadere
nükte arguzia, spirito, umorismo, battuta, humour
nükteli spiritoso, umoristico, arguto, burlesco
nüsha copia, doppione, esemplare, fascicolo

O

o lui, egli; ella, lei; esso, essa; quello ***o anda*** al momento, li per li, sul momento ***o halde*** allora, dunque, ebbene, sicché ***o kadar*** tale, tanto, talmente, cosi
oba tenda
objektif *fot.* obiettivo, oggettivo
obua *müz.* oboe
obur ghiotto, goloso, vorace, avido, pappone, porco
oburluk avidità, ghiottoneria, golosità, ingordigia, voracità
ocak fornello; (ay) gennaio
oda stanza, camera, locale, vano ***oda hizmetçisi*** cameriere ***oda müziği*** musica da camera ***oda orkestrası*** orchestra da camera
odacı fuoco, messo, usciere
odak fuoco
odun ceppo, legna, legna de

ardere
oduncu boscaiolo, spaccalegna, tagliaboschi, taglialegna, venditore di legna
odunluk legnaia
ofis ufficio
oflamak sospirare
ofsayt *sp.* fuorigioco
ofset offset *ofset baskı* offset
oğlak capretto *Oğlak dönencesi* tropico del Capricorno
oğlan figlio maschio, figliolo, maschietto, ragazzo
oğul figlio
oğulotu *bitk.* melissa
oje smalto, smalto per unghie
ok dardo, freccia, saetta *ok atmak* scoccare una freccia
okaliptüs eucalipto
okçu arciere
okka misura di peso
oklava matterello
oksijen ossigeno *oksijen çadırı* tenda a ossigeno
oksijenli ossigenate
oksit *kim.* ossido
okşamak accarezzare, blandire, carezzare, coccolare, vezzeggiare
oktav *müz.* ottava
okul scuola *okul müdürü* preside, maestro di scuola *okulu asmak* marinare la scuola *okulu kırmak* fare sega a scuola
okuma lettura, studio
okumak leggere; studiare
okumuş colto, letterato
okunaklı leggibile
okunaksız illeggibile
okunuş lettura
okur lettore
okuryazar che sa leggere
okutmak insegnare, istruire, far studiare
okutman lettore
okutmanlık lettorato
okuyucu lettore
okyanus oceano
olabilir fattibile, possibile, può darsi
olabilirlik probabilità
olağan abituale, normale, consueto, corrente, ordinario, comune, naturale, usuale
olağandışı eccezionale, fuori del comune, inconsueto, insolito, strano
olağanüstü straordinario, eccezionale, fantastico, impagabile, incredibile, splendido, stupendo, superbo, favoloso, magnifico, meraviglioso, miracoloso
olamaz impossibile
olanak disponibilità, modo,

olanaklı possibilità, risorsa
olanaklı possibile
olanaksız impossibile
olanaksızlık impossibilità
olarak come, in via di
olası probabile, eventuale, possibile
olasılık ipotesi
olasılık probabilità, caso, eventualità
olay episodio, faccenda, fatto, evento, accaduto, avvenimento, caso, evenienza, incidente
olay fenomeno, *tiy.* scena *olay çıkarmak* fare delle scene, fare una scenata *olay yeri* teatro
oldu sta bene!
oldukça abbastanza, assai, notevole, diverso, non poco, notevolmente, rispettabile
olgu fatto
olgun adulto, maturo, pastoso
olgunlaşmak maturare, perfezionarsi
olgunlaştırmak maturare
olgunluk maturazione, maturità
oligarşi oligarchia
olimpiyat Olimpiade *olimpiyat oyunları* giochi olimpici
olmak divenire, essere, accadere, avvenire, diventare, occorrere, sopravvenire, succedere, addirsi, aver luogo, farsi, rendersi, sopraggiungere, trovarsi, venire, versare *olsa olsa* a dir molto, al massimo, al più
olmamış acerbo, immaturo
olmuş maturo, avvenuto, compiuto
olsun tanto neglio
olta lenza *olta iğnesi* amo *olta yemi* esca
oluk cunetta, gronda, gola, gronda
olumlu affermativo, positivo
olumsuz negativo
olur consenso, nullaosta, va bene *oluruna bırakmak** lasciar correre
oluş costituzione, formazione
oluşma formazione, genesi, svolgimento
oluşmak consistere, formarsi, costituirsi, nascere, originarsi
oluşturmak formare, generare, comporre, costituire
oluşum formazione, composizione
omlet frittata
omur vertebra
omurga spina dorsale, vertebra
omurgalılar vertebrati
omurgasızlar invertebrati

omurilik midollo spinale
omuz spalla *omuz omuza* spalla a spalla *omuz silkmek* alzare le spalle, crollare le spalle, fare spallucce
omuzluk spalliera, spallina
on dieci *on altı* sedici *on beş* quindici *on beşinci* quindicesimo *on dört* quattordici *on üç* tredici *on yedi* diciassette
ona a lui, a lei
onamak approvare
onarım restauro, riparazione
onarmak riparare, accomodare, aggiustare, rabberciare, rattoppare, restaurare
onay approvazione, benestare, consenso, consenso, nullaosta, assenso, ratifica, sanzione
onaylamak approvare, asserire, accettare, accogliere, autenticare, certificare, confermare, omologare, ratificare, sanzionare, suffragare
onbaşı appuntato, caporale
ondalık decimale
ondan ne *ondan sonra* indi, quindi
ondüle permanente
onlar coloro, essi, loro, quelli là
onları li, loro
ons oncia
onu la, lo
onun suo
onunki suo
onur onore, gloria, dignità, merito, onorabilità, orgoglio *onur vermek* rendere onore
onurlandırmak onorare
onurlu decoroso, dignitoso, onorabile, onorato, onorevole
onursal onorario, onorifico
onursuz disonesto, inglorioso
onursuzluk disonestà
onuruna in lode di, in onore di
opera *müz.* opera
operatör operatore, chirurgo
operet operetta
ora quel posto
orada là, li, ivi, laggiù
orak falce
oramiral ammiraglio d'armata
oran proporzione, ragione, tasso, *mat.* rapporto
orangutan *hayb.* orango
oranla in confronto a
oranlamak proporzionare, misurare, rapportare
orantı proporzione, rapporto, rispondenza
orantılı corrispondente, proporzionale, proporzionato, armonico, relativo, rispondente, scalare
orası quel luogo, quella parte, colà

oratoryo oratorio
oraya là, là, li, li
ordino ordine
ordu arma, esercito, armata, milizia
ordugâh accampamento, bivacco, addiaccio
organ organo, membro *organ nakli* trapianto
organik organico
organizasyon organizzazione
organizatör organizzatore
organizma *biy.* organismo, organismo
orgazm *hek.* orgasmo
orgeneral generale d'armata
orijinal originale
orijinallik originalità
orkestra orchestra *orkestra şefi* concertatore, direttore d'orchestra, maestro
orkide *bitk.* orchidea
orman foresta, selva *orman bekçisi* guardaboschi
ormancı boscaiolo, tagliaboschi
ormancılık selvicoltura
ormanlık bosco, boscoso
orospu prostituta, mignotta, puttana, troia
orospuluk prostituzione
orsa orza
orta medio, mediocre; centro, media, mezzo, centro, mediano *orta boy* statura regolare *orta dalga* onde medie *orta halli* piccolo borghese *orta sınıf* ceto medio, il ceto medio *orta yaşlı* di mezza età *ortaya atılmak* erompere *ortaya atmak* risollevare *ortaya çıkarmak* constatare, scoprire, appurare, creare, generare, lanciare, riesumare, riprodurre *ortaya çıkmak* comparire, emergere, affiorare, delinearsi, farsi vivo, manifestarsi, offrirsi, presentarsi, rivelarsi *ortaya koymak* argomentare, constatare, dedurre, denotare, manifestare, mettere in rilievo, protestare, provare, rivelare, sfoderare
ortaç *dilb.* participio
ortaçağ età di mezzo, medioevo
ortada manifesto, palese, apparente, innegabile, notorio, nudo, ovvio *ortada bırakmak* piantare qn in asso *ortadan kaldırmak* abolire, sopprimere, annichilare, annientare, annullare, elidere, sopprimere *ortadan kaybolmak* estinguersi, sparire dalla circolazione
Ortadoğu il Levante, medio oriente

ortaelçi ministro plenipotenziario
ortak comune; unanime; socio *ortak olmak* associarsi, mettersi insieme, partecipare
ortaklaşa collettivo, comune, in comune
ortaklık associazione, azienda, coalizione, compartecipazione, comunione, partecipanza, partecipazione
ortalama mezzo, strumento, medio *ortalama olarak* in media, mediamente
ortalamak giungere alla metà
ortalık ambiente, atmosfera, aria *ortalık kararmak* imbrunire
ortalıkta in pubblico
ortam ambiente, atmosfera, circolo, clima, sfera
ortanca *bitk.* ortensia
ortaokul scuola media inferiore, ginnasio
ortaöğretim insegnamento secondario
Ortodoks ortodosso
Ortodoksluk *din.* ortodossia
ortopedi *hek.* ortopedia
ortopedik ortopedico
oruç astinenza, digiuno *oruç tutmak* digiunare, stare a digiuno
Osmanlı ottomano *Osmanlı İmparatorluğu* impero ottomano
osurmak spetezzare, tirar peti
osuruk peto
ot erba
otel albergo, locanda, hôtel, ostello
otelci albergatore
otlak pascolo, pastura
otlakçı scroccone, parassita
otlakçılık sbafo *otlakçılık etmek* sbafare
otlamak pascere, pascoiare, pascolare
oto auto, autovettura
otoban autostrada
otobiyografi autobiografia
otobüs autobus, autocorriera, pullman
otomasyon automazione
otomat automa, distributore automatico
otomatik automatico, meccanico
otomobil automobile, autovettura, macchina, auto, macchina
otopark autoparco
otopsi autopsia
otorite autorità, facoltà, regno
otoriter autorevole, autoritario
otostop autostop
otostopçu autostoppista
otoyol autostrada, superstrada
oturaklı posato

oturma dimora, residenza, seduta, soggiorno *oturma odası* soggiorno

oturmak sedere, sedersi; abitare, risiedere, accomodarsi, dimorare, inserirsi, mettersi, occupare, popolare

oturtmak appioppare, incassare, incastonare, incastrare, inquadrare

oturum seduta, sessione, adunanza, dibattito, tornata, udienza

otuz trenta

otuzuncu trentesimo, trigesimo

ova piana, pianura

oval ovale

ovmak fregare, sfregare, massaggiare, strofinare, stropicciare

ovuşturmak strofinare, stropicciare

oy voto *oy pusulası* scheda elettorale *oy sandığı* urna *oy vermek* andare alle urne, votare

oyalamak svagare, temporeggiare, occupare, ritardare, traccheggiare, trattenere

oyalanmak svagarsi, indugiare, attardarsi, dilungarsi, trastullarsi

oybirliği unanimità, votazione unanime, plebiscito

oybirliğiyle a una voce, all'unanimità, per consenso generale, unanime

oylama scrutinio, votazione

oylamak mettere ai voti

oylum volume

oyma bassorilievo, incavo, incisione, intaglio

oymacı intagliatore

oymak scavare, intagliare, incavare, scalpellare, scolpire, tribù

oynak elastico, flottante, fluttuante, mutevole

oynamak danzare, giocare, guizzare, presentare, rappresentare, recitare, agire, andare in scena, rappresentare, ruzzare

oynaş amante

oynatmak smuovere, trastullare, menare, (film) proiettare

oyuk breccia, cavità, cavo, concavità, gola, incavo, scavo

oyun danza, gioco, partita, rappresentazione, arte, giocata, mena, numero *oyun yazarı* drammaturgo

oyunbozan guastafeste

oyuncak giocattolo

oyuncu giocatore, attore, *tiy. sin.* interprete

ozan poeta, verseggiatore

ozon ozono

Ö

öbek gruppo
öbür altro *öbür dünya* aldilà, l'altro mondo, oltretomba *öbür gün* domani l'altro, dopodomani
öcü spauracchio
öç rivincita, vendetta, taglione *öcünü almak* vendicare *öç almak* vendicare
öd *anat.* bile *ödü kopmak* avere grande paura, avere una fifa blu
ödeme pagamento, retribuzione, solvenza, versamento *ödeme emri* mandato di pagamento, ordine di pagamento *ödeme gücü* solvenza
ödemek pagare, retribuire, scontare, versare, ripagare
ödemeli contro assegno, in contrassegno, pagamento alla consegna
ödenek assegno, fondi, indennità
ödenti contingenza
ödeşmek far pari e patta
ödev dovere, compito, impegno, debito, impegno, obbligazione, obbligo
ödlek codardo, fifone, pauroso, pusillanime
ödleklik pusillanimità
ödül gratificazione, premio, ricompensa, taglia, rimunerazione, trofeo
ödüllendirmek premiare
ödün capitolazione, concessione
ödünç prestito *ödünç almak* prendere in prestito *ödünç vermek* prestare, imprestare *ödünü patlatmak* far vedere i sorci verdi
öfke collera, dispetto, furia, furore, ira, rabbia, sdegno, arrabbiatura, bizza, esasperazione, malanimo
öfkelendirmek irritare, fare andare in collera, eccitare l'ira di qc, indignare, infuriare
öfkelenmek accanirsi, arrabbiarsi, andare in collera, arrovellarsi, esasperarsi, inalberarsi
öfkeli arrabbiato, furente, infuriato, bizzoso, esasperato, irascibile, stizzoso
öğe componente, elemento, membro, motivo
öğle mezzogiorno *öğle üstü* pomeriggio *öğle yemeği* pranzo, colazione *öğleden sonra* dopopranzo, nel pomeriggio

öğrenci scolaro, scolara, allievo, alunno, studente *öğrenci yurdu* casa dello studente, convitto

öğrenim studio, istruzione, apprendimento *öğrenim görmek* studiare

öğrenmek imparare, apprendere, informarsi, studiare

öğreti dottrina

öğretici istruttivo, ditattico, docente

öğretim docenza, educazione, insegnamento, istruzione, magistero

öğretmek insegnare, istruire, ammaestrare, esercitare

öğretmen maestro, insegnante, istruttore, docente *öğretmen okulu* scuola normale

öğretmenlik docenza, insegnamento, magistero

öğün pasto

öğürmek muggire

öğüt consiglio, suggerimento, prescrizione, raccomandazione *öğüt vermek* consigliare, dare consigli, istruire, predicare

öğütlemek raccomandarsi, suggerire

öğütmek macinare, maciullare

ökçe calcagno, tacco, tallone

ökseotu vischio

öksürmek tossicchiare, tossire

öksürük tosse

öksüz orfano

öksüzlük orfanezza

öküz bove, bue

ölçek scala

ölçme misurazione, scansione

ölçmek misurare *ölçüp biçmek* pesare, ponderare, riflettere, soppesare, valutare

ölçü cadenza, dimensione, discrezione, grandezza, proporzione, regola, *müz.* battuta *ölçüyü kaçırmak* passare la misura, sbilanciarsi

ölçülü cadenzato, calibrato, dimesso, discreto, moderato, moderatore, proporzionato, regolare, temperato

ölçüm misurazione

ölçüsüz eccessivo, immoderato, intemperante, sfrenato, smisurato, sperticato, sterminato

ölçüt criterio, metro

öldürmek uccidere, assassinare, ammazzare, abbattere, eliminare, estinguere, far fuori qc, freddare

öldürücü fatale, letale, mortale, mortifero, omicida

ölgün appassito, avvizito, moscio, pallido

ölmek lasciarci la pelle, morire,

decedere, perdere la vita, perire, soccombere, trovare la morte, *kon.* rimanerci
ölmüş deceduto, stecchito
ölü morto, deceduto, defunto, esanime, estinto
ölüm morte, decesso, scomparsa, trapasso *ölüm cezası* condanna a morte, pena capitale, pena di morte *ölüm döşeğinde olmak* agonizzare, essere più di là che di qua, ridursi in fin di vita *ölüm kalım meselesi* questione di vita e morte
ölümcül fatale, mortale, funesto
ölümlü mortale
ölümsüz eterno, immortale
ölümsüzleştirmek immortalare
ölümsüzlük eternità, immortalità
ömür vita, vivere *ömür boyu hapis* ergastolo
ön davanti; fronte, facciare, anteriore, preliminare *ön ayak olmak* promuovere *öne geçmek* portarsi in vantaggio
önce prima, addietro, dapprima
önceden anticipatamente, già, prima, apriori, in anticipo, preventivamente
önceki antecedente, anteriore, precedente, pristino
önceleri inizialmente, prima
öncelik antecedenza, anteriorità, precedenza, preminenza, priorità
öncü avanguardia, pioniere, precursore, guida, promotore
öncülük pionierismo *öncülük etmek* promuovere
önde avanti, davanti, in testa, innanzi *önde gelmek* dominare, predominare, tenere il campo
önden frontale
önder capo, guidatore, leader, guida, duce, maestro
öndeyiş prologo
önek *dilb.* prefisso
önem importanza, portata, considerazione, gravità, portata, rilevanza, risalto *önem vermek* dare importanza, dare rilievo
önemli alto, importante, rilevante, apprezzabile, considerevole, essenziale, grave, notabile, notevole, preminente, significante
önemsiz insignificante, irrilevante, futile, lieve, esiguo, fatuo, inconsiderabile, indifferente, inconsistente, minore
önerge mozione
öneri offerta, proposta, suggerimento, raccomandazione, sug-

önermek gestione
önermek proporre, offrire, suggerire, presentare
öngörmek contemplare, prevedere, provvedere
öngörü lungimiranza, sagacia
öngörülü lungimirante
önkol *anat.* avambraccio
önlem precauzione, provvedimento, avvertenza, misura, riparo *önlem almak* mettersi al riparo, premunirsi, provvedere, tutelarsi
önlemek prevenire, frenare, sventare, arginare, evitare, proibire, reprimere
önleyici preventivo, proibitivo, repressivo
önlük grembiule, pettorina
önsel apriori
önsezi intuito, presentimento, intuizione, istinto, premonizione, previdenza, previsione
önsöz avvertenza, introduzione, premessa, prefazione, presentazione
önünde davanti, dinanzi, avanti, cospetto, innanzi
önyargı preconcetto, pregiudizio, prevenzione
önyargılı pregiudicato, prevenuto
öpmek baciare
öpücük bacio
öpüşmek baciarsi
ördek anatra
ören avanzo
örf consuetudine, costume *örf ve âdet* usanza
örgü maglia, treccia
örgüt organismo, organizzazione
örgütlemek organizzare
örme intreccio, lavoro di maglia all'uncinetto, tessitura
örmek intrecciare, rammendare, lavorare a maglia, filare, tessere
örneğin per esempio
örnek modello, esempio, campionario, campione, specimen, prova, assaggio, bozza, esemplare, forma *örnek almak* trarre esempio
örs incudine
örtbas etmek mettere in tacere, mettere sottobanco, soffocare, tacitare
örtmece *dilb.* eufemismo
örtmek adombrare, avviluppare, avvolgere, coprire, mascherare, velare
örtü coperta, copertura, fodera, panno, manto
örtülü coperto, velato, ermetico, implicito, sottinteso, vestito
örtünmek avvilupparsi, avvol-

gersi, coprirsi, velarsi
örümcek ragno ***örümcek ağı*** ragnatela, tela di ragno
öte altro luogo ***öte yandan*** d'altra parte, d'altronde ***öteden beri*** da lungo tempo
öteberi effetto
öteki altro
ötmek cantare, suonare, gorgheggiare
ötürü a causa di, a motivo di
övgü elogio, lode, encomio ***övgüye değer*** degno di lode, meritorio
övmek elogiare, lodare, pregiare, vantare, decantare, encomiare, inneggiare
övünç fierezza, merito, vanto
övüngen fanfarone, millantatore, spaccamontagne, spaccone, spavaldo
övünmek gloriarsi, pregiarsi, vantarsi, lodarsi, onorarsi
öykü racconto, novella, storia, narrativa
öykücü narratore
öykülemek raccontare
öykünmek imitare
öyle cosi, tale, già, simile, talmente
öyleyse allora, dunque, ebbene, orbene
öz essenza, nocciolo, anima, sostanza, sugo, concentrato, entità, nocciolo, sostanza
özdek materia, sostanza
özdekçilik materialismo
özdenetim autocontrollo, autoregolamentazione
özdeş identico, medesimo
özdeşleşmek immedesimarsi
özdeşleştirmek immedesimare
özdeşlik identità
özdeyiş aforisma, detto, massima, motto, sentenza
özel speciale, particolare, privato, peculiare, tipico ***özel ad*** nome proprio ***özel ders*** ripetizione ***özel hastane*** clinica ***özel okul*** scuola privata ***özel sekreter*** segretario particolare
özeleştiri autocritica
özellik caratteristica, indole, particolarità, qualifica, qualità, specialità, natura, ordine, peculiarità
özellikle soprattutto, specialmente, specie, appositamente, in modo speciale, in particolare, in specie, prevalentemente
özen cura, accuratezza, riguardo, diligenza, premura, solerzia ***özen göstermek*** accudire, curare, prendersi cura di
özendirmek incoraggiare, pro-

özenli

vocare, tentare
özenli accurato, attento, diligente, sollecito, assiduo, solerte
özensiz incurante, negligente, sciatto
özensizlik incuria, negligenza, sciatteria, trascurataggine, trascuratezza
özentili manierato
özerk autonomo
özerklik autarchia, autonomia
özet riassunto, riepilogo, sommario, ricapitolazione, estratto, sintesi, sunto
özetlemek riassumere, riepilogare, ricapitolare, sintetizzare
özgeci altruista
özgecilik altruismo
özgeçmiş autobiografia, curriculum
özgü particolare, proprio, specifico
özgül specifico *özgül ağırlık* gravità specifica, peso specifico
özgün originale, pittoresco
özgünlük novità, originalità, singolarità
özgür indipendente, libero
özgürce liberamente
özgürlük libertà, emancipazione, indipendenza
özgürlükçü liberale
özlem anelito, rimpianto
özlemek rimpiangere, avere nostalgia di, anelare
özlü conciso, laconico, serrato, sintetico, succoso
özlük purezza
özne soggetto
öznel soggettivo
özöğrenimli autodidatta
özsaygı amore proprio, stima di sé
özseverlik narcisismo
özsu linfa
özümleme assimilazione
özümlemek assimilare, assorbire
özür scusa, perdono, giustificazione *özür dilemek* chiedere scusa, scusarsi
özürlü scusato, difettoso, handicappato, minorato
özveri abnegazione, sacrificio, privazione
özyaşamöyküsü autobiografia

P

pabuç babbuccia, pantofola
paça zampetto *paçasını kurtarmak* passarsela liscia

paçavra canovaccio, cencio, straccio
padişah monarca, sultano
padişahlık sultanato
pagan pagano
paganizm paganesimo
paha prezzo ***paha biçilmez*** inestimabile
pahalı caro, costoso, salato
pahalılaşmak rincarare
pahalılık carezza, rincaro
paket involto, pacchetto, imballaggio, pacco, involto ***paket etmek*** confezionare
paketlemek imballare, impacchettare, incartare
paklamak purgare
pakt patto
pala scimitarra
palamar *den.* gomena
palamut palamita, tonno palamita
palanga paranco
palavra frottola, storia
palavracı fanfarone, smargiasso, spaccamontagne, spaccone
paldır küldür a rotta di collo, alla garibaldina
paleontoloji paleontologia
paleozoik paleozoico
palet pala, pinna, tavolozza
palmiye *bitk.* palma
palto paltò, cappotto, pastrano

palyaço arlechino, pagliaccio, arlecchino
pamuk cotone, ovatta
pamukçuk afta, mughetto
pamuklu di cotone
panayır fiera, kermesse, sagra
pancar barbabietola, bietola
pancur imposta, persiana, scuro, tapparella
pandantif ciondolo, pendaglio, pendentif
pandomima mimo
panik panico ***paniğe kapılmak*** farsi prendere dal panico
panjur gelosia, persiana
pankart striscione
pankreas *anat.* pancreas
pano pannello
panorama panorama, rassegna
pansiyon locanda, pensione, ostello
pansiyoncu locandiere
pansiyoner pensionante, pensionario
pansuman medicazione ***pansuman yapmak*** medicare
panteizm panteismo
panter pantera
pantolon pantaloni, calzoni, braca
panzehir antidoto
papağan pappagallo
papalık papato, pontificato

papatya camomilla, margherita
papaz prete, frate, reverendo, sacerdote, preposto, pastore
papazlık sacerdozio
papirüs papiro
papyon papillon
para denaro, soldo, moneta, valuta, pecunia *para babası* magnate, straricco *para basmak* battere moneta *para birimi* unità monetaria *para cezası* ammenda, multa, contravvenzione *para cüzdanı* portafoglio *para çekmek* prelevare *para çıkarmak* sganciare *para darlığı* deflazione *para kazanmak* far quattrini, fare quattrini *para sızdırmak* spremere *para yapmak* far denaro, fare soldi *para yedirmek* corrompere
parabol *mat.* parabola
parabolik parabolico
paradoks paradosso
parafin *kim.* paraffina
paragöz mercantesco
paragraf paragrafo, squarcio
parakete palamito
paralamak lacerare, fare a pezzi
paralel parallelo
paralelkenar parallelogramma
paralellik parallelismo
paralı denaroso, ricco, a pagamento
parametre *mat.* parametro
paramparça lacero *paramparça etmek* fracassare, frantumare, sfasciare, infrangere, sfracellare *paramparça olmak* fracassarsi, frantumarsi, sfasciarsi, sfracellarsi
paranoya *ruhb.* paranoia
parantez parentesi
parasal monetario, pecuniario
parasız gratuito; gratis, gratuitamente, in omaggio
parasızlık mancanza di denaro, povertà
paraşüt paracadute
paraşütçü paracadutista, parà
paratoner parafulmine
parazit parassita, distorsione, *hayb.* zecca, (radyo) interferenza
parça pezzo, frammento, parte, porzione, tratto, frazione, lembo, mozzicone, sezione, *müz.* motivo, episodio *parça parça* minutamente, stracciato *parça parça etmek* frantumare, sbrindellare, tagliare a pezzi *parça parça olmak* frantumarsi
parçalamak lacerare, rompere, dissolvere, fracassare, sbranare, sganasciare, smem-

brare, spezzare, stracciare, straziare
parçalı frammentario, settile
pardon scusi
pardösü soprabito
parfüm profumo
parfümeri profumeria
parıldamak fiammeggiare, luccicare, rutilare, scintillare, sfavillare
parıltı splendore, scintillio, luce
parıltılı radioso, scintillante
park giardino pubblico, parco
park etmek parcheggiare, posteggiare, stazionare
parke pavimento di legno, parquet
parkur circuito, percorso
parlak lucente, lucido, brillante, chiaro, fulgido, magnifico, splendido, brillio, forbito, luminoso, lustro, vivace, vivido, vivo
parlaklık lucentezza, lucidezza, fulgore, lucidità, lucido, lustro, magnificenza, splendore
parlamak splendere, brillare, risplendere, rutilare, balenare, infiammarsi, lampeggiare, luccicare
parlamenter parlamentare
parlamento parlamento
parmak dito *parmak izi* impronta digitale
parmaklık cancellata, grata, parapetto, barra, ringhiera, sbarra
parodi parodia
parola motto, parola d'ordine
pars *hayb.* pantera, leopardo
parsel parcella, lotto
parsellemek lottizzare
parşömen cartapecora, pergamena
partal logoro, sbrindellato
parti partito, giocata, rinfresco, festa da ballo
partizan partigiano
pas patina, ruggine, *sp.* passaggio *pas tutmak* incrostare
pasaj passaggio, passerella, pezzo
pasaklı sporco, goffo, lercio, lordo
pasaport passaporto
pasif inattivo, passivo
paskalya Pasqua
paslanmak arrugginire, arrugìnirsi, ossidarsi
paslanmaz inossidabile
paslaşmak palleggiare
paslı arruginito, rugginoso
paso tessera
paspas stoino, zerbino
pasta pasta, torta
pastane pasticceria pastırma

pastırma yazı estate di San Martino
pastil pasticca, pastiglia
pastoral bucolico, idillico, pastorale
pastörize pastorizzato
paşa pascià
pat botto, scoppio
pataklamak bastonare
patates patata
patavatsız disinvolto, indiscreto, irriflessivo, sventato
paten pattino, pattinaggio, schettino
patent brevetto
patırtı baccano, fracasso, fragore, frastuono, casino, finimondo, pandemonio, putiferio, scalpore
patırtılı tumultuoso
patika mulattiera, sentiero, strada mulattiera
patinaj pattinagio, slittamento *patinaj yapmak* pattinare, slittare
patiska crepato
patlak bucato *patlak vermek* scoppiare
patlama esplosione, scoppio, boato, detonazione, foratura
patlamak esplodere, scoppiare, (lastik) bucare, schiattare
patlatmak fare scoppiare

patlayıcı detonante, esplosivo, esplosivo dirompente, *dilb.* occlusivo
patlıcan melanzana
patoloji patologia
patolojik patologico
patrik patriarca
patron padrone, principale
pavyon padiglione
pay lotto, parte, quota, porzione, margine *pay biçmek* quotare *pay etmek* spartire
payanda contrafforte, puntello, puntone, staggio
payda *mat.* denominatore
paydos cessazione *paydos etmek* staccarsi
paylamak redarguire, rimproverare, sgridare
paylaşmak condividere
paytak dalle gamba storte
payton carrozza
pazar mercato, bazar; (gün) domenica
pazarcı venditore in un marcato
pazarlık trattative contrattazione, mercanteggiamento, negoziato *pazarlık etmek* mercenteggiare, dibattere, contrattare, stiracchiare il prezzo
pazartesi lunedì
pazen sorta di stoffa
pazı bicipite, bietola, braccio

peçe velo
peçeli velato
peçete tovagliolo
pedagog pedagogista, pedagogo
pedagoji pedagogia
pedal pedale
peder padre
pediatri pediatria
pedikür pedicure
pehlivan lottatore
pejmürde scalcinato
pek molto, assai, forte, troppo *pek çok* considerevole, tanto
peki buono, d'accordo, ebbene
pekişmek fortificarsi
pekiştirmek assodare, fortificare, rinsaldare
peklik costipazione, durezza
pekmez sorta di mosto cotto
peksimet biscotto
pelerin pellegrina, mantella, cappa
pelesenk palissandro
pelikan pellicano
pelte gelatina, poltiglia
peltek bleso
pelteklik blesità
pelteleşmek spappolarsi
pelüş felpa
pembe rosa, roseo
pembeleşmek rosolarsi
pembemsi rosato
penaltı *sp.* penalty, punizione, rigore
pencere finestra
pençe artiglio, suola, zampa, fauci *pençe atmak* zampare
penguen pinguino
penis *anat.* pene, membro virile
penisilin penicillina
pens pinzetta
pense pinza
pentatlon *sp.* pentathlon
pepsin pepsina
perakende al minuto *perakende satmak* al dettaglio, vendere al minuto
perakendeci commerciante al minuto, negoziante al minuto, dettagliante, rivenditore
perçem ciuffo, frangia, criniera
perçinlemek ribadire
perdah lustro
perde tenda, cortina, sipario, cateratta, paravento, schermo, telone, (ses) tono, *tiy.* atto
perdelemek far velo
pergel compassi, compasso *pergelleri açmak* accelerare il passo
perhiz astinenza; dieta, dieta, regime *perhiz yapmak* essere a regime
peri fata, morgana, spirito, genio
periskop periscopio
perişan misero *perişan etmek*

periyodik desolare
periyodik periodico
perma permanente
permanant permanente
peroksit *kim.* perossido
peron banchina, binario, marciapiede
personel personale, staff, organico
perspektif prospettiva
perşembe giovedì
pervane elica, falena, propulsore
pervaz cornice, listello, tettoia
pes basso, piano *pes etmek* arrendersi, darsi per vinto pestil *pestili çıkmak* essere mal ridotto *pestilini çıkarmak* far salsiccia di uno
peş la parte posteriore *peşinden gitmek* seguire le tracce, tallonare *peşine düşmek* perseguitare, rincorrere
peşin anticipatamente, per contanti, apriori *peşin para* contante, liquido *peşin satış* vendita in contanti
peşinen anticipatamente
peşrev preludio
petek favo
petrol oro nero, petrolio *petrol boru hattı* oleodotto *petrol kuyusu* pozzo petrolifero
pey deposito, caparra

peygamber profeta
peygamberçiçeği fiordaliso
peynir cacio, formaggio
peyzaj paesaggio
pezevenk magnaccia, mezzano, ruffiano
pıhtı grumo
pıhtılaşmak coagularsi, rapprendersi
pılı pırtı cianfrusaglia, stracci
pınar fontana, sorgente
pırasa porro
pırıl pırıl brillante, terso
pırıldamak brillare
pırıltı bagliore, baleno
pırlanta brillante
pısırık timido
piç bastardo
pide focaccia
pigment pigmento
pijama pigiama
pikap fonografo, giradischi, mangiadischi
pike picchiata *pike yapmak* picchiare
piknik pranzo sull'erba
pil batteria, pila
pilav risotto alla turca
piliç gallinella, pollo, pollastro
pilot aviatore, pilota
pilotluk pilotaggio
pineklemek appollaiarsi
pingpong ping-pong, tennis da

tavolo
pinti avaro, gretto, spilorcio, tirchio, taccagno
pintilik avarizia, tirchieria, spilorceria, taccagneria
pipo pipa *pipo içmek* fumare la pipa
piramit piramide
pire pulce *pireyi deve yapmak* far di una mosca un elefante
pirinç riso; ottone
pirzola braciola, costoletta, cotoletta
pis sporco, sudicio, lordo, lurido, sordido, zozzo, lercio, porco
pisboğaz goloso, pappone
piskopos episcopo, vescovo, ordinario, prelato
pisletmek imbrattare, sporcare, insozzare, insudiciare
pislik sporcizia, furfante, immondezza, immondizia, schifezza, lerciume, sporco, stronzo, sudicio, letame
pist pista
piston pistone, stantuffo
pişirmek cuocere
pişkin disinvolto
pişman penitente, pentito *pişman olmak* pentirsi, rammaricarsi
pişmanlık penitenza, rimorso, pentimento, rammarico
pişmek cuocere
piton pitone
pitoresk pittoresco, pittorico
piyade fanteria, pedone
piyango lotteria
piyanist pianista
piyano pianoforte
piyasa giro, mercato, piazza *piyasaya sürmek* emettere, mettere in giro, piazzare, spacciare
piyon pedina, pedone
plaj spiaggia
plak disco
plaka piastra, placca, targa
plan piano, pianta, progetto
plankton *biy.* plancton
planlamak ideare, pianificare, progettare
planör aliante, veleggiatore
plasenta placenta
plaster cerotto, impiastro
plastik plastico; plastica *plastik ameliyat* plastica *plastik sanatlar* arti plastiche
platform piattaforma, tribuna
platin platino
plato altipiano, altopiano, *coğ.* tavolato
platonik platonico
plazma *biy.* plasma
podyum podio
poğaça focaccia

pohpoh adulazione
pohpohçu adulatore
pohpohlamak adulare
poker poker
polarmak polarizzare
polemik polemica, polemico
polen polline
poliçe cambiale, polizza, tratta
poligami poligamia
poligon poligono
poliklinik policlinico
polip polipo
polis polizia, sbirro, vigile, pubblica Sicurezza
polisiye poliziesco *polisiye film* film giallo, film poliziesco *polisiye roman* romanzo giallo, romanzo poliziesco
politik politico
politika politica
politikacı politico
Polonya Polonia
Polonyalı polacco
pompa pompa
pompalamak pompare
popo natica, sedere
popüler popolare
pornografi pornografia
porselen porcellana
porsiyon porzione
porsuk *hayb.* tasso
portakal arancia
portakalrengi arancio, arancione
portatif portabile
porte pentagramma
Portekiz Portogallo; portoghese
Portekizce portoghese
Portekizli lusitano, portoghese
portföy portafogli
portmanto attaccapanni
portre effigie, ritratto
posa feccia
post pelle, posto, vello *postu sermek* metter le barbe
posta corriere, posta *posta havalesi* vaglia postale *posta kutusu* buca delle lettere, casella postale *posta pulu* francobollo
postacı postino, portalettere, corriere
postal scarpone
postalamak impostare, imbucare
postane posta, ufficio postale
postrestant fermo posta
poşet sacchetto
pot gaffe, cantonata, sproposito *pot kırmak* fare una magra, fare una topica, parlare o agire a sproposito
pota canestro, *sp.* specchio
potansiyel potenziale
potasyum potassio
poyra *mek.* mozzo
poyraz aquilone, borea, tramon-

tana
poz *fot.* posa ***poz vermek*** posare
pozisyon posizione
pozitif positiva, positivo
pörsük flaccido, moscio
pörsümek ammoscire(a)re, avvizzire
pranga branca, ferro
pratik praticabile, pratico; pratica, esercizio
pratisyen chi viene ammaestrato, allenato
prelüd preludio
prens principe
prenses principessa
prensip massima, principio
prenslik principato
pres pressa
prezervatif guanto, preservativo, profilattico
prim premio, soprappaga, una tantum
primadonna prima donna
printer stampante
priz attacco, *elek.* presa, spina
prizma prisma
problem problema, quesito
prodüktör produttore
profesör professore
profesörlük professorato
profesyonel professionale, professionista
profesyonellik professionalità

profil profilo, sagoma
program programma, programmazione
programcı programmatore, programmista
programlamak programmare
proje piano, progetto
projeksiyon proiezione
projektör proiettore, riflettore
proletarya proletariato
proleter proletario
propaganda propaganda ***propaganda yapmak*** propagandare
propagandacı propagandista
prosedür procedimento, trafila
prostat *anat.* prostata
protein proteina
Protestan protestante
protesto protesta, contestazione; protesto, rimostranza ***protesto çekmek*** protestare ***protesto etmek*** declamare, protestare, reclamare
protez *hek.* protesi
protokol protocollo
proton *fiz.* protone
protoplazma *biy.* protoplasma
prova bozza, esperienza, prova, test ***prova etmek*** provare
pruva prora, prua
psikanaliz psicanalisi
psikiyatr psichiatra
psikiyatri psichiatria

psikolog psicologo
psikoloji psicologia
psikolojik psicologico
psikopat psicopatico
psikoz psicosi
puan punteggio, punto
puding budino
pudra cipria
pudraşeker zucchero a velo
pul francobollo; (balıkda) squama
pulcu filatelico, filatelista
pulculuk filatelia
pullu squamato, squamoso
pulluk aratro
puma *hayb.* puma, leone d'America
pupa poppa
puro sigaro
pus bruma, nebbia
puslu brumoso, fosco
pusu agguato, imboscata, insidia, appostamento, laccio
pusu kurmak tendere agguato a qn, tendere un'imboscata
pusuya yatmak appostarsi, imboscarsi
pusula bussola, missiva
put feticcio, idolo, simulacro
putperest pagano, idolatra
putperestlik paganesimo, idolatria
püf noktası segreto

püre purè
pürtüklü ruvido, scabroso
pürüz inciampo, scoglio
pürüzlü scabro, scabroso, spinoso
pürüzsüz levigato
püskül fiocco, frangia, nappa
püskürme eruzione, spruzzamento
püskürmek sbruffare, spruzzare, vomitare
püskürteç spruzzatore, vaporizzatore, atomizzatore

R

radar radar
radikal radicale
radikalizm radicalismo
radyasyon *fiz.* radiazione
radyatör radiatore
radyo radio
radyoaktif radioattivo, radiottivo
radyoaktivite radioattività
radyografi radiografia
radyolog radiologo
radyoloji radiologia
radyoskopi radioscopia
radyoterapi radioterapia
radyum radio

raf palchetto, scaffale, ripiano
rafadan uova a la coque
rafineri raffineria
rağbet voga *rağbet görmek* avere successo
rağmen malgrado, nonostante; sebbene, a dispetto di
rahat ampio, benestante, comodo, agevole, confortevole, disinvolto, quieto; conforto, pacato, placido, sciolto, sgombro
rahat *ask.* riposo! *rahat etmek* riposare, essere tranquillo *rahat vermemek* perseguitare *rahatına bakmak* fare il proprio comodo
rahatça ampiamente, comodaroente, correntemente
rahatlamak distendersi, rassicurarsi, rilassarsi, sfogarsi, tranquillizzarsi, respirare
rahatlatmak distendere, rassicurare, sgravare, sollevare, tranquillizzare
rahatlık benessere, comodità, quiete, agiatezza, agio, conforto, euforia, sciolttezza, tranquillità
rahatlıkla tranquillamente
rahatsız indisposto, scomodo, disagiato, incomodo *rahatsız etmek* disturbare, importunare, molestare, perseguitare, annoiare, frastornare, incomodare, rompersi, scocciare, turbare *rahatsız olmayın* stia comodo!
rahatsızlık disagio, disturbo, indisposizione, malessere, malore, scomodità, irrequietudine
rahibe monaca, suora, sacerdotessa, sorella
rahim utero
rahip monaco, prete, reverendo, sacerdote, frate, pastore
rahmet pietà, misericordia, pioggia
rahmetli buonanima, compianto, la buon anima
rakam cifra, numero
raket racchetta
rakı raki, anisetta, anice
rakım altitudine, quota
rakip avversario, concorrente, raccordo, antagonista, contendente, rivale
rakipsiz senza rivali
ralli *sp.* raduno
ramazan Ramadan
rampa rampa di lancio
randevu appuntamento *randevu almak* fissare un appuntamento *randevu vermek* dare un appuntamento

randıman efficacia, rendimento
randımanlı efficiente
ranza cucette, letti a castello
rapor rapporto, relazione, rendiconto, resoconto
raportör relatore, resocontista
rapsodi rapsodia
raptetmek attaccare
raptiye graffetta, grappetta, puntina
rasathane osservatorio
rasgele a casaccio, a caso, a vanvera, alla rinfusa
raspa raschietto
rast gitmek andare liscio come l'olio
rastlamak imbattersi, incappare, incontrare, ricorrere
rastlantı caso, coincidenza, combinazione, incidente, casualità
rasyonalist razionalista
rasyonalizm razionalismo
rasyonel *mat.* razionale
raşitizm *hek.* rachitismo, rachitismo
raunt *sp.* ripresa, round
ray binario, rotaia *raydan çıkmak* deragliare
rayiç corrente, corso
razı consenziente *razı olmak* accettare, acconsentire, assentire, concedere, consentire, prestarsi
reaksiyon reazione, rigetto
reaktör reattore
realist realista
realizm realismo
reçel confettura, conserva di irutta, marmellata
reçete ricetta
reçine gomma arabica, pece greca, resina
redaktör redattore
reddetmek rifiutare, bocciare, negare, ricusare, rigettare, rinnegare
refah prosperità, agiatezza, benessere
refakat accompagnamento *refakat etmek* accompagnare, scortare
refakatçi accompagnatore, seguito
referandum referendum
referans referenza
refleks riflesso
reflektör riflettore
reform innovazione, riforma
reformcu riformatore, riformista
regülatör regolatore
rehabilitasyon riabilitazione
rehber guida, guidatore, guida, dragomanno, falsariga
rehberlik guida *rehberlik etmek* guidare

rehin ipoteca, pegno, pignoramento
rehinci chi presta su pegno
rehine ostaggio
reis capo, capoccia
rejim regime
rejisör regista
rekabet competizione, concorrenza, competitività, emulazione, rivalità *rekabet etmek* competere, rivaleggiare
reklam avviso, pubblicità *reklamını yapmak* reclamizzare
reklamcı pubblicitario
rekolte raccolta, raccolto, mietitura
rekor record *rekor kırmak* battere un primato, battere un record
rekortmen primatista
rektör rettore
rektörlük rettorato
rektum *anat.* retto
rende grattugia, raspa
rendelemek grattare, grattugiare, raspare
rengârenk multicolore
rengeyiği renna
renk colore, tinta *rengi atmak* allibire, sbiancare, sbiancarsi, sfumare *renkten renge girmek* diventare di mille colori
renklendirmek colorare, colorire
renklenmek colorarsi
renkli colorito, a colore, pittoresco
renksiz incolore, pallido, senza colore
repertuar repertorio
resepsiyon ricevimento
reseptör ricevitore
resif frangente, scogliera
resim pittura, illustrazione, dazio, dipinto, figura, foto, fotografia, immagine, quadro, disegno, effigie *resim çekmek* scattare *resim yapmak* dipingere, pitturare
resimli illustrato *resimli roman* fumetto
resital recital
resmen d'ufficio, ufficialmente
resmi ufficiale *resmi elbise* divisa *resmi gazete* gazzetta ufficiale
resmiyet ufficialità
ressam pittore
restorasyon restauro, restituzione
restore etmek restaurare, restituire, ristrutturare
reşit adolescente, maggiorenne; adulto, maggiorenne
ret abiura, rifiuto, rigetto, diniego, ricusa, ripudio

retina rètina
revaç voga
revak portico
reverans baciamano, inchino, riverenza
revir infermeria
revizyon aggiornamento, revisione
revü rivista
rey voto
reyon raion
rezalet scandalo, porcheria, puzzonata *rezalet çıkarmak* fare uno scandalo
rezene *bitk.* finocchio
rezervasyon prenotazione
rezil ignobile, infame, abietto, dissoluto, maledetto, scandalista, turpe *rezil etmek* disonorare *rezil olmak* disonorarsi, far brutta figura, perdere la faccia
rezillik dissolutezza
rezistans *fiz.* resistenza
rıhtım approdo, banchina, imbarcadero, imbarco, molo, pontile, scalo
rıza accettazione, assenso, benestare, consenso *rıza göstermek* acconsentire, consentire
riayet osservanza, ubbidienza *riayet etmek* ubbidire, osservare
rica preghiera *rica etmek* pregare, supplicare
ringa aringa
risk rischio, azzardo, sbaraglio, pericolo
riskli rischioso, azzardoso, arrischiato, spinto
ritim ritmo, cadenza
ritmik cadenzato, ritmico
rivayet voce che corre, versione
riya ipocrisia
riyakâr ipocrita
riyakârlık ipocrisia
riziko rischio, rischiosità
rizikolu arrischiato, azzardato
robdöşambr vestaglia
robot robot
rodeo rodeo
roket razzo, rocchetta
rokoko roccoco
rol funzione, parte, *tiy.* ruolo *rol yapmak* far la commedia, fingere, fingersi
Roma Rome
Romalı romano
roman narrativa, romanzo
romancı romanziere
romans romanza
romantik romantico
romantizm romanticismo
Romanya Romania
romatizma reumatismo
Romen romano *Romen rakam-*

ları numeri romani
rosto arrosto
rota rotta, itinerario, corso, percorso, rombo
rotasyon alternanza, avvicendamento
rozet coccarda, rosetta, distintivo, insegna
rölanti minimo
rölyef rilievo, rillievo
römork rimorchio
römorkör rimorchiatore
röntgen radiografia
röntgenci guardone
röportaj intervista *röportaj yapmak* intervistare
röprodüksiyon riproduzione
rötar ritardo
rötuş ritoccata, ritocco
rövanş rivalsa, rivincita
ruh anima, animo, spirito, psiche *ruh çağırma* negromanzia, spiritismo *ruh hastası* psicopatico *ruh hekimi* psichiatra *ruh hekimliği* psichiatria
ruhbilim psicologia
ruhbilimci psicologo
ruhbilimsel psicologico
ruhi psichico
ruhsal psichico, psicologico, spirituale
ruhsat concessione, licenza
ruhsuz esanime, languido
ruj rossetto
rulet roulette
rulo rotolo
rumuz monogramma, sigla
Rus russo
Rusça lingua Russa, Russo
Rusya Russia
rutubet umidità
rutubetli madido, umido
rüsum tasse
rüşt maggioranza
rüşvet bustarella, tangente *rüşvet almak* prevaricare *rüşvet vermek* corrompere, ungere la ruota
rütbe gradazione, grado, rango, dignità
rüya sogno *rüya görmek* fare un sogno, sognare
rüzgâr vento
rüzgârgülü rosa dei venti
rüzgârlı ventilato, ventoso

S

saadet felicità
saat ora, orologio *saati kurmak* caricare l'orologio *saatli bomba* bomba a orologeria
saatçi orologiaio

sabah mattina, mattino *sabah akşam* mattina e sera *sabahın köründe* di buon mattino
sabahlamak vegliare sino al giorno
sabahleyin di mattina, in mattinata
sabahlık vestaglia, veste da camera
saban aratro, forca *saban sürmek* arare, solcare
sabık ex
sabıka delitto commesso in passato
sabıkalı pregiudicato, recidivo, schedato
sabır longanimità, pazienza *sabrını taşırmak* spazientirsi
sabırla pazientemente
sabırlı costante, paziente, longanime
sabırsız impaziente, insofferente, smanioso
sabırsızlanmak impazientirsi, non vedere l'ora
sabırsızlık impazienza, insofferenza
sabit fermo, immobile, stabile, fisso, fitto, stazionario *sabit fikir* fissazione, idea fissa
sabitleştirmek fissare
sabitlik fermezza, stabilità
sabotaj sabotaggio *sabotaj yapmak* sabotare
sabotajcı sabotatore
sabote etmek sabotare
sabretmek aver pazienza, pazientare
sabun sapone
sabunlamak insaponare
sabunotu saponaria
sac lamiera, piastra
saç capello, lastra
saç capigliatura, chioma *saç filesi* reticella, retina *saç kurutma makinesi* asciugacapelli *saçları dökülmek* pelarsi, perdere i capelli
saçak frangia, gronda, *mim.* cornicione, tettoia
saçma assurdo, insensato, sciocco; inezia, pallino, disseminazione, insignificante, irrazionale, pazzesco, ridicolo, sballato *saçma sapan konuşmak* dire delle assurdità, dire imbecillità
saçmak cospargere, disseminare, seminare, spandere, sputare *saçıp savurmak* prodigare, profondere, scialacquare, scialare
saçmalamak delirare, dire sciocchezze, farneticare, sballare, sragionare
saçmalık controsenso, scioc-

chezza, stupidaggine, assurdità, baggianata, inezia, nonsenso, sproposito
sadaka carità, elemosina, obolo
sadakat devozione, fedeltà, lealtà, attaccamento
sadakatsiz infedele
sade frugale, modesto, semplice, limpido, scabro
sadece solamente, soltanto, semplicemente, unicamente
sadeleştirmek semplificare
sadelik limpidezza, modestia, semplicità, semplicità, purezza
sadet soggetto, tema
sadık fedele, affezionato, leale, devoto, ligio
sadist sadico
sadizm sadismo
saf genuino, ingenuo, puro, schietto, candido, credulo, fino, intemerato, pollastro, pretto, raffinato
safari safari
safha fase, stadio
safir zaffiro
safkan di razza pura, puro sangue, purosangue
saflık purezza, purità, candidezza, castità, illibatezza
safra bile, zavorra
safran zafferano
sağ destro; destra, vivo, salvo *sağ kalmak* sopravvivere *sağ ol* grazie *sağ salim* illeso, incolume, indenne, salvo *sağa dönmek* svoltare a destra *sağda solda* a dritta e a manca
sağaltım cura
sağanak acquazzone, diluvio, temporale, una pioggia a dirotto
sağdıç compare
sağduyu buon senso, ragione, senno, prudenza, raziocinio
sağır sordo *sağır etmek* assordare
sağırlık sordità
sağlam fermo, forte, resistente, robusto, saldo, solido, stabile, ferreo *sağlama bağlamak* assicurare, assicurarsi
sağlama ottenimento, rifornimento, *mat.* la prova del nove
sağlamak munire, procurare, provvedere, apportare, guarnire, passare, rifornirsi
sağlamlaşmak consolidarsi, rafforzarsi
sağlamlaştırmak rafforzare, consolidare, rassodare, ribadire, rinsaldare, risanare
sağlamlık consistenza, resistenza, solidità, fermezza, robustezza, saldezza, tenacità
sağlık salute; igiene, sanità

sağlık sigortası mutua
sağlıklı sano, igienico, salubre, vegeto
sağlıksız antigienico, cagionevole, malsano
sağmak mungere
sağrı groppa
saha area, ambito, campo, zona
sahan teglia
sahanlık pianerottolo, piattaforma, ripiano
sahi vero, esatto
sahici vero, genuino
sahiden veramente, davvero
sahil costa, lido, riva, spiaggia, sponda, litorale, riviera, spiaggia
sahip proprietario, padrone
sahiplik proprietà
sahipsiz senza padrone, abbandonato, derelitto
sahne scena, palcoscenico, *tiy.* quadro, ribalta *sahneye çıkmak* calcare la scena, salire alla ribalta *sahneye koymak* inscenare, sceneggiare
sahra deserto
sahte falso, finto, artefatto, contraffazione, fallace, fasullo, pseudo
sahtekâr bacchettone, disonesto, falsificatore, impostore, improbo, simulatore

sahtekârlık falsità, falsificazione, frode, disonestà, furberia
saka acquaiuolo; cardellino
sakal barba
sakallı barbato, barbuto
sakalsız imberbe
sakar inetto, inabile, imbranato
sakarin saccarina
sakaroz *kim.* saccarosio
sakat infermo, invalido, handicappato, menomato, mutilato
sakatat frattaglie, rigaglia
sakatlamak menomare, mutilare, storpiare
sakatlık acciacco, infortunio, invalidità, magagna, malanno, menomazione
sakınca inconveniente, inconvenienza
sakıncalı che presenta inconvenienti, controindicato
sakınmak astenersi, evitare, guardarsi
sakınmak coprirsi, premunirsi, riguardarsi, scansare, tenersi lontano
sakız gomma da masticare *sakız çiğnemek* masticare
sakin calmo, impassibile, pacifico, quieto, sereno, tranquillo; abitante, cheto, imperturbato, sereno, tacito
sakinleşmek calmarsi, rab-

bonirsi, rasserenarsi, tranquillizzarsi
sakinleştirmek ammansire, calmare, rasserenare, sedare, tranquillizzare
saklamak conservare, imboscare, nascondere, occultare, risparmiare, tenere, custodire, camuffare, riservare, trattenere
saklambaç nascondino
saklanmak acquattarsi, cacciarsi, nascondersi, occultarsi, velarsi
saklı nascosto, conservato, ermetico, esoterico, riservato, segreto
saksağan *hayb.* gazza
saksı vaso, vaso da fiori
saksofon sassofono
saksofoncu sassofonista
sal zattera
salak scemo, stupido; idiota, baccalà, imbecille, *kon.* interdetto, oca, sciocco
salaklık deficienza, imbecillità, sciocchezza, stoltezza
salam salame
salamura salamoia
salata insalata
salatalık cetriolo
salça salsa, sugo
saldırgan aggressivo; aggressore, assalitore, attaccante
saldırganlık aggressione, aggressività
saldırı aggressione, assalto, attacco, offensiva, sortita
saldırmak aggredire, assalire, attaccare, avventarsi, lanciare, oppugnare, prendere d'assalto
salep salep
salgı escrezione, secreto, secrezione
salgılamak secernere
salgın epidemia
salı martedì
salık raccomandazione *salık vermek* raccomandare, consigliare, indicare
salıncak altalena, dondolo
salınım oscillazione
salınmak pendolare, *fiz.* oscillare
salıvermek liberare, mollare
salkım grappolo
salkımsöğüt salice piangente
sallamak agitare, dondolare, scuotere, vibrare, ciondolare, menare, riscuotere
sallanmak dondolarsi, scuotersi, vacillare, pendolare, sussultare, traballare, barcollare, cullarsi, dondolare
sallantı scossa
salmak rinviare, rilasciare, affrancare, mandare, spirare,

salon

sprigionare
salon salone, sala, aula
salt assoluto *salt çoğunluk* maggioranza assoluta
saltanat regno
salvo salva
salya bava, saliva, sbavatura, schiuma
salyangoz chiocciola, lumaca
saman fieno, paglia, foraggio
samanlık fienile, pagliaio
samanrengi color paglia
Samanyolu *gökb.* Via Lattea
samimi accessibile, cordiale, franco, intimo, schietto, sincero, familiare, stretto
samimiyet sincerità, cordialità, familiarità
samimiyetle puramente
samur zibellino
sana a te, te, ti
sanat arte, artificio *sanat eseri* opera d'arte
sanatçı artista, artefice, attore
sanatoryum sanatorio
sanatsal artistico
sanayi industria *sanayi devrimi* rivoluzione industriale
sanayileşme industrializzazione
sanayileşmek industriarsi
sancak stendardo; dritta, gonfalone, insegna, vessillo
sancı colica, chiodo, dolore, fitta, spasimo
sancılanmak sentire fitte
sancımak dolere, dare fitte
sandal barca, canotto, imbarcazione, lancia, sandalo
sandalet sandalo
sandalye banco, sedia, seggio, seggiola
sandık cassa, cofano, seggio elettorale
sandıklamak incassare
sandviç panino, tramezzino
sanı presunzione
sanık imputato, accusato, sospetto, incriminato, reo presunto
saniye secondo
sanki come se, quasi che
sanmak credere, immaginare, giudicare, prendere, presumere, supporre
sansar *hayb.* faina
sansasyon senso, sensazione *sansasyon yaratmak* fare scalpore
sansasyonel sensazionale, strepitoso
sansür censura
santigrat centigrado
santilitre centilitro
santimetre centimetro
santral centrale
santrfor *sp.* centravanti

santrifüj centrifugo
sap impugnatura, manico, maniglia, manubrio, presa
sapa isolato
sapan fionda
sapık perverso, sballato, squilibrato
sapıklık aberrazione, depravazione, perversità, squilibrio
sapınç aberrazione
sapıtmak delirare, uscire dalle rotaie
sapkın aberrante
saplamak infilzare, piantare conficcare
saplanmak impigliarsi, infiggersi
saplantı fissazione, mania, ossessione, idea fissa, fregola
sapma aberrazione, deviazione, digressione, scarto
sapmak aberrare, biforcarsi, deviare
sapsarı allibito
saptamak determinare, stabilire, fissare, mettere a punto, registrare, valutare, constatare, decidere
saptırmak deviare, falsare, pervertire, rigirarsi
sara *hek.* epilessia
saralı epilettico
sararmak allibire, impallidire, ingiallirsi, (yüz) sbiancare
saray serraglio, palazzo, castello, corte
sardalye sardina
sardunya *bitk.* geranio
sarf consumo **sarf etmek** consumare, impiegare, spendere
sarfiyat spese
sargı benda, fascia, fasciatura, medicazione
sarhoş sbronzo, ubriaco, avvinazzato, ebbro **sarhoş etmek** inebriare, ubriacare **sarhoş olmak** inebriarsi, ubriacarsi
sarı giallo
sarılık epatite, epatite virale, itterizia
sarılmak abbracciare, afferrarsi, aggrapparsi, attorcigliarsi, avvinghiarsi, involgersi
sarınmak ammantarsi, avvolgersi
sarışın bionda, biondo
sarkaç pendolo
sarkık pendente
sarkıntılık molestia **sarkıntılık etmek** molestare
sarkıt *yerb.* stalattite
sarkmak pendere, protendersi, spenzolarsi
sarmak avvolgere, arrotolare, circondare, fasciare, impacchettare, accerchiare, aggirare,

sarmal

avviluppare, cingere, coprire, dilagare, pervadere
sarmal spirale, voluta
sarmaşık *bitk.* edera, rampicante
sarmısak aglio
sarnıç cisterna
sarp ripido, scosceso, arduo *sarpa sarmak* complicarsi, divenire difficile
sarsılmak essere scosso, riscuotersi, scuotersi, sobbalzare, sussultare, tremare
sarsıntı scossa, scossone, sobbalzo, trauma
sarsmak commuovere, riscuotere, sconvolgere, scrollare, squilibrare, traumatizzare, turbare
sataşmak seccare, infastidire, punzecchiare
saten raso
sathi superficiale
satıcı venditore, spacciatore
satıh superficie
satılık da vendere, in vendita, vendesi
satım vendita
satın almak acquistare, comprare, comperare, acquistare, prendere
satır linea, coltella, riga, verso, mannaia
satırbaşı capoverso

satış vendita, smercio, spaccio *satışa çıkarmak* mettere in vendita
satlıcan pleurite
satmak alienare, avere smercio, piazzare, smerciare, vendere
satranç scacco *satranç tahtası* scacchiera
Satürn *gökb.* saturno
sauna sauna
sav asserzione, assunto, pretesa, tesi
savaş guerra, battaglia, combattimento
savaşçı belligerante; guerriero, bellicoso, combattente
savaşım battaglia, lotta
savaşkan bellicoso
savaşmak combattere, lottare, battagliare, guerreggiare
savcı avvocato fiscale, procuratore, pubblico Ministero
savcılık procura, pubblico ministero
savmak sbarazzarsi, scansare, schivare, stornare
savunma difesa, difensiva, guardia, presidio, *sp.* retroguardia
savunmak difendere, difendersi, asserire, invocare, parare, patrocinare
savunmasız indifeso

savurgan dilapidatore, dissipatore, prodigo, scialacquatore, spendaccione, sprecone

savurganlık dispendio, sperpero, dilapidazione, prodigalità, profusione, spreco

savurmak dissipare, sbatacchiare, sbattere, scaraventare, spandere

savuşturmak scansare

sayaç contatore, numeratore

saydam limpido, trasparente

saydamlık limpidezza, nitore, trasparenza

saye protezione, aiuto

sayesinde mediante, per mezzo di, per opera sua

sayfa facciata, pagina, rubrica

sayfiye villeggiatura

saygı rispetto, omaggio, stima, considerazione, cortesia, riguardo, riverenza *saygı duymak* stimare, rispettare, riverire *saygı göstermek* rispettare, venerare

saygıdeğer rispettabile, reverendo, eminenza, insigne, onorevole, prestigioso

saygılarımla con osservanza, i miei rispetti

saygılı deferente, discreto, riguardoso, rispettoso, umile

saygın decoroso, eminente, illustre, pregiato, prestigioso

saygınlık credito, influenza, prestigio, autorità, dignità, eminenza, notabilità, onorabilità

saygısız insolente, irrispettoso, impertinente, indiscreto, irriverente

saygısızca senza riguardo per nessuno, senza ritegno

saygısızlık impertinenza, insolenza, irriverenza, mancanza di rispetto, sacrilegio

sayı numero, cifra, punto, quantità

sayıklamak delirare, farneticare, vaneggiare

sayım censimento, inventario, spoglio

sayın eccellenza, egregio, reverendo, rispettabile, signore, spettabile

sayısal aritmetico, digitale, numerale, numerico

sayısız innumerabile, incalcolabile, infinito, innumerevole

Sayıştay corte dei conti

saymaca nominale

saymak contare, attribuire, riguardare, annoverare, computare, considerare, conteggiare, enumerare, ritenere

sayman ragioniere, contabile

saymanlık contabilità, ragioneria
sayrı malato
sayrılık malattia
sayvan baldacchino
saz *bitk.* falasco, canna, giunco
saz şairi cantastorie, giullare, menestrello
sazan tinca
sebat fermezza, perseveranza, costanza, pertinacia **sebat etmek** perseverare
sebatkâr perseverante
sebatsız incostante
sebep causa, ragione, cagione, causale, fonte **sebep olmak** arrecare, causare, determinare, recare
sebepsiz senza motivo
sebze verdura, legume, ortaggio
sebzeci ortolano
seccade tappetino, tappeto di preghiera
secde prostrazione
seçenek alternativa, scelta
seçici selettivo, selettore
seçim elezione, scelta, opzione, selezione
seçkin distinto, eminente, egregio, elevato, prestigioso, raffinato, raro, sopraffino, spiccato
seçme opzione, scelta, selezione, assortito, distinzione, selettività
seçmek scegliere, eleggere, avvistare, scorgere, selezionare, discernere, distinguere
seçmeli opzionale, a scelta, alternativo, selettivo
seçmen elettore, votante
seda voce, eco
sedef madreperla
sedefotu ruta
sedir divano, ottomana, sofà
sedye barella, lettiga, portantina
sefahat stravizio
sefalet miseria **sefalet çekmek** soffrire di povertar, di privazioni
sefaret ambasceria, ambasciata
sefer *ask.* campagna, spedizione, corsa, linea
seferber mobilitato **seferber etmek** mobilitare **seferber olmak** mobilitarsi
seferberlik mobilitazione
sefertası portavivande
sefil miserabile, misero
sefir ambasciatore, ministro
seğirmek contrarsi
seğirtmek affrettare, correre
seher alba
sehpa cavaletto, cavalletto, trespolo
seki ripiano
sekiz otto

sekizinci ottavo
sekmek rimbalzare
sekreter segretario, dattilografo
sekreterlik segretariato, segreteria
seks sesso
seksen ottanta
seksüel sessuale
sekte danno, apoplessia
sektör compartimento, divisione, segmento, settore, *mat.* spicchio
sel torrente
selam ciao, saluto ***selam vermek*** salutare ***selamı sabahı kesmek*** togliere il saluto a qn
selamet salute
selamlamak salutare
selamlaşmak salutarsi
sele sella, sellino
selef predecessore
selektör selettore
seloteyp nastro adesivo
selüloit celluloide
selüloz cellulosa
selvi cipresso
sema cielo
semaver samovar
sembol figura, simbolo
sembolik emblematico, simbolico
semender salamandra
semer arcione, barda, basto
semere frutto, risultato
seminer seminario
semirmek ingrassare
semirtmek ingrassare
semizotu portulaca
sempati simpatia
sempatik amabile, simpatico
sempozyum simposio
semptom *hek.* avvisaglia, sintomo
semt quartiere, sezione, rione, sezione
sen tu
senarist scenarista, sceneggiatore, soggettista
senaryo scenario, copione, sceneggiatura
senato senato
senatör senatore
sendelemek barcollare, vacillare, vacillare
sendika corporazione, sindacato
sendikacı sindacalista
sendikacılık sindacalismo
sendrom sindrome
sene anno
senelik annuale
senet cambiale, strumento
senfoni sinfonia
senin tuo
seninki tuo
senlibenli familiare, intimo ***senlibenli olmak*** familiarizzare

sentetik sintetico
sentez sintesi
sepet canestro, cesta, paniere, zana
sepilemek conciare
sera serra
seramik ceramica
serap miraggio, fata morgana
serbest disponibile, libero, autonomo, liberale, sciolto *serbest bırakmak* affrancare, liberare, rilasciare, scarcerare, esonerare, sfrenare *serbest bölge* zona franca *serbest güreş* lotta libera *serbest meslek sahibi* libero professionista *serbest stil sp.* stile libero *serbest vuruş* calcio di punizione, tiro libero
serbestçe con disinvoltura, liberamente, spigliatamente
serbestlik liberalismo, libertà
serçe passero
serçeparmak mignolo
seren *den.* picco
serenat serenata
sergi esibizione, esposizione, mostra, bancarella
sergilemek agire, esporre, rappresentare, mettere in mostra, sfoderare
seri serie, ciclo, rosa, rosario *seri numarası* numero d'ordine
serin fresco, calmo, tranquillo
serinlemek rinfrescare
serinletmek rinfrescare
serinlik fresco, frescura, freschezza, frescura, refrigerio
serkeş disobbediente
sermaye capitale, capitale sociale
sermek tendere, adagiare, distendere, espandere, spandere, tesare
serpinti spruzzo
serpiştirmek disseminare
serpmek cospargere, spruzzare, irrorare, seminare, spolverare, spolverizzare
sersem cretino, ebete, grullo, tonto
sersemlemek rimbambolire, sbalordire, tramortire
sersemletmek intontire, sbalordire, stordire, tramortire
serseri vagabondo, barbone, teppista, malandrino, malfattore, malvivente
serserilik teppismo, vagabondaggio
sert acre, aggressivo, arcigno, aspro, autoritario, duro, severo, violento, brusco, forte, rigido, rigoroso, burbero, compatto, crudo, rude, stretto

sertifika attestato, brevetto, certificato
sertleşmek inasprirsi, indurirsi, irrigidirsi, incallire
sertleştirmek inasprire, indurire, irrigidire, rassodare
sertlik durezza, rigore, severità, acredine, forza, rigidità, rigorismo, rudezza, durezza
serum siero
serüven avventura
serüvenci avventuriero
servet avere, fortuna, bene, opulenza
servi cipresso
servis servizio, sezione, *sp.* battuta, *sp.* servizio *servis yapmak* servire
serzeniş rimostranza
ses voce, sonoro, suono, verso, volume, audio *ses çıkarmamak* far silenzio, tacere *ses dalgası* onde sonore *sesini çıkarmamak* rimanere zitto *sesini kısmak* abbassare il volume
sesbilgisi *dilb.* fonetica
sesbilim fonologia
seslenmek chiamare
sesli parlato, sonante, sonoro, suono vocalico *sesli harf* vocale
sessiz calmo, quieto, silenzioso, afono, tranquillo, zitto, mansueto, muto, quatto, silente, tacito *sessiz harf dilb.* consonante
sessizce in silenzio, piano, silenziosamente, tacitamente
sessizlik quiete, silenzio, tranquillità, calma, mutismo
set argine, chiudenda, sbarramento, terrazzo *set çekmek* arginare
sevap opera buona, ricompensa
sevda amore
sevdalı innamorato
sevecen affettuoso, tenero
sevgi amore, affetto, passione, affetuosità, affezione, carezza
sevgili caro; innamorata, innamorato, amante, amore, moroso, bella
sevimli amabile, ameno, geniale, gentile, grazioso, piacevole, avvenente, carino, simpatico, spassoso
sevimsiz antipatico, ingrato, spiacevole
sevinç allegria, gioia, contentezza, gaiezza, letizia *sevincinden uçmak* esultare
sevinçli allegro, gaio, giocondo, lieto
sevindirmek rallegrare, soddisfare

sevinmek rallegrarsi, gioire
sevişmek amarsi, fare l'amore
seviye altitudine, livello, portata, statura
sevk spedizione, inoltro, invio *sevk etmek* deferire, indurre
sevkıyat spedizione
sevmek amare, voler bene a, gradire, affezionarsi, piacere, coccolare, simpatizzare *seve seve* volentieri
seyahat escursione, viaggio *seyahat acentası* agenzia di viaggi, agenzia turistica *seyahat çeki* assegno di viaggio *seyahat etmek* viaggiare
seyir rotta, corso *seyir defteri* giornale di bordo, giornale di rotta
seyirci spettatore
seyirciler pubblico
seyis staffiere
seyrek rado, raramente, infrequente, sporadico
seyretmek guardare, camminare
seyyar ambulante, errabondo *seyyar satıcı* piazzista, venditore ambulante
sezaryen cesareo
sezgi istinto
sezmek avvedersi, scorgere, percepire, avvertire, divinare, prevedere, sentire

sezon stagione
sıcak caldo, caloroso, afoso *sıcağı sıcağına* a botta calda
sıcaklık caldo, calore, temperatura, tepore, vampa
sıçan sorcio, topo
sıçanotu arsenico
sıçmak cacare, defecare
sıçrama schizzo, sobbalzo, balzo, salto, sbalzo, soprassalto *sıçrama tahtası* pedana, trampolino
sıçramak schizzare, sobbalzare, balzare, saltare, saltellare, sbalzare
sıçratmak schizzare, spruzzare
sıfat qualità, aggettivo
sıfır zero *sıfırdan başlamak* partire da zero
sığ poco profondo
sığınak asilo, ricovero, rifugio, riparo, ridosso
sığınmak rifugiarsi, riparare, fare scudo, ricoverarsi, salvarsi
sığır bestie bovino, bove *sığır eti* carne bovino, manzo
sığırcık *hayb.* stornello, storno
sığırtmaç bovaro
sığmak entrare
sıhhat salute
sıhhatli sano
sıhhi igienico, salubre, sanitario,

schietto

sık denso, fitto, folto; spesso *sık sık* sovente, spesso, di frequente

sıkacak spremitoio

sıkboğaz etmek prendere per la gola

sıkı stretto; serrato, rigoroso, ristretto, austero, compatto, fiscale, rigido *sıkı çalışmak* lavorare sodo *sıkı fıkı* confidenziale

sıkıcı estenuante, noioso, pesante, tedioso, uggioso

sıkılgan impacciato, schivo, timido

sıkılganlık impaccio

sıkılık angustia, austerità, compattezza, fiscalità, rigorosità, strettezza, strettura

sıkılmak annoiarsi, seccarsi, angustiarsi, sentirsi a disagio

sıkıntı noia, ansia, disagio, imbarazzo, preoccupazione, angustia, briga, grattacapo, strettezza, rogna, scomodo, seccatura, tedio, tormento *sıkıntı çekmek* penare, soffrire, stentare *sıkıntı vermek* affannare, angosciare, angustiare, torturare, tormentare, travagliare *sıkıntıda olmak* trovarsi nelle secche

sıkıntılı ansioso, irrequieto, affannoso, difficile, disagevole, ristretto, sofferto, tedioso, travagliato

sıkışık ristretto

sıkışmak incastrarsi, restringersi, schiacciarsi, stringersi

sıkıştırmak mordere, pressare, restringere, serrare, stringere, comprimere, pigiare, premere, incalzare, urgere

sıkıyönetim legge marziale, stato d'assedio

sıklaşmak divenire frequente, infoltire, raddensarsi

sıklet pesantezza, peso, *sp*. categoria

sıklık fittezza, foltezza

sıkmak stringere, spremere, comprimere, pigiare, serrare, strizzare, torcere, tormentare, uggire

sıla paese nativo

sınai industriale

sınamak provare, saggiare, sottoporre a una prova

sınav esame; prova

sınıf classe, aula, ordine, casta, categoria, corso, grado, rango *sınıfta kalmak* bocciare

sınıflandırma classificazione, qualificazione

sınıflandırmak archiviare, classificare, smistare

sınır confine, limite, frontiera, limitare, limitazione, linea, termine *sınır dışı etmek* esiliare *sınırı geçmek* sconfinare

sınırdaş limitrofo

sınırlama demarcazione, limitazione, restrizione

sınırlamak delimitare, frenare, limitare, restringere

sınırlı angusto, limitato, ristretto

sınırsız illimitato, immenso, infinito, sterminato, indefinito, sconfinato, senza confini

sıpa asinello

sır segreto, smalto, confidenza, mistero, (saksı /porselen) patina

sıra banco, coda, fila, panca, serie, successione, turno, colonna, gradinata, pila, posizione, linea, riga, scala, sequenza, sfilata, sfilza, volta *sırası gelmişken* fra parentesi, per inciso, tra l'altro *sıraya girmek* accodarsi, mettersi in coda, mettersi in linea *sıraya koymak* accodare, incolonnare, scaglionare

sıradağ catena, serra

sıradan comune, di serie, marginale, pedestre

sıralamak assortire, disporre, accodare, allineare, catalogare, classificare, ordinare, raggruppare

sıralı allineato, in fila, seriale

sırasında al momento di, durante, in sede di

sırasız inopportuno, sproposito

sırdaş confidente

sırf esclusivamente, solamente

sırık asta, stanga *sırıkla atlama* salto con l'asta

sırıtmak ghignare, sorridere, stridere

sırlamak patinare, smaltare

sırnaşık assillante

sırnaşmak assillare

Sırp serbo

Sırpça lingua serba, serbo

sırt dorso, dosso, schiena, groppa, tergo, torso *sırt çevirmek* volgere le spalle, voltare la schiena *sırtından geçinmek* vivere alle spalle di qc

sırtlan *hayb.* iena

sıska asciutto, magro, sparuto, stecchito, stecco

sıtma malaria

sıva intonaco, malta

sıvacı stuccatore

sıvamak intonacare

sıvı fluido, liquido

sıvışmak scappare, svignare, svicolare, alzare i tacchi, defilarsi, filare
sıyırmak levare, ripulire, rasentare, scorticare, sfiorare, radere
sıyrık graffio, scalfitura, scorticatura, spellatura, striscio
sıyrılmak districarsi, eludere, spellarsi
sızdırmak gocciolare, perdere, spillare, trasudare
sızı bruciore, dolore, spasimo, trafitta
sızıntı esalazione, fuga, infiltrazione, perdita, trapelamento, trasudazione
sızlamak dolere, soffrire, provare un dolore, lamentarsi, piangere
sızlanmak belare, gemere, rammaricarsi
sızmak colare, filare, filtrare, infiltrarsi, penetrare, scolare, traspirare
si *müz.* si
sicil registro
Sicilya Sicilia
Sicilyalı siciliano, siculo
sicim filo, spago, cordicella, spago
sidik escremento, urina
sifon sciacquone, sifone
siftah prima vendita *siftah etmek* inaugurare
sigara sigaretta *sigara içmek* fumare
sigorta assicurazione, *elek.* fusibile, *elek.* valvola *sigorta etmek* assicurare *sigorta poliçesi* polizza di assicurazione *sigorta primi* premio d'assicurazione
sigortacı assicuratore
sigortalı assicurato
siğil *hek.* porro, verruca
sihir magia, maleficio, malia, scongiuro
sihirbaz mago, prestigiatore
sihirli incantato, magico
silah arma, ferro
silahlanma armamento, militarizzazione, riarmo *silahlanma yarışı* la corsa agli armamenti
silahlanmak armarsi, riarmarsi
silahlı armato *silahlı kuvvetler* le forze armate
silahsız inerme
silahsızlandırmak disarmare
silecek tergicristallo
silgi gomma
silik consumato, modesto, scialbo
silikon silicone
silindir cilindro, rullo
silinmek asciugarsi, cancellarsi

silinmez incancellabile, indelebile
silinti cancellatura
silis silicato
silisyum silicio
silkelemek scuotere
silkinmek scrollarsi
silkmek scrollare
sille pacca
silme cancellazione, *mim.* listello, radiazione
silmek cancellare, forbire, tergere
silo silo
silsile successione
sima fisionomia, viso
simetri simmetria
simetrik simmetrico
simge emblema, figura, simbolo, raffigurazione, segno
simgelemek simboleggiare
simgesel allegorico, emblematico, figurativo, simbolico
simit ciambella
simsar mediatore, sensale
simya alchimia
simyacı alchimista
sinagog sinagoga
sincap scoiattolo
sindirim digestione
sindirmek assimilare, assorbire, digerire, incorporare, smaltire
sine petto, seno *sineye çekmek* ingoiare un rospo, inghiottire
sinek mosca; (kâğıt) fiori
sineksıklet peso mosca, *sp.* superleggeri
sinema cinema, cinematografo, grande schermo
sinemaskop cinemascope
sinir *anat.* nervo, nerbo, nervo, nervosismo *sinir harbi* guerra dei nervi *sinir sistemi* sistema nervoso *sinirine dokunmak* dare ai nervi qcno, dare sui nervi
sinirbilim neurologia
sinirlendirmek innervosire, irritare, snervare, stuzzicare, indisporre, rendere nervoso, urtare
sinirlenmek innervosirsi, irritarsi, adirarsi, alterarsi, inalberarsi, urtarsi
sinirli adirato, eccitato, irascibile, nervoso, nervoso, stizzoso
sinirsel nervoso, nevralgico
sinmek rannicchiarsi, penetrare in
sinsi perfido, sornione, subdolo
sinsilik perfidia
sinüs *hek. mat.* seno
sinüzit *hek.* sinusite
sinyal segnalazione, segnale
sipariş commessa, commissione,

ordinativo, ordinazione, ordine *sipariş etmek* ordinare *sipariş vermek* commettere, commissionare, ordinare
siper *ask.* vallo, riparo, scudo, trincea
siren sirena
sirk circo
sirke aceto
sis foschia, nebbia, bruma, caligine
sisli fosco, nebbioso, brumoso
sismograf sismografo
sistem apparato, ordinamento, regime, sistema
sistematik sistematico
sistemli sistematico
sistemsiz sregolato
sistit cistite
site centro residenziale, città
sitem rimostranza, rimprovero *sitem etmek* rimproverare
sivil civile
sivilce bottone, fignolo, acne, pustola
sivri acuto, affilato, aguzzo
sivrilmek distinguersi, emergere, risaltare, spiccare
sivriltmek affilare, affinare, aguzzare, appuntare, appuntire, assottigliare
sivrisinek zanzara
siyah nero
siyahımsı nericcio
siyanür cianuro
siyasal politico
siyaset politica
siyasi politico
siyatik *hek.* sciatica
siz voi, lei, loro
sizin vostro
sizinki vostro
skandal scandalo
skleroz sclerosi
Slav slavo
slayt diapositiva
slogan motto
smokin smoking
soba stufa
soda soda
sodyum sodio
sofa ingresso
sofizm sofisma
sofra mensa, tavola *sofra takımı* posata, servizio, servizio da tavola, stoviglie *sofraya oturmak* mettersi a tavola *sofrayı kaldırmak* sparecchiare
sofu devoto, pio, bacchettone, bigotto
soğan cipolla
soğuk freddo; (kadın) frigido, antipatico *soğuk algınlığı* colpo d'aria, costipazione, raffreddore *soğuk almak* pren-

soğukkanlı

dere un raffreddore, raffreddarsi, infreddolirsi **soğuk damga** timbro a secco **soğuk savaş** guerra fredda
soğukkanlı impassibile, imperturbato, posato, sangue freddo, sereno
soğukluk disamore, fraddezza, freddezza, raffreddamento, rigore
soğumak disgustarsi, freddarsi, raffreddarsi, svogliarsi
soğurmak assorbire
soğutmak alienare, disgustare, freddare, raffreddare, refrigerare, svogliare
soğutucu refrigerante
sohbet conversazione **sohbet etmek** conversare
sokak via, strada, vicolo, contrada **sokak çocuğu** ragazzaccio, scugnizzo **sokak kadını** mala femmina, donna di strada
sokmak ficcare, infilare, inserire, introdurre, mordere, pungere, incuneare, pizzicare
sokulgan socievole
sokulmak ficcarsi, infilarsi, introdursi, incunearsi, infilarsi, intrufolarsi
sokuşturmak insaccare
sol manco, sinistra, sinistro
solak mancino

solaryum solarium
solcu uomo di sinistra
soldurmak scolorire, stingere
solfej *müz.* solfeggio
solgun sbiadito, pallido, scialbo, smorto, terreo
solist solista
sollamak sorpassare
solmak appassire, sbiadire, sfiorire, avvizzire, morire, sfiorire, smontare, ingiallirsi
solo *müz.* solo
solucan baco, verme
soluk respiro, alito, fiato, respirazione, pallido, respirazione, squallido, vizzo **soluğu kesilmek** soffocare, stare col fiato sospeso **soluk aldırmamak** non dar tregua **soluk almak** respirare **soluk borusu** bronco, trachea **soluk soluğa** ansante
soluklanmak prendere fiato
solumak boccheggiare, fiatare, inspirare, trafelare
solungaç branchia, branchie
solunum respirazione
som puro; massiccio, pieno, salmone
somun pagnotta
somurtkan imbronciato, musone
somurtmak imbronciare, tenere il muso
somut concreto, oggettivo, reale,

tangibile
somutlaştırmak concretare, concretizzare, materializzare, reificare
somya materasso
son finale, recente, ultimo; fine, termine, definitivo, epilogo, *kon.* ennesimo, limite, supremo, terminale, terminazione, morte *son derece* estremamente, infinitamente *son kozunu oynamak* giocare l'ultima carta *son nefes* l'ultimo sospiro *sona ermek* finire, ferminare, estinguersi, passare, spirare
sonat *müz.* sonata
sonbahar autunno
sonda *hek.* sonda, *hek.* specillo
sondaj sonda, sondaggio *sondaj yapmak* sondare
sondalamak sondare
sonek *dilb.* desinenza, *dilb.* suffisso
sonra dopo, poi, in seguito, appresso, dietro, quindi
sonradan dopo, successivamente
sonraki posteriore, seguente
sonraki successivo, ulteriore
sonraki ulteriore
sonsuz eterno, illimitato, immenso, infinito, sterminato, indefinito, infinito, perenne, sconfinato, vasto
sonsuzluk eternità, immensità, infinità, infinito, sterminatezza
sonuç risultato, conseguenza, deduzione, esito, finale, conclusione, effetto, fine, incidenza, somma, risultante, risultanza *sonuç çıkarmak* dedurre, arguire, desumere, ricavare
sonuçlandırmak concludere, condurre a termine, portare a termine, ultimare
sonuçlanmak aver termine, concludersi, risultare, riuscire, sboccare
sonuçsuz inconcludente, infecondo, infruttifero, inoperante, vano
sonuncu finale, ultimo
sonunda alfina, all'ultimo, infine
sopa manganello, mazza, bacchetta, bastone, sbarra
soprano *müz.* soprano
sorgu interrogatorio *sorguya çekmek* domandare, escutere, interrogare
sorguç pennacchio
sormak chiedere, domandare
soru domanda, interrogazione, quesito *soru işareti* punto interrogativo
sorumlu responsabile, incaricato

sorumluluk impegno, onere, responsabilità
sorumsuz incosciente, irresponsabile
sorumsuzluk incoscienza
sorun problema, questione, cosa, perché, quesito
soruşturma inchiesta, istruttoria, verifica, accertamento, istruzione, investigazione
soruşturmak accertare, verificare, inquisire, investigare
soruşturucu inquisitorio, investigatore
sos salsa, sugo
sosis salsiccia, würstel
sosyal sociale, socievole
sosyalist socialista
sosyalizm socialismo
sosyete alta società, società
sosyolog sociologo
sosyoloji sociologia
sosyolojik sociologico
Sovyet sovietico
soy famiglia, prole, ascendente, genealogia, generazione, origine, progenie *soy sop* antenato, discendenza
soya soia
soyaçekim ereditarietà, eredità
soyadı cognome, nome di famiglia, patronimico
soyağacı albero genealogico
soygun rapina, spoliazione
soyguncu bandito, grassatore, malvivente, predone, rapinatore, svaligiatore
soylu aristocratico, elevato, eminente, nobile
soyluluk altezza, aristocrazia, elevatezza, magnanimità, nobiltà
soyma saccheggio, spoliazione
soymak denudare, depredare, spelare
soymak sbucciare, predare, rapinare, saccheggiare, spogliare, svaligiare, svestire *soyup soğana çevirmek* pelare, spennacchiare, spennarsi, ripulire
soysuz bastardo, meschino
soysuzlaşmak degenerare, pervertirsi
soytarı buffone, arlecchino, giocoliere, mattacchione, pagliaccio, pulcinella
soyunmak spogliarsi, svestirsi, denudarsi
soyut astratto, impalpabile, metafisico
söğüt salice
sökmek disfare, smontare, staccare, scomporre, smantellare, svellere
sökük scucito; scucitura, sma-

gliatura
sökülmek essere strappato, scucirsi, strapparsi
sömestr semestre
sömürge colonia, possedimento
sömürgeci imperialista
sömürgecilik colonialismo, imperialismo
sömürgeleştirmek colonizzare
sömürmek succhiare, sfruttare
sömürü sfruttamento
söndürmek estinguere, smorzare, spegnere
sönmek spegnersi, estinguersi, morire
sönük scialbo, sgonfio, smorto, squallido, spento
sövgü bestemmia, insulto, epiteto, ingiuria, invettiva, parolaccia
sövmek bestemmiare, imprecare, insultare, inveire *sövüp saymak* ingiuriare, inveire, scagliare imprecazioni
söylemek dire; parlare; pronunziare, accusare, proferire, riportare, segnalare
söylence leggenda, mito, mitologia
söylenmek borbottare, brontolare, grugnire
söylenti diceria, rumore, sentore
söyleşi conversazione
söyleşmek conversare, discorrere
söylev allocuzione, arringa, discorso, dissertazione, orazione
söz parola; promessa, detto, parlato, termine, verbo *söz almak* prendere la parola *söz altında kalmamak* rispondere per le rime *söz aramızda* detto fra noi *söz dinlemek* ubbidire *söz etmek* menzionare, trattare *söz götürmez* incontestabile, incontrovertibile, inoppugnabile, sicuro *söz konusu* in causa, in questione *söz vermek* impegnarsi, promettere *sözünde durmamak* mancare a una promessa *sözünden dönmek* disdire, far marcia indietro, fare marcia indietro *sözünü geri almak* ritrattare *sözünü tutmak* mantenere la parola, mantenere la promessa, tenere fede alla parola data *sözünün eri* galantuomo, leale, uomo di parola
sözcü organo, portavoce, relatore
sözcük parola, vocabolo, voce
sözcükbilim lessicologia
sözde mancato, nominalmente, sedicente
sözdizimi *dilb.* sintassi
sözdizimsel *dilb.* sintattico
sözgelimi per esempio

sözlendirmek doppiare
sözleşme contratto, convenzione, ingaggio, scritta
sözleşmek convenire, accordarsı
sözlü orale, promessa, promesso, verbale *sözlü sınav* interrogazione, orale
sözlük vocabolario, dizionario
sözlükçü vocabolarista
sözlükçülük lessicografia
spektroskop spettroscopio
spekülasyon speculazione
spekülatör speculatore
sperm sperma
spiker annunciatore
spiral *hek.* spirale, voluta
spontane spontaneo
spor sport *spor araba* spider *spor yapmak* praticare lo sport
sporcu sportivo
sporsever sportivo
sportoto totocalcio
sprey spray
stadyum stadio
staj stage, tirocinio
stajyer praticante, tirocinante
standart standard, unificato
statik statica, statico
statü regolamento, stato
statüko status quo
steno stenografia
stenograf stenografo
stenografi stenografia

step steppa
stereo stereo
stereofoni stereofonia
stereofonik stereofonico
stereoskop stereoscopio
steril asettico, sterile sterilize *sterilize etmek* sterilizzare
sterlin sterlina
stetoskop *hek.* stetoscopio
steyşın auto modello familiare
stil gusto, stile, stilo
stok partita, riserva, scorta
stokçu accaparratore
stop sosta *stop etmek* chiudere, turare, tamponare
strateji strategia
stratejik strategico
stratosfer stratosfera
stres stress
striptiz spogliarello
stüdyo studio
su acqua *su almak* attingere, fare acqua *su basmak* allagare, inondare *su çekmek* attingere *su geçirmez* stagno *su gibi para harcamak* avere le mani bucate, spendere a tutt'andare *su götürmez* indiscutibile, sacrosanto, senza confronti *su perisi* naiade *su yüzüne çıkmak* tornare a galla, venire a galla *suya düşmek* andare a monte, an-

dare a rotoli, andare in fumo, crollare
sual domanda
sualtı sott'acqua
suaygırı ippopotamo
subay ufficiale
sucu acquaiolo
sucuk salsiccia
suç accusa, colpa, crimine, delitto, reato, delinquenza, misfatto *suç işlemek* commettere un delitto, delinquere
suçiçeği varicella
suçlamak accusare, incolpare, incriminare, addebitare, biasimare, criticare
suçlu colpevole, reo; criminale, delinquente, accusato, condannato, imputato
suçluluk colpevolezza, delinquenza
suçortağı complice, correo
suçsuz innocente
suçsuzluk innocenza
suçüstü in flagante, sul fatto
suflör suggeritore
suiistimal abuso *suiistimal etmek* abusare, sfruttare, brogliare
suikast attentato, complotto
suikastçı attentatore, cospiratore
sukemeri acquedotto
sulama idrante, irrigazione
sulamak annaffiare, innaffiare, irrigare, irrorare
sulandırmak annacquare, diluire, stemperare, temperare
sulanmak stemperarsi
sulh pace *sulh hâkimi* magistrato inquirente, pretore *sulh mahkemesi* pretura
sultan sultano
sulu acquoso, succoso, succulento, (meyve) carnoso
suluboya acquerello, colori ad acquerello
sunak altare
sundurma pensilina, portico, tettoia
suni artificiale, sintetico, sofisticato, stilizzato
sunmak offrire, presentare, regalare, inoltrare, porgere, tributare
sunu offerta
sunucu annunciatore, presentatore
supap *mek.* puntina, valvola
sur baluardo, cerchia, cinta, forte, muraglia
surat faccia, muso, viso, volto *surat asmak* fare il muso lungo, imbronciare, tenere il grugno
suratsız brutto, burbero
sure sura

suret copia, duplicato, replica, esemplare, estratto, riproduzione
Suriye Siria
Suriyeli siriano
susam sesamo
susamak aver sete
susamış assetato
susamuru *hayb.* lontra
suskun silenzioso, zitto, taciturno
susmak far silenzio, rimanere zitto, tacere, zittire
susturmak chetare, imbavagliare, ridurre al silenzio, tacitare
susturucu marmitta, silenziatore
susuz assetato, secco
susuzluk arsura, sete
sutopu pallanuoto
sutyen reggipetto, reggiseno
suvarmak abbeverare
suyılanı biscia
suyosunu alga
sübjektif soggettivo
sükse yapmak far faville
sülfat solfato
sülfürik solforico *sülfürik asit* acido solforico
sülük mignatta, sanguisuga *sülük gibi yapışmak* essere appiccicoso
sülün *hayb.* fagiano
sümbül *bitk.* giacinto
sümkürmek soffiarsi il naso
sümük moccio, muco
sümüklü moccioso
sümüklüböcek chiocciola, lumaca
sünger gommapiuma, spugna
süngertaşı pomice, tufo
süngü baionetta
süngülemek infilzare
sünnet circoncisione *sünnet etmek* circoncidere
süper super *süper benzin* benzina super
süpermarket supermercato
süprüntü immondezza, robaccia
süpürge scopa
süpürmek scopare, spazzare
sürahi boccia, caraffa, boccale, brocca
sürat rapidità, scatto, sveltezza, velocità
süratli rapido, espresso, spicciativo, spiccio, veloce
sürdürmek continuare, mantenere, proseguire, condurre, menare, procedere, prolungare, seguitare
süre durata, periodo, scadenza, giro, intervallo, lasso, spazio
süreaşımı prescrizione
süreç processo
süredurum inerzia
sürekli a getto continuo, con-

tinuo, costante, incessante, ininterrotto, permanente, perpetuo; continuamente, durevole, eterno, insistente, perenne, ripetuto
süreksiz discontinuo, saltuario, sporadico, transitorio
süreli periodico
süresince durante, lungo
sürgü catenaccio, chiavistello, nottola, paletto, spranga
sürgülemek sprangare, stangare
sürgün esilio, esule, bandito, proscrizione *sürgün etmek* deportare *sürgüne göndermek* confinare, esiliare, relegare
sürme battitura, continuazione, prosecuzione, proseguimento
sürmek durare, continuare, arare, condurre, espellere, guidare, procedere, proseguire, spalmare, esiliare, mantenersi, reggere, seguitare
sürmelemek chiudere col catenaccio
sürpriz sorpresa, improvvisata
sürrealizm surrealismo
sürtmek fregare, sfregare, strisciare, strofinare
sürtük che va zonzo
sürtünmek trascinarsi, fregarsi, strisciare, strofinarsi
sürtüşme attrito, lite, controversia, discordia, polemica
sürtüşmek litigare
sürü branco, fiumana, gregge, moltitudine, orda, sciame, sequela
sürücü conducente; autista; automobilista, conduttore, guidatore
sürüklemek coinvolgere, strascicare, strascinare, trascinare, spingere
sürükleyici appassionante, trascinante, trascinatore
sürüm smercio, spaccio
sürümek trascinare
sürünceme lungaggine *sürüncemede bırakmak* strascinare, tirarla in lungo *sürüncemede kalmak* strascinarsi, trascinarsi
sürüngen rettile
sürünmek spalmarsi, strisciare, trascinare
süs addobbo, fregio, ornamento, adornamento, finimento *süsü vermek* simulare
süslemek abbellire, addobbare, decorare, guarnire, ornare, parare, acconciare, adornare, rabbellire *süsleyip püslemek* agghindare
süslenmek abbellirsi, ornarsi *süslenip püslenmek* agghin-

darsi
süslü ornato, adornato, florido, adorno, elegante, ornamentale
süspansiyon sospensione
süssüz disadorno, semplice, nudo
süt latte *süt çocuğu* lattante *süt gibi* lattiginoso *süt sağmak* mungere *süt vermek* allattare
sütçü lattaio
sütlaç budino di riso
sütlü latteo *sütlü kahve* caffè-latte, cappuccino
sütnine balia di latte
süttozu latte in polvere
sütun colonna, rubrica, pilastro
süvari brigadiere, cavaliere
süveter corpetto, farsetto
süzgeç colabrodo, colino, filtro
süzmek colare, filtrare, occhieggiare, sbirciare, scolare, squadrare
süzülmek esser filtrato; smagrire, filtrare, spaziare

Ş

şablon stampino
şafak alba, aurora *şafak atmak* albeggiare *şafak sökmek* albeggiare
şaft albero, asse
şah impennata, scià, (satranç) re *şaha kalkmak* impennarsi
şahane maestoso, splendido, grandioso, stupendo
şaheser capolavoro
şahıs individuo, *dilb.* persona, privato
şahin falco
şahit teste, testimone
şahitlik deposizione, testimonianza
şahlanmak impennarsi
şahmerdan maglio
şahsen di presenza, in corpo e anima, personalmente
şahsi personale
şahsiyet persona, personaggio, personalità, individualità
şair poeta, rimatore, verseggiatore
şairane poetico
şaka scherzo, burla, facezia, battuta, lazzo *şaka bir yana* a parte gli scherzi *şaka etmek* scherzare *şaka kaldırmak* stare allo scherzo *şaka yapmak* beffare, burlare, motteggiare, scherzare
şakacı faceto, spiritoso, beffatore, burlone, lepido
şakak tempia
şakalaşmak burlarsi, scherzare

şaklaban buffone, arlecchino, mattacchione
şaklatmak schioccare
şakrak gaio, giocondo
şal mantiglia, scialle, stola
şalgam navone
şalter interruttore, commutatore
şalvar braca, brache
şamandıra boa, galleggiante, gavitello
şamar manata, schiaffo, ceffone, scapaccione, sventola
şamata chiasso, gazzarra, scenata, schiamazzo, sarabanda
şamdan candelabro, torciera, candeliere, lumiera
şamfıstığı pistacchio
şampanya champagne
şampiyon campione
şampuan sapone liquido, shampoo, shampoo
şampuanlamak fare uno shampoo
şan fama, gloria, onore, lustro
şangırdamak scrosciare
şanlı glorioso, illustre
şans fortuna, sorte, privilegio, ventura *şans eseri* fortuitamente, per buona sorte, per case
şanslı fausto, felice, fortunato
şanssız iellato, sciagurato, sfortunato
şanssızlık sfortuna, disdetta, disgrazia, fatalità, sfiga
şantaj ricatto *şantaj yapmak* ricattare
şantajcı ricattatore
şantiye cantiere
şap allume
şapka cappello
şaplak schiaffo
şapşal goffo
şarap vino
şarbon carbonchio
şarıldamak scorrere di acqua
şarıltı mormodo, scroscio
şarj carico *şarj etmek* caricare
şarjör caricatore
şarkı canto, canzone, aria *şarkı söylemek* cantare
şarkıcı cantante
şarküteri pizzicagnolo, salsamenteda, salumeria
şarlatan ciarlatano, dulcamara, istrione, vendifrottole, venditore di fumo
şarlatanlık ciarlataneria
şart condizione, circostanza, requisito, clausola, termine
şartıyla a condizione che, con l'obbligo di
şartlı condizionato, ipotetico
şartsız incondizionato
şaryo carrello
şasi *oto.* telaio

şaşı guercio, strabico
şaşılık strabismo
şaşırmak sorprendersi, sbigottirsi, stupire, confondersi, imbrogliarsi, rimanere *şaşırıp kalmak* essere un pulcino nella stoppa
şaşırtıcı sbalorditivo, sorprendente, allucinante, folgorante, sconcertante, stupefacente
şaşırtmak meravigliare, sbigottire, sorprendere, stupire, colpire, impressionare, sbalordire, strabiliare, stupefare
şaşkın frastornato, imbambolato, impacciato, perplesso, stordito *şaşkına çevirmek* intontire, stordire, stravolgere *şaşkına dönmek* allibire, intontirsi, sbigottirsi, strabiliare, stupire
şaşmak meravigliarsi, sbalordire, sorprendersi
şatafat pompa, adulazione, fasto, lusso, sfarzo
şatafatlı fastoso, sfarzoso, lussuoso, pretenzioso, sontuoso
şato castello
şayet qualora, se, qualora, se mai, sennò
şebboy violacciocca
şebeke rete, reticolo
şebnem guazza
şecere albero genealogico
şef capo, principale, duce, soprintendente *şef garson* caposala
şefaat intercessione
şeffaf trasparente, vaporoso
şefkat affetto, affettuosità, affezione, umanità
şefkatli affettuoso, tesoro, tenero
şefkatsiz disamorato
şeftali pesca
şehir città, urbe
şehirlerarası interurbana, interurbano
şehirli cittadino
şehit caduto, martire
şehriye pasta da minestra, vermicello
şehvet concupiscenza, lascivia, libidine
şehvetli lascivo, libidinoso, sensuale, voluttuoso
şeker zuccherino, zucchero *şeker gibi* zuccherino *şeker hastalığı* diabete
şekerkamışı canna da zucchero
şekerleme dolciume, pisolino, sonnellino, fondente *şekerleme yapmak* candire, fare la siesta
şekerlemek inzuccherare
şekerli saccarifero, zuccherato,

zuccheroso
şekerlik zuccheriera
şekil forma, maniera, figura, foggia, immagine, modalità, modo, illustrazione, mezzo, modello *şekil vermek* formare, foggiare, modellare
şekillendirmek foggiare
şekilsiz amorfo, deforme, difforme, informe, sformato
şelale cascata
şema prospetto, schema, specchietto
şematik schematico
şempanze scimpanze, scimpanzé
şemsiye ombrello, parapioggia
şen allegro, gaio, giocondo, brioso, festoso, giocoso, gioviale
şenlik briosità, festival, festività, kermesse, sagra
şerbet sciroppo, sorbetto
şerbetçiotu *bitk.* luppolo
şeref gloria, onore, lustro *şeref vermek* onorare
şerefe alla salute!, cin cin!
şerefli glorioso, onorabile, onorato
şerefsiz disonesto, inglorioso
şerefsizlik disonestà, disonore
şerif sceriffo
şerit nastro, banda, fascia, striscia; (yolda) corsia, cordone, fascetta, lista, stria
şevk fervore, desiderio, brio, entusiasmo, zelo
şey cosa, oggetto, affare, roba, arnese, *kon.* coso, roba
şeyh sceicco
şeytan demone, diavolo, demonio, satana, satana *şeytana uymak* lasciarsi tentare
şeytanca diabolico, malizioso, satanico
şeytani diabolico
şeytanlık diavoleria, furberia, malizia
şezlong sdraia, sedia a sdraio
şık elegante
şımarık capriccioso, viziato
şımarmak viziarsi
şımartmak viziare
şıra mosto
şırfıntı zoccola
şırınga iniettore, siringa
şiddet severità, furore, rigore, forza, impeto, veemenza, violenza *şiddete başvurmak* usare violenza
şiddetlendirmek esasperare, intensificare, intensificare
şiddetlenmek intensificarsi
şiddetli severo, forte, impetuoso, rigido, rigoroso, violento, torrenziale, acuto, drastico, furioso, intenso

şifa guarigione *şifa bulmak* rimettersi
şifahi verbale
şifalı medicinale
şifre cifra, codice *şifreyi çözmek* decifrare
şifrelemek codificare
Şii sciita
şiir poema, poesia, canto
şikâyet lagnanza, lamentela, reclamo, lamento, rammarico, recriminazione *şikâyet etmek* lagnarsi, lamentarsi, reclamare, recriminare
şilep nave da carico
şilin scellino
şilt targa
şilte materasso
şimdi adesso, ora, attualmente, ormai *şimdiye kadar* finora, sinora
şimdiden già
şimdiki attuale, presente, corrente
şimdilik ancora, intanto, per adesso, per il momento, provvisoriamente
şimşek lampo, baleno, saetta *şimşek çakmak* balenare, folgorare, fulminare, lampeggiare
şimşir bossolo
şirin carino, grazioso, pimpante
şirket società, azienda, compagnia, ditta, casa, impresa
şirret indocile, indisciplinato
şiş gonfio; gonfiore, spiedo, uncinetto, bozzo, ferro, lancetta, protuberanza, tumido
şişe bottiglia
şişelemek imbottigliare
şişirmek gonfiare, pompare, enfatizzare, ricamare, pompare
şişkin gonfio, panciuto
şişkinlik bernoccolo, gonfiezza, gonfiore, bozza, bozzo, gobba, turgidezza, turgore
şişko pancione, obeso, ciccione, grasso
şişlik nodosità
şişman grasso; grasso, pingue, trippone
şişmanlamak appesantirsi, ingrassarsi, mettere su pancia
şişmanlık grassezza, pinguedine
şişmek gonfiarsi, rigonfiarsi, tumefarsi
şive accento, favella, idioma
şizofreni *ruhb.* schizofrenia
şofben scaldabagno
şoför autista, guidatore
şok doccia fredda, martellata, scossa
şom sinistro *şom ağızlı* crepi l'astrologo
şort calzoncini, pantaloncini
şöhret celebrità, fama, rino-

manza

şöhretli famoso, rinomato, illustre

şölen banchetto

şömine caminetto, camino

şövalye cavaliere

şövalyelik cavalleria

şöyle cosi *şöyle böyle* cosi cosi, medio, mediocre, passabile

şu codesto; ciò, quello

şubat febbraio

şube filiale, succursale, agenzia

şuh vivace, civetta

şurada là, li, chi è

şurup sciroppo

şuur coscienza

şuuraltı subcoscienza

şuurlu cosciente, coscienzioso

şuursuz inconscio, incosciente

şükran gratitudine, riconoscenza

şükretmek glorificare, ringraziare

şükür lode

şüphe sospetto, dubbio, incertezza, forse *şüphe uyandırmak* insospettire

şüpheci scettico, sospettoso

şüphelendirmek insospettire

şüphelenmek dubitare, insospettirsi, insospettire, sospettare

şüpheli incerto, sospetto, sospettoso, discutibile, dubbio, dubbiso

şüphesiz eccome, indubbiamente, positivo

T

taahhüt impegno, raccomandazione *taahhüt etmek* impegnarsi, assumersi

taahhütlü raccomandato

taarruz assalto, attacco *taarruz etmek* attaccare, assalire

tabak piatto, piatto, scodella

tabaka casta, ceto, strato, manto, piastra, *coğ.* falda

tabakhane conceria

tabaklamak conciare

taban base, pianta, piedistallo, suola, piede *taban tabana zıt* diametralmente *tabanları yağlamak* alzare i tacchi, battere in ritirata, darsela a gambe, menar le calcagne *tabanvayla gitmek* andare col cavallo di S Francesco

tabanca pistola, rivoltella

tabela insegna, tabella, targa, cartella

tabetmek imprimere

tabi già, soggetto, suddito *tabi olmak* sottostare

tabiat indole, natura ***tabiat bilgisi*** storia naturale

tabii naturale; beninteso, naturalmente

tabir termine

tablet compressa, tavola

tablo dipinto, pittura, quadro, tabella, tavola, prospetto, specchio

tabu tabù

tabur battaglione

taburcu dimesso dall'ospedale

tabure panchetto, sgabello, trespolo

tabut bara, feretro, cassa da morto

tacir mercante

taciz persecuzione ***taciz etmek*** importunare, perseguitare

taç *bitk.* corolla, corona

tadil modifica ***tadil etmek*** modificare

tafsilat dettaglio

tafsilatlı dettagliato

tafta taffetà

tahammül longanimità, sopportazione ***tahammül etmek*** compatire, patire, soffrire, sopportare, tollerare

tahdit restrizione ***tahdit etmek*** limitare

tahıl biada, cereale

tahkik accertamento, verifica ***tahkik etmek*** accertare, verificare

tahkikat inchiesta, indagine, investigazione

tahkim fortificazione ***tahkim etmek*** fortificare

tahlil analisi ***tahlil etmek*** analizzare

tahliye evacuazione, rilascio, scarcerazione, sfratto, sgombero ***tahliye etmek*** evacuare, scarcerare, sgombrare, rilasciare

tahmin previsione, pronostico, calcolo, congettura, presunzione, supposizione ***tahmin etmek*** calcolare, indovinare, prevedere, congetturare, credere, prevedere, pronosticare, supporre

tahminen approssimativamente

tahmini approssimativo

tahribat disfacimento, distruzione, eversione

tahrif alterazione, falsificazione ***tahrif etmek*** alterare, falsificare

tahrik istigazione, provocazione, eccitazione, impulso, stuzzicamento ***tahrik edici*** provocante, provocatorio, seducente ***tahrik etmek*** incitare, istigare, provocare, cimentare, destare

tahrip annullamento, demolizione, distruzione, subisso *tahrip etmek* demolire, devastare, devastare, disfare, rovinare

tahriş irritazione *tahriş etmek* infiammare, irritare, stuzzicare

tahsil studio, riscussione *tahsil etmek* percepire, ricevere

tahsilat incasso

tahsildar esattore, ricevitore

tahsis assegno *tahsis etmek* assegnare, destinare, adibire, erogare, stanziare

taht corona, trono *tahta çıkmak* ascendere al trono, salire al trono *tahttan indirmek* detronizrare, spodestare

tahta legno, asse

tahtadan ligneo

tahtakurdu tarlo

tahtakurusu cimice

tahvil conversione, titolo, obbligazione

takas barattamento, baratto, permuta *takas etmek* barattare

takat forza, vigore, energia

takdim presentazione *takdim etmek* porgere, presentare

takdir ammirazione, apprezzamento, stima, valutazione *takdir etmek* ammirare, apprezzare, stimare, valutare, estasiare

takdis benedizione, consacrazione, santificazione *takdis etmek* beatificare, consacrare, santificare

takı bigiotteria, particella, terminazione

takılmak burlare, impigliarsi, infiggersi

takım assortimento, ordine, plotone, squadra, apparato, armamentario, guarnizione, ordine, squadrone, truppa, utensile, (elbise) capo

takımada arcipelago

takımyıldız *gökb.* costellazione

takıntı inciampo

takırdamak schioccare

takip inseguimento *takip etmek* inseguire, pedinare, perseguitare, seguire

takipçi inseguitore

takke berretta, berretto, calotta, papalina

takla capriola, salto, tombolo *takla atmak* capitombolare, fare una capriola

taklit falso; imitazione, artefatto, contraffazione, copia, mimesi *taklit etmek* contraffare, falsificare, imitare, ricalcare

taklitçi imitatore

takma aggancio, allacciamento,

takmak

assemblaggio, attacco, montaggio, montatura, pseudo *takma ad* appellativo, nome di battaglia, nomignolo, pseudonimo, soprannome *takma diş* dentiera *takma saç* parrucca

takmak agganciare, attaccare, installare, mettere, appuntare, assemblare, incastrare

takmamak strafottere

takoz bietta, puntello, scarpa, tassello, zeppa *takoz koymak* zeppare

takriben approssimativamente, press'a poco, all'incirca, grosso modo, suppergiù

takribi approssimativo

taksi taxi, tassi *taksi tutmak* prendere un taxi

taksim divisione, ripartizione, distribuzione, frazionamento

taksimetre tassametro

taksit quota, rata

taksitle a rate, rateale

taktik politica, tattica

takunya zoccolo

takvim almanacco, calendario, almanacco, lunario

takviye consolidamento, rinforzo *takviye etmek* rinforzare, rafforzare, consolidare, munire

talan razzia, saccheggio, scorreria, scorribanda *talan etmek* depredare, predare, razziare

talaş segatura, truciolo

talebe alunno, discepolo, studente

talep domanda, istanza, pretensione, reclamo, richiesta *talep etmek* reclamare, richiedere, domandare, esigere, postulare

tali secondario, incidentale

talih fortuna, sorte, ventura *talih kuşu* colpo di fortuna

talihli fortunato

talihsiz sfortunato, disgraziato, infelice, malcapitato, scalognato, sventurato

talihsizlik disgrazia, disdetta, malanno, sciagura, sfortuna, sventura, infelicità, malasorte, traversia

talim addestramento, *ask.* esercitazione

talimat bando, consegna, direttiva, editto, istruzione, ordinanza

talimatname regolamento

talip pretendente *talip olmak* pretendere

talk talco *talk pudrası* borotalco, talco borato

tam completo, esatto, impeccabile, integro, preciso; esattamente, adeguato, assoluto,

consumato, intero, perfetto
tam yetki piena facoltà
tamam preciso, d'accordo, va bene
tamam sta bene!
tamamlamak compiere, completare, finire, integrare, perfezionare
tamamlayıcı complementare, complemento, integrativo, supplementare, suppletivo
tambur sorta di mandola
tamim lettera circolare
tamir riparazione ***tamir etmek*** riparare, accomodare, aggiustare, raccomodare, rappezzare
tamirat riparazione
tamirci riparatore
tamlayan durumu *dilb.* genitivo
tampon assorbente interno, guarnizione, paraurti, tampone ***tampon devlet*** stato cuscinetto
tamsayı numero intero
tan alba, aurora
tane chicco, grana, grano ***tane tane*** granulare
tanecik granulo, particella
tanelemek sgranare, sgranellare
tango tango
tanı *hek.* prognosi
tanıdık conoscente, conoscenza
tanık teste, testimone, testimonio

tanıklık attestazione, testimoniale, testimonio, *huk.* deposizione ***tanıklık etmek*** deporre, far da testimone
tanım definizione
tanımak conoscere, riconoscere, identificare, individuare, ravvisare
tanımlama definizione, descrizione, individuazione
tanımlamak definire, descrivere
tanınmak farsi un nome
tanınmış celebre, noto, conosciuto, popolare, rinomato
tanışmak conoscersi, conoscersi, incontrarsi
tanıştırmak far conoscere, presentare
tanıtıcı presentatore, segnaletico
tanıtma presentazione, pubblicità
tanjant tangente
tank carro armato, panzer
tanker autobotte, autocisterna, nave cisterna
Tanrı Dio, Iddio, Padre, Padreterno
tanrıça dea
tanrılaştırmak deificare
tanrısal divino
tanrıtanımaz ateo
tanrıtanımazlık ateismo
tansiyon pressione, pressione

tantana

del sangue
tantana pompa, fasto
tantanalı pomposo
tanzim accomodamento, disposizione, elaborazione *tanzim etmek* disporre, rogare
tapa tappo
tapınak sacrario, santuario, tempio
tapınmak adorare
tapmak adorare, venerare
tapu titolo di proprietà
taraça terrazza, terrazzo, veranda
taraf parte, lato, canto, capo, faccia, mano *taraf tutmak* tifare
taraflı parziale
tarafsız imparziale, giusto, neutrale, neutro, obiettivo, equanime, oggettivo
tarafsızlık imparzialità, neutralismo, neutralità, obiettività
taraftar fautore, seguace, seguito, simpatizzante
taraftarlık tifo
tarak pettine
taramak frugare, pettinare
taranmak pettinarsi
tarçın cannella
tarım agricoltura, coltura
tarımcı agricoltore
tarımsal agrario, agricolo

tarif definizione *tarif etmek* definire
tarife tariffa, orario, tariffario
tarih storia; data *tarih atmak* datare *tarihe geçmek* passare alla storia
tarihçi storico, storiografo
tarihi storico
tarihöncesi preistorico; preistoria
tarihsel storico
tarikat confraternita, setta
tarla campo, piantagione, terra
tarlakuşu allodola
tartaklamak tartassare
tartı pesa
tartılmak esser pesato
tartışılmaz è fuori discussione, indiscusso, indiscutibile, ineccepibile
tartışma dibattito, discussione, disputa, polemica, controversia, diverbio, litigio
tartışmak argomentare, discutere, disputare, polemizzare, deliberare, questionare, ragionare
tartışmalı contraddittorio, contrastato, discusso
tartmak bilanciare, considerare, pesare, soppesare
tarz maniera, foggia, modalità, modo, genere, gusto, stile

tas scodella, tazza

tasa ansia, preoccupazione, ansietà, cruccio, inquietudine, spina

tasalı ansioso, inquieto, preoccupato

tasarı piano, progetto, disegno, proposta, schema

tasarım rappresentazione

tasarlamak progettare, ideare, immaginare, abbozzare, immaginare, disegnare, meditare, rapportare

tasarruf economia, risparmio *tasarruf etmek* fare dei risparmi, risparmiare, possedere

tasavvuf misticismo, sufismo

tasavvur immaginazione *tasavvur etmek* immaginare, concepire, meditare

tasdik conferma, ratificazione, affermazione, sanzione *tasdik etmek* confermare, ratificare, legalizzare, vidimare

tasfiye purificazione, epurazione, stralcio *tasfiye etmek* pruficare, liquidare, epurare, purgare

taslak abbozzo, bozza, schema, schizzo, disegno, macchietta, scaletta, traccia

taslamak affettare

tasma guinzaglio, museruola, collare

tasnif spoglio *tasnif etmek* assortire, ordinare, spogliare

tastamam a pennello

tasvip approvazione, consenso, adesione, affermazione, suffragio *tasvip etmek* approvare, sancire, sanzionare

tasvir descrizione, immagine, raffigurazione, rappresentazione, ritratto *tasvir etmek* descrivere, disegnare, figurare, raffigurare, rappresentare

taş pietra, sasso *taş kesilmek* rimanere di sasso *taşı gediğine koymak* toccare il tasto giusto

taşak testicolo

taşıl fossile

taşıllaşmak fossilizzarsi

taşımacı spedizioniere, trasportatore

taşımak trasportare, portare, reggere

taşınır mobiliare, portabile

taşınmaz immobiliare; immobile

taşıt mezzo di trasporto, veicolo

taşıyıcı portante, portatore, traslatore, trasportatore, *anat.* deferente

taşkın alluvione, inondazione, esuberante, irruente

taşkınlık delirio, escandescenza,

taşküre esuberanza, frenesia, irruenza
taşküre litosfera
taşlama satira
taşlaşmak pietrificarsi
taşlı pietroso, sassoso
taşmak dilagare, straripare, fuoriuscire, prorompere, rigurgitare
taşpamuğu amianto
taşra provincia
taşralı paesano, provinciale
taşyuvarı *yerb.* litosfera
tat gusto, sapore *tadına bakmak* assaggiare, assaporare, degustare, gustare, sentire *tadını çıkarmak* gustare *tat vermek* insaporire, saporire
Tatar tartaro
tatbik applicazione *tatbik etmek* applicare, effettuare
tatbikat esercizio, esercitazione
tatbiki applicato
tatil sospensione, feria, festa, vacanza, villeggiatura *tatile çıkmak* andare in vacanza, far festa
tatlandırmak insaporire, saporire
tatlanmak insaporirsi
tatlı dolce, affabile, blando, gustoso, ameno, benigno, dessert, zuccherino, zuccheroso *tatlı su* acqua dolce
tatlılık affabilità, amabilità, amenità, dolcezza, mansuetudine, mitezza
tatlılıkla dolcemente, teneramente
tatmak gustare, assaporare, degustare, sentire
tatmin appagamento, soddisfazione *tatmin etmek* appagare, saziare, soddisfare *tatmin olmak* appagarsi, saziarsi, soddisfarsi
tatminkâr soddisfacente
tatsız insipido, scipito, sgradito, dispiacevole, fatuo, increscioso, sgradevole
tatsızlık insipidità, insipidezza, dissapore, fatuità, spiacevolezza
tav tempra
tava padella, tegame, teglia
tavan soffitto, tetto, volta *tavan arası* attico, mansarda, soffitta, solaio
taverna taverna, bettola
tavır atteggiamento, maniera, modo, posizione, stile *tavır takınmak* atteggiarsi, posare
taviz compensazione *taviz vermek* accondare una compensazione
tavla backgammon, tavola reale, tric trac

tavlamak arroventare il ferro, irretire, (çelik) temprare
tavsiye raccomandazione, consiglio, suggerimento, parere, prescrizione, referenza *tavsiye etmek* raccomandare, consigliare, indicare, suggerire *tavsiye mektubu* lettera di raccomandazione
tavşan coniglio, lepre
tavşankulağı ciclamino
tavuk gallina, pollo
tay puledro
tayf *fiz.* spettro
tayfa equipaggio, marinaio
tayfun tifone
tayın razione
tayin insediamento, nomina *tayin etmek* nominare, assegnare, destinare, determinare, designare, insediare
taze fresco, verdeggiante *taze fasulye* fagiolino
tazelemek rinfrescare, rinnovare, ravvivare
tazelik freschezza
tazı bracco, levriere
taziye condoglianza, condoglianze
tazmin compenso, indennità, riparazione *tazmin etmek* indennizzare, rifondere, risarcire
tazminat indennità, liquidazione, riparazione, risarcimento, rivalsa
tazyik pressione
tebaa suddito
tebessüm sorriso *tebessüm etmek* arridere
tebeşir gesso
tebligat notifica
tebliğ comunicato, intimazione, notificazione, *huk.* diffida *tebliğ etmek* comunicare, notificare
tebrik complimento, congratulazione, celebrazione *tebrik etmek* congratularsi, rallegrarsi, celebrare, complimentarsi
tecavüz aggressione, violenza, oltraggio, violazione *tecavüz etmek* aggredire, oltrepassare, violentare, deflorare
tecil rinvio, differimento *tecil etmek* rimandare
tecrit isolazione *tecrit etmek* isolare
tecrübe esperienza, prova, esperimento, pratica *tecrübe etmek* collaudare, esperire, provare
tecrübeli esperto, sperimento, provetto
tecrübesiz imberbe, inesperto, novellino

teçhiz etmek

teçhiz etmek attrezzare, equipaggiare, munire
teçhizat apparato, apparecchiatura, armamentario, dotazione, equipaggio
tedarik somministrazione *tedarik etmek* fornire, munire, provvedere, somministrare
tedavi cura, terapia, trattamento *tedavi etmek* assistere, curare, guarire
tedavül giro, circolzione *tedavülde olmak* circolare
tedbir cautela, precauzione, provvedimento, prudenza, circospezione, misura *tedbir almak* cautelare
tedbirli avveduto, cauto, circospetto, guardingo, prudente, saggio
tedbirsiz imprudente, inavveduto, incauto, incosciente, sprovveduto, sventato
tedirgin inquieto, turbato, spaesato, tirato *tedirgin etmek* assillare, bersagliare, impensierire, molestare, ossessionare, turbare, vessare
tedirginlik affanno, angoscia, inquietudine, irrequietezza, malessere, turbamento
tediye rimborso
tef cembalo, tamburello

tefeci usuraio, sanguisuga, strozzino
tefecilik usura
teferruat particolari, acessorio
tefsir esegesi, parafrasi
teftiş ispezione, rivista, visita *teftiş etmek* ispezionare, passare in rassegna, visitare
teğet tangente
teğmen luogotenente, tenente
tehdit minaccia *tehdit etmek* incombere, insidiare, minacciare, mostrare i pugni
tehir indugio, proroga, aggiornamento *tehir etmek* aggiornare, differire, dilazionare, rimandare
tehlike pericolo, azzardo, insidia, rischio, sbaraglio *tehlikeye atılmak* arrischiarsi, gettarsi allo sbaraglio, rischiare *tehlikeye atmak* arrischiare, azzardare, condurre allo sbaraglio, esporre, mettere a repentaglio *tehlikeye sokmak* compromettere, pregiudicare
tehlikeli pericoloso, azzardoso, rischioso, insidioso, sinistro
tek dispari, unico, isolato, singolare, singolare, solo, unità, uno *tek başına* da solo, solo *tek tük* rado
tekdüze monotono, uniforme

tekdüzelik monotonia, tran tran
teke caprone
tekel monopolio, privativa
tekelcilik accaparramento, monopolizzazione
teker disco
tekerlek ruota
tekerleme filastrocca, scioglilingua
tekeşlilik monogamia
tekil *dilb.* singolare
tekir triglia
teklif proposta, offerta, suggerimento *teklif etmek* offrire, proporre, suggerire
teklik unicità
tekme calcio, pedata, zampata
tekmelemek calciare, dare calci
tekne barca, conca, guscio, tino
teknik tecnica, tecnico
tekniker tecnico
teknisyen operatore, tecnico
teknoloji tecnologia
teknolojik tecnologico
tekrar ripetizione, replica; nuovamente, daccapo, di nuovo *tekrar etmek* replicare
tekrarlamak replicare
tekrarlamak ripetere, ridire
teksir aumento, poligrafia *teksir makinesi* ciclostile, poligrafo
tekstil tessile
tektanrıcı monoteista

tektanrıcılık *din.* monoteismo
tekzip smentita *tekzip etmek* smentire
tel filo, fibra, corda *tel örgü* filo spinato, rete metallica, reticolato
telaffuz dizione, pronunzia *telaffuz etmek* pronunciare
telafi compensazione, compenso, ricupero, riparazione *telafi etmek* compensare, rimediare, rimettere, riparare, supplire
telaş panico, sgomento *telaş etmek* turbarsi, affrettarsi *telaşa düşmek* allarmarsi
telaşlanmak scalmanarsi
telaşlı agitato, emotivo
telaşsız impassibile, pacato
telef distruzione *telef olmak* perire
teleferik funivia, teleferica, funicolare
telefon apparecchio telefonico, telefono *telefon etmek* fare una telefonata, telefonare *telefon kulübesi* cabina telefonica, telefono pubblico *telefon rehberi* elenco telefonico, guida telefonica
telekız ragazza squillo
telekomünikasyon telecomunicazione
teleks telescrivente, telex

teleobjektif teleobiettivo
telepati telepatia
teleskop telescopio
televizyon televisione
telgraf telegrafo, telegramma, cablogramma *telgraf çekmek* telegrafare
telif compilazione *telif hakkı* diritti d'autore, proprietà letteraria
telkin ispirazione, suggestione *telkin etmek* incutere, suggerire
telli sostenuto; rete metallica *telli çalgılar* strumenti a corda
telsiz senza fili, radiotelegrafia
telve fondo, posatura del caffè
telyazı telegrafo
temas contatto *temas etmek* toccare
temayül inclinazione, propensione
tembel pigro, inerte, ozioso; poltrone, fannullone, indolente, sfaccendato, sfaticato
tembellik indolenza, ozio, pigrizia, accidia, flemma, oziosità, torpore
temel elementare, fondamentale, principale; fondamento, base, basamento, basilare, capitale, cardinale, essenziale, fondatezza *temel atmak* fondare

temel taşı pietra angolare
temelli essenziale
temelsiz gratuito, inattendibile, inconsistente, infondato, vano
temenni desiderio *temenni etmek* desiderare
temin provvedimento *temin etmek* assicurare, procurare, provvedere
teminat cauzione, garanzia, caparra copertura *teminat akçesi* cauzione
temiz pulito, netto, nitido, puro, terso, casto, incontaminato, vergine *temize çekmek* ricopiare in bella *temize çıkarmak* assolvere, discolpare, giustificare, scolpare
temizlemek depurare, epurare, lavare, pulire, nettare, forbire, purgare, purificare, spurgare
temizlik nettezza, pulizia, candidezza, castità, igiene, purità, verginità
temkin precauzione, prudenza
temkinli grave, dignitoso, cautamente, prudente
temmuz luglio
tempo tempo, ritmo, battuta, cadenza *tempo tutmak* battere il tempo, battere la cadenza
temsil rappresentanza, rappresentazione, recita, recitazione,

spettacolo **temsil etmek** presentare, rappresentare, recitare, incarnare, interpretare, personificare

temsilci agente, delegato, incaricato, rappresentante, cancelliere, esponente, organo

temyiz appello **temyiz etmek** distinguere, ricorre in cassazione **temyiz mahkemesi** corte di cassazione

ten carnagione, colorito

tencere pentola, marmitta, casseruola

teneffüs respirazione, ricreazione **teneffüs etmek** respirare

teneke latta

tenezzül degnazione **tenezzül etmek** degnarsi

tenha deserto, remoto, inabitato, solitario

tenis tennis **tenis kortu** campo di tennis

tenkit critica **tenkit etmek** criticare

tenor *müz.* tenore

tente tenda, tendone

tentürdiyot tintura d'iodio

tenya tenia, verme solitario

tenzilat ribasso, riduzione, saldo

teokrasi teocrazia

teoloji teologia

teorem proposizione, teorema

teori teoria

teorik teorico

tepe collina, altura, cima, colle, colmo, cresta, monte, sommità, vetta, apice, estremo, picco, punta **tepe üstü** scavezzacollo **tepeden bakmak** disprezzare, guardare qlcu dall'alto in basso **tepesi atmak** adirarsi, andare in bestia, arrabbiarsi, incollerirsi, stizzire

tepecik monticello, poggio, stigma

tepetaklak ruzzoloni, scavezzacollo

tepinmek pestare i pledi, sbattere i piedi, scalpitare

tepki reazione, repulsione, riflesso

tepkime *kim.* reazione

tepkimek reagire

tepmek rinculare

tepsi vassoio

ter sudore **ter dökmek** sudare

teras terrazza, terrazzo

terazi bilancia

terbiye addestramento, garbo, gentilezza, galateo **terbiye etmek** addestrare, domare, esercitare

terbiyeli beneducato, gentile, perbene, cortese, educato

terbiyesiz maleducato, scortese

terbiyesizlik impudicizia, maleducazione, scortesia, villanata

tercih preferenza, opzione, eletta, scelta *tercih etmek* optare, preferire, preporre, prescegliere

tercihli preferenziale

tercüman interprete, traduttore

tercüme traduzione *tercüme etmek* tradurre

tere crescione *tereciye tere satmak* portare l'acqua al mare, insegnare a nuotare ai pesci

terebentin acqua ragia

tereddüt esitazione, indugio, dubbio, incertezza, scrupolo, tentennamento *tereddüt etmek* esitare, indugiare, brancolare, dubitare, oscillare, tentennare

terek tesa

tereyağı burro

terfi promozione, scatto *terfi etmek* essere promosso, salire di grado *terfi ettirmek* incrementare, innalzare, promuovere

terhis congedo *terhis etmek* congedare

terim termine

terk abbandono, defezione, lasciata *terk etmek* abbandonare, disertare, lasciare, piantare, ritirarsi

terlemek sudare, traspirare, trasudare

terli sudaticcio, sudato

terlik ciabatta, pantofola

termal termale

terminal capolinea, terminale

terminoloji terminologia

termodinamik termodinamica

termoelektrik termoelettrico

termometre termometro

termos termos, thermos

termosifon scaldabagno

termostat termostato

terör terrore

terörist terrorista

terörizm terrorismo

ters alieno, all'incontrario, avverso, contrario, inversamente, negativo, opposto *ters anlamak* prendere fischi per fiaschi *ters gitmek* andare di traverso *ters ters bakmak* guardare di sbieco, guardare di traverso

tersane arsenale, cantiere navale

tersine all'incontrario, alla rovescia, contrariamente, inversamente, inverso, viceversa *tersine çevirmek* capovolgere, rovesciare

terslemek parlare aspramente

terslik avversità, contrarietà, contrattempo, mala ventura

tertemiz immacolato
tertip elaborazione, intruglio, ordine, *ask.* classe, *ask.* leva ***tertip etmek*** ordinare, comporre, organizzare
tertiplemek comporre, organizzare
tertipli lindo, ordinato
tertipsiz disordinato
terzi sarto
tesadüf coincidenza, combinazione, casualità, congiuntura, evenienza ***tesadüf etmek*** imbattersi
tesadüfen per caso, incidentalmente, accidentalmente, casualmente
tesadüfi accidentale, fortuito, incidentale, occasionale, casuale, occasionale
tescil registrazione
teselli conforto, consolazione, sollievo ***teselli etmek*** confortare, consolare
tesir influsso, azione, efficacia, effetto, impressione ***tesir etmek*** agire, influire
tesirli efficace, efficiente
tesirsiz inefficace
tesis istituzione, impianto, fondazione, costituzione ***tesis etmek*** fondare, impiantare, istituire
tesisat impianto, installazione
teskin quietamento ***teskin etmek*** alleviare, ammansire, propiziare
teslim consegna, riconsegna ***teslim almak*** ritirare ***teslim etmek*** consegnare, depositare, recapitare, rendere, rilasciare, riportare ***teslim olmak*** arrendersi, cedere, capitolare
teslis trinità
tespih rosario
tespit fissazione, ricognizione ***tespit etmek*** fissare, stabilire, avvistare, notare
test prova, test
testere sega
testi anfora, brocca, conca
tesviye livallamento ***tesviye etmek*** appianare, spianare
teşebbüs impresa, iniziativa, affare, tentativo ***teşebbüs etmek*** intraprendere, imprendere, tentare
teşekkür grazie
teşekkür ringraziamento ***teşekkür ederim*** grazie ***teşekkür etmek*** ringraziare
teşhir esposizione, esibizione ***teşhir etmek*** esporre, esibire
teşhirci esibizionista
teşhircilik esibizionismo
teşhis distinzione, riconosci-

mento, diagnosi, identificazione *teşhis etmek* distinguere riconoscere, diagnosticare

teşkil formazione *teşkil etmek* rappresentare

teşkilat ordinamento, organizzazione

teşkilatlandırmak organizzare

teşkilatlanmak organizzarsi

teşrif arrivo *teşrif etmek* arredare

teşrifat etichetta, protocollo

teşvik eccitazione, esortazione, incentivo, stimolazione, incitamento, stimolo *teşvik edici* esortativo, stimolante, stimolatore *teşvik etmek* esortare, incitare, provocare, sobillare, sollecitare, cimentare, eccitare, indurre, istigare, stimolare

tetanos tetano

tetik grilletto

tetkik osservazione, esame, esplorazione *tetkik etmek* analizzare, osservare, esplorare, verificare

tevazu umiltà

tevkif arresto *tevkif etmek* arrestare, mettere agli arresti

Tevrat antico testamento

tevzi distribuzione *tevzi etmek* distribuire

teyellemek imbastire

teyp magnetofono, mangianastri, registratore

teyze zia, zia materna tez *tez canlı* alacre

tezat antinomia

tezgâh bancarella, banco, pancone

tezgâhlamak ordire, tramare

tezgâhtar commesso, commessa

tezkere nota, memorandum

tıbbi medico

tığ ago torto, ferro, lancetta, uncinetto

tıka basa stipato, pieno zeppo *tıka basa yemek* mangiare a crepapelle, riempirsi, rimpinzarsi

tıkaç otturatore, tampone, tappo, zaffo, zipolo

tıkamak ostruire, otturare, sbarrare, turare, barricare, ingorgare, occludere, precludere, tamponare, tappare

tıkanık ingombro

tıkanıklık ingorgo, intasamento

tıkanmak ingorgarsi, intasarsi, otturarsi

tıkırtı scricchiolio, ticchettio

tıkız compatto, panciuto

tıklım tıklım strapieno

tıkmak ficcare, imprigionare

tıknaz grosso, tarchiato, tozzo

tılsım amuleto, talismano
tımar feudo ***tımar etmek*** strigliare
tımarhane manicomio, una gabbia di matti
tıngırdamak tintinnare
tıngırtı tintinnio
tıp medicina
tıpa tappo, zaffo
tıpkı stesso, identico, uguale
tırabzan balaustrata, ringhiera
tıraş rasatura ***tıraş bıçağı*** lama, lametta, rasoio ***tıraş etmek*** rasare, radere, sbarbare ***tıraş olmak*** rasarsi, radersi, farsi la barba, sbarbarsi
tıraşlı raso
tırıs trottata, trotto ***tırıs gitmek*** trottare
tırmalamak graffiare, sgraffiare
tırmanmak arrampicarsi, inerpicarsi, fare una salita, salire, scalare
tırmık rastrello, sgraffio, unghiata
tırmıklamak rastrellare
tırnak artiglio, unghia ***tırnak işareti*** virgolette
tırpan falce
tırtıl bruco
tıslamak sibilare
ticaret affare, commercio, tratta ***ticaret filosu*** marina mercantile ***ticaret gemisi*** nave mercantile ***ticaret merkezi*** emporio
ticarethane ditta
ticari commerciale, mercantile, mercantesco
tifo tifo
tik tic, ticchio
tiksindirici disgustoso, repellente, ripugnante
tiksindirmek disgustare, ripugnare, nauseare
tiksinmek aborrire, detestare, disgustarsi
tiksinti avversione, orrore, ribrezzo, schifo, disgusto, ripugnanza
tilki volpe
timsah alligatore, coccodrillo
tin anima, psiche, spirito
tinsel morale, spirituale
tip genere, modello, tipo
tipi tormenta
tipik proprio, tipico
tir tir verga a verga ***tir tir titremek*** tremare verga a verga
tiraj tiratura
tirbuşon cavatappi
tire lineetta, trattino
tiroit tiroide
tiryaki accanito
tişört maglietta
titiz assiduo, difficile, pignolo,

titizlik

sollecito, attento, austero, sollecito
titizlik assiduità, pignoleria, accuratezza, esigenza, meticolosità, puntualità
titrek convulso, tremolante, vibrante
titremek rabbrividire, tremare, vibrare, guizzare, tremolare
titreşim battimento, onda, pulsazione, vibrazione
titreşmek oscillare
tiyatro teatro
tiz acuto, sottile, squillante, stridente
tohum germe, seme, semente, semenza
tok sazio; compatto
toka fermacapelli, fermaglio, fibbia *toka etmek* stringersi la mano
tokalaşmak stringere la mano a qc
tokat manata, schiaffo, ceffone, pacca, scapaccione *tokat atmak* schiaffeggiare
tokatlamak prendere a schiaffi, schiaffeggiare
tokmak battente, mestola, pomello, pomo
tolerans tolleranza
tomar fascio, mazzetta, mazzo, rotolo
tombala tombola
tombalak tondo
tombul grasso, paffuto
tomruk tronco
tomurcuk bocciolo, gemma, germoglio, getto
ton tonnellata; tono
tonaj portata, stazza
tonbalığı tonno
tonik acqua tonica, tonico
tonilato *den.* dislocamento
tonoz *mim.* volta
top palla, cannone, boccia, pallone *top oynamak* giocare a palla *top sürmek* palleggiare *topa tutmak* bombardare, martellare, tamburreggiare
topaç girella, trottola
topal sciancato, storpio, zoppicante, zoppo
topallamak arrancare, zoppicare
toparlak rotondeggiante
toparlamak raccogliere, ammassare
topçu artigliere, cannoniere
topçuluk artiglieria
toplaç collettore
toplam globale, totale; importo, somma, totale, massa
toplama addizione; raccolta, accumulazione, collezione *toplama kampı* campo di concentramento

toplamak addizionare, adunare, cogliere, raccogliere, radunare, riscuotere, riunire, sommare, agglomerare, ammassare, collezionare, raccapezzare, raggruppare, reclutare, totalizzare

toplanmak accalcarsi, adunarsi, radunarsi, riunirsi, addensarsi, affollarsi, ammassarsi, raccogliersi

toplantı adunanza, assemblea, convegno, incontro, raduno, riunione, conferenza, consulta, radunata, tornata

toplardamar vena

toplu raccolto, riunito, collettivo, complessivo

topluiğne spilla, spillo

topluluk comitiva, compagnia, società, brigata, comunità, gruppo

toplum mondo, popolo, società

toplumbilim sociologia

toplumbilimci sociologo

toplumsal sociale, sociale, sociologico

topografya topografia

toprak terra, terreno, podere, suolo *toprağa vermek* interrare, seppellire, tumulare

toptan globale; all'ingrosso, cumulativo, massivo, panoramico *toptan satış* vendita all'ingrosso

toptancı grossista, commerciante all'ingrosso, negoziante all'ingrosso

topuk tacco, tallone

topuz pomo

topyekûn in grande stile

torba sacchetto, sacco, busta

torna tornio

tornacı tornitore

tornavida cacciavite

torpido silurante

torpil siluro, spinta, torpedine

torpilli raccomandato

tortu fondo, gromma, morchia, residuo, sedimento

torun nipote, rampollo

tos cozzo *tos vurmak* cozzare

toslamak tamponare

tost tosto

tosun manzo

totaliter totalitario

totem totem

toy inesperto, novellino, novizio, imberbe

toynak zoccolo

toz polvere *toz bezi* strofinaccio *toz bulutu* polverone *toz olmak* impolverarsi, svicolare, svignare, svignarsela

tozlu polveroso

tozşeker zucchero in polvere

tökezlemek

tökezlemek incespicare, inciampare
töre prammatica, rito, usanza
törebilim etica
tören cerimonia, rituale, solennità
törpü lima, raspa
törpülemek raspare, limare
tövbe penitenza *tövbe etmek* pentirsi
trafik circolazione, movimento, traffico *trafik ışığı* luce, semaforo *trafik polisi* polizia stradale, vigile urbano
trahom *hek.* tracoma
trajedi tragedia
trajik tragico
traktör trattore
trampa baratto, permuta *trampa etmek* barattare
trampet tamburo
tramplen trampolino
tramvay tram, tranvia
transatlantik transatlantico
transfer acquisto, bonifico, *sp.* trasferimento
transformatör transformatore
transistor transistor
transit transito
trapez trapezio
travma trauma
tren treno *trene binmek* salire sul treno
treyler autoarticolato, rimorchio
tribün tribuna, palco, gradino, spalto
trigonometri *mat.* trigonometria
triko tessuto a maglia
triptik trittico
troleybüs filobus
trombon trombone
tromboncu trombonista
trompet trombetta
trompetçi trombetta, trombettista
tropikal tropicale
tufan cataclisma, diluvio
tugay brigata
tuğgeneral generale di brigata
tuğla laterizio, mattone
tuhaf bizzarro, curioso, grottesco, inconsueto, strano, buffonesco, esotico, inspiegabile, eccentrico, originale, stravagante
tuhafiye merceria
tuhafiyeci merciaio
tulum piva, tuta
tulumba pompa
tumturak enfasi, svolazzo
tumturaklı enfatico, retorico, tronfio, turgido
tunç bronzo
tungsten tungsteno
tur giro, turno, viaggio turistico
turfanda novello, primizia

turist turista
turistik turistico
turizm turismo
turna gru; (balık) luccio
turne tournée
turnike cancello
turnuva torneo
turp rapa
turşu sottaceto **turşu kurmak** mettere sottaceto
turuncu arancione, colore arancio
turunç melangolo
tuş tasto
tutam ciuffo
tutanak atto, processo verbale, verbale
tutar importo, numero, somma
tutarlı coerente, conseguente, consistente, logico, tenace
tutarsız incompatibile, inconseguente, incoerente, incongruente, inconsistente, sbilenco
tutarsızlık discordanza, discordia, inconseguenza, inconsistenza
tutkal colla
tutkallamak incollare
tutku ambizione, passione, amore, fervore, mania, passione
tutkulu ambizioso, appassionante, passionale
tutkun preso, innamorato, fanatico, patito, spasimante
tutmak aderire, tenere, prendere, acchiappare, afferrare, appoggiare, costare, intercettare, mantenere, moderare, reggere, ritenere, sostenere, ammontare, cogliere, impigliare, (yer) occupare
tutsak prigioniero, schiavo
tutsaklık giogo, prigionia, schiavitù, servitù
tutturmak agganciare, fissare, azzeccare, saldare
tutucu conservatore
tutuculuk oscurantismo
tutuk impacciato, legato
tutuklamak arrestare, prelevare, ammanettare, catturare, fermare
tutuklu detenuto, prigioniero, carcerato
tutukluluk arresto, detenzione, stato d'arresto
tutulmak essere afferrato, innamorarsi, eclissarsi
tutum atteggiamento, condotta, modo, atto, azione, comportamento, portamento
tutumlu economico, parsimonioso, risparmiatore
tutumsuz prodigo, scialacquatore

tutunmak afferrarsi, aggrapparsi, appigliarsi, tenersi, attaccarsi, sostenersi
tutuşmak accendersi, avvampare, divampare, incendiarsi, infiammarsi
tutuşturmak accendere, infiammare
tuval tela
tuvalet gabinetto, latrina, water-closet, toeletta *tuvalet kâğıdı* carta igienica *tuvalet masası* toeletta
tuz sale, salsedine *tuz ekmek* salare
tuzak agguato, imboscata, insidia, tranello, trappola, meandro *tuzağa düşmek* abboccare all'amo *tuzağa düşürmek* intrappolare, trarre in inganno *tuzak kurmak* insidiare, tendere agguato a qn
tuzla salina
tuzlamak salare
tuzlu salato, salino, salmastro, salso
tuzluk saliera
tuzruhu acido muriatico
tüberküloz tubercolosi
tüccar commerciante, mercante, negoziante
tüfek fucile
tükenmek deperire, esaurirsi, spegnersi, spossarsi
tükenmez inesauribile, infinito, interminabile
tükenmezkalem penna a sfera
tüketici consumatore
tüketim consumazione, consumo, utenza
tüketmek consumare, esaurire, estinguere, mangiare, spossare, struggere
tükürmek sputacchiare, sputare
tükürük saliva, sputacchio, sputo
tül tulle, velo, garza, tendina
tülbent mussola, turbante
tüm completo, intero, tutto, globale, integrità, totalità
tümce frase
tümdengelim deduzione
tümen *ask.* divisione
tümleç *dilb.* complemento
tümör tumore
tümsek gibbosità, prominente, protuberanza
tünek posatoio
tünel galleria, traforo, tunnel
tüp tubetto, tubo
tür specie, genere, sorta, natura, razza, tipo, varietà
türban turbante
türbe tomba, sepolcro
türdeş omogeneo, omologo
türemek derivare

türetmek derivare
türev *mat.* derivata
Türk turco
Türkçe turco
Türkiye Turchia
Türkoloji turcologia
türkü canzone
türlü vario *türlü türlü* molteplice
tütmek fumare
tütsü incenso
tütsülemek incensare
tütün tabacco
tüy pelo, penna, piuma, livrea *tüyler ürpertici* atroce, macabro, orripilante, raccapricciante *tüyleri diken diken olmak* accapponarsi, avere la pelle d'oca, rizzarsi i capelli
tüylü peloso, villoso
tüymek scappare, svignare, defilarsi, squagliarsela
tüysıklet peso piuma, superpiuma
tüze giustizia
tüzel forense, *huk.* giudiziario
tüzük ordinamento, regolamento, statuto

U

ucuz a buon mercato, a buon prezzo, andante, d'occasione, economico *ucuz atlatmak* passarla liscia, scampare bella *ucuz kurtulmak* cadere in piedi, cavarsela a buon mercato
ucuza a buon mercato, a poco
ucuzlamak ribassare, rinvilire
ucuzluk saldo
uç punta, estremità, beccuccio, estremo, limite, terminale, terminazione, termine
uçak aereo, aeroplano, velivolo, apparecchio *uçak kaçırmak* dirottare un aereo
uçaksavar antiaereo
uçandaire disco volante, Ufo
uçarı frivolo, libertino
uçmak volare
uçsuz infinito, interminabile *uçsuz bucaksız* infinito, sconfinato
uçucu volatile
uçurtma aquilone, cervo volante
uçurum abisso, precipizio, voragine, baratro, orrido, scarpata
uçuş volata, volo
uçuşmak aleggiare, volteggiare
udi liutista
ufacık piccino, minimo, minuscolo
ufak minuto, piccino, piccolo *ufak tefek* lieve, minuto

ufalamak sbriciolare, sgretolare, stritolare, triturare, pestare
ufalmak impiccolire, restringersi
ufuk orizzonte
uğrak ritrovo
uğramak incorrere, sottostare, subire, passare, capitare
uğraş occupazione, professione
uğraşı guerra
uğraşmak accudire, affaccendarsi, impegnarsi, sforzarsi, adoperarsi, armeggiare, cercare
uğraştırmak impegnare
uğuldamak mormorare, ronzare, sibilare, sussurrare, ululare
uğultu clamore, mormodo, ronzio, rumore, sibilo, sussurrio
uğur fortuna, sorte *uğur getirmek* portare fortuna
uğurlamak salutare
uğurlu augurale, benaugurato, fausto, felice, fortunato
uğursuz disgraziato, fortunoso, malaugurato, nefasto, sinistro
uğursuzluk fatalità, iatura, iettatura, mala ventura, malaugurio, scalogna, sfortuna
ukala pedante, presuntuoso, saccente
ulak araldo, corriere, messaggero, portaordini
ulaşım comunicazione
ulaşmak arrivare, ammontare, giungere, giungere, guadagnare, raggiungere, venire
ulaştırma comunicazione, comunicazioni *Ulaştırma Bakanlığı* Ministero dei Trasporti
ulaştırmak far giungere
ulu imponente, maestoso, supremo, augusto, grande, sovrano, sublime
ululamak glorificare, magnificare
ulumak ululare, urlare
ulus nazione, popolo, nazionalità
ulusal nazionale
ulusallaştırmak nazionalizzare
ulusçu nazionalista
ulusçuluk nazionalismo
uluslararası internazionale
umacı spauracchio
ummak sperare, credere, augurare, contare
umulmadık inatteso, insperato, casuale, imprevisto, incidentale
umumi generale, pubblico, universale
umursamak curarsi, darsi pensiero
umursamamak infischiarsi

umursamaz agnostico, cinico, incurante, insensibile, noncurante

umursamazlık incuranza, incuria, indifferenza, insensibilità

umut auspicio, conforto, speranza **umudunu kırmak** demoralizzare, sconfortare *umut etmek* sperare

umutlandırmak confortare, cullare qn

umutlanmak sperare

umutsuz desolato, disperato, sconsolato, senza speranza

umutsuzluk disperazione, sconforto, abbattimento *umutsuzluğa düşmek* abbattersi, sconfortarsi *umutsuzluğa kapılmak* darsi alla disperazione

un farina, macinato

unlamak infarinare

unlu farinaceo, farinoso

unsur componente, elemento

unutkan immemore, smemorato

unutkanlık dimenticanza, smemorataggine

unutmak dimenticare, scordare, scordarsi, uscire di mente

unutulmaz indimenticabile, memorabile, incancellabile

unvan etichetta, qualifica, titolare, titolo

ur ciste, tumore

uranyum *kim.* uranio

urgan fune, cavo

us giudizio, saggezza

usanç disgusto

usandırmak annoiare, infastidire, molestare, stancare, stufare, tediare

usanmak annoiarsi, infastidirsi, disgustarsi, infastidirsi, stancarsi

usare linfa, sugo

uskumru scombro, sgombro

uskur *den.* elica

uslanmak rinsavire

uslu docile, quieto *uslu durmak* fare il bravo

usta abile, destro, pratico; maestro, bravo, esperto, provetto

ustabaşı capo officina, capomastro, caposala

ustaca abilmente, destramente, diplomatico, magistrale, saggiamente, sapientemente

ustalık abilità, arte, maestria, abilità, destrezza, astuzia, magistero, perizia, virtuosità

ustura lama, rasoio

usul fare, procedura, processo, sistema, ricetta

usulsüz abusivo

usulsüzlük sudicio

uşak domestico, servitore, servo, valletto

utanç disdoro, infamia, obbrobrio, onta, pudore, vergogna

utandırmak svergognare, imbarazzare, abbassare

utangaç timido, vergognoso, pudico, riservato, ritroso

utangaçlık timidezza

utanmak vergognarsi, arrossire, imbarazzarsi, formalizzarsi, scandalizzarsi

utanmaz ardito, faccia tosta, immodesto, impudente, senza pudore, sfrontato

utanmazlık immodestia, impudenza, impudicizia, sfrontatezza

uvertür ouvertere

uyak rima

uyandırmak svegliare, suscitare, destare, incutere, spirare

uyanık sveglio, accorto, desto, sagace, vigile

uyanmak destarsi, risvegliarsi, svegliarsi

uyaran monitorio, stimolatore

uyarı ammonimento, avvertenza, ammonizione, avvertimento, avviso, campanello d'allarme, ingiunzione, stimolo

uyarıcı eccitante, stimolante

uyarınca in deroga, secondo

uyarlama adattamento, *müz.* trascrizione, *sin.* versione

uyarlamak adattare, conformare, *müz.* trascrivere

uyarmak ammonire, avvertire, avvisare, censurare, eccitare, ingiungere, stimolare

uydu satellite

uydurma adeguamento, frottola, inventato, falso, invenzione, favola

uydurmak adeguare, armonizzare, abbinare, applicare, conformare, inventare, fabbricare, simulare, uniformare

uyduruk falso

uygar civile

uygarlaşmak civilizzarsi, incivilirsi, umanizzarsi

uygarlık civilizzazione, civiltà

uygulama applicazione, attuazione, effetto, espletamento, pratica, realizzazione ***uygulamaya koymak*** mettere in pratica

uygulamak applicare, praticare, assecondare, esperire, mettere in pratica, praticare, seguire

uygulamalı applicato, pratico

uygun (fiyat) abbordabile, modico, conveniente, adatto, adeguato, decente, disponibile, favorevole, idoneo, opportuno,

abile, acconcio, appropriato, conforme, fatto, giusto, ragionevole, suscettibile *uygun gelmek* confarsi, fare, quadrare, rispondere *uygun görmek* approvare, consentire
uygunluk combinazione, idoneità, opportunità, coerenza, concordia, conformità, convenienza, euritmia, proprietà
uygunsuz sconveniente, inadatto, inadeguato, indecente, inopportuno, disdicevole, impertinente, improprio, impudico, scomposto
uygunsuzluk inconvenienza, indecenza, indiscrezione, inopportunità, oscenità, scorrettezza, sproposito
uyku sonno, sonnolenza, dormita *uyku hapı* barbiturico *uykuya dalmak* addormentarsi
uykucu dormiente, dormiglione
uykulu assonnato, sonnolento
uykusuz insonne
uykusuzluk insonnia
uymak (renk) combinare, adattarsi, concordare, osservare, accedere, addirsi, adeguarsi, aderire, conformarsi, convenire, corrispondere, rispondere, seguire, uniformarsi

uyruk cittadinanza, suddito
uyrukluk nazionalità
uysal anendevole, ubbidiente, adattabile, docile, facile, mansueto, mite, remissivo, ubbidiente, duttile
uysallık arrendevolezza, docilità, remissione, remissività, transigenza, trattabilità, duttilità
uyuklamak assopirsi, sonnecchiare, appisolarsi, dormicchiare, pisolare
uyum accordo, adattabilità, adattamento, affiatamento, armonia, concordanza, ritmo, unione
uyumak dormire, addormentarsi, schiacciare un pisolino
uyumlu accomodante, armonioso, adattabile, armonico, eufonico, unisono, proporzionato, ritmico, unito
uyumsuz disarmonico, discordante, disunito, incompatibile
uyurgezer sonnambulo
uyurgezerlik sonnambulismo
uyuşmak accodarsi, accordarsi, concordare, intirizzirsi, accostarsi, addormentarsi, andare d'accordo, armonizzarsi, arrangiare, coincidere, combinare, indolenzirsi, intendersi, riconciliarsi, riscontrare

uyuşmazlık antagonismo, contesa, disaccordo, discordanza, discordia, dissenso, dissidio, divergenza, incompatibilità, polemica

uyuşturmak accordare, addormentare, anestetizzare, conciliare, concordare, intirizzire

uyuşturucu anestetico, droga, narcotico, stupefacente

uyuşturucu madde droga, narcotico

uyuşuk addormentato, flemmatico, imbranato, indolente, inerte, torpido, marmotta

uyuşukluk indolenza, letargo, torpore, sonnolenza, torpidezza, *hek.* stupore

uyutmak addormentare

uyuz rogna, rognoso, scabbioso ***uyuz etmek*** irritare, stuzzicare, asfissiare ***uyuz olmak*** irritarsi

uzak lontano, distante, remoto, lungi ***uzak durmak*** astenersi, tenersi a distanza, tenersi lontano

Uzakdoğu l'Estremo Oriente

uzaklaşmak allontanarsi, assentarsi, partire, scostarsi, dileguarsi, ritirarsi, sfollare, staccarsi, straniarsi

uzaklaştırmak allontanare, scostare, distaccare, estraniare, relegare, stornare

uzaklık distanza, lontananza

uzamak allungarsi, alzarsi, divenire alto, prolungarsi, protrarsi

uzanmak distendersi, giacere, sdraiarsi, accucciarsi, adagiarsi, coricarsi, espandersi, risalire

uzantı continuazione, prolunga, prolungamento, sporgenza

uzatma allungamento, dilazione, estensione, prolungamento, protrazione

uzatmak allungare, porgere, prolungare, protrarre, farla lunga, tendere, tesare, tirarla in lungo

uzay cosmo, spazio

uzaygemisi astronave, nave spaziale, navetta spaziale

uzlaşma accordo, compromesso, conciliazione, convenzione, riconciliazione, transazione

uzlaşmak accordarsi, riconciliarsi, transigere

uzlaşmaz inconciliabile, intransigente

uzlaşmazlık intransigenza

uzlaştırma pacificazione, riconciliazione

uzlaştırmak accordare, ricon-

ciliare, conciliare, pacificare, ravvicinare
uzman esperto, maestro, perito, pratico, specialista, intenditore, versato
uzmanlaşmak perfezionarsi, specializzarsi
uzmanlık specialità, specializzazione, magistero
uzun lungo, prolisso *uzun araç* autotreno *uzun atlama* salto in lungo *uzun boylu* alto, di alta statura *uzun dalga* onde lunghe *uzun sözün kısası* a dire poco, per non farla lunga *uzun uzadıya* a lungo *uzun uzun* lungamente
uzunçalar microsolco
uzunluk lunghezza, lungo
uzuv organo, membro

Ü

ücra remoto
ücret salario, compenso, paga, retribuzione, spettanza
ücretli salariato, a pagamento, mercenario, stipendiato
ücretsiz gratis
üç tre
üçboyutlu tridimensionale
üçgen triangolare, triangolo, trigonale
üçkâğıt frode *üçkâğıda getirmek* defraudare, frodare
üçlü terna, terzetto, triade, trio, triplice, triplo
üçüncü terzo
üflemek soffiare
üfürmek soffiare
üfürükçü guaritore, stregone
ülke paese, patria
ülkü ideale
ülkücü idealista
ülkücülük idealismo
ülser ulcera
ültimatom aut aut, ultimatum
ültraviyole ultravioletto
ümit speranza *ümit etmek* augurare, sperare
ümitlenmek sperare
ümitli speranzoso
ümitsiz affranto, senza speranza
ümitsizlik disperazione *ümitsizliğe kapılmak* disperare, disperarsi
ün fama, gloria, notorietà, reputazione
üniforma divisa, uniforme, tenuta
ünite unità
üniversite università, ateneo
ünlem esclamazione, interiezione

ünlü famoso, rinomato, celebre, illustre; *dilb.* vocale
ünsüz consonante
üre urea
üreme generazione, proliferazione, propagazione, riproduzione, vegetazione *üreme organları* genitale
üremek riprodursi, moltiplicarsi, prolificare
üreteç generatore
üretici generativo, produttore, riproduttore
üretim produzione
üretken efficace, produttivo, prolifico
üretkenlik efficienza, fecondità, generazione, produttività
üretmek produrre, fabbricare, generare
ürkek pauroso, timoroso, pavido, timido
ürkmek impaurirsi, inorridirsi, intimorirsi, sgomentarsi
ürkütmek agghiacciare, impaurire, inorridire, intimorire, sgomentare
ürolog urologo
üroloji urologia
ürpermek inorridirsi, rabbrividire, rizzarsi
ürperti brivido, fremito, raccapriccio, tremarella, tremore
ürtiker orticaria
ürün prodotto, messe, raccolta, raccolto, frutto, genere, produzione
üs base, *mat.* esponente
üslup forma, maniera, lingua
üst superiore; disopra, resto, alto, dosso *üst üste* pigiati come acciughe, sovrapposto *üstesinden gelmek* sopraffare, superare, sormontare *üstü kapalı* ambiguo, implicito *üstü kapalı söylemek* insinuare
üstat meastro
üstderi *anat.* epidermide
üstelemek insistere, persistere
üstelik d'altronde, per dipiu, addirittura, del resto, in più, per giunta
üstgeçit cavalcavia, soprelevata
üstün dominante, eccellente, egemone, predominante, preminente, super, superiore, superlativo *üstün gelmek* avere la meglio, prevalere, primeggiare, soverchiare, vincere *üstün olmak* dominare, eccellere, soarastare, sovrastare *üstün tutmak* preporre *üstünden atmak* scaricarsi
üstünde sopra; addosso, disopra, su
üstüne sopra; addosso, su

üstüne almak assumere
üstüne düşmek percuotere
üstünkörü superficiale, superficialmente
üstünlük superiorità, sopravvento, vantaggio, supremazia, dominazione, eccellenza, egemonia, predominanza, predominio, preponderanza, priorità **üstünlük derecesi** dilb. grado superlativo
üstüpü stoppa
üşenmek esser pigro
üşümek aver freddo, infreddolirsi, sentire freddo
üşüşmek affluire, affollarsi
üşütmek prendere freddo, raffreddarsi
ütopya utopia
ütü stiro, ferro di stiro
ütülemek stirare
ütülü non stirato
üvendire pungolo
üvey non proprio **üvey ana** matrigna **üvey baba** patrigno **üvey evlat** figliastro **üvey kardeş** fratellastro **üvey kız** figliastra **üvey oğul** figliastro
üvez sorba
üye membro, socio
üyelik l'essere membro
üzengi staffa
üzengikemiği hek. staffa
üzere allo scopo di, perchè, come, secondo
üzeri il disopra; verso **üzerine sünger çekmek** passare la spugna su qc
üzgün triste, malridotto, spiacente, afflitto, amareggiato, desolato, dolente, infelice
üzmek addolorare, affliggere, rattristare, affannare, amareggiare, desolare, spiacere
üzücü lugubre, penoso, amaro, angoscioso, desolante, desolato, infausto, luttuoso, tormentoso
üzülmek addolorarsi, dispiacersi, lamentare, rattristarsi, rincrescere, affliggersi, dolere, piangere, rammaricarsi
üzüm uva, acino **üzüm salkımı** grappolo d'uva, racemo
üzüntü afflizione, desolazione, dispiacere, pena, angustia, commozione, compianto, cruccio, tormento, travaglio
üzüntülü addolorato, triste, afflitto, commosso, malinconico, mesto

V

vaat promessa *vaat etmek* impegnarsi, promettere
vaaz predica
vade scadenza, termine
vadeli a termine *vadeli hesap* conto vincolato
vadi vallata, valle
vaftiz battesimo *vaftiz etmek* battezzare
vagon vagone, carrozza, vettura
vah vah ahimè, guai
vaha *coğ.* oasi
vahim grave
vahşet ferocia, orrore, ferocità
vahşi selvaggio, feroce, barbaro, brado, selvatico, vandalico
vahşileşmek abbrutire, abbrutirsi, inferocirsi
vahşilik brutalità, ferocia
vaiz predicatore, sermone
vaka accaduto, avvenimento, caso, episodio
vakfetmek dedicare
vakıf fondazione, opera pia
vakit ora, tempo *vakit geçirmek* svagarsi *vakit öldürmek* giocherellare *vaktini almak* impegnare
vakitli opportuno
vakitsiz immaturo, inopportuno, intempestivo
vaktinde tempestivo
vakur dignitoso
vale fante
vali governatore, prefetto
valide madre
valilik prefettura
valiz bagaglio, baule, valigia
vallahi *kon.* perbacco
vals valzer
vampir vampiro
vana canella
vanilya vaniglia
vantilatör ventilatore, aeratore, aspiratore
vapur bastimento, battello
var c'è; vi è; disponibile, presente *var olmak* avere, esistere, essere, stare, sussistere
vardiya quarto, turno
varış arrivo
varil barile
varis erede, varice
varlık esistenza, avere, essere, presenza; fortuna, ricchezza
varlıklı ricco, agiato, benestante
varmak arrivare, giungere, accedere, ammontare, pervenire, rendersi, riuscire, venire
varoluş esistenza, essere
varoluşçuluk esistenzialismo

varoş periferia
varsayım ipotesi, presupposto, congettura, supposizione
varsaymak assumere, presumere, supporre, immaginare, ipotizzare, premettere
varyant variante
varyasyon variazione
varyete varietà
vasat discretamente, discreto, mediocre, modesto, ordinario
vasıf qualifica, veste
vasıflı qualificato
vasıfsız non qualificato
vasıta mezzo, mediazione, strumento
vasi *huk.* curatore, tutore
vasiyet testamento
vasiyetname testamento
vaşak *hayb.* lince
vat watt
vatan patria
vatandaş cittadino, compatriota, connazionale
vatandaşlık cittadinanza, nazionalità
vatansever patriota
vatka spallina
vay accipicchia! *vay canına* caspita, mamma mia!
vazelin vaselina
vazgeçirmek dissuadere, sconsigliare, smuovere, svezzare
vazgeçmek rinunciare, abbandonare, desistere, smettere, abdicare, darsi per vinto, fare retromarcia, lasciare, perdere, rifiutare, ritirarsi, staccarsi
vazife compito, dovere, incarico, dovuto, mansione, ufficio
vaziyet situazione, posizione, stato
vazo portafiori, urna, vaso
vâris erede
ve e
veba peste, pestilenza
vecize aforisma
veda addio, congedo *veda etmek* accomiatarsi
vedalaşmak congedarsi, prendere commiato
vefa fedeltà
vefasız infedele, sleale
vefat decesso *vefat etmek* cessare di vivere, decedere
vejetaryen vegetariano
vekâlet delega, mandato, procura
vekâleten ad interim, in rappresentanza di, per procura
vekâletname procura, delega
vekil mandatario, procuratore, supplente, vice, reggente, sostituto, vicegerente
vektör vettore
velet moccioso

velhasıl insomma
veli tutore
veliaht principe ereditado, principe ereditario
velinimet benefattore
Venüs *gökb.* Venere
veraset eredità
verecekli mutuatario
verem tubercolosi
veremli tisico, tubercolotico, tubercoloso
vergi imposta, dazio, tassa, taglia, canone, contributo *vergi mükellefi* contribuente *vergi tahsildarı* collettore *vergiye tabi* tassabile
vergilendirmek gravare, tassare
veri dato
verici emittente, datore, trasmittente
verim efficacia, efficienza, produzione, frutto, prestazione, rendimento
verimli efficiente, fertile, fruttuoso, produttivo, fecondo, grasso, prosperoso, utile
verimlilik efficacia, efficienza, fecondità, fertilità, generosità, produttività
verimsiz improduttivo, infruttifero, infruttuoso, infecondo, senza frutto, sterile, vano
verimsizlik infecondità, povertà, sterilità
vermek dare, porgere; cedere; concedere, regalare; infliggere; somministrare, assegnare, attribuire, impartire, spiccare
vermut vermut
vernik lucido, vernice
verniklemek inverniciare, verniciare
vesaire e cosi via, e via discorrendo
vesayet tutela
vesika certificato, documento
vesile occasione
vestiyer guardaroba
veteriner veterinario
veto veto
vezin metrica, metro
vezir (satranç) regina, visir
vezne cassa, tesoreria
veznedar cassiere, tesoriere
vınlamak ronzare
vızıldamak ronzare, rombare, frullare
vızıltı ronzio, rombo
vicdan coscienza *vicdan azabı* rimorso
vicdanlı coscienzioso
vicdansız senza coscienza
vida *mek.* vite
vidalamak avvitare
video video
videoteyp videoregistratore

vilayet prefettura, provincia
villa villa
vinç autogru, gru
viraj curva, svolta
viran malridotto, sgangherato
virgül virgola
virtüöz *müz.* virtuoso
virüs virus
viski whisky
vişne amarena, bisciola, marasca, visciola
vitamin vitamina
vites *oto.* cambio, marcia, velocità *vites kutusu* scatola del cambio
vitrin becheca, luce, vetrina
viyola *müz.* viola
vize visto, visto consolare
vizite visita
vizon visone
voleybol pallavolo
volkan vulcano
volkanik eruttivo, vulcanico
volt volt
voltaj *elek.* tensione, voltaggio
votka vodka
vuku evento, avvenimento *vuku bulmak* avvenire, accadere, occorrere, sopravvenire
vukuat avvenimenti
vurgu *dilb.* accento, accentuazione
vurgulamak accentuare, precisare, marcare, sottolineare
vurgulu tonico
vurgun ammiratore, bottino, spasimante, innamorato, speculatore
vurguncu speculatore, strozzino, affarista
vurgusuz *dilb.* atono
vurmak battere, colpire, picchiare, tirare, urtare, abbattere, arrotare, azzeccare, percuotere, scoccare
vurucu tiratore
vuruş batosta, battimento, battitura, battuta, botta, colpo, percossa, tocco
vuruşmak battersi, combattere
vücut corpo, organismo, personale

Y

ya oppure; o
yaban selvatico
yabanarısı vespa
yabancı estraneo, estero; estraneo, forestiero, straniero, sconosciuto *yabancı düşmanlığı* xenofobia
yabancılaşma alienazione
yabancılaşmak alienarsi, es-

traniarsi, straniarsi
yabandomuzu cinghiale
yabangülü rosa canina
yabani barbaro, incivile, selvaggio, selvatico
yabanördeği anatra selvatica, germano
yabanturpu rafano
yadırgamak trovare disagiato, trovare strano
yadigâr reliquia
yadsımak negare, rinnegare, sconfessare
yağ olio, burro, adipe, grasso, lubrificante, unto, *biy.* lipide *yağ bağlamak* ingrassarsi *yağ çekmek* adulare, leccare
yağcı adulatore, leccapiedi, untuoso
yağcılık adulazione, unzione
yağdanlık oliera
yağış precipitazione
yağışlı piovoso
yağlamak lubrificare, ingrassare, oliare, ungere
yağlı grasso, unto, untuoso, adiposo, oleoso, pingue
yağlıboya pittura ad olio, vernice a olio
yağma bottino, preda, razzia, refurtiva, saccheggio *yağma etmek* depredare, predare, saccheggiare
yağmacı predatore, predone, razziatore, saccheggiatore, sciacallo
yağmak venire giu, cadere, piovere
yağmalamak depredare, predare, saccheggiare, rastrellare, razziare
yağmur acqua, pioggia *yağmur yağmak* piovere
yağmurlu piovoso, pluviale
yağmurluk impermeabile
yağsız magro
yahni umido
Yahudi ebreo, giudeo, giudeo
Yahudilik ebraismo, giudaismo
yahut oppure, ovvero
yak yak
yaka collo, colletto, bavero, collare
yakacak combustibile
yakalamak afferrare, acchiappare, acciuffare, arraffare, captare, catturare, impugnare, prendere, sorprendere
yakamoz fosforescenza
yakarmak supplicare, implorare, pregare, scongiurare
yakıcı bruciante, torrido
yakın prossimo, vicino; familiare, intimo *yakın akraba* parente prossimo, parente stretto
yakından vicino

Yakındoğu il Levante, vicino oriente
yakınlık prossimità, vicinanza, affinità, analogia, familiarità *yakınlık göstermek* riavvicinarsi
yakınmak deplorare, lagnarsi, lamentarsi, compiangere, gemere, piangere, recriminare, rimproverare
yakışıklı adatto, di bell'aspetto, di bell aspetto
yakışıksız disadatto, indecente, sconcio, sconveniente, indecoroso, osceno, scorretto
yakışmak andar bene, convenire, addirsi, convenirsi
yakıştırmak adattare, attribuire
yakıt combustibile, carburante
yaklaşık intorno, quasi, approssimativo, forse *yaklaşık olarak* approssimativamente, circa, suppergiù
yaklaşım approccio, approssimativo
yaklaşmak approssimarsi, avvicinarsi, abbordare, accedere, accostarsi
yakmak bruciare, incendiare, accendere, ardere, scottare, ustionare, abbronzare, infiammare
yakut rubino

yalak abbeveratoio
yalamak leccare, radere, strisciare
yalan falso; bugia, frottola, falsità, fandonia, invenzione, menzogna, menzognero *yalan söylemek* mentire
yalancı bugiardo, mendace, mentitore, menzognero, pseudo, simulatore
yalandan per finzione *yalandan yapmak* fingere, simulare
yalanlamak contraddire, smentire, controbattere, negare, ricusare, smentire
yalçın liscio, scosceso
yaldızlamak dorare, indorare
yalın semplice, nudo, genuino, scabro, scempio *yalın durum dilb.* caso nominativo
yalınayak a piedi nudi, a piedi scalzi, scalzo
yalıtmak *fiz.* isolare
yalnız solo, singolare, solitario, solamente, unico
yalnızlık solitudine
yalpalamak beccheggiare, guizzare, trimpellare, zigzagare
yaltaklanmak adulare, strusciarsi, leccare, lisciare
yalvarmak supplicare, implorare, mendicare, pregare, scongiurare

yama rammendo, rattoppo, toppa, rappezzo
yamaç fianco, versante, costa, pendice
yamak garzone, aiutante
yamamak rappezzare, rammendare, appioppare, rattoppare
yaman arduo, arrischiato
yamuk trapezio
yamyam antropofago, cannibale
yamyamlık cannibalismo
yan fianco, lato, collaterale, anca, canto, laterale *yan hakemi* guardalinee, segnalinee *yan yana* gomito a gomito
yanak guancia
yanardağ vulcano
yanardöner opalescente
yanaşma accostamento
yanaşmak avvicinarsi, accostare, abbordare, approssimarsi
yanaştırmak accostare, avvicinare, *den.* attraccare
yandaş partigiano, seguace, adepto, fedele, simpatizzante, tifoso
yandaşlık tifo
yangı *hek.* inflammazione
yangın fuoco, incendio *yangına körükle gitmek* buttar olio sul fuoco, mettere legna al fuoco, soffiare nel fuoco
yanık arso; bruciore, scottatura, ustione, ustionato
yanılgı sbaglio, svista, errore, lapsus, sgarro
yanılmak ingannarsi, sbagliare, errare, fallare, illudersi, sgarrare
yanılmaz infallibile
yanıltıcı fallibile, ingannevole, insidioso, sofista, traditore
yanıltmak ingannare, lusingare, mistificare
yanıt risposta, replica, responso
yanıtlamak replicare, rispondere
yani cioè, vale a dire, ossia, ovvero
yankesici borsaiolo, borseggiatore, scippatore, tagliaborse
yankı ripercussione, sensazione, eco
yankılanmak echeggiare
yanlamasına in diagonale, obliquamente
yanlış falso, errato, scorretto; errore, fallo, sbaglio, incorretto, inesattezza, sbagliato, sbaglio
yanlışlık errore, equivoco, malinteso, inesattezza, mancanza, viziosità
yanlışlıkla per sbaglio
yanmak bruciare, accendersi, ardere, incendiarsi, ustionarsi,

fulminarsi, bruciarsi, cuocere, divampare, infiammarsi, lamentare
yansımak riflettersi, rimbalzare, ripercuotersi, riverberarsi, specchiarsi
yansıtıcı proiettore, riflettore, ripetitore
yansıtmak esprimere, riflettere, ripercuotere, rispecchiare, riverberare
yansız neutro, giusto, imparziale, neutrale, obiettivo
yansızlık imparzialità, neutralismo, neutralità, obiettività
yapağı lana
yapay artificiale, sintetico
yapayalnız tutto solo
yapı edificio, costruzione, fabbricato, struttura, conformazione, monumento, ossatura
yapıcı costruttore
yapılabilirlik attuabilità
yapım costruzione, fabbricazione, produzione
yapımcı fabbricante
yapımevi manifattura
yapısal struttivo, strutturale
yapışık attaccato, incollato, coerente
yapışkan appiccicoso, autoadesivo; adesivo, assillante, gommoso, vischioso, viscoso
yapışkanlık vischiosità, viscosità
yapışmak appigliarsi, attaccarsi, incollarsi, aderire, appiccicarsi
yapıştırıcı adesivo, colla
yapıştırmak incollare, affiggere, appiccicare, attaccare, agglutinare, appioppare
yapıt opera, lavoro, componimento, monumento, produzione
yapma artificiale, composizione, costruzione, esercizio, fabbricazione
yapmacık finto, sofisticato, affettato, affettazione, artificiale, innaturale, sforzato
yapmacıksız naturale
yapmak fare; costruire; erigere; eseguire; esercitare; fabbricare; praticare, operare, svolgere, adempiere, commettere, compiere, esplicare
yaprak foglia, foglio, lastra, pagina *yaprak dolması* foglie di vite ripiene
yaptırım sanzione
yar precipizio, abisso
yara ferita, piaga, lesione, taglio, trafitta
Yaradan creatore
yaradılış genesi, indole, natura,

yaralamak temperamento, tempra
yaralamak ferire, intaccare, ledere, trafiggere
yaralanmak ferirsi, tagliarsi
yaralı contuso, ferito
yaramak confarsi, giovare, valere
yaramaz indocile, inutile; monello, birbante, birichino, briccone, mariolo
yaramazlık indisciplinatezza, turbolenza
yaranmak compiacere
yarar beneficio, interesse, profitto, guadagno, pro, profitto, utilità, costrutto
yararlanmak approfittare, utilizzare, avvalersi, avvantaggiarsi, disporre, profittare, ricorrere, usare, usufruire
yararlı benefico, proficuo, provvidenziale, utile *yararlı olmak* giovare, rendersi utile
yararsız inutile, vano, disutile, superfluo, vano
yarasa pipistrello
yaratıcı creativo, creatore, fabbro, generativo, inventivo
yaratıcılık immaginativa, inventiva
yaratık creatura
yaratmak creare, destare, fare, generare, inventare, produrre

yarbay tenente colonnello
yarda yard
yardım aiuto, apporto, assistenza, contributo, favore, mezzo, servizio *yardım etmek* aiutare, assistere, soccorrere, favorire, porgere aiuto, proteggere, servire
yardımcı aiutante, aiuto, assistente, aggiunto, ausiliario, coadiutore, complementare, sussidiario, vice *yardımcı fiil* verbo ausiliare, verbo servile
yardımlaşmak aiutarsi, soccorrersi
yardımsever caritatevole, servizievole
yargı condanna, giudicato, *huk.* ordinanza, pronunziato, sentenza, verdetto
yargıç giudice, magistrato, *huk.* pretore
yargılamak giudicare, processare, mettere sotto processo
Yargıtay corte di cassazione
yarı mezzo; metà; mezzo *yarı yolda* a metà strada *yarıda bırakmak* tralasciare *yarıda kalmak* interrompersi
yarıcı mezzadro
yarıçap *mat.* raggio
yarık crepaccio, fenditura, fessura, spaccatura, scissura, ap-

yatakhane

ertura, crepa, intacco, rotta, scissura, spacco
yarılmak aprirsi, crepare, spaccarsi, spezzarsi
yarım incompiuto, mezzo, mezza
yarımada penisola
yarımküre emisfero, mappamondo
yarın domani *yarın sabah* domani mattina, domattina
yarış concorrenza, corsa, gara, emulazione *yarış etmek* fare a gara, gareggiare
yarışma competizione, concorso, corsa, gara, incontro, antagonismo, contesa
yarışmacı agonistico, concorrente
yarışmak competere, concorrere, disputare, contendere, gareggiare
yarıyıl semestre
yarma incisione, rotta, spaccata, spaccatura
yarmak bucare, fendere, spaccare, squarciare, spezzare
yas lutto, pianto *yas tutmak* portare il lutto
yasa legge, codice, diritto
yasadışı illecito, illegale, illegittimo, fuorilegge
yasak proibito; divieto; proibizione; veto; vietato
yasaklamak impedire, inibire, interdire, proibire, sopprimere, vietare
yasal lecito, legale, legittimo
yasama legislazione
yasemin *bitk.* gelsomino
yaslamak appoggiare, poggiare
yaslanmak appoggiarsi, poggiare, reggersi
yassı piatto
yastık cuscino, guanciale
yaş età; anno *yaş günü* compleanno
yaşam vita, vivere
yaşamak vivere; abitare, esistere, passarsela, sopravvivere
yaşamöyküsü biografia, profilo
yaşantı modo di vivere
yaşıt coetaneo
yaşlanmak far le grinze, invecchiare
yaşlı anziano, vecchio, lacrimoso, vecchiotto
yaşlılık anzianità, senilità, vecchiaia
yat yacht, panfilo
yatak letto, nanna, ricettacolo *yatak odası* camera da letto, stanza da letto *yatak örtüsü* coperta, copriletto, sopraccoperta *yataklı vagon* wagon-lit, vagone letto
yatakhane camerata, dormitorio

yatalak obbligato a letto
yatay orizzontale
yatık pendente
yatılı interno *yatılı okul* collegio, internato
yatırım investimento *yatırım yapmak* investire
yatırımcı investitore
yatırmak coricare, adagiare, distendere, sdraiare
yatışmak acquietarsi, calmare, addolcirsi, ammansirsi, calmarsi, pacificarsi, spegnersi
yatıştırıcı calmante, sedativo, tranquillante
yatıştırmak acquietare, alleviare, calmare, moderare, addolcire, ammansire, attenuare, mitigare, pacificare, placare, sedare, temperare
yatkın atto, incline, portato a, predisposto
yatkınlık assuefazione, attitudine, facilità
yatmak coricarsi, adagiarsi, addormentarsi, distendersi, giacere, sdraiarsi, dormire
yavan magro, scipito, fatuo, fiacco, insipido
yavaş lento; piano, adagio, lungo, pigro *yavaş yavaş* a poco a poco, a spizzichi, gradatamente, lentamente, via via
yavaşça a rilento, adagio, lentamente, piano
yavaşlamak frenare, rallentarsi, rallentare
yaver aiutante di campo
yavru giovane, piccino
yay arco; molla, archetto
yaya pedone *yaya geçidi* attraversamento pedonale, passaggio pedonale, passaggio zebrato, zona zebrata *yaya kaldırımı* marciapiede
yayan a piedi, spargitore
yaygara scenata, schiamazzo
yaygın diffuso, estensivo, esteso, prevalente
yaygınlaşmak attecchire
yayık zangola
yayılmak stendersi, diffondersi, propagarsi, allargarsi, circolare, diramarsi, emanare, espandersi, girare, invadere, sfogare, spandersi, spargersi
yayım pubblicazione, trasmissione, edizione
yayımcı editore
yayımlamak pubblicare, emettere, stampare, mettere in onda, stampare, trasmettere
yayın pubblicazione, trasmissione, diffusione, stampa
yayınbalığı pesce gatto
yayınevi casa editrice

yayla altipiano, altopiano, tavolato
yaylanmak molleggiare
yaylı a molla
yaylım ateşi mitraglia, raffica di fuoco
yaymak stendere, diffondere, distendere, divulgare, emettere, estendere, propagare, diramare, dispiegare, effondere, espandere, mandare, spacciare, spandere, spiegare
yaz estate
yazar autore, scrittore, penna
yazgı destino, ventura, predestinazione, sorte
yazı scritto, articolo, dispaccio, scrittura, grafia *yazı makinesi* macchina da scrivere *yazı tura* testa e croce *yazı tura atmak* giocare a testa e croce
yazıcı scriba, scrivano, segretario, stampante
yazıhane ufficio
yazılı scritto
yazılım software
yazım *dilb.* ortografia
yazın letteratura, in estate
yazışma carteggio, corrispondenza, posta
yazışmak corrispondere
yazıt epigrafe, iscrizione
yazlık estivo

yazma redazione, tesseramento, trascrizione
yazmak scrivere, notare, redigere, segnare, stilare
yazman segretario
yedek di ricambio, riserva, scorta *yedek parça* pezzo di ricambio, ricambio *yedekte çekmek* alare, rimorchiare, trainare
yedi sette
yedinci settimo
yedirmek imboccare, nutrire
yegâne unico
yeğen nipote
yeğlemek preferire, preporre, scegliere
yeknesak monotono
yekpare d'un sol pezzo
yekûn importo
yel vento
yele chioma, crine, criniera
yelek sottoveste, gilè, panciotto, corpetto
yelken vela *yelken açmak* veleggiare *yelkenleri indirmek* ammainare le vele, raccogliere le vele
yelkenli veleggiatore, veliero
yelkovan lancetta, lancetta dei minuti
yellenmek scoreggiare
yelpaze ventaglio, ventola

yeltenmek tentare
yem becchime, foraggio, zimbello
yemek cibo, pasto, piatto, pietanza, portata, cucina, mangiare, vitto, (ceza) beccare *yemek borusu* anat. esofago *yemek listesi* menù *yemek yemek* consumare, mangiare *yiyip içmek* rifocillarsi
yemekhane mensa, refettorio
yemin giuramento, voto, sacramento *yemin etmek* dare il giuramento, giurare
yeminli giurato
yemiş frutta
yen manica, polsino, yen
yenge cognata, zia, zia acquisita
yengeç hayb. granchio *Yengeç dönencesi* tropico del Cancro
yeni nuovo, recente, moderno, novello *yeni baştan* di nuovo
yeniden ancora una volta, da capo, daccapo, di nuovo, nuovamente
yenik corroso, sconfitta, vinto *yenik düşmek* soccombere
yenilemek instaurare, riformare, rimettere a nuovo, rinnovare
yenileştirmek ammodernare, innovare, instaurare, modernizzare, rimodernare
yenilgi disfatte, sconfitta, batosta, scacco
yenilik innovazione, modernità, novità, riforma
yenilikçi innovatore, novatore, riformatore, rinnovatore
yenilmek esser vinto, perdere, avere la peggio
yenilmez immangiabile, insuperabile, imbattibile, invincibile
yenir commestibile, mangiabile
yeniyetme adolescente
yenmek battere, sconfiggere, superare, vincere, sopraffare, *sp.* battere, trionfare
yepyeni nuovo di zecca, nuovo di trinca
yer luogo, posto, sito, terreno, ubicazione, area, piazza, posizione, sede *yer açmak* far posto, slargarsi *yer almak* figurare, giacere, restare, situare *yer tutmak* ingombrare *yer vermek* albergare, far posto *yere inmek* atterrare *yerle bir etmek* demolire, ridurre in cenere, smantellare, spianare
yeraltı sotterraneo; sottoterra, sottosuolo *yeraltı geçidi* sottopassaggio
yerbilim geologia
yerbilimci geologo
yerçekimi *fiz.* gravità

yerel locale, topico
yerfıstığı arachide, nocciolina
yergi satira
yerinde a posto, opportuno, a proposito, conveniente, doveroso, *kon.* sacrosanto, provvido, puntuale, tempestivo ***yerinde saymak*** segnare il passo
yerine in luogo di, in sostituzione di, invece di ***yerine geçmek*** sostituirsi, supplire, scalzare, passare per, succedere ***yerine getirmek*** adempiere, assecondare, effettuare, eseguire, assolvere, compiere, espletare ***yerine koymak*** rimettere, sostituire, riporre, surrogare
yerinmek rincrescere, rammaricarsi
yerkabuğu crosta terrestre
yerleşik sedentario, stabile, stanziale
yerleşmek mettersi, sistemarsi, stabilirsi, fissarsi, installarsi, metter le barbe, radicarsi
yerleştirmek collocare, installare, sistemare, situare, stabilire, disporre, incassare, localizzare, piantare, posare
yerli aborigeno, indigeno, locale, nativo, originario
yermek denigrare, satireggiare
yersarsıntısı scossa di terremoto, sismo
yersiz indebito, inopportuno, intempestivo, fuori luogo, impertinente, improprio, inadatto
yeryüzü mondo, terra, globo terrestre
yeşermek inverdire, rinascere, sbocciare, verdeggiare
yeşil verde, verdeggiante ***yeşil biber*** peperone
yeşilimsi verdastro, verdino
yeşillik ortaggio, verdura, erba
yeşim giada
yetenek attitudine, ingegno, predisposizione, talento, arte, capacità, facoltà, potenza
yetenekli capace, abile, dotato, versatile
yeteneksiz incapace, inetto, inabile
yeter basta, piantala!
yeter sufficiente, basta
yeterince abbastanza
yeterli bastante, capace, competente, idoneo, sufficiente
yeterlik abilitazione
yetersiz insufficiente, inadeguato, deficiente, inefficiente, lacunoso, manchevole, ristretto, scarso
yetersizlik carenza, inabilità,

yeti incapacità, inefficienza, insufficienza
yeti facoltà
yetim orfano
yetimhane collegio per orfani, orfanotrofio
yetinmek contentarsi
yetişkin adolescente, adulto
yetişmek bastare, giungere, raggiungere, farsi, formarsi, uguagliarsi
yetiştirici allevatore, produttore, coltivatore, formativo
yetiştirmek abilitare, addestrare, allevare, formare, produrre, allenare, avvezzare, coltivare, educare, erudire
yetke autorità
yetki autorità, autorizzazione, competenza, diritto, facoltà, potestà *yetki vermek* autorizzare
yetkili autorità, competente, delegato, potente
yetkin perfetto
yetkinlik perfezione
yetmek bastare
yetmiş settanta
yevmiye paga
yığılmak accavallarsi, accumularsi, ammassarsi
yığın ammasso, blocco, massa, mucchio, pila, banco, conglomerato, cumulo, massa, schiera
yığınla a manciate
yığmak accatastare, ammassare, ammucchiare, accumulare, concentrare, cumulare, depositare, stipare
yıkamak dilavare, lavare
yıkanmak lavarsi
yıkıcı ardente, disastroso, distruttore, eversivo, vandalico
yıkılmak crollare, distruggersi, andare in spianto, disfarsi, cadere, *kon.* andare a rotoli, sprofondare
yıkım disastro, crollo, rovina, catastrofe, distruzione, morte, pestilenza, sfacelo
yıkıntı macerie, rovina, demolizione, rudere
yıkmak abbattere, demolire, devastare, distruggere, rovinare, sovvertire, travolgere, buttare giù, minare
yıl anno; annata
yılan biscia, serpe, serpente
yılanbalığı anguilla
yılankavi zigzag
yılbaşı capo d'anno, capodanno
yıldırım folgore, fulmine, saetta
yıldırmak demoralizzare, intimidire, scoraggiare, smontare

yıldız stella, astro, diva, divo *yıldız falı* oroscopo
yıldızlı stellato
yıldönümü anniversario, ricorrenza
yılışık importuno, seccante, sfacciato, strisciante, viscido
yılışmak strisciarsi
yıllanmak invecchiare
yıllık annuale, annuo, annualmente, annuario
yılmak atterrirsi, scoraggiarsi, mollare, sconfortarsi, smontarsi
yılmaz assiduo
yıpranmak logorarsi, consumarsi
yıpratıcı logorante
yıpratmak logorare, consumare, deteriorare, minare
yırtıcı feroce, rapace *yırtıcı hayvan* predatore
yırtık disinvolto, lacero; strappo, straccio *yırtık pırtık* lacero, liso, sbrindellato
yırtınmak armeggiare, sgolarsi
yırtmaç spacco
yırtmak lacerare, squarciare, stracciare, strappare
yiğit coraggioso, valoroso, eroe, prode, strenuo
yiğitlik coraggio, gesta, prodezza
yine ancora, pure
yineleme replica, ripetizione, tautologia, raddoppiamento
yinelemek ridire, ripetere, tornare a dire, replicare
yirmi venti *yirmi yaş dişi* dente del giudizio
yirminci ventesimo
yitirmek perdere, smarrire
yiv scanalatura
yivli scanalato
yiyecek cibo, vitto, vettovaglia, mangiare, portata, vivanda
yobaz bacchettone, bigotto, fanatico
yobazlık bigottismo
yoga yoga
yoğun denso, fitto, intenso, compatto, condensato, intensivo, ristretto, spesso
yoğunlaşmak addensarsi, intensificarsi, raddensarsi, rapprendersi
yoğunlaştırmak acutizzare, addensare, concentrare, condensare, intensificare
yoğunluk densità, impastare, compattezza, grossezza, intensità
yoğurmak gramolare, impastare
yoğurt yogurt
yok finito, inesistente; no; non c'é, assente *yok etmek* annientare, sterminare, an-

yoklama

nichilare, annullare, dissipare, divorare, sterminare, svellere **yok olmak** dissiparsi, estinguersi, perdersi, sparire, svanire, volatilizzarsi

yoklama appello, controllo, palpata, tasto, scandaglio

yoklamak tastare, verificare, scandagliare

yokluk assenza, mancanza, inesistenza, magra, miseria, necessità, nulla

yoksa altrimenti, diversamente, oppure, sennò

yoksul misero, povero, indigente, miserabile, nullatenente, tristo

yoksullaşmak impoverirsi

yoksulluk povertà, indigenza, miseria, meschinità, stentatezza

yoksun privo, sfornito, vuoto, sprovvisto, spoglio **yoksun bırakmak** privare, sfornire

yokuş pendio, salita, rampa, ripido

yol strada, via, ripiego, canale, contrada, mezzo, rimedio, sistema **yol açmak** causare, contribuire, dar motivo, determinare, fare largo, motivare, produrre **yol almak** andare alla volta di, far vela **yol göstermek** condurre, guidare, incamminare **yol vermek** accomiatare, congedare, rimuovere, sbaraccare **yola çıkmak** far vela, mettersi in strada, partire, salpare **yola gelmek** rimettersi in riga **yoluna girmek** accomodarsi, *kon.* ingranare **yoluna koymak** assestare, rassettare, mettere a posto, arrangiare, regolare

yolcu passeggero, viaggiatore, escursionista, viandante

yolculuk traversata, viaggio, corsa, tragitto

yoldaş camerata, compagno

yollamak spedire, indirizzare, mandare, destinare, inviare, trasmettere

yolluk diaria, guida, indennità, indennità di trasferta, passatoia

yolmak sbarbare, spelare, spennare

yolsuz abusivo, illecito

yolsuzluk corruzione, irregolarità, sudicio

yolunda in regola

yoluyla per

yonca trifoglio

yonga scheggia

yontma sgrossamento **yontma taş çağı** paleolitico

yontmak digrossare, scalpellare, scolpire, sgrossare
yordam metodo, procedura
yorgan imbottita, coperta, trapunta
yorgun affaticato, affranto, fiacco, stanco, fiacco, provato, spossato
yorgunluk affaticamento, esaurimento, fatica, faticata, fiacca, fiacchezza, stanchezza
yormak stancare, affaticare, sfinire, logorare, spossare, uggire
yortu festa, festività
yorulmak affaticarsi, faticare, spossarsi, stancarsi
yorum commento, illustrazione, interpretazione, lettura, versione
yorumcu *müz.* interprete
yorumlamak commentare, eseguire, interpretare
yosma sgualdrina
yosun musco, muschi
yozlaşmak degenerare, marcire
yön lato; direzione, destinazione, rotta, volta ***yön vermek*** dirigere, forgiare, impostare
yönelim orientamento, tendenza
yönelmek tendere, voltarsi verso, dirigersi, indirizzarsi, mettersi, orientarsi, rivolgersi
yöneltmek rivolgere, tendere, appuntare, dirigere, drizzare, orientare, volgere
yönerge direttiva, istruzione
yönetici amministratore, direttore, dirigente, gestore, governante, governatore
yöneticilik dirigenza
yönetim amministrazione, direzione, gestione, governo, direttivo, gerenza, guida, regia ***yönetim kurulu*** consiglio d'amministrazione, consiglio direttivo
yönetmek amministrare, dirigere, governare, reggere, comandare, condurre, guidare, presiedere, reggere, orchestrare, soprintendere
yönetmelik codice, normativa, ordinamento, regola, regolamento, statuto
yönetmen impresario, regista
yönlendirmek canalizzare, condurre
yöntem metodo, processo, arte, artificio, formula, metodica, procedura, sistema, tattica
yöntembilim metodica, metodologia
yöntemli metodico
yöre dintorni, regione, località, paraggio

yöresel locale, regionale
yörünge *gökb.* orbita, traiettoria
yudum sorsata, sorso
yudumlamak sorbire, sorseggiare
yufka pasta sfoglia, sfoglia
Yugoslav iugoslavo
Yugoslavya iugoslavia
yuhalamak schernire
yukarı il disopra, la parte superiore, all'insù, su *yukarı çekmek* innalzare
yulaf avena
yular cavezza, redine
yumak fiocco, gomitolo, batuffolo, matassa
yummak chiudere, stringere
yumru bozzo, protuberanza, tubercolo
yumruk cazzotto, pugno
yumruklamak cazzottare, dar pugni
yumurcak moccioso, monello, demonio
yumurta uovo *yumurta akı* albume, bianco dell'uovo, chiara d'uovo *yumurta sarısı* rosso d'uovo, tuorlo
yumurtalık *anat.* ovaia, *bitk.* ovario
yumurtlamak deporre uova
yumuşak morbido, soffice, floscio, mite, molle, tenero, temperato, tenue, benigno, delicato, dolce, pastoso *yumuşak başlı* arrendevole, mansueto, pacifico, remissivo
yumuşakça molliccio
yumuşamak addolcirsi, afflosciarsi, ammollirsi, attenuarsi, intenerirsi, rammorbidirsi
Yunan greco
Yunanca greco
Yunanistan Grecia
Yunanlı greco
yunusbalığı delfino
yurt paese, patria
yurtsever patriota
yurtseverlik civismo, patriottismo
yurtsuz apolide
yurttaş cittadino, compatriota, connazionale
yurttaşlık nazionalità
yusufçuk libellula
yutkunmak inghiottire la saliva
yutmak inghiottire, ingoiare, abboccare, ingerire, trangugiare
yutturmak appioppare, propinare, vendere crusca per farina
yuva focolare, nido, ricettacolo
yuvar globulo, sfera
yuvarlak circolare, globo, rotondo, tondo, circolo, rotondeggiante, sferico *yuvarlak*

sayı numero tondo
yuvarlaklık rotondità
yuvarlamak rotolare, voltolare, ruzzolare
yuvarlanmak rotolarsi, voltolarsi, precipitare, ribaltarsi, tombolare
yüce alto, imponente, maestoso, supremo, augusto, grande, imponente, sommo, sublime
yücelik altezza, imponenza, maestà, grandezza, grandiosità, magnificenza, venerabilità
yüceltmek esaltare, glorificare, incensare, magnificare, sublimare, nobilitare
yük carico, soma, peso, fardello
yük hayvanı giumento
yüklem *dilb.* attributo, *dilb.* predicato
yüklemek caricare, attribuire, imbarcare, accollare, gravare, incaricare
yüklenmek addossarsi, caricarsi
yüklü carico, gravido
yüksek alto, elevato, superiore, sostenuto *yüksek atlama* salto in alto *yüksekten atmak* sparare, precipitare, spararle grosse *yüksekten bakmak* insuperbirsi
yükseklik altezza, altura, elevazione, quota, rialzo
yüksekokul scuola superiore
yükselmek elevarsi, alzarsi, ascendere, sollevarsi, sorgere, grandeggiare, risalire, salire
yükseltmek alzare, elevare, levare, sollevare, aumentare, avanzare, incrementare, maggiorare, rilevare, (ses) amplificare
yüksük ditale
yüküm carica, prestazione, impresa, obbligazione, onere
yükümlü incaricato, obbligato, soggetto
yükümlülük impegno, incarico, incombenza, onere
yün lana
yünlü lanoso
yürek cuore, petto, seno *yürekler acısı* straziante
yüreklendirmek animare, dare spago a qc, incitare, incoraggiare, rincorare
yürekli coraggioso, animoso, audace, baldo, generoso
yüreksiz codardo, vile
yürekten dal fondo del cuore, di cuore, profondamente, sentito, vivamente
yürümek camminare, marciare *yürüyen merdiven* scala mobile

yürürlük vigore; efficacila; validità *yürürlüğe girmek* entrare in vigore *yürürlüğe koymak* attuare, emanare, promulgare *yürürlükte olmak* essere in vigore, vigere

yürütme propulsione, sottrazione *yürütme gücü* esecutivo

yürütmek far camminare, far funzionare, rubare, soprintendere

yürüyüş cammino, marcia, andare, camminata, manifestazione, passo yüz *yüz kızartıcı* ignominioso *yüz vermemek* mantenere le distanze *yüzde yüz* matematicamente *yüzü kızarmak* diventare rosso, vergognarsi *yüzüne gözüne bulaştırmak* pasticciare *yüzüne gülmek* lusingare *yüzünü buruşturmak* torcere il grifo

yüzbaşı capitano

yüzde percentuale, provvigione, aliquota, percento, saggio

yüzdelik provvigione

yüzey area, superficie, faccia, piano

yüzeysel formale, scarno, superficiale

yüzgeç *hayb.* pinna

yüzkarası disdoro, disonore, infamia, macchia, smacco

yüzlerce centinaio

yüzleşmek confrontarsi

yüzleştirmek confrontare, mettere a fronte

yüzme nuotata, nuoto, pelata *yüzme havuzu* piscina

yüzmek nuotare, galleggiare

yüznumara gabinetto, latrina, water-closet

yüzölçümü area, superficie

yüzsüz impertinente, sfacciato, ardito, faccia tosta, immodesto, impudente, petulante, svegognato

yüzsüzlük coraggio, immodestia, impertinenza, impudenza, petulanza, sfacciataggine, sfrontatezza, spudoratezza

yüzücü nuotatore

yüzük anello

yüzükoyun bocconi, prono

yüzüncü centesimo

yüzünden in conseguenza di, per, per causa di, ragione per cui yüzüstü *yüzüstü bırakmak* piantare qn in asso

yüzyıl secolo

yüzyıllık centenario, secolare

Z

zaaf debolezza
zabıt processo verbale, verbale
zabıta polizia
zafer trionfo, vittoria, trofeo, gloria, lauro *zafer kazanmak* trionfare
zafiyet debolezza
zahmet pena, disagio, incomodo, scomodo *zahmet çekmek* affannarsi, travagliarsi *zahmet etmek* incomodarsi
zahmetli penoso, gravoso, arduo, improbo, scomodo
zakkum oleandro
zalim crudele, tiranico, atroce, disumano, feroce, oppressore
zalimlik crudelità, tirannia, empietà, atrocità
zam aumento
zaman allorché, quando, epoca, *dilb.* tempo, momento, ora, spazio *zaman kazanmak* guadagnare tempo, prendere tempo, temporeggiare *zaman öldürmek* ingannare il tempo *zaman zaman* di quando in quando, di tanto in tanto, a intervalli
zamanaşımı *huk.* perenzione, *huk.* prescrizione
zamanında in tempo, in tempo utile, per tempo, presso, preventivamente
zamanla a lungo andare, alla lunga, col tempo, in progresso di tempo
zamansız anzitempo, di contrattempo, fuori stagione, immaturo, intempestivo, precoce, prematuro
zamazingo aggeggio
zambak *bitk.* giglio, fiordaliso
zamir pronome
zamk colla, gomma
zampara donnaiolo, libertino
zamparalık gallismo, libertinaggio
zanaat mestiere
zannetmek supporre, stimare, credere
zapt etmek conquistare, dominare
zar pellicola; tegumento; dado; *anat.* membrana
zar zor appena
zarafet eleganza, grazia, raffinatezza, squisitezza
zarar danno, male, perdita, avaria, detrimento, ingiuria, lesione, pregiudizio *zarar vermek* danneggiare, nuocere, pregiudicare, incrinare, infestare, lesionare, offendere *zararına satmak* vendere a scapito

zararlı contrario, dannoso, infesto, malefico, mortifero, pernicioso, velenoso *zararlı çıkmak* perdere
zararsız incolume, innocuo, inoffensivo
zarf busta; avverbio
zarfında fra, in
zarif elegante, grazioso, aggraziato, delicato, delizioso, fine
zariflik delicatezza, eleganza, finezza, garbo, grazia, leggiadria
zaruri necessario
zavallı povero, disgraziato, disgraziato, miserabile, misero
zayıf debole, magro, asciutto, deficiente, impotente, labile, languido, molle, scarso, sottile, spolpato, gracile
zayıflamak dimagrire, indebolire, affievolirsi, illanguidire, infiacchirsi
zayıflık debolezza, magrezza, deficienza, gracilità
zebra zebra
zedelemek ammaccare, danneggiare
zehir tossina, veleno
zehirlemek avvelenare, intossicare
zehirli tossico, velenifero, velenoso, venefico

zekâ ingegno, intelligenza, acume, capacità, intelletto
zeki accorto, arguto, intelligente, astuto, ingegnoso
Zelanda Zelanda
zelzele sismo, terremoto
zemberek molla
zemin fondo, pavimento, terreno *zemin katı* seminterrato
zencefil zenzero
zenci moro, negro, nero
zengin ricco, agiato, benestante, facoltoso, prosperoso, sostanzioso
zenginleşmek arricchirsi, fare soldi, prosperare
zenginlik abbondanza, opulenza, prosperità, ricchezza, risorsa
zeplin zeppelin
zerre corpuscolo, molecola, particella *zerre kadar* minimamente
zerzevat legume, ortaggio
zerzevatçı erbivendolo
zevk gusto, delizia, gioia, godimento, piacere *zevk almak* deliziarsi, dilettarsi, godere, prendere gusto, provarci gusto *zevk vermek* deliziare, dilettare, esilarare *zevkten dört köşe olmak* andare a nozze
zevkli delizioso, voluttuario
zeytin oliva

zeytinlik oliveto
zeytinyağı olio d'olio
zımba punteruolo, punzone, stampino
zımbırtı aggeggio, arnese, coso, gingillo, ninnolo
zımpara carta vetrata, smeriglio *zımpara kâğıdı* carta smerigliata, carta vetrata
zımparalamak smerigliare
zıpır goffo
zıpkın arpione, fiocina
zıplamak balzare, rimbalzare, ruzzare, saltellare
zırdeli matto da legare, pazzo da legare
zırh armatura, blinda, corazza
zırhlı blindato *zırhlı araba* autoblinda
zırnık orpimento
zırva inezia
zırvalamak sragionare
zıt opposto, alieno, sfavorevole, avverso, contrario, negativo, restio
zıtlık contrarietà, opposizione, contrapposizione, incompatibilità, opposizione
zıvana cardine, ganghero *zıvanadan çıkmak* essere fuori dei gangheri, imbestialire
zifiri nero come la pece *zifiri karanlık* buio pesto, buio profondo
zift bitume, pece
zihin mente *zihin yorgunluğu* tensione della mente *zihni karışmak* ingarbugliarsi
zihinsel intellettuale, mentale
zihniyet mentalità
zikzak zigzag *zikzak yapmak* zigzagare
zil campanella, campanello, cembalo, nacchera, soneria
zimmet debito *zimmetine geçirmek* appropriarsi indebitamente di
zina adulterio, infedeltà
zincir catena, ferro, ormeggio *zincire vurmak* incatenare
zincirleme successivo, consecutivo, catena *zincirleme kaza* tamponamenti a catena
zindan segreta, prigione
zinde vivo, svelto
zira perchè, poichè
ziraat agricoltura, coltura
zirai agrario, agricolo
zirkon zircone
zirve culmine, sommità, acme, apice, cima, cresta
ziyafet banchetto
ziyan danno, perdita, avaria, svantaggio
ziyaret visita *ziyaret etmek* fare una visita, visitare, visitare

ziyaretçi visita, visitatore
ziynet ornamento, gioiello
zonklamak battere fortemente
zoolog zoologo
zooloji zoologia
zor difficile, arduo, affannoso, complesso, duro, grave, laborioso, oscuro, travaglioso *zor kullanmak* fare uso della forza, ricorrere alla forza, usare violenza
zoraki forzato, sforzato, stentato
zorba autocratico, despota, dispotico, oppressore, prepotente
zorbalık angheria, arbitrio, dispotismo, prepotenza, violenza *zorbalık etmek* tiranneggiare
zorla a fatica, con prepotenza, faticosamente, forzatamente, sforzato *zorla almak* estorcere, usurpare, carpire *zorla girmek* invadere, irrompere, scassinare, violare
zorlamak costringere, forzare, imporre, obbligare, impellere, implicare, sforzare
zorlaşmak complicarsi, imbrogliarsi, intralciarsi
zorlayıcı impegnativo, impellente, imperativo
zorlu acerrimo, faticoso, intenso, sofferto
zorluk difficoltà, disagio, guaio, barriera, complicatezza, complicazione, difficile *zorluk çıkarmak* farsi pregare, inceppare
zorlukla a mala pena, a stento, affannosamente, appena appena, difficilmente
zorunlu essenziale, impellente, indispensabile, necessario, obbligatorio, basilare, d'obbligo, forzato, necessitato, urgente
zorunluk obbligo
zulmetmek perseguitare, tiranneggiare
zulüm crudeltà, oppressione, persecuzione, sevizia
zum zoom *zum yapmak* zumare
züğürt misero, povero
Zühal saturno
zührevi venereo *zührevi hastalıklar* malattie veneree
zümre categoria, banda
zümrüt smeraldo
züppe damerino, bellimbusto
züppelik snobismo
zürafa *hayb.* giraffa
zürriyet prole
zürriyet prole